Sapientia Salomonis als ein Beispiel frühjüdischer Textauslegung
Die Auslegung des Buches Genesis, Exodus 1-15 und Teilen
der Wüstentradition in Sap 10-19

BEITRÄGE ZUR ERFORSCHUNG DES ALTEN TESTAMENTS UND DES ANTIKEN JUDENTUMS

Herausgegeben von Matthias Augustin und Michael Mach

Band 32

PETER LANG
Frankfurt am Main · Berlin · Bern · New York · Paris · Wien

Udo Schwenk-Bressler

Sapientia Salomonis als ein Beispiel frühjüdischer Textauslegung

Die Auslegung des Buches Genesis, Exodus 1-15 und Teilen der Wüstentradition in Sap 10-19

Peter Lang
Frankfurt am Main · Berlin · Bern · New York · Paris · Wien

Die Deutsche Bibliothek - CIP-Einheitsaufnahme

Schwenk-Bressler, Udo:
Sapientia Salomonis als ein Beispiel frühjüdischer Textauslegung : die Auslegung des Buches Genesis, Exodus 1 - 15 und Teilen der Wüstentradition in Sap 10 - 19 / Udo Schwenk-Bressler. - Frankfurt am Main ; Berlin ; Bern ; New York ; Paris ; Wien : Lang, 1993
  (Beiträge zur Erforschung des Alten Testaments und des antiken Judentums ; Bd. 32)
Zugl.: München, Univ., Diss., 1991
ISBN 3-631-44865-1

NE: GT

D 19
ISSN 0722-0790
ISBN 3-631-44865-1
© Verlag Peter Lang GmbH, Frankfurt am Main 1993
Alle Rechte vorbehalten.

Das Werk einschließlich aller seiner Teile ist urheberrechtlich geschützt. Jede Verwertung außerhalb der engen Grenzen des Urheberrechtsgesetzes ist ohne Zustimmung des Verlages unzulässig und strafbar. Das gilt insbesondere für Vervielfältigungen, Übersetzungen, Mikroverfilmungen und die Einspeicherung und Verarbeitung in elektronischen Systemen.

Printed in Germany 1 2 3 5 6 7

Meinen Eltern
Gertraud und Hans Schwenk
in Dankbarkeit

Vorwort

Die vorliegende Arbeit ist im Wintersemester 1990/91 von der Evangelisch-Theologischen Fakultät der Ludwig-Maximilians-Universität München unter dem Titel "Textauslegung innerhalb des Septuaginta-Kanons. Sapientia Salomonis 10-19 als ein Beispiel für die Auslegung des Buches Genesis, Ex 1-15 und Teilen der Wüstentradition" als Dissertation zur Erlangung der Doktorwürde akzeptiert worden. Sie wurde für die Drucklegung in stärkerem Maße im Einleitungteil, in den übrigen Teilen geringfügig überarbeitet. Seit Akzeptierung der Arbeit erschienene Literatur zum Thema konnte ich nicht einarbeiten.

Mein herzlicher Dank gilt den vielen Menschen, die zum Entstehen dieser Arbeit auf direkte und indirekte Weise beigetragen haben.
Zuallererst nenne ich meine Eltern, die mich lange Zeit materiell und ideell unterstützt haben. Ihnen ist diese Arbeit gewidmet.
Mein besonderer Dank gilt meinem Doktorvater und Lehrer Prof. Dr. Klaus Baltzer. Er hat diese Arbeit durch die Höhen und Tiefen ihrer Entstehung begleitet. Seine Kritik und seine Ratschläge, vor allem aber seine offene und freundschaftliche Art haben mir immer wieder auf die Sprünge geholfen. In seinen Lehrveranstaltungen durfte ich des öfteren Teile dieser Arbeit "ausprobieren", indem ich sie vor StudentInnen und KollegInnen zur Diskussion stellen konnte. Von ihnen seien Prof. Dr. Helmut Utzschneider, Prof. Dr. Rüdiger Bartelmus, Dr. habil. Thomas Krüger, Christiane Karrer und Stefan Ark Nitsche besonders genannt.
Herrn Prof. Dr. Heinz-Wolfgang Kuhn gilt mein Dank für die Mühe, die er für das Korreferat auf sich genommen hat. Ich verdanke ihm einige wertvolle Hinweise und Anregungen.
Den Herausgebern der "Beiträge zur Erforschung des Alten Testaments und des Antiken Judentums", besonders Herrn Dr. Dr. Matthias Augustin, und dem Verlag Peter Lang danke ich für ihre spontane Bereitschaft, meine Dissertation in ihr Programm aufzunehmen.
Mein Dank gilt auch der Universität München, die meine Arbeit in den Jahren 1987-89 durch ein großzügiges Stipendium im Rahmen der Förderung des wissenschaftlichen und künstlerischen Nachwuchses gefördert hat.
Dem Landeskirchenrat der Evangelisch-Lutherischen Kirche in Bayern und der Kirchenleitung der Evangelischen Kirche im Rheinland danke ich für die Gewährung namhafter Druckkostenzuschüsse.

Frau Dr. Martina Ludwig stand mir besonders in der Anfangszeit mit kritischem und hilfreichem Rat zur Seite. Als Wohngemeinschaftsgenossin in Bonn und als "Schwester im Leiden" in München hat sie die meiste Zeit der Entstehung dieser Arbeit begleitet.
Mit Heinrich Hoffmann verbinden mich viele gemeinsame Interessen im theologischen und privaten Bereich. Ihm danke ich für die vielen Gespräche, mit denen er an der Entstehung meiner Arbeit teilgenommen hat,

mehr noch aber für die gemeinsamen Unternehmungen, bei denen ich neue Kraft für die Arbeit schöpfen konnte.
Lisa Hegenberger danke ich für die Zeit, in der ich bei ihr wohnen konnte. Billiger Wohnraum und herzlicher "Familienanschluß" - ein "Vergelt´s Gott!" auch ihrer Mutter! - sind in München ja keine Selbstverständlichkeit.
André van de Bruck hat mir mit Rat, vor allem aber mit Tat geholfen, daß aus dieser Arbeit endlich ein druckfertiges Manuskript geworden ist. Mit freundschaftlicher Hilfe war er immer dann für mich da, wenn es bei mir nicht mehr voran gegangen ist.
Mein Dank am Schluß gilt meiner Frau Bärbel Bressler. Er gilt ihr nicht für Korrekturlesen und geduldige Ratschläge, sondern dafür, daß sie mir beflügelnde Muse ist und ich stärkende Muße mit ihr erlebe.

Köln, im August 1992   Udo Schwenk-Bressler

Inhaltsverzeichnis

1. Sap 10-19 als ein Beispiel frühjüdischer Textauslegung 23
   1.0.1. Das Einsetzen mit Kap 10 zur Darstellung der Textauslegung in Sap 23
   1.1. Die Spezifizierung Saps 25
      1.1.1. Sap als jüngste Schrift des LXX-Kanons; Entstehungszeit und -ort; Sprache 25
      1.1.2. Saps Aufnahme alttestamentlicher Überlieferung als Schwerpunkt meiner Untersuchung 26
      1.1.3. Saps Vertrautheit mit hellenistischer Philosophie 26
      1.1.4. Die Auseinandersetzung mit ägyptischer Religionspraxis als Herausforderung der Textauslegung in Sap 10-19 27
      1.1.5. Sap als "weisheitliche" Schrift 28
      1.1.6. Die weisheitliche Beschäftigung mit Geschichte und Heilsgeschichte 29

   1.2. Die Bezugstexte in Sap 10; 11-19 30
      1.2.1. Aufnahme von Bezugstexten oder Bezugstraditionen? 30
      1.2.2. Der Umfang der aufgenommenen Bezugstexte 31
      1.2.3. Die Art der aufgenommenen Nebenbezugstexte 32
      1.2.4. Der Inhalt der aufgenommenen Bezugstexte 33
      1.2.5. Die Aufnahme der Bezugstexte zur Darstellung der "Rettung" bzw. des Kontrastes "Plage - Wohltat" 33

   1.3. Die Methode der Textauslegung Saps 34
      1.3.1. Die Herstellung großer Textabschnitte durch "Schaltverse" 34
      1.3.2. Die zweimalige Analyse einzelner Schaltverse 35
      1.3.3. Die allgemeine Problematik frühjüdischer Textauslegung 35
      1.3.4. Die Möglichkeiten der Aufnahme von Bezugstexten 36
      1.3.5. Die Aufnahme und Interpretation von "Schrift" in der Literatur des Frühjudentums 37
      1.3.6. Saps Methode der Textauslegung in Kap 10-19 39
      1.3.7. Saps Vergegenwärtigung der Bezugstexte in "Anspielungen" 39
      1.3.8. Die Pädagogisierung der Bezugstexte 41
      1.3.9. Die Möglichkeit der "doppelten Lesbarkeit" 42
      1.3.10. Die Absicht dieser Arbeit: Die Darstellung der Aufnahme alttestamentlicher Texte und Traditionen 43
      1.3.11. Ausblick: Die Abgrenzung und Einheitlichkeit des dritten Hauptteils im Buch Sap und das Problem der Gattung 44

1.4. Die Abgrenzung des dritten Hauptteils im Buch Sap 44
   1.4.1. Das Problem 44
   1.4.2. Die Abgrenzungsmöglichkeiten 45
   1.4.3. Die Kompositionsanalyse U.OFFERHAUS´ 45
   1.4.4. Die Einheitlichkeit von Kap 10-19 46
   1.4.5. Die Abgrenzung von Kap 10 46
   1.4.6. Die Einheitlichkeit von Kap 11-19 47
   1.4.7. Der "Exkurs" Saps in 11,16 - 16,1 47
   1.4.8. Die Bedeutung der literarkritischen Analyse für das Problem der Textauslegung 48

1.5. Die Gattung von Sap 10; 11-19 48
   1.5.1. Sap als Protreptikos 48
   1.5.2. Sap 10 als Beispielreihe exemplarisch "Gerechter" 49

1.6. Die Diskussion um die Gattung von Sap 11 - 19 50
   1.6.1. Sap 11-19 als Synkrisis 50
   1.6.2. Kritik am Synkrisis-Modell für Sap 11-19 51
   1.6.3. "Gegenüberstellungen" statt "Vergleiche" 52
   1.6.4. Sap (10); 11-19 als Midrasch 52
   1.6.5. Kritik am Midrasch-Modell für Sap (10); 11-19 53
   1.6.6. Die offene Gattungsfrage bei der Untersuchung der Textauslegung in Sap 11-19 54

2. Die rettende Weisheit: "Gerechte" aus dem Buch Gen als Beispiel für das rettende Handeln der Weisheit in Sap 10 57
   2.0.1. Die Stellung im Kontext 57

2.1. Einleitende Beobachtungen zu Kap 10 57
   2.1.1. Sap 9,18 als Überschrift zu Kap 10 57
   2.1.2. Die Struktur von Kap 10 58
   2.1.3. Die der σοφία in Kap 10 zugeordneten Verben und Objekte 59
   2.1.4. Das Buch Gen und Ex 1-15 als Bezugstext in Kap 10 60
   2.1.5. Die "Verweisheitlichung" des Handelns Gottes 61
   2.1.6. Die Beschreibung der σοφία in Sap 6-9 61
   2.1.7. Zusammenfassung der einleitenden Beobachtungen: Der Ausgangspunkt für die Einzelanalyse von Kap 10 im Hinblick auf die Textauslegung 63

2.2. Sap 10,1-4: Adam, Kain und Noah 64
   2.2.1. Adam, der zuerstgeformte Vater des Weltalls 64
   2.2.2. Adams Errettung aus dem Sündenfall 65
   2.2.3. Die σοφία verleiht Adam die Fähigkeit, über alles zu herrschen 66

2.2.4. Kain als Gegensatz zum "Gerechten" Adam 67
2.2.5. Die Sintflut als Folge von Kains Tat 69
2.2.6. Zusammenfassung der Beobachtungen aus V1-4 70

2.3. Sap 10,5: Anspielungen auf den Turmbau und Abraham 70
2.3.1. Die σοφία errettet Abraham aus der Verwirrung der Völker 71
2.3.2. Abraham als "Gerechter" - nicht als Vater Israels 72

2.4. Sap 10,6-7: Lots Errettung aus dem Untergang der Pentapolis ... 73
2.4.1. Die Anlehnung an die Konzeption Gen 18-19 74
2.4.2. Der Einfluß der Nebenbezugstexte auf Sap 10,6-7 74

2.5. Sap 10,8: Reflexion zu V6-7 75

2.6. Sap 10,9: Die Pädagogisierung der Programmatik von Kap 10 77
2.6.1. Sap 10,9 als Erweiterung zu 9,18 77
2.6.2. Sap 10,9 als Aufruf, der Weisheit zu dienen 77

2.7. Sap 10,10-12: Jakobs mehrfache Bewahrung und die Vermehrung seines Reichtums 78
2.7.1. Der Umfang der Bezugstexte 78
2.7.2. V10: Jakob und Esau; Jakobs Traum in Bet-El; der Erfolg seiner Arbeit 78
2.7.3. V10a.b: Jakobs Flucht vor Esau 78
2.7.4. V10c.d: Jakobs Traum in Bet-El: Die σοφία läßt Jakob die Herrschaft Gottes sehen 79
2.7.5. Jakob als Identifikationsfigur neuer Art 80
2.7.6. V10e.f: Jakobs Aufenthalt bei Laban 80
2.7.7. V11: Die σοφία steht Jakob gegen die Habgier von Labans Söhnen bei 81
2.7.8. V12: Der Beistand der σοφία gegen Laban und im Kampf am Jabbok 82
2.7.9. Die σοφία bewahrt Jakob in der Verfolgung durch Laban..... 82
2.7.10. Der Beistand der σοφία in Jakobs Kampf am Jabbok 83
2.7.11. Die Pädagogisierung in V12d 84
2.7.12. Die Vermeidung des σώζειν aus Gen 32 84
2.7.13. Zusammenfassung der Beobachtungen zu V10-12 85

2.8. Sap 10,13-14: Die Aufnahme der Josefstradition 86
2.8.1. V13: Die σοφία steht Josef bei, als er verkauft wird 86
2.8.2. ψ104 als möglicher Nebenbezugstext 87
2.8.3. V14a.b: Die σοφία als Beistand in Zisterne und Gefängnis 87
2.8.4. V14c-f: Josefs Aufstieg als Werk der σοφία 88
2.8.5. Josef als letzter "Gerechter" aus dem Buch Gen und Verbindung zum "gerechten Volk" 89

2.9. Sap 10,15.16 und 11,1: Israels Urbekenntnis und die Bedeutung der Figur des Mose 89
   2.9.1. V15: Das "verweisheitlichte" Urbekenntnis Israels 90
   2.9.2. Die Aufnahme des Bezugstextes und seine Interpretation in V15 92
   2.9.3. Die Rahmung der Anspielungen auf konkrete Einzelgeschehnisse durch die Person des Mose in 10,16 und 11,1 93
   2.9.4. Mose als weisheitsbegabter "Knecht" Gottes 94
   2.9.5. Mose als heiliger Profet 95
   2.9.6. Mose in V16b-21 als Werkzeug der σοφία? 96

2.10. Sap 10,16b-20: Israels Auszug aus Ägypten als ein Werk der Weisheit 97
   2.10.1. Die Textaufnahmen aus den Bezugstexten 97
   2.10.2. V16b: Eine Zusammenfassung der Exodus-Plagen 98
   2.10.3. V17a: Die Beraubung der Ägypter beim Auszug als "Lohn" für die Sklaverei 98
   2.10.4. V17b-d: Führung und Schutz durch die σοφία als Feuersäule 99
   2.10.5. V18: Der Meerdurchzug als Werk der σοφία 101
   2.10.6. V19: Der Untergang der Ägypter im Meer als Werk der σοφία 102

Exkurs I: Sap 10,17.19 als mögliche Konkretion von Sir 24,4b.5 102

   2.10.7. V20a: Die Entwaffnung (Beraubung) der toten Ägypter 103
   2.10.8. V20b.c: Israels Lobgesang 104
   2.10.9. Die - zunächst - nicht durchgeführte Verweisheitlichung 105
   2.10.10. V21: Die σοφία öffnete den Mund der Israeliten zum Lobgesang 105
   2.10.11. Die Verbindung von Exodus- und Schöpfungsthematik 106
   2.10.12. Sap 11,1: Abschluß des Kapitels von der "rettenden Weisheit" 107

2.11. Die Textauslegung in Sap 10 107
   2.11.1. Die Herstellung von Textbezügen durch "Anspielungen" 107
   2.11.2. Saps Rückgriff auf alttestamentliche Bezugstexte 107
   2.11.3. Saps Umgang mit dem Textkomplex Gen 1 - Ex 15 108
   2.11.4. "Rettung" als hermeneutischer Grundsatz der Textauslegung in Kap 10 108
   2.11.5. Die Verweisheitlichung von Gottes Handeln in der Geschichte Israels 109
   2.11.6. Das Wiedererkennen der Bezugstexte 109

2.11.7. Die Möglichkeit der "doppelten Lesbarkeit" von
Kap 10 110
2.11.8. Die Universalisierung und die gleichzeitige Individualisierung in Sap 10 110
2.11.9. Kap 10 als Schaltkapitel 111
2.11.10. Der religionspolemische Hintergrund von Kap 10 112

3. Die sieben Gegenüberstellungen in Sap 11-19: Der zur Plage an den Gottlosen und zur Wohltat an den Gerechten handelnde Gott 115

3.0.1. Die Rahmung der Gegenüberstellungen 115

3.1. Die Zäsur zwischen Kap 10 und 11 - Kap 10 als Schaltkapitel 115
    3.1.1. Die σοφία tritt aus dem Blickfeld - Gott handelt zu Plage oder Wohltat 115
    3.1.2. Der Neueinsatz zwischen Kap 10 und 11 116
    3.1.3. Die Verschleierung des Neueinsatzes zwischen Kap 10 und 11 durch 11,1-4 116
    3.1.4. Die Zusammengehörigkeit von Kap 10 und 11-19 117
    3.1.5. Das Gesamtkonzept des Buches Sap als Erklärungsversuch für die Zäsur zwischen Kap 10 und 11-19 117
    3.1.6. Die Schaltfunktion von Kap 10 119

3.2. Der Aufriß von Kap 11-19 120
    3.2.1. Die Gegenüberstellungen, ihre inneren Verknüpfungen und ihre Stellung im Kontext 120
    3.2.2. Der Inhalt der Gegenüberstellungen 120

3.3. Die Grundsätze und Inhalte der Textauslegung in den Gegenüberstellungen 122
    3.3.1. Das Bauprinzip der Gegenüberstellungen 122
    3.3.2. Saps selbstformulierte hermeneutische Grundsätze für die Gestaltung der Gegenüberstellungen 122
    3.3.3. Die "Pädagogisierung" - Saps erzieherische Absicht 123
    3.3.4. Die Entwicklung der fünften bis siebten Gegenüberstellung aus jeweils nur einem Bezugstext 124
    3.3.5. Die unterschiedliche Todeserfahrung bei Gottlosen und Gerechten als Anhang zur sechsten Gegenüberstellung 125
    3.3.6. Die Umgestaltung von Murrgeschichten zu Beispielen der Wohltat Gottes an seinem Volk 125
    3.3.7. Die Auseinandersetzung mit fremden Religionen in Sap 11-19 126

4. Der rettende Gott, sein erzieherisches Handeln durch Plage und Wohltat in Sap 11-16 129

4.1. Sap 11,1-14: Plage durch zu Blut geronnenes Wasser <—> Wohltat durch unverhoffte Wassergabe 129
4.1.0.1. Der Aufbau der ersten Gegenüberstellung 129
4.1.0.2. V1: Verbindung und Zäsur zwischen 10,15-21 und 11,2-14 130
4.1.1. V6-7: Die eigentliche Gegenüberstellung 131

4.1.2. V2-4 als Sicherung des Bezugstextes für den positiven Teil der Gegenüberstellung 134
4.1.2.1. V2-3: Die Anspielung auf die Wüstenwanderung 134
4.1.2.2. Das Wasserquellwunder aus dem Felsen 135
4.1.2.3. Die Uminterpretierung der Murr- zur Rettungsgeschichte 135
4.1.2.4. Die Aufnahme einzelner Stichwörter aus Ex 17; der Einfluß von Nebenbezugstexten 136
4.1.2.5. Der Rückbezug von V7b auf V2-4 138

4.1.3. V5.8-13: Die reflexiven Teile der ersten Gegenüberstellung 138
4.1.3.1. V5 als hermeneutischer Grundsatz der Gegenüberstellungen 139
4.1.3.2. V5 im Rahmen der ersten Gegenüberstellung 140

4.1.4. V8-13: Die erzieherische Absicht hinter dem Handeln Gottes 140
4.1.4.1. V8: Der Durst der Ägypter als Beispiel für Gottes Züchtigung der Gegner 141
4.1.4.2. V9.10: Verallgemeinernde Schlußfolgerungen der ersten Gegenüberstellung 141
4.1.4.3. V9: Milde Zurechtweisung der Gerechten, Folterung der Gottlosen; die implizite Uminterpretierung von Ex 17,1-7 142
4.1.4.4. V10: Gott als erziehender Vater bzw. verurteilender Herrscher 143
4.1.4.5. V11-13: Die Gotteserkenntnis der Ägypter aufgrund der erfahrenen Züchtigungen 143

4.1.5. V14: Rahmung und Rückbezug zur eigentlichen Gegenüberstellung 145

4.1.6. Die Methode der Textauslegung in der ersten Gegenüberstellung 146

4.2. Sap 11,15 - 16,4: Plage durch eklige Tiere <—> Wohltat
durch die Nahrungsgabe der Wachteln..149
 4.2.0.1. Der Aufbau der zweiten Gegenüberstellung..................149
 4.2.1. Die eigentliche Gegenüberstellung: 11,15.[16] und 16,[1].2.....151
  4.2.1.1. V15: Die Plage an den Ägyptern durch vernunftlose
  Tiere..151
  4.2.1.2. V16: Begründung für die Tierplage, Pädagogisie-
  rung, hermeneutischer Grundsatz für die Gegenüberstellun-
  gen und Schaltvers..152
  4.2.1.3. Sap 16,1: Schaltvers zurück zur zweiten Gegen-
  überstellung..153
  4.2.1.4. V2: Die Wohltat an den Israeliten durch Wachteln.........154
  4.2.1.5. Die Tilgung des "Murrens" aus den Bezugstexten.............155

 4.2.2. Die beiden Reflexionsteile Sap 16,3 und 4.........................156
  4.2.2.1. V3: Reflexion mit direktem Bezug zur zweiten Ge-
  genüberstellung..156
  4.2.2.2. V4: Eine verallgemeinernde Schlußfolgerung...............158

Exkurs II: Die pädagogisierenden Passagen des ersten Exkursteiles
Sap 11,16 - 12,27: Gott als der Erzieher der Menschen....................159
Der Aufbau von Sap 11,16 - 12,27...159
Gottes Nachsicht mit dem Ziel der Reue..159
Gottes Verwarnen und Erinnern mit dem Ziel, von Schlech-
tigkeit zu erlösen...160
Die Stichwortverbindungen zur dritten Gegenüberstellung................161
Gottes strafendes Handeln an den "Gegnern" Israels........................162
Gottes erzieherisches Handeln mit dem Ziel der Menschen-
freundlichkeit und Reue..163
Zusammenfassung der Beobachtungen..164

 4.2.3. Die Methode der Textauslegung in der zweiten Gegenüber-
 stellung...166

4.3. Sap 16,5-15: Plage durch den Tod infolge von Bissen an
sich harmloser Tiere <—> Wohltat durch die Errettung vor
dem Tod durch Schlangenbisse...168
 4.3.0.1. Der Aufbau der dritten Gegenüberstellung..................168
 4.3.0.2. Die assoziative Verknüpfung von zweiter und drit-
 ter Gegenüberstellung...169

 4.3.1. V9-10: Die eigentliche Gegenüberstellung..........................171
  4.3.1.1. V9: Der negative Teil der Gegenüberstellung: Tod
  durch Tierbisse...171
  4.3.1.2. V10: Der positive Teil der Gegenüberstellung: Die
  Rettung vor dem Tod durch Schlangenbisse........................173

4.3.2. V5-7: Perikopensicherung und interpretierende Aufnahme
des Bezugstextes..174
 4.3.2.1. V5: Auch die Israeliten befiel der Zorn wilder
 Tiere..174
 4.3.2.2. V6: Die eherne Schlange, ein "Symbol der Rettung"........176
 4.3.2.3. V7: Gott, der eigentliche Retter.......................................177
 4.3.2.4. Die Interpretation des Bezugstextes Num 21
 in V5-7..178

4.3.3. Der religionspolemische Hintergrund im positiven Teil
der Gegenüberstellung..179
 4.3.3.1. Die religionspolemische Verwendung von σωτήρ
 in V7..179
 4.3.3.2. Die Religionspolemik der eigentlichen Gegenüber-
 stellung V9-10..180

4.3.4. V8: Reflexiver Abschnitt zu V5-7 und Vorbereitung der
eigentlichen Gegenüberstellung..181

4.3.5. V11-12: Reflexion zur Errettung vor dem Tod durch
Schlangenbisse..182
 4.3.5.1. V11: Die Schlangenbisse als Erinnerungshilfe................182
 4.3.5.2. V12: Noch einmal: Gott der alleinige Retter...................184

4.3.6. V13-15: Verallgemeinernde Reflexion zu Gottes Macht
über Leben und Tod..186

4.3.7. Die Methode der Textauslegung in der dritten Gegenüber-
stellung..189

4.4. Sap 16,15-29: Nahrungszerstörung durch im Wasser
brennendes Feuer <—> Wunderbare Nahrungsgabe durch
Engelsspeise...193
 4.4.0.1. Der Aufbau der vierten Gegenüberstellung.....................193
 4.4.0.2. V15: Schaltvers zur Verknüpfung der dritten und
 vierten Gegenüberstellung..195

4.4.1. V16-17: Das im Hagel brennende Feuer.......................................196
 4.4.1.1. V16a.b: Die Leugnung der Ägypter, Gott zu kennen,
 als Grund ihrer Bestrafung..196
 4.4.1.2. V16c-17: Die Plage durch im Hagel brennendes
 Feuer..198

4.4.2. V18-20: Die eigentliche Gegenüberstellung................................201
 4.4.2.1. V18-19: Die Nahrungszerstörung durch das
 Hagelfeuer...201
 4.4.2.2. V20: Die Ernährung des Volkes mit Engelsspeise............203

4.4.3. V21-23: Reflexion zur wunderbaren Nahrungsgabe 206
   4.4.3.1. V21: Das Manna als Zeichen der "Süßigkeit" Gottes; erneute Uminterpretierung einer Murr-Geschichte 206
   4.4.3.2. V22-23: Die Widerstandsfähigkeit des Manna gegen das Feuer 208
   4.4.3.3. V22a: Die Steigerung des Wunders, indem eine Vergleichs- zur Substanzaussage gemacht wird 208
   4.4.3.4. V22b-23: Der pädagogische Hintergrund der Gegenüberstellung: Die Erkenntnis von Plage und Wohltat 209

4.4.4. V24-26: Die Mannagabe als Werk der Schöpfung 210
   4.4.4.1. V24: Das Feuer als Teil der Schöpfung wirkt zu Plage und Wohltat 210
   4.4.4.2. V25: Das Manna als Teil der Schöpfung 211
   4.4.4.3. V26: Die erzieherische Absicht Gottes 212
   4.4.4.4. Die Deutung des Manna als Gottes ernährendes Wort 212
   4.4.4.5. Zusammenfassung der Beobachtungen zu V24-26; der Bezug zum Buch Gen 214

4.4.5. V27-29: Die Folgerung der Notwendigkeit des morgendlichen Dankgebetes aus den Eigenschaften des Manna 215

4.4.6. Die Methode der Textauslegung in der vierten Gegenüberstellung 217
   4.4.6.1. πῦρ als tragendes Stichwort der Auslegung Saps in 16,15-29 217
   4.4.6.2. Zusammenfassung der Einzelergebnisse in Bezug auf die Textauslegung 219
   4.4.6.3. Die religionspolemische Absicht der vierten Gegenüberstellung 222

4.5. Die Pädagogisierung in der ersten bis vierten Gegenüberstellung 223
   4.5.0.1. Das unterschiedliche Handeln Gottes an Gottlosen und Gerechten als Erkenntnisinhalt 223
   4.5.0.2. Die Erkenntnis der Züchtigung der Gegner 224

4.5.1. Die Erkenntnis Gottes bzw. seines Handelns als Inhalt der Pädagogisierung 224
   4.5.1.1. Die Erkenntnis Gottes aus der Sicht der Gottlosen 224
   4.5.1.2. Die Erkenntnis aus der Sicht der Gerechten 225
   4.5.1.3. Die unterschiedlichen Erkenntnisinhalte für Gerechte und Gottlose 226

5. Gottes Wohltat durch "Gesetz", "Passa" und "Neuschöpfung" in Kap 17-19 227
5.1. Die Zäsur zwischen vierter und fünfter Gegenüberstellung 227
5.2. Sap 17,1 - 18,4: Plage durch das Gefangensein in der Finsternis <—> Wohltat durch mehrere Lichtquellen 228
    5.2.0.1. Der Aufbau der fünften Gegenüberstellung 228

    5.2.1. Die Finsternisplage an den Ägyptern 230
        5.2.1.1. V1: Die Überleitung zum Geschick der Gottlosen 230
        5.2.1.2. V2: Die Einführung der Finsternisplage 231
        5.2.1.3. V3-19: Die Finsternis als Gefängnis der Ägypter 232
        5.2.1.4. V20: Die Rückführung zum Thema Finsternis 237

    5.2.2. Sap 17,21 und 18,1a: Die eigentliche Gegenüberstellung Finsternis <—> Licht 238
        5.2.2.1. V21: Der negative Teil der eigentlichen Gegenüberstellung 238
        5.2.2.2. V1a: Der positive Teil der eigentlichen Gegenüberstellung 239

    5.2.3. V1b-4: Die reflexiven Teile der fünften Gegenüberstellung 240
        5.2.3.1. V1b-2: Reflexion über die Bedingungen des Zusammenseins von Israeliten und Ägyptern während der Finsternisplage 240
        5.2.3.2. V3: Die Feuersäule als Gegensatz zur Finsternisplage 242
        5.2.3.3. V4: Das unvergängliche Licht des Gesetzes als Gegensatz zur ägyptischen Finsternis 244
        5.2.3.4. Die Bedeutung des Gesetzes als höchste Form des Lichtes 246

    5.2.4. Die fünfte Gegenüberstellung als Reaktion auf die Einweihungspraxis in hellenistische Mysterien 248

    5.2.5. Die Methode der Textauslegung in der fünften Gegenüberstellung 249

5.3. Sap 18,5-25: Die Bedeutung der "einen Nacht": Verabschiedung des Passagesetzes <—> Tötung der Erstgeburt 253
    5.3.0.1. Der Aufbau der sechsten Gegenüberstellung 254

5.3.1. V5: Die Einleitung zur Gegenüberstellung 256
    5.3.1.1. V5b: Moses Aussetzung und Rettung 257
Exkurs III: Die Erwähnung Moses in Sap 10 - 19 257
    5.3.1.2. V5c.d: Erstgeburtstötung und Untergang im Meer als Strafe für den Tötungsbeschluß 260
5.3.2. V6-9: Die Bedeutung der Passanacht für die Israeliten 261
    5.3.2.1. V6: Die Ankündigung der Passanacht 262
    5.3.2.2. V7: Die Aufgabe des Gottesvolkes in der Passanacht 264
    5.3.2.3. V8: Gott straft die Ägypter und verherrlicht die Israeliten 265
    5.3.2.4. Der Umgang Saps mit dem Konzept von Ex 1-15 266
    5.3.2.5. V9: Das Passa als "Opfer im Verborgenen" 267
    5.3.2.6. Die "Verabschiedung" des Passagesetzes durch das Volk 269

5.3.3. V10-13: Die Bedeutung der Nacht der Erstgeburtstötung für die Ägypter 271
    5.3.3.1. V10: Das Jammergeschrei der Ägypter über die getöteten Kinder 271
    5.3.3.2. V11-12: Die Erstgeburtstötung als "einmütige Todesart" 272
    5.3.3.3. V13: Das Bekenntnis der Ägypter: Israel ist Gottes Sohn 274
    5.3.3.4. Der religionspolemische Hintergrund von V13a 274
    5.3.3.5. Das Bekenntnis der Ägypter als Zielpunkt der Erstgeburtstötung 275
    5.3.3.6. Kurze Zusammenfassung der Beobachtungen zu V6-13 277

5.3.4. V14-25: Die unterschiedliche Todeserfahrung bei Ägyptern und Israeliten 277

5.3.5. V14-19: Die Todeserfahrung der Ägypter bei der Tötung der Erstgeburt 278
    5.3.5.1. V14-16: Die Tötung der Erstgeburt durch den personifizierten Logos 278
    5.3.5.2. V17-19: Die Schrecken der Nacht als Vorzeichen für die jeweilige Todesart 280

5.3.6. V20-25: Die Todeserfahrung der Israeliten in der Wüste 282
    5.3.6.1. V20-22: Die Tötung der Israeliten durch den personifizierten Zorn 282
    5.3.6.2. Aaron als "priesterlicher Kämpfer" und "Knecht" 284

5.3.6.3. Aarons Gegner: der personifizierte Zorn...............285
5.3.6.4. V23-25: Aaron besiegt den Zorn durch sein priesterliches Gewand..286
Exkurs IV: Die Deutung des priesterlichen Gewandes bei Jes Sir und
PHILO...288
5.3.6.5. λόγος als Hinweis auf das priesterliche Logeion.............290

5.3.7. Die Methode der Textauslegung in der sechsten Gegenüberstellung...291

5.4. Sap 19,1-17: Untergang im Meer als letzte Plage <—>
Durchzug durchs Meer als Neuschöpfung...............................296
5.4.0.1. Der Aufbau der siebten Gegenüberstellung...................297
5.4.0.2. V10-17 als reflexive Teile der siebten Gegenüberstellung..298

5.4.1. V1: Schaltvers zwischen sechster und siebter Gegenüber-
stellung..299

5.4.2. V2-4: Reflexionsteil zu V5b, die Einführung des Untergangs im Meer als letzter unabänderlicher Plage.......................300
5.4.2.1. V2: Die Gewährung des Auszugs und die Aufnahme
der Verfolgung..301
5.4.2.2. V3: Die Verfolgung trotz der erlittenen Trauer............302
5.4.2.3. V4: Der Tod im Meer als letzte Züchtigung der
Ägypter...303

5.4.3. V5: Die eigentliche Gegenüberstellung: Durchzug durchs
Meer und Untergang im Meer..304

5.4.4. V6-9: Der Meerdurchzug der Israeliten als Neuschöpfung........305
5.4.4.1. V6: Die neugestaltete Schöpfung bewahrt die Got-
teskinder..306
5.4.4.2. V7: Der Durchzug als Neuschöpfung.........................307
5.4.4.3. V8: Der von Gottes Hand geschützte Durchzug als
das Beobachten von Wundern.....................................309
5.4.4.4. V9: Die Israeliten, die Tiere auf dem "grünenden
Acker", rühmen Gott, ihren Retter...............................310

5.4.5. V10-12: Rückblick auf zwei ägyptische Plagen und die Speisung durch Wachteln unter dem Aspekt der Neuschöpfung..........312
5.4.5.1. V10: Rückblick auf Stechmücken- und Froschplage......312
5.4.5.2. V11-12: Das Wachtelwunder als "neue γένεσις von
Vögeln"..315

5.4.6. V13-17: Vergleichender Rückblick in Bezug auf das Verhalten von Ägyptern und Sodomitern 316
 5.4.6.1. V13: Die Bestrafungen der Ägypter geschahen aufgrund ihres Fremdenhasses 317
 5.4.6.2. V14-17: Der Vergleich zwischen Ägyptern und Sodomitern unter dem Thema "Fremdenhaß" 319
 5.4.6.3. V17: Schlimmere Strafe für die Ägypter aufgrund schlimmeren Verhaltens 322

5.4.7. Die Methode der Textauslegung in der siebten Gegenüberstellung 323

5.5. Sap 19,18-22: Abschluß des gesamten Buches unter dem Rückblick auf zwei Gegenüberstellungen 328
 5.5.0.1. Der Aufbau von V18-22 328
 5.5.0.2. V18: Die Veränderung der Elemente störte nicht deren Harmonie 328
 5.5.0.3. V19-21: Die Vertauschung der Elemente während Plage und Wohltat 329
 5.5.0.4. V22: Der Lobpreis Gottes als Schluß des dritten Hauptteils und des gesamten Buches Sap 333

6. Die Textauslegung in Sap 10; 11-19 335

6.1. Die äußeren Herausforderungen der Textauslegung in Sap 10-19 335
 6.1.1. Die heidnische Religionspraxis im Umfeld Saps 335
 6.1.2. Saps protreptische Absicht 336
 6.1.3. Die Reaktion Saps auf diese äußeren Herausforderungen: die σοφία bzw. Gott als RetterIn 336
 6.1.4. Die Darstellung der Rettung mit Hilfe von Beispielen aus der Geschichte Israels 337

6.2. Die Aufnahme der Bezugstexte in Sap 338
 6.2.1. Die Verknüpfung der Bezugstexte mit Saps Gegenwartsproblematik 338
 6.2.2. Das Phänomen der "Anspielungen" 338
 6.2.3. Die Herstellung eines zusammenhängenden Textes durch Schaltverse 340
 6.2.4. Die "doppelte Lesbarkeit" des Textes Sap 10-19 341

6.3. Der dreigliedrige Aufbau von Sap 10-19 342
 6.3.1. Das Verhältnis von σοφία und θεός in Kap 10; 11-19 344

6.4. Die Pädagogisierung der Bezugstexte 344
 6.4.1. Die jüdische Religion als Konkurrenz zu den Herausforderungen durch hellenistische Religionspraktiken 346

6.4.2. Die Uminterpretierung der Murr- in Rettungsgeschichten 347
6.4.3. Sap 10-19 als existenzielle Interpretation der Bezugstexte 348

6.5. Ein Ausblick in Bezug auf die Einordnung Saps in zeitgenössische Linien der Textinterpretation 348

Abkürzungsverzeichnis 351

Literaturverzeichnis 353

1. Sap 10-19 als ein Beispiel frühjüdischer Textauslegung

Der Text Sap 10-19 soll in dieser Arbeit als ein Beispiel frühjüdischer Textauslegung dargestellt werden, wie sie innerhalb des LXX-Kanons betrieben wird. In diesen Kapiteln nimmt Sap immer wieder Bezug auf Texte und Traditionen, die wir verschriftet vorliegen haben im Buch Gen, in Ex 1-15 sowie Texten, die von Israels Ergehen während der Wüstenwanderung berichten. Ziel dieser Arbeit ist es, Charakter, Eigenart, hermeneutische Voraussetzungen und Methodik der Textauslegung in Sap möglichst genau zu beschreiben, um die Art der Textauslegung Saps vergleichbar mit der anderer zeitgenössischer Schriften zu machen.

1.0.1. *Das Einsetzen mit Kap 10 zur Darstellung der Textauslegung in Sap*

Es mag verwundern, warum gerade der Textkomplex Sap 10-19 gewählt wurde, um ein Beispiel frühjüdischer Exegese darzustellen und die Darstellung nicht mit Kap 1 einsetzt. Der Ausgangspunkt hierfür war zu Anfang pragmatischer Art: Durch die Beschäftigung mit dem Problem "inneralttestamentliche Textauslegung" wurde ich in der einschlägigen Literatur sehr oft auf den dritten Hauptteil Saps verwiesen. Beim intensiveren Lesen des ganzen Buches Sap war dann deutlich zu erkennen, daß den Kap 10-19 mit dem Buch Gen und Ex 1-15 sowie einigen Elementen aus der sog. "Wüstentradition" (aus den Büchern Ex bzw. Num) klar umrissene "Bezugstexte" dem Text Saps zugrunde liegen.[1]

Aufgrund der gut erkennbaren "Bezugstexte" waren Veränderungen in Sap gegenüber Einzelheiten und Konzepten der "Bezugstexte" selber gut nachzuweisen und darzustellen. Dies war der erste Grund, der das Einsetzen der Analyse mit Kap 10 sinnvoll erscheinen ließ.

Die weitere Beschäftigung zeigte dann sehr schnell, daß Kap 10-19 eine einheitliche *Thematik* durchzieht: die *"Rettung"*, für Kap 11-19 müßte man genauer formulieren die Rettung der Gerechten im Gegensatz zum Untergang der Gottlosen. Diese Thematik wird von Sap selbst mit dem Schlußvers des zweiten Hauptteils (9,18) vorgegeben; dieser Vers hat die Funktion einer Überschrift speziell für Kap 10, die Thematik "Rettung" zieht sich aber bis zum Ende von Kap 19.

Der dritte Hauptteil, und besonders Kap 10, hat begründende und beweisende Funktion für den zweiten Hauptteil (6,9 - 9,18): Letzterer beschreibt in einem Preislied auf die Weisheit, was die σοφία ist, welche Wissenschaftsbereiche sie dem Menschen erschließt, der sich ihr zuwendet. Ihr Wesen und die durch sie vermittelten Tugenden werden dargestellt. Das Bittgebet um die Weisheit des - fiktiven - Salomo endet mit

---

[1] Zum Begriff "Bezugstexte" s. den Abschnitt 1.2. *Die Bezugstexte in Sap 10; 11-19.*

besagtem Vers 9,18, wodurch der Weg dahin eröffnet wird, die Wahrheit der im zweiten Hauptteil gebotenen "Theorie" zu "beweisen": Die σοφία rettet![2]

Auch für die Reihe der Gegenüberstellungen in Kap 11-19 finden sich programmatische Sätze in Sap selbst:[3] Speziell für die jeweilige Kontrastierung des Geschickes von Gottlosen und Gerechten der Satz "Wodurch ihre Feinde gezüchtigt wurden, dadurch wurden ihnen in auswegloser Lage Wohltaten zuteil" (11,5); und, als Begründung für die Züchtigungen an den Feinden der Satz "Wodurch man sündigt, dadurch wird man bestraft" (11,16).[4]
Schon hier wird deutlich, daß das Thema "Rettung" im Kontrast zu den Züchtigungen der Feinde behandelt wird und diese Züchtigungen als Strafe für Sünde gesehen werden. Als Züchtigungen behandelt Sap die Ex-Plagen und den Untergang der Ägypter im Meer.

Von diesen Beobachtungen aus ist eine Basis gegeben, die eine Darstellung frühjüdischer Textauslegung anhand von Sap 10-19 als ein sinnvolles Unternehmen erscheinen läßt: Die "Bezugstexte" sind deutlich erkennbar, Sap selbst gibt Hinweise dafür, unter welcher Thematik sie aufgenommen werden sollen.
Daß Kap 11-19 in den Gegenüberstellungen unter dem Thema "Plage an den Gottlosen <—> Wohltat an den Gerechten" auch korrespondiert mit dem ersten Hauptteil (Kap 1 - 6,8), wo es um die unterschiedliche Lebenshaltung von Gottlosen und Gerechten geht, um ihr paradoxes Geschick auf Erden - die Gottlosen sind kinderreich und haben langes Leben - und auch um ihr jeweiliges jenseitiges Los, ist ein weiteres Indiz dafür, daß ein Einsetzen der Darstellung mit Kap 10 sinnvoll ist.

Das Einsetzen der Darstellung mit Kap 10 bedeutet nicht, daß es nicht auch in Kap 1-9 für eine Darstellung lohnenswerte Abschnitte gäbe, die sich auf alttestamentliche Texte beziehen, sie aufnehmen und interpretieren (für Kap 5 seien nur die "Gottesknechtslieder" aus DtJes genannt, für Kap 7-9 die Salomo-Tradition). An keiner Stelle finden sich aber ähnlich wie für Kap 10 und Kap 11-19 von Sap selbst formulierte Grundsätze, unter denen die Textaufnahme geschieht und nirgends liegt dem Text Saps

---

[2] Zur Beschreibung und Spezifizierung der σοφία in Kap 6-9 s. den Abschnitt 2.1.6. *Die Beschreibung der* σοφία *in Sap 6-9*.
[3] Was ich hier und im folgenden "Gegenüberstellungen" nenne, wird in der sonstigen Sekundärliteratur zum Buch Sap in der Regel "Vergleiche" genannt. Die Bezeichnung "Vergleich" ist jedoch mißverständlich: In Kap 11-19 wird in sieben Durchführungen das Geschick der Gerechten mit dem der Gottlosen kontrastiert; deshalb erscheint es mir angemessener von "Gegenüberstellungen" zu sprechen. Näheres zu dieser Bezeichnung s. im Abschnitt 1.6.3. *"Gegenüberstellungen" statt "Vergleiche"*.
[4] S. P.T. van ROODEN, Die antike Elementarlehre, S.82f.

ein ähnlich umfangreicher und klar abgrenzbarer Textkomplex als "Bezugstext" zugrunde, wie dies mit Gen 1 - Ex 15 für Sap 10-19 der Fall ist.
Und es soll hier nicht außer acht gelassen werden, daß in Kap 1-9 auch Voraussetzungen und Grundlagen für die Textauslegung in Kap 10-19 geschaffen werden: Die LeserInnen werden mit der σοφία vertraut gemacht. Die σοφία wird in Beziehung gesetzt zu θεός, λόγος und πνεῦμα. Die σοφία erscheint als Person und Wirksamkeit Gottes, sie ist Gottes Begleiterin seit vor Beginn der Schöpfung. Nach diesen Wesensbeschreibungen erscheint sie dann in Kap 10 als die wirkmächtige Kraft in der Geschichte Israels, indem das ursprünglich zu Gott gehörige Handeln auf sie übertragen wird.

1.1. Die Spezifizierung Saps

1.1.1. Sap als jüngste Schrift des LXX-Kanons; Entstehungszeit und -ort; Sprache
Sap ist die jüngste Schrift des LXX-Kanons. In der Sekundärliteratur ist die Frage nach ihrer Entstehungszeit umstritten. Ich orientiere mich für diese Untersuchung an der Mehrzahl der Forscher, die eine Entstehung im ersten Jahrhundert v.u.Z. vermutet.
Letzte Sicherheit in der Datierung läßt sich bei dieser Schrift, die sich konsequent aller konkreten Hinweise auf Entstehungort und -zeit entzieht, allerdings nicht gewinnen. Man ist auf Wahrscheinlichkeiten angewiesen und ist genötigt mit der durch diese Wahrscheinlichkeiten gestützten Entscheidung bezüglich Entstehungszeit und -ort die Frage nach der Textauslegung anzugehen und durchzuspielen. Die dabei auftretenden Widersprüche zwingen dazu, die an den Text herangetragenen Vorentscheidungen jeweils zu korrigieren oder neu zu formulieren.

Als Entstehungsort vermute ich - auch hier mit dem Urteil der Mehrzahl der Forscher - Alexandria.[5]

Sap ist mit Sicherheit von Anfang an in Griechisch verfaßt. Eindeutige Hinweise auf ein Übersetzungsgriechisch fehlen.[6]

---

[5] Bezüglich des Entstehungsortes herrscht in der Forschung (fast) Einmütigkeit. Der wichtigste Vertreter einer Entstehung im palästinischen Raum (Syrien) ist in der Gegenwart D.GEORGI (Weisheit Salomos, S.395-397).
[6] S. A.SCHMITT, Das Buch der Weisheit, S.10f.

1.1.2. Saps Aufnahme alttestamentlicher Überlieferung als Schwerpunkt meiner Untersuchung

Die vielen "Anspielungen" zeigen, daß der Autor sehr gut mit der jüdischen Tradition bzw. besser gesagt mit der biblischen Überlieferung vertraut ist. Die "Anspielungen" auf die biblischen Traditionen werden in einer Art gemacht, daß auch LeserInnen aus der hellenistischen Tradition einen Zugang zu Sap ermöglicht wird; sie sind nicht unbedingt auf Kenntnis der biblischen Tradition angewiesen.[7]

Durch diese Art der Aufnahme biblischer Tradition ergibt sich eine *doppelte Lesbarkeit* Saps.[8] Die mit der biblischen Überlieferung vertrauten LeserInnen werden - trotz der konsequenten Namenstilgung - assoziativ an die jeweiligen "Bezugstexte" verwiesen. Die "Anspielungen" sind so gestaltet, daß in ihnen sowohl der Rückgriff auf die "Bezugstexte" deutlich wird als auch Saps Interpretation und auch Bezüge zu anderen Schriftstellen erkennbar werden. Auf diese Weise bringt Sap alte Texte und die in ihnen enthaltenen Traditionen neu zur Sprache. In den "Anspielungen" vergegenwärtigt Sap die "Bezugstexte" und ihre Inhalte und läßt gleichzeitig ihre Interpretation einfließen.

Andererseits sind diese "Anspielungen" trotz ihrer konkreten Beziehungen zu eindeutig identifizierbaren Texten so gehalten, daß die "Bezugstexte" in einer verallgemeinernden Art zur Sprache gebracht werden. Damit haben auch LeserInnen, die mit den biblischen Traditionen und Texten nicht vertraut sind die Möglichkeit, einen Zugang zu Sap zu finden.

Dieses Phänomen der "doppelten Lesbarkeit" wird als *Möglichkeit* immer zu beachten sein. Der Schwerpunkt meiner Untersuchung soll jedoch bei der Aufnahme der alttestamentlichen Texte liegen.

Das Augenmerk gilt somit dem *Wiedererkennen* der "Bezugstexte" und der Art dieses Wiedererkennens: In den "Anspielungen" wird den LeserInnen sowohl die Aufnahme der "Bezugstexte" als auch deren Interpretation geboten. Die Interpretation wiederum, die Sap in den "Anspielungen" verbirgt, wird nur LeserInnen deutlich, denen die "Bezugstexte" oder die aufgenommenen Traditionen vertraut sind bzw. die die "Bezugstexte" und Traditionen in der Literatur aufsuchen.

Die Beschreibung dessen, wie Sap in Kap 10; 11-19 alttestamentliche Überlieferung aufnimmt und für ihre Zwecke interpretiert bildet den Hauptteil meiner Untersuchung.

1.1.3. Saps Vertrautheit mit hellenistischer Philosophie

In Sap finden sich immer wieder, verstreut über das ganze Buch, Hinweise auf Anlehnungen an griechische bzw. hellenistische Philosophie. Die jün-

---
[7] Vgl. D.GEORGI, Weisheit Salomos, S.391.
[8] S. dazu auch den Abschnitt 1.3.9. *Die Möglichkeit der "doppelten Lesbarkeit"*.

geren Kommentare verweisen an den entsprechenden Stellen auf die von Sap benutzte bzw. ihr als bekannt vorauszusetzende philosophische Literatur; James M. REESE hat dem hellenistischen Einfluß auf Sap eine eigene Monographie gewidmet.[9]
Näherer Untersuchung bedürfte die Frage, inwieweit nicht allein schon die Art der Rückbesinnung auf die eigenen jüdischen Traditionen und die eigene Herkunft in Sap als "hellenistisches Phänomen" einzuordnen ist.

Saps Vertrautheit mit der griechischen Philosophie läßt sich nicht leugnen.[10] Der hellenistische Einfluß auf Sap soll jedoch nicht der Gegenstand dieser Arbeit sein. Ich will vielmehr versuchen, Saps Umgang mit der biblischen bzw. jüdischen Tradition darzustellen. Durch den Vergleich des von Sap in seiner Endfassung gebotenen Textes mit den jeweiligen "Bezugstexten" soll dabei das Maß und die Art und Weise der Textinterpretation beschrieben werden. So kann Sap als *ein* Beispiel für frühjüdische Textauslegung dargestellt werden.

1.1.4. *Die Auseinandersetzung mit ägyptischer Religionspraxis als Herausforderung der Textauslegung in Sap 10-19*

Sap kannte mit Sicherheit Lehre und Praxis ägyptischer bzw. hellenistischer Mysterienreligionen. In Kap 11-19 findet eingebettet in die "Anspielungen" auf Texte der Exodustradition eine Auseinandersetzung mit ihren Gedanken und ihrer Praxis statt. Die σοφία als σωτήρ in Kap 10 steht in Konkurrenz zu anderen Personen und Gottheiten, die beanspruchen σωτῆρες zu sein.
Auch setzt die Kennzeichnung der personifizierten σοφία in Analogie zu Isis eine Vertrautheit des Autors mit dem ägyptischen Isis-Mythos voraus.[11] Das Urteil MACKs, die Erweiterung der Weisheitsvorstellung sei am Modell der Isis geschehen, greift für Sap zu kurz. Das Neue ist nicht allein eine Darstellung der Weisheit in Entsprechung zu Isis. Die Weisheit ist vielmehr auch eine Konkurrentin zu Isis, die durch diese Art von Fortschreibung der σοφία-Vorstellung entsteht.
Die σοφία erscheint als den Gottheiten der ägyptischen Mysterienreligionen gleichwertig, wenn nicht überlegen beschrieben. Die σοφία rettet die Gerechten aus den Händen der jeweiligen Feinde (Sap 10) und tritt damit

---

9 Von den neueren Kommentaren seien hier nur D.GEORGI, Weisheit Salomos, und D.WINSTON, The Wisdom of Solomon, genannt; J.M.REESE, Hellenistic Influence. Wichtige Hinweise diesbezüglich werden auch dem Kommentar zu Sap von H.HÜBNER zu entnehmen sein.
10 Das Urteil F.FOCKEs, Entstehung, S.92, die innere Berührung des Verfassers mit dem Hellenismus sei nur eine oberflächliche und flüchtige gewesen, ist nach J.M.REESEs Monographie (Hellenistic Influence) nicht mehr aufrechtzuerhalten.
11 Vgl. hierzu D.GEORGI, Weisheit Salomos, passim. S. auch B.L.MACK, Logos und Sophia, S.64f: Nach Sap 8,1 durchwaltet die Weisheit das Weltall; diese Erweiterung der Weisheitsvorstellung gegenüber Prv 1-9 ist am Modell der Isis geschehen.

in Konkurrenz zu Isis, Asklepios und anderen Gottheiten, die eine Rettung der Menschen beanspruchten und die auch mit den Titel σωτήρ trugen. In der Darstellung der σοφία als σωτήρ in Kap 10 sehe ich eine der Reaktionen Saps auf die Herausforderungen durch die ägyptische Religionspraxis ihrer Zeit. Diese Herausforderung hat die Art der Interpretation der "Bezugstexte" beeinflußt.

Als weitere Herausforderung heidnischer Religionspraxis kann die Tierverehrung der Ägypter festgestellt werden. In 11,15 - 16,4 steht sie deutlich im Hintergrund, wenn Sap die Tierplagen an Ägypten als Strafe für die Tierverehrung aufnimmt. Und in 16,5-15 wird Gott im Gegensatz zu Rettung verheißenden Schlangenabbildungen als der wahre Retter herausgestellt.

Als Werbeschrift will Sap Menschen davon abhalten, sich den Mysterienreligionen oder den Tierkulten zuzuwenden, versucht sie abgefallene Menschen zurückgewinnen und muß dazu ähnlich "attraktive" religiöse Inhalte anbieten wie die "Konkurrenz".[12] Die Beschreibung der σοφία mit der Absicht, die LeserInnen mit ihr vertraut zu machen (Kap 1-9) schreckt dabei nicht vor der Analogie mit Isis zurück. Kap 10 zeigt den nunmehr mit der σοφία bekannten LeserInnen deren rettendes Handeln. Wie die σοφία ihrem Wesen nach beschrieben wird und wo sich dabei Analogien zu Isis ergeben, ist im Abschnitt 2.1. dargestellt.

In Kap 11-19 werden alte geschichtliche Überlieferungen in Konkurrenz zu der Praxis und den Inhalten der Mysterienreligionen und der Tierverehrung ausgelegt. So wird in der sechsten Gegenüberstellung das Passa von Sap als Mysterium von Alters her beschrieben, da es schon die Väter, als sie es zum ersten Mal feierten, als Opfer im Verborgenen (κρυφῇ ἐθυσίαζον) begingen.

Diese Beobachtungen lassen in Sap 10-19 eine Auslegung erwarten, die auf "Rettung" hinweisende Elemente aus den "Bezugstexten" betont in den Vordergrund stellt.

1.1.5. Sap als "weisheitliche" Schrift
In "weisheitlicher Tradition" steht Sap durch die pseudepigraphische Zuschreibung der Verfasserschaft auf Salomo, den Prototyp des Weisen. In Sap 7,7 spielt der Autor auf 3. Reg 3,7-12 und damit fiktiv auf König Salomo an. Die Beschreibung der Weisheit, ihr Lebensbund mit "Salomo" und sein Bittgebet um die Weisheit (Sap 8-9) sind angelehnt an 3. Reg 5;10 bzw. an Salomo als den exemplarischen Weisen.

---

[12] Zur werbenden Absicht s.u. den Abschnitt 1.5.1. *"Sap als Protreptikos"*.

Sap steht in "weisheitlicher Tradition" auch durch den Titel Σοφία Σαλωμωνος, durch den sie in die Reihe der anderen pseudepigraphisch Salomo zugeschriebenen Schriften gestellt wird. Diese Einordnung versteht "Weisheit" als inhaltliche Kategorie. In Sap 1-9 ist die σοφία zentrales Thema im Sinne einer Beschreibung ihrer Arten und Eigenarten. Besonders in Kap 6-9 wird sie dargestellt in verschiedenen Ausprägungen, die sich der fiktive Salomo anzueignen versucht.
"Weisheit" als inhaltliche Kategorie stellt Saps Verbindung zu weisheitlichen Traditionen jedoch nicht erschöpfend dar. Auf der beschreibenden Ebene, die "Weisheit" als gattungsmäßigen Oberbegriff versteht, zeigt sich Saps "Weisheit" im Umgang mit den Traditionen der Geschichte Israels und der Heilsgeschichte. Ihre "Weisheit" ist die Kunst, mit Schrift umzugehen, sie auf eine und in einer bestimmten Situation anzuwenden.[13]

In Sap ist besonders in Kap 6-9 damit zu rechnen, daß "σοφία" ein Einigungsbegriff ist, der, wenn nicht Menschen oder verschiedene Gruppen von Weisen, so doch verschiedene Traditionslinien von Weisheit vereinte. Auch für Sap kann man von einer intellektuellen Tradition sprechen, die sie mit anderen Weisheitsschriften verbindet.[14] Diese intellektuelle Tradition verbindet Sap aber nicht nur mit _einer_ Art von Weisheit, sondern mit verschiedenen Arten, die besonders in Kap 6-9 gleichwertig nebeneinander stehen und alle unter dem Begriff σοφία "vereint" werden.[15]

1.1.6. Die weisheitliche Beschäftigung mit Geschichte und Heilsgeschichte

Sap steht in diesen verschiedenen Traditionslinien von "Weisheit"; neu ist an ihr die "weisheitliche" Beschäftigung mit der Geschichte und Heilsgeschichte Israels.[16] Der für Israels Glauben zentrale Textkomplex Ex 1-15 erfährt im dritten Hauptteil Saps eine Auslegung. Für Sap und andere späte Schriften des LXX-Kanons ist der Hellenismus die Herausforderung neben anderen, sich mit der eigenen Herkunft und Identität zu beschäftigen. Sap wählt Ex 1-15 als den Text, mit dessen Inhalten sie den Herausforderungen begegnet und die eigene Position formuliert.
Die Beschäftigung mit der eigenen Herkunft und Identität in Abgrenzung zu den äußeren Herausforderungen erfolgt nicht allein auf einer "theoretischen" Ebene. Sap ist keine Apologie im strengen Sinn. Dem Reiz der

---

[13] S. dazu den folgenden Abschnitt 1.1.6.
[14] B.L.MACK und R.E.MURPHY, Wisdom Literature, S.371.
[15] S. dazu den Abschnitt 2.1.6. _"Die Beschreibung der σοφία in Sap 6-9"_.
[16] Für die Weisheitsschriften des hebräischen AT (Hi; Spr; Koh) ist die Geschichte Israels kein Thema. Es besteht kein Interesse an der Geschichte als zielgerichtetem Ablauf (so H.von LIPS, Weisheitliche Traditionen, S.36f). "Sir und Sap kennzeichnen ein Stadium der Weisheitstradition, in dem die Geschichte Israels in die Weisheitslehre einbezogen wurde." (ebd. S.37). So hat Sir im "Lob der Väter" (44-50) ebenso wie Sap in 10-19 einen ausführlichen Bezug auf die Geschichte Israels.

verschiedensten kulturellen und speziell religiösen Einflüsse setzt Sap eine zum σοφία-Mysterium umgestaltete Religion entgegen. Die Wirksamkeit der σοφία in der Geschichte wird dabei in Kap 10-19 an den Büchern Gen und Ex gezeigt. In der Abgrenzung gegenüber den Mysterienreligionen bedeutet dies den Beweis des höheren Alters und Ansehens. Die jüdische Religion hat die Elemente und Eigenschaften der konkurrierenden Religionen von Alters her.

Der Rückgriff auf "Geschichten", d.h. auf uns verschriftet vorliegende Berichte vom Geschick Israels in seiner Geschichte und Heilsgeschichte und ihre "Anwendung" auf eine bestimmte Situation bedingt eine *Aktualisierung* der "Bezugstexte": Ihnen wird eine Relevanz für die betreffende Situation zugeschrieben. Gleichzeitig ist eine *Legitimation* damit verbunden: Durch die Verwendung von zu kanonischem Ansehen gekommenen Texten wird die Meinung Saps gestützt und durch die Tradition als "rechtmäßig" ausgewiesen.

1.2. Die Bezugstexte in Sap 10; 11-19

An Sap 10-19 als einem Beispiel frühjüdischer Textauslegung kann exemplarisch gezeigt werden, wie Bezugstexte interpretierend aufgenommen werden, wie sie lebendig gehalten werden, indem sie mit besonderen Betonungen neu zur Sprache kommen. Textauslegung geschieht herausgefordert von der Situation der Auseinandersetzung mit der Religionspraxis in der Umwelt Saps und ihrer AdressatInnen, also im Hinblick auf die "Ansprüche" der ägyptisch-hellenistischen Mysterienreligionen und der Tierkulte der Ägypter. Doch zunächst soll das Problem der Bezugs"texte" angerissen, dann sollen die aufgenommenen Bezugstexte beschrieben werden.

1.2.1. *Aufnahme von Bezugstexten oder Bezugstraditionen?*
Auch wenn Sap nirgends zitiert, sind direkte literarische Bezüge keineswegs ausgeschlossen. Sehr häufig stimmen einzelne Stichwörter in Saps Text mit dem Bezugs"text" überein, was auf eine literarische Beziehung hinweist.
Ebensogut können diese Übereinstimmungen aber auch Zufall sein bzw. der Notwendigkeit entspringen, ebendiese Stichwörter zu nennen, wenn auf eine ganz bestimmte Tradition angespielt werden soll.[17]
Die Art, wie Sap Bezüge - gleich ob es zu Texten oder Traditionen ist - herstellt, lassen aber die Ereignisse (Kap 11-19) oder Personen (Kap 10) deutlich hervortreten. Hat Sap wirklich nur auf Traditionen rekurriert,

---

[17] Zu Problem und Methode der "Anspielungen" s. den Abschnitt 1.3.7.

dann liegen uns diese im Buch Gen, in Ex 1-15 und in einigen Perikopen der Wüstenerzählungen verschriftet vor, einzelne Stichwörter verweisen auf Nebenbezugs"texte", die ebenfalls literarischer Niederschlag dieser Traditionen sind.

Wenn im folgenden immer wieder von Bezugstexten die Rede ist, will diese Untersuchung nicht der Schwierigkeit aus dem Weg gehen, die mit folgender Frage zusammenhängt: Sind es wirklich Texte, also oberflächenhaft verifizierbare Dokumente, auf die sich Sap in ihrer Textauslegung bezieht; oder sind es Traditionen, die sie aufnimmt? Um hier eine Unterscheidung treffen zu können, müßte eine geeignete Methodik zur Verfügung stehen, Text- und Traditionsbezüge mit Sicherheit oder hoher Wahrscheinlichkeit jeweils als solche erkennbar werden zu lassen.
Die oben gestellte Frage muß dabei nicht für den gesamten Textabschnitt Sap 10-19 durch ein Entweder - Oder beantwortet werden. Es kann ja durchaus sein, daß Sap sich in bestimmten Abschnitten eben auf Texte, in anderen auf Traditionen bezieht und beruft.

Die Art, wie Sap das Aufgenommene interpretiert, wird vergleichbar mit den Texten, wie sie uns in Gen 1 - Ex 15 vorliegen, mit ihren jeweiligen Konzeptionen im dortigen Kontext. Das Maß der Interpretation gegenüber *diesen* Texten wird somit bestimmbar.
Doch stellt sich sofort die Frage, ob der uns in der Göttinger Septuaginta-Edition oder in Rahlfs Septuaginta-Ausgabe vorliegende Text Gen 1 - Ex 15 die Version war, die auch Sap "vor Augen" hatte. War zur Zeit Saps die griechische Übersetzung des hebräischen Tenak oder auch nur des Pentateuch schon "standardisiert"? Oder kursierten die Texte nicht vielmehr in verschiedenen Versionen, die sich auch in ihrer theologischen Ausrichtung voneinander unterschieden?

Trotz dieser Schwierigkeiten soll in dieser Arbeit weiter von *Bezugstexten* die Rede sein. Dies soll aber nicht so mißverstanden werden, als ob die oben dargestellten Probleme bezüglich "Tradition" und "Text" nicht gesehen würden. Der Begriff Bezugstexte meint die uns in der LXX zugänglichen Texte, in denen die in den "Anspielungen" gemeinten Ereignisse ihren literarischen Niederschlag gefunden haben.

1.2.2. *Der Umfang der aufgenommenen Bezugstexte*
In Sap 10-19 wird auf umgrenztem Raum die Neuinterpretation einer gut zu erhebenden Tradition formuliert. Kap 10 nimmt die Ur- und Vätergeschichte des Buches Gen auf; ab 10,15 bis 19,22 bezieht sich Sap auf Texte, die der Exodustradition zuzurechnen sind. Im Vordergrund steht die Aufnahme der ägyptischen Plagen, der Erstgeburtstötung und des Passa sowie des Durchzuges bzw. Unterganges im Meer. In kurzen Andeutungen wird Biographisches zur Person des Mose aufgenommen. Aus Ex 15-17

werden das Wasserquellwunder aus dem Fels, die Speisung durch Wachteln und Manna und in einer kurzen Passage Israels Feindschaften (Amalekiterschlacht) aufgenommen. Hinzu kommt noch die Aufnahme einzelner Ereignisse aus der Zeit der Wüstenwanderung nach dem Sinaiereignis (Num 10ff).
Als Auffälligkeit ist hier zu beobachten, daß Sap in Kap 10-19 an keiner Stelle Gesetzes-Texte im engeren Sinn, also aus dem Textkomplex Ex 19 - Num 10 aufnimmt. Nur an zwei Stellen (18,4.9) nennt Sap das Wort νόμος. 18,4 meint damit allgemein das Gesetz, ohne es näher zu spezifizieren, 18,9 bezieht sich auf die Passagesetzgebung.

1.2.3. Die Art der aufgenommenen Nebenbezugstexte

Die Aufnahme der Bezugstexte besonders aus dem Buch Ex ist bei Sap nicht frei von Bezügen zu anderen Texten. Immer wieder sind "Anspielungen" auf andere Texte eingestreut, die selbst ebenfalls die Exodus-Thematik aufnehmen. Die Texte aus Ex und Num bilden dabei das Grundraster für Saps Textauslegung.
So ist z.B. die Bezeichnung des Manna als "Speise der Engel" bzw. "Brot vom Himmel" (Sap 16,20) beeinflußt von ψ 77,25 bzw. ψ 104,40. Sap macht sich die Interpretationen des Mannas als "Engelsspeise" und "Himmelsbrot" zunutze und trägt sie in die "Anspielungen" auf die direkten Bezugstexte Ex 16 und Num 11 ein.[18]
An vielen Stellen zeigt sich in der Art der Textaufnahme schon auf den ersten Blick, daß Sap speziell die Bezugstexte aus Ex mit anderen Texten *kombiniert*, in denen ebenfalls die in den Bezugstexten verarbeiteten Traditionen aufgenommen werden.
Verbindungen zu den Bezugstexten und Nebenbezugstexten über einzelne Stichwörter deuten darauf hin, daß Sap den griechischen Text der Bezugstexte wahrscheinlich schriftlich vor sich liegen hatte. Besonders deutlich wird dies dann, wenn Sap diese Stichwörter umdeutet (z.B. ἐπιθυμία bei der Aufnahme der Wachtelspeisung).

Eine Bevorzugung besonderer Nebenbezugstexte ist in Sap 10-19 nicht festzustellen. In den Gegenüberstellungen Kap 11-19 fällt der häufige Bezug zu Dtn 8 und ψ 104 auf; doch das Zurückgreifen auf diese Texte ist m.E. nicht theologisch begründet. Der Bezug zum Buch Dtn soll nicht Schuld Israels thematisieren; eher schon kommt die Bezüge zu ψ 104 Saps Tendenz entgegen, Israel ohne Sünde und Makel darzustellen. Doch der Rückgriff auf Stichwörter und Interpretationen aus ψ 104 dient nicht explizit diesem Zweck.

---

[18] Nebenbei bemerkt ergibt sich dadurch ein Beispiel für doppelte Lesbarkeit des Textes. Schriftkundige LeserInnen werden bei "Engelsspeise" und "Himmelsbrot" sicher an das Manna assoziieren. Schriftunkundige LeserInnen werden eher an die Götternahrung denken (vgl. Sap 19,21c; Beispiele für Ambrosia als Götternahrung bei P.BEAUCHAMP, Le salut corporel, S.509) oder an Mahlzeiten bei Mysterienfeiern.

1.2.4. Der Inhalt der aufgenommenen Bezugstexte

Es wurde schon darauf hingewiesen, daß Sap keine Gesetzes-Texte im engeren Sinn aus der Sinaiperikope Ex 19 - Num 10 aufnimmt, sondern nur "Geschichts"texte. Opfer- oder Reinheitsvorschriften finden keine Aufnahme.
Das hat sicher einen äußeren Grund darin, daß sich mit Hilfe der Gesetzesvorschriften nur schwer eine Rettung "Gerechter" aus einem feindlichen Umfeld (so Kap 10) darstellen oder die Gegenüberstellung von Gottes unterschiedlichem Handeln zu Plage und Wohltat an Gerechten und Gottlosen (so Kap 11-19) betreiben läßt.

Opferthematik gerät lediglich in Kap 18 in den Blick, wenn Sap auf die allererste Passafeier anspielt, die sie als "Opfer im Verborgenen" versteht. Die Erwähnung des Begriffes νόμος habe ich oben schon genannt; ob mit ihm die Tora oder die Sinaigesetzgebung oder aber etwas ganz anderes gemeint ist, ist aufgrund des Textbefundes nicht zu entscheiden.

Die kurze Bestimmung von Umfang, Art und Inhalt der aufgenommenen Bezugstexte zeigt, daß Sap "Geschichten", nicht "Geschichte" interpretiert. Saps Gegenstand der Darstellung ist nicht die Geschichte Israels oder die Heilsgeschichte. Beide dienen Sap vielmehr als Material, anhand dessen sie z.B. das rettende Handeln der σοφία und die Gegensätzlichkeit von Gottes strafenden Handeln an den Gottlosen und seines fürsorgenden Handelns an den Gerechten aufzeigen kann.

1.2.5. Die Aufnahme der Bezugstexte zur Darstellung der "Rettung" bzw. des Kontrastes "Plage - Wohltat"

Faktisch bezieht sich Sap mit ihren Textaufnahmen aus Ex und Num auf "Tora". Die aufgenommenen Texte und ihre Präsentation in Sap zeigen aber kein Interesse am Gesetz, sondern an Ereignissen aus der Geschichte Israels. Die Texte aus der Tora sind nicht als Tora im Blick, sondern als Geschichten bzw. Geschichte.
Als "Geschichte" sind die einzelnen "Geschichten" nur insofern im Blick Saps, als sie an ihnen immer neu Gottes strafendes Handeln an den Gottlosen und sein bewahrendes Handeln an den Gerechten zeigen kann. Sap macht dabei aber keinen Versuch, diese "Geschichten" in eine chronologische Reihenfolge zu bringen; sie verbindet und verdichtet sie nicht zu "Geschichte". Das übergeordnete Prinzip der Aufnahme der "Geschichten" in Kap 11-19 ist die *Kontrastierung* von Plage und Wohltat.
In den Gegenüberstellungen kommen immer wieder einzelne Abschnitte aus dem Buch Ex und damit einzelne Elemente der Exodustradition im Dienste der Kontrastierung zur Aufnahme: Das (positiv verstandene) Geschick der Israeliten wird dem (negativen) Ergehen der Ägypter gegenübergestellt. In den Gegenüberstellungen kann man aus der Art der Textaufnahme und der Auslegung des Bezugstextes auf die beabsichtigte

Stoßrichtung schließen. So ist an einigen Stellen deutlich die Praxis der Mysterienreligionen als Hintergrund der Reaktion Saps zu erkennen. In der Zusammenschau ergibt sich der protreptische Charakter Saps: Die Aufnahme der einzelnen Elemente der Exodustradition geschieht in werbender Absicht; die Tradition dient dabei sowohl als *Anknüpfungspunkt* für Saps eigene Meinung als auch als *Autorität* zur Legitimation.[19]

Mit dem Thema Exodus verarbeitet Sap einen theologisch und traditionsgeschichtlich zentralen Punkt der israelitischen Religion. Sap berührt zweimal den "Durchzug durch das Rote Meer", das Ereignis an dem sich Israels Urbekenntnis zu dem Gott kristallisiert, der es aus Ägypten geführt hat. Sap verwendet dieses Ereignis aber nicht zur Bewahrung oder Herstellung nationaler oder religiöser Identität. Auch sind mit dem Thema Exodus bei Sap keine unmittelbaren, sofort an den Texten ablesbaren Hoffnungen auf einen neuen Exodus oder ein neues befreiendes Handeln Gottes verbunden. Das Exodusereignis und die mit ihm verbundenen Erzählungen sind für Sap *Beispiele* einmal des rettenden Handelns der Weisheit und zum anderen des unterschiedlichen Handeln Gottes an Gerechten und Gottlosen.

1.3. Die Methode der Textauslegung Saps

1.3.1. Die Herstellung großer Textabschnitte durch "Schaltverse"

Der einleitenden Darstellung der Methode der Textauslegung in Sap ist vorauszuschicken, daß Sap durch Schaltverse größere Textzusammenhänge herstellt. Das bedeutet für den zu untersuchenden Textabschnitt Kap 10-19, daß es Sap mit Hilfe der Schaltverse gelingt, Übergänge zwischen Textabschnitten unterschiedlicher Thematik und auch unterschiedlichen formalen Aufbaus so zu gestalten, daß sowohl die Zäsur zwischen diesen beiden Textabschnitten, gleichzeitig aber auch das Verbindende deutlich wird.

Auf diese Weise gestaltet kann Kap 10-19 als ein homogener, in sich zusammenhängender Text gelesen werden. Immer wieder werden durch Schaltverse Übergänge geschaffen, die sowohl den vorangehenden Abschnitt abschließen als auch in die neue Thematik einführen. Durch ihre Doppelfunktion setzen Schaltverse somit auch Hinweise auf den Hintergrund der Interpretation Saps.

So ist die Beispielreihe Kap 10 mit der ersten Gegenüberstellung 11,1-14 durch die Schaltverse 11,1-4 verbunden; besonderer Funktion kommt da-

---

[19] In dem speziellen Fall der Auslegung der Passanacht bzw. Nacht der Erstgeburtstötung erscheint das Passa z.B. als das verglichen mit den ägyptischen ältere Mysterium; die "Autorität" besteht somit in dem größeren Alter: Schon die "Väter" opferten *im Verborgenen*.

bei 11,1 zu, der sowohl als Schlußvers von Kap 10 als auch als Auftakt zu den Gegenüberstellungen gelesen werden kann. Der zweiteilige Exkurs Saps zur Götzenverehrung (11,16 - 16,1) ist mit der zweiten Gegenüberstellung über die Schaltverse 11,16 und 16,1 verbunden.

Die Schaltverse haben damit auch die Funktion, Übergänge und Verbindungen zwischen verschiedenen *Themen*bereichen zu schaffen und sie als zusammengehörig erscheinen zu lassen. Das gilt in besonderem Maße für den schon genannten Abschnitt 11,1-4, der vom rettenden Handeln der σοφία zu den Gegenüberstellungen überleitet; dort ist dann aber von Gottes unterschiedlichem Handeln an Gottlosen und Gerechten die Rede. Durch den Schaltvers 11,1 macht Sap deutlich, daß beides zusammengehört.

Auffällig ist dann das Fehlen eines Schaltverses an der Nahtstelle zwischen vierter und fünfter Gegenüberstellung.[20]

1.3.2. Die zweimalige Analyse einzelner Schaltverse

Aus dem bisher Gesagten wird deutlich, daß Schaltverse literarkritisch nicht eindeutig behandelt werden können; sie sind eben nicht nur einem Abschnitt zuzurechnen. In der um eindeutige Zuordnung bemühten literarkritischen Forschung ist dann auch oft um solche "Schaltverse" der Streit um die Zuordnung zu den jeweiligen Abschnitten entbrannt - m.E. ein Indiz dafür, daß diese Verse die Funktion von *Schaltversen* auch wirklich erfüllen. In jüngerer Zeit hat man die Doppelfunktion der Schaltverse erkannt.[21]

Aus diesem Grund wird man in dieser Arbeit an manchen Stellen einer zweimaligen Analyse einzelner Verse begegnen. Ich versuche damit, der abschließenden und auch einleitenden Funktion der Schaltverse gerecht zu werden. Es kann dadurch auch deutlich gemacht werden, welche Themenbereiche Sap mit Hilfe der Schaltverse verbindet.

1.3.3. Die allgemeine Problematik frühjüdischer Textauslegung

Sap als jüngster Text des LXX-Kanons bezieht sich auf ältere Texte zurück und bringt diese neu zur Sprache. In Sap 10-19 sind dies im wesentlichen die Bücher Gen, Ex und Num. Die Berufung auf Texte, die eine gewisse Autorität genießen, kann Legitimationsfunktion für den Text haben, in dem sie aufgenommen werden.

---

[20] Gegenüber erster bis vierter Gegenüberstellung ist in der fünften bis siebten der Aufbau deutlich anders (die Gegenüberstellungen werden aus nur einem Ereignis gewonnen); sprachliche Hinweise auf eine "Pädagogisierung" fehlen; die verhandelten Themen sind in stärkerem Maße theologischen Inhaltes.
[21] Vgl. A.SCHMITT, Das Buch der Weisheit, S.18 zu 11,1-4; SCHMITT spricht von einer Scharnierfunktion dieser Verse.

Gleichzeitig entsteht eine Wechselbeziehung zwischen den Texten. Bei Textaufnahmen verändert sich der ursprüngliche Kontext sowie die ursprüngliche Funktion und Aussageabsicht des Textes. Der Text kommt unter dem *Blickwinkel der Interpretation* zur Sprache. Die Interpretation erfüllt den überlieferten Text mit neuem Leben; das kann sogar so weit gehen, daß ein alter Text durch einen neuen "ersetzt" wird, der deutliche Bezüge zu diesem alten Text trägt.
Dem Bezugstext und seinen inhaltlichen Aussagen wird eine Bedeutung für die jeweilige Gegenwart beigemessen. Die Textauslegung trägt dazu bei, daß das in ihm Überlieferte weiterhin verständlich bleibt, neu verständlich oder neu verstanden wird. Letzteres wird u.a. auch dadurch erreicht, dem Überlieferten einen völlig neuen, bis dahin nicht bekannten Sinn beizulegen.

Die Interpretation spielt sich dabei im Wechselspiel von verschiedenen Faktoren ab. Da sind zunächst die Situation, in die hinein der überlieferte Text neu zur Sprache gebracht werden soll. Auch die textlichen Bedingungen der Bezugstexte beeinflussen die Art,*wie* der Text neu zur Sprache gebracht werden kann. Durch Textauslegung wird eine Beziehung zwischen Bezugstext und dem ihn interpretierenden Text hergestellt. Der Bezugstext und dessen Auslegung können dabei unmittelbar nebeneinander in einem größeren Kontext stehen.[22]
Bei Sap sind Bezugstext und interpretierender Text räumlich voneinander getrennt. Die Textauslegung hat einen eigenen literarischen Niederschlag gefunden und dient der Gattung, in die sie eingebettet ist.
Weitere Faktoren sind der sozio-kulturelle Rahmen, in dem die Textauslegung stattfindet und der geistige Standpunkt des/der Interpreten. Die Aussageabsicht des Verfassers und die Interpretationsmöglichkeiten der LeserInnen bedingen die Bedeutung, die die Interpretation des Bezugstextes in der jeweiligen Situation hat.
Für die sozialen und kulturellen Bedingungen, in die hinein Sap die Exodus-Thematik neu zur Sprache bringt, sind wir bei Sap auf Vermutungen und Wahrscheinlichkeiten angewiesen. Sap selbst verweigert konsequent jeden Hinweis auf diese Bedingungen.

1.3.4. *Die Möglichkeiten der Aufnahme von Bezugstexten*
Die Besonderheit Saps in der Aufnahme der Bezugstexte liegt darin, daß sie an keiner Stelle zitiert. Zitat will ich hier im engeren Sinn als wörtliche Aufnahme eines anderen Textes im eigenen Text verstehen. Zitate sind also den Passagen eines Textes, in den sie eingebettet sind, ursprünglich fremd. Dennoch können sie eben als Zitat Teil dieses neuen

---

[22] Als Beispiel sei hierzu die Pescher-Literatur aus Qumran genannt. So zitiert 1QpHab den Text des Propheten Habakuk, die Auslegung - durch sprachliche Hinweiszeichen kenntlich gemacht - schließt sich unmittelbar an das Zitat an.

Textes werden und die Aussageabsicht dieses neuen Textes stützen und unterstreichen.[23] So sollen z.B. viele Zitate der "Schrift" im NT die Meinung des jeweiligen Autors stützen und seine Sichtweise bestätigen. Sie werden als legitimierende Autorität angeführt und dienen gleichzeitig als Aufhänger für die Interpretation von Schrift. Verbindliche Texte wie z.B. Gesetzestexte oder auch religiöse Texte werden zitiert, wenn es um den genauen Wortlaut geht oder "Anspielungen" nicht reichen, weil bei den AdressatInnen der Text nicht als bekannt vorausgesetzt werden kann.

Als Zitat sollen hier keine Meinungen oder Aussagen verstanden werden, die durch eine Selbstvergewisserung oder ein Verb des Denkens/ Überlegens eingeführt werden.[24] Ein Schriftzitat stellt auf einer formalen Ebene eine literarische Beziehung zwischen zwei Schriftstücken her. Wahrscheinlich nur ein Mal wird in Sap zitiert: Die Stelle 16,14b.15 stimmt wörtlich mit einer Stelle aus Tob überein. Doch es kann auch andere Beziehungen zwischen diesen beiden Stellen geben, die nicht durch Zitierung erklärt werden müssen.

1.3.5. Die Aufnahme und Interpretation von "Schrift" in der Literatur des Frühjudentums

Sap steht mit der Tatsache, alte Texte neu zur Sprache zu bringen in einem ganzen Kreis von zeitgenössischen Literaturformen. Sie alle "benutzen" die alten Texte für ihre Interessen und Aussagen.
Vergröbernd seien hier zwei Beispiele genannt: Aus der Methode des fortlaufenden wörtlichen Zitierens und Kommentierens ist eine Art Kommentarliteratur entstanden, der etwa einzelne Werke Philos oder die Pescharim aus Qumran zuzurechnen sind. Zitierter Text und die Interpretationen sind durch entsprechende sprachliche Hinweiszeichen meistens gut voneinander zu unterscheiden.[25]
Bei den Schriftzitaten des NT kommt es zu keiner fortlaufenden Kommentierung der aufgenommenen Texte. "Die Schrift" wird benutzt zur Bestätigung und Stützung der neuen Aussagen. Auch hier sind in der Regel die Zitate aus der "Schrift" meist gut erkennbar.

Beiden Beispielen liegt die Vorstellung zugrunde, daß der zitierte Text, daß "Schrift" eine Bedeutung für die Gegenwart hat. Solange nicht verfremdend zitiert wird, wird der Schrift eine direkte Aussagekraft auf

---

[23] Dies gegen R.GORDIS, Quotations as a Literary Usage, S.166, der dort Zitate allein unter dem Gesichtspunkt der Einführung des Standpunktes einer anderen Person oder Situation betrachtet.
[24] So würde ich z.B. Sap 2,1b-20 nicht als Zitat im engeren Sinn verstehen. Hier wird nicht ein Text, sondern mündlich geäußerte Meinung der Gegner zitiert.
[25] Dies gilt insbesondere, wenn die Interpretation durch sprachliche Hinweiszeichen eingeführt wird (z.B. in 1QpHab durch פשר oder פשרו, durch אמר ואשר oder כיא הוא אשר אמר); vgl. K.ELLIGER, Studien, S.123f.

eine gegenwärtige Situation beigemessen. In den beigefügten Auslegungen wird die aus dem zitierten Text abgeleitete Bedeutung für die jeweilige Situation kenntlich.
Die Interpretation, aber auch schon die Verwendung als Zitat bedeutet eine Aktualisierung der überlieferten Tradition, der "Schrift". Dabei steht die Textinterpretation immer auch in einer *Tradition der Textauslegung*. Das Problem und die Notwendigkeit der Textauslegung stellen sich immer dann, wenn alten Texte in neuen Zeitumständen ihre Gültigkeit und Autorität bewahrt werden soll.

Dieses Problem führt zurück ins AT selbst. Dazu hat M.FISHBANE eine umfangreiche Studie vorgelegt.[26] Die Vorgänge der Textauslegung innerhalb des AT beschreibt FISHBANE anhand der Begriffe traditum und traditio.[27] Das traditum ist Inhalt, Kern eines langen Überlieferungsprozesses, eben der traditio. Im ganzen Buch stellt er mit Hilfe dieser Begriffe Arten, Methoden und hermeneutische Hintergründe inneralttestamentlicher Exegese dar. Er unterteilt dabei in Bereiche der Auslegung: Kommentare und Korrekturen der Schreiber; Gesetzesauslegung vor dem Hintergrund, das Gesetz verständlich und durchführbar zu halten; haggadische Exegese in profetischer, in nicht im strengen Sinn gesetzlicher Pentateuch-Traditionen und in geschichtsschreibender Literatur; Exegese im Bereich des Orakelwesens, der Auslegung von Träumen und Visionen.
Seinem Urteil zu Beginn des Epilogs zuzustimmen: "It would appear that the questions raised in the Introduction have been answered. Among these was one which considered the possibility that early Jewish Biblical exegesis has antecedents in the Hebrew Bible."[28]

FISHBANEs Blick geht also von der frühjüdischen Exegese zurück ins AT. Sein Ausgangspunkt ist das hebräische Schrifttum wie sie uns etwa in Talmud und Midraschim vorliegen. Ihre Auslegungsweisen sind nicht von ungefähr entstanden, sondern haben ihre Wurzeln innerhalb des AT selbst.

Es liegt auf der Hand, daß ein ähnliches Urteil für die griechischsprachige Exegese des Frühjudentums wahrscheinlich ist. Doch liegen hier die Probleme vielschichtiger, da ja schon in der Übersetzung der hebräischen Texte ins Griechische ein erster hermeneutischer Prozeß in Gang kam, der bei der Untersuchung des weiteren Interpretationsprozesses mit berücksichtigt werden muß.

---

[26] M.FISHBANE, Biblical Interpretation in Ancient Israel, 1985.
[27] Ebd., passim in der Einleitung S.1-19; auf S.6 führt er diese beiden Begriffe und was er darunter verstehen will ein.
[28] Ebd., S.525.

1.3.6. Saps Methode der Textauslegung in Kap 10-19

Sap legt als jüngste Schrift des LXX-Kanons ältere Texte und die in ihnen überlieferten Inhalte aus. Die Bezugstexte sind klar zu erheben, gut zu erkennen und textlich im AT genau umrissen. Anders als bei Interpretationen innerhalb der alttestamentlichen Schriften selber sind der Inhalt der Überlieferung und der Überlieferungsprozeß selbst nicht derart ineinander verwoben, daß der eine zum Beweis und zur Isolierung des anderen dienen muß.[29]

Hier stellt sich dann aber auch die Frage nach der Gattung Saps. Ist Sap 10-19 einer exegetischen Gattung zuzurechnen, d.h. ist sie in irgendeiner Form ein "Kommentar" zu den Texten auf die sie sich bezieht? Oder ist die Textauslegung der eigentlichen Gattung und Aussageabsicht untergeordnet? Mit der Bezeichnung von Sap 10-19 als Midrasch, was ja einer Einordnung in die Kommentarliteratur gleichkommt, setze ich mich im Abschnitt "Die Gattung von Sap 10; 11-19" auseinander. Dort lege ich auch dar, warum eine gattungsmäßige Einordnung als Midrasch für Sap 10-19 nicht vorschnell erfolgen sollte.

Der Frage, inwieweit der Inhalt der aufgenommenen Texte bzw. Traditionen die Art der Interpretation in Sap beeinflußt, ist jeweils an den konkreten Textstellen nachzugehen. Verallgemeinernd gesprochen bezieht sich Sap überwiegend auf verständliche, nicht lückenhafte Texte. Die Texte selbst haben also nicht die Auslegung notwendig gemacht oder provoziert.

Saps Interpretation bringt in der Regel einen bis dahin verborgenen Sinn der Texte zutage. Es finden sich jedoch auch einige wenige Stellen, an denen Sap Widersprüche oder Unklarheiten im Bezugstext in eindeutiger Weise entscheidet.

1.3.7. Saps Vergegenwärtigung der Bezugstexte in "Anspielungen"

Die Art, wie Sap die älteren Texte aufnimmt und zur Sprache bringt, bezeichne ich als "Anspielung". Ohne sprachliche Hinweiszeichen wird der Bezugstext aufgenommen. Er wird nicht zitiert; Sap entnimmt den Bezugstexten keine wörtlich zusammenhängenden Passagen. Sie gibt die Bezugstexte in ihren eigenen Worten wieder und beschränkt sich in den Anspielungen in der Regel auf die für die LeserInnen zum Wiedererkennen der Bezugstexte notwendigen Elemente. In manchen Fällen geht sie auf konkrete Details ein, bzw. nimmt einzelne Stichworte wörtlich aus den Bezugstexten auf. Diese wörtlichen Aufnahmen sind häufig die Leitvokabeln der Bezugstexte, die Sap sozusagen als "Merkzeichen" einsetzt, um

---

[29] Vgl. M.FISHBANE, Biblical Interpretation, S.8f, unter Berufung auf M.NOTH.

den Text in Erinnerung zu rufen. An keiner Stelle wird mit der Aufnahme von Stichwörtern aber die Struktur eines Zitates erreicht.
In den Anspielungen formuliert Sap die zum Wiedererkennen der Bezugstexte notwendigen Einzelelemente in eigenen Worten. Sie faßt größere Textzusammenhänge zusammen, indem sie die Assoziationen der LeserInnen an den jeweiligen Bezugstext heranführt.

Die Aufnahme der Bezugstexte in Anspielungen läßt allerdings keine "freien" Assoziationen zu. Damit sind zwei Dinge vorausgesetzt:
1. Die Anspielungen sind *genau* , d.h. Sap läßt nicht die Möglichkeit zu, den Bezugstext mit anderen Texten zu verwechseln. Selbst bei mehrfacher Überlieferung der "Geschichten" bzw. Traditionen, die zu einem Vorkommen gleicher Thematik und gleicher Stichworte in mehreren Texten führt, bleibt in der Regel ein bestimmter Bezugstext erkennbar. Das wird deutlich z.b. bei der Aufnahme des Quellwunders oder der Speisung durch Manna und Wachteln. Die Art der Anspielungen in Sap 10-19 ist so gehalten, daß Sap für biblisch gebildete LeserInnen eindeutige Bezüge zu Gen-, Ex- und Num-Texten herstellt.[30] Die Anspielungen sind also "genau" in dem Sinn, daß die Bezüge assoziativ hergestellt werden, Bezugstexte eindeutig zu erheben und Einflüsse aus anderen Texten oder Vorstellungskreisen gut herauszuarbeiten sind.
Die Anspielung reduziert den Text auf wenige Grundinformationen, die zu seinem assoziativen Wiedererkennen notwendig sind. Diese *müssen* aber genannt werden, soll der Bezugstext eindeutig identifizierbar bleiben. Fehlten sie, ergäbe sich eine verallgemeinernde oder uneindeutige Ebene.

Diese assoziativen Anspielungen sind auf das Bekanntsein der Bezugstexte bei den AdressatInnen angewiesen, wenn die Bezugstexte wiedererkannt werden sollen. Doch ist eine sehr genaue Textkenntnis vonnöten, um sofort beim Lesen oder Hören der Anspielungen auch die Abwandlung des Bezugstextes zu erkennen. Inwieweit der Bezugstext in Einzelheiten, in seiner Konzeption oder seiner ursprünglichen Intention verändert wird, kann durch den Vergleich des in Sap gebotenen Textes mit dem jeweiligen Bezugstext herausgearbeitet werden.

2. Die in die Anspielungen hineinverwobene Textauslegung zwingt die LeserInnen dazu, die Bezugstexte immer zugleich mit der Interpretation Saps zu rezipieren. Die Assoziationen des Wiedererkennens der Bezugs-

---

[30] Was H.von LIPS, Weisheitliche Traditionen, auf S.38 in Bezug auf Sap 10 formuliert ("Das Wirken der Weisheit in der Geschichte Israels wird am Beispiel einzelner Gerechter dargestellt, ohne daß dabei ein einziger Name genannt wird. Das erinnert an die geschichtlichen Anspielungen bei Koh, mit dem Unterschied, daß es hier um Personen und Ereignisse der Heilsgeschichte geht - doch das weiß nur der Informierte.") gilt auch für Sap 11-19: Das Wieder-Erkennen der Bezugstexte ist nur den Menschen möglich, die die Bezugstexte kennen.

texte werden *gelenkt* auf Saps Interpretation und ihre dahinterliegende Aussageabsicht.

In der Textaufnahme durch Anspielungen liegt eine besondere Schwierigkeit, will man das Maß der Interpretation Saps bestimmen. Wenn z.b. in vergleichbaren zeitgenössischen Texten der Bezugstext zitiert wird, dann kann man - sofern der Bezugstext verschriftet vorliegt - bei "ungenauen" Zitaten die Ungenauigkeit nach Maß und Absicht der Veränderung befragen. Die beiden Wortlaute können verglichen und die Abwandlung kann beurteilt werden.
Bei Sap fließen Textaufnahme und Interpretation direkt ineinander. In den Anspielungen werden die Assoziationen an die Bezugstexte und die Interpretation transportiert. Auch hier muß mit dem Bezugstext verglichen werden, doch sind Veränderungen und Abwandlungen nicht auf den ersten Blick ablesbar. Der gesamte Textabschnitt des Bezugstextes ist zu betrachten, das Konzept und die Aussageabsicht der aufgenommenen "Geschichte" in ihrem Kontext.

Die Anspielungen boten also die Möglichkeit, einen Text aus der Vergangenheit und dessen Inhalte in einem gegenwärtigen Text zur Sprache zu bringen, ohne daß dieser Text zitiert werden mußte. Anspielungen lenken die Assoziation auf die beabsichtigten Inhalte und sind zugleich verwoben mit der Interpretation. Die Interpretation muß nicht erst auf zitierten Text zurückgreifen und dessen Verständnis zurechtrücken, der Text kommt sofort in seiner Interpretation zur Sprache.

1.3.8. *Die Pädagogisierung der Bezugstexte*
Ein wesentliches Moment der Textauslegung in Sap 10-19 und besonders der Gegenüberstellungen ist die *Pädagogisierung der Bezugstexte*.[31] Immer wieder begegnen Formulierungen, die den LeserInnen eine bestimmte Einsicht, eine bestimmte Erkenntnis vermitteln wollen. "Pädagogisierung" ist hier also nicht als Wissensvermittlung angelegt.
Sap verwendet also das Buch Gen und Ex 1-15 als die wesentlichen Bezugstexte nicht dazu, die LeserInnen über die Geschichte Israels oder die Heilsgeschichte zu belehren. Vielmehr wird der Inhalt der Geschichte Israels in den Anspielungen immer wieder vorausgesetzt. Aus ihm gewinnt Sap die Einsichten und Erkenntnisse der Gottlosen bzw. Gerechten, die sie mit Hilfe der Pädagogisierung den LeserInnen zu deren eigenen Einsichten und Erkenntnissen machen will.

Eher verhalten tritt die Pädagogisierung in Kap 10 zutage. Sie ist am ehesten in dem reflektierenden und den Erzählablauf retardierenden V9

---
[31] So auch M.PRIOTTO, La prima Pasqua, S.21: "La comparazione in Sapienza ha un valore eminentemente didattico;..."

und in den "Einsichten" des "Gerechten" (in diesem Fall: Jakob) in V10d.
12d zu erkennen. In Kap 10 steht ganz allgemein die Einsicht in das rettende Handeln der σοφία im Vordergrund.
In der ersten bis vierten Gegenüberstellung läßt sich die Pädagogisierung ganz deutlich am Vokabular ablesen. Immer wieder begegnen Formulierungen, die dem Bereich von Unterricht und Belehrung entnommen sind und Erkenntnisse über Gott und seine Handlungsweise an Gerechten und Gottlosen vermitteln wollen.[32]
In der fünften bis siebten Gegenüberstellung ist plötzlich das Verschwinden dieser Formulierungen festzustellen. Die Pädagogisierung zeigt sich dort eher indirekt ; die Einsichtsfähigkeit der LeserInnen ist in Saps Augen vielleicht schon genügend geschult, um *eigene* Erkenntnisse zu machen.

1.3.9. Die Möglichkeit der "doppelten Lesbarkeit"

Ein weiteres Phänomen in Bezug auf die Textauslegung ist die *doppelte Lesbarkeit* des Textes Sap 10-19. Ich möchte darunter die Möglichkeit verstehen, daß auch mit der biblischen Geschichte und Überlieferung nicht vertraute LeserInnen den Text verstehen können, ohne daß hierzu das Wiedererkennen der in den Anspielungen aufgenommenen Bezugstexte notwendig ist.
In Kap 10 ist für "informierte" LeserInnen in den Anspielungen an das Buch Gen gut das Handeln der Weisheit an einer Reihe von Personen von Adam bis Josef erkennbar. Ungeachtet der "Verweisheitlichung" der Geschehnisse werden auch einzelne biographische Züge der Personen deutlich.[33] Die Namen der Personen sind durch das substantivierte Adjektiv δίκαιος ersetzt. Die Anspielungen ermöglichen es, daß hinter diesen einzelnen δίκαιοι konkrete, aus Gen bekannte Menschen erkennbar werden. Wer Gen kennt, wird Adam, Noah, Abraham, Lot, Jakob und Josef als die δίκαιοι wiedererkennen.
Die Anspielungen, die kein Detailwissen zum Verständnis von Kap 10 voraussetzen, und die Ersetzung der Namen bewirken die doppelte Lesbarkeit des Textes. Den mit der Gen nicht vertrauten LeserInnen fehlt ja das Moment des Erinnerns und Wiedererkennens. Doch resultiert daraus und aus der Unkenntnis biographischer Einzelheiten der δίκαιοι keine Verständnislosigkeit gegenüber dem Text. Uninformierte LeserInnen können Sap 10 als Beispielreihe dafür lesen, wie die Weisheit einzelne Gerechte rettete bzw. fürsorgend an ihnen handelte.[34]

---

[32] Exemplarisch sei hier nur auf die Verse 11,8.9.10.13b.16; 16,3 u.a. verwiesen.
[33] Zur "Verweisheitlichung" s. den Abschnitt 2.1.5. *"Die ´Verweisheitlichung` des Handelns Gottes"* in der Hinführung zur Einzelanalyse von Kap 10.
[34] Vielleicht ist sogar das Verständnis auf einen einzigen Gerechten in verschiedenen Situationen möglich.

Schriftkundige LeserInnen haben demgegenüber ein Mehr an Verstehensmöglichkeit, da sie hinter den δίκαιοι konkrete Einzelgestalten aus der Geschichte Israels erkennen können.
Die doppelte Lesbarkeit ist für Kap 10 offensichtlich. Ob sie auch in Kap 11-19 möglich und von Sap beabsichtigt ist, wird die Analyse des Textes zeigen müssen.

1.3.10. Die Absicht dieser Arbeit: Die Darstellung der Aufnahme alttestamentlicher Texte und Traditionen

Die Möglichkeit der doppelten Lesbarkeit wird man beim Durchgang durch Sap immer im Hintergrund beachten müssen: Prinzipiell wird man mit einem Verstehen des Textes auch für die LeserInnen rechnen können, die nicht die Möglichkeit des "Wiedererkennens" des Bezugstextes haben.

Uns - ich kann wohl alle LeserInnen dieser Arbeit einschließen - ist ein Zugang zu Sap als wüßten wir nichts vom "Exodus" und als wären uns die aufgenommenen Bezugstexte unbekannt nicht möglich. Der Schwerpunkt, den sich diese Arbeit setzt wird daher der Versuch sein, zu beschreiben, *wie* Sap alttestamentliche Texte und Traditionen aufnimmt und interpretiert. Das Augenmerk liegt also auf dem *Wiedererkennen* der Bezugstexte und dabei auf dem Wiedererkennen in der von Sap betriebenen Art, in Anspielungen Bezugstexte und eigene Interpretation den LeserInnen nahe zu bringen.

Die Textaufnahme in Anspielungen und die Tatsache der doppelten Lesbarkeit deuten auf einen hermeneutischen Prozeß hin, dem es gelingt, zwei Sachverhalte zu vereinen: Im Hinblick auf mit der biblischen Tradition vertraute LeserInnen kann Sap mit Hilfe von Anspielungen den biblischen Text vergegenwärtigen und gleichzeitig ihre Interpretation einfließen lassen. Die LeserInnen werden dabei den Text Saps als eine Interpretation der Bezugstexte rezipieren, ohne daß Sap sich vorher mit ihnen über Inhalt und Bedeutung der Texte verständigen muß.
In Hinblick auf mit der biblischen Tradition nicht vertraute LeserInnen präsentiert Sap den Text so, daß auch ihnen ein Zugang möglich ist. Das Moment des Wiedererkennens des Bezugstextes und das Erkennen der Interpretation fällt bei ihnen aus. Sie werden den Text *exemplarisch* lesen: Sap 10 ist ihnen ein Beispiel dafür, wie die σοφία Gerechte rettete; Sap 11-19 sind ihnen Beispiele für das strafende Handeln Gottes an Gottlosen und seine Bewahrung der Gerechten.[35]

---

[35] Dieser exemplarische Charakter ergibt sich selbstverständlich auch für die mit der biblischen Tradition vertrauten Leserinnen. Die für sie überschießende Qualität ist das *Wiedererkennen* der Bezugstexte.

Soll Sap als ein Beispiel frühjüdischer Textauslegung dargestellt werden, so muß im folgenden die Aufnahme der Bezugstexte, deren Interpretation durch Sap und die Absicht dieser Interpretation möglichst genau beschrieben werden.

1.3.11. Ausblick: Die Abgrenzung und Einheitlichkeit des dritten Hauptteils im Buch Sap und das Problem der Gattung

Nach dieses Klärungen in Bezug auf die Einleitungsfragen, die aufgenommenen Bezugstexte und die Methode, wie Sap sie aufnimmt, sollen vor Beginn der Einzelanalyse zunächst literarkritische Probleme in Bezug auf den dritten Hauptteil Saps zur Sprache kommen. Sowohl das Problem der Abgrenzungsmöglichkeiten als auch festzustellende Einheitlichkeit bzw. Uneinheitlichkeit größerer Textabschnitte berühren auch das Problem der in Sap gebotenen Textauslegung, denn mit literarkritisch feststellbaren Zäsuren kann ja auch eine Änderung der Methodik und Aussageabsicht Saps verbunden sein.

Die literarkritisch unterscheidbaren Abschnitte sollen schließlich auf ihre Gattung hin befragt und untersucht werden. Das ist insofern wichtig, da bestimmte Gattungen auch die Art der Textauslegung beeinflussen und in Sap eventuell auch mit Gattungen zu rechnen ist, die selbst der Interpretation von Texten entspringen (Midrasch, Pescher usw.).

1.4. _Die Abgrenzung des dritten Hauptteils im Buch Sap_

1.4.1. Das Problem

Es herrschen in der Forschung erhebliche Differenzen darüber, wo die Zäsur zwischen dem zweiten und dem dritten Hauptteil in Sap zu setzen ist. Hierbei ist das Hauptproblem, ob Kap 10 zum zweiten oder zum dritten Hauptteil zu rechnen ist, es also die "Vorstellung" und Wesensbeschreibung der σοφία des zweiten Hauptteils abschließt oder der Auftakt des dritten Hauptteils ist.

Für die Frage nach der frühjüdischen Textauslegung ist das insofern von Belang, als in Kap 10 die Art der Textvergegenwärtigung und -interpretation deutlich anders ist als in Kap 11-19. Kap 10 interpretiert das Buch Gen unter der Thematik "Rettung"; Kap 11-19 thematisieren die "Rettung" der Gerechten immer im Kontrast zum Untergang der Gottlosen. Mit der Abgrenzung der Hauptteile ist also auch die Frage verbunden, ob die Textauslegung in Kap 10 auch als programmatisch für die in Kap 11-19 durchgeführte Auslegung der Exodustradition zu sehen ist, oder ob sie allein der beweisenden Funktion als Abschluß des zweiten Hauptteils dient.

1.4.2. Die Abgrenzungsmöglichkeiten

Als Zäsurpunkte stehen 9,18/10,1; 10,21/11,1 und 11,4/11,5 zur Diskussion. Hinter diesen Abgrenzungsmöglichkeiten verbergen sich folgende Probleme:

- Eine Trennung der Hauptteile Saps zwischen 11,4 und 11,5 rechnet das gesamte Kap 10 einschließlich 11,1-4 zum zweiten Hauptteil. Dabei wird dann das *Wirken* der σοφία an den einzelnen Gerechten als Teil ihrer Vorstellung und Wesensbeschreibung in Kap 6-9 gesehen; 11,1-4 wird zu Kap 10 dazugerechnet.
11,1.2 benutzen das in 10,17 eingeführte Wegmotiv weiter. In diesen Versen kann die σοφία durchaus als Subjekt verstanden werden. Die direkte Anrede mit σε in 11,4 meint jedoch nicht mehr die σοφία, sondern Gott unter Anspielung auf das Wasserquellwunder aus dem Felsen (Ex 17,1-7).

- Auch die Abgrenzung zwischen 10,21 und 11,1 rechnet Kap 10 zum zweiten Hauptteil Saps und verbindet das Wirken der Weisheit mit ihrer Vorstellung. 11,1-4 werden zum dritten Hauptteil gerechnet; die Verse können als Einleitung zur ersten Gegenüberstellung bzw. als Teil dieser verstanden werden.

- Eine Abgrenzung zwischen zwischen 9,18 und 10,1 rechnet Kap 10 zum dritten Hauptteil Saps. Die Vorstellung und Beschreibung der σοφία ist mit 9,18 zu Ende. Dieser Vers ist zugleich Abschluß des zweiten Hauptteils und Überschrift für den dritten. Die Siebenerreihe der von der Weisheit geretteten "Gerechten" in Kap 10 und die sieben Gegenüberstellungen in 11-19 werden kompositorisch als *ein* Teil Saps betrachtet.

1.4.3. Die Kompositionsanalyse U.OFFERHAUS´

U.OFFERHAUS hat in seiner Studie zum Kompositionsprinzip des Buches Sap überzeugende Argumente für eine Zäsur nach 9,18 angeführt.[36] "V.18 bildet keinen stilechten Gebetsschluß, der nach dem Gesagten auch nicht zu erwarten ist, sondern hat eher den Charakter eines förmlichen Abschlusses und zugleich einer kompositorischen Überleitung zu dem dritten und letzten Hauptteil des Buches, dem Überblick über das Wirken der Weisheit in der Geschichte. ... Die Doppelfunktion von v.18 kommt in dem Demonstrativadverb οὕτως zum Ausdruck, das an das Vergangene rückkoppelt und gleichzeitig auf das Kommende vorausweist."[37] Die zurück- und vorausweisende Funktion des οὕτως in 9,18 übersieht er also ebensowenig wie die Doppelfunktion des gesamten Verses. Er kann sowohl als Abschluß von Kap 9 gelesen werden als auch als Überschrift von Kap 10.[38] 9,18 hat somit die Funktion eines *Schaltverses*.

---

[36] U.OFFERHAUS, Komposition, S.95-97 u. 119-120.
[37] U.OFFERHAUS, Komposition, S.95.
[38] Auch A.SCHMITT, Struktur, S.4 hat auf die Funktion von 9,18 als Überschrift hingewiesen.

Nachdem erster und zweiter Hauptteil die LeserInnen mit der σοφία, ihrem Wesen und ihren Eigenschaften vertraut gemacht haben, weist 9,18 voraus auf den dritten Hauptteil Saps, der die Rettung der Gerechten durch die σοφία (Kap 10) bzw. durch Gott (Kap 11-19) thematisiert. 9,18 beschließt die Beschreibung der σοφία und führt hin zu den Konkretionen ihrer rettenden Kraft, die Sap anhand ausgewählter Beispiele aus der Geschichte Israels darstellt.
An 9,18 wird sehr gut die Funktion eines Schaltverses deutlich. Der Vers markiert deutlich einen Abschluß und stellt gleichzeitig einen größeren Textzusammenhang her, indem er den zweiten und dritten Hauptteil eng miteinander verbindet.

1.4.4. Die Einheitlichkeit von Kap 10-19
Kap 10-19 stellen literarisch und literarkritisch keine Einheit dar. Schon die mögliche Abteilung des zweiten Hauptteils nach 10,21 bzw. 11,4 deuten auf eine gewisse Eigenständigkeit von Kap 10 hin. Diese Eigenständigkeit ist unabhängig davon, welchem Hauptteil Saps man Kap 10 zurechnet.

1.4.5. Die Abgrenzung von Kap 10
Mit A.SCHMITT kann Kap 10 als Beispielreihe gesehen werden, in der Heilsgeschichte aktualisiert werden soll. Möglicherweise greift Sap dabei auf ein Schema aus der griechischen Literatur zurück.[39]
Thematisch steht Kap 10 unter der Überschrift von 9,18: Das rettende Handeln der σοφία wird in ihm dargestellt. Sie ist handelndes Subjekt bis 10,21. Durch die unpersönlichen Formulierungen und die Vermeidung einer Namensnennung in 11,1-4 läßt Sap bewußt im Unklaren, ob die σοφία auch in diesen Versen noch Subjekt sein soll. Bis hin zu 11,9 *könnte* auch die σοφία mit den direkten "Du"-Anreden gemeint sein. Erst der Vergleich dieses "Dus" mit einem Vater und einem König in V10 gibt einen direkten Hinweis auf Gott. Doch er ist wohl schon ab V4 angeredet.

11,1-4 setzen nicht die Thematik "Rettung eines Gerechten aus einem feindlichen Umfeld" aus Kap 10 fort. Die Verse haben vielmehr Schaltfunktion: V1 kann als Schlußsatz zu Kap 10 gelesen werden und auch als Auftakt und Hinführung zu der neuen Thematik in Kap 11. 11,1-4 verbinden die Beispielreihe Kap 10 mit der ersten Gegenüberstellung und führen bereits deren Thematik ein.

---

[39] So A.SCHMITT, Struktur, S.13-19. Auf S.21 schreibt SCHMITT unter Punkt 3. zur Bedeutung der Beispielreihe in Kap 10, daß mit ihr nicht eine Historisierung, sondern eine Aktualisierung der Heilsgeschichte beabsichtigt ist.

1.4.6. Die Einheitlichkeit von Kap 11-19

In Kap 11-19 wird in sieben Gegenüberstellungen jeweils das Geschick der Gerechten mit dem der Gottlosen kontrastiert. Die Gottlosen erfahren Gottes strafendes Handeln in gegen sie entsandte Plagen, die Gerechten erfahren Wohltaten durch sein fürsorgendes Handeln. Einige dieser Gegenüberstellungen sind unter sich durch Schaltverse verbunden (s. dazu die Einzelanalysen). Im einzelnen handelt es sich um folgende Gegenüberstellungen:

1. Gegenüberstellung: 11,1-14
   Plage durch zu Blut geronnenes Wasser <—> Wohltat durch die Wassergabe aus dem Felsen
2. Gegenüberstellung: 11,15-16 und 16,1-4
   Plage durch Tiere <—> Wohltat durch Speisung mit Wachteln
3. Gegenüberstellung: 16,5-15
   Wohltat durch die Errettung von Tod durch Schlangenbisse <—> Plage durch den Tod infolge von Bissen an sich harmloser Tiere
4. Gegenüberstellung: 16,15-25
   Plage durch Nahrungszerstörung infolge des im Hagel brennenden Feuers <—> Wohltat durch die Nahrungsgabe des Mannas
5. Gegenüberstellung: 17,1 - 18,4
   Plage durch Finsternis <—> Wohltat durch eine dreifache Gabe von Licht
6. Gegenüberstellung: 18,5-25
   Wohltat durch die einmütige Verabschiedung des Passagesetzes <—> Plage durch die einmütige Todesart der Erstgeburtstötung
7. Gegenüberstellung: 19,1-17
   Plage durch den Untergang im Meer <—> Wohltat durch die beim Meerdurchzug erlebte Neuschöpfung

1.4.7. Der "Exkurs" Saps in 11,16 - 16,1

In die Reihe der 7 Gegenüberstellungen ist ein zweiteiliger "Exkurs" (11,16 - 16,1) eingeschoben. Er unterbricht die zweite Gegenüberstellung 11,15-16 und 16,1-4.
Dieser "Exkurs" behandelt in seinem ersten Teil (11,16 - 12,27) das Thema "Allmacht Gottes und sein erbarmendes bzw. strafendes Handeln" (11,16 -12,27). Die "Torheit des Götzendienstes" ist das Thema des zweiten Teils (13,1 - 16,1). Durch die Schaltverse 11,16 und 16,1 ist der "Exkurs" eng mit der zweiten Gegenüberstellung verbunden. Sein erster Teil berührt thematisch alle Gegenüberstellungen, da sie alle Gottes fürsorgendes bzw. strafendes Handeln zum Inhalt haben. Das Thema "Götzendienst" verbindet ihn speziell mit der zweiten Gegenüberstellung.
Als Teil der zweiten Gegenüberstellung expliziert der Exkurs den von Sap selbst formulierten Grundsatz "Wodurch man sündigt, dadurch wird man bestraft" (11,16) in Bezug auf den Götzendienst der Ägypter. Gottes

strafendes Handeln in der zweiten Gegenüberstellung trifft die Ägypter aufgrund ihres Götzendienstes und ihrer Tierverehrung in Form von Tierplagen (11,15-16/16,1).

1.4.8. Die Bedeutung der literarkritischen Analyse für das Problem der Textauslegung

Nach obiger Analyse der Abgrenzungs- und Einteilungsmöglichkeiten hat man mit einer gewissen Eigenständigkeit von Kap 10 auch in Bezug auf das Problem der "Textauslegung" innerhalb Saps zu rechnen. Kap 10 bringt die Rettung von Gerechten aus einer feindlichen Umgebung zur Sprache; SCHMITTs These der "Aktualisierung der Heilsgeschichte"[40] wird zu überprüfen sein.

In Kap 11-19 ist zu erwarten, daß die Bezugstexte auf den Kontrast zwischen Gottlosen und Gerechten hin aufgenommen werden. Anders als in Kap 10 steht nicht das Thema "Rettung" in Vordergrund, sondern der Gegensatz von "Plage" und "Wohltat".

Der Exkurs Saps in 11,16 - 16,1 soll in dieser Arbeit unter dem Gesichtspunkt behandelt werden, inwieweit er eine Auslegung von Exodus-Texten und -Thematik betreibt und er durch seine Thematik die zweite Gegenüberstellung stützt und beeinflußt und wie sich die in ihm enthaltene Pädagogisierung zu der der Gegenüberstellungen verhält.

1.5. *Die Gattung von Sap 10; 11-19*

1.5.1. *Sap als Protreptikos*

Der Frage nach der Gattung von Sap 10-19 ist vorauszuschicken, daß *das ganze Buch* Sap eine Werbeschrift, ein Protreptikos ist.[41] Im dritten Hauptteil Saps, dessen Analyse die Aufgabe dieser Arbeit ist, zeigt sich die werbende Absicht an den immer wieder begegnenden Formulierungen, die den LeserInnen eine bestimmte Erkenntnis vermitteln wollen. Es sind die Abschnitte, an denen die Pädagogisierung der Bezugstexte am offensichtlichsten ist.

---

[40] A.SCHMITT, Struktur, S.21; s. die vorangehende Anmerkung.
[41] S. dazu jüngst A.SCHMITT, Weisheit, S.7: "Die Gattung des gesamten Buches ist als Protreptikos einzustufen. Darunter versteht man eine in der Sophistik entstandene Werbeschrift für eine bestimmte Kunst oder Wissenschaft (Aristoteles, Epikur, verschiedene Stoiker). Diese werbende Tendenz durchzieht alle Teile des Werkes,...". Leider schweigt sich SCHMITT an dieser Stelle über die AdressatInnen aus. Zu Sap als Protreptikos s. a. D.WINSTON, Wisdom of Solomon, S.18-20 und J.M.REESE, Hellenistic Influence, S.117-121. D.GEORGI, Weisheit Salomos, S.400f, sieht demgegenüber in Sap stärkere Diskrepanzen zu den erhaltenen Beispielen des protreptischen Schrifttums. M.E. ist die werbende Absicht aber gerade in den pädagogisierenden Abschnitten des dritten Hauptteils unverkennbar.

Als umworbene AdressatInnen sehe ich Juden/Jüdinnen in Alexandria. Die an vielen Stellen geführte Auseinandersetzung z.b. mit der Tierverehrung (zweite Gegenüberstellung und der darin eingearbeitete "Exkurs" Saps), mit Rettungsansprüchen von Gottheiten und eventuell Herrschern (Kap 10; 16,5-15) und andere religionspolemische Passagen in Sap lassen die Vermutung zu, daß eben diesen Herausforderungen mit der "Werbeschrift Sap" begegnet werden soll.

Die Adressierung des Protreptikos an Juden/Jüdinnen zeigt sich im dritten Hauptteil Saps besonders daran, mit welcher Intensität Sap auf Bezugstexte in Gen und Ex zurückgreift, um ihre Werbung zu stützen. Im Wiedererkennen der Bezugstexte hinter den Anspielungen und in der damit gleichzeitig verbundenen Rezeption von Saps Interpretation dieser Texte kommt die Werbung zur Wirkung. Ihre Absicht ist es, zu Mysterien und/oder Tierkulten Abgefallene zurückzuholen, die mit diesen Praktiken liebäugelnden Menschen durch das warnende Beispiel der "Gottlosen" vom Abfallen zurückzuhalten und die "Gerechten", d.h. die standhaft Gebliebenen mit der in Aussicht gestellten Rettung durch die σοφία oder durch Gott standhaft zu halten.

Über die Wirkung und den Erfolg der Werbung bei den AressatInnen, bzw. aufgrund der "doppelten Lesbarkeit" auch gegenüber nichtjüdischen LeserInnen, lassen sich in Bezug auf Kap 10-19 nur Vermutungen anstellen. Kap 10 konnten mit den Bezugstexten nicht vertraute LeserInnen sicher als Beispiel dafür lesen, wie *ein* Gerechter immer wieder gerettet wurde. Welche Anziehungskraft ihnen gegenüber von Kap 11-19 ausging, ob z.B. nichtjüdische Menschen sich selbst als die "Gottlosen" sahen und sie "Gerechte" werden wollten, darüber können keine Aussagen gemacht werden.

1.5.2. *Sap 10 als Beispielreihe exemplarisch "Gerechter"*

Bereits oben wurde die Möglichkeit erwähnt, Sap 10 als Beispielreihe zu verstehen, in der das rettende Handeln der σοφία dargestellt wird.[42] Sap greift in dieser Beispielreihe zurück auf Personen und Geschichten aus dem Buch Gen. Hinter den Anspielungen, die konsequent jeden Namen - stattdessen sind die Eigennamen durch das substantivierte Adjektiv δίκαιος ersetzt - und jede zeitliche Einordnung vermeiden, werden beim Wiedererkennen der "Gerechten" (Adam, Kain,) Noah, Abraham, Lot, Jakob, Josef und schließlich das gerechte Volk Israel deutlich. Jedes mit diesen Personen und den Geschichten aus Gen verbundene Geschick wird zum Beispiel für das rettende Handeln der Weisheit.

Die werbende Absicht Saps in Kap 10 liegt darin, die Menschen für eine Hinwendung zur σοφία zu gewinnen, indem ihnen deren Rettungsmacht vor Augen gestellt wird.

---

[42] S. den Abschnitt 1.4.5. *Die Abgrenzung von Kap 10.*

1.6. Die Diskussion um die Gattung von Sap 11 - 19

1.6.1. Sap 11-19 als Synkrisis

Für die gattungsmäßige Einordnung von Sap 11-19 finden sich im wesentlichen zwei Positionen. Seit FOCKEs Aufsatz "Die Entstehung der Weisheit Salomos" von 1913 wird Kap 11-19 der Gattung Synkrisis zugerechnet.[43] Diese Gattungsbezeichnung begegnet bis in die neuere deutsche Kommentarliteratur.[44] "Es ist keine Frage, daß wir hier eine regelrecht durchgeführte σύγκρισις vor uns haben. Die Schicksale der Ägypter und der Israeliten werden paarweise gegenübergestellt und verglichen; dies geschieht 7 Mal hintereinander."[45] Das Schema der Synkrisis, so FOCKE, hat der Verfasser schon fertig übernommen, er selbst hätte einen solchen Eingriff nie gewagt, diese selbst zu gestalten. Als indirekten Beweis für diese These führt FOCKE an, daß sich in der hebräischen Midraschliteratur keine Synkrisis findet.[46] Die Absicht des Verfassers war die Durchführung der These, "daß aus jeweils gleichartigen Ursachen für jene eine κόλασις, für diese eine εὐεργεσία hervorging."[47] Als Funktionen der συγκρίσεις in verschiedenen Gattungen der griechischen Literatur nennt FOCKE:
- Sie dienen in der Streitdichtung dazu, zwei Personen oder Personifikationen einander gegenüberzustellen und eine κρίσις zwischen der positiv beschriebenen einen und der negativ beschriebenen anderen herbeizuführen. Hier und in der enkomiastischen Literatur wird die Synkrisis als Stilmittel verwendet, die Überlegenheit eines Teils zu erweisen.
- In der Literaturkritik und in der Geschichtsschreibung wurden συγκρίσεις zur wissenschaftlichen Beurteilung von Schriftstellern bzw. Personen aus der Geschichte verwendet.
- Bei Plutarch dienten die συγκρίσεις dem Abwägen. Über eine σύγκρισις ἠθῶν, d.h. durch eine Vergleichung der Sitten und Charaktere der Menschen, sollte eine Erziehung und Belehrung der Menschen geschehen.[48]

Nach FOCKE gilt für alle συγκρίσεις das Gesetz, daß stets der schwächere Teil (für Sap wären das die Beispiele vom Geschick der Ägypter) vorausgeht.[49]

---

[43] F.FOCKE, Entstehung, hat in diesem Aufsatz m.W. als erster die Kap 11-19 als Synkrisis bezeichnet. In seiner Arbeit Synkrisis (1923) hat er dann Sap 11-19 in die συγκρίσεις der klassischen und zeitgenössischen griechischen Literatur eingeordnet.
[44] Stellvertretend seien genannt A.SCHMITT, Das Buch der Weisheit, S.18, jüngst auch ders., Weisheit, S.14f, und D.GEORGI, Weisheit Salomos, S.440 (Anmerkung zu 11,2 - 19,22).
[45] F.FOCKE, Entstehung, S.12-13.
[46] F.FOCKE, Entstehung, S.15. Hier ist noch anzufügen, daß FOCKE nur eine oberflächliche und flüchtige innere Berührung des Verfassers mit dem Hellenismus sieht (S.92).
[47] F.FOCKE, Entstehung, S.13.
[48] Vgl. hierzu F.FOCKE, Synkrisis, passim.
[49] F.FOCKE, Entstehung, S.13.

D.GEORGI sieht in der Synkrisis Kap 11-19 eine stilisierte und gezielte Kette von wertenden Vergleichen, die der Belehrung über das Verhalten Gottes gegenüber Gerechten und Gottlosen dient.[50]

1.6.2. Kritik am Synkrisis-Modell für Sap 11-19

Das Synkrisis-Modell hat bei der Gattungsbestimmung von Sap 11-19 einige Argumente für sich. Die Grundtendenz, das Geschick der Gerechten und das der Gottlosen einander gegenüberzustellen, bahnt sich schon in Kap 10 an, wenn immer wieder δίκαιοι aus dem Umfeld der Gottlosen gerettet werden. In Kap 11-19 findet das seine Fortsetzung in der Art, daß in den "eigentlichen Gegenüberstellungen" das Geschick der Gerechten und das der Gottlosen kontrastiert wird.[51] Gerechte und Gottlose werden einander in im Kasus kongruenten Satzgliedern gegenübergestellt.[52] In der ersten bis vierten Gegenüberstellung ist zudem eine Fülle von pädagogischen Formulierungen anzutreffen, die darauf schließen lassen, daß die LeserInnen über etwas belehrt werden sollen. Die Kontrastierung und die belehrende Absicht stützen die Einordnung von Kap 11-19 als Synkrisis.

Dennoch ist Kritik am Synkrisis-Modell zu üben. Nach FOCKEs Verständnis vergleicht die Synkrisis. Nirgends in Sap 11-19 wird jedoch die Vergleichspartikel ὡς verwendet, um das Ergehen von Israeliten und Ägyptern direkt gegenüberzustellen.[53] Es begegnen kaum Komparative, und wenn, dann nicht in der Absicht, zu vergleichen. Wendet man das Synkrisis-Modell auf alle 7 Gegenüberstellungen an, muß man zum Teil erhebliche Abweichungen von der Idealform in Kauf nehmen. Letzteres ist gerade für die fünfte bis siebte Gegenüberstellung (17,1 - 18,4; 18,5-25; 19,1-17) festzustellen, die in sich Besonderheiten und Auffälligkeiten zeigen.
In diesem Zusammenhang ist noch einmal auf die oben genannten pädagogischen Formulierungen einzugehen: Die LeserInnen sollen belehrt werden. Der Inhalt der Belehrung geht aber nie dahin, daß die LeserInnen die über-

---

[50] D.GEORGI, Weisheit Salomos, S.440, Anm. zu 11,2 - 19,22.
[51] Zum Begriff "eigentliche Gegenüberstellung" s. den Abschnitt 3.3.1. *"Das Bauprinzip der Gegenüberstellungen"* in der Hinführung zur Einzelanalyse der sieben Gegenüberstellungen.
[52] Vgl. zu diesem Sachverhalt EUSEBIUS' Enkomion auf Konstantin, Εἰς τὸν βίον τοῦ μακαρίου Κωνσταντίνου βασιλέως III,1, wo er eine σύγκρισις mit 15 mal wiederholtem οἱ μὲν ... ὁ δέ anführt. Die Kontrastierung durch im Kasus kongruente Satzglieder begegnet innerhalb der Gegenüberstellungen in den Abschnitten, die ich "eigentliche Gegenüberstellung" nenne.
[53] 11,10 verwendet ὡς 2x, um Gott mit einem "Vater" bzw. "Regenten" zu vergleichen; 16,29 (2x) vergleicht die Hoffnung der Undankbaren mit "Schnee" bzw. "Wasser"; laut 19,3 verfolgen die Ägypter die Israeliten "wie Flüchtige" (ὡς φυγάδας); 19,9 (2x) vergleicht die Israeliten nach dem Meerdurchzug mit "Pferden" bzw. "Lämmern". In 19,7 werden die Ägypter durch die Vergleichspartikel ὥσπερ mit den Sodomitern verglichen; dieselbe Partikel verwendet 19,18, um die Harmonie der Elemente mit der Musik auf einem Saiteninstrument zu vergleichen. Andere Vergleichspartikel finden sich in Sap 11-19 nicht.

ragende Größe Israels erkennen sollen.[54] Vielmehr sind die Straferfahrung der Ägypter (z.B. 11,8.9; 16,4) und die Erkenntnis Gottes (z.B. 11,13) Inhalte der angestrebten Erkenntnis. In einer Synkrisis, die FOCKEs Kriterien entspricht, wäre aber eine Erkenntnis der herausragenden Größe Israels als vermittelter Inhalt zu erwarten.
Die Synkrisis erscheint in den von FOCKE zusammengestellten Literaturen und auch in Sap immer als dienende Gattung, als Gattung, die sich einer größeren Gattung unterordnet (Biographie, Enkomion, Agon usw., im Falle Saps eben die Unterordnung unter den Protreptikos). Ein einheitlicher Sitz im Leben und eine damit verbundene einheitliche Funktion ist nicht gegeben.
Eine vorschnelle Einordnung von Sap 11-19 als Synkrisis birgt die Gefahr in sich, keine weitere Spezifizierung und Beschreibung vorzunehmen. Stattdessen wird Sap unter die anderen bekannten Synkrisis-Modelle subsumiert. Das Besondere wird damit vorschnell preisgegeben zugunsten des allgemein Bekannten. Aus diesem und den oben angeführten Gründen möchte ich im Fortgang meiner Analyse auf das Synkrisis-Modell für Sap 11-19 verzichten. FOCKE mag recht damit haben, daß sich in der Midrasch-Literatur keine Synkrisis-Reihe findet, Sap hier also ein unjüdisches Element verarbeitet. Er übersieht dabei aber, daß gerade die Psalmen und die nachexilische Literatur, die das Exodusmotiv verarbeiten sehr wohl <u>Vergleiche</u> anstellen und mit diesen Vergleichen eine Aktualisierung des "alten" Stoffes erreichen.[55]

1.6.3. "Gegenüberstellungen" statt "Vergleiche"
Aus dem Synkrisis-Modell rührt die Bezeichnung "Vergleiche" für die siebenfache Kontrastierung des Geschicks der Gottlosen mir dem der Gerechten. Nach der Verwerfung dieses Modells und aufgrund der Art der "Vergleiche" möchte ich für Sap 11-19 lieber zunächst neutral von sieben Gegenüberstellungen reden.
Sap kontrastiert das Geschick der Gottlosen mit dem der Gerechten. Strafe gegen Wohltat (κόλασις gegen εὐεργεσία) ist das von Sap selbst in 11,5 formulierte Bauprinzip der Gegenüberstellungen. Wie unter diesem Bauprinzip Textaufnahme und -auslegung geschieht und welcher Verstehensprozeß damit verbunden ist, soll in der Einzelanalyse dargestellt werden.

1.6.4. Sap (10); 11-19 als Midrasch
Die zweite Gattung, in die Sap häufig eingereiht wird ist die des Midrasch. Das geschieht in der Regel dadurch, daß Sap (10);11-19 ganz ein-

---

[54] Als Ausnahme kann 18,13 angeführt werden; doch trägt dieser Vers keine deutlich pädagogische Tendenz.
[55] Vgl. hierzu D.GEORGI, Weisheit Salomos, S.440, Anm. zu 11,2 - 19,22.

fach als Midrasch bezeichnet wird, ohne näher anzugeben, womit diese Gattungsbezeichnung gerechtfertigt ist.[56]
Eine uneindeutige Zwischenposition nimmt A.SCHMITT in seinem Kommentar (1986) ein. Sap als ganzes Buch ist für ihn ein Protreptikos.[57] In dem Abschnitt zur Strukturanalyse bezeichnet er Sap 11-19 als Synkrisis, er scheint damit aber keine Gattungsbezeichnung zu beabsichtigen.[58] Im dritten Hauptteil Saps sieht er in den Gegenüberstellungen einen midraschartigen Charakter zutage treten.[59]

1.6.5. Kritik am Midrasch-Modell für Sap (10); 11-19

Die Einordnung des gesamten dritten Hauptteils oder einzelner Teile davon als Midrasch ist mit dem Problem behaftet, daß der Begriff "Midrasch" bzw. "midraschischer Charakter" nicht klar definiert ist. In der gegenwärtigen Diskussion werden sehr unterschiedliche Positionen vertreten: Soll man Midrasch als eine Art zu denken verstehen, als einen Prozeß und als das literarische Produkt dieses Prozesses? Diese Position vertreten R.BLOCH, Le DÉAUT, VERMES, J.A.SANDERS u.a. Für sie bezieht sich Midrasch auf den Text und die Situation des Interpreten. Seine Absicht ist es, den Text klar und bedeutsam für die Hörer seiner Zeit zu machen. Diese midraschische Art findet sich z.T. schon bei den Randglossen der Bibel.[60]
Eine strenger auf das literarische Geschehen orientierte Definition von Midrasch gibt G.G.PORTON: "In brief, I would define *midrash* as a type of literature, oral or written, which stands in direct relationship to a fixed, canonical text, considered to be the authoritative and the revealed word of God by the midrashist and his audience, and in which this canonical text is explicitly cited or clearly alluded to."[61] Nach dieser Definition braucht ein Midrasch eine explizite Anspielung oder ein Zitat der kanonischen Tradition. Eine Unterscheidung midraschischer und nichtmidraschischer Texte ist mit Hilfe dieser Definition möglich, gleichzeitig auch eine Unterscheidung verschiedener Typen von Midraschim.
SALDARINI gibt PORTONs Definition den Vorzug. Er empfiehlt, den Gebrauch des Wortes Midrasch besser auf die rabbinischen Midraschim oder eng verwandte Texte zu beschränken. Die jüdische Tradition ab dem 2. Jh.

---

[56] So z.B. A.G.WRIGHT, Structure, S.28, der (10);11-19 als "sogenannten Midrasch über die Plagen" bzw. als "Midrasch über den Pentateuch" bezeichnet. J.BLENKINSOPP, Wisdom and Law, S.149, hält die Methode der Auslegung in Sap 10-19 vergleichbar der in haggadischen Midraschim, wobei der Autor versucht, die Geschichte zu "verweisheitlichen". S.a. M.PRIOTTO, La prima Pasqua, S.19, der "eine midraschische Annäherung" an die Bezugstexte und den Vergleichsaspekt in Sap für eigentümlich hält.
[57] A.SCHMITT, Das Buch der Weisheit, S.21.
[58] A.SCHMITT, Das Buch der Weisheit, S.18.
[59] A.SCHMITT, Das Buch der Weisheit, S.27.
[60] S. hierzu A.J.SALDARINI, Reconstructions, S.445.
[61] G.G.PORTON, Defining Midrash, S.62.

v.u.Z. hat auf vielerlei Weise den biblischen Text interpretiert (Targumim, Pescharim, Midraschim usw.). Es ist wichtig, diese verschiedenen Typen zueinander in Beziehung zu setzen. Da wäre es nicht gerade hilfreich, sie alle unter der Bezeichnung Midrasch zu subsumieren.[62]

Allein schon nach PORTONs Definition legt es sich nahe, Sap 10-19 nicht bzw. nicht vorschnell als Midrasch zu bezeichnen. Sap hat zwar eine Fülle von Anspielungen an das Buch Exodus, die Anspielungen sind auch genau, doch wird dieses Buch nicht explizit als Offenbarung bzw. Autorität für die Situation Saps genannt. Das muß am Ende jedoch nicht gegen eine Bezeichnung von Sap (10); 11-19 als Midrasch sprechen, Autor und Adressaten können ja übereingekommen sein, für die entsprechende Situation einen Midrasch zu Exodus zu entwerfen.

Schwerer wiegt hier schon das Argument, daß Sap nicht allein auf die Exodus-Tradition zurückgreift, sondern auch auf deren Interpretation insbesondere durch die Psalmen. Und gerade diese Texte werden in Sap eklektisch verwendet und nicht kursorisch bearbeitet.

In den rabbinischen Midraschim selbst werden Auslegungsregeln genannt, mit deren Hilfe eine Auslegung als Verstehenshilfe und eine Aktualisierung betrieben werden sollte.[63] In Sap 11-19 hat es den Anschein, als würden einige dieser Middot angewendet. So z.B. der Schluß qal wachomer (a minori ad maius) oder die Entwicklung eines Verständnismusters aus zwei Schriftstellen (s. in der Einzelanalyse die Bezeichnung *Kombination von Bezugstexten*).

Allein die Middot als Regeln reichen m.E. jedoch nicht aus, um die Art und Weise der Schriftauslegung für jede Einzelstelle Saps umfassend zu beschreiben, geschweige denn den ganzen Abschnitt Kap 11-19 als Midrasch zu bezeichnen.[64]

1.6.6. Die offene Gattungsfrage bei der Untersuchung der Textauslegung in Sap 11-19

Als generelle Vorentscheidung trage ich an den Text heran, daß das ganze Buch Sap protreptischen Charakter hat. Sap 10-19 dient der werbenden Gesamtabsicht.

---

[62] A.J.SALDARINI, Reconstructions, S.446.

[63] Vgl. hierzu die 7 Middot des Hillel, die 13 des Rabbi Jischmael und die 32 des Rabbi Eliezer. Im Artikel von L.JACOBS, Hermeneutics, sind in Sp.367-370 die 13 Middot des Rabbi Jischmael zusammengestellt und erklärt. Sie können als eine Erweiterung der 7 Middot Hillels verstanden werden. Die 32 Middot Rabbi Eliezers lassen sich im wesentlichen auf die 13 Middot des Rabbi Jischmael zurückführen.

[64] A.SCHMITT, Weisheit, S.14f: "Die Berufung auf midraschartige Züge bleibt jedoch unscharf; festes Fundament gewinnt man indes bei der obigen Bestimmung als Synkrisis." SCHMITT scheint unter Midrasch eine Gattung zu verstehen, die biblische Texte als Ausgangspunkt einer weitläufigen Exegese nimmt, die die Textvorlage überschreitet und die Texte mit konkreten Details ausschmückt (S.14).

Kap 10 verstehe ich als Beispielreihe, die die σοφία als Retterin anhand von Beispielen aus dem Buch Gen darstellt.

Die Frage der Gattung von Kap 11-19 möchte ich offen lassen. Weder das Modell der Synkrisis noch das des Midrasch befriedigen für die gattungsmäßige Einordnung von Sap 11-19 ganz. Der oberflächliche erste Blick läßt nur wenige Stellen erkennen, an denen einzelne Middot angewendet sind.

Daß ich hiermit einen sehr "engen" Begriff für "Midrasch" an Sap 11-19 herantrage ist mir bewußt. Durch die vorschnelle Einordnung möchte ich verhindern, Sap 11-19 sofort in eine "Schublade" zu stecken, ohne vorher den Text selbst nach seinen Auslegungsvorgängen und -regeln befragt zu haben. Eine genaue Beschreibung der Auslegungsvorgänge ermöglicht vielleicht eine Spezifizierung auch in Bezug auf die Gattungsfrage zu einem späteren Zeitpunkt.

Die Siebenerreihe der Kontrastierung "Gottlose <—> Gerechte" möchte ich in der Durchführung der Analyse als "Reihe von Gegenüberstellungen" auffassen.[65]

---

[65] Ähnlich vorsichtig in der gattungsmäßigen Einordnung von Sap 11-19 ist M.PRIOTTO; er bezeichnet Sap 11-19 nicht direkt als Midrasch, sondern spricht von "midraschischer Annäherung" und dem "Vergleichsaspekt" als Eigentümlichkeiten Saps (La prima Pasqua, S.19 in einem Abschnitt zur Gattungsfrage). In dem Abschnitt zur Frage nach der Originalität der Vergleiche (S.25-30) spricht er von einer eigenen, charakteristischen "rilettura" des Exodus durch Sap (S.27).

2. Die rettende Weisheit: "Gerechte" aus dem Buch Gen als Beispiel für das rettende Handeln der Weisheit in Sap 10

Für Kap 10 ergeben sich bestimmte Probleme, die sowohl den Gesamtaufbau des Buches Sap betreffen als auch das Problem der Textauslegung in Sap berühren.

2.0.1. Die Stellung im Kontext
In Kap 10 findet sich eine siebengliedrige Beispielreihe von Gerechten (δίκαιοι) aus der Geschichte Israels. Der Vers 9,18 gibt als Überschrift von Kap 10 einen ersten Hinweis darauf, *wie* Sap die Bezugstexte aus Gen lesen wird: Es geht ihr um die rettende Funktion der Weisheit.[66] Kap 1-9 haben die LeserInnen mit der σοφία vertraut gemacht; in Kap 10 wird ihre Wirksamkeit beschrieben. Der Schaltvers 9,18 verknüpft diese beiden Abschnitte.
Die Abgrenzung von Kap 10 zu Kap 11 ist umstritten. 11,1 kann sowohl als Abschluß von Kap 10 gelesen werden, aber auch als Auftakt zu Kap 11. 11,1-4 können aber auch als Schaltverse zwischen Kap 10 und 11 verstanden werden.[67] Durch sie ergibt sich eine Verknüpfung von Kap 10 mit Kap 11. Sap stellt so einen größeren Textzusammenhang her, hier im speziellen Fall verschleiert Sap mit den Versen 11,1-4 auch den Übergang vom Wirken der σοφία zum Wirken Gottes.

2.1. *Einleitende Beobachtungen zu Kap 10*

2.1.1. Sap 9,18 als Überschrift zu Kap 10
Durch seine voraus- und zurückweisende Funktion verbindet das οὕτως in 9,18 Kap 10 mit dem Gebet um Weisheit in Kap 9.[68] V18a führt das Motiv des Weges ein: καὶ οὕτως διωρθώθησαν αἱ τρίβοι τῶν ἐπὶ γῆς. Dieses Motiv durchzieht Kap 10 (V10b.17b.18); auch in 11,1-4 ist das Wortfeld ὁδός in Bezug auf die Wüstenwanderung des Volkes gebraucht.
Das Hauptthema von Kap 10, die Rettung der Gerechten durch die Weisheit, wird durch V18c vorbereitet: (ἄνθρωποι) τῇ σοφίᾳ ἐσώθησαν. Die Belehrung der Menschen (V18b: ἄνθρωποι ἐδιδάχθησαν) klingt in 10,10d.12d an und ist auch im Fortgang des Buches Sap ein wichtiger Zug, z.B. in den pädagogisierenden Formulierungen der ersten bis vierten Gegenüberstellung (11,1 - 16,29).

---

[66] 9,18: καὶ οὕτως διωρθώθησαν αἱ τρίβοι τῶν ἐπὶ γῆς, καὶ τὰ ἀρεστά σου ἐδιδάχθησαν ἄνθρωποι, καὶ τῇ σοφίᾳ ἐσώθησαν.
[67] A.SCHMITT, Das Buch der Weisheit, S.18.
[68] Zu Doppelfunktion des Verses s. auch U.OFFERHAUS, Komposition, S.119.

9,18 "Und so wurden die Wege der Erdenbewohner berichtigt,
und die Menschen wurden in deinem Besten unterrichtet,
und sie wurden durch die Weisheit gerettet."

Sap 9,18 führt also die Thematik der folgenden Kapitel ein. Bestimmte Themen werden durch die Wortwahl vorbereitet. V18 ist auch der Schlußvers von Kap 1-9. In diesen Kapiteln werden die LeserInnen mit der σοφία, ihren Eigenschaften und Wirkungsweisen vertraut gemacht. Ab Kap 10 werden sie zu eigener Anschauung und zu eigenem Urteil aufgefordert: So wirkte die σοφία in der Geschichte an einzelnen Gerechten.[69] Kap 10 ist Durchführung und Beweis der Wahrheit dessen, was in Kap 1-9 theoretisch vorgestellt wurde.

Die Weisheit wird als Subjekt eingeführt in 9,18. Sie ist im gesamten Kap 10 das handelnde Subjekt, sechs Mal wird sie durch das betont am Satzanfang stehende Demonstrativpronomen αὕτη (V1.5.6.10.13.15) in Erinnerung gerufen.[70]
Das Wort σοφία selbst wird nur in 10,4.8.9.21 ausdrücklich genannt. V4a hat eine enge Beziehung zu 9,18c. Die beiden Versteile wirken wie eine Klammer um 10,1-3. σοφία steht als Subjekt des Satzes am Ende von V4a.

In V8 ist σοφία das Akkusativobjekt der an ihr Vorübergehenden, sie mißachtenden Menschen; sonst ist sie immer Subjekt.

2.1.2. Die Struktur von Kap 10

Das überwiegend verwendete Tempus ist der Aorist. Durch dieses Tempus werden vergangene Geschehnisse zu einer Erzählung verbunden.[71]
Durch die Überschrift 9,18 und 11,1 als Abschlußvers mit Schaltfunktion ist Kap 10 eng mit dem zweiten Hauptteil Saps (Kap 6-9) und der Reihe der sieben Gegenüberstellungen in 11-19 verbunden.

V9 ist ein programmatischer Satz für Kap 10. Mit ihm schärft Sap den LeserInnen nochmals das Thema aus 9,18c ein: Die Weisheit errettet diejenigen aus Mühsalen, die ihr dienen.
V9 wirkt nach V1-8 wie eine Zwischenbilanz. Nachdem Sap die σοφία dreimal durch das Demonstrativpronomen αὕτη als handelndes Subjekt eingeführt hat und die σοφία drei Gerechte und den erstgeformten Vater des

---

[69] Vgl. hierzu G.GEORGI, Weisheit Salomos, S. 436, Anm. zu 10,1-21.
[70] Grammatikalische Ausnahmen sind V3.7.8.20. In V3 ist der von der Weisheit abgefallene Ungerechte das Subjekt. V7 ist, wenn auch grammatikalisch selbständig, inhaltlich eine von V6 abhängige Relativsatz- und Partizipialkonstruktion. V8 ist eine Erläuterung zu V7; Subjekt sind die törichten Menschen, die an der Weisheit vorübergingen (gemeint sind die Sodomiter und Lots Frau). In V20 sind die Gerechten das grammatikalische Subjekt. Ihre Handlungsmöglichkeit erhalten sie aber nur aufgrund des Wirkens der Weisheit; διὰ τοῦτο schließt an das in V19 beschriebene Wirken der Weisheit an.
[71] Vgl. A.SCHMITT, Struktur, S.8; s.a. E.BORNEMANN, Griechische Grammatik, §211a, S.216.

Kosmos gerettet hat, schließt sich an V9 eine nochmalige dreifache Wiederholung des αὕτη mit der Rettung dreier Gerechter an. V9 bezieht sich nicht auf eine konkrete Rettungstat der Weisheit in der Geschichte Israels, sondern formuliert *allgemein* auf alle, die ihr dienen bezogen: σοφία δὲ τοὺς θεραπεύοντας αὐτὴν ἐκ πόνων ἐρρύσατο. In V21 ist die σοφία das Subjekt des Schlußsatzes von Kap 10. Nach der direkten Anrede Gottes in V20b.c führt V21 wiederum die Weisheit als Subjekt ein.[72]

2.1.3. Die der σοφία in Kap 10 zugeordneten Verben und Objekte

Sap 10 ist gegliedert durch das sechsmal betont am Satzanfang stehende αὕτη (V1.5.6.10.13.15). Dieses Demonstrativpronomen weist jeweils zurück auf die in 9,18c eingeführte σοφία. Der Weisheit sind bis auf wenige Ausnahmen durchgehend Verben des Rettens oder der Fürsorge zugeordnet:

V1b:	διαφυλάττειν	sorgfältig bewachen, bewahren
V1c:	ἐξαίρειν	befreien
V4a:	σῴζειν	retten
V4b:	κυβερνᾶν	steuern, leiten
V5b:	τηρεῖν	bewahren
V5c:	φυλάττειν	bewahren, erhalten in
V6a:	ῥύεσθαι	erretten, schützen
V9:	ῥύεσθαι	erretten, schützen
V10b:	ὁδηγεῖν	führen
V10e:	εὐπορεῖν	wohl versorgen
V10f:	πληθύνειν	vermehren
V11a:	παριστάναι	beistehen
V11b:	πλουτίζειν	reich machen
V12a:	διαφυλάττειν	sorgfältig bewachen
V12b:	ἀσφαλίζειν	sichern, Sicherheit geben
V12c:	βραβεύειν[73]	(mit αὐτῷ: zu seinen Gunsten) entscheiden
V13a:	οὐκ ἐγκαταλείπειν	nicht im Stich lassen
V13b:	ῥύεσθαι	erretten, schützen
V14b:	οὐκ ἀφιέναι	nicht verlassen
V15b:	ῥύεσθαι	erretten, schützen
V16b:	ἀνθιστάναι	widerstehen
V17a:	ἀποδιδόναι	etwas Geschuldetes zurückgeben, erstatten
V17b:	ὁδηγεῖν	führen

---

[72] Vgl. A.SCHMITT, Struktur, S.7.
[73] βραβεύειν ist Hapaxlegomenon in LXX.

(V18a: διαβιβάζειν hinüberführen, übersetzen)
(V18b: διάγειν hindurchführen, führen)[74]

Als Objekt des fürsorgenden und rettenden Handelns ist jedem αὕτη ein δίκαιος zugeordnet (V4b.5b.6a.10a.13a). In V1-4 ist das Handeln der Weisheit zwei Personen zugewandt. Zunächst gilt es dem πρωτόπλαστος πατὴρ κόσμου in V1a, dann dem δίκαιος V4b.
Ebenfalls nicht auf einen Gerechten, sondern auf das heilige Volk (λαός ὅσιος) bezieht sich das rettende Handeln in V15a. Das heilige Volk wird in V20a δίκαιοι genannt (im Nominativ als Subjekt des Satzes), δικαίους erscheint nicht als Akkusativobjekt der handelnden Weisheit.

Aus dieser Auflistung und der Bestimmung der grammatikalischen Strukturen läßt sich folgende Schlußfolgerung gewinnen: Die *Weisheit - rettet/handelt fürsorgend an - Gerechte/n* . Dieser Schlußfolgerung ist noch hinzuzufügen, daß diese "Rettung" niemals gleichsam abstrakt geschieht; sie ist immer auf eine konkrete Situation - sie wird jeweils aus den Bezugstexten zu erheben sein - bezogen. Auf der grammatikalischen Ebene deutet sich das an durch die vielen Präpositionen (ἐκ, ἀπό, διά, ἐν), mit deren Hilfe die Situationen und Umstände der Rettung beschrieben werden.

2.1.4. Das Buch Gen und Ex 1-15 als Bezugstext in Kap 10

Die Anspielungen in Kap 10 bilden einen Durchgang durch das Buch Gen anhand einzelner herausragender Personen dieses Buches. Ihr Geschick ist durch das rettende Handeln der σοφία an ihnen gekennzeichnet ist. Auch wenn Sap in ihren Anspielungen nur auf Traditionen zurückgreifen sollte, so haben diese doch ihre Verschriftung im Buch Gen gefunden, das so als "Bezugstext" dienen kann.
Der Durchgang beginnt bei Adam und geht über Noah, Abraham, Lot, Jakob und Josef bis hin zum "gerechten Volk", womit die Gemeinde der Israeliten beim Auszug gemeint ist; der in Ex 1-15 beschriebene Auszug Israels aus Ägypten ist Grundlage für den Schlußteil von Kap 10.
Die Namen dieser Personen sind durchweg durch das substantivierte Adjektiv δίκαιος ersetzt. Schon hier fällt auf, daß nicht Mose, sondern das Volk Israel als letzter Gerechter dieser Siebenerreihe von Gerechten erscheint.

Die Gerechten werden von der σοφία immer aus einem feindlichen Umfeld gerettet. Daraus ergibt sich schon auf den ersten Blick eine Änderung der ursprünglichen Aussageabsicht der Texte: Für Sap sind nicht die Personen

---

[74] Die Verben in V18 lassen sich in ihrer lexikalischen Bedeutung nicht eindeutig den Bereichen Rettung und Fürsorge zuordnen. Im Kontext von V15-21 sind sie jedoch in positiver Wertung gebraucht.

und die mit ihnen verbundenen Ereignisse als solche wichtig, sondern nur insofern, als sich von ihnen eine *Rettung durch die* σοφία aussagen läßt.
In der Aufnahme der Texte aus dem Buch Gen durch Anspielungen werden die jeweiligen Textabschnitte aus den beiden Bezugstexten eindeutig identifizierbar. Das eröffnet für diese Arbeit die Möglichkeit, das Maß, die Art und Weise und die Intention der von Sap gebotenen Interpretation der Bezugstexte zu erheben.

2.1.5. Die "Verweisheitlichung" des Handelns Gottes
An der Überschrift 9,18 wird deutlich, was ich in Kap 10 "Verweisheitlichung" nennen will: Die Rettung der "Gerechten" aus dem Buch Gen bzw. des gerechten Volkes ist nicht das Werk Gottes, sondern das der Weisheit. Gottes Handeln wird durch das der σοφία ersetzt.
Die Beispielreihe in Kap 10 beschreibt, in welchen Situationen "Gerechte" von der *Weisheit* gerettet wurden, gerettet immer aus dem Bereich der Gegenspieler, der Feinde.

Die Formulierungen τῶν ἐπὶ γῆς und ἄνθροποι in 9,18 weisen darauf hin, daß es wirklich um *Erden*bewohner als von der Weisheit Gerettete geht, es sind nicht Götter, Halbgötter oder sonstwie dem irdischen Alltag entzogene Personen. Und die Reihe der Geretteten beginnt in 10,1 mit Adam, dem "zuerstgeformten Vater des Weltalls".

2.1.6. Die Beschreibung der σοφία in Sap 6-9
Wenn diese Untersuchung der Textauslegung im Buch Sap mit Kap 10 einsetzt, dann darf dabei nicht übersehen werden, daß Kap 1-9 und speziell 6,9 - 9,18 die σοφία vorstellen, deren rettendes Handeln in Kap 10 erwiesen wird. Dort wird durch die Beschreibung der σοφία und ihres Wesens aufgezeigt, *welche* Weisheit es ist, die die Gerechten in Kap 10 rettet. Schon vorweg kann gesagt werden, daß das von der σοφία entworfene Bild keineswegs einheitlich ist.[75]

- In 6,9-25 wendet sich Sap an die Herrscher der Erde und ermahnt sie, die Weisheit zu suchen. Die Weisheit ist "strahlend und unvergänglich" (6,12); sie läßt sich von denen finden, die nach ihr verlangen, geht aber auch selbst umher und sucht die, die ihrer würdig sind (6,12-16); ihr Anfang ist das Begehren nach *Bildung* (6,17); ihre Spur läßt sich *vom Beginn der Schöpfung an* verfolgen (6,22). Mit dieser Einführung ist die Thematik des zweiten Hauptteils im Buch Sap eröffnet.

---

[75] Im folgenden halte ich mich im wesentlichen an die Kompositionsanalyse des zweiten Hauptteils von U.OFFERHAUS, Komposition, S.71-115, und versuche, die Aussagen über die σοφία kurz darzustellen.

- Der - fiktive - Salomo, der Prototyp des Weisen, zeigt in 7,1-6, daß einem die Weisheit nicht in den Schoß gelegt wird; deshalb bittet er um sie im Gebet; sie kommt zu ihm und er schätzt sie als wertvoller als Gold und Edelsteine, als Gesundheit und Schönheit, ja diese *Werte* fielen ihm erst zusammen mit der Weisheit zu (7,7-14), weil sie sie hervorbringt (ἠγνόουν αὐτὴν γενέτιν εἶναι τούτων; 7,12).
- Die Weisheit verleiht Salomo das Wissen um den *Aufbau und die Ordnung der Welt* von der Kosmologie bis hin zur Pharmazie (7,15-21).
- Das "denkende, heilige, einzigartige, vielfältige, zarte, behende..." πνεῦμα der Weisheit beschreibt 7,22 - 8,1. Die σοφία ist "beweglicher als alle Bewegung" (7,24); sie ist ein "Nebelschleier der göttlichen Kraft" und "Ausfluß der Herrlichkeit des Pantokrators" (7,25), hat also ihren Ursprung bei Gott; sie ist "Widerschein des ewigen Lichtes" und "Spiegel der Kraft Gottes" (7,26); die Weisheit ist schöner als die Sonne, übertrifft alle Sterne und ist strahlender als das Licht (7,29); sie durchwaltet das All (8,1).
- Diese Weisheit will Salomo als Lebensgefährtin heimführen (8,2-21), denn sie ist *Mystin des göttlichen Wissens* (8,4), sie verleiht die vier Kardinaltugenden (8,7) und ist gute Ratgeberin und Trost in Sorge und Leid (8,9); mit ihr erlangt er Ruhm und Unsterblichkeit, Achtung und Furcht bei Menschen und Tyrannen (8,10-18), deshalb wendet er sich an Gott um sie als Geschenk zu erbitten (8,19-21).
- In seinem Bittgebet Kap 9 beschreibt Salomo die Weisheit als *Throngenossin Gottes und Schöpfungswerkzeug* (9,2.4); sie war vom Beginn der Schöpfung an bei Gott und weiß, was ihm gefällt (9,9); sie weiß und versteht alles (9,11) und nur der, dem Gott Weisheit gegeben hat, kann Gottes Plan erkennen (9,17).

Allein schon dieser stark verkürzende Durchgang durch Kap 6-9 zeigt, daß Sap hier mit verschiedenen Vorstellungen von "Weisheit" arbeitet. Von Weisheit ist im Zusammenhang mit Bildung, mit enzyklopädischem Wissen die Rede, sie verleiht Salomo Klugheit und Unterscheidungsvermögen, die Weisheit wird als Person vorgestellt und als Emanation Gottes. Ebenso wird deutlich, daß alle diese Vorstellungen von der σοφία auch inneralttestamentlich "belegt" sind, d.h., daß in den verschiedene "weisheitlichen" Büchern und Passagen des AT ebendiese Vorstellungen von der Weisheit auch begegnen.
Nirgends jedoch stehen all diese Vorstellungen auf solch engem Raum zusammen. Daß sich für Sap der Versuch einer Harmonisierung dieser verschiedenen "Weisheiten" verbietet, braucht nicht erwähnt zu werden.

Jedoch ist auch allein mit dem Konstatieren der Verschiedenheit kein Fortschritt erreicht. Allein schon intensives Lesen des Textes Kap 6-9 macht sehr schnell deutlich, daß Sap die Disparatheit der verschiedenen Weisheits"begriffe" bewußt einsetzt, so als wolle sie sagen: "Das alles ist Weisheit". Ob Sap damit eine Art "Einigungsdokument" sein will, das

eben ganz bewußt diese unterschiedlichen Weisheitsströmungen zusammenbringt und auch miteinander in Beziehung setzt, kann an dieser Stelle nicht entschieden werden.
M.E. scheint hier aber ein Zug zutage zu treten, der auch mit Saps werbender Absicht in Verbindung zu bringen ist: Sie verweist die LeserInnen darauf: "Das alles ist Weisheit, ist σοφία". Und mit 9,18 kommen all diese "Weisheiten" als Retterinnen in Frage, die Person, die Emanation, die Bildung, die Weisheit als Weltordnung.
Tradierte "Funktionen" der Weisheit werden von Sap also aufgenommen, gleichzeitig wird die Weisheit jedoch auch neu gestaltet, wenn ihr neu zukommende Eigenschaften von Isis abgeleitet werden: Ihre Nähe zum Licht, ihr Abbild-Sein des göttlichen Lichtes; ihre Fürsorge für Welt und Menschen; das Durchwalten des Weltalls; die Art der Wissensvermittlung.[76]
Und damit tritt die σοφία dann in Konkurrenz zur Isis, wenn ihr rettendes Handeln in 9,18 behauptet und in Kap 10 bewiesen wird. Das ist mehr als bloße Analogie zu Isis, die σοφία überbietet Isis, es wird das an ihr hervorgehoben, was der Rettung der Gerechten dient.

2.1.7. Zusammenfassung der einleitenden Beobachtungen: Der Ausgangspunkt für die Einzelanalyse von Kap 10 im Hinblick auf die Textauslegung

Aufgrund der Zusammenstellung der syntaktischen Beziehungen und der oben gemachten Beobachtungen ergeben sich folgende Voraussetzungen für die Darstellung der Einzelanalyse in Kap 10:

- In Kap 10 wird die Weisheit so dargestellt, daß sie zur Rettung und Fürsorge an Personen handelt, deren Namen durch das substantivierte Adjektiv "δίκαιος" ersetzt wurde. Das Handeln Gottes an diesen Personen aus den Bezugstexten ist in Kap 10 durch das Handeln der Weisheit ersetzt.
- Wenn Sap das rettende Handeln der Weisheit an "Gerechten" aus dem Buch Gen beschreibt, dann "verweisheitlicht" sie das Handeln Gottes ausdrücklich vor einem jüdischen Hintergrund; in der Konkurrenz zu anderen Rettung beanspruchenden Mächten hält sie an der Tradition fest. Es bleibt jedoch die Frage, was das Neue an Saps Art ist, in dieser Weise mit der Tradition umzugehen.
- Rettung und Fürsorge geschehen nicht abstrakt, sondern werden auf konkrete Situationen bezogen. Das zeigen die häufigen Umstandsbestimmungen eingeleitet durch ἐκ, ἐν oder διά, die den ganzen Text durchziehen.
- Es bleibt unklar, ob Sap mit dieser rettenden σοφία die Emanation Gottes, die "Person" Weisheit, die Wissen und Bildung vermittelnde Weisheit oder aber alle miteinander meint. Nach der Vorstellung der Weisheit in

---

[76] S. dazu B.L.MACK, Logos und Sophia, S.186.

Kap 6-9 ist wohl jede dieser "Weisheiten" als Rettungsinstanz zu vermuten.
- Durch die inhaltlich immer wiederkehrende Errettung von Gerechten durch die σοφία und durch das einheitliche Erzähltempus Aorist entsteht ein homogener Eindruck von Kap 10, das über 9,18 und 11,1 eng in den unmittelbaren Kontext eingebettet ist.

Ausgehend von diesen Voraussetzungen ist es die Aufgabe der Einzelanalyse, darzustellen *wie* die jeweiligen Bezugstexte aufgenommen werden und vor allem *welche Veränderungen* sich in Sap gegenüber den Bezugstexten ergeben. Diese Veränderungen werden sowohl die Textoberfläche (z.b. Interpretation von "Stichworten" aus dem Bezugstext) als auch die Konzeption und Aussageabsicht der Bezugstexte in ihrem ursprünglichen Kontext betreffen.

2.2. *Sap 10,1-4: Adam, Kain und Noah*

2.2.1. *Adam, der zuerstgeformte Vater des Weltalls*

Wenn Sap in V1 vom "zuerstgeformten Vater des Alls" spricht, dann spielt sie damit auf die Erschaffung des Menschen an, wie sie im zweiten, jahwistischen Schöpfungsbericht dargestellt ist. Nur in Gen 2,4-7 ist von einer Formung des Menschen die Rede, V7 formuliert: καὶ ἔπλασεν ὁ θεὸς τὸν ἄνθρωπον... Das dort verwendete Verb πλάττειν nimmt V1a in dem Partizip des zusammengesetzten Verbs πρωτόπλαστος[77] auf. Schon durch die Wortwahl wird deutlich, daß Gen 2,7 der Bezugstext für V1 ist und nicht die Erschaffung des Menschen nach den priesterlichen Schöpfungsbericht Gen 1,26-27.

> 1"Diese bewachte den zuerstgeformten Vater des Weltalls,
> den allein Erschaffenen,
> und befreite ihn aus seinem Fehltritt."

πρῶτος und πατήρ beziehen sich eindeutig auf die Erschaffung Adams. Er ist ja der *zuerst* aus dem Staub der Erde (so die LXX) geformte Mensch. Und er ist der "Vater" der aus seiner Seite geschaffenen Frau, aber auch der ganzen Menschheit.
Sap erreicht für informierte LeserInnen allein mit zwei Wörtern eine genaue Identifizierung der gemeinten Person. Bei dem Verweis auf das Handeln der Weisheit an den Erdenbewohnern, das Sap in Kap 10 darstellen will, setzt sie bei Adam, dem ersten Erdenbewohner ein.

---

[77] πρωτόπλαστος nur hier und Sap 7,1 in LXX.

In V1b kennzeichnet Sap den zuerstgeformten Vater des Alls näher als den "allein Erschaffenen" (μόνον κτισθέντα). κτίζειν ist in Gen 1 und 2 nicht in Bezug auf die Schöpfung verwendet; für die Erschaffung des Menschen benutzt LXX in Gen 1,27; 2,7 ποιεῖν bzw. πλάττειν.[78] Sap denkt nicht von den Abstammungsverhältnissen her. Sie meint also nicht, daß von allen Menschen allein Adam erschaffen ist, alle anderen Menschen gezeugt sind. Sap geht es vielmehr darum, das bewahrende Handeln der Weisheit für Adam schon für den Zeitpunkt auszusagen "als Adam allein geschaffen war", d.h. als Eva noch nicht geschaffen war. Schon zur Zeit seines Alleinseins wurde Adam die Fürsorge der σοφία zuteil.[79]

Die Bewachung Adams durch die Weisheit in V1b bezieht sich auf den ersten Zeitpunkt seines ins Dasein Tretens. Doch auch wenn man davon ausgehen kann, daß Sap das Handeln Gottes in Kap 10 durch das Handeln der Weisheit ersetzt, läßt sich doch kein Bezugstext finden, der von einer Bewachung/Bewahrung Adams durch Gott erzählt, die durch das Handeln der σοφία ersetzt werden könnte. μόνον κτισθέντα διεφύλαξεν will ausdrücken, daß die σοφία als Throngenossin Gottes von Anfang an (Sap 9,9-10) den Vater der Welt von seinem ersten Atemzug an bewachte. Die Bewahrung Adams durch die σοφία von Anfang an entspringt Saps eigener theologischer Sicht der Weisheit bzw. einer anderen hier aufgenommenen Tradition.[80]

2.2.2. Adams Errettung aus dem Sündenfall

V1c spielt an auf den Sündenfall. Er ist mit παράπτωμα gemeint.[81] Wenn Sap allerdings formuliert καὶ ἐξείλατο αὐτὸν ἐκ παραπτώματος ἰδίου dann erweckt sie den Anschein, als sei Adam aufgrund der Rettung durch die σοφία für seinen Fehltritt straffrei ausgegangen.[82] Adam erlitt freilich nicht das angedrohte Strafmaß, nachdem er vom Baum der Erkenntnis gegessen hatte. Nach Gen 2,16-17 sollte Adam mit dem Tod dafür bestraft werden. Nach Gen 3,16-19 müssen Adam und Eva das Paradies verlassen. Über die Frau werden die beschwerliche Schwangerschaft und die Schmerzen beim Ge-

---

[78] Gen 14,19.22 ist κτίζειν der Terminus für die Erschaffung von Himmel und Erde, ebenso z.B. Ψ 148,5. Mal 2,10 stellt die Frage: Οὐχὶ θεὸς εἷς ἔκτισεν ὑμᾶς; οὐχὶ πατὴρ εἷς πάντων ὑμῶν; κτίζειν wird hier zumindest auf die Schöpfung des Menschen bezogen, auch wenn die Betonung auf dem εἷς liegt. πατήρ in der zweiten Frage kann doppeldeutig aufgefaßt und auf Gott, aber auch auf Adam bezogen werden.
[79] Zu diesem Verständnis s. P.HEINISCH, Das Buch der Weisheit, S.194f.
[80] S. dazu die Beschreibung und Vorstellung der σοφία in Kap 6-9.
[81] Im Kontext von V1 ist der Fehltritt nicht auf den Menschen schlechthin oder auf Mann und Frau, sondern allein auf Adam bezogen. Diese Traditionslinie kommt auch bei Paulus zum Vorschein, wenn er Röm 5,12 schreibt, daß durch einen Menschen (δι' ἑνὸς ἀνθρώπου) die Sünde in die Welt gekommen ist. V1c zeigt auch, daß Gen 3 wirklich als Sündenfall verstanden wurde und nicht als Ätiologie für die Schmerzen beim Gebären und die Mühsal der Feldarbeit.
[82] Deutet sich hier schon die Tendenz aus 11-19 an, Verfehlungen und Strafen des Gottesvolkes zu verschweigen, wie sie besonders in den Gegenüberstellungen zutage tritt?

bären als Strafe verhängt, über den Mann die Mühsal der Ackerbestellung. Erst in Gen 3,19 wird vom Tod des Mannes gesprochen.[83] Sap interpretiert also den Nichtvollzug der für die Übertretung angedrohten Bestrafung als Rettung.
Sap hat die Ankündigung des Todes in Gen 3,19 nicht als die Strafe für die Verbotsübertretung betrachtet. Und Gen 2,16-17 verstand sie als Androhung der <u>sofortigen</u> Bestrafung mit dem Tod bei Übertretung des Verbotes. Nur so konnte sie zu der Deutung gelangen, Adam sei aus seinem Fehltritt gerettet worden, da er ja nicht den sofortigen Tod erlitten hat. Daß Adam weiterleben durfte, war die Errettung aus dem Fehltritt.

2.2.3. Die σοφία verleiht Adam die Fähigkeit, über alles zu herrschen

V2 spielt an auf Gen 1,26-32, die Erschaffung des Menschen nach dem priesterschriftlichen Schöpfungsbericht. Die Weisheit gab dem zuerstgeformten Menschen die Macht (ἰσχύς), alles (ἅπας) zu beherrschen:

2"Sie gab ihm aber die Macht, über alles zu herrschen."

Mit ἅπας faßt Sap die Erde, die sich die Menschen untertan machen sollen und die Tiere, über die sie herrschen sollen aus Gen 1,28 zusammen.[84] Gott gibt den Menschen den Befehl, sie sollen sich die Erde untertan machen und über die Tiere herrschen (κατακυριεύσατε καὶ ἄρχετε). Der Mensch wird zum Herrscher über die Tierwelt, die Pflanzenwelt erhält er zur Nahrung. Wenn Sap die Herrschaft durch das Verb κρατεῖν ausdrückt, legt sie gegenüber Gen 1 eine Betonung auf Kräfte- und Macht-(κράτος)Verhältnisse, doch der Bezug zu Gen 1 ist nicht zu leugnen.[85]

In der Anspielung auf den "zuerstgeformten Vater des Alls" greift Sap auf Geschichten in Gen zurück, die mit Adam bzw. dem ersten Menschen verbunden sind: die beiden Schöpfungsberichte und die Sündenfallgeschichte. Durch die *Kombination* dieser Geschichten in den Anspielungen ("zuerstgeformt" - "befreit aus seinem Fehltritt" - "Macht zu herrschen") und das Ersetzen von Gottes Handeln an Adam durch das Handeln der Weisheit, entsteht ein Bild von Adam als einem von Anfang an durch die σοφία bewahrten und dann bevollmächtigten Menschen.

---

[83] Gen 3,19 kann als Bewahrheitung der Drohung Gen 2,16-17 verstanden werden. Dann wäre der Mensch unsterblich erschaffen gewesen. In der Theologiegeschichte ist diese Deutung häufig vertreten worden. Sap hat die Stelle aber anders verstanden. Dazu s. im Text.
[84] ἅπας ist in seiner lexikalischen Bedeutung die aus einzelnen Teilen zu einer Einheit zusammengefaßte Gesamtheit.
[85] Durch ἰσχύς wird das noch verstärkt. Auch indem der Mensch die Tiere benennt, ihnen einen Namen gibt, entsteht ein Herrschaftsverhältnis (Gen 2,18-24). Der Text in Gen 2 selbst spricht aber nicht von Herrschaft, so daß mir der Bezug zu Gen 1 wahrscheinlicher scheint. Zudem muß man nicht den Weg über die Philosophie (Benennung = Macht) gehen.

Auf Einzelheiten der Bezugstexte (z.B. das Wie und Wann der Erschaffung Adams) geht Sap nicht ein. Sap ist nur an dem von Adam Berichteten interessiert, was sie als Handeln der σοφία auslegen kann. Deutlich sind beide Schöpfungsberichte aufgenommen, ohne daß Sap ihre Diskrepanzen harmonisieren würde. Sap *wählt* auf Adam hinweisende Motive *aus*, mit deren Erwähnung sofort *assoziativ* die Bezugstexte in Erinnerung kommen:
"zuerstgeformt" —> die Erschaffung Adams
"Fehltritt" —> die Geschichte vom Sündenfall
"Macht zu herrschen" —> das Ende des ersten Schöpfungsberichtes.
V1-2 folgt dabei nicht der kursorischen Reihenfolge der Geschichten in Gen 1-3. Auf diese Weise entsteht in Saps Darstellung fast der Eindruck, als sei die Macht des Menschen, über alles zu herrschen, ihm aus der Errettung aus dem Fehltritt erwachsen.

Das Erzähltempus Aorist suggeriert die Abfolge Bewachung - Errettung - Machtverleihung. Die Themen werden dabei der biblischen Überlieferung in Gen entnommen. Gleichzeitig kann man in ihnen auch eine Anspielung auf den Mythos von der Schöpfung, dem Fall und der Erhöhung des Urmenschen sehen.[86]

Die Interpretation wird in den Anspielungen auf die Bezugstexte transportiert. Hinter den Formulierungen "Errettung aus dem Fehltritt" und "Macht, über alles zu herrschen" werden die Bezugstexte deutlich. Sap blendet aber andere Eigentümlichkeiten der Bezugstexte aus, z.B., daß Adam doch für seinen Fehltritt bestraft wurde. Und sie *kombiniert* Bezugstexte so, daß sie Adams Geschick als Werk der σοφία darstellen kann.

LeserInnen, die mit der biblischen Überlieferung vertraut sind, wird durch die Anspielungen und die Art der darin vorgenommenen Textauslegung die Assoziation an Adams Erschaffung, seinen Sündenfall, den Nichtvollzug der angekündigten Todesstrafe und die Ermächtigung durch Gott, alles mit Namen zu benennen und sich die Schöpfung untertan zu machen, direkt vorgegeben. Eine Kenntnis des oben angesprochenen Mythos ist nicht notwendig. Mit dem Einverständnis in V1-2 akzeptiert der/die LeserIn die Interpretation Saps: Die *Weisheit* bewachte Adam und errettete ihn aus den Folgen seiner Sünde. Sie und nicht Gott gab dem Menschen die Macht, alles zu beherrschen. Gottes Handeln wird durch das der Weisheit ersetzt.

Für LeserInnen, die mit der biblischen Überlieferung nicht vertraut sind, bleibt eine Annäherung an den Mythos des erstgeformten Menschen und ein Beispiel für das rettende Handeln der Weisheit, bzw. sie erfahren vom rettenden Handeln der Weisheit am πρωτόπλαστος.

2.2.4. *Kain als Gegensatz zum "Gerechten" Adam*
V3 setzt durch adversatives δέ Adam den Ungerechten gegenüber, der durch brudermörderischen Zorn zugrunde ging. Gemeint ist damit Kain, der

---
[86] D.GEORGI, Weisheit Salomos, S.437, Anm. V1b.

seinen Bruder Abel erschlagen hat. Im Gegensatz zu Adam, der sündigte und gerettet wurde, ging für Sap Kain zugrunde. Indem Adam mit einem Ungerechten (ἄδικος) kontrastiert wird, erscheint er indirekt als Gerechter, auch wenn er nicht δίκαιος genannt wird. Kains Tat wird als Abfall von der Weisheit gesehen. Es setzt sich die Einschätzung der Weisheit als treibende Kraft der Geschichte fort. An der persönlichen Einstellung zu ihr entscheidet sich Rettung und Untergang.

3"Der in seinem Zorn von ihr abfallende Ungerechte aber
ging zugrunde durch brudermörderischen Zorn."

Durch ἀδελφοκτόνος θυμός ruft Sap die Geschichte von Kain und Abel in Erinnerung. Im Kontext von Sap 10 genügt schon der Ausdruck ἀδελφοκτόνος[87], um eindeutig auf die Geschichte von Kains Brudermord hinzuweisen.

Im Verständnis von Kains Tat als "Zorn" (θυμός) beurteilt Sap die Tat schärfer als Gen 4,5 LXX. Nach Gen 4,5 "wurde Kain betrübt" (ἐλύπησεν), was eher eine Tat aus "Traurigkeit" oder "Betrübtheit" (λύπη) nahelegen würde. Sap stellt Kains Tat als unbeherrschtes Vergehen dar, wenn sie die Betrübtheit zu "Zorn" uminterpretiert.[88]
In V3a wird Kains Tat als *Abfall von der Weisheit* [89] interpretiert. In Gen selbst wird Kains Tat nicht als "Abfall" von Gott oder der Weisheit bewertet. Sap deutet den Ausgang der Geschichte in Gen um. Nach Gen 4,11-16 wird Kain zwar verflucht "weg vom Erdreich" und er soll "stöhnend und zitternd auf der Erde" leben.[90] Er darf aber am Leben bleiben. Für Sap ging er durch seinen brudermörderischen Zorn zugrunde (συναπόλλυναι). Sie konkretisiert nicht, wodurch, unter welchen Umständen er zugrunde ging. Vielleicht bezieht sich das συν- auf Abels Tod. Sap sähe dann Kain zugleich mit oder in Entsprechung zu dem Brudermord ums Leben gekommen.[91]

---

[87] Hapaxlegomenon in LXX.
[88] Der MT liest hier eine Form von חרה = "schnauben", was man eher als "erzürnen" deuten könnte als ἐλύπησεν in LXX.
[89] Vgl. hierzu die Strafe für direkten Antagonismus der Gottlosen gegen den Gerechten und ihren Abfall vom Herrn (κυρίου ἀποστάντες) Sap 3,10: "Aber die Gottlosen werden Strafe empfangen gemäß ihren Plänen, sie, die den Gerechten mißachteten und vom Herrn abfielen." In den Gegenüberstellungen sind die Züchtigungen an den Ägyptern immer als Strafe für deren konkret genannte Sünden verstanden.
[90] So die Übersetzung nach LXX, der MT hat "flüchtig und heimatlos" (נע ונד).
[91] In 11,16 formuliert Sap als Prinzip der Gegenüberstellungen "Wodurch einer sündigt, dadurch wird er bestraft". Die Todesart entspräche hier dann der begangenen Sünde.

2.2.5. Die Sintflut als Folge von Kains Tat

Die Sintflut auf der Erde ist wegen Kain geschehen. So sieht es jedenfalls Sap, wenn sie mit δι' ὅν κατακλυζομένην γῆν... in V4 an V3 anschließt.[92] Um seinetwillen wurde die Erde überflutet[93], sie wurde aber wiederum von der Weisheit gerettet. Sap kombiniert hier die Geschichte von Kains Brudermord mit der Sintfluterzählung und macht Kains Tat verantwortlich für die Sintflut.[94]

> 4"Die um seinetwillen überflutete Erde errettete wiederum die Weisheit,
> indem sie den Gerechten mit Hilfe eines wertlosen Holzes steuerte."

Sap übernimmt also nicht die Begründung der Sintflut Gen aus 6,5-7.11-12, die die Bosheit und Verdorbenheit der Welt als Grund für die Sintflut sieht. Kains Tat erscheint bei Sap exemplarisch für diese Bosheit der Menschen: Der "Mensch" Kain hat durch seine Tat die Sintflut heraufbeschworen.

Die Sintfluterzählung Gen 6-8 selbst reduziert Sap auf das Motiv der überfluteten Erde (κατακλυζομένη γῆ) und die Anspielung auf die Arche sowie den Gerechten (Noah): δι' εὐτελοῦς ξύλου τὸν δίκαιον κυβερνήσασα (V4b). Die Arche wird als "wertloses Holz" bezeichnet.[95] Noah ist δίκαιος, wobei Sap direkt auf die Überlieferung in Gen zurückgreifen kann. Gen 6,9 nennt Noah ἄνθρωπος δίκαιος und in Gen 7,1 sagt Gott zu Noah ...ὅτι σὲ εἶδον δίκαιον ἐναντίον μου... In Sap 10 ist Noah entsprechend zum Pentateuch der erste Mensch, der wirklich δίκαιος genannt wird.

Die Weisheit war es, die den Gerechten mit Hilfe der Arche zur Rettung der Erde steuerte - so soll V4 verstanden werden.[96] Auch hier gelingt es

---

[92] S. P.HEINISCH, Das Buch der Weisheit, S.198: "Der Autor erkennt einen kausalen Zusammenhang zwischen der Sünde des Kain und der Strafe der Sündflut (δι' ὅν)."
[93] Partizip Präsens passiv von κατακλύζειν. Dasselbe Verb verwendet Sap auch in V19: Beim Untergang im Roten Meer überspülte die Weisheit die Ägypter. Sap verwendet also für Sintflut und dieses Ereignis dieselbe Terminologie.
[94] Vgl. D.GEORGI, Weisheit Salomos, S.437, Anm. V4a. GEORGIs Sicht über die Herausnahme der Henochepisode aus Kap 10 und ihre Transposition nach Kap 4 teile ich nicht. Die Siebenzahl der Beispiele in Kap 10 scheint ursprünglich zu sein, die Zahl 7 spielt in Sap eine wichtige Rolle. Zudem ist Sap 4,10-15 nicht nach dem Stilschema von Kap 10 gebaut. Man müßte zusätzlich zur Transposition noch eine starke Überarbeitung annehmen. Henoch fungiert in Kap 4 als Beispiel für den frühen Tod des Gerechten, der entgegen der gängigen Meinung Gott nicht dessen Gerechtigkeit vor Gott widerspricht.
[95] Vielleicht wirkt hier die Vorstellung von der Zweckgerichtetheit eines Schiffes aus 14,1-5 zurück auf die Arche?
[96] In Sap 14,2-3 ist die σοφία die Baumeisterin des Schiffes und Gottes Vorsehung steuert es auf sicherem Weg durch die Wogen. Die Verse sind zunächst auf ein Handelsschiff bezogen. In 14,4-6 ist dann aber deutlich die Thematik der Sintflut und der Rettung durch den "nautisch unbegabten" Noah angesprochen. In Sap 14 ist es Gott, der das "wertlose Holz", das "Floß"

Sap, mit wenigen Worten die Assoziationen eindeutig auf einen bestimmten Text zu lenken und gleichzeitig diesen Text in den Anspielungen zu interpretieren. Die mit Noah verbundene Tradition der Rettung der Erde wird in V4a zur Rettungstat der Weisheit, die sich des Gerechten als Instrument bedient.

2.2.6. Zusammenfassung der Beobachtungen aus V1-4

In der Vergegenwärtigung der Personen Adam, Kain und Noah ging Sap bisher kursorisch am Buch Gen entlang. In der Begründung der Sintflut durch Kains Tat zeigt sich, daß sie das Buch auf andere Art als eine *zusammengehörige organische Einheit* verstanden hat, als Gen selbst das tut: Die Abfolge der Geschichten wird von Sap daran gemessen, in welcher Beziehung die in ihnen vorkommenden Personen zur σοφία stehen, besser gesagt: In welcher Beziehung zur σοφία stehend sie sich darstellen lassen.

Sap trennt nicht in einzelne Geschichten oder gar Quellen, sondern sieht in den Geschichten eine sinnvolle, aufeinander bezogene Entwicklung unter der Regie der σοφία, bei der ein Teil den nächsten begründet und somit eine innere Beziehung zu ihm hat. Ein starkes Gewicht legt sie auf die Gerechte bzw. Ungerechte genannten Personen, die sie knapp aber genau erkennbar beschreibt. Sie sind im wesentlichen für den inneren Zusammenhalt von V1-4 verantwortlich. Adam wird kontrastiert mit Kain und dieser wiederum mit Noah, so daß sie bei der Reduzierung auf die Besonderheiten ihrer Erzählungen als Typen für "Gerechte" und einen "Ungerechten" erscheinen.

Gen 1-8 erscheint so als eine organisch verlaufende Abfolge von "Geschichte", exemplarisch an drei Personen dargestellt, mit der σοφία als Integrationsfigur. Ihr Handeln an Adam und Noah ersetzt das, was in Gen das Handeln Gottes an ihnen war - hier wird deutlich, was ich eingangs *Verweisheitlichung* genannt habe.

2.3. *Sap 10,5: Anspielungen auf den Turmbau und Abraham*

Der Durchgang durch das Buch Gen setzt sich in V5 fort. Nachdem in V1-4 auf die Personen von Adam bis Noah angespielt wurde, bezieht sich V5, der durch das betont vorangestellte αὕτη einen Neueinsatz markiert, auf den Turmbau zu Babel (Gen 11) und das Geschick Abrahams (Gen 12ff).

Auch hier tritt wie schon V3-4 die Besonderheit auf, daß Sap beide Ereignisse aufeinander bezieht: Abraham ist der Gerechte, den die σοφία aus der Schlechtigkeit der verwirrten Völker rettet. Wo wir gewohnt

---

steuerte, um der Welt "Samen der Schöpfung" zu hinterlassen. Von den Stichworten "Wasser/Flut" und "Schöpfung" her könnte ein Vergleich der beiden hier behandelten Stellen mit 19,5-12 reizvoll und gewinnbringend sein: Dort wird der Durchzug der Israeliten durch das Rote Meer in Stil einer Neuschöpfung gezeichnet.

sind, eine Zäsur zwischen Ur- und Vätergeschichte zu setzen, liest Sap fortlaufend das *Wirken der Weisheit* heraus.

⁵"Sie war es auch, als die Völker in Eintracht der Bosheit verwirrt wurden,
die den Gerechten erkannte und ihn untadelig vor Gott
  bewahrte,
und gegenüber der Liebe für das Kind bewahrte sie ihn hart."

2.3.1. Die σοφία errettet Abraham aus der Verwirrung der Völker

V5a spielt auf den Turmbau zu Babel Gen 11 an. In dem Wort ὁμόνοια spricht Sap die Einmütigkeit der einen Sprache an, die die Menschen fähig machte, eine Stadt und einen Turm zu bauen. Gen 11,1-9 versteht Sap als ein weiteres Beispiel für die Schlechtigkeit der Menschen, denn sie nennt die Einmütigkeit ὁμόνοια πονηρίας, "Eintracht der Bosheit". Schon Sap versteht die Geschichte vom Turmbau als Beispielgeschichte für die Sündhaftigkeit der Menschen, obwohl die Sünde darin nicht angesprochen ist.

In Anspielung auf die Sprachverwirrung der Menschen bezieht sich Sap mit dem Partizip Aorist Passiv συγχυθέντων wörtlich auf Gen 11. Im Beschluß Gottes, die Sprache der Menschen zu verwirren (V7) und in dem ätiologischen Satz V9 benutzt LXX ebenfalls das Verb συγχεῖν. Entsprechend übersetzt LXX das hebräische בָּבֶל mit Σύγχυσις. Auch hier fließen Anspielung und Interpretation ineinander. Nichts zwingt dazu, Gen 11,1-9 als Sündengeschichte zu lesen, sie selbst versteht sich nicht so.

In der Verwirrung der Völker hat die Weisheit den Gerechten erkannt und ihn untadelig vor Gott bewahrt (V5b). Sap liest die Erwählung Abrahams unmittelbar zusammen mit der Geschichte vom Turmbau. Aus der Verwirrung nach dem Turmbau wurde Abraham von der Weisheit ausgesondert.

Die Bewahrung in Untadeligkeit[97] sieht Sap in der Geschichte von der beabsichtigten Opferung Isaaks begründet. Die Weisheit gab Abraham die Kraft, sein Kind trotz seiner Liebe zu ihm opfern zu wollen.[98]
Aus der Abrahamstradition wählt Sap Isaaks Opferung aus, um das Handeln der Weisheit an dem Gerechten aufzuzeigen. Errettung aus der Verwirrung und Bewahrung auf dem Weg der Gerechtigkeit hat die σοφία an Abraham bewirkt.
Durch die Verwendung des Adjektives ἄμεμπτος interpretiert Sap auch Gen 17,1. Vor der Einsetzung der Beschneidung als Bundeszeichen und der Verheißung eines Sohnes von Sara sagt Gott zu Abraham: "Ich bin dein Gott; εὐαρέστει ἐναντίον ἐμοῦ καὶ γίνου ἄμεμπτος..." Gott fordert also von Abraham ei-

---

[97] ἄμεμπτος wird in Kap 10 nur in Bezug auf Abraham und auf das Volk angewendet (V15). Zeigt sich dadurch ein bestimmtes Verständnis des Volkes als Nachkommenschaft Abrahams?
[98] Das ἐπί ist auf den Dativ σπλάγχνοις zu beziehen: "...in Bezug auf die Liebe zu seinem Kind...".

nen ihm gefälligen Lebenswandel, dann wird er untadelig sein. Die von Abraham geforderte Leistung sieht Sap durch die σοφία erbracht: Sie bewahrte Abraham "untadelig" vor Gott, da sie ihn "stark" machte, seinen einzigen Sohn opfern zu wollen.

Die *Verweisheitlichung* setzt sich auch hier fort. Nicht Gott hat Abraham erwählt, sondern die Weisheit hat ihn aus der Verwirrung ausgesondert. Sein Gehorsam erscheint nicht als Folge des Glaubens oder Vertrauens gegenüber Gott, sondern als Werk der Weisheit. Sie kann dies bewirken, weil Abraham a priori als Gerechter feststeht, sich nicht erst als solcher erweisen muß.[99]
Sap folgt weiter kursorisch dem Buch Gen. Nach Noah folgt die Anspielung an Turmbau und Abraham. Anspielung und Interpretation sind ineinander verwoben. Die Art der Verknüpfung von Gen 11 mit 12ff ist wahrscheinlich nur für unser Empfinden ungewöhnlich.
Wesentliche Veränderungen sind, Gen 11 als Beispielerzählung der Sündhaftigkeit zu lesen und Abrahams Vertrauenstat als Wirken der Weisheit zu verstehen. Abraham wird auf diese Art auch ein Stück "entmythologisiert". Als Gerechtem steht ihm wie selbstverständlich die Weisheit bei. Dies ergibt zusammen mit Saps protreptischer Absicht ein Beispiel zur Nachahmung. Es ist aber auch der tröstende Zuspruch enthalten, daß die Weisheit jedem Gerechten so beisteht, wie sie Abraham beistand.

2.3.2. Abraham als "Gerechter" - nicht als Vater Israels

Abraham ist neben Jakob/Israel und David eine der großen Identifikationsfiguren in der Geschichte Israels.[100] Das Volk Israel wird mehrfach "Samen Abrahams" genannt und als Nachkommenschaft Abrahams verstanden (2. Chr 20,7; ψ 104,6; Jes 51,2 u.ö.). Der Gott, der Israel durch seine Geschichte begleitet, ist der Gott Abrahams (Gen 31,42 u.ö.). Und in der wechselvollen Beziehung zwischen Gott und seinem Volk im Laufe der Geschichte wird von beiden Seiten immer wieder auf den Bund verwiesen, den Gott mit Abraham schloß (Gen 26,3; Ex 2,24; Lev 26,42; 4. Reg 13,23 u.ö.). Bis hinein ins Neue Testament setzten sich diese Traditionen fort.

In diesem Zusammenhang ist es nun auffällig, daß Sap nichts von einem Rückgriff auf diese Traditionen erkennen läßt. Abraham ist für Sap in ihrer Anspielung auf ihn keineswegs der Urvater Israels, über den sich Israel auch immer wieder seiner Identität vergewissern kann. Sap rekurriert nicht auf die Bundesschlüsse Gottes mit Abraham (Gen 12; 15; 17), mit denen sich Israel in der Erinnerung immer wieder seiner Erwählung

---
[99] Sap nimmt möglicherweise Gen 15,6 als Vorverständnis für ihre Interpretation von Gen 22. Dort ist ja von der angerechneten Gerechtigkeit Abrahams aufgrund seines Glaubens die Rede.
[100] Für die weisheitliche Literatur ist auch Salomo als der exemplarische Weise zu nennen. Er diente aber nicht als Identifikationsfigur für das ganze Volk.

vergewisserte. Und schon gar nicht greift Sap auf die kultische Bedeutung der Bundesschlüsse Gen 15 und 17 zurück, die man auch als Identifikationsmöglichkeiten (Opferkult; Beschneidung als Zeichen der Zugehörigkeit zum Volk Israel) hätte verwenden können. Abraham als Identifikationsfigur im Sinne einer geschichtlichen Herkunft fällt in Kap 10 aus. Er ist *ein Gerechter unter anderen*, dem sich die Weisheit in der Geschichte fürsorgend zuwandte; als Identifikationsfigur "Gerechter" ist er nicht von den anderen Gerechten neben ihm abgehoben.

Abrahams Berufung ersetzt Sap durch seine Aussonderung durch die Weisheit. Seine feste Absicht, seinen einzigen Sohn zu opfern, wächst ihm als durch die σοφία verliehene Kraft zu - auch hier also Verweisheitlichung der Geschichte.

2.4. Sap 10,6-7: Lots Errettung aus dem Untergang der Pentapolis

In V6-7 wird ausführlich die Überlieferung von der Errettung Lots beim Untergang von Sodom und Gomorra aufgenommen. Lot ist der Gerechte, der von der Weisheit gerettet wurde als die Gottlosen untergingen. In Kap 19,13-17 nimmt Sap diese Tradition noch einmal auf. Die Schwerpunkte sind an den beiden Stellen allerdings unterschiedlich. In Kap 19 steht der Fremdenhaß der Sodomiter im Vordergrund, hier sind es der Untergang der Städte und die Folgen der Verwüstung. Der engere Bezugstext in V6-7 ist Gen 19,24-28.

> 6"Sie errettete den Gerechten als die Gottlosen untergingen,
> als er vor dem auf die fünf Städte herabstürzenden Feuer floh,
> 7von denen ferner als Zeugnis der Bosheit
> eine rauchende Wüste geblieben ist,
> und Pflanzen, die zur Unzeit Früchte bringen,
> eine Salzsäule steht da als Zeugnis für eine ungläubige Seele."

Sap gibt dem ätiologischen Charakter von Gen 19,24-28 recht: Die biologischen und geologischen Gegebenheiten des zerstörten Gebietes haben Zeugnischarakter für die Nachwelt. Schon die inneralttestamentliche Tradition nahm Sodom und Gomorra als Synonym für Sünde und unfruchtbares Land (Dtn 29,22; 32,32; Jes 1,9f; 13,19; Jer 23,14 u.ö.). Diesen erinnernden Zug dieser Tradition streicht Sap heraus, wenn sie das unfruchtbare Land als μαρτύριον τῆς πονηρίας (V7a) und Lots zur Salzsäule erstarrte Frau als μνημεῖον ἀπιστούσης ψυχῆς (V7d) bezeichnet. Das Beispiel für die Ungläubigkeit ist hier Lots Frau, nicht die Bewohner Sodoms.

2.4.1. Die Anlehnung an die Konzeption Gen 18-19

In Gen 18,16ff leistet Abraham Fürbitte für Sodom. Gott will Sodom zerstören; Abraham will nicht, daß Gott die Gerechten zusammen mit den Gottlosen zugrunde richtet und stellt Gott die Frage: Μὴ συναπολέσῃς δίκαιον μετὰ ἀσεβοῦς καὶ ἔσται ὁ δίκαιος ὡς ὁ ἀσεβής; Abraham rechnet mit Gerechten unter den Sodomitern, von Lot ist im gesamten Abschnitt nicht die Rede.

Gen 19, der Untergang Sodoms, zeigt dann, daß sich in der Stadt nicht einmal zehn δίκαιοι fanden, denn Gott läßt Feuer auf die Stadt fallen. Lediglich Lot und seine Familie werden gewarnt und können die Stadt verlassen. Er ist also wirklich der δίκαιος, der in Kontrast zu den ἀσεβεῖς Sodoms steht, auch wenn er in Gen nicht als δίκαιος bezeichnet wird.

V6 macht sich diesen schon in der Konzeption von Gen 18-19 angelegten Kontrast zunutze, indem sie den "Gerechten" als die Ausnahme beim Untergang der "Gottlosen" einführt.

Von daher ist es nicht allzu auffällig, daß V6-7 noch weitere wörtliche Bezüge zu Gen 18 und 19 haben. In Gen 18,23.25 werden die Bewohner Sodoms ἀσεβεῖς genannt (V6a). καταβάσιον πῦρ (V6b) nimmt Gen 19,24 auf, στήλη ἁλός (V7d) ist Gen 19,26 entnommen.
Trotz dieser eindeutigen Bezüge zu Gen 18-19 ist in V6-7 jedoch der Zusammenfluß unterschiedlicher Traditionslinien festzustellen.

2.4.2. Der Einfluß der Nebenbezugstexte auf Sap 10,6-7

Gen 19 kennt nur den Untergang Sodoms und Gomorras. In Dtn 29,22 werden Adma und Zeboim als weitere vernichtete Städte aufgeführt. Innerhalb des AT ist von maximal vier Städten die Rede im Zusammenhang mit Sodoms Untergang.[101] In V6b spricht Sap aber von herabfallendem Feuer auf eine Πεντάπολις.[102] Möglicherweise ist zu den vier Städten Σηγωρ (so übersetzt LXX צער) als fünfte dazugekommen. In Gen 14,2.8 kämpfen die Könige dieser fünf Städte (צער/Σηγωρ ist dabei jeweils erklärender Zusatz zu der nicht mehr bekannten Stadt בלע/Βαλακ) in einem Städtebund gegen vier andere Stadtkönige. Aus dieser Überlieferung ergänzt Sap aller Wahrscheinlichkeit nach die fünfte Stadt, von hier rührt wahrscheinlich auch die Bezeichnung Πεντάπολις.
Nimmt man Zoar als fünfte Stadt an, kommt man allerdings in Konflikt mit Gen 19,22-23: Lot rettete sich nach Zoar (LXX: Σηγωρ), nachdem er sich vorher geweigert hatte, ins Gebirge zu fliehen. Zoar als Ort der Zuflucht

---

[101] Hos 11,8 redet nur vom Untergang von Adma und Zeboim. In Gen 10,19 werden die genannten vier Städte in einem Vers neben einigen anderen erwähnt; das Thema ist dort aber nicht die Zerstörung Sodoms.

[102] Kann Πεντάπολις eine Bildung in Entsprechung zu Dekapolis sein, dem Städtebund im Ostjordanland ab ca. 62 v.u.Z.? Dann ergäbe sich ein Datierungshinweis allein aus diesem Wort. Städtebünde waren aber nichts Ungewöhnliches und wurden oft durch die Voranstellung des Zahlworts bezeichnet. D.GEORGI, Weisheit Salomos, Anm. V6b, nennt die fünf Städte (Sodom, Gomorrha, Adma, Zeboim und Zoar), allerdings ohne Angabe der Quelle.

kann somit nicht gut untergegangen sein. Es ist möglich, daß Sap dennoch diesen Fünfstädtebund meint, ohne sich des Widerspruchs bewußt zu sein, oder aber sie greift auf eine uns unbekannte Tradition zurück.

V7c ("...und Pflanzen, die zur Unzeit Früchte tragen..."[103]) geht über die Tradition der rauchenden Wüste (V7a.b) und der Salzsäule (V7d) aus Gen 19 hinaus. Nach Dtn 29,22 wächst nichts mehr auf dem Boden um die vier zerstörten Städte herum.[104]
Nach V7c ist aber immerhin noch Pflanzenwuchs möglich, wenn auch die Pflanzen zur Unzeit Früchte tragen. Diese Traditionslinie überliefert wohl eher einen verkrüppelten, zurückgebliebenen Pflanzenwuchs. Innerhalb des AT hat sie in Dtn 32,32 einen weiteren Niederschlag gefunden. Ein eindeutiger Bezug zu dieser Stelle ist für V7c jedoch nicht festzumachen.

In V6-7 geht Sap ausführlich auf die Zerstörung von Sodom und Gomorra ein, wie sie Gen 19 beschrieben ist. Die Aufnahme einzelner Wörter weisen diesen Text als Bezugstext aus. Gleichzeitig stellt Sap aber auch Bezüge zu anderen Texten her, die sie mit Gen 19 kombiniert. Das Verfahren erinnert an die dritte Regel der Middot des Rabbi Hillel, nämlich ein Verständnismuster aus der Kombination verschiedener Schriftstellen zu gewinnen.
Erst die *Kombination* der verschiedenen Textbezüge liefert das ausführliche Bild der von Sap präsentierten Sodomstradition. Die geographischen und biologischen Gegebenheiten werden von Sap als Tatsache hingestellt. Es findet aber kein Erklärungsprozeß statt, bei dem eine Schriftstelle durch die andere erklärt würde. V6-7 sind allein eine Kombination von Textstellen zur Tradition von Sodom und Gomorra.

2.5. *Sap 10,8: Reflexion zu V6-7*

V8 unterbricht die Reihe der Sätze, in denen die σοφία handelndes Subjekt ist. Die σοφία wird ausdrücklich genannt, sie steht als Akkusativobjekt betont am Satzanfang. Handelndes Subjekt sind die Menschen, die an ihr vorübergehen.

---

[103] So wohl die bessere Übersetzung in Anlehnung an J.FICHTNER, Weisheit Salomos, S.38, gegen D.GEORGI, Weisheit Salomos, S.437, und H.HÜBNER, Wörterbuch, S.10, der sich GEORGI anschließt. Die Übersetzung "...Pflanzen, die nur unreife Früchte hervorbringen..." mißversteht entweder die grammatikalische Struktur oder ist schon die Umsetzung, daß zur Unzeit hervorgebrachte Früchte nicht reif werden können.
[104] So kann man von der Vergleichspartikel ὥσπερ zurückschließen: Es ist von unfruchtbarem Boden die Rede, auf dem nichts mehr wächst, "ὥσπερ κατεστράφη Σοδομα καὶ Γομορρα...".

8"Denn dadurch, daß sie an der Weisheit vorübergingen, richteten sie nicht nur Schaden an in Bezug auf die Unkenntnis der schönen Dinge, sondern hinterließen andererseits auch den Lebenden ein Andenken des Unverstandes, damit sie nicht verbergen könnten, wodurch sie zu Fall kamen."

V8 beleuchtet das in V6-7 aufgenommene Geschehen vom Verhältnis der Sodomiter zur Weisheit her. Sie sind mit den παροδεύσαντες σοφίαν gemeint. V8c.d lassen erkennen, daß nach wie vor Gen 19,24-28 im Blick ist. Auch hier versteht Sap das damalige Geschehen und seine noch immer sichtbaren Folgen als zum Andenken (μνημόσυνος) geschehen. Die rauchende Wüste, die minderwertigen Pflanzen und die Salzsäule (V7) sind ein Andenken des Unverstandes, das die Menschen, die an der Weisheit vorübergingen, den Lebenden hinterließen (V8c). Für immer ist so die Art ihres Untergangs dokumentiert (V8d). Mit V8c.d ist also eindeutig die Tradition im Blick, die Sap in V6-7 angeführt hat. Noch stärker als in diesen beiden Versen wird sie hier unter ihrem erinnernden Aspekt gesehen.
Dagegen ist es schwer, einen Bezugstext für V8b auszumachen. Schon die Übersetzung ist schwierig. ἐβλάβησαν ist von der Form her aktivisch, doch fehlt das Objekt. Im absoluten Gebrauch ist βλάπτειν am besten mit "Schaden anrichten" zu übersetzen.[105] "... sie richteten nicht nur Schaden an durch Unkenntnis des Schönen/Guten ..." bzw. "... dadurch, daß sie das Schöne/Gute nicht erkannten ..." ist mit Sicherheit auf den Versteil a zu beziehen. Das Schöne/Gute ist die Weisheit selbst oder die durch sie vermittelte Erkenntnis.[106] Sap gibt nicht zu erkennen, wo oder worin sie den angerichteten Schaden der Sodomiter sieht. Als Bezug kommt ganz allgemein der verursachte Untergang in Frage, oder aber eine Anspielung auf Gen 19,1-14, wo die Einwohner Sodoms Lot wegen der Männer bedrängen. Eine eindeutige Antwort ist hier nicht zu geben.

In V8 redet mit den Formulierungen μὴ γνῶναι τὰ καλά und ἀφροσύνη in Begriffen, die in der griechisch-hellenistischen Sprach- und Denktradition[107] mit dem Bereich Bildung verbunden sind. Unkenntnis des Schönen/Guten und der Unverstand resultieren aus dem Vorübergehen an der Weisheit. μαρτύριον, μνημεῖον, und μνημόσυνος in V7 und 8 lassen erkennen, daß Sap Gen 19 unter einem pädagogischen Aspekt sieht: Mit Sodom und Gomorra verbanden Sap und die AdressatInnen wüstes, unfruchtbares Land; seine Exi-

---

[105] D.GEORGI, Weisheit Salomos, S.437, übersetzt "... sie wurden pervertiert ...", was eine passivische Form benötigte. Die Apokryphen der Lutherbibel übersetzen "... sie schadeten sich selbst ...", was entweder auch passivisch oder mit einem Reflexivpronomen formuliert sein müßte.
[106] Ob σοφία in V8 dann identisch ist mit der in Kap 10 handelnden Weisheit, ist fraglich. Die Weisheit als Bildungsgut und die Weisheit als Person sind unterschiedlichen Traditionen zuzuordnen.
[107] D.GEORGI, Weisheit Salomos, S.437.

stenz soll den Nachgeborenen Mahnung und Warnung sein. Sap aktualisiert den Text, sie überträgt ihn in ihre Gegenwart und warnt vor sodomitischer "Gottlosigkeit". Diese erscheint gleichbedeutend mit Mißachtung der Weisheit, wie sie Sap in Kap 1-9 vorgestellt hat, was V8 vom Verhalten der Sodomiter aus reflektiert.[108]

2.6. Sap 10,9: Die Pädagogisierung der Programmatik von Kap 10

Die Strukturanalyse von Kap 10 hat ergeben, daß V9 die Struktur von Kap 10 unterbricht. Der Vers kann als Resümee von V8, in seiner allgemein formulierten Art aber auch als programmatischer Satz für Kap 10 verstanden werden. V9 führt σοφία wieder als Subjekt ein. 9,18 hat die Rettung von Menschen durch die Weisheit als Thema von Kap 10 vorgegeben. V9 greift diese Thematik wieder auf:

> [9]"Die Weisheit aber errettet diejenigen aus Mühsalen, die ihr dienen."

2.6.1. Sap 10,9 als Erweiterung zu 9,18

Sap erweitert die Programmatik von 9,18, die Rettung der Menschen, durch die Spezifizierung der geretteten Menschen: Die der Weisheit *dienen*, werden aus Mühsalen gerettet.[109] Bisher hat Sap in Kap 10 kein Beispiel dafür angeführt, wie Menschen der Weisheit dienen. Sie hat lediglich Negativbeispiele erwähnt: Kain fiel von der Weisheit ab (V3), die Sodomiter gingen an ihr vorüber (V8). Sap geht indirekt davon aus, daß die geretteten δίκαιοι der Weisheit dienten.

2.6.2. Sap 10,9 als Aufruf, der Weisheit zu dienen

Damit gerät V9 indirekt zum Aufruf an die AdressatInnen, ebenfalls der Weisheit zu dienen, um von ihr gerettet zu werden. Sap unterbricht die Beispielreihe mit der Aufforderung, es den Beispielen nachzutun. Und diese Aufforderung schließt sie direkt an die Warnung davor an, die Weisheit

---

[108] Der pädagogische Aspekt der Erzählung vom Untergang Sodoms und Gomorras wird nicht nur im AT (s.o.) aufgenommen, sondern auch im NT. So sieht 2.Petr 2,6 den Untergang als Beispiel für künftige Gottlose (ὑπόδειγμα μελλόντων ἀσεβέσιν). An dieser Stelle sei verwiesen auf die nochmalige Aufnahme der Sodomstradition in Sap 19,14-17. Anders als hier ist nicht der mahnende Charakter des unfruchtbaren Landes im Vordergrund, sondern der Fremdenhaß der Sodomiter, der mit dem für Sap weitaus größeren Fremdenhaß der Ägypter verglichen wird.
[109] Im Duktus von Kap 10 erinnern V8-9 an Hab 2,4 LXX. Anders als der MT formuliert LXX: "Wenn einer sich zurückzieht, hat meine Seele keinen Gefallen an ihm; aber der Gerechte wird aus meiner Treue leben." Was in Hab als Verhältnis Gott - Mensch ausgedrückt wird, formuliert Sap 10,8-9 als Verhältnis Weisheit - Mensch.

zu mißachten. Der Kontrast von V9 zu V8 reflektiert auf theoretischer Ebene, was V4-7 schon an Beispielen deutlich gemacht haben: Die Weisheit errettet die Gerechten aus dem von den Gottlosen verursachten Untergang. Gegen eine die Weisheit mißachtende Gottlosigkeit ruft V9 zur Achtung der Weisheit auf.

2.7. Sap 10,10-12: Jakobs mehrfache Bewahrung und die Vermehrung seines Reichtums

2.7.1. Der Umfang der Bezugstexte
In V10-12 geht Sap auf die Jakobstradition, wie sie Gen 27,41 - 32,32 aufgezeichnet ist. Mit dem Einsetzen der Anspielungen bei Gen 27,41 ist eine wichtige Vorentscheidung Saps offensichtlich: Sie erwähnt nichts von dem, was an Jakobs Person anrüchig erscheinen konnte wie das Erkaufen des Erstgeburtsrechtes (Gen 25) und die Erschleichung des väterlichen Segens (Gen 27,1-40) verschweigt Sap. Der Gerechte erscheint makellos.
Aus der restlichen Jakobstradition läßt Sap folgende größeren Abschnitte unerwähnt: Jakobs Dienst um Rahel und Labans Betrug an ihm, den sich Jakob ohne allzugroßes Murren gefallen läßt (Gen 29); Jakobs Kinder von Lea, Bilha, Silpa und Rahel (Gen 29,31 -30,24); die Versöhnung zwischen Jakob und Esau (Gen 33); die Schändung Dinas und ihre Folgen (Gen 34); Jakobs Heimkehr und die Geburt Benjamins (Gen 35).

2.7.2. V10: Jakob und Esau; Jakobs Traum in Bet-El; der Erfolg seiner Arbeit
10"Sie war es, die den vor dem Zorn des Bruders fliehenden
 Gerechten
auf geraden Wegen führte;
sie zeigte ihm die Herrschaft Gottes
und gab ihm Erkenntnis der Heiligen;
sie versorgte ihn gut in Mühsalen
und vermehrte [die Früchte] seiner Arbeit."

2.7.3. V10a.b: Jakobs Flucht vor Esau
Esau, den von Jakob Betrogenen stellt Sap in V10a als den zornigen Bruder dar, vor dem der "Gerechte" Jakob auf der Flucht ist. Die Antonomasie, die Jakobs Namen durch δίκαιος ersetzt gewinnt besonderes Gewicht, wenn man bedenkt, daß Sap diejenigen Geschichten als Bezugstexte "ausläßt", die auch Negatives von Jakob berichten.
Die σοφία führt den Gerechten auf geraden Pfaden. τρίβοι (bzw. ὁδοὶ) εὐθεῖαι wird in LXX sowohl im wörtlichen als auch im übertragenen Sinn ge-

braucht: Es ist damit sowohl der gerade, ebene Weg als auch der gottgefällige Lebenswandel gemeint.[110]
V10a.b kann auch als Zusammenfassung der gesamten von Sap aufgenommenen Jakobstradition verstanden werden; die "geraden Wege" beziehen sich dann auf Jakobs Erfolg.

2.7.4. V10c.d: Jakobs Traum in Bet-El: Die σοφία läßt Jakob die Herrschaft Gottes sehen

In V10c.d bezieht sich Sap auf Jakobs Traum in Bet-El. Auch hier setzt sich die *Verweisheitlichung* fort. Der Traum, in dem Jakob die Himmelsleiter samt Engeln sieht, ist bei Sap als Tat der Weisheit verstanden: *Sie hat Jakob die Königsherrschaft Gottes gezeigt* (ἔδειξεν αὐτῷ βασιλείαν θεοῦ).

In Gen 28,13 erscheint Gott selbst auf der Himmelsleiter[111] und spricht mit Jakob. Diese Gottesunmittelbarkeit im Traum wird zur Schau der Königsherrschaft uminterpretiert. Der Gerechte sieht die Herrlichkeit Gottes, nicht aber Gott selber. Möglicherweise rekurriert Sap auf Jakobs Erkenntnis nach dem Erwachen aus seinem Traum. Er erkennt den Ort als Haus Gottes und Pforte des Himmels (Gen 28,17). Dies könnte Sap als die βασιλεία θεοῦ interpretiert haben.[112]

D.GEORGI übersetzt V10d "...und gab ihm die Erkenntnis der Heiligen"[113] und versteht dabei den Genitiv ἁγίων als genitivus subjectivus. Dem Gerechten wird bei diesem Verständnis dieselbe Erkenntnis zuteil wie den Heiligen. Diese Übersetzung ist möglich. Dennoch sollte beachtet werden, daß ἁγίων auch als genitivus objectivus verstanden werden kann. Bei dieser Übersetzung - sie ist vom Wortlaut her gleich mit der GEORGIs - erkennt der Gerechte die Heiligen. Mit diesem Verständnis bewegte sich Sap näher am Text von Gen 28: Jakob sieht ja im Traum die Engel auf der Himmelsleiter auf und ab steigen, er erkennt, sieht die Heiligen. Auf dieser Interpretationsebene sind die ἄγγελοι θεοῦ aus Gen 28,12 umgedeutet zu ἅγιοι.

Hier bedient sich Sap also einer doppeldeutigen Formulierung. Der hermeneutische Vorgang ist so zu beschreiben: Sap hält sich mit der Formulierung "Heilige" so nahe an den Bezugstext, daß eine Gleichsetzung dieses Begriffs mit den Engeln in der Assoziation der LeserInnen möglich ist. Auf dieser Ebene werden die Engel in Heilige umgedeutet. In einem zwei-

---
[110] Vgl. dazu z.B. in den Psalmen Ψ 26,11; 106,7; 142,10 u.ö.
[111] So nach LXX, anders der MT.
[112] Alttestamentlich ist die *Fähigkeit zur Traumdeutung* ein Zeichen von Weisheit (Josef; Daniel). In V10c ist *der Traum selbst* als durch die Weisheit vermittelt verstanden. Hieraus könnten sich auch Aspekte für die weisheitliche Traditionslinie ergeben, in der diese Stelle steht.
[113] D.GEORGI, Weisheit Salomos, S.438.

ten, parallel laufenden Schritt erscheint die Traumvision Jakobs als eine (Er-) Kenntnis, die dem Gerechten durch die Weisheit vermittelt wurde. Die Möglichkeit, den Genitiv als subjectivus und als objectivus aufzufassen, verändert dann auch den Inhalt der γνῶσις. Das Wort γνῶσις changiert von einer objektiven sinnlichen Wahrnehmung zu einer Kenntnis, in die der Gerechte eingeweiht wird: "Erkenntnis der Heiligen" wird zu einem (Geheim-)Wissen, in das der Gerechte durch die Weisheit eingeführt wird.

Die Traumvision Jakobs ist damit vor dem Hintergrund religiöser Einweihungspraxen interpretiert. Der Gerechte ist durch seinen Traum in Geheimnisse einer Religionsgemeinschaft und die Geheimnisse der Gottheit eingeführt. Die Gabe von Erkenntnis schließt einen pädagogischen Zug mit ein. Der Gerechte als Beispiel fordert auf zur Nachahmung, um in der Gegenwart vergleichbare Erlebnisse zu machen.

2.7.5. Jakob als Identifikationsfigur neuer Art

Jakob ist in V10 nicht als die Identifikationsfigur der Israeliten - nämlich als "Stammvater" - im Blick; er bekommt vielmehr einen völlig neuen Zug der Identifikationsmöglichkeit beigelegt: Er ist die erste Person, der erste "Gerechte", dem durch die σοφία die Einsicht in die Herrschaft Gottes und die (Er-)Kenntnis der Heiligen gegeben wurde.
Dahinter steht in Saps protreptischer Absicht ein religionspolemischer Zug: Gegen die Einweihungspraxis der zeitgenössischen Mysterienreligionen wird die eigene Religionspraxis und Gotteserkenntnis als ein *dem Stammvater durch die* σοφία *geoffenbartes Wissen* propagiert. Einsicht in die βασιλεία θεοῦ und die γνῶσις ἁγίων ist somit etwas, was sich als weitaus älter erweist, da es der jüdischen Religion seit Jakobs Zeiten zu eigen ist.

2.7.6. V10e.f: Jakobs Aufenthalt bei Laban

Gen 30,43 faßt den Wohlstand Jakobs zusammen: "Und der Mensch wurde überaus reich...". Unmittelbar voran geht die Erzählung über Jakobs geschickte Vermehrung seines Lohnes für den Dienst bei Laban. Auf dieses Summar bezieht sich Sap in V10e.f: Die Weisheit versorgte Jakob reichlich in (durch) seine(r) Arbeit und vermehrte seine durch Arbeit gewonnenen Güter.
In Gen 30,25-43 geht es ja um den gerechten Lohn für Jakobs Dienst bei Laban. Sap nimmt darauf Bezug durch die Wortwahl. μόχθος und πόνος spielen auf die Mühsal und Arbeit an, die Jakob bei Laban gehabt hat. Durch seine Gewitztheit ist Jakob schließlich reich geworden. Er wählte sich die schwarzen Lämmer und die mehrfarbigen Ziegen aus Labans Herden als Lohn. Indem er den sich begattenden Ziegen weiß geschälte Äste vor Augen stellt und die Schafe immer mit dem Gesicht zu den schwarzen Tieren kehrt, gelingt es ihm, seinen Lohn beträchtlich zu vermehren. Diese Gewitztheit Jakobs versteht Sap als Werk der Weisheit: Sie war es, die den

Gerechten reich machte. Die σοφία bekommt so in Sap an dieser Stelle einen Zug der חכמה, nämlich die Schlauheit.[114]

Auch an dieser Stelle ist der Bezugstext durch Nennung einiger wichtiger Motive eindeutig kenntlich gemacht. "Mühen" und die "Vermehrung der Früchte seiner Arbeit" genügen im Duktus von Kap 10, um auf Gen 30 zu verweisen. Interessant ist, daß hier erst und einmalig menschliches Handeln als Werk der Weisheit interpretiert wird. In Gen 30 wird nichts darüber ausgesagt, daß Jakob mit Gottes Beistand seinen Lohn vermehrt hätte. Aus der Darstellung Jakobs als exemplarischen Gerechten folgert Sap, daß er dann auch in allen seinen Taten von der Weisheit unterstützt wird.

2.7.7. V11: Die σοφία steht Jakob gegen die Habgier von Labans Söhnen bei

Den Beistand der Weisheit entnimmt Sap Gen 31,3; sie überträgt Gottes Zusage des Beistandes auf die Weisheit. Jakob erhält von Gott den Auftrag, in seine Heimat zurückzukehren. Die Söhne Labans sind gegen Jakob eingestellt. In ihren Augen ist all sein Reichtum das Gut ihres Vaters bzw. aus diesem erworben (Gen 31,1). Labans Söhne sind neidisch auf Jakob und er hatte auch bemerkt, daß sich Labans Verhalten ihm gegenüber verändert hatte. Diesen Neid interpretiert Sap als Habgier, so als wären Labans Söhne hinter Jakobs Reichtum her (V11a: πλεονεξία). Aus der Kombination von Gen 31,1 und 3 gewinnt Sap also die Aussage, daß die Weisheit Jakob in der Habgier beistand.

11 "In der Habgier derer, die ihn überwältigten, stand sie ihm bei und machte ihn reich."

In V11b ist nach V10f mit der Anspielung auf Jakobs geschickte Vermehrung seiner Herde erneut davon die Rede, daß die Weisheit den Gerechten reich machte (ἐπλούτισεν αὐτόν). GEORGI deutet dies als eine Anspielung auf Gen 30,25-43.[115] M.E. muß aber beachtet werden, daß Sap an Gen 27-32 kursorisch entlanggeht und sich dies auch in den Anspielungen niederschlägt.

So ist eher Gen 31,1-21 als Bezugstext für V11 zu vermuten. Dort berichtet Jakob gegenüber Rahel und Lea von einem Traum: Er sieht, wie alle

---

[114] LXX übersetzt in Koh עמל immer mit μόχθος. Mühe ist für Koh der Aufwand, den man für das Leben betreiben muß. Stereotyp stellt Koh mehrmals die Frage "Was hat der Mensch für einen Gewinn von all seiner Mühe, womit er sich abmüht unter der Sonne?". Lediglich in 2,10 ist die Freude, die sich Koh gönnt, in seinen Augen der Lohn für seine Mühe. Kann der Reichtum ἐν μόχθοις in Sap 10,10 auch eine versteckte Reaktion auf die resignative Sicht Kohs sein? Dreimal (V10e.f.11b) stellt Sap den Reichtum des Gerechten positiv in den Vordergrund. Hier kommt also ein anderes Verständnis als bei Koh zum Tragen.
[115] D.GEORGI, Weisheit Salomos, S.438, Anm.V11a.

Böcke, die sich mit Schafen begatten, gestreift, gesprenkelt oder gescheckt sind. Laban hatte mehrfach Jakobs Lohn in gestreifte, gesprenkelte oder scheckige Tiere geändert. Und immer hatten die Tiere solche Schafe geworfen, die Laban als Lohn benannt hatte.[116] Diesen Traum schildert Jakob Rahel und Lea, <u>nachdem</u> er von Labans Söhnen wegen seines Besitzes angefeindet wird und sich Labans Einstellung ihm gegenüber zum Schlechten verändert hat (Gen 31,1.2).
Rahel und Lea antworten auf diese Traumschilderung: πάντα τὸν <u>πλοῦτον</u> καὶ τὴν δόξαν, ἥν ἀφείλατο ὁ θεὸς τοῦ πατρὸς ἡμῶν, <u>ἡμῖν</u> ἔσται... (Gen 31,16): Sie erklären den durch Jakob erworbenen Reichtum zu ihrem rechtmäßigen Besitz, denn Gott hat ihn ihrem Vater weggenommen - so jedenfalls nach Jakobs Traumschilderung.
Auf <u>diesen</u> Reichtum bezieht sich Sap nun in V11. Die Weisheit verleiht Jakob Reichtum inmitten der Habgier der Bedränger. Mit diesen beiden Zeilen V11a.b faßt Sap die Perikope Gen 31,1-21 zusammen, indem sie auf die einleitende Situation und den Ausgang des Geschehens anspielt: Laban jagt Jakob nach, nachdem er bemerkt, daß dieser mit seinem Vieh und all seiner Habe "geflohen" ist. Gegen GEORGIs Vermutung ist der Bezugstext hier Gen 31.

2.7.8. *V12: Der Beistand der σοφία gegen Laban und im Kampf am Jabbok*

12"Sie bewahrte ihn vor Feinden
und gab Sicherheit vor denen, die [ihm] nachstellten;
auch im hitzigen Wettkampf entschied sie zu seinen Gunsten,
damit er erkenne, daß die Frömmigkeit mächtiger als alles ist."

2.7.9. *Die σοφία bewahrt Jakob in der Verfolgung durch Laban*

Die *Verweisheitlichung* setzt sich fort in V12a.b. Laban jagt Jakob nach, als er dessen heimliche Abreise bemerkt (Gen 31,22 - 32,1). Gott erscheint Laban im Traum und warnt ihn, in irgendeiner Weise Übles zu Jakob zu reden. Nach einigem Hin und Her endet die Begegnung glücklich mit einem Vertrag zwischen Jakob und Laban. Sap deutet dies als Gabe von Sicherheit und Bewahrung gegenüber Feinden und Menschen, die einen Hinterhalt legen (ἐνεδρευόντων; Gen 31,23 redet von Verfolgung: ...ἐδίωξεν ὀπίσω αὐτοῦ...).

---

[116] Möglicherweise hat die Tradition von gestreiften, gesprenkelten oder scheckigen Tieren als Lohn für Jakob in Gen 30 und 31 je verschiedenen Niederschlag gefunden. Ich halte Gen 31 für unabhängig von Gen 30. Im jetzigen Zusammenhang legitimiert die in Gen 31 geschilderte Vision den Besitz Jakobs, den er sich nach Gen 30 durch sein eigenes Geschick erworben hat.

Die Bewahrung Jakobs in V12a wird durch die Aufnahme des Verbs διαφυ-λάττειν aus Gen 28 zu der Erfüllung der dort an ihn ergangenen Verheißung. In Gen 28,15 erscheint Gott dem Jakob im Traum und sagt zu ihm: καὶ ἰδοὺ ἐγὼ μετὰ σοῦ διαφυλάσσων σε ἐν τῇ ὁδῷ πάσῃ... In V20 greift Jakob diese Verheißung in seinem Gelübde auf, wieder ist das Verb διαφυλάττειν verwendet. Jakob hatte in Gen 28,20 geschworen, den Herrn zu seinem Gott zu machen, wenn er wohlbehalten in sein Vaterhaus zurückkäme.

Für Sap hat nun nicht Gott Jakob bewahrt, sondern die Weisheit. Führt man den Gedanken auf der Ebene von Gen 28 weiter, so kann man sagen, daß Jakob daraufhin die σοφία zu seiner Göttin macht. Nach V9 erscheint Jakob in besonderem Maß als vorbildlicher Gerechter. V12d unterstreicht diese Vorbildfunktion sehr deutlich: Die σοφία hat die Verheißung aus Gen 28 eingelöst - für Jakob resultiert daraus die Erkenntnis, "daß die Frömmigkeit mächtiger als alles ist". "Frömmigkeit" ist der "Dienst an der Weisheit". Damit wird der Gerechte - Jakob - zum Vorbild als Weisheitsdiener, seine Frömmigkeit zum Vorbild für die Frömmigkeit der AdressatInnen.

Nach Gen 32,1-21 trifft Jakob Vorkehrungen, um Esau ihm günstig gesonnen zu machen. Gen 33 beschreibt die Aussöhnung zwischen den Brüdern. Möglicherweise faßt Sap diese Erzählung und das Nachjagen Labans zusammen, wenn sie in V12a im Plural von der Bewahrung vor Feinden (ἀπὸ ἐχθρῶν) spricht. Ein direkter Hinweis auf Jakobs Vorkehrungen gegen Esau läßt sich in V12 jedoch nicht finden. Außerdem stellt Esau Jakob nicht nach, dies tut aber Laban (Gen 31,23).

2.7.10. *Der Beistand der* σοφία *in Jakobs Kampf am Jabbok*
Die Erzählung von Jakobs Kampf mit Gott am Jabbok (Gen 32,23-33) nimmt V12c.d auf. Sap spielt an auf das Thema "Kampf" (ἀγὼν ἰσχυρός in V12c).[117] Jakobs Erfolg in diesem Wettkampf deutet Sap als eine Entscheidung der Weisheit zugunsten des Gerechten (ἐβράβευσεν αὐτῷ). In der Tat kann der Ausgang des Kampfes als ein Sieg Jakobs gewertet werden, da er die Bedingungen für das Wettkampfende stellen kann. In Gen 32,29 sagt der Gegner Jakobs nach Beendigung des Kampfes zu ihm: "Du sollst nicht mehr Jakob genannt werden, sondern dein Name sei Israel, ὅτι ἐνίσχυσας μετὰ θεοῦ καὶ μετὰ ἀνθρώπων δυνατός." Die Stärke gegenüber Gott in diesem Ringkampf läßt Sap unerwähnt. Nichts deutet in V12 auf einen besonderen Charakter des Gegners Jakobs, sei er nun ein Engel oder Gott selbst gewesen.[118] Im Duktus von V10-12 wird der Kampf am Jabbok

---
[117] In der Bezeichnung des Kampfes als ἀγών schwingt das Verständnis eines Wettkampfes mit; so auch D.GEORGI, Weisheit Salomos, S.438, Anm.V12b. Gen 32,25.26 gebrauchen παλαίειν für das Ringen.
[118] Vgl D.GEORGI, Weisheit Salomos, S.438, Anm.V12c.

eingereiht in die Auseinandersetzungen mit den Gegnern des Gerechten wie etwa mit dem Bruder und Laban samt seinen Leuten. Der Kampf erscheint so als ein *Kampf zwischen Menschen* und somit gleichwertigen Gegnern.

V12d unterstreicht das. Die Überlegenheit Jakobs über Menschen wird aus Gen 32,29 herausgegriffen: Die Begründung für die Umbenennung Jakobs in Israel ist ja in sich zweigeteilt (s. das Zitat im vorherigen Abschnitt): Jakob hat sich als stark gegenüber Gott und als überlegen gegenüber Menschen erwiesen.

Sap bezieht sich nur auf die Überlegenheit gegenüber Menschen, wenn sie V12d schreibt: ἵνα γνῷ ὅτι παντός δυνατωτέρα ἐστὶν εὐσέβεια. Sie nimmt sogar das δυνατός aus Gen 32,29 auf und setzt es in den Komparativ. Jakob siegt über den Menschen aufgrund seiner überlegenen Frömmigkeit. Sie ist der Grund, warum die Weisheit im hitzigen Wettkampf zu seinen Gunsten entschieden hat. Hier zeigt sich deutlich ein *selektives* Vorgehen: Sap wählt das Element des Bezugstextes aus, das ihr zur Darstellung ihrer Interpretation am geeignetsten ist.

2.7.11. Die Pädagogisierung in V12d

V12d liegt auch eine pädagogische Tendenz zugrunde. Was Jakob in den Augen Sap damals erkennen sollte, wird den AdressatInnen als Erkenntnis angeboten: Die εὐσέβεια ist allen - und damit sind wohl alle Unfrommen, Gottlosen gemeint - überlegen. Auch in der Gegenwart entscheidet die Weisheit zugunsten der Frommen und Gerechten.

Mit Jakobs Sieg sieht Sap eine Erkenntnis verbunden: Er solle erkennen (ἵνα γνῷ...), daß die Frömmigkeit stärker als alles ist. Nach der Einsicht in die Herrschaft Gottes und der Erkenntnis der Heiligen (V11c.d) bekommt Jakob Einsicht in die Macht der Frömmigkeit. Die werbende Absicht, die Sap an den Stammvater Israels gebunden hat, ist unverkennbar: Die Frömmigkeit - nach Kap 1-9 drückt sie sich in der Stellung der Menschen gegenüber der σοφία aus - läßt den Gerechten sogar im hitzigen Wettkampf obsiegen.

Indem die Macht der Frömmigkeit an Jakob, dem Stammvater Israels, exemplarisch aufgezeigt wird, zeigt sie sich als sehr alte Möglichkeit, "zu obsiegen". Sie steht damit als Möglichkeit allen Menschen offen, die sich zu dem Volk rechnen wollen, dessen Urvater dieser Gerechte ist.

2.7.12. Die Vermeidung des σῴζειν aus Gen 32

Sap 10 bekommt durch 9,18 als Überschrift das Thema: "Die Rettungstaten der Weisheit an exemplarischen Gerechten". σῴζειν wird von Sap selbst in 9,18 als Thema eingeführt. An dieser Stelle ist es nun verwunderlich, daß Sap nicht auf das σῴζειν in Gen 32 zurückgegriffen hat und Jakobs Sieg als Rettungstat der Weisheit hingestellt hat.

Jakob selbst interpretiert seinen Kampf als ein Schauen des Angesichts Gottes (Gen 32,31). Deshalb nennt er die Stätte auch Εἶδος θεοῦ. Und er sagt von sich: "Denn ich habe Gott von Angesicht zu Angesicht gesehen, καὶ ἐσώθη μου ἡ ψυχή.
Ausgerechnet hier, wo sich der Aspekt der Rettung schon in der Textvorlage findet, greift Sap ihn nicht auf. Er hätte durchaus in die Konzeption Saps gepaßt. Ein möglicher Punkt des Anstoßes und damit Grund der Vermeidung dieses σῴζειν aus dem Bezugstext könnte für Sap die letztendliche Konsequenz gewesen sein, daß diese "Rettung" zum einen einen Sieg über Gott bedeutete, zum anderen die Weisheit den Gerechten vor dem Tod durch die Gottesschau gerettet hätte.

2.7.13. *Zusammenfassung der Beobachtungen zu V10-12*

Auch in den Anspielungen an die Jakobstradition der Gen setzt sich die *Verweisheitlichung* fort. Erstmals in Sap 10 wird auch menschliches Handeln als Werk der Weisheit beschrieben.
Durch die Verwendung zweideutiger Formulierungen (bes. V10d) gelingt es Sap, das Handeln der Weisheit an Jakob als eine Einweihung in ein Mysterium darzustellen, wobei diese Darstellung noch durch Formulierungen in V10c.12d unterstützt wird. Ereignisse aus den Bezugstexten werden in *Analogie zur Einweihungspraxis von Mysterienreligionen* dargestellt, wobei dann die jüdische Religion und "Frömmigkeit" (V12d) als im Vergleich weitaus älter erscheint, da sie dem Stammvater Jakob geoffenbart worden ist.
Eine weitere wichtige Änderung ist die Interpretation des Jabbokkampfes als eines Wettkampfes zwischen Menschen.
Sap benutzt in V10-12 Formulierungen, hinter denen sich eine *pädagogische Absicht* verbirgt. Sap gebraucht Derivate der Wurzel γνω (γνῶσις und γιγνώσκειν), drückt damit eine (Er-)Kenntnis des "Gerechten" Jakob aus, bietet damit aber gleichzeitig diese Erkenntnis den LeserInnen an.

Ähnlich wie in V5 bei der Anspielung auf Abraham nimmt Sap auch bei Jakob nichts auf, was als Identifikationsmöglichkeit für eine nationale oder kultische Identität Israels dienen könnte. In der Anspielung auf den Kampf am Jabbok bleibt Jakobs Umbenennung in Israel (Gen 32,29) unerwähnt. Jakob dient in Sap 10 nicht als Stammvater des Volkes zur Identifikationsfigur, sondern erscheint als ein Gerechter unter anderen. Lediglich seine Person tritt deutlicher hervor als z.B. die Abrahams, da auf mehr Einzelheiten der mit ihm verbundenen Geschichten in Gen angespielt wird.

Jakob/Israel ist bei Sap nicht das Synonym für das ganze Volk Israel. Schon allein die Tilgung seines Names und seine Ersetzung durch δίκαιος machen deutlich, daß nicht Abstammungsinteressen im Vordergrund stehen. Als erstem δίκαιος nach der pädagogisierenden Zäsur in V9 erscheint seine Person uminterpretiert vom Stammvater zum beispielhaften Gerechten.

Damit wird Jakob zum Diener der Weisheit (vgl. V9). Die Weisheit gab ihm "Erkenntnis der Heiligen" und "Erkenntnis der Frömmigkeit", wobei beides in Entsprechung zu einer in Mysterienreligionen vermittelten Erkenntnis formuliert ist. Die Abwehrstellung gegen diese Religionen ist damit in die Aufnahme der Bezugstexte eingeschlossen. Die durch die Weisheit vermittelte Erkenntnis erscheint alles überragend für die Informierten, die erkennen, daß sich hinter diesem "Gerechten" Jakob verbirgt: Dem Stammvater wurde Erkenntnis verliehen; die seit seiner Zeit praktizierte Frömmigkeit ist "mächtiger als alles".

Jüdische LeserInnen erkennen hinter den Anspielungen ihren Stammvater Jakob. Sie sehen ihn dargestellt als vorbildlichen Gerechten. In der Nachahmung werden ihnen ebenfalls ein durch die Weisheit gefördertes Leben (V9), Erkenntnis der Heiligen (V10d) und Überwindung aller Schwierigkeiten (V12d) in Aussicht gestellt, Jakob ist der Stammvater der "Weisheitsdiener" und der rechten Weisheitsfrömmigkeit.

2.8. Sap 10,13-14: Die Aufnahme der Josefstradition

V13-14 verarbeitet die Josefstradition aus Gen 37-50. Gegenüber der Reihenfolge in Gen nimmt Sap Umstellungen vor, die Bezugstexte bleiben jedoch erkennbar. Auch hier setzt sich die *Verweisheitlichung* fort.

13"Sie ließ den Gerechten nicht im Stich, als er verkauft wurde,
sondern errettete ihn aus Sünden.
14Sie stieg mit ihm in die Grube
und in Ketten verließ sie ihn nicht,
bis sie ihm das Szepter des Königreiches gebracht hatte
und Macht über die, die ihn knechteten.
Als Lügner zeigte sie auf, die ihn getadelt hatten
und gab ihm ewige Herrlichkeit."

2.8.1. V13: Die σοφία steht Josef bei, als er verkauft wird

Auf den Verkauf Josefs, einmal durch seine Brüder, einmal durch die midianitischen Handelsleute (Gen 37,28.36), spielt V13 an. Josef wird als δίκαιος eingeführt, die Tat der Brüder (bzw. Kaufleute) als Sünde verstanden. Sap kann hier auf das Eingeständnis von Josefs Brüdern zurückgreifen, in ἁμαρτία gegenüber ihrem Bruder zu sein (Gen 42,21; 50,17). In dieser Situation der Sünde gegenüber dem Gerechten verläßt die Weisheit den Gerechten nicht, sondern errettet ihn aus der Sünde.

2.8.2. Ψ 104 als möglicher Nebenbezugstext
Die LXX verwendet für den Verkauf Josefs in Gen 37 beidesmal das Verb ἀποδιδόναι. Ψ 104,17 benutzt wie Sap das Verb πιπράσκειν für den Verkauf Josefs. Das Summar der Josefstradition in Ψ 104,17-22 zeigt viele inhaltliche Ähnlichkeiten mit Sap 10,13-14: Josefs Verkauf, sein Gefängnisaufenthalt, die Erlangung der Herrscherwürde. Diese Themen waren wohl die "standards", um die Josefstradition zusammenzufassen. Mit ihrer Hilfe wird Eindeutigkeit in dem Bezug auf die Person Josef erzielt. Neben diesen Übereinstimmungen betonen Sap 10 und Ψ 104 verschiedene andere Züge aus der Josefstradition der Gen.[119] In der Art der Präsentation der Josefstradition ist ein Einfluß von Ψ 104 auf Sap 10 möglich. Die Verwendung des Verbs πιπράσκειν deutet ebenfalls darauf hin. Die beiden Texte sind zudem inneralttestamentlich die beiden einzigen, die die Josefstradition insgesamt zusammenfassen. Eine lineare Traditionslinie läßt sich m.E. von Gen über Ψ 104 zu Sap 10 nicht ziehen. Der literarische Befund einer Abhängigkeit von Sap 10 von Ψ 104 ist zu uneindeutig.[120]

2.8.3. V 14a.b: Die σοφία als Beistand in Zisterne und Gefängnis
Das Wort λάκκος in V14a ist doppeldeutig. LXX gebraucht es in Gen 37 mehrfach für die Zisterne, in die Josef von seinen Brüdern geworfen wurde, bevor sie ihn an die Handelskarawane verkauften. In Gen 40,15 steht λάκκος für das Gefängnis, in das Josef aufgrund der falschen Anschuldigung durch Potiphars Frau geworfen wurde. In allgemeiner Bedeutung steht λάκκος für Loch, Grube, in spezieller für Teich, Zisterne.[121] Sap determiniert λάκκος nicht durch den Artikel, sie läßt also ganz bewußt beide Möglichkeiten zu. Die Weisheit stieg mit Josef in das Zisternenloch und in das Gefängnisloch.
Die Anwesenheit der Weisheit im Gefängnis kann aus Josefs Fähigkeit zur Traumdeutung zurückgeschlossen werden.[122] Im Zuge der Verweisheitlichung, in der Sap das Handeln Gottes durch das Handeln der Weisheit er-

---

[119] Sap legt Wert auf die falsche Beschuldigung Josefs und seine ewige Herrlichkeit. Ψ 104 bezieht sich auf Josefs zutreffende Traumdeutung und seine daraus resultierende Freilassung aus dem Gefängnis; zudem sieht er Josef als Weisheitslehrer der Ägypter.
[120] Das Problem ist am besten über den Vergleich der Funktion beider Texte in der übergeordneten Gattung zu lösen. Sowohl Ψ 104 als auch Sap 10 können pauschalisierend als Geschichtspsalm bezeichnet werden. Die Person Josef ist für beide Texte eine beachtenswerte Gestalt aus der Geschichte Israels. In ihrer jeweils eigenen Art fassen sie Geschick und Taten dieser Person zusammen.
[121] W.GEMOLL, Schul- und Handwörterbuch, S.463.
[122] Vgl. D.GEORGI, Weisheit Salomos, S.438-439. Einen Einfluß aus Dan 3 auf diese Stelle, wie ihn D.GEORGI vermutet, müßte man über den Sachverhalt des συγκαταβαίνειν einer Person (in Sap der σοφία) in eine für die Gerechten gefährliche Situation vermittelt denken. Durch das Substantiv λάκκος wäre Sap evtl. auch von Dan 6 beeinflußt. Dort wird die Löwengrube als λάκκος bezeichnet (LXX und Θ).

setzt, kann aber auch Gen 39,21 Hintergrund der Interpretation Saps sein: καὶ ἦν κύριος μετὰ Ιωσηφ... (vgl. Gen 39,23).
Nach V14a ist es möglich, daß auch in V14b die Doppeldeutigkeit fortgesetzt werden soll. Wenn die Weisheit den Gerechten auch in Fesseln nicht verließ, kann es Interpretation Saps sein, Josef wäre gefesselt in die Zisterne geworfen worden. Der Plural δεσμοί steht häufig auch für Kerker und Gefangenschaft. Eine Anspielung auf den Gefängnisaufenthalt Josefs erscheint mir insgesamt wahrscheinlicher.[123]

2.8.4. V14c-f: Josefs Aufstieg als Werk der σοφία

Nachdem Josef Pharaos Träume zu dessen Zufriedenheit gedeutet hatte, wird er aus dem Gefängnis freigelassen und von Pharao zum obersten Beamten eingesetzt (Gen 41). Pharao verleiht Josef seinen Siegelring, kleidet ihn in königliche Gewänder aus Byssos und hängt ihm eine goldene Kette um den Hals (Gen 41,42).
Sap deutet diesen Schmuck sehr richtig als Zeichen der Königswürde (σκῆπτρα βασιλείας; V14c). Josef erscheint in Gen 41, 41-46 als der oberste Beamte im Hofstaat Pharaos, dem nur der Pharao selbst übergeordnet ist. Josefs Fähigkeit der Traumdeutung hat ihn in diese Position gebracht. Sap kann also gut formulieren, die *Weisheit* hätte dem Gerechten die Königswürde gebracht. "Weisheit" kann hier auf einer zweiten Sinnebene auch als Fähigkeit zur Traumdeutung verstanden werden.[124]

Mit der Königswürde erhält Josef Macht über die, die ihn vorher beherrschten bzw. gewalttätig behandelten (τυραννεῖν V14d). Man wird diese Verszeile auf all die Fälle beziehen müssen, die von der Erniedrigung und Unterdrückung Josefs sprechen also sowohl das Verhalten von Josefs Brüdern als auch das der Ägypter, die ihn ins Gefängnis brachten. Beiden Gruppen gegenüber ist Josef ja nun in einer Machtposition: Er ist zweiter Regent hinter dem Pharao und er hat Macht über seine Brüder, die als Bittsteller zu ihm kommen. Ähnlich wie bei der Aufnahme der Traditionen von Adam und Jakob in Sap 10 ist hier der Gerechte in seiner Erniedrigung und Erhöhung beschrieben.[125] In der Erniedrigung steht die σοφία dem Gerechten bei und führt ihn zu Reichtum bzw. zu Erhöhung.

V14e nimmt die Geschichte von Potiphars Frau auf. Sie hat Josef durch ihre falsche Anschuldigung ins Gefängnis gebracht. Josefs Geschick im Gefängnis und sein Aufstieg zeihen sie der Lüge. Sap zieht die Konsequenz aus Josefs Erhöhung und überträgt sie auf die Situation seiner Erniedrigung. Der Vers wirkt wie eine Konkretion zu V9: Josef, der der Weisheit

---
[123] Zu ἐν δεσμοῖς vgl. die Bezeichnung des Gefängnisses als δεσμωτήριον (Gen 39,22; 40,3) und der Gefangenen als δεσμῶται (Gen 39,20).
[124] Zur Fähigkeit zur Traumdeutung als Charakteristikum von Weisheit vgl. Dan 2; 4.
[125] D.GEORGI, Weisheit Salomos, S.438, Anm.V13a; A.SCHMITT,Das Buch der Weisheit, S.95.

diente, wird aus der Mühsal errettet. Alle, die den Gerechten falsch beschuldigt hatten, werden von der Weisheit der Lüge überführt.
V14f spricht von der ewigen Herrlichkeit, die die Weisheit dem Gerechten gab. Nach Gen 45,13 sollten Josefs Brüder Jakob von all der Herrlichkeit berichten, die Josef in Ägypten erworben hatte: ἀπαγγείλατε ...πᾶσαν τὴν δόξαν μου τὴν ἐν Αἰγύπτῳ ... Die Herrlichkeit, die in Gen noch als irdische gedacht ist, ist bei Sap auf die Ewigkeit ausgedehnt und erhält damit auch eine eschatologische Komponente. Innerhalb der Beispielreihe wird den AdressatInnen ein Gerechter vorgestellt, dem ewige δόξα verliehen wurde. Die irdische Aussage wird zu einer Erhöhungsaussage gesteigert und den AdressatInnen als Lohn für gegenwärtige Gerechtigkeit vor Augen gestellt.

2.8.5. Josef als letzter "Gerechter" aus dem Buch Gen und Verbindung zum "gerechten Volk"

Mit Josef als letztem δίκαιος ist Saps Durchgang durch die Gen beendet. Herausragende Gestalten der Ur- und Vätergeschichte wurden als von der Weisheit mit fürsorgendem und rettendem Handeln bedachte Gerechte dargestellt.
Die Josefstradition erscheint im Buch Gen als ein Teil der Jakobstradition.[126] Josef ist im Pentateuch das Vorspiel für Jakobs Zug nach Ägypten mitsamt seiner Sippe und damit ein Teil des Erklärungsversuches, warum das Volk Israel in Ägypten wohnte.
Natürlich denkt Sap nicht in diesen von historisch-kritischer Exegese erhobenen Kategorien und Traditionen. An der Art ihrer Textverarbeitung wird aber deutlich, daß die Josefstradition der Gen in der o.g. Funktion wirkte. Als nächstes Glied der Reihe der Gerechten erscheint das Volk Israel, dessen Auszug aus Ägypten und Durchzug durch das Rote Meer.[127]

2.9. *Sap 10,15.16 und 11,1: Israels Urbekenntnis und die Bedeutung der Figur des Mose*

Als letztes Glied der Siebenerreihe von δίκαιοι erscheint in V15 das heilige Volk (λαὸς ὅσιος). Erst V20 bezeichnet das Volk als δίκαιοι. Die Gerechten sind in V20 das handelnde Subjekt, ansonsten ist es die σοφία im gesamten Textabschnitt.
V15 nimmt die Tradition des Auszugs aus Ägypten auf und setzt die *Verweisheitlichung* fort: "Sie hat ein heiliges Volk und unbescholtenen Samen

---

[126] Man bedenke nur die Einleitungssätze Gen 37,1-2a. "Dies ist die Geschichte Jakobs:..." weist ja schon darauf hin, wie Gen 37-50 verstanden werden soll.
[127] In V15 wird das Volk als "unbescholtene Nachkommenschaft" bezeichnet, was man im Duktus von Kap 10 auch als Nachkommenschaft Josefs verstehen kann.

errettet aus dem Volk der Bedrücker." Nicht Gott, sondern die *Weisheit* wird *als Retterin* aus Ägypten bezeichnet.
Unter der Tendenz der *Verweisheitlichung* sind auch die einzelnen Motive des Exodusgeschehens in Kap 10 aufgenommen: Mose als weisheitsbegabte Person des Exodus; die Plagen an Ägypten; (die Beraubung der getöteten Ägypter;)[128] die Führung durch Wolken- und Feuersäule; das Meerereignis.

Der Exodus ist das Ereignis in der Geschichte Israels, an dem das Volk zu Gottes Volk wird. Die sonstige inneralttestamentliche Überlieferung versteht das Geschehen als Werk Gottes, er hat Israel aus Ägypten geführt und gerettet. Hier ist schon auf den ersten Blick die σοφία als diejenige zu erkennen, die den Auszug des Volkes aus Ägypten ermöglicht.

2.9.1. V15: Das "verweisheitlichte" Urbekenntnis Israels

Saps Aufnahme und Auslegung der Exodustradition in 10,15 - 11,1 ist V15 als Zusammenfassung des Exodusgeschehens vorangestellt. Israels Urbekenntnis wie es sich immer wieder im AT findet, könnte man in freier Weise etwa so formulieren: "Jahwe, der Gott Israels, hat sein Volk aus Ägypten gerettet." Immer wieder begegnen Kurzformeln mit diesem Grundgehalt an Information innerhalb des AT. Diese Formel ist das kürzeste Summarium des Exodusgeschehens.
Daneben gibt es Summarien, die auf einzelne Motive des Exodusgeschehens und auch andere Stationen der Geschichte Israels näher eingehen, wie z.B. Geschichtspsalmen (Ps 78; 105 u.a.) oder das "kleine geschichtliche Credo" Dtn 26. Am Exodus entzündet sich auch häufig die Hoffnung auf ein neues befreiendes Handeln Gottes an Israel (z.B. Jes 63,7-14).
    In und mit dieser Formel wird Israel immer wieder darauf hingewiesen, daß es Gott war, der die Befreiungstat vollbracht hat. Durch diese Tat hat er sich Israel als sein Volk auserwählt, hat mit ihr seine Geschichte mit seinem Volk begonnen.
Um Gottes Tat wirklich als Befreiung zu kennzeichnen, wird "Ägypten" manchmal noch näher spezifiziert. Es wird als Sklavenhaus bezeichnet, was auf den Frondienst Israels in Ägypten anspielt, oder Ägypten wird zur Metapher für die jeweils gegenwärtige Situation des Volkes, aus der eine Befreiung erhofft wird.
Im sch^{e}ma wird Israel davor gewarnt, des Herrn zu vergessen, der es aus Ägypten, aus dem Sklavenhaus geführt hat: πρόσεχε σεαυτῷ, μὴ ἐπιλάθῃ κυρίου τοῦ θεοῦ σου τοῦ ἐξαγαγόντος σε ἐκ γῆς Αἰγύπτου ἐξ οἴκου δουλείας (Dtn 6,12). Und Gottes Befreiungstat aus Ägypten begründet im Dekalog jeweils das Fremdgötterverbot (Ex 20,2; Dtn 5,6). Vor dem Hintergrund dieser Befrei-

---

[128] Dafür gibt es keinen direkten Anhaltspunkt im Buch Ex bzw. in den Exodustraditionen des AT.

ungstat formuliert Gott auch immer wieder sein Selbstverständnis gegenüber Israel (Hos 13,4; Jes 45,21).[129]

V15 nimmt den Grundtenor der Formel auf, wandelt ihn aber entscheidend ab:

15"Sie hat ein heiliges Volk und unbescholtenen Samen
errettet aus dem Volk der Unterdrücker."

Die Weisheit war es, die ein heiliges Volk aus der Schar der Bedrücker errettete. Damit setzt Sap die Verweisheitlichung auch an diesem theologisch zentralen Punkt des AT fort. Was Gottes Tat war erscheint als Tat der Weisheit und nichts deutet darauf hin, daß sie Werkzeug Gottes wäre. Zumindest in Kap 10 handelt sie durchgehend als eigenständige und eigenmächtige Person. Dieses verweisheitlichte Urbekenntnis Israels setzt Sap ihrer Interpretation von Einzelheiten des Exodusgeschehens voran.

In zweifacher Hinsicht ist diese Abwandlung interessant. Zum einen erscheint Exodus als ein nach wie vor wichtiger Topos in der Geschichte Israels. Zum anderen aber wird dieser Topos seiner ursprünglichen Funktion entkleidet. Der Exodus erscheint nicht mehr als der Beginn der Geschichte Gottes mit seinem Volk. Gerade im Duktus von Sap 10 ist er eine Rettungstat der Weisheit unter anderen. Innerhalb von Kap 10 kommt der Aufnahme des Exodusgeschehens als siebter und letzter Rettungstat eine gewisse klimaktische Funktion zu. Auch nimmt die Beschreibung dieser Rettungstat der Weisheit einen breiteren Raum ein. Formal oder inhaltlich weist in Sap aber nichts darauf hin, daß das Exodusgeschehen die Rettungstat in Israels Geschichte war.

Die Geschichte Israels erscheint in Sap 10 nicht als Werk Gottes an seinem Volk oder an den Vorfahren dieses Volkes. Die σοφία hat diesen theologischen Ort besetzt. Hier wird eine neue Theologie ausgebildet. Der Auszug aus Ägypten war in Israels Geschichte immer wieder als Bild für Befreiung und zur Hoffnung auf neue Befreiung, auf einen neuen Exodus (DtJes) verwendet worden. Hier nun bemächtigt sich die Weisheit dieses Topos'. Um den vollen Aussagegehalt dieser Uminterpretierung verstehen zu können, müßte das Verhältnis zwischen θεός und σοφία in den ersten beiden Hauptteilen Saps untersucht werden und auch die weitere Aufarbeitung des Themas Exodus in Kap 11-19. Bezogen auf den AdressatInnenkreis scheint die σοφία eine vermittelnde Funktion zu haben. Die alten

---

[129] In der Forschung wird das Bekenntnis Israels zu Jahwe, der es aus Ägypten geführt hat, als Ur- bzw. Grundbekenntnis verstanden (vgl. W.ZIMMERLI, Grundriß, S.17; ZIMMERLI formuliert seinen Denkansatz für den Grundriß der alttestamentlichen Theologie auf S.11: "Darin [i.e. die Offenbarung des Jahwenamens erst an Mose bei E und P; U.S.] hat sich offensichtlich die richtige Erinnerung erhalten, daß von dem Jahwe des ATs erst da geredet werden kann, wo er sich als Gott Israels offenbart und die Befreiung der Seinen aus Ägypten vollzieht.").

theologischen Topoi werden nicht aufgegeben, aber sie werden von der Weisheit "besetzt". Damit eröffnen sich neue Verständnismuster gerade in einer hellenistisch geprägten Umwelt. "Weisheit" war auch ein Thema in der Popularphilosophie und in einigen der Mysterienreligionen. Sap setzt die σοφία in Konkurrenz zu diesen Strömungen, wenn sie die Beziehung dieses Geschehens auf Gott aufbricht, indem sie die Weisheit als handelnde Person einführt und das Handeln Gottes durch ihr Handeln ersetzt.

2.9.2. Die Aufnahme des Bezugstextes und seine Interpretation in V15

Die Verweisheitlichung des Exodusgeschehens erreicht Sap, indem sie eine geprägte, bekenntnishafte Formel aufnimmt und sie ihrem Schema in Kap 10 anpaßt. Gott wird durch die σοφία als handelndes Subjekt ersetzt.

Die Namen Israel und Ägypten werden aus der Formel getilgt. Israel erscheint als λαὸς ὅσιος καὶ σπέρμα ἄμεμπτον. Israels Heiligkeit und Unbescholtenheit steht von vornehrein fest. In Kap 10 ist die Stellung der Gerechten zur Weisheit (vgl. V9 !) der Maßstab für das Gerecht-Sein der exemplarisch dargestellten Personen. Und ebensowenig wie Sap bei keiner der gerechten Einzelpersonen diesen Maßstab der Gerechtigkeit zur Diskussion gebracht hat, tut sie es beim Volk.

σπέρμα ἄμεμπτον ("unbescholtene Nachkommenschaft") weist darauf hin, daß Sap in dem von den Büchern Gen und Ex vermittelten Schema denkt: Israels Ägyptenaufenthalt resultiert aus der Auswanderung Jakobs nach Ägypten. Ex 1,7 spricht an, daß sich die Israeliten in Ägypten stark vermehrten. Diese Menschen sind die Nachkommenschaft, die die Weisheit errettet. Israel bereits für die Dauer seines Ägyptenaufenthalts als heilig und untadelig anzusehen, ist innerhalb des AT nicht ohne Widerspruch.[130] Jos 24,14 sieht das Volk als befleckt durch Götzendienst an babylonischen und ägyptischen Göttern an. Josua fordert in seiner Rede das Volk auf, diesen Kult zu beenden und allein Gott zu dienen. Auch Ez 20,8; 23,3 beschuldigt das Volk des Götzenkultes in Ägypten.

Entgegen dieser Sichtweise hat Sap eine idealisierende Tendenz. Besonders in den sieben Gegenüberstellungen Kap 11-19 kommt diese Tendenz immer wieder in der Form zum Tragen, daß Israels Verfehlungen konsequent verschwiegen werden. Der Kult Israels an ägyptischen Gottheiten wird zwar im Buch Ex nicht angesprochen,[131] die o.g. Stellen zeigen aber, daß es eine Tradition gab, die dies überlieferte. Gegen diese Tradition wendet sich Sap bewußt oder unbewußt und führt Israel als a priori heilig ein.

---

[130] A.SCHMITT, Das Buch der Weisheit, S.96.
[131] Die Verehrung des goldenen Stierbildes Ex 32 wird in Ex nicht als Götzendienst an einem ägyptischen Gott verstanden, sondern als Abfall von Jahwe.

In V15b kombiniert Sap den Beginn des Buches Ex mit dem Ende der Erzählung vom Durchzug durchs Rote Meer. ῥύεσθαι spielt an auf das für die Israeliten glückliche Ende ihrer Herausführung aus Ägypten und den glücklichen Durchzug durch das Rote Meer. In der summarischen Formel des Exodusgeschehens verwendet Ex 14,30 ebenfalls dieses Verb: "Und der Herr errettete (ἐρρύσατο) Israel an diesem Tag aus der Hand der Ägypter...". Mit diesem Verb wurde die Rettung der Israeliten aus Ägypten bereits in Ex 6,6 angekündigt.
"Retten" ist ein spezifisches Wort, wenn man vom Exodus Israels aus Ägypten spricht. Sap nimmt dieses Spezifikum auf und erklärt es näher durch ἐξ ἔθνους θλιβόντων. Sie spielt damit an auf die Fronarbeit der Israeliten in Ägypten und macht deutlich, daß sie sich auf den im Buch Ex beschriebenen Auszug bezieht. Ex 1,9-14 zeigen, wie systematisch der Pharao und die Ägypter gegen die Israeliten vorgingen und sie durch Sklavenarbeit be- und unterdrückten. Im Buch Ex werden die Ägypter nirgends wie in V15b ἔθνος θλιβόντων genannt, sie sind es aber der Sache nach.[132] Nach Ex 3,9 hat Gott die Bedrückung (θλιμμός) gesehen, ὅν οἱ Αἰγύπτιοι θλίβουσιν αὐτούς, und er hat beschlossen, sie aus Ägypten zu befreien. Sap nimmt das Verb θλίβειν als Ausdruck für die Bedrückung durch die Ägypter auf und kennzeichnet mit ihm die Feinde des heiligen Volkes.

Unterdrückung der Israeliten und ihre Errettung als Kennzeichen des Exodusgeschehens bleiben bei Sap also erhalten, die Verben θλίβειν und ῥύεσθαι genügen, um eindeutig auf den Exodus anzuspielen. Mit der Voranstellung von V15 vor den weiteren Ausführungen Saps zum Exodus trifft Sap zwei wesentliche Feststellungen: Die Rettung ist eine Tat der σοφία und Israel ist heiliges Volk.

2.9.3. *Die Rahmung der Anspielungen auf konkrete Einzelgeschehnisse durch die Person des Mose in 10,16 und 11,1* [133]
Obwohl Sap schon in V15 alle Wirksamkeit der Weisheit zuschreibt und diesen Vers auch der Behandlung des Exodusgeschehens voranstellt, erwähnt sie dennoch die Person Moses. Anspielungen auf ihn finden sich in V16 und in 11,1.[134] Im Pentateuch spielt Mose im wahrsten Sinne des Wortes die führende Rolle beim Auszug der Israeliten aus Ägypten. Mose

---

[132] Vgl. hierzu z.B. Ex 1,11.14; 5,13. S. aber Ψ 105,11, wo die Ägypter οἱ θλίβοντες αὐτούς genannt werden. Ein Einfluß dieser Formulierung auf die o.g. Stelle ist wahrscheinlich, da es auch an anderen Stellen in V15ff Bezüge zu diesem Psalm gibt.
[133] Man vgl. auch den Exkurs zu den Erwähnungen Moses in Sap 10-19 im Rahmen der Analyse von 18,5-25.
[134] In Anspielungen wird Mose in Sap insgesamt 4 x erwähnt: 10,16; 11,1.14; 18,5. Mit Sap 10 vergleichbare Texte verfahren sehr unterschiedlich mit der Aufnahme der Mosetradition: Sir 45 bringt relativ ausführlich Mosetradition, Ψ 77 erwähnt Mose überhaupt nicht. Ψ 104 erwähnt Mose kurz in V26, als Subjekt der Verbformen in V27-45 wird man Gott einsetzen müssen. Mose als Subjekt bleibt aber dennoch als Möglichkeit bestehen und diese Möglichkeit ist sogar sinnvoll. Wahrscheinlich muß man auch hier mit Doppeldeutigkeit rechnen.

ist der Beauftragte Gottes, der das Volk aus Ägypten führt. In Ex 14 wird in der Erzählung vom Durchzug durch das Rote Meer eine Diskussion um die Wirksamkeit und Macht verschiedener Hände geführt (V8.16.21.26.27. 30.31). War es Moses oder Gottes Hand, die das Meerwunder bewirkte und die Israeliten aus der Hand der Ägypter befreite? Kann χείρ (z.B. Ex 14,8) nicht sogar auf Mose selbst gedeutet werden: Mose ist die hoch erhabene Hand Gottes, unter deren Schutz das Volk auszog?

2.9.4. Mose als weisheitsbegabter "Knecht" Gottes

16a"Sie ging ein in die Seele eines Dieners der Herrn..."

In Sap ist Mose kein Handlungsträger wie in Ex. In V16a ist er weisheitsbegabter Diener des Herrn: εἰσῆλθεν (i.e. die σοφία; U.S.) εἰς ψυχὴν θεράποντος κυρίου... (V16a). In 11,1 schließlich ist Mose heiliger Profet, durch dessen Hand die Weisheit[135] die Werke der Israeliten zu einem guten Ende führt: εὐόδωσεν τὰ ἔργα αὐτῶν ἐν χειρὶ προφήτου ἁγίου. Mit V16a und 11,1 rahmt Sap den Abschnitt V16b-21, in dem sie auf konkrete Einzelgeschehnisse des Auszugs aus Ex 14 und 15 anspielt. Moses Person ist so stark im Exodusbericht verankert, daß Sap sie nicht aus diesem Zusammenhang getilgt hat. Es ist allerdings auffällig, daß das Volk und nicht Mose als letztes Glied in der Reihe der δίκαιοι erscheint. Das liegt sicher an der Thematik "Rettung durch die Weisheit" (es wurde ja das Volk und nicht Mose gerettet) und der Tatsache, daß in Sap 10 das Handeln Gottes (nur in der Anspielung auf Jakob und dessen listenreiche Vermehrung der ihm zustehenden Herde ist es das Handeln eines Menschen) durch das Handeln der Weisheit ersetzt wird.

Mose wird erstmals Ex 4,10 θεράπον κυρίου genannt, aber auch Ex 14,31, also am Ende der Erzählung vom Durchzug der Israeliten durch das Meer. Sap nimmt diesen Titel Moses auf.[136] Innerhalb des AT sind mit diesem Titel bestimmte Vorstellungen verbunden.[137] Auf Mose bezogen sind folgende

---

[135] 11,1 ist ein Schaltvers. Es ist möglich, der unpersönlichen Formulierung εὐόδωσεν jeweils ein anderes logisches Subjekt zuzuordnen, je nachdem, zu welchem Abschnitt man 11,1 rechnet. Liest man den Vers als Abschluß von Kap 10, ist die Weisheit das logische Subjekt. Ordnet man 11,1 als Einleitungssatz von 11,1ff ein, ist Gott das logische Subjekt.

[136] LXX übersetzt עבד יהוה häufig mit θεράπον κυρίου; "Knecht Gottes" kann durchaus als Titel verstanden werden.

[137] Zu Moses Amt bzw. Funktion als עבד vgl. K.BALTZER, Die Biographie der Propheten, S.45f. BALTZER nimmt Num 12,6-8 als den Text, an dem das Amt Moses als "Knecht" besonders verdeutlicht werden kann. Ob Sap auch diesen Text mit im Blick hat, kann allein aufgrund der Textlage nicht entschieden werden. Wichtig in unserem Zusammenhang ist aber BALTZERs Feststellung zu Ex 14,31 auf S.49: "Durch die kriegerische Tat Jahwes wird Mose als עבד (»Knecht«) bestätigt." Der erfolgreiche Auszug des Volkes hat also mit Moses Amt als "Knecht

Inhalte dieses Amtes zu nennen: Mose war Werkzeug Gottes; er verkehrte unmittelbar mit Gott; er war der Mittler Gottes zum Volk, Gesetzgeber, Profet, Wundertäter u.a. mehr. Wenn nun Sap die Seele des Knechtes Mose als von der Weisheit ergriffen ansieht, interpretiert sie durch V16a von vornherein alle diese Inhalte als durch die Weisheit vermittelt und verursacht. Was Mose als Diener Gottes tat, vollbrachte er durch die Weisheit. Assoziativ werden die LeserInnen die o.g. Inhalte mit θεράπον verbunden und als von der Weisheit gewirkt verstanden haben.

2.9.5. Mose als heiliger Profet

11,1 "Sie führte deren Werke zu einem guten Ende durch die Hand eines heiligen Profeten."

Die Deutung Moses als Profeten entnimmt Sap Dtn 18,18 und 34,10.[138] Indem sich Sap also auf den Schluß des Pentateuch und die Perikope vom Tod Moses bezieht, sieht sie alle Geschicke des Volkes unter Moses Führung zu einem guten Ende gebracht. In der Doppelfunktion von 11,1 werden sowohl der in 10,15 - 11,1 behandelte Auszug als auch die Geschehnisse in den Gegenüberstellungen Kap 11-19 unter dieses Urteil gestellt.

Bei der Deutung Moses als Profeten muß gerade im Hinblick auf die Gegenüberstellungen in Kap 11-19 der Kontext von Dtn 34,10 beachtet werden. Dtn 34,10-12 sind die Schlußverse des Buches Dtn und sind ein Summarium der Wirksamkeit Moses:

"Und es stand ferner kein Profet in Israel auf wie Mose, den der Herr kannte von Angesicht zu Angesicht, in allen Zeichen und Wundern, zu denen der Herr ihn aussandte, sie zu tun im Lande Ägypten dem Pharao und seinen Dienern und seinem ganzen Land, [zu tun] die großen Wunder und die gewaltige Hand, die Mose tat vor ganz Israel."

Hier steht das eng zusammen, was in den Gegenüberstellungen präsentiert wird: Die Zeichen und Wunder, d.h. die Plagen an Ägypten und die Wunder, die Mose den Israeliten tat. Beides wird zu Moses Profetenamt gerechnet, jedenfalls in Dtn 34,10-12.

Diese Anspielung auf Moses Profetenamt steht zwischen der Behandlung des Auszugs in Kap 10 und den Gegenüberstellungen. Soll mit dieser Anspielung auch der Kontext von Dtn 34,10-12 bei den LeserInnen vergegenwärtigt werden? M.E. ist die Aufnahme dieses Summars zu Moses Pro-

---

Gottes" zu tun - Sap stellt dieses Amt Moses nicht von ungefähr an den Anfang ihrer Aufnahme des Exodusereignisses in Kap 10.

[138] Das dtrG präsentiert in Dtn 18,18 Mose als den Prototypen der Profeten. Auch in Hos 12,14 findet sich die Tradition Moses als Profeten: Durch einen Profeten (ἐν προφήτῃ) führte der Herr Israel aus Ägypten. Zum schwer zu entscheidenden Problem, ob das Amt "Profet" bei Hosea spirituell gemeint ist oder an eine politische Funktion gedacht ist s. K.BALTZER, Die Biographie der Propheten, S.50.

fetenamt unverkennbar. Es ist kein Zufall, daß Sap 11,1 χείρ und προφήτης in einer Anspielung auf Mose verwendet, sondern ein direkter Bezug zu Dtn 34,10-12. Mit diesem Vers als Zwischenglied werden sowohl der Exodus als auch die Gegenüberstellungen mit Moses Profetenamt in Verbindung gebracht. Die Weisheit oder Gott - eben je nachdem, welchem Abschnitt man 11,1 zurechnet - brachte alles zu einem guten Ende.

2.9.6. Mose in V16b-21 als Werkzeug der σοφία?

An dieser Stelle gerät man nun freilich in ein Dilemma der Interpretation. Verstand Sap die in V16b-21 angesprochenen Werke als Taten Moses, die dieser beseelt von der Weisheit vollbrachte?[139] Oder ist hier die Rolle des Mose im Gegensatz zum Buch Ex stark unterbetont, da er nicht explizit als Handelnder erscheint und das, was man unter Umständen als sein Handeln betrachten könnte (Herausführung des Volkes aus Ägypten) durch das Handeln der Weisheit ersetzt ist?[140]
SCHMITTs These wird dadurch gestützt, daß man als Subjekt der Verben in V16b-19b auch den in V16a eingeführten θεράπων κυρίου lesen kann. Lediglich V17c.d bereitet dabei Schwierigkeiten, denn es ist schwer vorstellbar, wie Mose den Israeliten zum "Schutz" und zum "Strahlen der Sterne" - gemeint sind damit Wolken- und Feuersäule - geworden sein soll.
Anders als im vorangehenden Abschnitt 10,1-16a ist hier der Befund uneindeutig, ob ausschließlich die σοφία als handelndes Subjekt gesehen werden kann. In V20 singen die Israeliten dann ja auch "der für sie streitenden Hand", was auch ein Verständnis auf Mose zuläßt (s.o.) und die σοφία muß in V21 ausdrücklich wieder als Subjekt eingeführt werden.

Mit bewußt eingesetzten Uneindeutigkeiten ist hier also zu rechnen. Der Text erhält dadurch mehrere Bedeutungsebenen:
- V16b-19b kann mit der Weisheit als Subjekt gelesen werden; das steht in direkter Abfolge zu den vorangehenden Versen im gesamten Kap 10. Sap gibt dann ein Beispiel dafür, daß man das Exodusgeschehen auch als Werk der Weisheit verstehen kann.
- Mit Mose, dem weisheitsbegabten Knecht Gottes als Subjekt gelesen erschließt sich ein Verständnis, das insofern näher am Buch Ex ist, als eben die Verweisheitlichung wegfällt. Wenn die Israeliten dann noch Gott einmütig lobsingen (V20), paßt das gut zu der Nahtstelle, die sich zwischen Kap 10 und 11 andeutet: Der Übergang von Handeln der Weisheit zu dem Gottes wird dadurch verschleiert. Die σοφία ist nur noch zuständig für das

---

[139] Diese Deutung vertritt A.SCHMITT, Das Buch der Weisheit, S.96: "Gemäß 7,27 geht die Weisheit in Mose als den »Diener des Herrn« und »heiligen Propheten« (vgl. 11,1) ein und wirkt durch ihn Zeichen und Wunder vor dem Pharao."
[140] So D.GEORGI, Weisheit Salomos, S.439, Anm.V15a.

Öffnen der Münder (V21) und Gott könnte auch schon als das Subjekt von 11,1 gelesen werden.
Sap nennt Mose Diener Gottes und heiligen Profeten. V16b-19b und die Ereignisse der Gegenüberstellungen wären dann Abschnitte, in denen diese Bezeichnungen beispielhaft durch Handlungen Moses untermauert würden. Das gilt auch dann, wenn sie in Kap 10 durch das Handeln der Weisheit und in 11-19 durch das Handeln Gottes "überlagert" werden und Mose im folgenden nur noch zweimal mit Bezug auf seine Kindheitsgeschichte erwähnt wird.

In Kap 10 kann Mose jedoch nur bedingt als Werkzeug der Weisheit verstanden werden; es gibt dafür im Text - außer in dem doppeldeutigen und nur Moses profetische Funktion ansprechenden Vers 11,1 - keine Anhaltspunkte. Und auch dieser Vers darf nicht überbewertet werden. Mose ist ebenso Objekt des Handelns der σοφία wie die anderen Personen in Kap 10 auch. Liest man 11,1 als Abschluß zu Kap 10, muß man betonen: "Sie (i.e. die Weisheit) führte die Werke der Israeliten zu einem guten Ende durch die Hand eines heiligen Profeten".
Mose taucht an keiner weiteren Stelle als mögliches Instrument der Weisheit auf. In der Textanalyse werde ich V16-19 aus dem Blickwinkel der Verweisheitlichung lesen.

2.10. *Sap 10,16b-20: Israels Auszug aus Ägypten als ein Werk der Weisheit*

Sap hat den Bekenntnissatz Israels verweisheitlicht und der Interpretation einzelner Motive des Ereignisses "Exodus" in V15 vorangestellt. Die zentrale Person des Exodus, Mose, erscheint als weisheitsbegabter Knecht des Herrn (V16) und als weisheitsbegabter heiliger Profet (11,1), nicht jedoch als handelnde Person. Hier und auch in der Interpretation der Details des Exodus ist die Weisheit das handelnde Subjekt.

2.10.1. *Die Textaufnahmen aus den Bezugstexten*
In der Reihenfolge der behandelten Motive des Auszugs in V17-20 hält sich Sap an Ex 11-15. Die in diesem Abschnitt relativ breit angelegte Erzählung von der Tötung der ägyptischen Erstgeburt und der Einsetzung des Passa (einschließlich des Auftrags, Gott jegliche Erstgeburt zu weihen) Ex 11-13 nimmt Sap in Kap 10 nicht auf.
Aus Ex 11 und 12 spielt Sap an auf die Beraubung der Ägypter (V17a). Tötung der Erstgeburt und Passa werden in der sechsten Gegenüberstellung 18,5-25 verarbeitet. Ex 13,17 - 14,31 entnimmt Sap das Motiv des Weges (V17b), der Wolken- und Feuersäule (V17c.d), des Durchzugs der Israeli-

ten durch das Meer (V18) und des Untergangs der Ägypter (V19). Die Textaufnahmen wirken so, als hätte Sap mit den Anspielungen jeweils kurze Summarien einzelner Textabschnitte formen wollen.

2.10.2. V16b: Eine Zusammenfassung der Exodus-Plagen

Bevor Sap auf mehrere Einzelheiten des eigentlichen Exodus (Bezug zu Ex 13-15) eingeht, stellt sie in V16b eine auf eine Zeile reduzierte Zusammenfassung der Plagen an Ägypten voran:

16b"...und widerstand furchterregenden Königen durch Wunder und Zeichen."

Sap bezieht sich hier mit "Wunder und Zeichen" auf die ägyptischen Plagen einschließlich der Tötung der Erstgeburt Ex 7-12. Gott hatte sie Ex 7,3 angekündigt: Er wolle das Herz Pharaos verhärten, καὶ πληθυνῶ τὰ σημεῖά μου καὶ τὰ τέρατα ἐν γῇ Αἰγύπτῳ. In der summarischen Zusammenfassung der Wirksamkeit Moses am Ende des Deuteronomiums stellt Dtn 34,11 fest: (Und es stand hinfort kein Profet auf in Israel wie Moses...) ἐν πᾶσι τοῖς σημείοις καὶ τέρασιν, ὃν ἀπέστειλεν κύριος ποιῆσαι αὐτὰ γῇ Αἰγύπτῳ... Sap nimmt aus dieser Ankündigung Ex 7,3 bzw. dem Summar Dtn 34 die Stichworte σημεῖα und τέρατα auf.[141]

Aber nicht Gott oder Mose und Aaron sind die Handlungsträger des Widerstands gegen die "Könige", sondern die Weisheit. Der Plural "Könige" bezieht evtl. Ex 17 mit in die Zusammenfassung ein, oder es soll bewußt unscharf formuliert werden.[142] Zu fragen wäre allerdings, wozu die Verschleierung dienen sollte, wenn es sich wirklich um eine bewußt unscharfe bzw. verallgemeinernde Formulierung handelt. Der Bezug zu Ex 7-12 bleibt jedenfalls erkennbar.

2.10.3. V17a: Die Beraubung der Ägypter beim Auszug als "Lohn" für die Sklaverei

V17a kombiniert die mehrfache Erwähnung der israelitischen Fronarbeit in Ägypten (Ex 1,8-14; 2,11.23) mit der Beraubung der Ägypter beim Auszug der Israeliten (Ex 11,2f; 12,35f). Der Raub der geborgten Schmuckstücke ist in Saps Augen die angemessene Bezahlung für die Fronarbeit.

17a"Sie bezahlte den Heiligen den Lohn ihrer Mühen..."

Für Sap geschieht die Beraubung der Ägypter nicht gemäß der Anweisung Gottes, sich Schmuckstücke auszuborgen (Ex 11,2), sondern die Weisheit

---

[141] Zur Aufnahme dieser Stellen s.a. Apg 7,36.
[142] S. D.GEORGI, Weisheit Salomos, S.439, Anm.V16c und auch A.SCHMITT, Das Buch der Weisheit, S.96.

vergilt den Israeliten den gerechten Lohn. Nach Ex 11; 12 hatte Gott den Israeliten bei den Ägyptern Gunst verschafft, so daß sie ihnen wirklich Schmuck ausgeliehen hatten. Eine Anspielung auf diese Umstände der Beraubung hätte bei dem vermuteten AdressatInnenkreis leicht moralische Bedenken hervorrufen können.[143] Ägyptische Nichtjuden hätten vielleicht Nahrung für ihre Vorbehalte gegenüber den Juden bekommen. So erscheint das, was LXX in Ex 12,36 Beraubung nennt (καὶ ἐσκύλευσαν τοὺς Αἰγυπτίους) als Lohn der Mühen (μισθὸς κόπων), die die Israeliten in Ägypten hatten. Aus der Beraubung wird angemessene Bezahlung und Israel ist über jeden moralischen Zweifel erhaben. Auch erscheint Gott nicht als Begünstiger eines Raubes. Die Weisheit vergilt die Mühen mit dem angemessenen Lohn.[144]

2.10.4. V17b-d: Führung und Schutz durch die σοφία als Feuersäule

In V17b-d nimmt Sap das Motiv der *Führung* durch die Feuersäule aus Ex 13,17-22 auf. Den Aspekt der Führung hat Sap jedoch von der Feuersäule losgelöst; die σοφία übernimmt im Zuge der Verweisheitlichung diese Aufgabe. Und auch die Schutzfunktion, die die Feuersäule hatte überträgt Sap auf die Weisheit. Feuer- und Wolkensäule werden wörtlich in Sap gar nicht genannt und doch wird deutlich, daß ihre Vorstellung in V17b-d im Hintergrund steht.[145]

17b-d"...sie führte sie auf einem wunderbaren Weg
und wurde ihnen zum Schutz bei Tag
und zum Strahlen der Sterne bei Nacht."

Sap interpretiert die Führung Gottes durch Wolken- bzw. Feuersäule als Führung durch die Weisheit, behält aber das Verb ὁδηγεῖν bei, das auch in Ex 13,17 verwendet wird.[146] Das Adjektiv θαυμαστός (V17b) schillert in seiner Bedeutung. Sap arbeitet bewußt mit den Bedeutungen "wunderbar" und "seltsam". Als seltsam ist der Weg ja schon in Ex 13,17-18 beschrieben. Gott führt die Israeliten nicht den direkten Weg über das Philisterland in das verheißene Land,[147] sondern den Weg zum Schilfmeer.

---

[143] Vgl. A.SCHMITT, Das Buch der Weisheit, S.96.
[144] Vgl. A.SCHMITT, Das Buch der Weisheit, S.96f.
[145] Vgl. zu dieser Stelle auch 1. Kor 10,1-4, wo unter Aufnahme von Exodusthematik gesagt wird, daß "die Väter alle unter der Wolke waren" - ist hier eine Schutzfunktion gemeint? - und "sie tranken aus einem geistlichen Felsen, der nachfolgte, der Fels aber war Christus".
[146] Zum Verb ὁδηγεῖν s. auch Ex 15,13; im Rückblick wird dort das ganze Exodusgeschehen als Führung durch Gottes Gerechtigkeit gesehen.
[147] Daß schon in MT selbst der eingeschlagene Weg als seltsam empfunden wurde zeigen die beiden mit כי eingeleiteten Begründungssätze in V17. Der Stil der LXX läßt das Nachgeschobene der Begründungen und damit auch das Unverständnis über den eingeschlagenen Weg nicht so klar erkennen wie MT.

Daß sich dieser Weg letztendlich als der wunderbare Weg erweisen wird, drückt auch das Adjektiv θαυμαστός aus. Es ist der seltsam-wunderbare Weg, auf dem die Weisheit das Volk führt.

Die Führung durch die Weisheit setzt Sap unter Aufnahme des Motivs der Wolken- und Feuersäule in V17c.d fort.[148] Verweisheitlichung und Uminterpretierung gehen in diesen beiden Zeilen ineinander. Ex 13,21 beginnt: ὁ δὲ θεός ἡγεῖτο αὐτῶν, ἡμέρας ἐν στύλῳ νεφέλης...; in Sap wird die Weisheit selbst zur Wolken- bzw. Feuersäule: καὶ ἐγένετο αὐτοῖς εἰς...
Im Buch Ex zieht Gott vor den Israeliten her, am Tag in einer Wolkensäule, um ihnen den Weg zu zeigen, nachts in einer Feuersäule, um ihnen zu leuchten, damit sie Tag und Nacht weiterziehen konnten (Ex 13,21). Die Wegweisung und das Leuchten wird bei Sap nicht aufgenommen. Die Verweisheitlichung wird auch nicht so betrieben, daß nun die Weisheit in Wolken- bzw. Feuersäule voranginge; sie wird vielmehr selbst zu der Israeliten "Schutz bei Tag und zum Strahlen der Sterne bei Nacht".

Nachdem Sap das Motiv der Führung bereits angesprochen hat, ändert sie die Funktion der Wolkensäule in eine Schutzfunktion um und kann dabei auf Ψ 104,39 zurückgreifen.[149] Die Umdeutung ist auch beeinflußt von Ex 14,19ff, wo die Wolkensäule das Volk schützt, aber nicht explizit "Schutz" genannt wird. Dort tritt sie von der Spitze des israelitischen Zuges an dessen Ende und verhindert so, daß das ägyptische Heer den Israeliten näherkommt.
Sap *verweisheitlicht* diese Tradition und läßt die Erwähnung der Wolke wegfallen. Für Sap ist es nicht mehr Gott, der in einer Wolke vor dem Volk herzieht, sondern die Weisheit selbst *ist* die Wolke, die das Volk schützt.

Die nächtliche Feuersäule deutet Sap als das Strahlen der Sterne - und auch zu diesem wird die Weisheit für die Israeliten. Möglicherweise will Sap der Feuersäule eine natürliche Erklärung geben.[150] Die Deutung kann aber auch einer anderen Ebene entspringen: Das Licht der nächtlichen Himmelskörper diente der Beleuchtung und der Orientierung für den Zug der Israeliten in der Nacht. Hier macht sich möglicherweise ein weisheitlicher Zug in dem Sinn bemerkbar, daß er die Erscheinung der Feuersäule ihres Wundercharakters entkleidet und ihr eine vernünftige Erklärung gibt.[151] Das bedeutete *Weisheit* in einem eher wissenschaftlichen Verständnis; hier läßt sich fragen, ob "Weisheit" nicht doch unter den in

---

[148] In 18,3 ist die Feuersäule ὁδηγός!
[149] Auch Ψ 104,39 spricht die Schutzfunktion der Wolkensäule an. Anders als Sap nennt der Psalm aber "Wolke" und "Schutz" nebeneinander.
[150] Vgl. dazu die Erklärung der "feuerumflammten Säule" als ἥλιος ἀβλαβής in 18,3.
[151] Die Beobachtung der Sterne und ihre Zuhilfenahme zur Orientierung ist ja auch ein Teil der weisheitlichen Tradition. Auch D.GEORGI, Weisheit Salomos, S.439, Anm.V17d spricht von Rationalisierung und verweist auch auf den Vergleich Isis´ mit dem Sternenlicht.

2.10.5. V18: Der Meerdurchzug als Werk der σοφία

Auch der Durchzug durch das Rote Meer ist Werk der Weisheit.

18"Sie brachte sie über das Rote Meer[152]
und führte sie durch viel Wasser."

Sap geht in ihrer Anspielung an den Meerdurchzug nicht auf das Problem innerhalb Ex 14 ein, ob nun eine Spaltung des Wassers oder ein Zurückweichen aufgrund eines Südwindes (so LXX anders als MT) den Durchzug durchs Meer ermöglichte (Ex 14,21-22). Der Durchzug der Israeliten ist in den zwei Zeilen von V18 zusammengefaßt. Das dreimalige διά (2x in zusammengesetzten Verben, 1x absolut) deutet auf einen Durchzug hin.[153] Der Satz ψ 77,13, von Sap in verweisheitlichter Form aufgenommen, hat vielleicht die Formulierung beeinflußt.[154]

Der Sicht D.GEORGIs, hier würde das Meerwunder mythisch dramatisiert,[155] kann ich mich nicht anschließen. Die in Kap 10 dargestellten Geschehnisse können vielleicht einem wie auch immer gearteten σοφία-Mythos zugerechnet werden. Verglichen mit dem Bezugstext Ex 14 erscheint die Aufnahme dieser Erzählung bei Sap aber keineswegs dramatisiert (auch nicht innerhalb eines Kosmos-Dramas mit der Weisheit als handelndem Subjekt), sondern im Gegenteil ihrer dramatischen Elemente entkleidet und rationalisiert. Vor dem hermeneutischen Hintergrund der in der Geschichte rettenden Weisheit (9,18; 10,9) erscheint die Formulierung "Sie brachte sie über das Rote Meer und führte sie durch viel Wasser" lapidar gegenüber der ausführlichen und auch dramatischen Erzählung in Ex 14.

---

[152] Mit der Bezeichnung θάλασσα ἐρυθρά folgt Sap der Tradition der LXX, die ים־סוף in der Regel mit θάλασσα ἐρυθρά übersetzt.
[153] Ex 14,22.29 redet davon, daß die Israeliten im Meer auf dem Trockenen gingen; Ex 15,16 gebraucht das Verb παρέρχεσθαι, an beiden Stellen ist διά nicht benutzt. ψ 77,13 gebraucht διάγειν, ψ 105,9 weicht dem Problem aus ("...er führte sie in der Tiefe wie in einer Wüste."), indem er allein das Austrocknen des Meeres betont. J.SCHARBERT, Das "Schilfmeerwunder", S.410, stellt fest, daß Sap für 10,18f und 19,7f Ex 14 und 15,1-18 in der redaktionellen Fassung von J,E und P vorgelegen hat.
[154] Dort begegnet ebenfalls die Vokabel διάγειν.
[155] D.GEORGI, Weisheit Salomos, S.439, Anm.V18a.

2.10.6. V19: Der Untergang der Ägypter im Meer als Werk der σοφία

In V19 spielt Sap auf den Untergang der Ägypter im Roten Meer an. Auch er ist das Werk der Weisheit. In der grammatikalischen Konstruktion deutet sich in V18-19 eine erste Gegenüberstellung in der Art derer in Kap 11-19 an.[156]

19"Die Feinde aber schloß sie ein
und aus der Tiefe des Abyssos schäumte sie sie hoch."

Nach Ex 14,26 reckte Mose seine Hand über das Meer, um es zurückfluten und die Ägypter darin untergehen zu lassen - Sap deutet dies als "Einschließen" der Feinde durch die Wassermassen. Israel sah dann die toten Ägypter am Ufer des Meeres liegen (Ex 14,30). Was nach Ex Mose auf den Befehl Gottes hin tut, interpretiert Sap als Wirken der Weisheit. Sie schildert auch hier nicht den Ablauf der Ereignisse, sondern greift zurück auf Fakten: Die Ägypter kamen im Meer um, sie lagen anschließend tot am Ufer des Meeres. Die Weisheit schließt die Feinde in den Meeresfluten ein und schäumt sie aus den Tiefen des Abyssos[157] (über die sie ja vorher die Israeliten gebracht hatte) nach oben.

Exkurs I: Sap 10,17.19 als mögliche Konkretion von Sir 24,4b.5

In Sir 24,4b.5 wird in einem Hymnus auf die σοφία die Weisheit in einer Ich-Rede folgendermaßen beschrieben:

...καὶ ὁ θρόνος μου ἐν στύλῳ νεφέλης·
γῦρον οὐρανοῦ ἐκύκλωσα μόνη
καὶ ἐν βάθει ἀβύσσου περιεπάτησα·

Die in den Höhen zeltende Weisheit hat ihren Thron auf einer Wolkensäule. Sie allein umrundete den Himmelskreis, und sie durchzog die

---

[156] Gerechte und Feinde erscheinen in im Kasus kongruenten Satzgliedern. Sie erfahren ein unterschiedliches Geschick. Wesentliche Elemente der Gegenüberstellungen fehlen jedoch (Begründung der Strafe an den Gottlosen; Reflexionsteile; pädagogisierende Formulierungen). J. FICHTNER, Weisheit Salomos, S.42, sieht in 10,15-21 den ersten "Vergleich" zwischen dem Geschick der Ägypter und dem der Israeliten durchgeführt. "Er ist inhaltlich identisch mit dem letzten, 19,1-9, der deutlich auf unsere Verse zurückgreift (cf S.69)." Das Meerereignis ist in der Tat in 19,1ff nochmals verarbeitet. Doch setzt dieser Abschnitt ganz andere Akzente als Kap 10 und greift mit Sicherheit nicht auf 10,15-21 zurück. Durch die Art der dort durchgeführten Textauslegung kann auch nicht von inhaltlicher Identität die Rede sein. Die beiden Interpretationen des Meerereignisses rahmen den Block der Gegenüberstellungen in Kap 11-19.

[157] Oder: "...aus abgründigen Tiefen...", wenn man ἀβύσσος nicht substantivisch verstehen will.

Tiefen des Abyssos.[158] Der Abyssos ist die Unterwelt, der Bereich der Toten und Verdammten. Die Weisheit wird bei Sir also an dieser Stelle mit dem Verhalten Isis´ identifiziert.[159] Möglicherweise hat Sap diesen Hymnus gekannt, doch läßt sich dafür weder Sicherheit noch Wahrscheinlichkeit gewinnen. In Saps Formulierungen V17.19 kann man jedoch eine andere Ausprägung der in Sir 24 gebotenen Tradition erkennen. Ein Anklang der "Wolkensäule als Wohnung der Weisheit" an die Wolkensäule des Exodus in Sir 24 ist m.E. nicht von der Hand zu weisen, selbst wenn er ursprünglich nicht beabsichtigt war. Wenn die σοφία ihren Thron auf der Wolkensäule des Exodus hatte, dann ist der Weg der Interpretation zu ihrer schützenden Anwesenheit wie bei Sap 10,17 nicht weit. Die Substanzaussage ("...die Weisheit wurde zum Schutz...") kann einer Interpretation der Aussage des Wohnens zugeschrieben werden: Sie ist die Konkretion der Tatsache, daß nach Sir 24, 8 Gott der wohnungssuchenden Weisheit Israel als Wohnstatt zuweist; sie ist dann in der Wohnung Wolkensäule gegenwärtig.

Das Durchwandern der Unterwelt im (täglichen) Kreislauf der Weisheit ist bei Sap mit einer konkreten Tat verbunden: Sie spült die Feinde, die sie dort eingeschlossen hat, aus dem Abyssos hoch. Dieses Element aus Sir 24 erscheint bei Sap also auf das Exodusgeschehen bezogen. Sap erreicht damit, daß das zeitlose Wandern der Weisheit in der Vorzeit einen direkten Zeitbezug auf den Exodus bekommt und das eher mythische Reden von der Weisheit einen konkreten Platz in der Geschichte Israels erhält.

2.10.7. V20a: Die Entwaffnung (Beraubung) der toten Ägypter

20a"Aus diesem Grund entwaffneten die Gerechten die
    Gottlosen..."

Sap geht davon aus, daß die Israeliten die tot am Ufer liegenden Ägypter berauben. In der innerbiblischen Exodustradition findet sich diese Begebenheit nicht, Ex 14,30 verweist nur darauf, daß die Israeliten die Ägypter tot am Ufer des Meeres liegen sahen. Dagegen berichtet Josephus ebenfalls von einer Beraubung der toten Ägypter nach ihrem Untergang in

---

[158] Die mit der Sonne und ihrem Kreislauf identifizierte Isis umrundet ebenfalls jeden Tag den Himmelskreis. Die Nachtstunden verbringt sie dabei in der Totenwelt.
[159] Vgl. hierzu J.T.SANDERS, On Ben Sira 24, passim. Sir hat in V3-6(7) einen Isis-Hymnus übernommen und auf die Weisheit bezogen. Die Wörter ὀμίχλη und ἄβυσσος erinnern stark an bzw. begegnen auch in Gen 1. In Prv 9,1 errichtet die Weisheit auf sieben Säulen ihr Haus. Kann die Einzahl in Sir 24,4b nicht doch eine Anspielung auf die Wolkensäule der Exodustradition sein?

Roten Meer.[160] Das von Sap in V20a verwendete Verb σκυλεύειν ist nach seiner etymologischen Bedeutung mit "den getöteten Feind seiner Rüstung (σκῦλον/σκῦλος) berauben"[161] zu übersetzen. LXX benutzt dieses Verb auch in Ex 12,36 für die Beraubung der Ägypter durch die ausgeliehenen goldenen und silbernen Schmuckgegenstände. Saps Formulierung ist möglicherweise von dieser Stelle beeinflußt, im Duktus von 10,15 - 11,1 ist V20a allerdings nicht als Anspielung auf Ex 11,2f; 12,35f aufzufassen. Sie wurde ja bereits in V17a gemacht. Hier schlägt sich also eine alttestamentlich sonst nicht überlieferte Tradition nieder. Das διὰ τοῦτο am Versanfang verdeutlicht, daß die Entwaffnung für Sap eine Tatsache darstellt und reiht sie in das Wirken der Weisheit ein. Das "deshalb" begründet nicht die Entwaffnung, sondern verweist auf das vorangegangene Handeln der Weisheit (V18-19), das die Entwaffnung erst ermöglichte. Sap betrachtet offensichtlich das Ex 14 beschriebene Geschehen (möglicherweise unter dem Einfluß von Ex 15, wo an einigen Stellen Kriegsterminologie verwendet wird) als kriegerische Handlung und den Untergang der Feinde als Sieg der Israeliten.

2.10.8. V20b.c: Israels Lobgesang

20b.c"...und lobsangen, Herr, deinem heiligen Namen,
deine für sie streitende Hand priesen sie einmütig."

V20b.c gehen zurück auf den Hymnus Ex 15 und das Miriamlied Ex 15,21. Dabei hat V20b den gesamten Psalm Ex 15 im Blick, der ja durch den Anfangssatz hervorhebt, daß dieser Psalm Gott gesungen wird: Ἄισωμεν τῷ κυρίῳ ...; der Name Gottes wird Ex 15,3 genannt.
Die für die Israeliten kämpfende (rechte) Hand Gottes wird in Ex 15,6.12 besungen. In Ex 14 wird implizit eine Diskussion um die Wirksamkeit verschiedener Hände geführt (V8.16.21.26.30.31). Die Macht von Gottes Hand (V8; ist mit dieser Bezeichnung evtl. Mose gemeint?), Moses Hand und der Hände der Ägypter steht in ihrer Wirksamkeit während des Exodusereignisses zur Diskussion. Ex 14,31 zieht dabei das Resümee, daß es die Hand Gottes war, die an den Ägyptern handelte: εἶδεν δὲ Ισραηλ τὴν χεῖρα τὴν μεγάλην, ἃ ἐποίησεν κύριος τοῖς Αἰγυπτίοις... Sie ist am Ende des Geschehens die allein mächtige. In V20c bezieht sich Sap auf diese Aussagen aus Ex 14;15.

---

[160] Ant. II,349 (= II,16,6). Bei Josephus werden die Waffen der Ägypter von Flut und Wind bis vor das Lager der Ägypter getragen. Mose rechnet diesen Umstand der göttlichen Vorsehung zu und sammelt die Waffen ein. Sie sollten mit zum Sinai genommen werden, um dort Gott geweiht zu werden. Die Entwaffnung besorgte also die Flut; in Sap dagegen sind die Israeliten selbst aktiv. Doch dürften beide Darstellungen demselben Interpretationshintergrund entspringen.
[161] S. W.GEMOLL, Schul- und Handwörterbuch, S.680.

2.10.9. Die - zunächst - nicht durchgeführte Verweisheitlichung

Es ist nun auffällig, daß Sap an dieser Stelle in Kap 10 die Verweisheitlichung der Geschichte Israels nicht konsequent durchgeführt hat. Obwohl sie in Anlehnung an das Urbekenntnis Israels das Handeln der Weisheit im gesamten Exodusgeschehen beansprucht und diesen Anspruch auch ihrer Interpretation voranstellt (V15), ist in V20b.c ausdrücklich das Werk Gottes angesprochen.[162]
Hier stellt sich nun die Frage, ob die an der Textoberfläche zu beobachtende Inkonsequenz im Denken Saps auch tatsächlich eine Inkonsequenz sein muß. Immerhin ließe sich in V20c die "Hand" in Analogie zu Ex 14,8 auch als σοφία interpretieren. Im gesamten Kap 10 kämpft die Weisheit für die Gerechten, sie als für die Gerechten kämpfende Hand Gottes zu interpretieren läge also auf einer Linie mit dieser Beobachtung.
Andererseits legte das ein instrumentales Verständnis der σοφία nahe. Gerade in Kap 10 ist aber die Weisheit nicht Werkzeug Gottes, sondern aus eigener Macht handelndes Subjekt. Es erscheint mir problematisch, die in Kap 10 alle Wirksamkeit Gottes in der Geschichte Israels sich vereinnahmende Weisheit mit 7,25 zu harmonisieren, wo sie eher als göttliche Emanation zu verstehen ist. Eher rechne ich mit einem Zusammenfließen verschiedener σοφία-Traditionen, von denen Sap 10 die in der Geschichte handelnde σοφία-Göttin zeigt.
Doch ist die σοφία am Gesang der Israeliten nicht unbeteiligt, wie gleich zu sehen sein wird.

2.10.10. V21: Die σοφία öffnete den Mund der Israeliten zum Lobgesang

V21 schiebt nun die Erklärung nach, daß die σοφία die Israeliten zum Singen des Hymnus´ veranlaßte und erklärt so nachträglich V20b.c, den Lobgesang auf Gottes für Israel streitende Hand, als Werk der Weisheit.

21"Denn die Weisheit öffnete den Mund der Stummen
und machte die Stimmen der Säuglinge klar."

Nach der in fast allen Versen von Kap 10 vorangehenden "Verweisheitlichung" erwartet man hier eigentlich eher, daß die Israeliten ein Loblied auf die Weisheit anstimmen, die all die Siege für die Gerechten erkämpft hat. Stattdessen singen die Israeliten ein Loblied auf Gott (der außer V20b.c in Kap 10 nirgends genannt wird), nachdem ihnen die Weisheit den Mund geöffnet hat.[163]

---

[162] Erstmals tritt hier das Handeln Gottes ähnlich in den Vordergrund wie dann später in Kap 11-19.
[163] An dieser Stelle zeigt sich also eine Uneinheitlichkeit; für die Bestimmung des Verhältnisses von θεός und σοφία wäre diese "Bruchstelle" sicher genauer zu untersuchen.

In Thematik und Wortwahl hat V21 Nähe zu Ψ 8,3:
ἐκ στόματος νηπίων καὶ θηλαζόντων κατηρτίσω αἶνον
ἕνεκα τῶν ἐχθρῶν σου
τοῦ καταλῦσαι ἐχθρὸν καὶ ἐκτικητήν.

Beiden Abschnitten ist das Thema "Mund" bzw. "Stimme der Säuglinge" gemeinsam; und beide beziehen sich auf den Gesang aufgrund erfahrener Rettung.

Sap bringt diesen Vers aus einem Psalm, in dem eigentlich Schöpfungsthematik verarbeitet wird, in Verbindung zu Ex 14;15. Das Rettungsgeschehen in Ψ 8,3 kann ja auch in Analogie zu Ex 14;15 gesehen werden. In Ex 15 singen die Israeliten Gott ein Dank- und Loblied, weil er sie gerettet und den Feind vernichtet hat.[164] Aus demselben Grund singen die Kinder und Säuglinge Gott in Ψ 8,3 ein Loblied: Weil Gott den Feind und Rächer vernichtet hat, ist ihm ein Loblied durch die Kinder erwachsen.

αἶνος, ἐχθρος und καταλῦσαι waren die thematischen Stichwörter, die eine Kombination von Ex 14;15 mit Ψ 8,3 begünstigten.[165] Gleichzeitig sieht Sap die Weisheit als die veranlassende Kraft. Sie war es, die den Mund der Stummen öffnete und die Stimme der Säuglinge verständlich machte. Von der o.g. *Textkombination* ist der Weg nicht weit zu der rabbinischen Anschauung, die Kinder hätten in den Lobgesang Ex 15 eingestimmt.[166]

2.10.11. Die Verbindung von Exodus- und Schöpfungsthematik

An dieser Stelle besteht die Möglichkeit, daß mit den Anspielungen eines einzelnen Verses für Schriftkundige auch die jeweiligen Kontexte der Bezugstexte in den Blick gerückt werden. Hier ist also über die Bezugstexte Ex 15 und Ψ 8 mit einer Annäherung von "Exodus" und "Schöpfung" zu rechnen.

Vermittelt über Ψ 8,3 werden in V21 Exodus- und Schöpfungsthematik in Beziehung gesetzt. Das geschieht hier freilich nur nur andeutungsweise, ist aber keineswegs zufällig oder beliebig: Die Analyse von Sap 19,6-12 wird zeigen, daß dort der Durchzug der Israeliten durch das Rote Meer als neuer Exodus gestaltet ist.[167]

---

[164] Auch in Ψ 105,11-12 sind der Untergang der Bedränger und der Lobgesang der Israeliten unmittelbar und in knapper Form miteinander verbunden. V12a ist dabei eine Aufnahme von Ex 14,31.

[165] Diese Art, Texte über Stichwortverbindungen zu verknüpfen und ein bestimmtes Auslegungsmuster zu unterlegen findet sich auch in den rabbinischen Middot.

[166] A.SCHMITT, Das Buch der Weisheit, S.97; SCHMITT gibt keine Stellenangaben.

[167] Möglicherweise spielt Sap in dieser Textkombination auch an auf die Stelle Jes 35,6, die zumindest zu V21a thematische Bezüge hat. Dort geht es um Gottes eschatologische schöpferische Tat, Israel neues Heil zu ermöglichen. Jes 35,4 spricht auch die Rache Gottes für sein Volk an. Der Text ermöglicht aber nicht in dem Maß Stichwortverbindungen wie Ψ 8.

2.10.12. Sap 11,1: Abschluß des Kapitels von der "rettenden Weisheit"
Der oben bereits analysierte Schaltvers 11,1 beschließt den Durchgang durch die Geschichte Israels vom ersterschaffenen Menschen bis zum Exodus, der die σοφία immer wieder als Retterin darstellt. Nimmt man 9,18 und 11,1 als rahmende Verse, so beginnt und endet dieser Geschichtsdurchgang mit Anspielungen auf das Schöpfungshandeln Gottes bzw. der Weisheit.

2.11. Die Textauslegung in Sap 10

2.11.1. Die Herstellung von Textbezügen durch "Anspielungen"
Die oben durchgeführte Einzeluntersuchung hat gezeigt, daß jeweils *Anspielungen* genügen, um eindeutige Textbezüge herzustellen und die gemeinten Personen klar hervortreten zu lassen. Sap beläßt es dabei, die *wesentlichen Momente* einzelner Texte anzusprechen; Details werden größtenteils weggelassen.

2.11.2. Saps Rückgriff auf alttestamentliche Bezugstexte
In ihrer Geschichtsdarstellung in Kap 10 rekurriert Sap überwiegend auf innerbiblischen Traditionen wie sie in den Büchern Gen und Ex ihren Niederschlag gefunden haben. Sie dienen ihr als Anhaltspunkte. An manchen Stellen ist es fraglich, ob die von Sap gebotene Sichtweise nun ihrer Interpretation der betreffenden Bezugsstelle entspringt oder ein Rückgriff auf außeralttestamentliche Tradition ist.

Saps Interpretation ist jeweils in die Anspielungen auf die Bezugstexte hineinverwoben. Daß dabei nicht ausschließlich Gen 1 - Ex 15 verarbeitet wird, hat die Einzeluntersuchung gezeigt. Einflüsse aus den Psalmen, besonders aus den Geschichtspsalmen Ψ (8); 104; 105 lassen sich nachweisen, an einigen Stellen ist auch eine Nähe zur profetischen Überlieferung festzustellen.
Auf literarischer bzw. historischer Ebene betrachtet ist die Tradition von Sodom und Gomorra bei Sap mit Material von außerhalb der Bücher Gen und Ex angereichert worden. Ob allerdings die "zur Unzeit Früchte tragenden Pflanzen" (V7c) derselben Traditionslinie wie Dtn 32,32 zuzurechnen sind oder als eine eigenständige Interpretation Saps bzw. als ein Rückgriff auf eine außerbiblische Tradition zu betrachten sind, ist schwer zu entscheiden. Dagegen dürfte die Entwaffnung der Ägypter nach ihrem Untergang im Roten Meer (V20a) eine Entwicklung des Frühjudentums sein, wie Josephus´ Rückgriff auf diese Tradition zeigt.

Auf der theologischen Ebene "neu" ist die Inbezugsetzung von Exodus- und Schöpfungsthematik (V21). Das Nebeneinander der Thematik findet sich zwar schon bei DtJes, doch die Verbindung, die sich hier andeutet und die in Kap 19 in einer Darstellung des Meerdurchzugs als Neuschöpfung ausgeführt ist, ist neu und einmalig.

Und nicht zuletzt hat die "weisheitliche Tradition" die Textauslegung beeinflußt. Sap steht in Traditionslinien weisheitlichen Denkens und bringt die Beschäftigung mit der Geschichte und den Versuch, sie als Wirken der Weisheit zu erklären, als Neuerung in diese Denktradition ein. Daß sie dabei die Identität Israels nicht mehr aus den Gestalten der Ur- und Vätergeschichte ableitet, verdeutlicht Sap durch die Antonomasie und die Art ihrer Anspielungen auf z.B. Abraham und Jakob in Kap 10. Die Tilgung der Namen macht die Berufung auf diese Personen unmöglich. Sie werden als Gerechte eingeführt; ihr Verhältnis zur Weisheit entscheidet über ihre Rettung (V8-9). Gleichzeitig wird die Weisheit die in der Geschichte handelnde Macht.

2.11.3. *Saps Umgang mit dem Textkomplex Gen 1 - Ex 15*

Sap betrachtet Gen 1 - Ex 15 als fortlaufenden, zusammenhängenden Text. Zäsuren, die wir zu setzen gewohnt sind, existieren für Sap nicht. Sie faßt Gen 1 - Ex 15 als den Text auf, der er - neben seinen anderen Funktionen - in seinem Gesamtkonzept auch sein will: Die Geschichte Israels von der Erschaffung des Menschen bis hin zur Herausführung des Volkes Israel aus Ägypten.[168]

Aus den einzelnen Anschnitten dieses großen Textkomplexes wählt Sap jeweils die geeigneten Texte aus, um der in 9,18 vorangestellten Thematik "Rettung durch die Weisheit" zu entsprechen. In Sap 10 geht das rettende Handeln der Weisheit von der Schöpfung bis zum Exodus. Spezielle Gesetzestexte (Ex 19 - Num 10) werden im ganzen Buch Sap nur sehr spärlich verarbeitet.[169]

2.11.4. *"Rettung" als hermeneutischer Grundsatz der Textauslegung in Kap 10*

Der hermeneutische Hintergrund für die Auslegung der Bezugstexte ist das rettende und fürsorgende Handeln der Weisheit. Vor ihm werden alle Ereignisse interpretiert. Ihn hat Sap in 9,18 eingeführt; sie modifiziert ihn in 10,9 dahingehend, daß Rettung nur den Menschen möglich ist, die der Weisheit dienen. Wie man der Weisheit dient, wie man sie sucht, führt

---

[168] C.WESTERMANN, Genesis 1-11, S.92, sieht das Besondere der biblischen Urgeschichte darin, daß durch sie das Reden von der Urzeit mit den Darstellungen der Geschichte Israels verknüpft wird. Der Übergang zwischen Gen 11 und 12 ist fließend, die Urgeschichte wird in die Geschichte hineingenommen. Bei Sap wird diese Funktion deutlich, wenn sie in 10,6 die Erwählung Abrahams unmittelbar aus der Bosheit der Menschen beim Turmbau zu Babel heraus geschehen sein läßt.
[169] S. dazu die Tabelle "1. Biblische Schriften" in D.GEORGI, Weisheit Salomos, S.473-476.

Sap in Kap 6-9 vor Augen. Geschichte Israels und besonders die Geschichte des Buches Gen wird so zu einem Modell der Rettungsereignisse für die Gegenwart Saps.[170]
Zusätzlich vollzieht Sap gegenüber den Bezugstexten Änderungen an einzelnen Aussagen bzw. Tatsachen. Für diese Änderungen läßt sich aber kein geschlossenes hermeneutisches Prinzip erkennen.
An einigen Stellen (z.B. V10d.14a) nutzt Sap bewußt die Doppeldeutigkeit einzelner Worte bzw. Aussagen aus.

2.11.5. Die Verweisheitlichung von Gottes Handeln in der Geschichte Israels

Wichtigste Veränderung gegenüber den Bezugstexten ist die Verweisheitlichung der Geschehnisse: Sap ersetzt fast durchgängig das Handeln Gottes durch das Handeln der Weisheit (zur Ausnahme V20b.c s.o.). Sie ist die geschichtswirksame Kraft. Einzig in der Anspielung auf Jakob und dessen geschickter Vermehrung seines Lohnes ist es menschliches Handeln, das durch das Handeln der Weisheit ersetzt wird. Der theologisch markanteste Punkt ist die Verweisheitlichung von Israels Urbekenntnis in V15.

Obwohl für informierte LeserInnen hinter jedem durch die σοφία geretteten "Gerechten" eine Gestalt aus dem Buch Gen deutlich erkennbar ist, erscheint das Handeln der σοφία fast zeitlos. Gegenüber jedem Gerechten ist es gleich - er wird aus einem feindlichen Umfeld gerettet; für uninformierte LeserInnen entsteht so fast der Eindruck, als habe die Weisheit lediglich an einem Gerechten gehandelt.
Durch die "Verweisheitlichung", die Gottes Handeln durch das der σοφία ersetzt, und die Antonomasie, die jeden Eigennamen durch δίκαιος ersetzt, geht jede Besonderheit der jeweiligen Bezugstexte verloren. Im wesentlichen werden nur die Motive genannt, die die gemeinten Personen eindeutig erkennbar werden lassen. Die ansonsten immer parallele Durchführung - Rettung vor den Feinden - erweckt den Eindruck, als ließe sich diese Reihe der geretteten Gerechten beliebig fortsetzen. Hier ergeben sich Zeichen für einen *Universalismus* : Die Weisheit rettet alle Gerechten. Aber es zeigt sich auch eine *Verengung*, wenn die Weisheit nur unter ihrem rettenden Aspekt gesehen wird.

2.11.6. Das Wiedererkennen der Bezugstexte

Sap ist darauf aus, daß die mit dem Buch Gen vertrauten LeserInnen hinter den Anspielungen die Personen von Adam bis Josef und das heilige Volk wiedererkennen. Es ist dabei unerheblich, ob Sap nun auf Traditionen oder auf konkrete Texte zurückgreift. Bei diesem AdressatInnenkreis *setzt sie die Bekanntheit voraus* .

---

[170] Vgl. hierzu B.L.MACK, Wisdom and the Hebrew Epic, S.186.

Unter dieser Voraussetzung wird deutlich, daß Sap Gen 1 - Ex 15 nicht ersetzen oder für "ungültig" erklären will. Sie macht durch ihre Anspielungen ja vielmehr deutlich, daß diese Texte bzw. Traditionen eine Bedeutung für ihre gegenwärtige Situation haben. Und in diese Situation hinein läßt sie den "alten" Text als weiterhin gültig stehen. Durch Verweisheitlichung und Antonomasie zeigt Sap eine Möglichkeit, wie man diesen Textkomplex *auch* lesen kann, nämlich als Werk der σοφία, die an Gerechten gehandelt hat.

2.11.7. Die Möglichkeit der "doppelten Lesbarkeit" von Kap 10

Trotz der eindeutigen Rückgriffe auf alttestamentliches Material können Sap 10 m.E. auch Menschen lesen und verstehen, denen die Bezugstexte unbekannt sind. Diese Verstehensmöglichkeit wird über die σοφία erreicht. Sie ist eine "Größe" die nicht nur für das Judentum spezifisch ist. Gerade in hellenistischen Philisophien und Religionspraktiken taucht der Begriff, taucht die Figur/Person/Emanation σοφία immer wieder auf.
Gerade die Antonomasie in Kap 10 bedingt doch, daß *allen* Menschen ein Weg zu der in Kap 6-9 vorgestellten Weisheit eröffnet wird, daß *alle* Menschen sie als rettend erfahren können.[171] Die in die Bezugstexte *nicht* eingeweihten LeserInnen können Kap 10 als Beispielreihe dafür lesen, wie die Weisheit einen oder mehrere Gerechte und am Ende ein heiliges Volk gerettet hat. Inwieweit das uninformierte LeserInnen von der σοφία überzeugt hat, bleibt zu fragen. Bei weiterer Beschäftigung werden sich Menschen aus Ägypten sicher im Volk der Unterdrücker (V15b) wiedererkannt haben. Ungewiß bleibt auch deren Reaktion angesichts Saps Versuch, die eigene Religion als überlegen gegenüber den heidnischen Religionen darzustellen.[172]

2.11.8. Die Universalisierung und die gleichzeitige Individualisierung in Sap 10

In Kap 10 ergibt sich sowohl eine Universalisierung in Bezug auf die Darstellung der Ereignisse, als auch in Bezug auf den AdressatInnenkreis. Wenn aus mehreren konkreten Einzelpersonen immer wieder δίκαιοι werden, so verlieren sie ihr Profil als Person und Persönlichkeit. Ihr Geschick und ihre Geschichte werden austauschbar und übertragbar auf andere Gerechte. Politische und nationale Aspekte, die mit den Personen und somit auch mit ihren Namen verbunden sind, werden durch die Antonomasie ausge-

---

[171] So U.OFFERHAUS, Komposition, S.238, mit Bezug auf A.SCHMITT und J.FICHTNER.
[172] U.OFFERHAUS, Komposition, S.238, rechnet stark auch mit einer Adressierung an Heiden (S.231-239). Kap 10ff widmet er in seinen Überlegungen leider sehr wenig Raum, rechnet gerade aber für diesen Teil Saps mit einem universalen, an alle Menschen gerichteten Anspruch. S. auch den folgen Abschnitt 2.11.8. zu Universalisierung und Individualisierung.

klammert und auch nicht durch die Inhalte der Anspielungen zur Sprache gebracht.[173]

Damit erweitert sich auch der mögliche AdressatInnenkreis. Menschen ohne Beziehung zu den ursprünglich konkreten Gestalten lesen eben nur das Geschick einzelner Gerechter. Der Weisheit kommt dabei die Vermittlungsrolle zu. Die Verweisheitlichung ermöglicht es, daß die Geschichte Israels als Rettung der Gerechten gelesen werden konnte.

Neben dem Universalismus, der Ausweitung der Geschichte über die nationalen Grenzen hinaus, wird hier aber auch ein Hang zur Individualisierung deutlich.[174] Nicht über Israel als nationaler, politischer, religiöser oder wie auch immer verstandener Einheit wird den LeserInnen eine Identität vermittelt, sondern über *einzelne Gerechte*. Gleichzeitig ermöglicht diese Art der Darstellung, daß Menschen, die im Erbe des Judentums stehen, diese konkreten Einzelpersonen hinter den Anspielungen und dem Wirken der Weisheit erkennen können. Durch das Verständnis als exemplarische "Gerechte" und als Gestalten aus der Geschichte Israels werden die AdressatInnen nicht ihrer Identifikationsfiguren beraubt. JedeR kann sich als einzelneR mit diesen Gerechten identifizieren, ohne daß bei Sap eine Identifizierung dieser einzelnen Menschen mit dem Volk Israel vorangehen müßte.
Universalisierung und Individualisierung dienen der Aktualisierung der Texte aus Gen und Ex.[175] Sie werden in der Gegenwart Saps neu und neu interpretiert zur Sprache gebracht. Über die Verweisheitlichung wird eine Lesbarkeit Saps sowohl für Juden als auch für Nichtjuden erreicht.

Durch die Verweisheitlichung der Geschichte und die Antonomasie hebt Sap alle Ereignisse auf dieselbe Zeitstufe. Gerade diese Zeitlosigkeit eröffnet das "Immer Wieder" der Rettung, die "historischen" Beispiele haben hier pädagogischen Wert: Rettung durch die Weisheit kann jederzeit neu geschehen.

2.11.9. *Kap 10 als Schaltkapitel*
Kap 10 bildet das Schaltkapitel zwischen der Darstellung der Weisheit in Kap 1 - 9 und den sieben Gegenüberstellungen in Kap 11 - 19. Das Thema der Gegenüberstellungen ist immer wieder der Untergang der Gottlosen,

---

[173] S. dazu auch G.ZIENER, Die Verwendung der Schrift, S.149.
[174] Vgl. G.ZIENER, Die Verwendung der Schrift, S.149.
[175] Ein mit Sap 10 vergleichbarer Text, der auch an einer Aktualisierung der aufgenommenen Bezugstexte interessiert ist, ist das "Lob der Väter" in Sir 44-50, neben Sap 10 der weisheitliche Text, in dem "Geschichte Israels" erstmals in den Vordergrund tritt (H.von LIPS, Weisheitliche Traditionen, S.37). Sir liest im "Lob der Väter" die Geschichte Israels neu unter dem Blickwinkel des Amtes der Väterfiguren. Sir will eine Geschichte der großen Führer und nicht des Volkes schreiben - auch das ist eine Neuformulierung der Geschichte Israels (B.L.MACK, Wisdom and the Hebrew Epic, S.49).

die in den Anspielungen als die Ägypter während der Zeit der Plagen vor dem Exodus (Ex 7 - 11) erkennbar sind. Dagegen werden die Gerechten immer wieder in ausweglosen Situationen gerettet. Die Gerechten sind die Israeliten während der Zeit ihrer Wüstenwanderung.
Eine erste Gegenüberstellung des jeweils unterschiedlichen Geschicks von Gottlosen und Gerechten hat sich im letzten Glied der Beispielreihe in Kap 10 angedeutet: Das heilige Volk wurde durch das Meer geführt, während die Feinde darin eingeschlossen wurden und umkamen. Auch wenn das formale Bauprinzip der Gegenüberstellungen aus Kap 11-19 hier nicht nachgewiesen werden kann, so bereiten 10,15 - 11,1 doch durch diesen Gegensatz die Gegenüberstellungen vor. In V20b.c gerät erstmals das Handeln Gottes in den Blick, auch dies ist als Vorbereitung der folgenden Kapitel zu verstehen.
Gott wird in Kap 6-9 als der vorgestellt, von dem aus die σοφία ihren Ursprung und Ausgangspunkt hat. Neben dem Beweis der rettenden Eigenschaften der Weisheit, hat Kap 10 ganz deutlich die Funktion zu der Macht überzuleiten, die hinter der Weisheit steht: Es ist Gott, dessen rettendes und vernichtendes Handeln in einem ausführlichen Durchgang durch Ex 1-15 dargestellt wird.

Die Verweisheitlichung der wichtigsten Stationen der Heilsgeschichte ist in 10,1 - 11,1 durchgeführt. Ab 11,1 wendet sich Sap dem rettenden Handeln Gottes zu. Wie dieser Themenwechsel zu erklären ist, soll in der Einleitung zu den Gegenüberstellungen ("Sap 11-19: Die sieben Gegenüberstellungen") gezeigt werden. Die verbindende und trennende Funktion des Schaltkapitels 10 ist aber auch schon hier festzuhalten.

2.11.10. *Der religionspolemische Hintergrund von Kap 10*

Den AdressatInnen in Alexandria wird in Kap 10 zum einen das rettende Handeln der Weisheit vor Augen gestellt; zum anderen werden sie durch Kap 10 zu einer geschichtlichen Situation geführt, die Sap anscheinend in Analogie zu ihrer gegenwärtigen Situation sieht. AdressatInnen, die sich wahrscheinlich anderen Rettung versprechenden Religionen positiv zuwandten, wird die Rettung der eigenen Vorfahren vor Augen gestellt.

Als Hintergrund der Konzeption Saps wurde in der Forschung mehrfach vermutet, es gehe ihr darum, Juden in der Diaspora Alexandrias (nach Ausschreitungen gegen sie) zu trösten:[176] "So wie Gott damals gehandelt hat, kann er auch heute wieder handeln." Anerkennt man aber Sap als Pro-

---

[176] Als Beispiele seien hier genannt C.L.W.GRIMM, Das Buch der Weisheit, S.31; J.FICHTNER, Weisheit Salomos, S.7; P.G.KEYSER, Sapientia Salomonis und Paulus, Sp.951. Im übrigen vgl. die Forschungsgeschichte auch zur Intention Saps bei U.OFFERHAUS, Komposition, S.7-20, und die Problemstellung in Bezug auf die Ermittlung von Saps Intention S.20-25.

treptikos, der sich an RenegatInnen richtet, ist die Intention wohl eine andere.
Die Konkurrenten der jüdischen Religion im hellenistischen Alexandria waren die vielen ägyptischen und ägyptisch-hellenistischen Mysterienkulte. Ihre Attraktivität dürfte die AdressatInnen veranlaßt haben, sich von ihrem alten Glauben "loszusagen". Ein wichtiger Kult der damaligen Zeit in Ägypten war der der Isis. Auf Isis wurden im Zuge der Hellenisierung auch Eigenschaften ursprünglich griechischer Gottheiten übertragen bzw. sie wurde mit diesen Gottheiten selbst wechselseitig identifiziert. Ungefähr ab dem 3. Jh.v.u.Z. sind auf Isis die rettenden Eigenschaften des Asklepios übertragen worden. Damit war Isis σωτήρ. Unabhängig davon war auch weiterhin der Asklepioskult lebendig. Und auch andere Mysterienkulte versprachen durch ihre und nach ihren Initiationsriten Rettung und neues Leben.[177]
Vor diesen Ansprüchen betont Sap das rettende Handeln der <u>Weisheit</u>. Die σοφία erweist sich als Retterin und tritt damit in Konkurrenz zu den anderen Gottheiten (und auch Herrschern), die beanspruchen "Retter" zu sein. Sie bietet damit eine Religion an, die in ihrer Art ganz nah den Mysterienkulten gestaltet ist. Die σοφία ist in ganz Sap in Anlehnung an Isis und ihre Eigenschaften und Funktionen dargestellt.[178] Nachdem Sap die LeserInnen in Kap 1 - 9 mit dem Wesen der σοφία vertraut gemacht hat, geht es in Kap 10 um ihre Erfahrbarkeit dieses Wesens. Durch neu interpretierte bekannte Schriften und bekannte exemplarische Gestalten aus der Geschichte Israels erhält Sap das jüdische Element als Identifikationsmuster am Leben.[179] Am Handeln der Weisheit an Personen aus der Geschichte Israels können die LeserInnen die Wirksamkeit der Weisheit erkennen. Durch die Art der Interpretation eröffnet sie aber gleichzeitig auch nichtjüdischen LeserInnen Identifikationsmöglichkeiten (s.o. das, was ich "doppelte Lesbarkeit" genannt habe [2.11.7.]).

In Saps Interpretation wird die jüdische Religion in Konkurrenz zu den zeitgenössischen Mysterienreligionen selbst als Mysterienreligion darge-

---

[177] Zu diesen Sachverhalten s. die Lexikonartikel von G.ROEDER, Art. Isis (bes. Sp.2119), E.THRAEMER, Art. Asklepios (bes. Sp.1661f.1677; Σωτήρ ist der häufigste und verbreitetste Beiname des Asklepios und hat sehr oft, wenn auch nicht ausschließlich iatrische Bedeutung) und F.DORNSEIFF, Art. Σωτήρ (Sp. 1211-1221 passim). In späterer Zeit wurde Sarapis zu einem Universalgott, in dessen Sphäre ("Familie") Götter eingereiht werden, die ursprünglich nichts mit ihm zu tun hatten (u.a. Asklepios). In der ägyptischen Ausprägung des Sarapiskultes sind Osiris uns Sarapis weitgehend miteinander identifiziert, wie sich deutlich aus der gegenseitigen Übernahme der Götter-"Familien" ersehen läßt, die den Göttern beigeordnet sind. Beide Götter wurden auch als Σωτήρ bezeichnet; vgl. hierzu G.ROEDER, Art. Sarapis, Sp. 2419f und 2422.
[178] S. dazu B.L.MACK, Logos und Sophia, passim, und die kommentierenden Anmerkungen in D.GEORGI, Weisheit Salomos, passim.
[179] B.L.MACK, Logos und Sophia, S.186-187.

stellt.[180] Die σοφία erscheint als Konkurrentin zu Isis. Kap 10 leitete hin zu der Situation "IsraelitInnen in Ägypten". Den Gegensatz "Rettung der Gerechten <—> Untergang der Gottlosen" spielt Sap in 11-19 dann breit durch und setzt sich dabei an mehreren Stellen auseinander mit den Ansprüchen der ägyptischen Kulte und Mysterienreligionen. Die Gegenwartsproblematik Saps ist also eher, dem rettenden Anspruch fremder Religionen das rettende Wesen und Wirken der Weisheit entgegenzusetzen und dieses Wirken der Weisheit auch attraktiv darzustellen als rein tröstend den AdressatInnen zu begegnen.

---

[180] Was U.OFFERHAUS, Komposition, S.106, in Bezug auf Kap 1-9 für unglaubhaft hält, nämlich daß der Autor Saps in Konkurrenz zu den Mysterienkulten treten wollte, tritt in Kap 10 offen zutage.

3. Die sieben Gegenüberstellungen in Sap 11-19: Der zur Plage an den Gottlosen und zur Wohltat an den Gerechten handelnde Gott

3.0.1. *Die Rahmung der Gegenüberstellungen*
Mit U.OFFERHAUS u.a. ist die Zäsur zwischen zweitem und drittem Hauptteil am Ende von Kap 9 zu setzen.[181] 9,18 hat überschriftartige Funktion zumindest für Kap 10. Der dritte Hauptteil Saps ist nicht in kleinere Teile zu untergliedern; auch der Stilbruch zwischen Kap 10 und 11 stellt nach OFFERHAUS keine kompositorisch entscheidende Zäsur dar. Die beiden Exkurse im Abschnitt 11,15 - 16,1 sind Teil der zweiten Gegenüberstellung.[182]
Damit ergeben sich zwei Gesichtspunkte für die Rahmung des dritten Hauptteils bzw. der Gegenüberstellungen: 9,18 und 19,22 umschließen den gesamten dritten Hauptteil; er ist eingebunden in das rettende Handeln der σοφία an Gerechten und Gottes bewahrendes und beistehendes Handeln an seinem Volk. Die zweimalige Aufnahme des Meerereignisses (10,15 - 11,1; 19,1-12) rahmt die Gegenüberstellungen; auch hier ist einmal die σοφία die Retterin und am Ende ist Gott derjenige, der seinem Volk eine "wunderbare Reise" ermöglicht.

3.1. *Die Zäsur zwischen Kap 10 und 11 - Kap 10 als Schaltkapitel*

3.1.1. *Die σοφία tritt aus dem Blickfeld - Gott handelt zu Plage oder Wohltat*
Bereits in vorangehenden Abschnitt wurde die wichtige Feststellung gemacht, daß die σοφία ab Kap 11 aus dem Blick gerät. In den sieben Gegenüberstellungen von der Nilplage bzw. dem Wasserquellwunder in Kap 11 bis zum Meerereignis in Kap 19 handelt θεός; die σοφία wird nach Kap 10 nur noch zweimal (Sap 14,2.5) erwähnt. Somit ist inhaltlich eine deutliche Zäsur feststellbar.
Gott wird als Handelnder eingeführt in den Schaltversen 11,1-4. Kann man für das Verb in 11,1 noch die Weisheit als das handelnde Subjekt verstehen - auf die Möglichkeit, daß auch Gott das Subjekt sein kann habe ich hingewiesen -, so ist ab 11,4 ist Gott der Angeredete und Handelnde. Die Verweisheitlichung des Exodusgeschehens in 10,15 - 11,1 war eine theologisch markante Interpretation in Kap 10.[183] Die σοφία wurde dort allein in ihrem rettenden Handeln gesehen. Wenn nun ab 11,1 Gott der Handelnde ist und dieser zu Plage und Wohltat handelt, so scheint sich seine Wir-

---
[181] S. dazu oben den Abschnitt *"Die Abgrenzung des dritten Hauptteils im Buch Sap"*.
[182] Vgl. U.OFFERHAUS, Komposition, S.219.
[183] Vgl. die Punkte 2.9. und 2.10. dieser Arbeit, sowie 2.11.5.

kungs- und Handlungsweise auf den ersten Blick deutlich von der der σοφία zu unterscheiden. Denn auch hier geht es um die Rettung der Gerechten, doch scheint Sap in diesem ausführlichen Durchgang durch die Exodusthematik die Rettung nicht der σοφία zuschreiben zu wollen. Und vielleicht *kann* sie die Bestrafung nicht der σοφία zuschreiben.

3.1.2. Der Neueinsatz zwischen Kap 10 und 11

Im Zusammenhang mit der rahmenden und auf einen "Beweis" gerichteten Funktion von 9,18 und 19,22 ergeben sich folgende Schwierigkeiten: 9,18 weist voraus auf das rettende Handeln der *Weisheit*, das in Sap 10 dargestellt ist. 19,22 ist eine bekenntnishafte Anrede *Gottes* (Vokativ κύριε), der "sein Volk groß gemacht und verherrlicht und nicht im Stich gelassen hat, indem er ihm immer und überall zur Seite stand".
Auf die "paradigmatisch-beweisende Funktion" des dritten Hauptteils[184] weisen 9,18 und 19,22 mit Sicherheit hin; das soll auch nicht bestritten werden. Kap 10ff sollen die/den mit der σοφία vertrauten LeserIn zum eigenen Urteil führen. Aber aus dem oben dargestellten ergibt sich doch folgende Frage: Gilt die beweisende Funktion des dritten Hauptteils dem Wirken der Weisheit oder dem Gottes? War es bisher die σοφία, die rettete, so ist es ab Kap 11 Gott. Wie ist dieser Neueinsatz zu erklären?

3.1.3. Die Verschleierung des Neueinsatzes zwischen Kap 10 und 11 durch 11,1-4

Der Schaltvers 11,1 trennt und verbindet Kap 10 und Kap 11-19. Wenn der Stilbruch und der Personenwechsel zwischen Kap 10 und 11ff keine kompositorisch entscheidende Zäsur darstellt,[185] dann muß die paradigmatische Funktion des dritten Hauptteils beiden Abschnitten, Kap 10 *und* 11-19 gelten. Dann stellt sich aber sofort die Frage nach dem Verhältnis von σοφία und θεός, die sicher nur in einer Analyse des gesamten Buches Sap beantwortet werden könnte. Vorschnelle Harmonisierungen führen hier nicht weiter, da sie den uneinheitlichen Gebrauch und die oft widersprüchliche Verwendung und Kennzeichnung der Begriffe nicht zur Geltung kommen lassen.[186]
Nach dem Schaltvers 11,1 schafft erst 11,4a relative Klarheit darüber, daß nun Gott der Handelnde und Angeredete ist. "Relative Klarheit" deswegen, weil auch die Anrede σε in 11,4a und auch der darauf folgende Abschnitt bis zum Ende von V9 auf die σοφία bezogen werden können. Erst V10 hebt mit der Anrede Gottes als πατήρ endgültig ihn als den an Gerechten und Gottlosen Handelnden hervor.

---

[184] U.OFFERHAUS, Komposition, S.220.
[185] So mit U.OFFERHAUS, Komposition, S.219.
[186] Vgl hierzu D.GEORGI, Weisheit Salomos, S.393.

Sap scheint also ein Interesse daran zu haben, diesen Neueinsatz mit Hilfe der Schaltverse - zumindest 11,1-4a - zu verschleiern. Strenggenommen könnte man den Beginn dieser Verschleierung schon in 10,20 ansetzen. Dort ist Gott im Vokativ angeredet; die Israeliten lobsangen ihm nach dem Meerdurchzug. Diese Unterbrechung im Duktus von Kap 10 bedingt, daß die σοφία in V21 wieder namentlich eingeführt wird: Sie hat die Münder der Stummen geöffnet. Wäre die Weisheit allein Subjekt von V21 und nicht auch von 11,1, so wäre Gott derjenige, der die Werke der Israeliten zu einem guten Ende bringt (11,1).

3.1.4. Die Zusammengehörigkeit von Kap 10 und 11-19

Gleichzeitig gibt Sap damit aber auch zu erkennen, daß beides, das Handeln der σοφία und Gottes Handeln miteinander zu tun haben, sonst hätte sie einen deutlichen Schnittpunkt gesetzt. Beides geht fast nahtlos ineinander über, das Verhältnis von σοφία und θεός in Bezug auf ihre Wirksamkeit wird an dieser Stelle nicht geklärt.

Die Klärung wird man in Kap 6-9 suchen müssen. Der fiktive König Salomo bittet dort immer wieder *Gott* um die Weisheit als Geschenk. Er ist der Ausgangspunkt jeglicher Art von Weisheit - so muß man den Duktus von Kap 6-9 verstehen. Es wird auch deutlich, daß Salomo Gott um sehr verschiedene Arten von "Weisheit" bittet. Sie alle werden in dem Schlußsatz seines Bittgebetes unter der "rettenden Weisheit" zusammengefaßt und in Kap 10 wird diese Rettungskraft auch bewiesen.

In Kap 1-9;10;11,1-4 entscheidet sich also das Verhältnis σοφία - θεός. Auch aus dem Gesamtkonzept des Buches Sap läßt sich sowohl der Neueinsatz zwischen Kap 10 und 11 als auch die Zusammengehörigkeit von 10; 11-19 z.T. erklären.

3.1.5. Das Gesamtkonzept des Buches Sap als Erklärungsversuch für die Zäsur zwischen Kap 10 und 11-19

In der zweimaligen, die Gegenüberstellungen rahmenden Behandlung des Meerereignisses liegt eine Möglichkeit, sowohl die Zäsur als auch das Verbindende zwischen Kap 10 und 11 zu erklären. In 10,15 - 11,1 wird das Meerereignis, werden Untergang der Gottlosen und Durchzug der Gerechten als *Werk der Weisheit* behandelt. In 19,1-12 ist auch das Meerereignis im Blick, doch dort ist es *Gottes Werk*. Untergang und Rettung werden auf einer ganz anderen Ebene thematisiert als in Kap 10. Das Meer bzw. Wasser wird in der eigentlichen Gegenüberstellung nicht genannt, erst 19,7 werden die Stichworte eingeführt. Die Anspielungen werden auf "wunderbare Reise" und "fremdartiger Tod" reduziert, nur der Kontext kennzeichnet den Bezug zum Meerereignis.[187] Eine Harmonisierung der beiden Ab-

---

[187] J.FICHTNER, Weisheit Salomos, S.67 u. 69, sieht in 19,1-12 ein deutliches Zurückgreifen auf den Ausgangspunkt 10,15ff. Besonders in 19,9 beziehe sich Sap deutlich zurück

schnitte verbietet sich also. Sap will ja nicht zweimal dasselbe sagen, sonst wären die Unterschiede nicht so deutlich ausgefallen.

Ein Erklärungsversuch muß hier das Gesamtkonzept des Buches Sap im Auge behalten. Nach der Vertrautheit mit der Weisheit und ihrer Wirksamkeit (Kap 1-9;10) und dem unmerklichen Übergang zum Reden von Gott (ab 11,1) kehrt Sap zu einer "nicht-verweisheitlichten" Geschichtsbetrachtung zurück. Der Exodus war das theologische Urereignis der israelitischen Religion. Er wird einmal, nach 9,18 ganz folgerichtig, als Werk der Weisheit dargestellt, als Schluß und Höhepunkt einer Reihe, die das rettende Handeln der σοφία beschreibt.
In einem zweiten, ausführlicheren Durchgang ist der Exodus Gottes Werk; dem ganzen Abschnitt Kap 11-19 liegt ja Exodusthematik zugrunde. Auch wenn den LeserInnen nicht die (Heils-)Geschichte von der ersten Plage an Ägypten bis hin zum Meerereignis nahegebracht werden soll,[188] so wird hier doch Gott mit dem Auszug aus Ägypten und seiner Vorgeschichte in Verbindung gebracht, also mit dem Ereignis, durch das Israel zu Gottes Volk und Gott zu Israels Gott wurde. Und auch hier ist das Meerereignis Schluß- und Zielpunkt des rettenden bzw. vernichtenden Handelns Gottes.

Es wurde schon gesagt, daß damit den LeserInnen mit diesem Konzept nicht die Heilsgeschichte nahegebracht werden soll. Es zeigt sich vielmehr, daß diese immer wieder vorausgesetzt wird, wenn einzelne Episoden aus dieser Heilsgeschichte als Beispiele sowohl für der Weisheit rettendes als auch für Gottes strafendes oder wohltätiges Handeln dargestellt werden. Sap hält hier an der Tradition fest, sagt sie aber neu und anders.

Eine Harmonisierung des Handelns der Weisheit in Kap 10 und des Handelns Gottes in Kap 11-19 ist nicht möglich. Auch über das Verhältnis von beiden zueinander sind allein aufgrund dieser Kapitel nur schwer Aussagen zu machen; die Grundlagen werden in Kap 6-9 gelegt.
Festzuhalten bleibt aber, daß 9,18 der Ausgangspunkt für Kap 10 und das darin dargestellte Handeln der Weisheit ist; 19,22 ist der Zielpunkt des in Kap 11-19 dargestellten Handelns Gottes. Verbunden werden beide durch die Schaltverse 11,1-4. Die mit dem Exodus verbundene Ereignisse und schließlich der Exodus selbst erscheinen als Werk *Gottes* . Nichts deutet darauf hin, daß damit die in Kap 10 gebotene Sichtweise aufgehoben werden solle. Kap 10 und Kap 11-19 können nicht gegeneinander ausgespielt werden.

---

auf 10,15ff vermittels der Verben αἰνέω und ῥύομαι. Abgesehen von diesen beiden Bezügen ist 19,1-12 jedoch eigenständig und ohne Bezug zu 10,15 - 11,1.
[188] Zur "Pädagogisierung" s. jeweils die Einzelanalyse bzw. auch den Einleitungs- und Schlußteil dieser Arbeit.

Es bleibt vielmehr der Eindruck, daß die Rettung der Weisheit nicht das letzte Wort ist. Sap bleibt nicht bei einer σοφία-Lehre stehen. Gott ist der Retter, der hinter der rettenden Weisheit steht, aus dem die rettende Weisheit ihren Ursprung, ihr Herkommen hat. Den Erweis dafür erbringt Sap in den Gegenüberstellungen.

3.1.6. Die Schaltfunktion von Kap 10

Das zentrale Prinzip der Textinterpretation in Kap 10 war die Verweisheitlichung der geschichtlichen Geschehnisse. Sap 1-9 hatte die LeserInnen mit der Weisheit und ihren Eigenschaften vertraut gemacht. Sap 9,18 führte als wesentliche Eigenschaft das Rettungshandeln ein; der Beweis dafür wurde in Kap 10 erbracht.
Gottes Handeln wurde durch das Handeln der Weisheit ersetzt. Kap 10 sticht dadurch hervor, daß die Ereignisse, hinter denen einzelne Personen aus der Geschichte Israels erkennbar wurden, auf ihre Faktizität reduziert und dann durch das Handeln der Weisheit erklärt werden. Die Weisheit rettet die Gerechten immer aus einem feindlichen Umfeld. Es begegnen zunächst keine Formulierungen, die Rettung und Strafe gegenüberstellen.

Auf die Ausnahme in 10,18 <—> 10,19, wo das Geschick des "heiligen Volkes" dem der "Feinde" gegenübersteht, habe ich oben hingewiesen. Hier bahnt sich an, was in den sieben Gegenüberstellungen immer wieder unter dem Schema "Plage <—> Wohltat" aufgezeigt wird: Gottes rettendes Handeln an den Gerechten und seine Bestrafung der Gottlosen.
Verglichen mit Kap 10 zeigt sich in Kap 11-19 also ein anderer Befund: Das Geschick der Gottlosen und das der Gerechten wird in sieben Gegenüberstellungen explizit kontrastiert. Es geht nicht mehr allein um rettendes Handeln.

Sap 10 ist somit als ein *Schaltkapitel* zu verstehen. In ihm ist die Verweisheitlichung der geschichtlichen Ereignisse exemplarisch am Buch Gen und dem Exodusereignis durchgeführt. Diese beiden Bezugstexte zielen auch in das Zentrum der Theologie: Die Zeit der Erzväter bis hin zum Exodus wird als Wirkungszeit der Weisheit verstanden. Nicht die Verheißungen Gottes an die Erzväter und deren Antworten auf diese Verheißungen bilden das Gerüst der Geschichtsbetrachtung. Es sind vielmehr biographische Ereignisse aus deren Leben, in denen die Weisheit rettend handelte. Daß hier eine besondere Form von Geschichte und Geschichtsverständnis vorliegt, bedarf keiner näheren Erwähnung; die Untersuchung dieses Geschichtsverständnisses unter den "Bedingungen" θεός und σοφία ist ein Desiderat für die Zukunft.

Gleichzeitig zeigt sich dort im Meerereignis erstmals der Kontrast zwischen Gottlosen und Gerechten. Er wird das bestimmende Prinzip in den sieben Gegenüberstellungen, in denen der Exodus und seine Vorgeschichte als Beispiele für *Gottes* rettendes Handeln dargestellt werden.

Was durch Schaltverse im Kleinen geschieht, ereignet sich durch Kap 10 im Großen: Abschnitte unterschiedlicher Thematik werden gleichzeitig getrennt *und* verbunden; das Werk der σοφία und Gottes Werk sind zu unterscheiden, aber sie sind nicht voneinander zu trennen.

3.2. Der Aufriß von Kap 11-19

3.2.1. *Die Gegenüberstellungen, ihre inneren Verknüpfungen und ihre Stellung im Kontext*
In Kap 11-19 betreibt Sap sieben Gegenüberstellungen zu der Thematik "Wohltat Gottes an den Gerechten <—> Strafe Gottes an den Gottlosen". Die einzelnen Gegenüberstellungen sind z.t. durch Schaltverse miteinander verknüpft (z.B. die dritte und vierte Gegenüberstellung durch 16,15), z.T. ergeben sich thematische Anknüpfungen (zweite und dritte Gegenüberstellung verbindet das Thema "Tiere"). Einmal werden die Strafen an den Gottlosen in zwei verschiedenen Gegenüberstellungen auf ein Ereignis zurückgeführt[189] und damit eng aneinandergerückt.
9,18 und 19,22 sind der Rahmen des dritten Hauptteils Kap 10-19. Die beiden Auslegungen des Meerereignisses in 10,15ff und 19, 1-17 bilden den Rahmen der Gegenüberstellungen, wobei 19,1-17 selbst die siebte Gegenüberstellung darstellt.

Nachdem Sap in 10,15 - 11,1 schon das Ereignis am/im Roten Meer behandelt hat greift sie in den Gegenüberstellungen vor dieses Ereignis zurück und wendet sich den Plagen an Ägypten zu, die Israels Auszug vorangingen. Die kursorische Reihenfolge des Buches Ex ist damit verlassen.

3.2.2. *Der Inhalt der Gegenüberstellungen*
In sechs Fällen dienen eine oder mehrere Plagen als Beispiel für Gottes strafendes Handeln gegenüber den Ägyptern. Letztes Strafbeispiel ist der Untergang der Ägypter im Roten Meer. Die Beispiele für Gottes Wohltat an Israel entnimmt Sap einzelnen Episoden aus der Zeit der Wüstenwanderung. Im einzelnen läßt sich der Aufriß von Kap 11-19 folgendermaßen wiedergeben, wobei ich jeweils in Klammern die Bezugstexte aus dem Pentateuch angebe:

---

[189] 18,5 sieht durch den Beschluß der Ägypter, die Kinder der Gerechten zu töten, die Tötung der ägyptischen Erstgeburt und den Untergang der Ägypter im Roten Meer begründet.

1. Gegenüberstellung: 11,1-14
Plage durch in Blut verwandeltes Wasser (Ex 7,14-25) <—> Quellwunder in der Wüste (Ex 17,1-7)

2. Gegenüberstellung: 11,15 - 16,4
Plage durch eklige Tiere (Froschplage Ex 7,26 - 8,11) <—> Nahrungsgabe durch Wachteln (Ex 16,1-13/Num 11,31-32)

In die zweite Gegenüberstellung ist ein zweiteiliger "Exkurs" eingeschoben, der seinen Aufhänger in der in 11,15 angesprochenen Tierverehrung hat:[190]
  A. Die Torheit der Tierverehrung: 11,16 - 12,27 (Gottes Möglichkeiten, zu strafen und Erbarmen zu üben; seine Gerechtigkeit; die erzieherischen Absichten seiner Strafen an Gerechten und Gottlosen)
  B. Die Torheit des Götzendienstes überhaupt: 13,1 - 16,1 (in der Götzenverehrung hätten die Gottlosen eigentlich zur Gotteserkenntnis kommen müssen; mehrere Beispiele törichten Götzendienstes; Rückführung zur Tierplage)

3. Gegenüberstellung: 16,5-15
Errettung vom Tod durch Schlangenbisse (die Schlangenplage an den Israeliten und ihre Abwendung durch die eherne Schlange Num 21,4-9) <—> Tod durch Insektenbisse (Heuschreckenplage Ex 10,1-20; Mücken- bzw. Bremsenplage Ex 8,12-15 bzw. Ex 8,16-28)

4. Gegenüberstellung: 16,15-29
Die Vernichtung von Nahrung durch im Hagel brennendes Feuer (Hagelplage Ex 9,13-35) <—> Nahrungsgewährung durch unterschiedliches Verhalten des Feuers (Mannagabe Ex 16; Num 11,4-9)

5. Gegenüberstellung: 17,1 - 18,4
Die beiden Seiten der Finsternisplage: Nacht der Angst für die Gottlosen <—> Licht für die Gerechten (Finsternisplage Ex 10,21-29)

6. Gegenüberstellung: 18,5-25
Die beiden Seiten der besonderen Nacht: Nacht der Erstgeburtstötung für die Gottlosen <—> Passanacht für die Gerechten (Nacht der Erstgeburtstötung/Passanacht Ex 11-12)

> In die sechste Gegenüberstellung ist ein im Vergleich zu den anderen Gegenüberstellungen ausführlicher, zusammenhängender Reflexionsteil eingearbeitet, der in sich eine Gegenüberstellung

---

[190] In 11,15 ist die Tierverehrung der Grund für die Tierplage. Der erste Exkursteil knüpft an die Tierplage an, Teil B an die Tierverehrung; s. U.OFFERHAUS, Komposition, S.219.

unterschiedlicher Todeserfahrungen der Gottlosen bzw. der Gerechten ist:
Todeserfahrung der Gottlosen bei der Tötung der Erstgeburt (Ex 11-12) <—> Todeserfahrung der Gerechten in der Wüste nach dem Untergang der Rotte Korach (Num 17, 6-15)

7. Gegenüberstellung: 19,1-17
Die beiden Seiten des Meerereignisses: Verdientes Schicksal durch einen fremdartigen Tod für die Gottlosen <—> Wunderbare Reise für die Gerechten (Durchzug bzw. Untergang im Schilfmeer Ex 13-14)

3.3. Die Grundsätze und Inhalte der Textauslegung in den Gegenüberstellungen

3.3.1. Das Bauprinzip der Gegenüberstellungen
Jeder Gesamtabschnitt einer Gegenüberstellung besteht aus einzelnen Teilen unterschiedlicher Funktion. Um den Kern der Gegenüberstellung oder die *eigentliche Gegenüberstellung* sind verschiedene *Reflexionsteile* gruppiert. Sie beziehen sich in der Regel direkt auf den positiven oder negativen Teil der eigentlichen Gegenüberstellung. Dabei fügen sie entweder dem jeweiligen Punkt der Gegenüberstellung einen neuen Aspekt hinzu, oder sie denken in allgemeiner-verallgemeinernder Weise über Plage bzw. Wohltat nach.
Die eigentlichen Gegenüberstellungen sind nach zwei verschiedenen Arten formuliert. Entweder stehen sich Gottlose und Gerechte einander *in parallelen Sätzen in im Kasus kongruenten Satzgliedern* gegenüber und an ihrem unterschiedlichen Geschick zeigen sich Plage und Wohltat (16,9 <—>10; 17,21<—>18,1; 19,5a<—>5b). Oder Sap zeigt das unterschiedliche Geschick und damit den *Kontrast durch* ἀντί oder durch mit ἀντί zusammengesetzte Verben an (11,6-7a<—>7b; 11,15<—>16,2; 16,18-19<—>20; 18,6-9<—>10-13).

3.3.2. Saps selbstformulierte hermeneutische Grundsätze für die Gestaltung der Gegenüberstellungen
Ähnlich wie 9,18 ein hermeneutisches Prinzip formulierte, unter dem die Geschichte Israels in Kap 10 dargestellt wurde, finden sich auch in Kap 11-19 zwei Passagen, die als hermeneutische Prinzipien in fast jeder Gegenüberstellung Anwendung finden. Es handelt sich um die Verse 11,5 und 16.

11,5 kann als der übergeordnete Gesichtspunkt für alle Gegenüberstellungen betrachtet werden:

"Wodurch nämlich ihre Feinde gezüchtigt wurden,
dadurch wurden ihnen in auswegloser Lage Wohltaten zuteil."
Der Vers zeigt deutlich, daß die Gegenüberstellungen unter dem Prinzip "Plage bzw. Züchtigung für die Feinde <—> Wohltat für die Israeliten" gemacht werden.
Der antithetische Anfang der beiden Verszeilen δι' ὧν... διὰ τούτων... will darauf hinweisen, daß Plage und Wohltat jeweils durch dasselbe "Medium" geschahen, d.h. wenn z.B. die Plage durch Tiere geschah, dann wurde auch die Wohltat durch Tiere bewirkt.
Schon vorweg ist zu sagen, daß es in den Gegenüberstellungen keineswegs immer dasselbe Medium sein wird, das Plage und Wohltat hervorrufen wird. Dennoch ist im Hinblick auf die Kontrastierung und für manche Gegenüberstellungen eben auch in Bezug auf das Medium 11,5 als von Sap selbst formulierter hermeneutischer Grundsatz anzusehen.

Der Grundsatz 11,16 betrifft nicht den Kontrast der Gegenüberstellungen wie 11,5, sondern die jeweilige Ursache für die Plage, die die Ägypter erleiden müssen:
"Damit sie erkennten: Wodurch man sündigt, dadurch wird man
bestraft."
Der Satz will besagen, daß die jeweilige Plage an den Ägyptern die Strafe für ein konkret zu benennendes Vergehen ist. Die Strafen waren für Sap also "verdient", weil die gesündigt hatten.
Dieses Prinzip wird in den Gegenüberstellungen immer wieder begegnen; Sap wird auch immer wieder die Gründe für die verdienten Strafen nennen.[191]

3.3.3. Die "Pädagogisierung" - Saps erzieherische Absicht
Besonders in den Reflexionsteilen der Gegenüberstellungen sind häufig pädagogisierende Formulierungen zu finden, die einen Erkenntnis- oder Lernprozeß seitens der Gottlosen bzw. der Gerechten verdeutlichen. Gottes unterschiedliches Handeln an Gerechten und Gottlosen geschah in *erzieherischer Absicht*, diese wird durch die pädagogischen Formulierungen an die LeserInnen weitergegeben.[192]
Anders als in Kap 10, wo die Aufnahme der Ereignisse sich auf deren bloße Faktizität beschränkte, werden hier die Ereignisse kommentiert und bewertet. Hier tritt das zutage, was ich *Pädagogisierung* nenne: Die Bezugstexte werden den LeserInnen als Beispiele für eine bestimmte Erkenntnis in belehrender Absicht präsentiert.

---

[191] S. dazu auch unten den Abschnitt *"Die Auseinandersetzung mit fremden Religionen in Sap 11-19"*.
[192] Vgl. U.OFFERHAUS, Komposition, S.201.

3.3.4. Die Entwicklung der fünften bis siebten Gegenüberstellung aus jeweils nur einem Bezugstext

An der oben dargestellten Übersicht der Textaufnahmen zur Formulierung der Gegenüberstellungen lassen sich folgende Beobachtungen machen: In der ersten bis vierten Gegenüberstellung werden jeweils zwei Bezugstexte aufgenommen, um die Strafe an den Gottlosen und die Wohltat an den Gerechten zu kontrastieren. In der fünften bis siebten Gegenüberstellung werden die beiden Seiten eines Ereignisses jeweils für Gottlose und Gerechte betrachtet.

Der Grund dafür liegt in den Bezugstexten selbst. Sowohl die Nacht der Erstgeburtstötung als auch das Meerereignis hatten ja für das Geschick und die Existenz von Gottlosen und Gerechten ganz entgegengesetzte Bedeutung. Was die Nacht der Erstgeburtstötung für die Ägypter war, war für die Israeliten die Nacht des ersten Passa. Und was für die Ägypter Untergang in den Meeresfluten bedeutete war für die Israeliten wunderbares Entkommen aus unterdrückerischen Verhältnissen und im Fortgang der Darstellung der Beginn und die Ermöglichung einer neuen Existenz und Geschichte. So die Darstellung in Ex 11-12 und 13-14.

Weniger eindeutig ist die wechselseitige Bedeutung des Bezugstextes bei der Finsternisplage. Ex 10,23b erwähnt zwar ausdrücklich, daß die Israeliten während der Finsternisplage helles Licht an ihren Wohnsitzen hatten, doch sind die Israeliten auch von anderen Plagen nicht betroffen gewesen.[193] Möglicherweise legte Sap der Finsternisplage als letzter Plage vor der Tötung der ägyptischen Erstgeburt eine besondere Bedeutung bei.[194]

Finsternisplage, die Passanacht und das Meerereignis stehen auch im Buch Ex in dieser Reihenfolge zusammen, eine Auslegung der wechselseitigen Bedeutung legte sich bei allen dreien nahe. Dies um so mehr, als der Gegensatz "Finsternis <—> Licht" markanter ist als nur "Plage <—> Nichtvorhandensein der Plage". Schon in sich hat dieser Gegensatz eine metaphorische und religiöse Bedeutung. In Ex selbst kommt diese nicht direkt zum Vorschein. Aber sie schwingt mit und Sap greift sie auf, indem sie über die Bedingungen der Gottlosen in der Finsternis und die der Gerechten im Licht nachdenkt.

Ob mit der Entwicklung der fünften bis siebten Gegenüberstellung aus jeweils nur einem Bezugstext auch inhaltliche Unterschiede zur ersten bis vierten Gegenüberstellung verbunden sind, wird die Einzelanalyse zeigen.

---

[193] Ex 8,18 will Gott im Lande Gosen, wo die Israeliten wohnen, eine Ausnahme von der Bremsenplage machen; nach Ex 9,6 stirbt kein Stück Vieh der Israeliten durch die Viehpest, mit der er Ägypten plagte; Ex 9,26 berichtet, daß das Land Gosen, wo die Israeliten wohnten nicht von der Hagelplage betroffen war.

[194] Die Einzelanalyse wird zeigen, daß Sap die Finsternis der Passanacht und die der Finsternisplage in Analogie verstand; der Finsternis der Plage kommt also eine vorwegnehmende Bedeutung zu.

3.3.5. Die unterschiedliche Todeserfahrung bei Gottlosen und Gerechten als Anhang zur sechsten Gegenüberstellung

Eine Besonderheit der sechsten Gegenüberstellung ist die Kontrastierung unterschiedlicher Todeserfahrungen der Gottlosen und Gerechten. Neben der Gegenüberstellung in 18,6-13 bildet dieser Kontrast (V14-19 <—> V20-25) einen eigenen Abschnitt. Die Gegenüberstellung behandelt die unterschiedliche Bedeutung der Passanacht für Gottlose und Gerechte. Der negative Teil des Kontrastes (V14-19) bezieht sich ebenso wie der negative Teil der sechsten Gegenüberstellung auf die Nacht der Erstgeburtstötung. Allerdings legt V14-19 eher Wert auf die Todesumstände und entwickelt dabei ein von V10-13 unabhängiges Interpretationsmuster, V10-13 betont mehrfach "die eine Todesart".
Auch der positive Teil des Kontrastes (V20-25) geht näher ein auf die Umstände der Rettung. Die Rettung der Israeliten aus der πεῖρα θανάτου wird durch die Interpretation des Handelns Aarons Num 17,6-15 beschrieben. Im Kontrast 18,14-25 stehen sich also zwei Blöcke gegenüber, die die Tötung der Gottlosen und die Errettung der Gerechten aus dem Tod kontrastieren, ohne daß dabei die formalen Bauprinzipien einer Gegenüberstellung verwendet werden.

3.3.6. Die Umgestaltung von Murrgeschichten zu Beispielen der Wohltat Gottes an seinem Volk

Eine weitere Auffälligkeit in Bezug auf die Aufnahme und Interpretation der Bezugstexte innerhalb der Gegenüberstellungen ist vorneweg zu nennen: Die negativen Teile der ersten bis vierten Gegenüberstellung werden jeweils aus einer oder mehreren Exodusplagen entwickelt; die positiven Teile zeigen die Besonderheit, daß in drei Fällen und ebenso im positiven Teil des angehängten Kontrastes in der sechsten Gegenüberstellung (18,20-25) jeweils eine *Murrgeschichte zu einer Geschichte der Wohltat und Rettung* Gottes an seinem Volk umgestaltet wird.
Murrgeschichten sind die Geschichten aus dem Bereich der Exodustradition, in denen von der wiederholten Auflehnung des Volkes gegen Gott, Mose und Aaron während der Wüstenwanderung berichtet wird.[195] Vor dem Sinaiereignis wird das Murren des Volkes nicht bestraft, Gott schafft dem Grund des Murrens Abhilfe. Nach dem Sinai wird das Volk für seine

---

[195] Der MT verwendet immer das Verb לין. Jos 9,18 ist die einzige Stelle außerhalb des Pentateuchs, an der dieses Verb verwendet wird; ansonsten begegnet es ausschließlich in Texten, die von der Zeit der Wüstenwanderung berichten: Ex 15,24; 16,2.7.8; 17,3; Num 14,2.27. 29.36; 16,11; 17,6.20. Die LXX übersetzt mit διαγογγύζειν bzw. γογγύζειν und das Murren (תלנות) mit γογγυσμός.

Auflehnung bestraft, denn es kennt ja nun Gottes Gesetz und lehnt sich dennoch immer wieder vertrauenslos gegen ihn auf.[196]

Ihrer Funktion nach ist auch die Geschichte von der ehernen Schlange Num 21,4-9 eine Murrgeschichte. Das Verb לון wird zwar nicht verwendet, sondern die Formulierung דבר בּ im Sinne von "gegen jemanden reden".[197] V5 zeigt jedoch deutlich, daß hier von einer Auflehnung des Volkes gegen Gott und Mose berichtet werden soll. Die Struktur von Num 21,4-9 kann in Analogie zu der der Murrgeschichten nach dem Sinaiereignis gesehen werden. Das Volk wird für seine Auflehnung mit dem Tod durch Schlangenbisse bestraft. Nachdem sich das Volk mit dem Eingeständnis ihrer Verfehlung an Mose und dieser sich fürbittend an Gott gewendet hat, schafft Gott durch die eherne Schlange die Abhilfe der Todesbedrohung.

Innerhalb des Traditionskomplexes von Exodus und Wüstenwanderung haben die Murrgeschichten die Funktion, den ständig wiederkehrenden Abfall des Volkes von Gott zu thematisieren. Ursprünglich wollen diese Geschichten also nicht von einer Wohltat Gottes an dem Volk erzählen. Für die Gegenüberstellungen hat Sap sie aber zu Wohltatgeschichten umgedeutet. Ihr Anknüpfungspunkt dabei ist, daß Gott jeweils den Anlaß des Murrens abgestellt hat. Im Falle des Wasserquellwunders (Ex 17) und der Nahrungsgabe durch Manna bzw. Wachteln (Ex 16/Num 11) ist die Umdeutung zu Wohltatgeschichten leicht nachvollziehbar aufgrund des Wunders, mit dem der Grund des Murrens beseitigt wird.
Anders ist das bei den Aufnahmen der Geschichten von der ehernen Schlange und der Vernichtung der Israeliten (Num 17). Bei beiden Ereignissen kommen Israeliten ums Leben. Im Ausgang dieser Geschichten wird zwar die Lebensbedrohung immer beseitigt, doch sind die Geschichten schwer als Rettungsgeschichten einzuordnen.
Schon bei der Betrachtung der formalen Ebene der Gegenüberstellungen läßt sich die Umdeutung feststellen; das mehrmalige Vorkommen zeigt, daß es für Sap "Methode", also geplant ist. Die detaillierte Analyse wird das Maß und den Hintergrund der Veränderungen zeigen.

3.3.7. *Die Auseinandersetzung mit fremden Religionen in Sap 11-19*
An der Textoberfläche begegnet in Sap 11-19 zunächst eine Textauslegung einzelner Geschichten, die dem Themenkreis "Exodus" zuzurechnen sind. Deutlich treten in den Anspielungen u.a. die ägyptischen Plagen (Ex

---

[196] S. dazu die Arbeit von A.SCHART, Mose und Israel im Konflikt, S.67-72; S.70: "Dies dürfte so zu interpretieren sein, daß mit dem Sinai die Verantwortlichkeit des Volkes gesetzt ist. Nun kann Israel Strafe für die Schuld zugemutet werden."
[197] Die LXX übersetzt mit καταλαλεῖν πρός...

7-11), aber auch die an Israel während der Wüstenwanderung geschehenen Wunder hervor. Da auch die Gegenüberstellungen der übergeordneten Gattung Protreptikos dienen, ist zu erwarten - und das insbesondere nach Kap 10, wo die σοφία in Konkurrenz zu anderen Gottheiten und Mächten trat, die beanspruchten σωτῆρες zu sein -, daß auch in den Gegenüberstellungen auf einer tieferen Textebene eine Auseinandersetzung mit den Ansprüchen und der Praxis hellenistischer bzw. ägyptischer Mysterienreligionen betrieben wird.

Hinweise dafür gibt es auf den ersten Blick an mehreren Stellen: Die ausführliche Behandlung der Bestrafung der Gottlosen durch Tiere (11,15 - 16,4) unter dem Hinweis "Wodurch man sündigt, dadurch wird man bestraft" (11,16) kann eine Auseinandersetzung mit in Ägypten praktizierten Tierkulten sein. Die breite Aufnahme der Finsternisplage und die Betonung ihrer psychischen Folgen zielt möglicherweise auf die Einweihungspraxis verschiedener Mysterien, bei denen die Mysten im Dunkeln verschiedenen Licht- und Schalleffekten ausgesetzt wurden. Und auch die Präsentation des Passa als Mysterium in Kap 18 deutet auf eine religionspolemische Absicht, die das Passa als das weitaus ältere, weil seit der Zeit der "Väter" praktizierte Mysterium ausweist.

4. Der rettende Gott, sein erzieherisches Handeln durch Plage und Wohltat in Sap 11-16

4.1. Sap 11,1-14: Plage durch zu Blut geronnenes Wasser <—> Wohltat durch unverhoffte Wassergabe

4.1.0.1. Der Aufbau der ersten Gegenüberstellung

V1 ist ein Schaltvers. Er verbindet die Beispielreihe in Kap 10 mit den Gegenüberstellungen in 11-19. Der gesamte Abschnitt V1-4 hat überleitende Funktion.[198] Dabei führen diese Verse schon in die neue Situation ein: Die Umstände für den positiven Teil der Gegenüberstellung werden aufgenommen. In V4 ist Gott der Angeredete; die Verse bringen also auch den Wechsel von der σοφία zu θεός. Durch diese Einführung der Umstände ermöglicht Sap auch die eindeutige Identifizierbarkeit der Bezugstexte.

V5 ist ein von Sap selbst formulierter Grundsatz, der allen Gegenüberstellungen zugrunde liegt und angibt, unter welchem Blickwinkel die Bezugstexte jeweils aufgenommen werden: "Wodurch nämlich ihre Feinde gezüchtigt wurden, dadurch wurden ihnen in auswegloser Lage Wohltaten zuteil."

In V6-7 wird die eigentliche Gegenüberstellung betrieben: Der Plage durch in Blut verwandeltes Wasser in Ägypten wird das Wasserquellwunder für die Israeliten bei Massa und Meriba gegenübergestellt.

Neben V5 bilden V8-13 die reflexiven Teile der ersten Gegenüberstellung. In ihnen bringt Sap die erzieherische Absicht Gottes zur Sprache, die in ihren Augen hinter dem Handeln Gottes zu Plage oder Wohltat stand. V8 und V11-13 beziehen sich dabei direkt auf die erste Gegenüberstellung; V9 und V10 lassen keinen direkten Bezug erkennen, sie ziehen Schlußfolgerungen auf einer allgemeinen, prinzipiellen Ebene. Um diese Schlußfolgerungen nachvollziehen zu können, ist man nicht auf die Kenntnis der ersten Gegenüberstellung angewiesen. Sie könnten von jeder Gegenüberstellung aus getroffen werden, haben also eher prinzipiell den Kontrast zwischen dem Ergehen der Gottlosen und dem der Gerechten als Bezugspunkt.

V14 bildet zusammen mit V1 den Rahmen der ersten Gegenüberstellung. Beiden Versen gemeinsam ist die Erwähnung Moses; V2-13 nehmen keinen Bezug auf seine Person oder seine Biographie. V14 hat in der Erwähnung Moses noch einen direkten Rückbezug zur eigentlichen Gegenüberstellung: In ihrem Durst-Leiden während der Nilplage gelangen die Ägypter zur Bewunderung Moses, den sie anfänglich verlacht und verspottet hatten.

---

[198] M.PRIOTTO, La prima Pasqua, S.20, Anm.33: 11,1-4 "formano una piccola unità di transizione, dove si passa da una storia dominata dall´ attività delle Sapienza (c.10) ad una storia in cui è protagonista direttamente Dio (11,5 - 19,22);...".

4.1.0.2. V1: Verbindung und Zäsur zwischen 10,15-21 und 11,2-14

Wie bereits oben erwähnt, sind Kap 10 und 11 durch den Schaltvers 11,1 verbunden. 11,1 schließt Kap 10 ab und hat, rechnet man ihn diesem Kap zu, die σοφία als handelndes Subjekt. Sie war es, die die Werke und das Geschick der Israeliten (von ihnen war ab 10,15 die Rede) durch die Hand des heiligen Profeten lenkte.

Gleichzeitig kann 11,1 aber auch als Beginn von 11,1-14 gelesen werden. In diesem Fall bleibt das Subjekt des εὐόδωσεν zunächst unklar. V2-4 reden von den Israeliten, V5 von den Israeliten und ihren Feinden in der dritten Person Plural. Der Satz V6-7 und die daran anschließende Reflexion in V8 reden ein Gegenüber in der zweiten Person Singular an. Wer diese Person ist, läßt Sap an dieser Stelle offen. Nach Kap 10 ist bisher keine Person in der Einzahl eingeführt worden, möglicherweise soll also noch die σοφία im Blick sein. V10 bezieht dann das in V6-8 ausgesagte Geschehen auf eine Person, die wie ein warnender πατήρ die Gegner geprüft und wie ein strenger Herrscher (βασιλεύς) die Gerechten untersucht hat.[199] Die männlichen Substantive deuten darauf hin, daß nicht mehr die Weisheit die handelnde Person ist. θεός oder κύριος erscheinen nicht als Anrede für die zweite Person, von der das Handeln ausgesagt wird. Erst V13 nennt den κύριος als Gegenstand der Erkenntnis seitens der Gottlosen. Aufgrund des unterschiedlichen Geschicks von Gottlosen und Gerechten erkennen die Gottlosen den Herrn.

Erst hier wird vollends deutlich, daß nun nicht mehr die Weisheit und ihr Handeln im Blickpunkt sind. Gott oder der κύριος sind also das Subjekt des εὐόδωσεν von V1. Von ihm und seinem Handeln ist bis zum Ende von Kap 19 die Rede.[200] Bezogen auf die erste Gegenüberstellung ist V1 also zu übersetzen:

> 1"Er führte deren Werke zu einem guten Ende durch die Hand
> eines heiligen Profeten."

Mit 11,1 als Schaltvers werden für die folgenden Abschnitte auch wichtige Vorverständnisse eingeführt. Schon durch ihn kommen die Bezugstexte in dem von Sap beabsichtigten Blickwinkel ihrer Interpretation zur Sprache und bei den LeserInnen in Erinnerung: Die Werke der Gerechten

---

[199] πατήρ und βασιλεύς sind beides Titel Gottes. Sie legen nahe, daß nun nicht mehr von der Weisheit die Rede ist, sondern von Gott als der Person, die an den Gerechten und Gottlosen handelte.

[200] Nur noch zwei Mal gebraucht Sap in Kap 11-19 das Wort σοφία. In 14,2.5 hat es beidesmal den Aspekt der handwerklichen חכמה. 14,2 geht dabei von einer personifizierten σοφία aus, die es als Künstlerin versteht, Schiffe zu bauen. 14,5 sieht die σοφία als Besitz oder Eigenschaft des Menschen an, der das Schiff erschaffen hat. In 14,2 ist es unklar, ob menschliche oder göttliche Weisheit gemeint ist (vgl. D.GEORGI, Weisheit Salomos, S.451, Anm.2b). Die hier angesprochene σοφία ist auch nicht mit der in Kap 1-10 vorgestellten Weisheit zu harmonisieren.

werden einen guten Weg geführt. Mit αὐτῶν knüpft Sap an 10,15 - 11,1 an, wo vom Durchzug des Volkes Israel durch das Rote Meer die Rede war. Vorausweisend kündigt Sap an, daß es im folgenden um die Werke der Israeliten geht. Die Vorsilbe ἐύ in εὐόδωσεν zeigt schon hier, unter welchem Blickwinkel Israels Geschick zur Sprache kommt: Seine Werke werden zu einem guten Ende geführt.

Auf die Erwähnung Moses als heiligen Profeten unter Aufnahme der Tradition "Mose als Profet"[201] habe ich bereits oben in der Analyse von 10,15 - 11,1 hingewiesen.
Moses Person wird von Sap nicht völlig aus dem Exodus-Geschehen getilgt. Auf sein Handeln, ob aus eigenem Antrieb, aus Gottes Auftrag oder aus der Nötigung durch das Volk, sowie auf seine damit verbundenen verschiedenen Funktionen innerhalb des Pentateuch geht sie in Kap 11-19 jedoch nicht ein. Sap übernimmt lediglich den Begriff "heiliger Profet", definiert bzw. füllt ihn als Funktions- und Berufsbezeichnung aber nicht durch Handlungen, Taten oder Worte Moses. Das entscheidende Handeln zu Plage und Wohltat wird vielmehr immer als Gottes Werk interpretiert; Mose ist an ihm zumindest in Saps Verständnis nicht beteiligt.

11,1 verbindet 10,15 - 11,1 mit 11,1-14 mit Hilfe des Stichwortes "Weg". In 10,17.18 war die σοφία die Führerin der Gerechten.[202] Sie ist es auch noch in 11,1, rechnet man diesen Vers als Abschluß von Kap 10.[203] In 11,2 wird dann angespielt auf die Wüstenwanderung des Volkes: διώδευσαν ἔρημον ἀοίκητον... Führung durch die Weisheit und das selbständige Durchwandern der Wüste stehen unmittelbar nebeneinander. Die Wüstenwanderung, die Führung durch die Weisheit und der Durchzug durchs Meer werden durch mit ὁδός zusammengesetzte Verben formuliert. Das Weg-Motiv umfaßt also Exodus- und Wüstenzeit.

4.1.1. V6-7: Die eigentliche Gegenüberstellung

Der Kern der Gegenüberstellung umfaßt V6-7. Eingeleitet durch ἀντί wird zunächst in V6-7a die Plage durch in Blut verwandeltes Wasser Ex 7,14-25 aufgenommen. Sap erwähnt nichts von den Umständen dieser Plage, wie sie in Ex 7 dargestellt werden. In der eigentlichen Gegenüberstellung

---

[201] Vgl. Dtn 18,18; 34,10. Zu beachten ist in diesem Zusammenhang Sap 7,27d, wo von der σοφία gesagt wird, "sie schafft Freunde Gottes und Profeten".
[202] 10,17: ὡδήγησεν αὐτούς...; die Weisheit ist die Führerin während der Wüstenwanderung. 10,18: διεβίβασεν αὐτούς ... καὶ διήγαγεν...; die Weisheit ist die Person, die das Volk Israel über das Rote Meer brachte und durch viel Wasser führte.
[203] 11,1: εὐόδωσεν ... ; "sie/er führte einen guten Weg..."; vgl. die Übersetzung in der Analyse von Kap 10.

ist sie zunächst nur an der Tatsache des in Blut verwandelten Wassers interessiert:

6"Anstelle der Quelle des nie versiegenden Flusses,
durch geronnenes Blut durcheinandergerüttelt
7a zur Vergeltung der kindsmörderischen Verordnung..."

Gegenüber Ex 7 fallen jedoch sofort einige Veränderungen auf. Anders als in Ex 7 bezieht Sap die Verwandlung von Wasser in Blut nicht auf alles in Ägypten vorkommende Wasser.[204] Sie knüpft vielmehr nur an die Verse in Ex 7 an, die die Verwandlung des Nilwassers in Blut ankündigen (V19) bzw. sie vor Pharaos Augen am Nil geschehen lassen.
Wenn Sap den Nil als "nie versiegenden Fluß" (ἀέναος ποταμός) bezeichnet, trägt sie der Wertschätzung Rechnung, die der Strom als Lebens- und Fruchtbarkeitsbringer in Ägypten hatte.[205] Seine Quelle und damit der Ursprung und Ausgangspunkt seines Fließens wurde durch geronnenes Blut in Unordnung gebracht.[206] Sap nimmt den Nil als Wasserspender Ägyptens schlechthin. Ob so auch die Verwandlung der anderen Gewässer in Blut integriert sein soll, ist fraglich und am Text Saps nicht zu klären.

Als Begründung für die Plage durch in Wasser verwandeltes Blut nennt Sap in V7a den kindsmörderischen Befehl Pharaos. Damit nimmt sie direkt Bezug auf Ex 1,15ff. Der Pharao hatte angeordnet, die männlichen Säuglinge der Israeliten zu töten. In Ex 7 selbst ist die Nilplage nicht aus dieser Anordnung Pharaos begründet, der Text nennt vielmehr als Grund das verstockte Herz des Pharao, der das Volk nicht ziehen lassen will (Ex 7,14).

In der Konzeption von Ex 1-15 sollen die Plagen den Pharao jeweils dazu bringen, das Volk ziehen zu lassen. Doch jedesmal verstockt er selbst bzw. verhärtet Gott sein Herz, so daß er erst nach der Tötung der ägyptischen Erstgeburt gewillt ist, die Israeliten ziehen zu lassen. In Ex selbst ist allem Anschein nach nur die Tötung der Erstgeburt auf die kindsmör-

---

[204] In Ex 7,17 kündigt Mose zunächst dem Pharao an, er werde mit seinem Stab das Wasser im Nil schlagen (τυπτω ...ἐπὶ τὸ ὕδωρ ἐν τῷ ποταμῷ), was nur auf den Nil zu beziehen wäre. In der Aufforderung an Aaron V19 soll dieser seinen Stab nehmen und seine Hand über alle Gewässer ausstrecken und alle fließenden und stehenden Gewässer sollen zu Blut werden. Sogar das Wasser in den steinernen und hölzernen Gefäßen wurde zu Blut (so LXX in V19 abweichend zu MT). Mose und Aaron handelten auftragsgemäß und schlugen vor Pharao den Nil, so daß er sich in Blut verwandelte (V20). Die Zeichenhandlung wird also zunächst nur auf den Nil bezogen. V21 fügt dann hinzu, daß das Blut über das ganze Land Ägypten kam, und zweimal wird erwähnt, daß man das Wasser aus dem Nil nicht trinken konnte (V21.24).
[205] Der Nil ist ab dem Mittleren Reich Symbol und Urbild von Fruchtbarkeit und Reichtum in Ägypten. In Anpassung an griechische Vorstellungen (begünstigt und ermöglicht durch die Identifikation Isis' mit Demeter) wurde Isis zur Herrin über die Flüsse, besonders aber über den Fluß (D.MÜLLER, Ägypten und die griechischen Isis-Aretalogien, S.61-62).
[206] So wohl die treffendste Übersetzung für αἵματι λυθρώδει ταραχθέντος.

derische Verordnung Ex 1,15ff bezogen.[207] Sap zieht also schon in der Aufnahme der allerersten Plage aus dem Buch Ex den Spannungsbogen zurück zur Tötung der israelitischen männlichen Nachkommenschaft. Die Nilplage geschieht zur Vergeltung der Anordnung Pharaos. Sap sieht aber keineswegs alle Plagen als Vergeltungsakt für diese Anordnung an. Wohl nennt sie immer ein konkretes Vergehen der Ägypter, aber ausdrücklich auf den Tötungsbeschluß sind nur die Nilplage, die Tötung der ägyptischen Erstgeburt und der Untergang Ägyptens im Roten Meer bezogen.[208]

Der Nilplage wird eine reichliche Wassergabe gegenübergestellt:

7b"...gabst du ihnen reichlich Wasser unverhofft."

Anstelle der Vernichtung von Wasser durch Verwandlung in geronnenes Blut wurde den Gerechten eine unverhoffte Wassergabe zuteil. Das Negativum wurde in V6a mit ἀντί eingeführt und durch ein Partizip näher erklärt: ἀντὶ πηγῆς ... ταραχθέντος. Der durcheinandergerüttelten Quelle wird eine unverhoffte, reichliche Wassergabe gegenübergestellt. Der ersten Gegenüberstellung liegt der Gegensatz "Vernichtung von Wasser <—> Gabe von Wasser" zugrunde. Der Bezugstext Ex 7 war hinter dem negativen Teil der Gegenüberstellung klar zu erkennen. Für den positiven Teil kann zunächst kein eindeutiger Bezugstext allein aufgrund der eigentlichen Gegenüberstellung genannt werden. Hier ist der Rückbezug von V7b auf V2-4 zu beachten, der die Assoziationen der LeserInnen auf einen konkreten Bezugstext lenkt.

Schon hier wird die Anwendung der beiden von Sap selbst formulierten Grundsätze 11,5.16 deutlich. Plage und Wohltat geschehen durch dasselbe Medium (11,5): Die Plage besteht in der Verwandlung des Wassers in Blut, die Wohltat in einer unverhofften Wassergabe.
Für die Plage als Strafe für Sünde (11,16) ist Saps Begründung der Nilplage mit dem Tötungsbeschluß Pharaos zu beachten (V7a): Weil Pharao angeordnet hatte, die den Israeliten geborenen Knaben in den Nil zu werfen (Ex 1,22), deshalb wurde der Nil in Blut verwandelt.

---

[207] Vgl. Ex 4,21-23, wo Israel als erstgeborener Sohn Gottes bezeichnet wird. Mose soll vor Pharao treten mit der Forderung, daß dieser Israel ziehen läßt, ansonsten werde Gott Pharaos erstgeborenen Sohn töten.
[208] Für die beiden letztgenannten Sachverhalte s. Sap 18,5. Dort wie auch im größeren Zusammenhang hier (V14) ist die Kindsaussetzung Moses erwähnt.

4.1.2. V2-4 als Sicherung des Bezugstextes für den positiven Teil der Gegenüberstellung

4.1.2.1. V2-3: Die Anspielung auf die Wüstenwanderung

V7b ist nur in Zusammenhang mit V2-4 richtig zu verstehen. Dort wird in V2 zunächst auf die Wüstenwanderung der Israeliten und in V3 auf die Besiegung von Feinden während dieser Zeit hingewiesen:

2"Sie durchwanderten eine unbewohnte Wüste
und im Unpassierbaren schlugen sie Zelte auf.
3Sie widerstanden Gegnern und wehrten Feinde ab."

In der zeitlichen Abfolge hält sich Sap hier an die vom Buch Ex vorgegebene Reihenfolge. Nach der Darstellung des Exodusgeschehens in 10,15 - 11,1 behandelt sie nun die Zeit der Wüstenwanderung des Volkes. V2-3 haben dabei eine doppelt rahmende und einführende Funktion. Sie lenken die Erinnerungen schriftkundiger LeserInnen sowohl für die erste Gegenüberstellung als auch für die gesamte Siebenerreihe der Gegenüberstellungen auf die Zeit der Wüstenwanderung Israels.[209]
Damit ist eine weitere Vorgabe impliziert: Auch wenn Sap in Kap 11-19 in der Aufnahme der Bezugstexte der Reihenfolge der Exodusplagen folgt, soll doch das *positive Geschick der Israeliten* im Vordergrund stehen, das sie an einzelnen Ereignissen aus der Zeit der Wüstenwanderung exemplarisch darstellt. Die Aufmerksamkeit wird schon hier auf das Geschick der Vorfahren gelenkt.

Mit διώδευσαν ἔρημον ἀοίκητον καὶ ἐν ἀβάτοις ἔπηξαν σκηνάς nimmt Sap die verschiedenen Stationen auf, zu denen die Israeliten in Verlauf ihrer Wüstenwanderung zogen.[210] Die Formulierung Saps zeigt, daß sie weniger wie Ex 15-19 an einzelne Wüstengebiete mit jeweils eigenem Namen denkt, sondern eine einzige, zusammenhängende Wüste vor Augen hat. Diese Wüste durchwandern die Israeliten und in ihr schlagen sie auch ihre Zelte auf.[211]
Damit ist der unwirtliche Ort eingeführt, an dem Israel Gottes Wohltaten zuteil werden: Das "Unpassierbare" ist ein Synonym für "Wüste". Sap entnimmt den Texten, daß die Israeliten mitten in der Wüste und nicht an lokalisierbaren Stätten (oder Städten) (vgl. Ex 15,22; 17,1) ihr Lager aufschlugen.[212] ἔρημος und ἄβατος lenken die Assoziationen der LeserInnen auf die Zeit der Wüstenwanderung Israels, V3 und 4 verstärken diese Asso-

---

[209] Vgl. z.B. D.GEORGI, Weisheit Salomos, S.441, Anm.2a, der V2-5 als Einleitung zur Synkrisis, d.h. zu den Gegenüberstellungen in 11-19 sieht.
[210] Vgl. etwa Ex 15,22; 16,1; 17,1; 19,1.
[211] Nirgends wird allerdings direkt gesagt, daß die Israeliten "im Unpassierbaren" ihre Zelte aufschlugen, man kann es aber aus Ex 15,22 oder 16,1 folgern.
[212] In dieser Weise könnte man vielleicht Num 12,16 oder 20,1 verstehen.

ziationen, indem sie sich auf konkrete Ereignisse aus dieser Zeit beziehen.
Mit V3 spielt Sap an auf die Amalekiterschlacht Ex 17,8-16. Sie nennt weder Name noch Umstände, die Plurale πολέμιοι und ἐχθροί verschleiern zusätzlich einen konkreten Bezug. Mit V3 ruft Sap bei ihren schriftkundigen LeserInnen somit nur die Assoziation auf Tatsachen während der Wüstenwanderung hervor. Die Israeliten durchwanderten die Wüste und trafen dabei immer wieder auf Feinde, die sie abwehren mußten, das gilt für Ex 15-19 und noch mehr für Num 10ff. Aber durch die Stellung des Abschnittes V2-3 unmittelbar nach der Behandlung des Exodusthemas werden die Assoziationen doch auf den Bereich Ex 15-19 eingeengt.

4.1.2.2. Das Wasserquellwunder aus dem Felsen
Auch V4 lenkt die Assoziationen auf das Buch Ex. Der Vers spielt an auf das Wasserquellwunder Ex 17,1-7[213]:

4"Sie dürsteten und riefen dich an
und es wurde ihnen gegeben aus schroffem Fels Wasser
und ein Heilmittel gegen den Durst aus hartem Stein."

Mit den drei betont am Satzanfang stehenden Verben διώδευσαν (V2), ἀντέστησαν (V3) und ἐδίψησαν gelingt es Sap die Situation von Ex 17 einzufangen. Sap reduziert den Bezugstext auf die wesentlichen mit diesen Verben verbundenen Ereignisse und läßt so den Bezug zu Ex 17 deutlich erkennen.

4.1.2.3. Die Uminterpretierung der Murr- zur Rettungsgeschichte
Gerade in der Beziehung zu dem Wasserquellwunder Ex 17,1-7 sind in V4 deutliche Veränderungen gegenüber dem Bezugstext festzustellen. Sap erwähnt nichts vom Murren des Volkes. V4 *idealisiert* das Geschehen, wie es in Ex 17 beschrieben ist. Dort murrten die Israeliten gegen Mose und forderten ihn auf, ihnen Wasser zum Trinken zu verschaffen. Mose sieht in

---
[213] Hier ist zu beachten, daß durch die Formulierungen in V4 prinzipiell auch Num 20,1-13 als Bezugstext für das Wasserquellwunder aus dem Felsen in Frage kommt. Die Struktur des Textes ist ähnlich der von Ex 17,1-7: Das Volk dürstet, hadert mit Mose, rottet sich gegen ihn zusammen und macht ihm Vorwürfe. Als Mose und Aaron sich an Gott wenden, bekommt Mose den Auftrag, seinen Stab zu nehmen, die Gemeinde zu versammeln und mit dem Felsen zu reden (nicht: mit dem Stab gegen ihn zu schlagen wie Ex 17), damit er sein Wasser spende. Mose stellt aber dem Volk gegenüber das Quellwunder als sein und Aarons eigenes Vermögen dar. Er redet nicht zu dem Felsen, sondern schlägt zweimal mit dem Stab dagegen. Weil Mose und Aaron nicht Gott, sondern sich selbst verherrlicht haben, bestraft Gott sie damit, daß sie nicht ins verheißene Land kommen dürfen. Im MT heißt die Stätte des Geschehens wie in Ex 17 מריבה, LXX scheint die zweimalige Ätiologie auszugleichen, wenn sie anders als in Ex 17 lediglich von ὕδωρ ἀντιλογίας spricht, ohne die ätiologische Absicht des MT erneut nachzuvollziehen.

diesem Hadern gegen ihn auch eine Versuchung Gottes (τί λοιδορεῖσθέ μοι, καὶ τί πειράζετε κύριον; Ex 17,2). Das Volk murrt gegen Mose und fragt, warum er es aus Ägypten geführt habe, um es, seine Kinder und seine Herden in der Wüste vor Durst umkommen zu lassen. Mose wendet sich daraufhin in Ratlosigkeit und Angst an Gott. Von Gott erhält er den Auftrag, vor dem Volk her zusammen mit einigen Ältesten zum Felsen am Horeb zu gehen. Er solle auch seinen Stab mit sich nehmen, mit dem er den Nil geschlagen hatte (καὶ τὴν ῥάβδον, ἐν ᾗ ἐπάταξας τὸν ποταμόν). Gott werde vor ihn treten und dann solle er an den Felsen schlagen. Es werde Wasser hervorquellen und das Volk habe dann zu trinken. Und Mose tat so vor den Augen der Israeliten. V7 berichtet dann noch davon, daß der Ort Πειρασμός καὶ Λοιδόρησις genannt wurde, weil die Israeliten gehadert und den Herrn versucht hatten indem sie sprachen: "Ist der Herr in unserer Mitte oder nicht?"
Sap tilgt die Verfehlung des Volkes sowie die ganzen Umstände, unter denen es zum Quellwunder kam. Moses Person und Funktion ist völlig ausgeblendet.[214] Sap ist nur an dem "Daß" des Quellwunders interessiert: Die Israeliten dürsteten - sie riefen Gott an - es wurde ihnen Wasser gegeben. Nichts von der Auflehnung gegen Mose, von dem Vorwurf, warum er sie überhaupt aus Ägypten geführt habe und der ätiologischen Interpretation wird von Sap aufgenommen. Die Israeliten murren nicht gegen Mose, sie erscheinen untadelig, ja die Abfolge Dürsten - Anrufung - Wassergabe wirkt fast schon wie ein Vertrauensverhältnis der Israeliten zu Gott. In Saps Interpretation haben sie Durst, rufen Gott an und sie bekommen Wasser. Das Volk redet in und erfährt Gottesunmittelbarkeit, Moses Mittlerinstanz wird weggelassen.[215]

4.1.2.4. Die Aufnahme einzelner Stichwörter aus Ex 17; der Einfluß von Nebenbezugstexten

Aus Ex 17,3 nimmt Sap das Stichwort διψῆν auf. Nachdem vorher von der Wüstenwanderung die Rede war, verweist sie so auf die Situation Ex 17,1-7. Auch πέτρα und ὕδωρ in V4b beziehen sich auf die Situation von Ex 17 (s. V6)[216], doch zeigen die Formulierungen auch Ähnlichkeit mit anderen Texten, die sich auf das Wasserquellwunder beziehen. Dtn 8,15-16 faßt anhand markanter Ereignisse die Zeit der Wüstenwanderung zusammen. V15 geht dabei auch auf das Quellwunder ein: "...daß dein Herz nicht überheblich würde und du des Herrn, deines Gottes vergäßest (V14), ... τοῦ ἐξαγαγόντος σοι ἐκ πέτρας ἀκροτόμου πηγὴν ὕδατος..."

---

[214] Vgl. demgegenüber die ganz andere Gestaltung bei Philo, VitMos I,210. Dort vollbringt Mose allein das Quellwunder, es ist nicht einmal der Befehl Gottes genannt.
[215] Diese Beobachtung liegt möglicherweise auf einer Linie mit der Absicht Saps, den LeserInnen ein direktes Verhältnis zu der Weisheit zu vermitteln. Freilich wäre auch hier zur Sicherheit eine Klärung des Verhältnisses θεός — σοφία gerade für den dritten Hauptteil der Sap nötig.
[216] Diese beiden Substantive auch in Num 20,1-13.

πέτρα und ἀκρότομος sind in Dtn 8,15 unmittelbar miteinander verbunden.[217] In parallelen Satzgliedern stehen diese beiden Wörter in ψ 113,8, wobei das ἀκρότομος substantiviert ist. Auch hier ist von einem gottgewirkten Quellwunder die Rede, der Kontext (V1-8) thematisiert das Exodusgeschehen, so daß auch hier auf ein Wüstenquellwunder abgezielt wird:
...τοῦ στρέφαντος τὴν πέτραν εἰς λίμνας ὑδάτων
καὶ τὴν ἀκρότομον εἰς πηγὰς ὑδάτων.
Diese Formulierungen haben auf V4b eingewirkt und unterstreichen die Absicht von V2-4: Mit Anspielungen in markanten Formulierungen werden bei den LeserInnen assoziativ die Zeit der Wüstenwanderung und Einzelereignisse in Erinnerung gerufen.
Der Aussage nach zeigt V2-4 auch eine Nähe zu ψ 106,4-9. Dort ist ebenfalls die Wüstenwanderung thematisiert. Israel dürstet, "und sie schrieen zum Herrn in ihrer Bedrückung" (V6a). Die Verfehlung Israels wird auch dort verschwiegen, Mose als Mittlerinstanz nicht genannt. Der Herr rettet die Israeliten aus ihrer Not (V6b).

Für V4c lassen sich keine alttestamentlichen Bezüge oder Einflüsse finden. Das "Heilmittel gegen den Durst aus hartem Stein" steht als paralleles Satzglied zu V4b und gibt damit dem Wasser einen Sinn als Heilmittel gegen den Durst. Damit wird zum einen ein iatrisches Element, zum anderen der wunderbare Charakter des Geschehens - eben das Heilmittel gegen den Durst *aus dem Felsen* - betont. Eine direkte religionspolemische Absicht Saps gegen fremde Gottheiten, von denen ähnliche Wunder ausgesagt wurden, läßt sich nicht erkennen. Doch paßt die Aussage hier gut zu z.B. 16,6-9, wo *Gott* der Retter und Heiler deutlich im Kontrast zu anderen Gottheiten steht, die diese Rettung beanspruchen.

Die oben dargestellte Analyse zeigt, daß Sap in ihrer Interpretation des Wasserquellwunders auch auf Texte außerhalb des Pentateuch zurückgreift. Sie bietet keine völlig eigenständige Interpretation des Geschehens, sondern kombiniert Textstellen. Diese Kombination z.T. der Wortwahl, z.T. der inhaltlichen Aussagen, angereichert durch Saps eigene Formulierungen macht ihre Interpretation aus. Im Überlieferungs- und damit Interpretationsprozeß zum Abschnitt Ex 17,1-7 scheint es drei Stränge zu geben. Der eine überliefert sowohl das Wunder des Wassers aus dem Felsen als auch die Benennung des Ortes als Massa und Meriba (Ex 17; Num 20;). Der andere Überlieferungsstrang betont das Quellwunder aus dem Felsen (Dtn 8,15; [32,4]; ψ 77,15-16 [zu beachten ist aber die Fortsetzung V17ff]; ψ 106,4-9 u.ö.). Der dritte schließlich thematisiert die Auflehnung des Volkes am "Haderwasser", weswegen die Textaufnahmen von der

---

[217] Dtn 8,15 ist die einzige Stelle, an der LXX צור החלמיש mit πέτρα ἀκρότομος übersetzt.

Ortsbezeichnung Massa und Meriba bzw. dem ὕδωρ ἀντιλογίας (Num 20,13) ausgehen (Num 27,14; Dtn 6,16; 32,51; Ψ 80,8; 105,32 u.ö.[218]).

Sap betont in der Art der Textaufnahme und der Präsentation des Stoffes das Quellwunder und blendet die Auflehnung des Volkes aus. Das Volk erscheint so positiv idealisiert. Die Zeit der Wüstenwanderung ist nicht die Zeit der Auflehnung des Volkes und seines Abfalls von Gott, sondern die Zeit der Zuwendung Gottes zu seinem Volk, ja fast schon heilsame/heilvolle (V4b: ἴαμα) Zeit, in der Gott die Not seines Volkes durch Wunder wendet. Sap steht damit aber auch in der Tradition der Texte, die die Wüstenwanderung als Zeit der Zuwendung Gottes zu seinem Volk positiv werten (z.B. Dtn 32,10ff; Hos 2,16; [Jer 2,2[219]]).

4.1.2.5. *Der Rückbezug von V7b auf V2-4*

Wenn Sap in V7b von einer unverhofften Wassergabe spricht, dann bezieht sie sich auf V2-4 zurück. Der positive Teil der Gegenüberstellung wird in V4 vorbereitet, die dort angesprochene Wassergabe als Wohltat an Israel im Gegensatz zum in Blut verwandelten Wasser eingesetzt. Dadurch wird auch klar, von welchem Vergleichspunkt her Sap denkt: Hinter der Gegenüberstellung "in Blut verwandeltes Wasser <—> unverhoffte Wassergabe" steht der Durst als Vergleichspunkt. Die Ägypter litten Durst, weil ihr Wasser zur Strafe in Blut verwandelt worden war, die Israeliten litten Durst, aber zur Wohltat wurde ihnen reichlich Wasser gegeben. V4 hatte das Thema Durst eingeführt, V6-7 formulieren eine Gegenüberstellung zu diesem Thema.

4.1.3. *V5.8-13: Die reflexiven Teile der ersten Gegenüberstellung*

In den bisher besprochenen Teilen der ersten Gegenüberstellung hatte Sap im wesentlichen die Fakten der Bezugstexte aufgenommen ohne mit ihnen eine besondere Handlungsabsicht Gottes zu verbinden. Natürlich schreibt ein Verständnis der Blutplage als *Strafe* für den Beschluß Pharaos, die männlichen Kinder der Israeliten zu töten (V7a), Gott eine bestimmte Handlungsabsicht zu. Und die Art der Rezeption des Bezugstextes Ex 17,1-7 in V4 ist Wertung und Bewertung. Doch liegt das Schema "Sünde - Strafe" auf einer anderen Ebene, als die in den Reflexionsteilen der ersten Gegenüberstellung dargestellte Handlungsabsicht Gottes. Diese Abschnit-

---

[218] ὕδωρ ἀντιλογίας scheint in der Regel einen Bezug zu Num 20 herstellen zu wollen, Πειρασμός zu Ex 17. Dabei wäre jedoch noch zu untersuchen, ob die Bezüge jeweils eindeutig sind und LXX auch eindeutig und konsequent die Bezüge des MT nachvollzieht.
[219] Nur im MT, LXX vollzieht diese positive Wertung nicht nach.

te geben zum einen an, unter welchem Gesichtspunkt Sap Exodusplage und Wüstenquellwunder einander gegenübergestellt (V5).[220] Zum anderen zeigen sie deutlich ein Vokabular, das den LeserInnen die Erkenntnis oder Einsicht vermitteln will, daß Gott wohltuend an Israel und strafen an den Gottlosen handelt (V8.9.10). Diese Erkenntnis mündet in die Gotteserkenntnis (V13).
Die historischen Fakten werden in einer bestimmten pädagogischen Richtung interpretiert. Immer wieder bezieht sich Sap in den Reflexionsteilen auf den Kern der Gegenüberstellung V6-7 und auf V2-4 zurück. Die Aussagerichtung ist durch die Art der Aufnahme der Bezugstexte bereits vorgegeben: Die Exodusplage ist Beispiel für das strafende, das Quellwunder für das wohltuende Handeln Gottes.

4.1.3.1. V5 als hermeneutischer Grundsatz der Gegenüberstellungen

In V5, eingeschoben zwischen der Perikopensicherung V2-4 und dem Kern der Gegenüberstellung V6-7, formuliert Sap den Grundsatz, unter dem sie die Gegenüberstellung betreibt:

5"Wodurch nämlich ihre Feinde gezüchtigt wurden,
dadurch wurden ihnen in auswegloser Lage Wohltaten zuteil."

Im Rahmen der ersten Gegenüberstellung heißt das, daß Plage und Wohltat durch das "Medium" Wasser geschahen. Die Plage war das in Blut verwandelte Wasser, die Wohltat die unverhoffte Wassergabe.

V5 hat keinen konkreten Bezug zur Blutplage oder zum Wasserquellwunder. Der Vers ist einer der Grundsätze, die Sap selbst als Kriterien der Gegenüberstellungen einführt.[221] Es ist der Grundsatz, den Sap konsequent in jeder Gegenüberstellung anwendet und dem dann entsprechend die Aufnahme der Bezugstexte untergeordnet wird. Die negativen Teile der Gegenüberstellung werden jeweils als Züchtigungen verstanden, die positiven als Wohltat. Sap nennt selbst die Verben: κολάζειν[222] und εὐεργετεῖν.

Konkret auf die erste Gegenüberstellung bezogen erwartet man nach der Einleitung V2-4 aufgrund von V5 eine Kontrastierung unter dem The-

---

[220] Sap 11,5 hat eine doppelte Funktion: Er kann sowohl als Teil der ersten Gegenüberstellung gelesen werden als auch als Formulierung eines hermeneutischen Grundsatzes für alle Gegenüberstellungen.
[221] Vgl. D.GEORGI, Weisheit Salomos, S.441, Anm.V5a. Zu dem weiteren von Sap formulierten Grundsatz s. auch die Analyse von 11,16. Der Grundsatz 11,5 ist derjenige, der in jeder Gegenüberstellung angewendet wird, wenn auch das Prinzip der Wohltat und Züchtigung durch das gleiche Medium nicht immer mit letzter Genauigkeit paßt.
[222] κολάζειν verwendet Sap außer in 3,4 nur im dritten Hauptteil (11,5.8.16; 12,14.15.27; 14,10; 16,1.9; 18,11.22), das Verb ist eine zentrale Vokabel der Gegenüberstellungen. In LXX begegnet es nur in den Teilen, die keine Vorlage im MT haben.

ma Durst bzw. Wasser, die ja dann in der eigentlichen Gegenüberstellung V6-7 auch erfolgt.

4.1.3.2. V5 im Rahmen der ersten Gegenüberstellung

V5 enthält für die erste Gegenüberstellung den Hinweis darauf, daß Plage und Wohltat beide durch das "Medium" Wasser verursacht wurden: die Plage durch die Verwandlung von Wasser in Blut; die Wohltat durch die unverhoffte Wassergabe.

Der Vers gibt jedoch auch den Hinweis auf einen weiteren Verknüpfungspunkt - neben dem Stichwort Wasser, das Ex 7 und 17 gemeinsam ist -, durch den Sap diese beiden Bezugstexte möglicherweise miteinander in Verbindung gebracht hat: Beide Texte erwähnen den Stab Moses. In Ex 7,20 schlägt Mose mit seinem Stab vor den Augen Pharaos den Nil, der sich daraufhin in Blut verwandelt. In Ex 17,5 fordert Gott Mose ausdrücklich auf, den Stab in seine Hand zu nehmen, mit dem er den Nil schlug: καὶ τὴν ῥάβδον, ἐν ᾗ ἐπάταξας τὸν ποταμόν, λαβὲ ἐν τῇ χειρί σου... Schon in Ex selbst ist also eine Verbindung zwischen diesen beiden Texten angelegt, die beide mit dem "Wasser" in positiver und negativer Art zu tun haben. Das Verbindungsglied ist der Stab Moses. Ganz zufällig ist die Kontrastierung genau dieser beiden Texte nicht.

Möglicherweise gibt es auch in den anderen Gegenüberstellungen Stichworte, über die Sap die Bezugstexte miteinander in Verbindung brachte.

4.1.4. V8-13: Die erzieherische Absicht hinter dem Handeln Gottes

In V8-13 fällt die Häufung der Verben auf, die auf einen Erziehungs- bzw. Erkenntnisprozeß abzielen. Schon in V5 sind κολάζειν und εὐεργετεῖν Vokabeln aus dem Bereich der Pädagogik, Wohltun und Strafen waren und sind Elemente der Erziehung.

In V8-13 gibt Sap an, zu welchem Zweck ihrer Meinung nach Gott an Gerechten und Gottlosen gehandelt hat. Die als Einsicht der Gottlosen bzw. Gerechten formulierte Erkenntnis bietet Sap auch den LeserInnen als Erkenntnis aus der Gegenüberstellung an. Allein schon die Verben machen das "Erkennen" als Ziel Saps deutlich:

V8a: δείξας = gezeigt habend...
V8b: ἐκόλασας = du züchtigtest
V9a: παιδευόμενοι = zurechtgewiesen (Partizip Präsens passiv)
V9b: ἔγνωσαν = sie erkannten
V10a: ἐδοκίμασας = du hast geprüft

V10b: ἐζήτασας = du hast geprüft
V13b: ἤσθοντο = sie erkannten

V8-13 ist in vier Abschnitte geteilt, die jeweils aus der Gegenüberstellung Schlußfolgerungen ziehen. Sie tun dies entweder konkret auf die Gegenüberstellung bzw. die darin verarbeiteten Texte bezogen (V8.11-13) oder in allgemeiner Art auf einer übergeordneten Reflexions- und Abstraktionsebene (V9.10).

4.1.4.1. V8: Der Durst der Ägypter als Beispiel für Gottes Züchtigung der Gegner

V8 schließt sich direkt an die eigentliche Gegenüberstellung an. δίψος zeigt, daß Sap die Gegenüberstellung wirklich unter das Thema "Durst" stellen wollte. Der Vers ist formuliert aus dem Blickwinkel der Israeliten, die Nilplage und Wassergabe miterlebt haben bzw. beides aus der Überlieferung kennen. Mit beiden Ereignissen war eine pädagogische Absicht Gottes verbunden:

> 8"... gezeigt habend[223] durch den damaligen Durst
> wie du die Gegner züchtigtest."

Sap geht von den unterschiedlichen Erfahrungen der Gottlosen und Gerechten mit dem Durst aus. Die Gerechten erkannten nach der Erfahrung des Durstes und seiner Beseitigung am Haderwasser in der Rückschau das Ausmaß der Züchtigung der Gottlosen während der Nilplage. Durch die aus V7 fortgesetzte Anrede und den Verweis auf den damaligen Durst (δείξας διὰ τοῦ τότε δίψους) wird die vergangene Erfahrung gegenwärtigen LeserInnen zugänglich gemacht. Die Erkenntnis des eigenen Wohlergehens wird an der Misere anderer unter vergleichbaren Umständen verdeutlicht.
V8 versteht wie V5 die Nilplage als Züchtigung der Feinde. Nach Ex 7,21 konnten die Ägypter das Wasser nicht trinken, nach 7,25 dauerte die Plage sieben Tage. Die Ägypter konnten dem Durst sieben Tage lang keine Abhilfe schaffen. Im Kontrast dazu tritt die Erkenntnis der Israeliten zutage: Sie hatten Durst, bekamen unverhofft reichlich Wasser und erkennen nun das Ausmaß der damaligen Züchtigung ihrer Gegner und ihres eigenen Wohlergehens.

4.1.4.2. V9.10: Verallgemeinernde Schlußfolgerungen der ersten Gegenüberstellung

V9 und V10 reflektieren auf allgemeiner Ebene über das Gegenüber von Plage und Wohltat. Die erste Gegenüberstellung bildet zwar den Hinter-

---

[223] δεικνύναι hat auch die lexikalische Bedeutung "beweisen" (W.GEMOLL, Schul- und Handwörterbuch, S.185). Vgl. dazu die Übersetzung D.GEORGIs, Weisheit Salomos, S.441.

grund dieser Reflexion, doch könnten die Sätze auch als Folgerungen der anderen Gegenüberstellungen ausgesagt werden. Gerade als Reflexion zur ersten Gegenüberstellung und der in ihr aufgenommenen Texte wird an ihnen aber auch Saps Interpretation dieser Texte deutlich.
V9 und V10 sind jeweils zweigeteilt. Der erste Halbvers bezieht sich auf das Wohlergehen Israels, der zweite auf die Plage Ägyptens. Wohltat und Plage sind nicht mehr konkret angesprochen, es wird eine verallgemeinernde Schlußfolgerung aus ihnen gezogen.

4.1.4.3. V9: Milde Zurechtweisung der Gerechten, Folterung der Gottlosen; die implizite Uminterpretierung von Ex 17,1-7

V9 zieht aus der Gegenüberstellung die Erkenntnis, daß die Gerechten in Milde zurechtgewiesen, die Gottlosen im Zorn gestraft wurden:

9"Als sie nämlich versucht wurden - obwohl sie in Milde zurechtgewiesen wurden -,
erkannten sie, wie die im Zorn gerichteten Gottlosen gefoltert wurden."

Die Gegenüberstellung von Plage und Wohltat setzt sich fort in dem Kontrast ἐν ἐλέει <—> ἐν ὀργῇ.
Die Intention von Ex 17,1-7 wird in V9a entscheidend uminterpretiert. Bezogen auf den positiven Teil der Gegenüberstellung ist hier die Geschichte vom Quellwunder bei Πειρασμός und Λοιδόρησις als Versuchung der Israeliten durch Gott verstanden. Ex 17,7 führt die Namensgebung jedoch auf die Versuchung Gottes durch das Volk zurück (διὰ τὸ πειράζειν κύριον).[224] Indem Sap das Verb πειράζειν verwendet, weckt sie die Assoziation an die Namensgebung des Ortes, wendet aber gleichzeitig den Sinn der Aussage.
  Die so entstehende Versuchung Israels deutet sie als Erziehungsmaßnahme Gottes. Nach dem kurzzeitigen Durst erkennen sie das Zorngericht Gottes an den Gottlosen während der Blutplage.
Anders als V4, der die Verfehlung Israels bei Massa und Meriba lediglich verschweigt, wird sie in V9 umgedeutet zu einer Prüfung des Volkes durch Gott. Ex 17,1-7 bekommt so eine andere Wertung: Der Text ist Beispiel dafür, wie Gott das Volk versucht und auf die Probe stellt. Das bedeutet eine neue Sicht und Beurteilung, die als Erkenntnis Israels (ἔγνωσαν...) formuliert wird.
An anderen Stellen verwendet LXX πειράζειν durchaus im Sinne einer Prüfung des Volkes durch Gott (Ex 15,25; 16,4; 20,20; Dtn 4,34; 8,2; 13,3; 33,8).[225] Möglicherweise hat Sap beeinflußt von diesen Stellen Ex 17,1-7 ebenfalls als Versuchung des Volkes gewertet. Gerade die Stellen aus Dtn werten in summarischen Abschnitten die Wüstenzeit als Zeit der Prüfung

---

[224] Vgl. Ex 17,2, wo Mose die Israeliten fragt: ...τί πειράζετε κύριον;
[225] πειράζειν auch in Gen 22,1.

Israels durch Gott, als Zeit der Aussonderung des Volkes aus anderen Völkern durch diese Prüfungen. V9 ist dieser dtn Sicht sehr nahe, ohne daß man sagen könnte, Sap stehe generell dem Dtn nahe. Sap beruft sich jedenfalls nicht auf die Auflehnung des Volkes, wie es Ex 17,1-7 selbst und andere Texte tun (z.B. Num 14,22; 33,8; Ψ 77,40f; 94,8f; 105,14). An anderer Stelle (Dtn 6,16) warnt das Dtn davor, Gott zu versuchen wie am "Wasser der Versuchung": "Du sollst den Herrn, deinen Gott, nicht versuchen (οὐκ ἐκπειράσεις), in der Art wie ihr versucht habt (ἐκπειράσασθε) in Peirasmos (ἐν τῷ Πειρασμῷ).[226] Die Versuchung wird an dieser Stelle also nicht umgedeutet.

4.1.4.4. V10: Gott als erziehender Vater bzw. verurteilender Herrscher

Das Verständnis der Wüste als Ort und Zeit der Prüfung zeigt sich auch in V10, dort wird es allerdings aus der Sicht eines Außenstehenden beurteilt:

> 10"Denn diese hast du wie ein warnender Vater geprüft,
> jene aber hast du wie ein strenger Herrscher verurteilend geprüft."

Israeliten wie Ägypter wurden geprüft.[227] Den Gegensatz bildet die Art, wie Gott ihnen als Prüfender gegenübertritt: den Israeliten ὡς πατὴρ νουθετῶν <—> den Gottlosen ὡς ἀπότομος βασιλεὺς καταδικάζων. In Ψ 80,8 spricht Gott zu Israel davon, daß er es am Haderwasser prüfte (ἐδοκίμασά σε ἐπὶ ὕδατος ἀντιλογίας), an diese Interpretation schließt sich Sap an.

Innerhalb des AT begegnet nirgends die Uminterpretierung wie in V9b, Gott habe die Ägypter durch die Exodusplagen auf die Probe gestellt. Sap sieht die Prüfung aber von vorneherein als verurteilend an. Gott als "strenger Herrscher" wird durch diese Formulierung zum Gegenspieler Pharaos, des Herrschers der Ägypter, und erweist sich mächtiger als dieser. Der entscheidende Gegensatz ist Gottes unterschiedliche Erziehung der Gottlosen und der Gerechten.

4.1.4.5. V11-13: Die Gotteserkenntnis der Ägypter aufgrund der erfahrenen Züchtigungen

V11-13 redet in der 3. Person von den Ägyptern. Sie hatten vom Quellwunder gehört, das für die Israeliten geschehen war. Die beiden Partizipien ἀπόντες καὶ παρόντες in V 11 bezieht man wohl am besten auf die Nähe

---

[226] Die LXX verwendet hier ἐκπειράζειν; s.a. Ψ 77,18; Dtn 8,2.16.
[227] Sap verwendet die Synonyme δοκιμάζειν und ζητεῖν.

der Ägypter zu den Israeliten.[228] Als die Israeliten noch in Ägypten waren, wurden die Ägypter durch die Nilplage zugrunde gerichtet, als sie Ägypten verlassen hatten, traf sie die Vernichtung, die V12 und 13 beschreiben. So wie den Israeliten aus dem Vergleich des eigenen Durstes mit dem der Ägypter die Züchtigung und Bestrafung ihrer Gegner zu Bewußtsein kam, gelangen die Ägypter zur Gotteserkenntnis, als sie davon hören, daß in einer ihrer Strafe vergleichbaren Situation den Israeliten Wohltaten zuteil wurden:

> 11"[Ihnen] fern seiend und [ihnen] nah seiend wurden sie
> gleichermaßen zugrunde gerichtet.
> 12Denn es ergriff sie doppelter Schmerz
> und Seufzen bei der Erinnerung an das Vergangene:
> 13Als sie nämlich hörten, daß durch ihre eigene Strafe
> ihnen [= den anderen] Wohltat widerfuhr, wurden sie des Herrn
> gewahr."

In Abwandlung des Grundsatzes aus V5 ist V13 formuliert.[229] Die Ägypter erinnern sich des eigenen Durstes während der Blutplage und hören nun davon, daß den Israeliten in einer ähnlichen Situation Wohltat zuteil wurde. Das bedeutet doppelten Schmerz für sie: die eigene Züchtigung zu erkennen und von dem Wohlergehen der Gegner zu hören.
Mit diesem doppelten Schmerz ist für sie Gotteserkenntnis verbunden, d.h. sie sehen, daß Gott bei Plage und Wohltat am Werk gewesen ist. In der Erinnerung der Ägypter an die erste Plage sieht Sap erfüllt, was Ex 7,5 bzw. 17 angekündigt hatte und im Buch Ex schon einmal in Ex 14,25 Wirklichkeit geworden war.[230]

In V13b fällt auf, daß Sap das Verbum des Erkennens gegenüber dem Bezugstext verändert. Ex 7,5 und 17 hatten γιγνώσκειν benutzt, ein Verb, das eher rationale Erkenntnis ausdrückt. Beide Verse gehen davon aus, die Gotteserkenntnis bzw. die Erkenntnis, daß <u>Gott</u> der κύριος sei, erfolge aufgrund der von ihm gewirkten Zeichen. Somit wäre von den Ägyptern also eine Schlußfolgerung erwartet. In V13b verwendet Sap das Verb αἰσθάνεσθαι, das eine sinnliche Wahrnehmung ausdrückt.[231] Das steht in Konsequenz der Gegenüberstellung zum Thema Durst: Aus dem leiblich-sinnlichen Bedürfnis Durst folgt eine sinnliche Wahrnehmung Gottes.

---

[228] Vgl. P.HEINISCH, Das Buch der Weisheit, S.219-222.
[229] Vgl. D.GEORGI, Weisheit Salomos, S.442, Anm. V13b.
[230] Ex 7,5: καὶ γνώσονται πάντες οἱ Αἰγύπτιοι ὅτι ἐγώ εἰμι κύριος ἐκτείνων τὴν χεῖρα ἐπ' Αἴγυπτον... Ex 7,17: Mose erhält den Auftrag, vor Pharao zu treten und zu ihm zu sagen: Ἐν τούτῳ γνώσῃ ὅτι ἐγώ κύριος... Ex 14,25: καὶ εἶπαν οἱ Αἰγύπτιοι Φύγωμεν ἀπὸ προσώπου Ἰσραήλ· ὁ γὰρ κύριος πολεμεῖ περὶ αὐτοὺς τοὺς Αἰγυπτίους.
[231] Vgl. W.GEMOLL, Schul- und Handwörterbuch, S.20. Im Übertragenen Sinn kann αἰσθάνεσθαι auch eine geistige Wahrnehmung ausdrücken, die einer Beobachtung entspringt.

4.1.5. *V14: Rahmung und Rückbezug zur eigentlichen Gegenüberstellung*

Aus dem Erkenntnisprozeß der Ägypter resultiert auch eine andere Einschätzung der Person des Mose:

> 14"Denn den in einer Kindsaussetzung einst Verstoßenen und
> Verworfenen verlachten sie,
> bewunderten ihn letzten Endes,
> als sie keineswegs in gleicher Weise wie die Gerechten
> dürsteten."

In V14a bezieht sich Sap auf den Befehl Pharaos, die männlichen Nachkommen der Israeliten in den Nil zu werfen (Ex 1,22, dort wird auch das Verb ῥίπτειν verwendet) und die sich daran anschließende Aussetzung des Mose (Ex 2,3).
Es bleibt unklar, ob Sap einen Bezugstext im Blick hat, wenn sie davon spricht, die Ägypter hätten Mose verlacht bzw. verspottet. Dieser Sachverhalt wird innerhalb des AT nirgends überliefert. Möglicherweise ist das "Verlachen" eine Interpretation der Weigerung des Pharao, das Volk ziehen zu lassen, als Mose zu ersten Mal forderte, Pharao solle das Volk zur Anbetung drei Tagesreisen weit in die Wüste ziehen lassen. Vielleicht interpretiert Sap auch die fortgesetzte Verstockung des Pharao als ein Nicht-Ernstnehmen Moses. V14b spricht von einer letztendlichen Bewunderung Moses. Hier dürfte Ex 11,3 im Hintergrund stehen: Gott hatte dem Volk Gunst bei den Ägyptern verschafft und Mose war ein sehr angesehener Mann bei den Ägyptern, bei Pharao und bei allen seinen Dienern.[232]

Den Bezug zu Mose im Zusammenhang mit der Plage durch in Blut verwandeltes Wasser kann man am besten durch Saps assoziative Verknüpfung zum Thema "Nil" erklären: In Ex 7 wird ausdrücklich die Verwandlung des Nil-Wassers erwähnt; nach Ex 2,1-10 wurde Mose im Nil ausgesetzt und aus ihm von der Tochter Pharaos gerettet. Sap hat diese Stellen über das Stichwort "Nil" miteinander verbunden. Die Tatsache, daß Mose zum Sohn der Tochter Pharaos wurde (Ex 2,10), steht möglicherweise hinter der letztendlichen "Bewunderung" seitens der Ägypter in V14b. Doch kann dies nicht schlüssig geklärt werden.

Zusammen mit V1 rahmt V14 die erste Gegenüberstellung durch die Erwähnung Moses. Der Vers bezieht sich auch zurück auf V7a, wo der Tötungsbeschluß als Begründung für die Plage durch in Blut verwandeltes Wasser dient. Und der Vers bezieht sich durch Versteil c auch auf den Durst als der Gegenüberstellung übergeordnetes Thema.

---

[232] So LXX anders als MT.

4.1.6. Die Methode der Textauslegung in der ersten Gegenüberstellung

Sap führt die erste Gegenüberstellung von einem von ihr selbst genannten Grundsatz aus durch: Was den einen zur Strafe wird, wird den anderen zur Wohltat (V5).
Vom Hintergrund dieses Grundsatzes aus geschieht dann die Textaufnahme und -interpretation. Die Textaufnahme ist *selektiv* : Sap reduziert Ereignisse auf Begriffe und Fakten, aus deren Zusammenschau jedoch ein eindeutiger Textbezug hervorgeht. Z.B. ist in V2-4 der Bezug auf die Situation von Ex 16-17 gut zu erkennen. V4 spielt dann durch drei Verben auf die Geschichte von Wasserquellwunder bei Massa und Meriba an: "sie dürsteten - sie riefen dich an - es wurde ihnen Wasser gegeben". In V6 genügt es, den "durch geronnenes Blut durcheinandergerüttelten Fluß" zu nennen, um eindeutig auf die erste Exodusplage anzuspielen.

Die Anspielungen erfüllen dabei zwei Aufgaben: Sie rufen den Bezugstext bei den LeserInnen in Erinnerung und transportieren gleichzeitig Saps Interpretation. D.h., sie rufen den Text in der von Sap intendierten Art in Erinnerung. Die *interpretierende* Textaufnahme wird außer durch Selektion im wesentlichen durch zwei Methoden erreicht: Sap spielt an auf die Bezugstexte unter *Weglassen* wesentlicher Motive dieser Texte:
- das Murren Israels gegen Mose, das als Auflehnung verstanden wird, wird weggelassen;
- Moses Mittlerschaft wird nicht erwähnt; seine Person ist fast völlig ausgeblendet;
- die Intention des Bezugstextes wird durch das Verschweigen der Ätiologie weggelassen;[233]
- alle näheren Umstände, unter denen es zur ersten Exodusplage kam, werden weggelassen.

Sap erreicht eine interpretierende Textaufnahme weiterhin durch *Kombination* der Bezugstexte mit anderen Texten. Im Rahmen der ersten Gegenüberstellung gilt das vor allem für die Aufnahme des Wasserquellwunders. Die Kombination mit anderen Texten geschieht nicht zufällig oder willkürlich. Aus Abschnitten der Psalmen und dem Buch Dtn, die ebenfalls die Zeit der Wüstenwanderung und das Wasserquellwunder thematisieren, fließen Formulierungen und vorgeprägte Interpretationen ein. Die Kombination des Ex-Textes mit anderen Texten ist geleitet vom Interesse Saps: Sie will dessen Verständnis als Geschichte einer Wohltat und einer erzieherischen Maßnahme Gottes zur Geltung bringen.
Zum Bereich der Kombination von Texten ist auch die Begründung der Blutplage durch den Kindermordbeschluß Pharaos zu rechnen. Ein historisches Ereignis, das so nicht die direkte Begründung für die Plage ist, wird

---

[233] Im Fortgang von Sap 11,1-14 wird die Ätiologie dann uminterpretiert; dazu s.u.

von Sap zu einer solchen gemacht. Die Plage geschieht aufgrund eines konkreten Vergehens der Ägypter. Hier kommt der erst in 11,16 genannte Grundsatz Saps zum Tragen, daß Plage immer Strafe für Sünde ist: "Wodurch man sündigt, dadurch wird man bestraft." Die Ägypter hatten gesündigt, weil sie aufgrund des Tötungsbeschlusses die Kinder der Israeliten in den Nil geworfen hatten; deshalb wurden sie mit der Verwandlung des Nil-Wassers in Blut bestraft.

Auch die Kontrastierung von ursprünglich nicht eng zusammengehörigen oder einander kontrastierenden Texten ist zur Kombination verschiedener Texte zu rechnen. Sap entnimmt die Texte ihrem jeweiligen Kontext, entkleidet sie ihrer ursprünglichen Aussageabsicht und stellt sie in den Dienst der Gegenüberstellung. Die Absicht, zwei ursprünglich nicht zusammengehörende Texte einander gegenüberzustellen, wirkt natürlich zurück auf die Art der Rezeption: Die Texte werden so aufgenommen, daß sie kontrastiert werden können.

Die Gegenüberstellung geschieht in pädagogischer Absicht. Mehrfach läßt Sap erkennen, daß die Züchtigung der Gottlosen und die Wohltat an den Gerechten zu deren jeweiliger Erziehung geschehen ist.[234] Sieht man Saps protreptische Absicht, wird durch diese pädagogisierenden Formulierungen den LeserInnen nahegebracht, sich der richtigen Seite, nämlich der der Gerechten zuzuwenden. Auch die *Pädagogisierung* wird erreicht durch Weglassung bestimmter Motive und Kombination von Texten. Z.B. erscheint das Volk Israel durch das Verschweigen der Auflehnung makellos. Dem Buch Dtn entnimmt Sap das Verständnis der Wüstenzeit als Zeit der Versuchung Gottes (V9) und unterstreicht damit die erzieherische Absicht Gottes beim Wüstenquellwunder. Gleichzeitig kommt es damit aber zu einer *Uminterpretierung* der Aussageabsicht von Ex 17,1-7: Nicht Israel hat Gott, sondern Gott hat Israel versucht.

Im Duktus der ersten Gegenüberstellung kann man die assoziative Vorgehensweise Saps erkennen, um Texte mit Hilfe von Stichworten miteinander in Verbindung zu bringen bzw. einander gegenüberzustellen. Es seien nur die Stichworte Durst (Kontrast: Durst durch in Blut verwandeltes Wasser <—> unverhoffte Wassergabe gegen den Durst), (Nil-)Wasser (Quellwunder; Verwandlung des Nilwassers in Blut; Kindsaussetzung Moses auf dem (Nil-) Wasser), Stab (entscheidendes Utensil Moses bei der Amalekiterschlacht (vgl. V3), bei der Verwandlung des Wassers in Blut, beim Wasserquellwunder), Herrscher (Gott als Herrscher über den Fluß, Gott als Herrscher ist mächtiger als Pharao) genannt. Aus der Kombina-

---

[234] Darin sehe ich auch einen Einwand gegen das Modell der Synkrisis. Diese hat zwar auch pädagogische Absicht, will aber die Einsicht in die Ü b e r l e g e n h e i t des einen Teils vermitteln und nicht die Einsicht in ein übergeordnetes erzieherisches Handeln einer Person zum Wohl und Wehe verschiedener Personengruppen.

tion dieser Assoziationen ergibt sich das Bild der ersten Gegenüberstellung: Gottes strafendes Handeln an den Ägyptern und seine Wohltat an den Israeliten.

4.2. Sap 11,15 - 16,4: Plage durch eklige Tiere <—> Wohltat durch die Nahrungsgabe der Wachteln

4.2.0.1. Der Aufbau der zweiten Gegenüberstellung

Anders als bei der ersten Gegenüberstellung geht der zweiten keine einleitende Passage zur Hinlenkung auf einen eindeutig identifizierbaren Bezugstext voran. In 11,15 beginnt sofort der erste (negative) Teil der Gegenüberstellung. Der Bezugstext kann aus diesem Vers selbst erschlossen werden; er wird in den Reflexionsteilen näher eingegrenzt.

Die zweite Gegenüberstellung ist die umfangreichste der sieben Gegenüberstellungen. Das liegt an der Besonderheit, daß zwischen den negativen (11,15.[16]) und den positiven Teil der Gegenüberstellung (16,[1].2) ein zweiteiliger Exkurs (11,16 - 12,27 und 13,1 - 16,1) eingearbeitet ist. Beide Teile haben ihren Aufhänger und Bezugspunkt in 11,15, beide wollen die Torheit jeglicher Götzenverehrung aufzeigen, seien die Götzen nun Tiere oder von Menschen selbstverfertigte Götzenbilder.

Ausgehend von der Tierverehrung und der dadurch begründeten Tierplage betreibt Sap eine längere Polemik gegen Tierverehrung und Götzendienst. Wo besser hätte sie ihren Platz gehabt als hier in der zweiten Gegenüberstellung, die die Tierverehrung der Ägypter als negativen Teil der Gegenüberstellung erwähnt.

11,15 spricht von der törichten Verehrung von Schlangen und Tieren durch die Gottlosen; zur Strafe für diese Tierverehrung schickte Gott ihnen eine Fülle vernunftloser Tiere. Daran knüpft der erste Exkursteil 11,16 - 12,27 an. Sap denkt darüber nach, welche Möglichkeiten Gott gehabt hätte, die Ägypter durch Tiere oder andere Maßnahmen zu strafen bzw. Erbarmen zu üben. Die angesprochene Tierplage und die potentiellen Strafen durch andere Tiere sieht Sap im Zusammenhang mit Gottes Schöpfungshandeln (11,17.18). Gerade der Abschnitt 11,17-22 wirkt beim ersten Lesen wie eine indirekte Begründung dafür, warum Gott die Gottlosen mit "niederen" Lebewesen bestrafte, wo er doch die Möglichkeit gehabt hätte, neue, furchterregende Tiere zu erschaffen. "Wodurch man sündigt, dadurch wird man bestraft" (11,16), dieser Grundsatz gilt, auch wenn Gott andere Möglichkeiten gehabt hätte. Neben diesen Überlegungen und Aussagen über Gottes Gerechtigkeit nehmen Gedanken über sein erzieherisches Handeln durch diese Strafen den breitesten Raum ein (11,23 - 12,2;12,10.15.19-27). In diesen Abschnitten bezieht sich Sap direkt auf die zweite Gegenüberstellung. Plage und Wohltat geschahen aus einer besonderen erzieherischen Absicht Gottes heraus.

Sap beurteilt und bewertet den Zweck des Handelns Gottes. Damit wirken diese Abschnitte auch zurück auf die eigentliche Gegenüberstellung. In einem Exkurs werde ich auf die Pädagogisierung im Rahmen der zweiten Gegenüberstellung eingehen.

Der zweite Exkursteil Sap 13,1 - 16,1 knüpft an die in V15 beschriebene Tierverehrung an. Er beschäftigt sich mit dem Götzendienst im allgemeinen und mit dem der Ägypter im speziellen. Außer durch die Anknüpfung in 11,15 ergibt sich - anders als in ersten Exkursteil - keine direkte Bezugnahme zur zweiten Gegenüberstellung. In der Götzendienstpolemik 13,10ff zeigt Sap deutliche Nähe zu ähnlichen Passagen innerhalb des AT, z.B. zu Jes 44,9-20; Jer 10,3-16; Ψ 113,12-16.[235] Auch hier betreibt Sap die Aufnahme von Bezugstexten in Anspielungen, verwoben mit ihrer eigenen Interpretation: Sie bringt die Texte der Götzenpolemik in ihrer Situation ihrer Intention entsprechend in Erinnerung.

Im Duktus von Sap 11-19 können beide Exkursteile als Teil der zweiten Gegenüberstellung angesehen werden. Außer in den pädagogisierenden Abschnitten des ersten Exkursteiles nehmen sie jedoch nirgends Bezug zu der eigentlichen Gegenüberstellung. Anders als die Reflexionsteile der anderen Gegenüberstellungen trifft Sap hier keine konkret auf die Gegenüberstellung bezogene oder verallgemeinernd aus ihr gezogene Schlußfolgerungen.

Anders als bei 11,1-14 kommt Sap hier gleich "zur Sache", d.h. sie beginnt ohne Einleitung oder Vorspann sofort mit der eigentlichen Gegenüberstellung. Eine Einengung auf eindeutig eine bestimmte Exodusplage nimmt Sap erst im reflexiven Teil 16,3 vor. Der Bezugstext der Wohltat ist dem positiven Teil der Gegenüberstellung unmittelbar zu entnehmen. Somit ergibt sich für die zweite Gegenüberstellung folgender Aufbau:
- Die eigentliche Gegenüberstellung bilden 11,15 und 16,2. Die Gegenüberstellung ist gekennzeichnet durch das adversative ἀντί in 16,2.
- 11,16 und 16,1 sind zwei Schaltverse, die beide der Überleitung zwischen den Exkursteilen und der Gegenüberstellung dienen.
- 16,3 ist eine konkret auf Plage und Wohltat bezogene Reflexion. Ähnlich wie 11,8 führt dieser Vers das Thema ein, unter dem Sap die Gegenüberstellung betreibt.
- 16,4 ist eine allgemeine, verallgemeinernde Reflexion zu Plage und Wohltat.

---

[235] Insgesamt läßt sich sagen, daß Sap in einigen Passagen des Exkurses auf bereits vorbereitetes Material zurückgreift, so z.B. Hymnen, Diatribenfragmente, Traktatfragmente; Näheres s. D.GEORGI, Weisheit Salomos, S.440-457 in den Anmerkungen passim.

4.2.1. Die eigentliche Gegenüberstellung: 11,15.[16] und 16,[1].2

4.2.1.1. V15: Die Plage an den Ägyptern durch vernunftlose Tiere
Der Vers 11,15 bildet den negativen Teil der Gegenüberstellung:

> 15"Entsprechend ihren Gedanken ohne Verstand und voll Ungerechtigkeit
> in denen sie verwirrt anbeteten vernunftlose Schlangen und armselige Biester,
> schicktest du ihnen eine Fülle von vernunftlosen Lebewesen zur Rache,..."

In V15c bezieht sich Sap auf die Froschplage Ex 7,26- 8,11. Zunächst kann man aber unter ζῷα ἄλογα auch alle anderen Tiere verstehen, die als Plage gegen Ägypten entsandt wurden. Erst der Hinweis auf den häßlichen Anblick der Tiere in 16,3b macht die Froschplage als Bezugstext deutlich.[236]

Die Plage ist in V15c reduziert auf das bloße Ereignis. Aus Ex 7-8 werden keine Details übernommen, wodurch eine genaue Identifizierung des Bezugstextes zunächst nicht möglich ist.
Sap entnimmt die Plage ihrem Begründungszusammenhang in Ex. Dort hatte sich der Pharao die Plage durch in Blut verwandeltes Wasser nicht zu Herzen genommen. Deshalb wird Mose erneut zu ihm geschickt, um ihm die Froschplage anzudrohen. Das verstockte Herz des Pharao war also der Grund für die erneute Plage.
V15a.b nennen dafür einen anderen Grund: Gott schickte ihnen die Frösche als Rache für die Anbetung von Schlangen und armseligen Biestern, eine Folge der Verstandes- und Vernunftlosigkeit der Ägypter.[237] Möglicherweise assoziierten die zeitgenössischen LeserInnen Saps nach der Erwähnung der Tierverehrung in V15a.b sofort die Froschplage als Rache in V15c.
Ein Begründungszusammenhang zwischen Tierverehrung und Bestrafung durch Frösche ist inneralttestamentlich nicht gegeben. Die Tier- und hier speziell die Schlangenverehrung - die Schlange war im zeitgenössischen Ägypten ein mannigfach vorkommendes Symbol der Verehrung: als Begleitsymbol der Götter und Göttinnen (v.a. Isis), als Uräusschlangen auf den Kronen der verehrten Regenten u.a.m. - wird hier zum Grund der Be-

---
[236] Zur Entsendung der Tiere vgl. auch Ψ 77,45; Bremsen und Frösche werden zur Vernichtung der Ägypter entsandt. V45 verwendet wie Sap 11,15 ἐξαποστέλλειν. Auch in Ψ 77 ist die Plage auf das bloße "Daß" reduziert, es werden keine Einzelheiten erwähnt. Eine Begründung der Plagen liefert Ψ 77 nicht.
[237] Die angesprochene Tierverehrung ist so atl. nicht belegt. Sap trägt hier ihre eigene Erfahrung aus ihrer Umwelt ein. Zur Schlangenverehrung s. die übernächste Anmerkung. "Armselige Biester" zielt wohl auf die ganze Bandbreite der in Ägypten (als oder in Begleitung einer Gottheit) verehrten Tiere (Stier, Falke, Katze, Hund/Schakal, aber auch Krokodile, Eidechsen, Frösche, Käfer, Fliegen u.a.; s. A.SCHMITT, Das Buch der Weisheit, S.105), und hat anders als die Schlangenverehrung nicht spezielle Tierarten im Blick.

strafung durch die Froschplage. Damit ist eine eindeutig *religionspolemische Absicht* Saps zu erkennen.[238]
V15a.b scheinen für Saps LeserInnen jedoch genügt zu haben, deren Assoziationen der in die gewünschte Richtung zu lenken: Die Plage wird zur Strafe für konkrete Sünden der Ägypter. Sie ist nicht Gottes Entgegnung auf Pharaos Weigerung, das Volk ziehen zu lassen und auch nicht Folge seines verhärteten Herzens den Israeliten gegenüber. Sap *rationalisiert* die Ursache der Plage durch die Religionspraxis der Ägypter, gibt ihr eine "vernünftige" Erklärung. Die Religionspraxis nennt Sap Verirrung (πλα-νηθέντες) und aus der Anbetung vernunftloser Schlangen (ἄλογα ἑρπετά) folgt die Bestrafung durch vernunftlose Lebewesen (ἄλογα ζῷα).[239]

4.2.1.2. V16: Begründung für die Tierplage, Pädagogisierung, hermeneutischer Grundsatz für die Gegenüberstellungen und Schaltvers

11,16 liefert für diese Bestrafung den theoretischen Hintergrund. Im direkten Anschluß an V15 formuliert Sap:

> 16"...damit sie erkennten: Wodurch man sündigt, dadurch wird man bestraft."

Die Plage ist für Sap direkte Folge der ägyptischen Tierverehrung. Als Begründungssatz hat dieser Vers doppelte Funktion auf zwei verschiedenen Ebenen: Das ἵνα führt zum einen die Begründung für den negativen Teil der zweiten Gegenüberstellung an: Die Sünde der Verehrung von Tieren wird auch durch Tiere bestraft.

Zum anderen ist V16 neben V5 ein weiterer, von Sap selbst genannter hermeneutischer Grundsatz, unter den sie jeweils die negativen Teile der Gegenüberstellungen stellt. 11,16 ist möglicherweise eine Weiterentwicklung des weisheitlich-rechtlichen Tun-Ergehen-Zusammenhangs. Die κόλασις der Ägypter wird mit Hilfe dieses Grundsatzes jeweils auf konkrete Vergehen zurückgeführt.

In V16 tritt wieder eine pädagogisierende Interpretation der Ereignisse zutage. Auf die Verehrung vernunftloser Tiere folgt die Bestrafung durch

---
[238] ἑρπετόν ist im eigentlichen Sinn das Kriechtier, erst im speziellen die Schlange, vgl. LIDDELL/SCOTT, Greek-English Lexicon, S.691: "...II. *creeping thing, reptile,* esp. *snake,...*" Die Schlange war eine Begleiterin vieler Gottheiten, z.B. auch der Isis. Osiris und Isis werden gelegentlich als Schlangen dargestellt (G.ROEDER, Art. Isis, Sp.2097 u. 2124). Die Schlange war das Hieroglyphen-Symbol für die Göttin. Sie ist Zeichen für Weisheit, Erdverbundenheit, Fruchtbarkeit, in den Asklepiaden auch für die iatrische Kunst. Eine *mögliche* Assoziationskette "Schlangen - Frösche" war vielleicht die Erdverbundenheit (s. dazu Sap 19,19)?
[239] P.HEINISCH, Das Buch der Weisheit, S.224-225, sieht in V15 die Folgerung, daß aus der Verehrung von Kriechtieren (ἑρπετά) die Züchtigung durch Kriechtiere folgt.

vernunftlose Tiere, "damit sie erkennten..." (ἵνα γνῶσιν...). Die Ägypter sollten erkennen, daß ihre Züchtigung durch Tiere direkte Folge ihrer Tierverehrung war. Den LeserInnen sind durch die Art der Anspielungen in V15 nur allgemein die Tierplagen aus Ex 7-10 assoziativ gegenwärtig. Noch bevor durch 16,3 die Beziehung speziell auf die Froschplage gelenkt wird, wird den LeserInnen vor Augen gestellt: Egal, welche Tierplage auch gemeint ist - sie geschah aus Rache für die Tierverehrung der Ägypter.

V16 ist ein weiterer Schaltvers, der sowohl trennende als auch verbindende Funktion hat. V16 verbindet die eigentliche Gegenüberstellung mit dem Exkursteil 11,16 - 16,1. Als Teil der zweiten Gegenüberstellung formuliert er das theoretisch, was V15 als gängige Religionspraxis in Ägypten voraussetzt. Gleichzeitig ist V16 auch der Auftakt zu ersten Exkursteil 11,16 - 12,27 und die Überleitung zur Auflistung der weiteren Möglichkeiten die Gott gehabt hätte, die Ägypter mit Tieren zu strafen. Da die Einengung der Züchtigung auf die Froschplage noch nicht vollzogen ist, führt Sap in 11,17-18 eine Reihe anderer Tiere auf, durch die Gott die Ägypter hätte vernichten können (Bären, Löwen, neuerschaffene, unbekannte Tiere, feuerspeiende Drachen).

Gerade im ersten Exkursteil kehrt das Thema "Wodurch man sündigt, dadurch wird man bestraft" an einigen Stellen wieder (z.B. 12,23ff). Die Sündhaftigkeit der ägyptischen Tierverehrung wird immer wieder aufgezeigt. 11,16 weist im Rahmen des ersten Exkurses voraus auf diese Passagen. Verknüpft durch 11,16 ist der Exkurs zunächst einmal ein assoziativer Einschub zur in V15 angesprochenen Tierverehrung und -plage.

4.2.1.3. Sap 16,1: Schaltvers zurück zur zweiten Gegenüberstellung

Am Ende des zweiten Exkursteiles kehrt Sap in 15,18-19 zum Thema Tierverehrung zurück. In 11,15 hatte die Entfaltung dieses Themas ihren Ausgang genommen. 16,1 - wiederum ein Schaltvers - schließt nun den Kreis und spricht erneut die zurecht erfolgte Züchtigung durch Tiere an:

> 16,1 "Aus diesem Grund wurden sie durch ähnliche [Wesen][240]
> zurecht gezüchtigt
> und durch eine Fülle von Biestern wurden sie gequält."

---

[240] Bezug zu der in den Exkursteilen angesprochenen Tierverehrung.

11,15 wird durch 16,1 aufgrund der in den Exkursteilen gemachten Ausführungen zum Thema Tierverehrung bestätigt: Die Züchtigung geschieht ἀξίως, ihr Grund liegt im konkreten Fehlverhalten.[241]
Auch das πλῆθος κνωδάλων in V1b bringt noch keine Einengung auf eine bestimmte Exodusplage. Für jede Tierplage gilt, daß die Tiere in Massen auftreten.[242] In den Assoziationen der LeserInnen kommt also noch jede Tierplage und kommen noch alle Tierplagen als Strafe für die Tierverehrung in Frage. Sap selbst gibt durch δι' ὁμοίων jedoch zu erkennen, wie sie konkretes Vergehen und Bestrafung aufeinander bezogen sieht: Beide sind vermittelt durch die Ähnlichkeit (vgl. V16). Leider gibt sie nicht an, welche Ähnlichkeit sie meint, die im Aussehen, die der Vernunftbegabtheit (V15b.c) oder die aufgrund anderer Kriterien.
Die Plage ist von Sap wie die in der ersten Gegenüberstellung als Züchtigung verstanden (V1a: κολάζειν), V2a bringt dann das kontrastierende εὐεργετεῖν.

4.2.1.4. V2: Die Wohltat an den Israeliten durch Wachteln

In 16,2 folgt der positive Teil der Gegenüberstellung. Der Gegensatz wird eingeleitet durch ἀνθ' ἧς κολάσεως... Sap bezieht sich hier durch den Singular κολάσεως direkt zurück auf den negativen Teil der Gegenüberstellung in 11,15 und nicht auf die in den Exkursen angesprochenen Züchtigungen.[243]
...εὐεργετήσας τὸν λαόν σου führt den Kontrast ein und verweist wie eine Überschrift auf die nun folgende Wohltat Gottes an seinem Volk:

2"Anstelle dieser Züchtigungen bereitetest du deinem Volk
    Wohltaten,
zur Stillung des großen Hungers[244] eine fremde Speise,
Wachteln brachtest du als Nahrung dar,..."

---

[241] An anderen Stellen, an denen Sap behauptet, die Ägypter seien der Strafe würdig (ἄξιος; vgl. 1,16; 15,6; 16,9; 18,4; 19,4) folgert sie die "Würdigkeit" aus dem gottlos-sündigen Wesen der Ägypter.
[242] Ex 7,28: der Nil wird Frösche ausspeien; Ex 8,13: im ganzen Land Ägypten wurde der Staub zu Mücken; Ex 8,20: eine Fülle (πλῆθος) von Bremsen kam über das Land Ägypten; Ex 10,14: es kam eine riesige Menge (πολλὴ σφόδρα) Heuschrecken über das Land Ägypten, wie es sie vorher und nachher nie gegeben hat und geben wird.
[243] In D.GEORGIs Übersetzung (Weisheit Salomos, S.457) "...anstelle von Strafen..." wird dieser Rückbezug durch den Plural verdeckt. Es geht hier aber wirklich um den Kontrast zu 11,15.
[244] A.SCHMITT, Das Buch der Weisheit, S.120 (mit der Einheitsübersetzung): "...ihrem heftigen Verlangen...Nahrung gegeben." D.GEORGI, Weisheit Salomos, S.458: "Zur Befriedigung des Hungers..." P.HEINISCH, Das Buch der Weisheit, S.299: "...bereitetest ihnen für ihr heftiges Verlangen...Nahrung." H.HÜBNER, Wörterbuch, S.17*, liegt mit HEINISCH falsch in seiner Einschätzung, die Wendung meine nicht so sehr die Lüsternheit der Israeliten als vielmehr die Heftigkeit ihres Hungers. ἐπιθυμία nimmt ja sehr deutlich Bezug auf Lüsternheit des Volkes nach Fleisch in Num 11 und die dort gegebene Ätiologie der "Lustgräber" (V34) (dazu s.o. im Text). Daß ἐπιθυμία ὀρέξεως aber mehrdeutig ist, zeigt sich schon in den o.g. Übersetzungen;

Gemäß dem Grundsatz 11,5 geschahen Plage wie Wohltat durch dasselbe Medium, nämlich durch Tiere.[245] Sap bezieht sich im positiven Punkt der Gegenüberstellung auf die Speisung der Israeliten durch Wachteln.[246] Nimmt man nur die Speisung durch Wachteln, läßt Sap dabei auf den ersten Blick nicht erkennen, ob sie sich auf Ex 16,1-13 oder auf Num 11,4-35 bezieht. Einzelheiten, die eine genauere Identifizierung des Bezugstextes ermöglichten, läßt Sap weg. Sie erwähnt nur die Tatsache, daß die Israeliten von Gott mit Wachteln gespeist wurden.

4.2.1.5. Die Tilgung des "Murrens" aus den Bezugstexten

Ex 16,1-13 ist eine Murrgeschichte. Die Israeliten murren gegen Mose und Aaron und sehnen sich zurück nach den Fleischtöpfen Ägyptens. Sie werfen Mose und Aaron vor, sie hätten sie in die Wüste geführt, um sie vor Hunger (ἐν λιμῷ, Ex 16,3) sterben zu lassen.

ὄρεξις in V2a kann nicht als Synonym zu λιμός aus Ex 16 aufgefaßt werden. Seine Bedeutung geht eher in Richtung "Verlangen, Begierde".[247] Die oben angeführte Übersetzung kann somit mißverständlich sein, wenn man "Hunger" nicht in der gesamten Bandbreite seiner Bedeutungsmöglichkeiten versteht.

In Num 11,4-35 befällt die Israeliten ausgelöst durch das "mit ihnen vermischte Volk" (Num 11,4) eine Lust (ἐπεθύμησαν ἐπιθυμίαν), sie klagen und fragen: "Wer verschafft uns Fleisch zu essen?" (Num 11,4), und sie fürchten zu verschmachten (V6). Nachdem die Israeliten Wachteln zu essen bekommen haben (V31-32), wird in V34 der Name für die Stätte dieses Ereignisses genannt: Μνήματα τῆς ἐπιθυμίας, ὅτι ἐκεῖ ἔθαψαν τὸν λαὸν τὸν ἐπιθυμητήν.

Das Wort ἐπιθυμία nimmt Sap aus Num 11 auf, wenn sie die Wachtelgabe εἰς ἐπιθυμίαν ὀρέξεως geschehen sein läßt. Sie gibt also einen indirekten Hin-

---

diese Mehrdeutigkeit ist im Deutschen schwer wiederzugeben. "Hunger" hat ansatzweise diese Polyvalenz, da das Wort manchmal auch Gier und Lüsternheit ausdrücken kann.
Mit dem o.g. Urteil ist bei HEINISCH auch eine andere Eingrenzung des Bezugstextes verbunden (aaO. S.302): "Auch war die Wachtelspende Nm 11 keine Wohltat für das ganze Volk..., sondern nur für die frommen Israeliten; den anderen gereichte sie zum Verderben (Nm 11,33.34), und der Autor hatte keinen Grund, gerade dieses Ereignis mit der Züchtigung der Ägypter durch Frösche zu vergleichen. Die Wendung εἰς ἐπιθυμίαν ὀρέξεως dürfte daher nicht so sehr die Lüsternheit der Israeliten, sondern die Heftigkeit des Hungers hervorheben, den sie empfanden, als sie einige Zeit ohne Nahrung hatten zubringen müssen;..." HEINISCH favorisiert Ex 16 als den Bezugstext. M.E. verweist gerade ἐπιθυμία auf Num 11. Das Verderben des Volkes ist dabei kein Widerspruch. Sap idealisiert oft genug das Geschick und Verhalten des Volkes.
[245] Die Kennzeichnung der gewährten Nahrung als ξένη γεῦσις (vgl. die Übersetzung D.GEORGIs, Weisheit Salomos, S.458: "exotische Speise") muß auch im Licht der Möglichkeit Gottes gesehen werden, die Gottlosen mit neuerschaffenen, unbekannten Tieren zu strafen (Sap 11, 18). Die fremdartige Speise erscheint fast als unbekannte Tierart und versehen mit dem Aspekt der Neuschöpfung; zum letzteren vgl. Sap 19,11.
[246] ὀρτυγομήτρα auch in Ψ 104,40: ᾔτησαν, καὶ ἦλθεν ὀρτυγομήτρα.
[247] W. GEMOLL, Schul- und Handwörterbuch, S.549; vgl. ὀρέγειν, recken, sich strecken nach etwas, verlangen, begehren.

weis, auf welchen Bezugstext sie anspielen will. Gleichzeitig interpretiert sie aber die Bedeutung von ἐπιθυμία um, denn es hat nicht mehr die eindeutig negative Bedeutung wie in Num 11, sondern ist neutral.[248]

Num 11 ist nun keine Murrgeschichte im strengen Sinn, der MT verwendet nicht das Verb לון. Dennoch ist die Geschichte ein Beispiel für die Auflehnung des Volkes in der Wüste. Die "Lust" der Israeliten ist eindeutig negativ verstanden, wie V4 und 34 zeigen. Gott wird zornig über diese Lüsternheit des Volkes (V10) und Mose ist nicht länger bereit, die Bürde der Führerschaft auf sich zu nehmen (V11ff). In Entsprechung zu den Murrgeschichten nach dem Sinaiereignis wird das Volk für seine Auflehnung bestraft (V33: der Herr schlug das Volk mit einer sehr großen Plage).

Sap *verschweigt* in der Anspielung die Auflehnung des Volkes und seine Bestrafung. Israel erscheint untadelig. Die eindeutig negative Kennzeichnung der ἐπιθυμία aus Num 11,4.34 vollzieht Sap nicht nach. Der "große Hunger" (V2b) erscheint nicht als Lüsternheit, sondern als natürlicher Hunger auf Nahrung, der von Gott durch die Wachteln gestillt wurde. Die Auflehnung des Volkes wird getilgt; Sap nimmt allein Bezug auf die Wohltat durch die Wachtelspeisung.

Ebensowenig erkennt man bei der Kennzeichnung der Wachteln als "fremdartige Speise" und "Nahrung" (ξένη γεῦσις; τροφή) etwas davon, daß den Israeliten diese Speise nach Gottes Willen noch zum Halse heraushängen und ihnen zum Ekel werden sollte (Num 11,19-20). Sap betont nicht das Wunderbare der Wachtelspeisung, sondern ihre Fremdartigkeit. Und wenn Sap hier schon zum zweiten Mal nach 11,4 eine Murr-Geschichte in eine Geschichte der Wohltat *uminterpretiert*, ist es nur zu verständlich, daß sie auch den Unwillen des Volkes über die dauernde Wachtelspeise verschweigt. Auch er hätte als "Verfehlung" nicht in das entworfene Idealbild des Volkes Israel gepaßt.

4.2.2. Die beiden Reflexionsteile Sap 16,3 und 4

4.2.2.1. V3: Reflexion mit direktem Bezug zur zweiten Gegenüberstellung

In 16,2 führt Sap den übergeordneten Vergleichspunkt der zweiten Gegenüberstellung ein: ὄρεξις = Hunger. So wie die erste Gegenüberstellung unter dem Thema Durst stand, steht die zweite unter dem Thema Hunger. Es liegt nahe, Num 11,4-34 diesem Thema zuzuordnen, wenngleich auch die Betonung dort eher auf der Lüsternheit liegt. Die Uminterpretierung des Bezugstextes durch Sap in diesem Punkt habe ich oben schon angesprochen.

---

[248] Anders die Wendung der Bedeutung von ἐπιθυμία ins Positive in Sap 16,21 unter Bezug auf dieselbe Textstelle.

Daß die Froschplage bei den Ägyptern Hunger hervorrief, folgert Sap aus den in Ex 7,26 - 8,11 geschilderten Umständen. Nach Ex 7,28 sollten die Frösche in Pharaos Häuser, in sein Schlafgemach und sein Lager, aber auch in die Häuser seiner Diener und seines Volkes, in seine (Brot-)Teige und in seine Backöfen kommen. In 16,3a-c reflektiert Sap darüber, was das für die Ägypter bedeutet: Sie verlangen zwar nach Nahrung (ἐπιθυμοῦντες τροφήν), verweigern aber aufgrund des ekligen Anblicks der gegen sie entsandten Tiere den notwendigen Hunger (auch hier in V3c wieder ὄρεξις):

> 3"Damit jene, zwar Nahrung verlangend,
> jedoch durch den häßlichen Anblick der gegen sie entsandten
> [Lebewesen]
> auch den notwendigen Hunger verabscheuten,
> diese aber, nur für kurze Zeit Mangel gelitten habend,
> dann einer fremden Speise teilhaftig werden sollten."

Da die Frösche überall waren, sogar in den Backstuben, war es den Ägyptern unmöglich, Brot zu backen. Sap folgert daraus, daß sie Hunger litten. Der scheußliche Anblick der Lebewesen engt die Assoziationen der LeserInnen auf die Froschplage ein. In den Bericht von der Froschplage interpretiert sie also Ekel vor den Tieren hinein. In der Textaufnahme von Num 11 hatte sie den Ekel der Israeliten vor den Wachteln weggelassen. Dem häßlichen Anblick der Plagetiere setzt Sap die Fremdartigkeit der Wachteln gegenüber.
Auf die eigentliche Gegenüberstellung zurückübertragen läßt sich aufgrund der weiteren Angaben Saps folgende Denkbewegung für den Kontrast von Züchtigung und Wohltat feststellen:
"Plage durch Tiere ——> Hunger <—> Hunger ——> Wohltat (Speisung) durch Tiere".

In der eigentlichen Gegenüberstellung sind die Bezugstexte Ex 7-8 und Num 11 auf die Speisung durch Wachteln und die Rache durch vernunftlose Lebewesen reduziert. V3 zeigt den Sinn von Plage und Wohltat; mit finalem ἵνα schließt V3 an die eigentliche Gegenüberstellung an: Die Ägypter sollten Hunger leiden und die Israeliten sollten nach kurzer Zeit des Mangels einer fremden Speise teilhaftig werden. Die Bezugstexte werden zu *Beispielerzählungen* für Wohltat und Strafe.
Somit findet bei Sap auch eine *Uminterpretierung* statt: Aus der Auflehnung des Volkes in ihrer Lüsternheit nach Fleisch[249] - die Israeliten sehnen sich zurück nach Fleisch, wie sie es in Ägypten hatten, stellen also Gottes Befreiungstat in Frage - macht Sap eine kurze Mangelerscheinung. Diese wird durch Gott beseitigt.

---

[249] Aus dieser Lüsternheit rührt der Name des Ortes, an dem sich dies ereignete: Μνήματα τῆς ἐπιθυμίας = "Lustgräber", Num 11,34.

Auch wenn in V3 die entsprechenden Vokabeln fehlen, wird doch die Interpretation auf eine erzieherische Absicht Gottes hin im Duktus der Gegenüberstellung deutlich: Die Ägypter verlangen nach Nahrung, aber die gegen sie entsandten Tiere sind so häßlich, daß ihnen der Appetit vergeht. Ihr Hunger ist *Strafe* für Tierverehrung. Die Israeliten leiden kurzen Mangel, auch gegen sie werden Tiere entsandt, die ihnen aber zu einer fremdartigen Nahrung werden. "Gott ernährt die Gerechten, die Gottlosen aber treibt er in anhaltenden Hunger" - so kann man die *pädagogisierende* Schlußfolgerung aus V3 ziehen.

4.2.2.2. V4: Eine verallgemeinernde Schlußfolgerung

Die pädagogische Sehweise wird auch in V4 deutlich. Der Vers sieht ab von der konkreten Situation der Gegenüberstellung und zieht aus ihr eine verallgemeinernde Schlußfolgerung:

> 4"Denn es war nötig, daß über jene gewalttätig Herrschende
> unerbittlicher Mangel kam,
> daß diesen aber allein gezeigt wurde, wie ihre Feinde gequält
> wurden."

V4 interpretiert die Froschplage als etwas Notwendiges, das die Gottlosen ereilte.[250] Der Hinweis auf deren tyrannische Herrschaft, eine Anspielung auf die Unterdrückung der Israeliten durch die Ägypter Ex 1, wirkt wie eine zweite Rechtfertigung für die Strafe neben der Tierverehrung, setzt aber einen weiteren, allgemeineren Begründungsrahmen. Damit wird die Begründung der Plagen aus dem Buch Ex selbst zumindest angedeutet,[251] wenn auch die Begründung der Züchtigung durch die Tierverehrung deutlich im Vordergrund steht (man denke nur an die beiden Exkurse 11,16 - 16,1).

Deutlich ist in V3d und 4a die Kontrastierung des Mangels zu sehen, der Gerechte und Gottlose ganz unterschiedlich befiel. Die Gerechten litten nur für kurze Zeit Mangel (ἐπ' ὀλίγον ἐνδεεῖς γενόμενοι), bevor sie der fremdartigen Speise teilhaftig wurden. Über die Gottlosen, tyrannisch Herrschenden kam aber unerbittlicher Mangel (ἀπαραίτητος ἔνδεια).

δειχθῆναι in V4b zeigt wieder die *pädagogische* Absicht, die Sap dem Handeln Gottes zuschreibt. Folgte in der ersten Gegenüberstellung aus der Züchtigung der Gottlosen deren Gotteserkenntnis, so sollte hier den Isra-

---

[250] Das ἔδει steht als direkte Folge aus den konkreten Vergehen der Tierverehrung. Die Begründungsebene ist hier ähnlich den Stellen, an denen Sap die Ägypter der Plage für "würdig" hält (ἄξιος 16,9; 18,4; 19,4; vgl. auch V1 das Adverb ἀξίως).
[251] Vgl. Ex 3,7; 6,7: Gott hat das Elend seines Volkes in Ägypten gesehen bzw. will es aus der Fronarbeit Ägyptens befreien. Der Grundsatz 11,16 "Wodurch man sündigt, dadurch wird man bestraft" ist dennoch das eigentliche Schema, nach dem in Saps Augen die Plage erfolgt.

eliten gezeigt werden, wie die Feinde gequält wurden, indirekt also das eigene Wohlergehen erkannt werden.
Das ist eine Anwendung des Grundsatzes 11,5: Wodurch die einen gezüchtigt wurden, dadurch wurden den anderen Wohltaten zuteil. Die unterschiedliche Erfahrung in der Situation des Hungers läßt das Volk die Qual der Feinde und die Wohltat an ihnen erkennen. Gleichzeitig ist die verallgemeinernde Ebene hinter der Formulierung zu erkennen: Die *Notwendigkeit* von Strafe und Wohltat ließe sich auch auf die anderen Gegenüberstellungen beziehen.

Exkurs II: *Die pädagogisierenden Passagen des ersten Exkursteiles Sap 11,16 - 12,27: Gott als der Erzieher der Menschen*

Der Aufbau von Sap 11,16 - 12,27
Der erste "Exkurs" in Sap 11,16 - 12,27 bezieht sich zurück auf die Plage durch Tiere, die im negativen Teil der Gegenüberstellung in 11,15c angesprochen wird. Zunächst erwähnt Sap andere Möglichkeiten Gottes, die Gottlosen durch Tiere oder sonstige Taten seines Armes zu strafen (11,17-21).[252] 11,22 - 12,2 behandelt Gottes Verhältnis zu seiner Schöpfung, insbesondere das zu den Menschen und schließt mit einer Anspielung auf die Zeit der Wüstenwanderung des Volkes Israel (12,2). An die Schilderung von Gottes Strafe an den Urbewohnern des verheißenen Landes (12,3-9) schließt sich eine Reflexion über Gottes Macht und die Absicht seines strafenden Handelns an (V10-27). Insbesondere im letztgenannten Abschnitt finden sich Gedanken, die an die pädagogischen Folgerungen in den Reflexionsteilen der Gegenüberstellungen erinnern. Die Nuancen und Beurteilungen Saps sehen aber z.T. anders aus als in den Gegenüberstellungen. Durch den Rückbezug auf 11,15 ergeben sich auch Einflüsse auf die zweite Gegenüberstellung.

Gottes Nachsicht mit dem Ziel der Reue
In 11,23 - 12,2 spricht Sap von Gottes grundsätzlicher Liebe gegenüber seiner Schöpfung. Er liebt alles, was existiert, er haßt oder verabscheut nichts von dem, was er geschaffen hat (V24). Der prinzi-

---

[252] Vgl. dazu PHILO, VitMos I, 108-112, wo PHILO im Zusammenhang mit der Mückenplage die Frage aufwirft, warum Gott das Land mit diesem zwar lästigen, aber doch unscheinbaren Tier plagte und nicht mit Bären, Löwen Panthern, anderen wilden Tieren oder den in Ägypten beheimateten Schlangen, deren Biß tödlich ist. Seine Antwort ist, daß Gott die Bewohner mehr warnen als vernichten wollte; außerdem wähle sich Gott für seine Strafen unbedeutende, kleine Tiere und verleihe ihnen unwiderstehliche Kraft. Auch PHILO bringt also die Plagen mit einem erzieherischen Aspekt in Verbindung.

piellen Liebe Gottes stehen aber die Sünden der Menschen entgegen. Doch über diesen Sünden steht Gottes Erbarmen:

> 11,23 "Du erbarmst dich aller, weil du alles vermagst und übersiehst die Vergehen der Menschen mit dem Ziel der Reue."

Nach 11,15 kann eigentlich keine Rede davon sein, daß Gott die Sünden der Menschen, zumindest die der Gottlosen übersähe. Aus der religiösen Verehrung von Tieren folgt ja die Bestrafung durch Gott. Und auch der Vernachlässigung der Sünden mit dem Ziel der Reue liegt ein anderes erzieherisches Konzept zugrunde als in den Reflexionsteilen der Gegenüberstellungen. Dort kam gerade aus der Strafe die Erkenntnis ihres Sinnes und ihrer Ursache, doch nicht Reue oder Umkehr. Die Bedeutung von μετάνοια in Sap müßte aber noch genauer untersucht werden.[253]
In V26 fügt Sap einen weiteren Grund für Gottes Milde an:

> 11,26 "Du schonst aber alles, weil es dir gehört, Herr, der du das Leben liebst."

Das widerspricht den Darstellungen in den Gegenüberstellungen, denn dort verschont Gott die Gottlosen ja gerade nicht, sondern züchtigt sie, und die Züchtigung geht bis zur Vernichtung.
Das Konzept von κόλασις und εὐεργεσία in den Gegenüberstellungen zeigt Gott als Erziehenden, der an den zu Erziehenden je nach deren Verhalten handelt. Den Gottlosen begegnet er mit unnachgiebiger Härte, den von vorneherein Gerechten mit Wohltat, allenfalls einmal mit milder Zurechtweisung.
In 11,23 und 26 dagegen sieht er großzügig über die Sünden hinweg, freilich auch hier nicht ohne erzieherische Absicht. Doch das Verhalten des erziehenden Gottes ist deutlich anders gekennzeichnet als in den Gegenüberstellungen.

Gottes Verwarnen und Erinnern mit dem Ziel, von Schlechtigkeit zu erlösen
In 12,2, also unmittelbar nach dem Bild eines großzügigen Erziehers, erscheint Gott als der, der die Menschen entsprechend ihrem Verhalten erzieht. Der Vers scheint sich auf Menschen zu beziehen, die sich zumindest prinzipiell zu Gott halten. In ihrer Verfehlung macht Gott sie auf ihre Sünde aufmerksam und ermahnt sie. Vom Bösen befreit

---

[253] D.GEORGI, Weisheit Salomos, S.443, Anm. V23a, sieht an dieser Stelle nicht die Bedeutung einer wirklichen Umkehr, weshalb er auch eine Übersetzung mit Buße für unangemessen hält.

vertrauen sie daraufhin Gott. Eine Bestrafung wird nicht erwähnt, lediglich das der Sünde Überführen:

> 12,2 "Deshalb überführst du die, die für eine kurze Zeit gestrauchelt sind
> und verwarnst sie, indem du sie an das erinnerst, worin sie gesündigt haben,
> damit sie, erlöst von der Schlechtigkeit, auf dich vertrauen, Herr."

Sap lenkt mit diesem Vers die Assoziationen der LeserInnen auf die Zeit der Wüstenwanderung des Volkes Israel. Damit zeigt sich aber ein anderes Verständnis der Wüstenzeit als in den ersten beiden Gegenüberstellungen. Dort war diese Zeit eine Prüfung durch Gott (vgl. 11,9 und 16,3), Israel war aber als untadelig und sündlos erschienen. Hier gibt Sap nun Verfehlungen, ja sogar die Schlechtigkeit des Volkes zu (12,2c).

Die Stichwortverbindungen zur dritten Gegenüberstellung
Das Verb νουθετεῖν und der gesamte Vers 12,2 haben vorausweisende Funktion; der Vers ist in engem Zusammenhang mit 16,5-14 zu sehen. Dort nimmt Sap die Perikope von der ehernen Schlange auf, die Sap mit den Worten einleitet, daß auch die Israeliten vom Zorn schrecklicher Tiere heimgesucht wurden.
In 16,6 werden die Israeliten zur Warnung (εἰς νουθεσίαν) für kurze Zeit (πρὸς ὀλίγον; vgl. das κατ' ὀλίγον in 12,2a) von den Schlangen beunruhigt.[254] In 12,2 geschieht die Warnung durch die Erinnerung an die Verfehlungen, in 16,6 besitzen die Israeliten ein Symbol der Rettung zur Erinnerung an Gottes Gebote. Rettung bzw. Befreiung geschehen also in beiden Fällen - hier in 12,2 und auch in 16,6 - mit Hilfe der Erinnerung.
Die Formulierung diese Verses erklärt sich aus der assoziativen Vorgehensweise Saps. Im großen Kontext "Bestrafung durch Tiere" erinnert sich Sap an die Bestrafung der Israeliten durch Schlangen für ihre Auflehnung in der Wüste. Sie interpretiert hier das Murren als kurze Zeit des Strauchelns, gesteht somit eine Verfehlung des Volkes ein; in der Gegenüberstellung wird diese Verfehlung ein weiteres Mal getilgt. Das Ziel des göttlichen Handelns ist in 12,2 das Vertrauen auf Gott, 16,5-15 zielen ab auf die Erkenntnis, daß Gott der Erretter

---

[254] Die dritte Gegenüberstellung kontrastiert die Errettung der Israeliten vor dem Tod während der Schlangenplage (Num 21) mit dem Tod der Ägypter durch Bisse vergleichsweise harmloser Tiere.

aus allem Übel ist.[255] In der Befreiung von der κακία ist deutlich die Thematik von 16,8 zu erkennen.

Im unmittelbaren Zusammenhang mit 11,23.26 ist in 12,2 eher der einerseits züchtigende und andererseits wohltuende Gott der Gegenüberstellungen zu erkennen. Hier findet man also das deutlich, was D.GEORGI "logische Sprunghaftigkeit und Widersprüchlichkeit" nennt.[256] Eingebettet in den großen Zusammenhang der Gegenüberstellungen präsentiert Sap auf engstem Raum verschiedene Bilder und Konzepte des erziehenden Gottes: Er ist einmal ein Erzieher, der Verfehlung übersieht, dann wieder einer, der sie bestrafend vergilt.

Gottes strafendes Handeln an den "Gegnern" Israels
Auch an den ursprünglichen Bewohnern seines heiligen Landes hat Gott in erzieherischer Absicht strafend gehandelt (12,3-11a), an ihnen allerdings strafend. Deren Religionspraxis wird im Stil der gängigen Religionspolemik als Kindermord, Eingeweideverzehrung und Genuß von menschlichem Fleisch und Blut beschrieben (12,3-6a). Gott wollte diese Bewohner in seinem Haß eigentlich durch die Hand der Israeliten vernichten. Doch dann hat er sie dennoch schonend behandelt,[257] ließ sein Gericht nach und nach kommen, um Raum zur μετάνοια zu geben.[258] Auch hier hätte Gott die Möglichkeit gehabt, diese Menschen auf einen Schlag auszurotten (12,9; formuliert in Anlehnung an oder Abwandlung von 11,17-20). Gott handelte so, obwohl er um die unveränderliche Bosheit dieser Menschen wußte (12,9).

Obwohl die Kanaaniter von Anfang an das Gericht verdient gehabt hätten, hat ihnen Gott dennoch die Möglichkeit zur Umkehr gegeben. Deutlich ist hier die *pädagogisierende Interpretation* der Landnahme zu sehen. In Ex 23,28 hat Gott den Israeliten verheißen, vor ihnen her Hornissen zu senden, um die Amoräer,[259] Hewiter, Kanaaniter und Hethiter zu vertreiben.[260] In V8b bezieht sich Sap auf diese Verheißung als sei sie geschehene Tatsache und interpretiert sie als allmähliches Gericht Gottes. Das endgültige Gericht war die Vernichtung der

---

[255] Man vergleiche nur 12,2c ... ἵνα ἀπαλλαγέντες τῆς κακίας... mit 16,8 ... ὅτι σὺ εἶ ὁ ῥυόμενος ἐκ παντὸς κακοῦ.
[256] D.GEORGI, Weisheit Salomos, S.393.
[257] Zur schonenden Behandlung vgl. auch 12,16b: "...und weil du über das All herrschst, folgt daraus, daß du alle [erg.: Menschen] schonend behandelst." Sap arbeitet hier mit einem Sprachspiel. πάντων ist einmal Genitiv zu τὰ πάντα "das All" und einmal Genitiv zu πάντες "alle Menschen".
[258] Vgl. hierzu 11,23: Gott übersieht die Sünden der Menschen mit dem Ziel der μετάνοια. Strafe und Straffreiheit dienen gleichermaßen der Reue oder vielleicht doch der Umkehr der Menschen.
[259] Nur in LXX, nicht im MT.
[260] Vgl. Dtn 7,20 und Jos 24,12.

Urbevölkerung mit dem Ziel, dem Land eine angemessene Ansiedlung von Gotteskindern zu geben.[261]
An diese Interpretation der Landnahme schließt sich ein Abschnitt über Gottes Gerechtigkeit an (12,11b-18). Gottes Gericht über die Kanaaniter wird aus seiner überragenden Gerechtigkeit begründet, die niemandem gegenüber Rechenschaft schuldig ist. Aus diesem Grund hat er den Kanaanitern keine Straflosigkeit gewährt (11b). Auch ist es undenkbar, daß sein Gericht sie ungerechtfertigt getroffen hätte, "...denn den zu verurteilen, der nicht gezüchtigt (κολασθῆναι) werden muß, hältst du für deiner Macht unangemessen." (V15b.c).

Gottes erzieherisches Handeln mit dem Ziel der Menschenfreundlichkeit und Reue
Das damalige Handeln Gottes an den Kanaanitern diente in Saps Interpretation dazu, den Israeliten Menschenfreundlichkeit und Hoffnung zu vermitteln:

12,19"Du lehrtest aber dein Volk durch diese Werke,
daß der Gerechte menschenfreundlich sein muß,
und du hast deine Söhne voll guter Hoffnung gemacht,
daß du Reue gibst nach Vergehen."[262]

Ähnlich wie bei der Züchtigung der Ägypter sollen die Israeliten aus der Bestrafung der Kanaaniter *Erkenntnis* gewinnen. V19 bezieht sich zurück auf die vorher angesprochenen Strafen der ursprünglichen Bewohner des verheißenen Landes. Im Fortgang V20-27 vermischen sich die Aspekte der Bestrafung der Ägypter und der Kanaaniter. V24-27 beziehen sich zurück auf die in 11,15 angesprochene Tierverehrung. Durch die Verknüpfung mit dem vorangehenden Abschnitt in V20-23 fließen die Aussageebenen ineinander. Die "Feinde deiner Kinder" (V20a) können Kanaaniter und Ägypter gleichermaßen meinen.

In V20-21 und in V22a stellt Sap jeweils die unterschiedliche Behandlung der Feinde und Gottessöhne durch Gott gegeneinander: Wenn Gott schon die todeswürdigen Feinde mit solcher Nachsicht und Großzügigkeit strafte indem er ihnen die Möglichkeit gab, vom Bösen los-

---
[261] D.GEORGI, Weisheit Salomos, S.444, Anm.V7a, bemerkt zurecht, daß V6 ganz im Sinn hellenistischer Kolonisationsideologie formuliert ist. Die ἀποικία war eine Ansammlung der ἀποικοι, der Auswanderer. ἀποικία ist damit mehrdeutig, der Begriff schillert zwischen "Kolonie" und "Ansiedlung der Auswanderer". Sap versteht so die Exodusgemeinde, deren Ziel ja das verheißene Land war, als Bringerin der wahren Religion, Zivilisation und Kultur.
[262] Entgegen der sonstigen Tendenz Saps, das Volk Israel immer ohne Sünde und untadelig erscheinen zu lassen, ist V19d ein Eingeständnis der Sündhaftigkeit des Volkes. Der Plural ἁμαρτήματα kann als Hinweis auf die wiederholten Sünden während der Wüstenwanderung verstanden werden.

zukommen (V20), dann muß die Sorgfalt sehr groß gewesen sein, mit der er seine Söhne richtete, deren Vätern er Eide und Verträge voller guter Zusagen gegeben hatte.[263] Eindeutig stellt V22a dazu fest:

12,22a "Während du uns erziehst, geißelst du unsere Feinde zehntausendfach,...".

Erziehung und Geißelung ist kontrastiert wie Plage und Wohltat der Gegenüberstellungen. Die rhetorische Formulierung der Frage in V21 und das Vokabular (V19: διδάσκειν; V22: παιδεύειν) verweisen auf die erzieherische Absicht Gottes in seinem damaligen Handeln, die den LeserInnen als Erkenntnis vermittelt werden soll. Verbunden mit der Erkenntnis ist dann natürlich der Aufruf zur Entscheidung, das Werben darum, sich doch der Religion zuzuwenden, die im Gegensatz zu den blutrünstigen Mysterien der Kanaaniter (s. 12,3-6) Wohltat Gottes erwarten läßt. Das Bedenken von Gottes Wohltun in der Situation des eigenen Richtens und die Hoffnung auf Erbarmen in der Situation des eigenen Gerichtetwerdens sind das Ziel der Erziehung Gottes an seinem Volk (V22b.c).

Dem Grundsatz "Wodurch man sündigt, dadurch wird man bestraft" und der Bestrafung der Tierverehrung durch eine Tierplage fügen V24-27 zwei weitere Aspekte hinzu. Die Bestrafung durch Tiere geschah zur Verspottung (V25-26a). Implizit ist damit der Beweis gegeben, daß der Gott, der die Menschen mit den als Götter verehrten Tieren bestrafen kann, größer sein muß als die verehrten Tiere.

Und mit der Bestrafung der Gottlosen ist ein Erkenntnisprozeß verbunden. Die Menschen, im Bezug zu 11,15 wird man sagen müssen die Ägypter, erkennen aus der Bestrafung durch Tiere Gott, den zu kennen sie sich weigerten (V27c).[264] Schon im Rahmen der ersten Gegenüberstellung hatte Sap in 11,23 formuliert, daß die Gottlosen aus ihrer Bestrafung Gott erkennen. εἶδον in V27c hat neben dem Aspekt der sinnlichen Wahrnehmung auch den der noetischen Erkenntnis.

Zusammenfassung der Beobachtungen
Die prinzipiell erzieherische Absicht, die Sap hinter jeglichem Handeln Gottes vermutet, ist bei jeder der soeben behandelten Passagen deutlich geworden. Nur tritt uns aus Saps erstem Exkurs Gott als anderer "Erzieher" entgegen, als er bisher in den ersten beiden Gegen-

---

[263] Zum letzteren vgl. 18,6.
[264] Zur Weigerung, Gott zu kennen vgl. Ex 5,2. Während der Mückenplage weisen die Zauberer Pharao darauf hin, daß dies ein Fingerzeig Gottes sei (Ex 8,15); bei Pharao resultiert daraus allerdings keine Gotteserkenntnis, sein Herz ist weiterhin bzw. erneut verstockt. Vgl. a. Sap 16,16.

überstellungen erschien. Oder anders und besser gesagt: Das Bild von Gott als Erzieher ist nicht eindeutig in Bezug auf die Konsequenz seines Handelns.
In den Gegenüberstellungen handelt Gott in erzieherischer Absicht immer so, daß Gottlose bzw. Gerechte zu einer bestimmten Einsicht kommen; sie "erkennen" aus der Plage oder Wohltat. Milde Zurechtweisung bringt Gott den Gerechten, herrscherliche Strenge den Gottlosen gegenüber.

Hier im ersten Exkursteil Saps ist das Bild des erziehenden Gottes davon verschieden und auch innerhalb des Exkurses nicht homogen.
Gott scheint Verfehlungen der Menschen - hier ist an alle Menschen zu denken, nicht nur an die Gottlosen - mit dem Ziel zu übersehen, daß sie Reue über ihre Verfehlungen empfinden. Er bestraft die Gottlosen, die blutrünstige Riten praktizieren; aber er tut es schonend, um ihnen die Möglichkeit zur Umkehr zu geben. Er verwarnt Israel, erinnert es an seine Schlechtigkeiten in der Absicht, es von ihnen zu erlösen und sein Vertrauen zu gewinnen.
Gott macht in der Art seines Handelns Unterschiede zwischen Gottlosen und Gerechten. Das unterstreicht 12,21: "Während du uns erziehst, geißelst du unsere Feinde zehntausendfach..." Das Bild von Gottes Erziehung in Saps Exkurs ist disparat zu dem der Gegenüberstellungen. Das liegt u.a. auch daran, daß Israel anders als in den Gegenüberstellungen nicht als prinzipiell untadelig dargestellt ist. Die Möglichkeit von "Vergehen" wird in stärkerem Maße eingeräumt als in den Gegenüberstellungen.

Auch das Erziehungsziel ist ein anderes als in den Gegenüberstellungen. Dort ist Gott selbst bzw. sein unterschiedliches Handeln an Gerechten und Gottlosen, das erkannt werden soll; Strafe soll als Folge von Sünde erkannt werden und auch, daß dasselbe "Medium" die einen bestraft, den anderen aber Wohltat bringt. In 11,16 - 12,27 ist die Möglichkeit der Reue und Umkehr für alle Menschen, also auch für die Gottlosen grundsätzlich eingeräumt.
Die in 12,19 genannte "Humanität" als erzieherisches Ziel bei den Gerechten eröffnet Toleranz der Gerechten auch gegenüber Gottlosen, ohne die Werbung um deren Umkehr hintanzustellen.

Gott bleibt prinzipiell als "Erzieher" erkennbar. Die verschiedenen Konzepte seiner Erziehung sind zu registrieren; sie miteinander zu harmonisieren, daraus ein Konzept zu machen, würde der von Sap sicher beabsichtigten Verschiedenheit der Konzepte nicht gerecht.

4.2.3. Die Methode der Textauslegung in der zweiten Gegenüberstellung

Die Bezugstexte aus Ex und Num werden von Sap *selektiv* aufgenommen. Das Thema Tierplage wird zunächst so allgemein aufgenommen, daß eine Einschränkung auf einen Bezugstext nicht möglich ist. Sap greift den übergeordneten Gesichtspunkt "Tierplage" aus den betreffenden Exodusplagen heraus und führt ihn in 11,15 in allgemeiner-verallgemeinernder Art als Vergeltungstat Gottes ein. Details aus dem Ablauf der Plagen werden nicht aufgenommen.

Für die Plagen bedeutet diese Art der Textaufnahme eine *Uminterpretierung* der von Gott beabsichtigten Funktion der Exodusplagen. Im Duktus von Ex 7-11 hatte jede einzelne Plage - also auch die Plagen durch Tiere - die Absicht, den Auszug des Volkes Israel zu erzwingen, damit es seinen Gott verehren könne. Bei Sap werden die Tierplagen zu einer Strafaktion Gottes gegen den Götzendienst der Ägypter. Im Buch Ex sollte etwas erzwungen werden, in Sap wird konkretes Fehlverhalten vergolten.[265]

Diese Uminterpretierung stellt eine *Rationalisierung* der Plage in dem Sinn dar, daß nicht mehr die psychische Verfassung der "Verstocktheit" Pharaos der auslösende Grund ist.[266] Stattdessen wird die Plage durch konkrete Sünden gerechtfertigt. Sap projiziert dabei ihre gegenwärtige Erfahrung der Tierverehrung der Ägypter zeitlich zurück und läßt die Plagen als Strafe dieser Tierverehrung erscheinen. Mit Sicherheit war die Tierverehrung ein Phänomen, mit dem das Judentum in Alexandria konfrontiert war. Insofern ist die Interpretation Saps auch eine *Aktualisierung* der Bezugstexte, da sie Texte aus der Vergangenheit auf eine gegenwärtige Situation anwendet.

Auch die Speisung durch Wachteln wird *selektiv* aufgenommen. Die Geschichte wird reduziert auf das bloße "Daß" der Nahrungsgabe. Die Einzelheiten der Umstände werden verschwiegen. Durch *Weglassen* des Murrens und der Auflehnung des Volkes wird einseitig der Wohltatcharakter betont. Im Duktus der zweiten Gegenüberstellung steht nicht das Wunder der Speisung, sondern die Fremdartigkeit, das Exotische (D.GEORGI) der Nahrung im Vordergrund.

Die Uminterpretierung der Murr- in eine Rettungsgeschichte geht einher mit der Uminterpretierung der gesamten Aussageabsicht des Bezugstex-

---

[265] Vielleicht sieht Sap hier vollzogen, was Ex 12,12 eigentlich erst für die Passanacht angekündigt hatte: ein Strafgericht gegen die Götter Ägyptens? Das wäre dann eine Änderung der Stoßrichtung dieses Gerichts: Nicht die Götter selbst, sondern die Menschen, die sie verehren werden bestraft. "Wodurch man sündigt, dadurch wird man bestraft" kann seinen Ansatzpunkt ja nur bei menschlichem Fehlverhalten haben.
[266] Sap umgeht so auch die Folgerung, letztendlich sei Gott selbst der Auslöser der Plagen, da er doch angekündigt hatte, er werde das Herz Pharaos verstocken (Ex 7,3).

tes Num 11: Aus der Lüsternheit auf Fleisch - sie gibt dem Ort des Geschehens den Namen "Lustgräber" - wird in der Gegenüberstellung normaler Hunger, dem durch die Wachteln abgeholfen wird. Sehr versteckt klingt die Lüsternheit in dem Wort ἐπιθυμία an, das den Bezug zur Ätiologie der "Lustgräber" in Num 11 herstellt.
Die in Num 11 berichtete Bestrafung des Volkes Israel wird weggelassen. Werden im ersten Exkursteil Saps 11,16 - 12,27 Verfehlungen des Volkes zumindest noch angedeutet, erscheint das Volk in der eigentlichen Gegenüberstellung untadelig. Nicht das Volk wird für Vergehen gegen Gott bestraft, sondern dessen Feinde. Die Exodusplage wird zu einer Bestrafung für konkrete Sünden, die Auflehnung, Speisung und Bestrafung (letztere nur in Num) dagegen zu einer Wohltat uminterpretiert.
Im Hintergrund dieser *Uminterpretierung* steht wiederum eine *Pädagogisierung* der Texte. Sap interpretiert sie im Hinblick auf eine erzieherische Absicht, die Gott durch sein in den Texten beschriebenes Handeln verfolgt hat. 11,16 als den Plagen übergeordneter hermeneutischer Grundsatz gibt bei jeder Plage den Ägyptern indirekt die Möglichkeit, ihr eigenes Fehlverhalten aus der Art ihrer Bestrafung zu erkennen. Sap 16,2 stellt die Gegenüberstellung unter die pädagogischen Termini "Züchtigung" und "Wohltat". Es werden eben die Sünden der Gottlosen bestraft und aus dieser Bestrafung erkennen die Gerechten ihr eigenes Wohlergehen (16,4).

Auch der assoziativ zum Thema "Tierverehrung und Bestrafung durch Tiere" (11,15) eingeschobene Exkurs Saps in 11,16 - 12,27 unterstreicht die *pädagogisierende Interpretation der Bezugstexte* als ein wesentliches Interesse im Buch Sap. Wie im obigen Exkurs gezeigt, ergibt die Art der Pädagogik Gottes in 11,16 - 12,27 kein einheitliches Bild. Das zu fordern wäre ebenso unangebracht wie die Widersprüche zu harmonisieren oder einseitig gegeneinander auszuspielen. Für den Problembereich der inneralttestamentlichen Textauslegung ist allein schon interessant genug, daß Texte auf eine erzieherisches Handeln Gottes an Gottlosen und Gerechten hin ausgelegt werden und diese Interpretation stark in den Vordergrund gestellt wird.

Anders als in der ersten Gegenüberstellung betreibt Sap in der zweiten keine Kombination von Textstellen. Sowohl die Froschplage als auch die Speisung durch Wachteln wird ja auch außerhalb des Pentateuch (z.B. in den Psalmen) erwähnt. Doch ein Zurückgreifen auf einzelne Worte oder Formulierungen bzw. auf inhaltliche Aussagen relevanter Texten außerhalb des Pentateuch läßt sich nicht nachweisen.

4.3. Sap 16,5-15: Plage durch den Tod infolge von Bissen an sich harmloser Tiere <—> Wohltat durch die Errettung vor dem Tod durch Schlangenbisse

Die dritte Gegenüberstellung kontrastiert den Tod der Gottlosen mit der Errettung der Gerechten vor dem Tod. Für die Plage bezieht sich Sap auf die durch Insekten hervorgerufenen Exodusplagen (Mücken: Ex 8,12-15; Bremsen: Ex 8,16-28; Heuschrecken: Ex 10,1-20). Die Wohltat der Errettung vor dem Tod entnimmt Sap Num 21,4-9, der Erzählung von der Anfertigung der ehernen Schlange.

4.3.0.1. Der Aufbau der dritten Gegenüberstellung

In V5-7 bereitet Sap den positiven Teil der eigentlichen Gegenüberstellung vor. Sie bezieht sich auf die Erzählung von der ehernen Schlange in Num 21, betreibt in diesen Versen also ähnlich wie bei der ersten Gegenüberstellung eine Perikopensicherung. Der Bezugstext wird in den Anspielungen interpretierend aufgenommen.

Entgegen der Ansicht mancher Ausleger sehe ich V5-7 nicht als den positiven Punkt der Gegenüberstellung an.[267] Somit ist auch nicht die Reihenfolge der Gegenüberstellungen dahingehend geändert, daß hier der positive Teil zuerst genannt wäre. In der eigentlichen Gegenüberstellung (V9-10) steht das Geschick der Ägypter vor dem der Israeliten.

Ich teile auch nicht die Ansicht, in 16,5-15 gehe es nicht um Wohltat und Plage, sondern um unterschiedliche Strafen.[268] V5-7 lenken den Blick zunächst darauf, daß auch die Israeliten von einer Tierplage befallen wurden. Nirgends wird sie jedoch Strafe genannt. Die Züchtigung der Ägypter (V9c: ἄξιοι ἦσαν...κολασθῆναι) wird nicht in der eigentlichen Gegenüberstellung durch εὐεργεσία bzw. εὐεργετεῖν kontrastiert.[269] Das heilende Erbarmen Gottes zeigt jedoch deutlich den wohltätigen Gegensatz (V10b).

V8 ist ein reflexiver Teil. Er führt die Feinde ein und zieht eine Schlußfolgerung aus V5-7. Sap interpretiert Gottes unterschiedliches Handeln an Gottlosen und Feinden aus der erzieherischen Absicht Gottes.

V9-10 bringen die eigentliche Gegenüberstellung. In im Kasus kongruenten Satzgliedern werden die Geschicke der Gottlosen und Gerechten einander gegenübergestellt (V9: οὓς μέν ...; V10: τοὺς δέ ...). V9 nimmt auf die durch Insekten verursachten Tierplagen Bezug und erwähnt Heuschrecken und

---

[267] S. z.B. D.GEORGI, Weisheit Salomos, S.458; A.SCHMITT, Das Buch der Weisheit, S.122f.
[268] Für beide Werke ebd.
[269] So war es in der ersten und zweiten Gegenüberstellung typisch. εὐεργεσία in V11d ist nicht als <u>direkter</u> Kontrast zur Züchtigung der Ägypter eingesetzt.

Mücken.[270] V10 bezieht sich zurück auf die in V5-7 eingeführte Errettung der Israeliten vor dem Tod durch Schlangenbisse durch das "Symbol der Rettung" eherne Schlange. Es wird zu untersuchen sein, ob Sap auch in dieser Gegenüberstellung ihre selbstformulierten Grundsätze 11,4.16 anwendet.

An die eigentliche Gegenüberstellung schließen sich in V11-12 und V13-15 zwei Reflexionsteile an. V11-12 bezieht sich konkret auf die in V10 angesprochene Errettung vor dem Tod durch Schlangenbisse. Sap bedenkt die Handlungsabsicht Gottes, als er dem Volk Israel die Schlangen sandte und was nun eigentlich die Rettung vor dem Tod durch Schlangenbisse bewirkte. Die bisherige Vorgehensweise Saps läßt eine Beurteilung nach Gottes erzieherischer Absicht erwarten.
V13-15 reflektiert allgemein über Gott als Herr über Leben und Tod. Die dritte Gegenüberstellung bildet zwar den Hintergrund dieser Reflexion, konkrete inhaltliche Bezüge finden sich jedoch nicht. Die der Gegenüberstellung zugrundeliegende Erfahrung wird verallgemeinert und auf Gottes Macht übertragen, Leben zu erhalten und zu vernichten.
V15 ist wiederum ein Schaltvers. Er schließt die dritte Gegenüberstellung ab und bildet gleichzeitig den Auftakt der vierten. In der Einzelanalyse ist seine Funktion für beide Abschnitte zu untersuchen.[271]

Es fällt auf, daß die dritte Gegenüberstellung nicht über das Geschick der Gottlosen bzw. Gottes Erziehung an ihnen reflektiert. Die Gottlosen werden lediglich in V9 innerhalb der eigentlichen Gegenüberstellung erwähnt.

Schon der erste Blick zeigt, daß Sap in 16,5-15 gehäuft Vokabeln verwendet, die mit Rettung bzw. Heilung zu tun haben (z.B. σώζειν in V7. 11; σωτήρ in V7; ἴαμα bzw. ἰᾶσθαι in V9.10; θεραπεύειν in V12). Nachdem Kap 10 Texte aus dem Buch Gen im Hinblick auf das rettende Handeln der σοφία ausgelegt hatte, ist hier damit zu rechnen, daß Plage und Wohltat von <u>Gottes</u> rettendem Handeln her gesehen werden.

4.3.0.2. Die assoziative Verknüpfung von zweiter und dritter Gegenüberstellung
Von der zweiten zur dritten Gegenüberstellung führen mehrere Verbindungslinien, die die Anordnung des Textes und Aufnahmen der Bezugstexte mit beeinflußt haben. Es handelt sich dabei nicht um Stichwortverbindungen. Sap setzt also nicht an markanten Satzstellen dieselben Wörter ein, so daß eine bewußte Zusammenstellung demonstrativ erkennbar wäre.

---

[270] Ich nehme dies als weiteren Hinweis dafür, daß sich Sap in der zweiten Gegenüberstellung tatsächlich auf die Froschplage bezieht, auch wenn grundsätzlich die Möglichkeit eines Bezuges auf alle durch Tiere verursachten Exodusplagen besteht.
[271] Vgl. U.OFFERHAUS, Komposition, S.158, Anm.178.

Manche Verbindungen entstehen durch die Verwendung von Wörtern aus demselben Wortfeld. Doch auch dies wird nicht demonstrativ eingesetzt. Deshalb möchte ich von einer *assoziativen Verknüpfung* sprechen. Es gibt sogar Fälle, in denen Sap vorgegebene Verbindungslinien zwischen einzelnen Textstellen bei der Aufnahme der Bezugstexte bewußt eliminiert hat. Es wirkt fast so, als hätte Sap eine unmittelbar ersichtliche Verbindung zwischen zweiter und dritter Gegenüberstellung verschleiern wollen.

Wie oben dargestellt geschieht in Sap die Aufnahme der Bezugstexte dadurch, daß die Assoziationen der schriftkundigen LeserInnen auf die in deren Erinnerung gegenwärtigen Bezugstexte gelenkt werden. Die Vorgaben Saps in den Textaufnahmen waren dabei bisher so gehalten, daß jeweils eindeutig identifizierbare Textabschnitte bzw. -gruppen als Bezugstexte zu ermitteln waren. Es hat sich gezeigt, daß Sap mit einer assoziativen Rezeption der Bezugstexte bei den LeserInnen rechnet, für die die Nennung einzelner Themenvokabeln genügt, um die entsprechenden Texte in Erinnerung zu rufen.

Auch für Saps eigene Rezeption der Bezugstexte vermute ich an vielen Stellen eine assoziative Vorgehensweise, mit der sie die Texte miteinander in Beziehung bringt. Schon das Prinzip der Gegenüberstellungen zeigt ja, daß Sap Texte miteinander in Verbindung bringt, die in ihrem eigentlichen Kontext nicht aufeinander bezogen sind. Es ergeben sich aber inhaltliche und thematische Verbindungen, z.B. allein dadurch, daß in zwei Texten "Kriechtiere" vorkommen.

Auch die zweite und dritte Gegenüberstellung sind auf diese Weise miteinander verbunden. Die "Tierplage" ist dabei der thematische Aufhänger. 16,5 setzt ja damit ein, daß <u>auch</u> die Israeliten vom schrecklichen Zorn wilder Tiere überfallen wurden. Die Assoziation "Plage durch Tiere" hat also diese Anordnung der Texte mit beeinflußt.

Sap ist also mit Sicherheit als eine gelehrte Arbeit zu bezeichnen, die über abrufbare Signale mit Bezugstexten umgeht. In welcher Art Sap die Texte vorgelegen haben - ob als Schriftrollen oder als auswendig gelernte Texte - und in welchem Maß die Texte bereits standardisiert waren, läßt sich aus Saps Interpretationsweise nicht entnehmen.[272]

Die zweite Gegenüberstellung war davon ausgegangen, daß aus der Verehrung von Schlangen (ἑρπετά) die Bestrafung durch Tiere folgte (11,15). Aufgrund ihres ekligen Anblicks (διὰ τὴν εἰδέχθειαν 16,4) leiden die Ägypter Hunger, da sie den notwendigen Appetit verweigern. Die Froschplage wird in Saps Interpretation zur Plage aufgrund des ekligen Anblicks der Frösche.
An die *Plage durch Tiere* der zweiten Gegenüberstellung knüpft Sap an, wenn sie die gesamte Gegenüberstellung in 16,5 mit den Worten beginnt: καὶ γὰρ ὅτε αὐτοῖς δεινὸς ἐπῆλθεν θηρίων θυμός... 16,4b hatte geendet "Denn es war nötig, daß ... diesen [i.e. den Israeliten] aber allein gezeigt wurde, wie

---

[272] Möglicherweise deutet die assoziative Vorgehensweise Saps auf eine Mnemotechnik?

ihre *Feinde* gequält wurden." 16,5 spricht davon, daß *auch die Gerechten* vom Zorn wilder Tiere heimgesucht wurden.
In 16,5b konkretisiert Sap die Tiere: Die Israeliten gingen durch die Bisse sich windender Schlangen (σκολιοὶ ὄφεις) zugrunde. Auch bei den Israeliten gab es also eine Plage durch *kriechende Tiere*, also durch vernunftlose Tiere, die die Ägypter in ihrer Verirrung als Götter verehren (s. 11,15: ἄλογα ἑρπετά).
Bei der Aufnahme der Speisung durch Wachteln hatte Sap in der zweiten Gegenüberstellung die Ankündigung aus Num 11,20 weggelassen, die Wachteln sollten den Israeliten noch zum Halse heraushängen und zum Ekel werden (...καὶ ἔσται ὑμῖν εἰς χολέραν...). Die Froschplage hatte Sap aber auf den ekligen Anblick der Frösche hin interpretiert (16,3).
In Num 21,5 sind die Israeliten entrüstet ob des mageren Brotes, das sie in der Wüste zu essen bekommen: ἡ δὲ ψυχὴ ἡμῶν προσώχθισεν ἐν τῷ ἄρτῳ τῷ διακένῳ.[273] Num 21,5 gibt keine Auskunft darüber, ob die Israeliten vor dem Manna oder den Wachteln Ekel empfinden. Im Buch Num scheint sich hier jedenfalls die Ankündigung von Num 11,20 bewahrheitet zu haben. In der Textaufnahme von Num 21,4-9 in Sap 16,5-15 verschweigt Sap den Ekel bzw. die Entrüstung des Volkes. Doch dürfte die Assoziationskette *Ekel* bzw. *ekliger Anblick* eine weitere Assoziationslinie zur Verknüpfung von zweiter und dritter Gegenüberstellung sein.

4.3.1. *V9-10: Die eigentliche Gegenüberstellung*

4.3.1.1. *V9: Der negative Teil der Gegenüberstellung: Tod durch Tierbisse*

V9-10 bringen die eigentliche Gegenüberstellung. Die Verse sind antithetisch formuliert (V9: οὓς μέν...; V10: τοὺς δέ...), V9 bezieht sich auf das Geschick der Ägypter während der Exodusplagen durch Insekten:

⁹"Diese zwar töteten die Bisse der Heuschrecken und Fliegen,
und es wurde kein Heilmittel für ihr Leben gefunden,
weil sie es verdienten, von solcherlei [Tieren] gezüchtigt zu werden..."

V9a führt das Thema der Gegenüberstellung "Tod durch Tierbisse" ein.[274] Sap bezieht sich für den Tod der Ägypter durch Tierbisse zum einen auf die Heuschreckenplage Ex 10,1-20 (dort wie hier: ἀκρίδες), als andere Tierart nennt V9a die μυῖαι (Fliegen). Für die μυῖαι ist der Bezugstext unsicher.

---

[273] Der MT spricht hier eindeutig von Ekel, wenn er das Verb קוץ verwendet.
[274] Vgl. U.OFFERHAUS, Komposition, S.156: "Der Vergleich, dessen tertium comparationis der Biß von Tieren (v.5b.9a) darstellt..."

Ex 8,12-15 LXX schildert die Plage durch Mücken (σκνῖφες), Ex 8,16-28 LXX die Bremsenplage (κυνόμυιαι[275]).
Die "reine" Form der Gegenüberstellungen ist damit verlassen: Plage und Wohltat geschehen nicht durch dasselbe Medium (vgl. 11,5). Sap will aber dennoch die Errettung der Israeliten vor dem Tod durch Schlangenbisse als Wohltat verstanden wissen, sie ist das Ereignis, das die Israeliten nicht von Gottes zukünftigen Wohltaten ablenkt. In der eigentlichen Gegenüberstellung selbst sind Tod und Heilung als Kontrast eingeführt (V9a <—> V10b), aber nur der Tod der Gottlosen wird ausdrücklich κόλασις genannt, wodurch die Heilung indirekt als εὐεργεσία zu verstehen ist.

Für den Tod von Menschen während der Exodusplagen durch die o.g. Tiere gibt es im Buch Ex keinen direkten Anhaltspunkt. Nirgends wird erwähnt, daß Menschen infolge der Tierbisse starben, ja die Bisse der Tiere sind nicht einmal das Charakteristikum der Plage. Dies besteht vielmehr für alle drei Tierarten in der Menge der entsandten Tiere.[276]
Ein möglicher Anhaltspunkt für den Tod durch Tierbisse ist in Ex 10,17 gegeben. Dort fordert Pharao Mose und Aaron auf, Gott zu bitten, daß er diesen Tod (τὸν θάνατον τοῦτον) von ihm nehme. Damit ist freilich der Tod durch Heuschreckenbisse nicht direkt ausgesagt. θάνατος ist eher allgemein als tödliche Bedrohung verstanden. Wahrscheinlich nahm Sap aber diese Erwähnung des Todes auf und verstand sie als Tod infolge von Heuschreckenbissen. Diesen Tod hat sie auf die beiden anderen Plagen durch Insekten übertragen und die drei Insektenplagen als negativen Punkt der Gegenüberstellung unter dem Thema "Tod durch Insektenbisse" eingeführt.

Gegen die Insektenbisse wurde kein Heilmittel (ἴαμα[277]) gefunden, das die Ägypter hätte retten können (V9b). Als Begründung für die Bestrafung führt Sap hier nicht wie sonst in den Gegenüberstellungen konkrete Sünden der Ägypter an, sondern stellt nur fest, daß die Ägypter diese Züchtigung verdient hatten (ἄξιοι ἦσαν; V9c).[278] Der von Sap selbst formulierte Grundsatz "Wodurch man sündigt, dadurch wird man bestraft" wird in der dritten Gegenüberstellung nicht durchgeführt, Sap nennt keine Sünden durch die sich die Ägypter vergangen hätten. Die Strafwürdigkeit, durch

---

[275] Eigentlich "Hundefliegen", was verächtlich gemeint ist; s. dazu auch D.GEORGI, Weisheit Salomos, S.459, Anm.9b, LIDDELL-SCOTT, S.1010: κυνάμυια = dog-fly, i.e. shameless fly.
[276] Ex 8,13 LXX: "...und im ganzen Staub der Erde entstanden die Mücken in dem Land Ägypten." Ex 8,20: "...und es kam eine Menge Bremsen in das Haus des Pharaos und in die Häuser seiner Diener und über das ganze Land Ägypten und die Erde wurde gänzlich vernichtet durch die Bremsen." Ex 10,13f: "...und der Südwind [so LXX anders als MT] brachte die Heuschrecke und er brachte sie über ganz Ägypten, und sie ließ sich nieder im ganzen Gebiet Ägyptens, eine sehr große Menge; vor ihnen gab es nie so viele Heuschrecken und danach wird es ebenso sein."
[277] In Sap 11,4 ist das Wasser des Quellwunders ἴαμα δίψης der Gerechten.
[278] Der Grundsatz "Wodurch man sündigt, dadurch wird man bestraft" ist nicht angewandt. In den Exkursen zur Tier- und Götzenverehrung hat Sap jedoch im Rahmen der zweiten Gegenüberstellung die Notwendigkeit der Vergeltung durch Tierplagen deutlich gemacht. ἄξιος begegnet 39x in LXX, davon allein 11x in Sap.

ebendiese Tiere (ὑπὸ τοιούτων) gequält zu werden, ist für Sap möglicherweise abgeleitet von der Tierverehrung der Ägypter. Die beiden Exkurse Saps zur Tier- und Götzenverehrung wirken hier dann noch nach. Die Anspielung an die Tierplagen geschieht durch die Nennung der Heuschrecken und Mücken. Die beiden Vokabeln genügen, um bei schriftkundigen, geschulten LeserInnen die Assoziationen an die Exodusplagen hervorzurufen. In die Anspielung hineinverwoben ist Saps Interpretation der Plagen. Nicht die tatsächlichen Ereignisse sollen erinnert werden, sondern die Assoziationen sollen auf die Interpretation Saps gelenkt werden: Der Tod durch Insektenbisse ist der negative Punkt der Gegenüberstellung, den Sap mit Hilfe ihrer Interpretation der Exodusplagen einführen will.

4.3.1.2. V10: Der positive Teil der Gegenüberstellung: Die Rettung vor dem Tod durch Schlangenbisse

Dem Tod der Gottlosen durch Heuschrecken- und Mückenbisse stellt Sap gegenüber, daß die Söhne Gottes selbst durch die Bisse giftiger Schlangen nicht besiegt wurden:[279]

> 10"...deine Söhne aber besiegten die Zähne giftsprühender
> Schlangen nicht,
> denn dein Mitleid ging vorüber und heilte sie."

V10 zeigt, daß auch Saps anderer selbstformulierter Grundsatz "Denn wodurch ihre Feinde gezüchtigt wurden, dadurch wurden ihnen unverhofft Wohltaten zuteil" (11,5) nicht durchgeführt ist. Aus dem Tod durch Bisse für die einen müßte ja konsequenterweise die Rettung durch Bisse für die anderen folgen. Stattdessen können die Schlangenbisse den Israeliten nichts anhaben, weil Gottes Erbarmen sie heilt.[280]

In V10 bezieht sich Sap auf die Erzählung von der ehernen Schlange Num 21,4-9. Zum richtigen Verständnis von V10 muß erwähnt werden, daß Sap selbst diese Geschichte schon in V5-7 ausführlich aufnimmt,[281] wobei in die Anspielung auf den Bezugstext ihre Interpretation dieses Textes hineinverwoben ist.
Auf der Ebene der eigentlichen Gegenüberstellung betrachtet, macht Sap aus den in Num 21,4-9 erwähnten Schlangen giftsprühende, große Schlangen.[282] So wie sie im negativen Teil "übertrieben" hat, wenn sie Ägypter

---

[279] F.FOCKE, Entstehung, S13, nennt die Gegenüberstellung von Mücken/Heuschrecken und Schlangen an den Haaren herbeigezogen und verkennt dabei, daß der Tod durch Tierbisse der eigentliche Vergleichspunkt ist.
[280] Das Erbarmen Gottes ist hier als Person vorgestellt, ähnlich wie auch der göttliche λόγος (18,15) oder die σοφία (Kap 10) personalen Charakter haben.
[281] Dazu s.u.
[282] δράκων ist der lexikalischen Bedeutung nach die Drache bzw. die große Schlange.

an Heuschreckenbissen sterben ließ, so übertreibt sie auch hier, wenn sie aus Schlangen Drachen macht.
Andererseits mildert sie das Geschehen aber auch ab, wenn sie davon spricht, daß die Schlangen die Israeliten "nicht besiegten". Die Vernichtung der Israeliten durch die Schlangen ist in Num 21 zwar in der Tat nicht vollständig. Immerhin kommen aber viele Menschen ums Leben: ...καὶ ἀπέτανεν λαὸς πολὺς τῶν υἱῶν Ισραηλ (Num 21,6). Diesen Sachverhalt verschweigt Sap. Israels Auflehnung und seine Bestrafung dafür durch die Schlangen werden in V10 nicht angedeutet.
Die von Mose auf Gottes Befehl hin angefertigte eherne Schlange, deren Anblick einen Gebissenen vor dem Tod rettete, interpretiert Sap als personifiziertes Erbarmen. Sie geht damit noch einen Schritt hinaus über die Interpretation als "Symbol der Rettung", hinter dem der rettende Gott steht.[283] Vom Erbarmen Gottes ist in Num 21 nicht die Rede. Zumindest bleibt aber für schriftkundige LeserInnen die Abwendung der Strafe aus Num 21,4-9 hinter dieser Formulierung erkennbar.

Deutlich zu sehen ist in V9b <—> V10b der Gegensatz, daß für die einen kein Heilmittel gefunden werden konnte, die anderen durch Gottes Erbarmen geheilt wurden: ...καὶ οὐχ εὑρέθη ἴαμα...<—>...τὸ ἔλεος γάρ σου ... ἰάσατο αὐτούς. Sap betreibt in der eigentlichen Gegenüberstellung auch einen Schluß vom Kleineren zum Größeren: Während die Gottlosen durch Bisse vergleichsweise harmloser Lebewesen starben, wurden die Gerechten nicht einmal durch Schlangenbisse getötet.

4.3.2. *V5-7: Perikopensicherung und interpretierende Aufnahme des Bezugstextes*

V5-7 ist nicht der positive Teil der Gegenüberstellung. Die Verse dienen vielmehr der Einführung und Identifizierung des Bezugstextes, betreiben also ähnlich 11,1-4 die Perikopensicherung, d.h. sie nehmen die Identifikationsmerkmale des Bezugstextes in den Anspielungen *so* auf, daß der Bezugstext eindeutig zu erkennen ist und nur *ein* Bezugstext in Frage kommt. Gleichzeitig bringt Sap in diesen Versen den Bezugstext in ihrer Interpretation zur Sprache.

4.3.2.1. *V5: Auch die Israeliten befiel der Zorn wilder Tiere*
In der zweiten Gegenüberstellung war es um Strafe und Wohltat durch Tiere gegangen. 16,4 schließt mit einer Reflexion, die noch einmal den durch die Froschplage hervorgerufenen Mangel erwähnt, diese Gegenüber-

---
[283] S. dazu V6-7 und die Analyse von V5-7 im folgenden Abschnitt.

stellung ab. An die Thematik "Bestrafung durch Tiere" schließt V5a unmittelbar an:

5a"Und auch als sie schrecklicher Zorn wilder Tiere überfiel,..."

Mit der Formulierung αὐτοῖς δεινὸς ἐπῆλθεν θηρίων θυμός in direkter Verbindung zur zweiten Gegenüberstellung räumt Sap ein, daß es auch für die Israeliten eine Plage durch Tiere gegeben hat. V5b präzisiert das Ereignis. Durch die Anspielung auf die Bisse sich windender Schlangen macht Sap den Bezug zu Num 21,4-9 deutlich:

5b"...durch Bisse sich windender Schlangen gingen sie zugrunde, währte dein Zorn nicht bis zum Ende."

V5b ist in der Wortwahl von Num 21 beeinflußt. Wie Num 21,6 gebraucht er für die Schlangen das Substantiv ὄφις; das Substantiv δῆγμα für deren Bisse gehört zum selben Wortstamm wie das Verb δάκνειν. Mit dem Verb διαφθείρειν[284] verläßt Sap die direkte Beeinflussung aus Num 21,6. Dort verwendet LXX das Verb ἀποθνῄσκειν. Entgegen ihrer bisher gezeigten Art Saps, die Israeliten als tadel- und straflos darzustellen, deutet sie in V5 immerhin an, daß Israeliten ums Leben kamen.[285]

Die Feststellung, daß Gottes Zorn nicht bis zum Ende währte, trifft Sap in Übereinstimmung mit Num 21. Allerdings verschweigt sie die Umstände, unter denen es zur Beendigung von Gottes Zorn kam: Die Menschen waren zu Mose gekommen und hatten eingestanden, in ihrem Reden ihm und Gott gegenüber gesündigt zu haben. Nun solle Mose Gott bitten, die Schlangen von ihnen zu nehmen. Mose tat das und erhält daraufhin von Gott den Auftrag, eine Schlange zu verfertigen und diese auf ein Feldzeichen (σημεῖον) zu stecken. JedeR Gebissene, die/der diese Schlange ansah, sollte am Leben bleiben. Mose fertigte daraufhin eine eherne Schlange an und jedeR Gebissene, der/die sie anschaute, blieb am Leben.
Sap verschweigt das Schuldeingeständnis des Volkes und die Vermittlung Moses. Sie greift das Ende der Geschichte mit seiner merkwürdig-wunderbaren Rettung der Israeliten auf und interpretiert dieses Ende so, als sei Gott aus vollkommen freien Stücken zu dem Entschluß gekommen, seine Zornestat zu beenden. οὐ μέχρι τέλους... weist auch voraus auf die eigent-

---

[284] In passivischer Bedeutung "umkommen, zugrunde gehen"; vgl. W.GEMOLL, Schul- und Handwörterbuch, S.211.
[285] Dtn 32,24 LXX zeigt eine situative Ähnlichkeit zu Num 21: Wenn Israel verzehrt von Hunger und Vogelspeise (sind die Wachteln gemeint?) ist, dann läßt Gott die Zähne wilder Tiere (θηρία; vgl. V5a) zusammen mit dem Zorn (θυμός; vgl. V5a) auf der Erde kriechender [Schlangen?] auf sie los. In Num 21 haben die Israeliten ja genug von der "ekelhaften Speise" (vgl. die Ankündigung Num 11,20!) und prompt werden sie von Schlangen heimgesucht.

liche Gegenüberstellung.[286] Dort geht es ja um den Gegensatz, daß die einen durch Bisse harmloser Tiere getötet werden, die anderen aber nicht einmal durch die Bisse von sehr großen Schlangen.

4.3.2.2. V6: Die eherne Schlange, ein "Symbol der Rettung"

Hatte sich Sap in der Tatsache der Schlangenplage und in Bezug auf Bisse der und Tötung durch die Schlangen relativ genau an den Bezugstext gehalten, so beginnt mit V5c die *interpretierende* Aufnahme. Durch das *Verschweigen* des Schuldeingeständnisses, von Moses Mittlerschaft und den Umständen der Rettung gelingt es ihr, die Bestrafung durch Schlangen als kurzzeitige Warnung darzustellen. Die eherne Schlange deutet sie als ein Symbol der Rettung:

> 6"Zur Warnung aber wurden sie für eine kurze Zeit beunruhigt,
> sie besaßen ein Zeichen der Rettung zur Erinnerung an das Gebot deines Gesetzes."

In Num 21,4-9 hatte Gott die Schlangen zur Strafe für Israels Auflehnung gesandt.[287] Sap macht daraus eine Warnung (νουθεσία), ohne allerdings anzugeben, wovor oder zu welchem Zweck die Israeliten gewarnt werden sollten. Die Lebensbedrohung wird weiter abgeschwächt, wenn sie nur eine kurze Zeit dauert. Der Strafcharakter wird heruntergespielt.

Die eherne Schlange deutet Sap als ein Symbol der Rettung (σύμβολον σωτηρίας[288]), in dessen Besitz die Israeliten bereits sind. Sap lenkt die Assoziationen der LeserInnen derart auf die von Mose verfertigte eherne Schlange, daß es wirkt, als hätten die Israeliten dieses Symbol bereits mitgeführt. Sap ist hier sehr bedacht auf die richtige Wortwahl. Die eherne Schlange ist ein *Symbol* der Rettung, nicht die rettende Kraft selbst. Nach der ausführlichen Polemik gegen Götzen- und Tierverehrung in 11,16 - 16,1 vermeidet es Sap, der ehernen Schlange selbst rettende Kraft zuzuschreiben. Mit Sicherheit weiß Sap von der Verehrung, die der ehernen Schlange im Tempel zuteil wurde und daß sie durch Hiskia im Zuge einer Kultreform aus dem Tempel entfernt wurde (4. Reg 18,4). Die eherne Schlange selbst wurde damit verehrt und nicht die hinter ihr ste-

---

[286] Vgl. dazu etwa ähnliche Formulierungen zur vergleichsweise kurzen bzw. kürzeren Bestrafung oder Prüfung der Gerechten in 16,3 und 18,20. V5c scheint auf den ersten Blick den Ausgang der Geschichte Num 21,4-9 vorwegzunehmen. Die weitere Bearbeitung zeigt jedoch, daß dieser Versteil nur ein Schritt auf dem Weg der *allmählichen Abschwächung* des Geschehens ist.

[287] Num 21,4-9 ist keine Murrgeschichte im strengen Sinn (der MT verwendet nicht das Verb לון, sondern דבר ב), ist aber dennoch eine Beispielgeschichte für die Auflehnung des Volkes gegen Gott während der Wüstenwanderung.

[288] σύμβολον ist eigentlich das Unterpfand, das als Legitimations- und Erkennungszeichen dient. Das Wort kann auch den Vertragsabschluß zweier Partner bezeichnen.

hende rettende Kraft.[289] Ihre Entfernung geschah in einem Zug zusammen mit Höhenheiligtümern, Stelen und heiligen Stätten[290], also anderen heidnischen Kultgegenständen - so jedenfalls die Notiz in 4. Reg 18,4. Von daher kann die eherne Schlange für Sap nur ein Symbol der Rettung sein, nicht aber selbst retten.

Die Interpretation der ehernen Schlange als "Zeichen der Rettung" entspringt dem Bemühen, allein Gott rettende Kraft zuzuschreiben. Sap verweist auf das, was hinter dem σύμβολον σωτηρίας steht: Es ist das "Gebot von Gottes Gesetz".[291] Der Inhalt des Gebotes bzw. des Gesetzes wird nicht angegeben. Es steht auf alle Fälle im Zusammenhang mit der rettenden bzw. lebensverlängernden Kraft.[292] Die eherne Schlange verweist als Symbol auf das, was wirklich retten kann, nämlich Gottes Gesetz. Zur Erinnerung (εἰς ἀνάμνησιν) daran hatten die Israeliten die eherne Schlange bekommen.

Sap betreibt hier einen stufenweisen *Abstraktionsvorgang* : Ausgangspunkt ist die eherne Schlange in Num 21, bei deren Anblick die von Schlangen gebissenen Menschen gerettet wurden. Diese eherne Schlange hatte selbst keine rettende Kraft, sie war nur Zeichen der Rettung. In einer weiteren Abstraktion verweist Sap auf das Gesetz als die eigentlich rettende Kraft.[293]

4.3.2.3. *V7: Gott, der eigentliche Retter*
Dieser den Bezugstext korrigierende Abstraktionsvorgang setzt sich auch in V7 fort:

> 7"Denn wer sich hinwandte wurde nicht durch das Geschaute gerettet,
> sondern durch dich, den Retter aller."

---

[289] Die eherne Schlange hatte sogar einen Eigennamen: Νεεσθαν, womit LXX versucht, den Eigennamen נְחֻשְׁתָּן des MT wiederzugeben (2. Kön 18,4), der lautmalerisch Bezug nimmt auf die "eherne Schlange" (נְחַשׁ נְחֹשֶׁת) aus Num 21,9. Auch W.ZIMMERLI, Bilderverbot, S.255f, sieht die Einbindung von Num 21 in die Murrgeschichten; hinter der ehernen Schlange sei das heilkräftige Bild einer Schlangengottheit; die Opferdarbringung bis in die Zeit Hiskias verrät seiner Meinung nach deutlich, was sich der Glaube des Volkes von diesem Bild versprochen hat.
[290] MT: der Aschera.
[291] Von Hiskia wird 4. Reg 18,5-6 gesagt, daß er die Gebote Gottes beachtete (ἐφύλαξεν τὰς ἐντολὰς αὐτοῦ).
[292] In Dtn 32,47 wird vom Gesetz gesagt: "Denn es ist kein leeres Wort für euch, denn es ist euer Leben (ὅτι αὕτη ἡ ζωὴ ὑμῶν)..."
[293] Zur Religionspolemik des Abschnittes V5-7 und der eigentlichen Gegenüberstellung s.u.

Sap nimmt die Hinwendung der Israeliten zur ehernen Schlange auf.[294] ὁ γὰρ ἐπιστραφείς ist aber mehrdeutig. ἐπιστρέφειν kann hier transitiv mit Auslassung des Objekts oder intransitiv gebraucht sein. In intransitiver Verwendung ist ἐπιστρέφειν der LXX-Terminus für das hebräische Wort שוב.[295] Durch die Polyvalenz dieses Verbs bringt Sap also das Motiv der Umkehr in ihre Anspielung an Num 21,4-9: "Denn wer umkehrte...". Möglicherweise verarbeitet Sap auf diese Weise das Schuldeingeständnis des Volkes Num 21,7 und deutet es als Umkehr. Damit verknüpft wäre dann im Duktus von V5-7, daß nur diejenigen gerettet wurden, die auch umkehrten.

Auch in V7 *abstrahiert* Sap von der rettenden Kraft der ehernen Schlange. Die Rettung geschah nicht durch das Geschaute (V7a). Legte V6 das Verständnis nahe, das Gesetz sei die rettende Kraft, die hinter dem Zeichen der Rettung steht, so geht in V7b Saps Abstraktion auf *Gott*. Durch ihn geschah die Rettung, er ist der Retter (ὁ σωτήρ) aller.[296] Sap geht hier noch einen Schritt weiter als in V6. Hinter dem Gesetz steht Gott als Gesetzgeber. Und als solcher und vermittelt durch sein Gesetz ist er der Retter aller Menschen.[297]

4.3.2.4. Die Interpretation des Bezugstextes Num 21 in V5-7

In der Anspielung auf Num 21,4-9 in V5-7 nimmt die Interpretation der ehernen Schlange den breitesten Raum ein. In mehreren Schritten abstrahiert Sap von der rettenden Kraft des von Mose verfertigten Gußbildes hin zu den Dingen, die in ihren Augen retten können. "Abstrahieren" heißt in dem Zusammenhang: Sap lenkt den Blick weg von dem "Götzenbild" und die Assoziationen hin zum rettenden Gesetz und zum rettenden Gott. Die eherne Schlange kann nicht selbst retten, sie ist lediglich ein Zeichen der Rettung.

Betrachtet man nach V5-7 den positiven Teil der eigentlichen Gegenüberstellung V10, erkennt man auch dort den Abstraktionsvorgang. Was in V5-7 das Gesetz bzw. Gott als Retter aller ist, erscheint dort als personifiziertes Erbarmen Gottes. Es ist fraglich, ob man darin eine stärkere Abstraktion als in V5-7 sehen kann. Ist die auf das Panier gesteckte eherne Schlange Gottes Erbarmen, das vorübergeht und die Israeliten heilt? Das Schlangenbild wurde ja mitgetragen, wie sonst hätte es seinen Weg in den Jerusalemer Tempel gefunden?

---

[294] In Num 21,9 verwendet LXX ἐπιβλέπειν.

[295] Ca. 400x übersetzt LXX שוב mit ἐπιστρέφειν.

[296] In Sap 9,18; 10,6.9.13.15 war die σοφία diejenige, die einzelne Gerechte oder das gerechte Volk aus verschiedenen Situationen rettete.

[297] Gott als "Retter aller" Esther 5,1a: ...ἐπικαλεσαμένη τὸν πάντων ἐπόπτην θεὸν καὶ σωτῆρα... Gott wird im AT sehr oft als σωτήρ angerufen und bezeichnet: Dtn 32,15; Ψ 23,5; 24,5; 26,1.9; Sir 51,1; Jes 12,2; 45,15.21; 62,11; 1. Mak 4,30; 3. Mak 6,29.32 u.ö. Im Richterbuch bezeichnet σωτήρ den Retter/Richter Israels (Ri 3,9.15; 12,3B; auch Neh 9,27).

In Saps Interpretation wird aus der Geschichte der Bestrafung des Volkes durch Schlangen für seine Auflehnung Num 21,4-9 eine *Rettungsgeschichte*. Deutlich zeigt Sap, daß nur Gott als Retter in Frage kommt. Was in V5 als ein den ägyptischen Tierplagen gleichwertiges Ereignis eingeführt wird, endet in V7 mit der fast bekenntnishaften Formulierung, daß Gott der Retter aller ist. Auch wenn die Formulierung an dieser Stelle nicht eingeschränkt ist, wird man einfügen müssen "aller Gerechten", denn nur ihnen gegenüber währt sein Zorn nur kurze Zeit. Die Bestrafung *interpretiert Sap um* zur Warnung. Die Rettung kommt, ohne daß die Schuld eingestanden wurde,[298] und sie verliert auch ihren wunderbaren Charakter. Die Rettung durch die eherne Schlange erhält eine vernünftige Erklärung: Es ist das Gesetz, das die Rettung bringt, bzw. der hinter allem stehende rettende Gott.

4.3.3. *Der religionspolemische Hintergrund im positiven Teil der Gegenüberstellung*

4.3.3.1. Die religionspolemische Verwendung von σωτήρ in V7
Wenn V7 Gott als ὁ πάντων σωρτήρ bezeichnet, greift Sap damit auf einen in LXX mehrfach verwendeten Titel Gottes zurück. LXX übersetzt mit σωρτήρ Formen vom Stamm ישע.[299]
In Ägypten wurden die Götter Isis und Sarapis, aber auch die Herrscher Ptolemaios und Berenike als σωτῆρες bezeichnet.[300] Ihnen gegenüber erscheint hier *Gott* als der wahre Retter; das wird V8 mit dem betonten σύ noch unterstreichen.[301]
Sap wendet sich aber auch gegen den Äskulapkult: Das "Geschaute", durch das die Israeliten nicht gerettet wurden (V7), war die auf einen Stab gesteckte Schlange. Das so "Geschaute" kann auch als das Symbol des Äskulap(kultes) mißverstanden werden. Äskulap wurde zur Abfassungszeit

---

[298] Zur Möglichkeit, hinter ἐπιστρέφειν (V7a) das Motiv einer Umkehr zu erkennen s.o.
[299] G.ZIENER, Theologische Begriffssprache, S.49, irrt, wenn er σωτήρ als Übersetzung von גאל behauptet. Formen von גאל übersetzt LXX in der Regel mit Derivaten von ῥύεσθαι.
[300] Zu Stellenangaben s. G.ZIENER, Theologische Begriffssprache, S.49.
[301] S. dazu A.SCHMITT, Weisheit, S.10: "Der Vf. setzt sich offensichtlich mit Ideen seiner Zeit auseinander, die den Anspruch erhoben, Genesung in Krankheit zu vermitteln. Zahlreiche Götter als Helfer in Krankheit (Asklepios, Hygieia, Sarapis, Isis, Herakles, Dionysos) und Heiligtümer (Epidauros, Athen, Pergamon, Ephesus), in denen man Heilung suchte, sind aus dieser Epoche aufgrund von Inschriften, Bildern, Votivreliefs und Hymnen bekannt." Ähnlich formuliert SCHMITT ebd. S.69. Der mit σωτήρ verbundene Aspekt eschatologische Aspekt der Rettung sollte nicht aus dem Blick geraten, auch wenn er an dieser Stelle, anders als wahrscheinlich in Kap 10, nicht im Vordergrund steht.

Saps längst als σωτήρ bezeichnet, auch waren seine iatrischen Funktionen schon auf Isis übertragen.[302]
Sap verneint somit sowohl die homöopathische Heilkraft der ehernen Schlange - "das Geschaute" kann nicht retten - als auch die Retter-Ansprüche anderer Gottheiten: Auch die Schlangen als Begleit- bzw. Repräsentationssymbole der Gottheiten (Isis; Sarapis u.a.) retten nicht. Gott ist der wahre Retter.

4.3.3.2. Die Religionspolemik der eigentlichen Gegenüberstellung V9-10

In ihrer polemischen Ausrichtung geht die eigentliche Gegenüberstellung möglicherweise auf die Unbesiegbarkeit der Israeliten durch die ägyptischen Uräus-Schlangen. Die mit breitem Hals zum Biß bereite Kobra war in der darstellenden Kunst Ägyptens zu allen Zeiten Begleitsymbol für Königs- aber auch für Götter- und Göttinnendarstellungen. In paariger Anordnung sind die Uräen Sinnbild für Ober- und Unterägypten.[303]
Die Uräen als Herrscher- und Machtinsignien, aber auch als Begleitsymbole der ägyptischen Gottheiten konnte Sap gut als die giftsprühenden Schlangen verstanden haben, die die Israeliten bedrohten. Bezogen auf die AdressatInnen in Alexandria hat diese Gegenüberstellung stärkende Funktion: Die Juden lebten in der ägyptischen Diaspora, hatten aber trotz der "Verlockungen" durch ägyptische Gottheiten - hier angesprochen durch die sie begleiteten Uräen - ihre Identität bewahrt und sollten sie weiter bewahren. Dies ist die eher religionspolemische Stoßrichtung. Doch ist auch eine Polemik gegen den ägyptischen Regenten in der eigentlichen Gegenüberstellung erkennbar: Während des Ägyptenaufenthaltes der Israeliten hatte auch die giftsprühende Uräus-Schlange des Pharao die Israeliten nicht besiegen können. In dieser Zeit wurden die Ägypter dagegen von den Bissen harmloser Tiere getötet.

Mit der Gegenüberstellung wird unter Aufnahme der Bezugstexte auch eine religions- bzw. herrscherpolemische Stoßrichtung verfolgt. Anknüpfungspunkt ist neben den Uräusdarstellungen auch der Asklepios-Kult, der sich in ptolemäischer Zeit mit ägyptischen Gottheiten verbunden hatte.

---

302 S. dazu E.THRAEMER, Art. Asklepios, Sp. 1661f u. 1677. Zu Isis als σωτήρ s. APULEIUS, Metamorphosen XI, 25,1: " 'Tu quidem, sancta et humani generis sospitatrix perpetua,...` ".
303 Um nur ein Beispiel zu geben, sei auf die Darstellung 3 "Oberteil einer Scheintür" in: KLEOPATRA, Ägypten um die Zeitenwende, S.90, und den dazugehörigen Begleittext S.92f verwiesen. Im Oberstock dieser Scheintür ist vierfach die (geflügelte) Sonnenscheibe mit zwei Uräen dargestellt, der Fries wird durch eine Vielzahl aneinandergereihter Uräen gebildet. Zur jeweiligen Funktion s. den Begleittext. Man beachte auch die Uräen in der Mehrzahl der übrigen Katalogabbildungen.

4.3.4. V8: Reflexiver Abschnitt zu V5-7 und Vorbereitung der eigentlichen Gegenüberstellung

V8 knüpft mit ἐν τούτῳ an V5-7 an. Die Interpretation der Geschichte von der ehernen Schlange war in Saps Augen verbunden mit einer Demonstration von Gottes alleiniger Retterschaft gegen die Gottlosen:

8"Und dadurch bewiesest du unseren Feinden,
daß du der Retter aus allem Übel bist."

πείθειν läßt wieder einen pädagogischen Aspekt erkennen: Als Reflexion der Israeliten wird formuliert, daß Gott den Ägyptern durch die Errettung der Israeliten vor dem Tod durch Schlangenbisse seine alleinige Retterschaft vor allem Bösen bewiesen hat. Der Vers zielt hin auf die unmittelbar folgende eigentliche Gegenüberstellung in V9-10. Er geht davon aus, daß für die Ägypter aus dem Vergleich ihres Sterbens an Insektenbissen (V9) mit der Unbesiegtheit der Israeliten durch Schlangenbisse Gott als Retter bewiesen ist. Eine Gotteserkenntnis der Ägypter wird nicht ausgesagt. Das erzieherische Moment Gottes liegt darin, daß er den Feinden *bewiesen* hat, daß *er* der Retter aus allen Bösen ist. Damit ist nach Saps "Exkurs" in 11,16 - 12,27 implizit folgendes Urteil verbunden: Hätten sich die Ägypter an Gott gehalten, wären sie also umgekehrt, wäre ihnen der Tod durch Insektenbisse erspart geblieben, hätte ein Heilmittel für ihr Leben gefunden werden können.[304] In der Rückschau hält Sap das für bewiesen, was aber noch keine Änderung in der Einstellung der Ägypter Gott gegenüber zur Folge haben muß bzw. hat.
Mit der Einführung der Feinde Israels (ἐχθροὶ ἡμῶν) weist Sap voraus auf deren Erfahrung des Todes durch Insektenbisse im negativen Teil der Gegenüberstellung V9.

V8b schließt sich inhaltlich eng an V7b an. Beidesmal erscheint Gott als Retter. V7b formuliert substantivisch "du bist der σωτήρ", setzt also Gott mit dem Retter gleich. V8b gebraucht das Partizip ὁ ῥυόμενος und leitet die Retterschaft Gottes damit eher von seinem Handeln her.[305] Während Gott in V7b ὁ σωτὴρ πάντων genannt wird, ist in V8b seine Eigenschaft im Blick, daß er *aus* allem Bösen rettet.

---

[304] Vgl. die unpersönliche Formulierung V9b "...und es wurde kein Heilmittel für ihr Leben gefunden..." mit der heilenden Kraft des personifizierten Erbarmens Gottes in V10b "...denn dein Mitleid ging vorüber und heilte sie". Indirekt ist damit auch ein Gegensatz von "Umkehr" (man beachte den Nebenaspekt von ἐπιστρέφειν !) und "Nicht-Umkehr" in die Gegenüberstellung hineinverwoben.

[305] Zur Terminologie vgl. die Übersetzung von נצל in Jes 44,6; 47,4; 48,17.20; 49,7; 51,10; 52,9; 54,5.8; 59,20; 63,16 LXX mit ὁ ῥυόμενος [τὸν Ἰσραηλ]. Für H.MANESCHG, Gott, Erzieher, Retter und Heiland seines Volkes, S.220, klingt "der aus allem Übel befreit" fast schon wie ein Titel Gottes. Gottes Rettermacht sieht MANESCHG darauf beruhend, daß er der Schöpfer ist und verweist auf die Stellen Sap 16,24ff; 19,18ff.

Sieht man V8b nicht nur in seiner Beweisfunktion gegenüber den Feinden, sondern auch im Anschluß an V5-7, so wird wieder die Abstraktion von der ehernen Schlange hin zu Gottes Rettermacht deutlich. κακόν auf die Schlechtigkeit der Israeliten, d.h. auf ihre Auflehnung zu beziehen ist dann immerhin möglich; damit wäre Israels Fehlverhalten ein weiteres Mal zugegeben.

V8 fungiert als Verbindungsglied zwischen der interpretierenden Aufnahme des Bezugstextes Num 21,4-9 in V5-7 und der eigentlichen Gegenüberstellung. Letztere wird in diesem Vers unter Aufnahme der Interpretation aus V5-7 vorbereitet.

4.3.5. *V11-12: Reflexion zur Errettung vor dem Tod durch Schlangenbisse*

Über die Bedeutung der Errettung vor dem Tod durch Schlangenbisse, also den positiven Teil der Gegenüberstellung, denkt Sap in V11-12 noch einmal nach. Nach V5-7.8 und 9-10 muß man mit der Verarbeitung und auch Weiterführung der dort geleisteten Interpretation rechnen.

4.3.5.1. *V11: Die Schlangenbisse als Erinnerungshilfe*
Schon V11a zeigt die Anknüpfung an V5-7: Die Schlangenplage geschah, damit die Israeliten zur Erinnerung an Gottes Verheißungen angestachelt würden.

> 11"Denn zur Erinnerung an deine Worte[306] wurden sie angestachelt
> und schnell wurden sie gerettet,
> damit sie nicht in tiefes Vergessen fielen,
> nicht gehindert würden an deinen Wohltaten."

Der Begriff λόγιον in V11a schillert in seiner Bedeutung zwischen "Wort" und "Orakel". Der Abschnitt ist in V11a und V12b durch die Worte λόγιον und λόγος gerahmt. Zur Erinnerung an Gottes Worte wurden die Israeliten angestachelt, durch sein Wort werden sie geheilt.

Wie in V6b verbindet Sap mit der Schlangenplage auch hier eine pädagogische Absicht. Nur geschieht diese hier nicht zur Warnung, sondern die Israeliten werden zur Erinnerung angestachelt. Ihrem Gedächtnis wird auf

---

[306] ὑπόμνησις τῶν λογίων σου; D.GEORGI, Weisheit Salomos, S.459, übersetzt λόγιον mit "Orakel", was der eigentlichen Bedeutung näher kommt als "Wort".

die Sprünge geholfen.[307] Auch hier kommt nicht zur Geltung, daß die Schlangen in Num 21 Strafe für die Auflehnung des Volkes waren. Dafür zeigt Sap sehr deutlich, was den Israeliten in der Situation Num 21,4-9 fehlte: Erinnerung an und Vertrauen auf Gottes Verheißungen. Mit ihnen waren sie aus Ägypten ausgezogen. Auch der Exodusgemeinde galt die Verheißung, einst ein eigenes Land zu besitzen und zu einem großen Volk zu werden. Anstatt auf die Erfüllung zu vertrauen, murren sie, haben Angst, in der Wüste zu sterben und die wunderbare Nahrung hängt ihnen zum Halse heraus.
In Saps Augen war es also die Erinnerung an diese ursprünglichen Verheißungen Gottes, die die Israeliten gerettet hat.[308]

In V11b verschweigt Sap den Tod vieler Israeliten durch die Schlangenbisse (s. Num 21,6: "...und es starb viel Volk der Israeliten.") vollends. In V5-7 wurde er noch angedeutet. Auch auf das Schuldeingeständnis Israels findet sich kein Hinweis mehr; die Israeliten werden sofort gerettet. Es hat den Anschein, als wolle Sap im Verlauf der dritten Gegenüberstellung das Geschehen Num 21 immer mehr zugunsten der Israeliten abmildern. V11a.b lassen auch offen, wodurch die Rettung geschah. Die Anstachelung zur Erinnerung legt nahe, daß sie durch diese Erinnerung und damit durch Gottes "Worte" geschah. Hinter der passivischen Formulierung "sie wurden gerettet" kann sich aber auch ein Hinweis auf Gott als Retter verbergen. Auffällig ist, daß sowohl in V6b als auch in V11b jeweils im Anschluß an eine Erinnerung (V6a: an das Gebot von Gottes Gesetz; V11a: an Gottes Orakel) von Rettung gesprochen wird.[309]

V11c setzt die Interpretation von Num 21,4-9 als einer Tat Gottes zur Erinnerung des Volkes fort. "...damit sie nicht in tiefes Vergessen fielen..." hat von den Wortbedeutungen her verschiedene Bezugsmöglichkeiten. Einmal kann sich der Satz auf die Rettung der Israeliten beziehen. Das Volk wurde vor der völligen Vernichtung durch die Schlangen bewahrt, damit es nicht bei den anderen Völkern in Vergessenheit geriet. Zum anderen arbeitet Sap mit dem Wortoppositionspaar "Erinnerung - Vergessen" ($\dot{\alpha}\nu\dot{\alpha}\mu\nu\eta\sigma\iota\varsigma$ [V6b]/$\dot{\upsilon}\pi\dot{o}\mu\nu\eta\sigma\iota\varsigma$ [V11a] <—> $\lambda\dot{\eta}\theta\eta$). Israel sollte nicht in einen Zustand des Vergessens geraten, in dem es sich nicht mehr an Gottes Verheißungen erinnerte. Damit wäre dieser Satz mehr auf das anstachelnde Handeln Gottes bezogen.

---

[307] $\dot{\epsilon}\gamma\kappa\epsilon\nu\tau\rho\dot{\iota}\zeta\epsilon\iota\nu$ (vgl. $\kappa\dot{\epsilon}\nu\tau\rho o\nu$ = der Stachel) wird auch für das Anspornen des Pferdes durch die Sporen verwendet; Hapaxlegomenon in LXX.
[308] Erinnerung an Gottes Verheißung und Rettung sind auch bei Philo VitMos I,173 miteinander verbunden. Als das Volk Mose ob der aussichtslosen Lage am Schilfmeer anging, gedenkt er der Verheißungen ($\chi\rho\eta\sigma\mu o\iota$), bevor er seine Rede an das Volk beginnt.
[309] Das erinnert stark an das pädagogische Konzept der Erinnerung an den Exodus: "Wenn dich dein Sohn fragt: ´Was haben ... zu bedeuten?`..." (Dtn 6,20ff), wo ja auch die gegenwärtige und das zukünftige Heil durch Erinnerung an die Geschichte und die Gesetzesbeachtung gewährt werden soll.

Dieser Bezug wird noch unterstrichen, wenn man bedenkt, daß λήθη der Name des Unterweltsflusses ist. Wer in der Unterwelt das Λήθης ὕδωρ trinkt, fällt in ewiges Vergessen (auch hier ist ein Verständnis als persönlicher Zustand und als Vergessenheit bei anderen Menschen möglich), ein Bild für das traurige Los, das die Verstorbenen trifft.[310]
Dtn 8,19 kündigt Israel den sicheren Untergang an, falls es des Herrn, seines Gottes vergäße (ἐὰν λήθη ἐπιλάθη κυρίου τοῦ θεοῦ σου...) und andere Götter verehre. Gerade in diese Art des Vergessens sollte Israel nicht fallen, denn es sollte ja noch Gottes Wohltaten erfahren.
Liest man V11 von Dtn 8,19 her, setzt sich Gott selbst dafür ein, daß er bei seinem Volk nicht in Vergessenheit gerät. Auch die Interpretation der ehernen Schlange als Zeichen der Rettung wird von hier aus verständlich: Zu leicht konnte sie als Göttin mißverstanden werden und das zumal in der Zeit und Umwelt, in der Schlangen göttliche Symbole waren.[311]

Als wesentlich bleibt festzuhalten, daß Sap das Handeln Gottes als Erinnerungstat verstand. Er wollte Israel nicht aus der Erinnerung der anderen Menschen verschwinden lassen und er wollte, daß es sich seiner Verheißungen erinnerte.
Nicht Bestrafung ist bei Sap das Motiv für Gottes Handeln, sondern die Teilhabe des Volkes an seinen Wohltaten. V11d nennt die εὐεργεσίαι, die als Kontrast zur Züchtigung der Ägypter in der eigentlichen Gegenüberstellung fehlte.

4.3.5.2. V12: Noch einmal: Gott der alleinige Retter

V12 setzt die Tendenz aus V5-7 fort, Num 21,4-9 allein in Richtung Rettung durch Gott zu interpretieren. Die Betonung liegt dabei eher im iatrischen Bereich:

12"Denn es heilte sie weder Kraut noch Pflaster,
sondern dein Wort, o Herr, das alles heilt."

Das Auflegen von Kräutern oder das Anlegen von Pflastern aus Kräutern oder anderen Substanzen waren in der antiken Heilkunst gängige Verfahren zur Heilung von Schlangenbissen.[312] Diese Heilverfahren kamen nun

---

[310] H.KÖSTER, Einführung, S.167. Auch in der Unterwelt gibt es als Gegenstück die Quelle der Erinnerung (Mnemosyne). Wer aus ihr trinkt, wird in den Kreis der Götter oder Heroen versetzt (ebd.). Der Gegensatz zwischen Quelle der Erinnerung und Quelle des Vergessens könnte auch für den Duktus der Interpretation von Num 21 in V11-12 eine Rolle gespielt haben. Vgl. auch A.SCHMITT, Das Buch der Weisheit, S.122.
[311] S. hierzu Dtn 4,15ff: "So hütet euch..., euch irgendein Gußbild anzufertigen..., das Abbild eines Kriechtieres (ὁμοίωμα παντὸς ἑρπετοῦ)..." Als Begründung dient, daß sich Gott Israel aus Ägypten erwählt hat.
[312] S. R.HARTMANN, Art. Schlange, Sp. 501 und Sp. 494-508 passim.

bei den Israeliten damals gar nicht zur Anwendung.[313] Nicht Kraut oder Pflaster heilte sie, sondern Gottes Wort.

Hinter V12 steht die Vorstellung vom heilenden Wort Gottes wie sie etwa Ψ 106,20 zum Ausdruck kommt. Ψ 106,17-20 selbst ist eine Interpretation der Geschichte von der ehernen Schlange, die sich aber sehr viel enger als Sap an den Bezugstext hält. Israel wird aufgrund seiner Gesetzlosigkeit (ἀνομία) gedemütigt (ἐταπεινώθησαν) (V17).[314] Die Israeliten empfinden Ekel vor jeder Speise und sind dem Tode nahe (ob aufgrund des Ekels oder aufgrund der Schlangenplage ist nicht klar erkennbar, der Text bleibt uneindeutig) (V18). Sie schreien zum Herrn in ihrer Not (V19a) und er rettet sie daraus (V19b). ἀπέστειλεν τὸν λόγον αὐτοῦ καὶ ἰάσατο αὐτοὺς καὶ ἐρρύσατο αὐτοὺς ἐκ τῶν διαφθορῶν αὐτῶν (V20). Die eherne Schlange wird als Entsendung des göttlichen Wortes gedeutet, auch hier wird von der Wirksamkeit der ehernen Schlange selbst abstrahiert auf Gott, der durch sein Wort eigentlich retten kann.[315] In V12 übernimmt Sap diese Interpretation im Hinblick auf das heilende Wort Gottes.[316]

Ex 15,26 nennt Gott sich selbst Israels Arzt: ἐγὼ γάρ εἰμι κύριος ὁ ἰώμενός σε. In diesem Vers wird Israel verheißen, daß es keine der ägyptischen Krankheiten (gemeint sind die Plagen) erleiden müsse, wenn es sich treu an Gottes Gebote halte (Ἐὰν ... ἐνωτίσῃ ταῖς ἐντολαῖς αὐτοῦ καὶ φυλάξῃς πάντα τὰ δικαιώματα αὐτοῦ...) und wohlgefällig vor ihm wandle.
Die Schlangenplage war nun vergleichbar mit den ägyptischen Plagen, die durch Tiere hervorgerufen wurden, das zeigte ja schon V5. Vielleicht insistiert Sap durch V12 indirekt auf dem Schluß der Verheißung Ex 15,26, d.h. auf der Retterschaft Gottes, um zu zeigen, daß die Schlangenplage doch einen anderen Charakter hatte, da sie ja von Gott, dem Arzt, geheilt wurde.[317] Sie will damit beweisen, daß nicht Gottes Verheißung hinfällig

---

[313] V12a ist nicht so zu verstehen, als seien Kräuter und Pflaster angewendet worden, hätten aber keine Wirkung gezeigt.
[314] Es ist möglich, daß Ψ 106,17-20 auch die Interpretation Saps in V5-7 beeinflußt hat, die die Schlangenplage zur Erinnerung an Gottes Gesetz geschehen sein läßt. Die Israeliten kamen dadurch vom Weg der Gesetzlosigkeit ab (vgl. Ψ 106,17) und hin zur Erinnerung an das Gesetz.
[315] Ob mit den Lobopfern, die die Geretteten darbringen sollen (καὶ θυσάτωσαν θυσίαν αἰνέσεως; Ψ 106,22), Opfer vor Gott in Anspielung auf die Opferpraxis vor der ehernen Schlange gemeint sind (4. Reg 18,4) bedürfte näherer Untersuchung.
[316] Der Hintergrund für die Aussage vom heilenden Wort Gottes und sein evtl. Zusammenhang mit dem Gesetz (V5-7; V11-12) müßte zur weiteren Klärung untersucht werden. Ψ 106,20 ist mit Sicherheit eine Schlüsselstelle zur Erklärung unserer Stelle.
[317] Gott als der Arzt, der im Gegensatz zu menschlichen Ärzten wirklich heilen kann steht auch hinter der Aussage 2. Chr 16,12.

ist, sondern die Schlangenplage einen anderen Hintergrund als die ägyptischen Plagen hatte.[318]

4.3.6. V13-15: Verallgemeinernde Reflexion zu Gottes Macht über Leben und Tod

Nachdem Sap in V5-12 mehrmals Gottes rettendes und heilendes Handeln anhand von Num 21,4-9 veranschaulicht hat, schließt in V13-15 ein zweiter, verallgemeinernder Reflexionsteil die Gegenüberstellung ab.[319] V13-15 vergleichen Gottes Macht (ἐξουσία) über Leben und Tod mit der des Menschen. Die Verse lassen von Wortwahl und Inhalt her gesehen keinen direkten Bezug zur Gegenüberstellung erkennen.

> [13]"Denn du hast Macht über Leben und Tod
> und du führst hinab zu den Pforten des Hades und führst herauf.
> [14]Ein Mensch tötet zwar in seiner Bosheit,
> den entweichenden Geist aber bringt er nicht zurück,
> noch erlöst er die aufgenommene Seele.
> [15]Aber deiner Hand zu entfliehen ist unmöglich."

V13b und V15 wirken fast wie ein Zitat von Tob 13,2c.d nach der Version des Alexandrinus und Vaticanus.[320] Es wäre dies das einzige Zitat in Sap, die gerade im dritten Hauptteil die Bezugstexte sonst immer über Anspielungen vergegenwärtigt.[321] Um für diesen Fall das Ausmaß der Übereinstimmung deutlich zu machen, stelle ich Tob 13,2c.d und Sap 16,13b.15 einander synoptisch gegenüber:

Sap 16,13b.15	Tob 13,2c.d (B/A)
...καὶ κατάγεις εἰς πύλας ᾅδου καὶ ἀνάγεις· ...	...κατάγει εἰς ᾅδην καὶ ἀνάγει,
Τὴν δὲ σὴν χεῖρα φυγεῖν ἀδύνατόν ἐστιν.	καὶ οὐκ ἔστιν ὃς ἐκφεύξεται τὴν χεῖρα αὐτοῦ.

In beiden Texten begegnen keine sprachlichen Hinweiszeichen, die auf eine gegenseitige Zitierung schließen lassen könnten, zudem zeigt die

---

[318] Die durch die Beachtung der göttlichen Gebote bedingte Verheißung Ex 15,26 wirft auch ein interessantes Licht auf V6b, wo die eherne Schlange als Symbol der Rettung zur Erinnerung an "Gottes Gebot des Gesetzes" dient.
[319] A.SCHMITT, Das Buch der Weisheit, S.125: "Wie bereits dargelegt, tendiert der Verfasser zu einer Steigerung von der konkreten Begebenheit in Num 21[4-9] hin zum Allgemeingültigen."
[320] Von der Wortwahl her ist natürlich auch ein Bezug zur Sinaiticus-Version (S) von Tob 13,2 möglich.
[321] Vielleicht kann man aus der Tatsache, daß Sap Tob 13,2 *zitiert*, auf andere Texte aber *anspielt*, die Schlußfolgerung ziehen, daß Tob für Sap noch nicht zum Kanon gehörte?

obige Synopse, daß es kein wortwörtliches Zitat ist.[322] Eine direkte literarische Abhängigkeit von Tob 13,2c.d ist für Sap 16,13b.15 möglich, aber nicht zwingend nachzuweisen. Beide Textstellen können auch der unterschiedliche Niederschlag einer Tradition sein, die Gottes Macht über Leben und Tod thematisiert. Sap formuliert diese in direkter Gottesanrede: "Es ist unmöglich, deiner Hand zu entfliehen." Tob redet von Gott in der dritten Person und formuliert unpersönlich "es gibt niemanden, der seiner Hand entfliehen könnte".
Tob 12,2c.d will innerhalb des Lobgesangs des Tobias auf Gottes Macht über Leben und Tod hinweisen. Sap 16,13-15 geht es um die Gegenüberstellung von göttlicher und menschlicher Macht, nachdem Gott als der alleinige Retter mehrfach hervorgehoben worden ist.
Diese unterschiedliche Funktion muß aber kein Argument gegen eine literarische Abhängigkeit sein. In Tob 13,2 geht unmittelbar voran, daß Gott züchtigt und sich erbarmt (αὐτὸς μαστιγοῖ καὶ ἐλεᾷ), was gut eine assoziative Zuordnung zu den Gegenüberstellungen erklären könnte. Vielleicht las Sap aus Tob 13,5-6 (B/A) "Er hat uns gezüchtigt in unseren Ungerechtigkeiten und sich wieder erbarmt ... Wenn ihr euch ihm mit ganzem Herzen zuwendet..." eine Anspielung auf Num 21,4-9 heraus. Unrecht, Strafe, Erbarmen Gottes und eine Hinwendung des Volkes finden sich ja auch dort.[323] Diese Art der Textkombination wäre dann ein weiteres Beispiel für die assoziative Vorgehensweise Saps, einen Text durch *Kombination* mit anderen Texten zu interpretieren.

Innerhalb des AT finden sich ähnliche Aussagen über Gottes Macht über Leben und Tod auch in Dtn 32,39; 1. Reg 2,6; [Ψ 138,8]; Jes 26,19[324]; 38,10. Es wird jeweils Gottes Macht über Leben und Tod bzw. sein auch das Totenreich umfassender Herrschaftsbereich angesprochen.[325] Heilung und heilendes Handeln Gottes werden als Gegenstück zu Tod und Verderben gesehen (vgl. Dtn 32,39; Jes 26,19).
Bemerkenswert ist in diesem Zusammenhang, daß auch Ψ 106,18 von den "Pforten des Todes" spricht - und das in dem Abschnitt, der Num 21,4-9 interpretiert. Der Einfluß dieses Psalmabschnittes auf unseren Text reicht also über die Deutung der ehernen Schlange als Wort Gottes hinaus. Die Übereinstimmungen sind mehr als zufällig und der Befund bestätigt

---

[322] A.SCHMITT, Das Buch der Weisheit, S.127, spricht von einer "zitatähnlichen Anspielung", dazu s.a. U.OFFERHAUS, Komposition, S.157f.
[323] Sap 16,7 hat mit Tob 13,6 auch das Stichwort ἐπιστρέφειν gemeinsam. Das kann Zufall sein. Doch ist mir an dieser Stelle zum erstenmal der Gedanke gekommen, ob Sap bei der Kombination ihrer Texte nicht eine Konkordanz benutzt haben könnte.
[324] Hier ist der Unterschied zwischen LXX und MT zu beachten. Jes 26,19b kontrastiert das Geschick der Toten, denen der von Gott geschickte Tau ein Heilmittel (ἴαμα) ist mit der Erde der Gottlosen, die zugrunde gehen wird.
[325] Zu den πύλαι ᾅδου vgl. Jes 38,10; 3. Makk 5,51 und Hi 38,17 (πύλαι θανάτου); s.a. Ψ 9,14.

erneut die Beobachtung, daß Sap ihre Interpretation durch eine Kombination von Bezugstexten gewinnt.
Über diese *assoziative Kombination* des ursprünglichen Bezugstextes mit Tob 13,2c.d bzw. einer ähnlich lautenden Tradition, mit ψ 106,18 und vielleicht den allgemeinen Aussagen über Gottes Macht über Leben und Tod (z.B. Dtn 32,39) gelangt Sap zu der Abstraktionsebene von V13-15. Aus der konkreten Rettung vor dem Tod durch Schlangenbisse folgert sie die allgemeine Aussage über Gottes Macht über Leben und Tod.

V13 und V14 sind deutlich antithetisch konstruiert: σὺ γάρ... ἄνθροπος δέ... Abgeleitet aus der eigentlichen Gegenüberstellung reflektiert Sap menschliche und göttliche Möglichkeiten angesichts des Todes. Die Formulierungen der eigentlichen Gegenüberstellung V9-10 können ein Schlüssel zum Verständnis von V13-15 sein. "...es wurde kein Heilmittel für ihr Leben gefunden..." bzw. "...man konnte kein Heilmittel für ihr Leben finden..." (V9b) steht im Kontrast zu Gottes Erbarmen, das vorübergeht und seine Söhne heilt (V10b). Der Mensch in seiner Bosheit wiederum ist nur fähig zu töten,[326] er kann aber weder den Geist zurückbringen noch die Seele (das Leben) erlösen (V14). Damit bringt V14 den negativen Teil der eigentlichen Gegenüberstellung auf eine theoretische Ebene: Es liegt an der Unfähigkeit des Menschen zu retten und zu erlösen, daß kein Heilmittel für die Gottlosen gefunden wurde. Die Gerechten aber wurden von Gott gerettet.
Die positiven Entsprechungen zu der Unfähigkeit des Menschen sind Fähigkeiten Gottes. In V5-12 hat Sap Gottes Retterschaft im Konkreten bewiesen, in V13.15 wird sie auf die theoretische Ebene gebracht: Gott hat die Macht über Leben und Tod, seiner Hand zu entfliehen ist einem Menschen unmöglich. Die Verse 13-15, besonders aber V13.15 wirken fast wie ein Bekenntnis.[327]

V15 ist wiederum ein Schaltvers. Er beschließt den Abschnitt V5-15. Die Unmöglichkeit, Gottes Hand zu entfliehen gilt für Gottlose und Gerechte, beide erreicht er mit seiner Macht über Leben und Tod.
Gleichzeitig leitet V15 die vierte Gegenüberstellung ein. Der negative Teil der vierten Gegenüberstellung verifiziert die Unmöglichkeit, Gottes Hand zu entfliehen: Die Gottlosen leugneten, Gott zu kennen, wurden aber durch seinen Arm mit Hagelgüssen gegeißelt (V16). Über das Wortfeld (V15: Hand; V16: Arm) ergibt sich eine zusätzliche Verknüpfung zwischen V15 und V16ff.

---

[326] Möglicherweise intendiert Sap auch einen Kontrast zwischen der Bosheit, in der der Mensch tötet (ἄνθροπος ἀποκτέννει τῇ κακίᾳ αὐτοῦ) und der angemessenen, erhabenen Macht, in der Gott tötet.
[327] A.SCHMITT, Das Buch der Weisheit, S.125: "Die VV13-14, die nach Art eines Bekenntnisses formuliert sind..."

4.3.7. Die Methode der Textauslegung in der dritten Gegenüberstellung

Der wesentliche Zug der dritten Gegenüberstellung ist der *Beweis von Gottes rettender Macht*. Diese wird in V6.7.8.10.12 thematisiert und bis auf V8 jeweils direkt an der Errettung vor dem Tod durch Schlangenbisse festgemacht. Auch die Mittel, durch die Gott die Rettung bewirkt werden angesprochen. In V6b ist es das Gebot seines Gesetzes, in V10b ist es sein Erbarmen, V12b sein alles heilendes Wort. Auffällig ist, daß zweimal von der *Erinnerung* in unmittelbarem Zusammenhang mit der Rettung gesprochen wird. Es ist die Erinnerung an Gottes Gesetz und die an seine Verheißungen (V6b.11a), die im Zusammenhang mit der von Gott gewirkten Rettung stehen. Innerhalb des AT sind Gesetz und Verheißung[328] wichtige heilsgeschichtliche Größen. Sie werden in Sap als rettende Kräfte gesehen. Sap führt damit das als Positivum in die Gegenüberstellung ein, was anläßlich des Murrens des Volkes in der Wüste eigentlich dessen Defizit ist: das Gedenken an und Vertrauen auf Gottes Verheißung.

Besonders in V5-12 findet sich eine dichte Folge von Vokabeln aus dem Bereich des Rettens und Heilens:

V6b:	σύμβολον σωτηρίας	Zeichen der Rettung
V7a:	σῴζειν	retten
V7b:	σωτήρ	Retter
V8b:	ῥύεσθαι	erretten, retten
V9b:	οὐχ εὑρέθη ἴαμα	es wurde kein Heilmittel gefunden
V10b:	τὸ ἔλεός σου ἰάσατο αὐτούς	dein Erbarmen heilte sie
V11b:	διασῴζειν	retten, am Leben erhalten
V12a.b:	ἐθεράπευσεν αὐτοὺς ὁ σὸς λόγος ὁ πάντα ἰώμενος	es heilte sie dein Wort, das alle heilt

Gottes Retterschaft, seine Heilung Israels, sein Arzt-Sein für Israel ist der *hermeneutische Hintergrund* auf den hin Sap Num 21,4-9 interpretiert. Der Skopus der gesamten Gegenüberstellung läuft auf Gottes alleinige Retterschaft und alleinige Macht über Leben und Tod hinaus, wie V13-15 deutlich zeigen.
Dabei kommt es zwangsläufig wieder zu einer *Uminterpretierung*. Aus einer Geschichte der Auflehnung und Bestrafung des Volkes in der Wüste macht Sap eine Beispielgeschichte für die Rettung des Volkes vor den tödlichen Schlangenbissen. Im Verlauf der Textaufnahme und -auslegung

---

[328] Im Zusammenhang von Sap 16,5-15 ist besonders an die Landverheißung und die Verheißung, ein zahlreiches Volk zu werden, zu denken, aber auch an die im Falle getreulicher Gesetzeserfüllung gegebene Verheißung (Ex 15,26), weniger an die profetischen Verheißungen.

kommt es zu einer deutlichen Abmilderung des Geschicks der Israeliten während der Plage durch die Schlangen: Aus der Tötung in Gottes Zorn (V5b.c) wird eine Warnung zur Erinnerung (V6a), ein Nichtbesiegtwerden (V10a), ein Anstacheln zur Erinnerung und sofortige Rettung (V11a.b). Das bedeutet für die Uminterpretierung auf der inhaltlich-intentionalen Ebene: Aus der Bestrafung des Volkes für seine Auflehnung wird eine Warnung, Erinnerung, ja Rettung des Volkes.

Die zielgerichtet Gottes Retterschaft thematisierende Interpretation bedient sich der ägyptischen Plagen als negativen Hintergrund. *Selektiv* wird durch die Nennung zweier Insektenarten lediglich an das "Daß" der Plagen angespielt. Details werden weggelassen. *Kombinierend* faßt Sap die drei durch Insekten hervorgerufenen Plagen zu einer Plage zusammen. *Übertreibend* stellt sie den Tod von Menschen durch Insektenbisse als Tatsache der Plagen hin, indem sie die einmalige Erwähnung von θάνατος aus einem Bezugstext auf alle drei Insektenplagen überträgt und wirklich als "Tod" und nicht in der ursprünglichen, allgemeineren Bedeutung "tödliche Bedrohung" interpretiert.

In den Bereich der *Uminterpretierung* und *Abstraktion* gehört auch, daß Sap die eherne Schlange nicht beim Namen nennt und auch nicht ihre spätere kultische Funktion erwähnt. Sie ist ihr sicher bekannt, durch ihre Ablehnung der Götzen- und Tierverehrung aber unmöglich zu erwähnen. Die eherne Schlange verliert dadurch ihren wunderbaren Charakter, der ihr aus Num 21 anhaftet. Sap *rationalisiert* ihre Wirkung, d.h. sie gibt ihr eine vernünftige Erklärung. Nicht sie selbst rettete, sondern das, wofür sie den Israeliten als Symbol stand: Gottes Gesetz, seine Verheißung und letztendlich Gott den Retter selbst. Eine homöopathische Wirkung der ehernen Schlange, die durch ihre s c h l a n g e n gleiche Gestalt S c h l a n - g e n bisse heilen kann, wird abgelehnt. Sap *abstrahiert* von der Form auf ihre Wirkung und von der Wirkung weiter auf die durch Gott gewirkte Rettung. Die Abstraktion führt weg von einer selbständigen Kraft hin zu dem, was in Saps Augen wahrhaft retten kann.

Die Textaufnahme der Bezugstexte geschieht wieder unter *Weglassung* wichtiger Einzelheiten. Alle Details der ägyptischen Plagen fehlen. In ihrer Funktion werden sie von Sap auf Beispiele für die Züchtigung der Gottlosen reduziert. Das selektive Vorgehen, die Uminterpretierung, Übertreibung und Kombination habe ich bereits oben angesprochen.
Als Beispiel für die Wohltat Gottes an seinem Volk erscheint in der dritten Gegenüberstellung zum dritten Mal eine uminterpretierte Geschichte der Auflehnung Israels. Durch das *Verschweigen der Auflehnung* gelingt es Sap, die Strafe für die Auflehnung nur anzudeuten und aus der Geschichte in der interpretierenden Aufnahme Schritt für Schritt ein Beispiel für

Gottes rettendes Handeln zu machen.[329] Auch das Schuldeingeständnis der Israeliten aus Num 21 wird nur sehr versteckt angesprochen, so daß wieder deutlich die Tendenz zutage tritt, Israel untadelig und in wohlergehendem Geschick erscheinen zu lassen. Der Tod durch Schlangenbisse, der in V5b noch angedeutet ist, weicht im Verlauf der Interpretation einer sofortigen Rettung.

Die eingangs der Einzelanalyse erwähnte assoziative Vorgehensweise Saps bei der Anordnung ihres Textes und der Kombination von Bezugstexten wirft die Frage auf, ob nicht doch einzelne Middot der Midraschexegese zur Anwendung kommen bzw., um die Gattungsfrage auszuklammern, ob die Textauslegung Saps nicht ähnlich oder entsprechend einzelner Auslegungsregeln der Midraschexegese ist.
V5a deutet innerhalb der assoziativen Vorgehensweise ein *vergleichendes Moment* an. Auch die Gerechten wurden vom Zorn wilder Tiere heimgesucht. Sap spricht also selbst die Nähe von Num 21,4-9 zu den ägyptischen Plagen an, betont aber im Verlauf ihrer Interpretation die gänzliche Andersartigkeit: Die Ägypter starben an Bissen harmloser Tiere - die Israeliten wurden nicht einmal von Schlangenbissen besiegt. Aus dem Vergleich wird wieder eine Gegenüberstellung.
In der Kombination von Bezugstexten stellt sich Sap auch in *Traditions- bzw. Interpretationslinien*. Sap knüpft an Ψ 106 und die dort gebotene Interpretation der Geschichte von der ehernen Schlange an. Sie nimmt die Deutung der ehernen Schlange als das von Gott geschickte, heilende Wort auf (Ψ 106,20), führt aber die Abstraktion weiter, indem sie auf Gott als den eigentlichen Retter verweist. Sie verbindet assoziativ die in Ψ 106, 18 erwähnten "Pforten des Todes" mit den "Pforten des Hades" aus Tob 13 und gewinnt aus dieser *Kombination* einen Teil ihrer abschließenden Reflexion zu Gottes Macht über Leben und Tod. Die Traditionslinie der Textauslegung wird also bei Sap nicht lediglich übernommen, sondern aufgenommen und weitergeführt.
Beides, Vergleich wie Kombination von Textstellen, weisen in die Nähe der Midraschexegese.

In Kap 10 hatte Sap die Bindung an und Berufung auf bestimmte Personen der Heilsgeschichte durchbrochen. Abraham, Jakob und andere erschienen als δίκαιοι, an denen das rettende Handeln der σοφία exemplarisch deutlich gemacht wurde. Sap 16,5-15 stellt nun Gott als den Retter in den Vordergrund. Es geht dabei auch um die Beziehung des Volkes Israel zu seinem Retter. Durch sein Gesetz und seine Verheißung ermöglicht er immer noch Zukunft, Israel gerät nicht in Vergessenheit und wird weiterhin Gottes

---

[329] U.OFFERHAUS, Komposition, S.157: "Doch ist nicht zu übersehen, daß die entschiedene Aussage διεφθείροντο im folgenden im Sinne abgeschwächt wird, daß die Gerechten nur zu Tode erschreckt und ihre durch Schlangenbisse verursachten Wunden wieder geheilt worden sind." Zur Aussagenreihe der Abschwächung s.a. die entsprechende Anmerkung zum oben angeführten Zitat von U.OFFERHAUS!

Wohltaten teilhaftig (V11c.d). Deshalb währte Gottes Zorn über sein Volk auch nicht bis zu dessen völliger Vernichtung.
Das theologische Konzept hier ist deutlich anders als in Sap 10. Wie schon in den ersten beiden Gegenüberstellungen verbindet Sap auch hier eine *pädagogische Absicht* mit dem Handeln Gottes. Israel sollte durch die Warnung der Schlangenplage an die Größen erinnert werden, die wirklich Rettung, Heilung und damit auch Heil bewirken können. Letztlich ist Gott die oberste Instanz, er bringt sein Gesetz und seine Verheißungen und damit sich selbst in Erinnerung. Und auch gegenüber den Gottlosen beweist er durch sein Handeln seine alleinige Retterschaft. Zwar sind die sprachlichen Hinweiszeichen auf eine Pädagogisierung nicht so zahlreich wie in den ersten beiden Gegenüberstellungen, doch ist die Absicht, die LeserInnen etwas zu lehren nicht zu übersehen. Fast schon wie ein "Lerninhalt" wirken V13-15 durch ihren hohen Abstraktionsgrad und den fast bekenntnishaften Charakter.
In engem Zusammenhang mit der Pädagogisierung steht eine *Universalisierung* der Geschichte Num 21,4-9. Dort hatten nur die Israeliten die Rettung Gottes erfahren, in weiterer Einschränkung nur die, die gebissen worden waren. Ausgehend von ebenjener Geschichte redet Sap aber dreimal davon, daß Gott der Retter bzw. Heiler a l l e r bzw. a u s a l l e m Ü b e l ist (V7.8. 12).[330] Ausgehend von der Rettung durch die eherne Schlange, von der Sap auf Gottes Retterschaft abstrahiert, wird die Geschichte zum Beweis dafür, daß Gottes Rettung in allen Situationen allen gerechten Menschen widerfährt. Die wunderbare Rettung wird dabei vernachlässigt zugunsten einer prinzipiellen Rettung unter Abstraktion von der konkreten Ausgangssituation.

Mit Sap 10 teilt 16,5-15 die Absicht, andere Götter oder Mächte abzulehnen, die ebenfalls beanspruchen σωτήρ zu sein. Im Zusammenhang mit Schlangen und erst recht mit der auf ein Panier gesteckten ehernen Schlange ist besonders an Asklepios zu denken, der auch den Beinamen Σωτήρ trug. Aber auch Isis, Sarapis und andere ägyptische Gottheiten wurden als Retter verehrt. Mit der in 16,5-15 gebotenen Interpretation ist auch eine *religionspolemische Absicht* verbunden. Auf die darin verborgene Auseinandersetzung möchte ich in einem gesonderten Abschnitt am Ende der Einzelanalysen eingehen.

---

[330] V7 ist Gott ὁ σωτὴρ πάντων. V8 ist er ὁ ῥυόμενος ἐκ παντὸς κακοῦ. V12 schließlich ist der göttlich Logos ὁ πάντα ἰώμενος.

4.4. Sap 16,15-29: Nahrungszerstörung durch im Wasser brennendes Feuer <—> Wunderbare Nahrungsgabe durch Engelsspeise

In der vierten Gegenüberstellung kontrastiert Sap unter Aufnahme der Hagelplage Ex 9,13-34 die Vernichtung von Nahrung bei den Ägyptern mit der wunderbaren Mannagabe für die Israeliten (Ex 16; Num 11,4-9). Saps Interpretation ist auf den ersten Blick dadurch gekennzeichnet, daß sie bestimmte in den Bezugstexten angelegte Einzelheiten stark betont aufnimmt und daraus den Gegensatz der Gegenüberstellung konstruiert. Neben der eigentlichen Gegenüberstellung "Vernichtung von Nahrung durch im Hagel brennendes Feuer <—> wunderbare Nahrungsgabe" kommt es zu weiteren Kontrastierungen (unterschiedliche Wirkung des Feuers; Gottes Schöpfung wirkt Plage und Wohltat).

Im Vergleich zu den drei bisherigen Gegenüberstellungen ist dieser Text in seiner Struktur sehr dicht. Das durchlaufende Stichwort $\pi\hat{v}\rho$ erweckt den Eindruck, als werde nur ein Thema verhandelt. Doch in Funktion und Wirkungsweise ist es keineswegs durchgängig immer ein und dasselbe Feuer. In den verschiedenen Bezügen innerhalb des Abschnittes schwingen jeweils die Interpretationen Saps in den Assoziationen der LeserInnen mit, gleichzeitig kommen Einflüsse anderer Textes neu hinzu. Saps Interpretation zeigt sich in einer Verbindung aus Anspielungen an die Bezugstexte in Ex und Num, Einflüssen anderer Texte, die selbst schon diese Texte interpretierend aufnehmen und den eigenen Schlußfolgerungen.

4.4.0.1. *Der Aufbau der vierten Gegenüberstellung*
Der Schaltvers V15 verbindet die dritte und vierte Gegenüberstellung. Er schließt die Reflexion zu Gottes Macht über Leben und Tod in 16,13-15 ab und ist thematisch mit V16 verbunden.
V16-17 führen in Anspielungen Ex 9,13-34 als Bezugstext für den negativen Teil der eigentlichen Gegenüberstellung ein. Die Textaufnahme ist mit Saps Interpretation des Bezugstextes verbunden. Der Bezugstext wird assoziativ vergegenwärtigt, indem Sap mit Hilfe einzelner Stichworte die Situation des Bezugstextes zur Sprache bringt.

Die eigentliche Gegenüberstellung folgt in V18-20. V18-19 bilden den negativen Punkt der Gegenüberstellung; V16-17 haben bereits die Hagelplage und das im Hagel brennende Feuer eingeführt. V18-19 gehen nun davon aus, daß das Feuer im Hagel mit unterschiedlicher Intensität brannte, um die Nahrung der Gottlosen zu zerstören.
Als Kontrast dazu wird der positive Punkt der Gegenüberstellung in V20 mit $\dot{\alpha}\nu\tau\acute{\iota}$ eingeführt. Sap setzt der Nahrungsvernichtung bei den Ägyptern die Speisung des Gottesvolkes mit "Engelsspeise" gegenüber. Gemeint ist die Speisung mit Manna. Sap nennt das Manna nicht beim Namen, sondern umschreibt es auf verschiedene Weise. Innerhalb der eigentlichen Gegen-

überstellung werden Hagelplage und Mannaspeisung nicht als Züchtigung und Wohltat eingeführt.[331]

Anknüpfend an den positiven Teil der eigentlichen Gegenüberstellung folgt in V21-23 ein Abschnitt, der die Bedingungen näher beschreibt, unter denen dem Gottesvolk die Engelsspeise zuteil wurde. Hatte V20 das "Daß" der Mannagabe als Hintergrund, beschäftigen sich V21-23 mit dem "Wie", mit den Bedingungen der wunderbaren Speisung. Es geht Sap aber auch um das "Wozu": V22 trägt deutlich pädagogisierende Züge.
Die Beschreibung des Textaufbaus zeigt, daß die Kontrastierung weniger deutlich als in den anderen Gegenüberstellungen auf eine eigentliche Gegenüberstellung reduzierbar ist.[332] Die inhaltliche Füllung des kontrastierenden ἀντί kann durchaus bis zum Ende von V23 gedacht werden.

Die oben getroffene Einteilung entspringt thematischen Gesichtspunkten. Die anderen bisher behandelten Gegenüberstellungen ließen sich auf einen Kontrast zu einem bestimmten Thema reduzieren ("Durst"; "Hunger"; "Tierbisse"). Für diese Gegenüberstellung könnte man "Nahrung" als das übergeordnete Thema nennen, ausgeführt in Plage und Wohltat ist es dann die Zerstörung von Nahrung und die wunderbare Nahrungsgewährung. Dieser Gegensatz wird thematisch und inhaltlich in V18-20 abgehandelt, V16-17 und V21-23 bilden nähere Erklärungen zu den Kontrastteilen.

Der als allgemeine Feststellung getroffene Satz "Denn die Welt ist Verteidigerin der Gerechten" (V17c) kann als Zäsur zwischen der Einführung des Bezugstextes V16-17 und dem negativen Teil der eigentlichen Gegenüberstellung angesehen werden. V18-19 zeigen dann, auf welche Weise die Welt für die Gerechten kämpft.
Auch der Versanfang von V21a (ἡ μὲν γὰρ ὑπόστασίς σου...) markiert einen Einschnitt nach dem positiven Teil der eigentlichen Gegenüberstellung. Die Gewährung von Engelsspeise bzw. Himmelsbrot (V20a.b) erklärt er aus dem Wesen Gottes und V22-23 schildern das Wie und Wozu dieser Nahrungsgabe.

In V24-26 schließt sich ein erster Reflexionsteil an. Inhaltlich bezieht er sich zunächst auf die eigentliche Gegenüberstellung. Vernichtung und Gabe von Nahrung werden in V24 als eine unterschiedliche Intensität der Schöpfung gesehen. V25 bleibt thematisch bei Gottes Schöpfung und denkt über ihr Verhältnis zur Mannagabe nach: Sie wird als ein Produkt der Schöpfung gesehen. Die Schöpfung handelt zu Plage und Wohltat aufgrund ihrer unterschiedlichen Intensität (V24), sie kann sich aber auch in das

---

[331] Vgl. aber den Kontrast von κόλασις und εὐεργεσία zu Beginn des ersten Reflexionsteils V24.
[332] Vgl. dazu D.GEORGI, Weisheit Salomos, S.459, Anm. V16a: "16,16-29 *Vierter Vergleich* (sehr ausführlich); V.16-23 bieten eigentlichen Vergleich, V.24-29 allgemeine Reflexion." (Hervorhebung dort).

verwandeln, was die Bedürftigen zur Befriedigung ihres Bedürfnisses benötigen (V25). Diese Verwandlung geschieht zur Erziehung der Söhne Gottes (V26). Sap vermutet hinter Gottes Handeln eine pädagogische Absicht.

V27-29 greifen zurück auf V22-23. Aus der Tatsache, daß das Manna die Hitze der Zubereitung aushielt, in der Sonne jedoch schmolz, schließt Sap auf die Notwendigkeit des morgendlichen Dankgebetes vor Sonnenaufgang. Diese Schlußfolgerung will Sap als allgemeines Wissen präsentieren (V28: ὅπως γνωστόν ᾖ...). In V29 stützt Sap ihre Schlußfolgerung mit einem Hinweis auf die vergebliche Hoffnung der Undankbaren. Dieser Vers ist mit V28 durch ein Wortspiel verbunden.

Das Stichwort πῦρ durchzieht den ganzen Textabschnitt (V16c.17b.19a. 22a.c.27a). Lediglich in dem Schaltvers V15 und im ersten Reflexionsteil V24-26 begegnet es nicht. Im negativen Teil der eigentlichen Gegenüberstellung ist aus dem Wortfeld "Feuer" φλόξ zugeordnet (V18a). Sap geht von einem real im Hagel brennenden Feuer aus, schon V17 hat gezeigt, daß sie das "im Hagel brennende Feuer" nicht lediglich als Bild für die Intensität des Hagels versteht. Im zweiten Reflexionsteil (V27-29) wird die Wirkung des Feuers auf das Manna mit der der Sonne (ἥλιος; V27) verglichen.
Auf den ersten Blick scheint das Feuer die Thematik der vierten Gegenüberstellung zu bestimmen. Die Untersuchung muß zeigen, ob "Feuer" in einheitlichem, vielleicht auch übertragenen Sinn verwendet wird und was seine Eigenschaften und Wirkungen in Bezug auf Gottlose und Gerechte sind.

4.4.0.2. *V15: Schaltvers zur Verknüpfung der dritten und vierten Gegenüberstellung*
Die dritte Gegenüberstellung hatte Gottes rettende Macht thematisiert und mit V15 geschlossen:

15"Aber deiner Hand zu entfliehen ist unmöglich."

Gottes Hand reicht in die Sphären des Lebens und des Todes, er kann auch aus dem Tod erretten. Die Macht des Menschen reicht allenfalls dazu aus, zu töten, Gottes Macht ist uneingeschränkt (16,13-15), was V15 abschließend ausdrückt.
Als Schaltvers hat V15 verbindende und trennende Funktion. Er signalisiert den Abschluß der dritten Gegenüberstellung und den Auftakt zur vierten. Einschnitt und Verknüpfung werden an ihm gleichermaßen deutlich.

Die dritte Gegenüberstellung hatte Gottes Rettermacht bewiesen und in V13-15 über seine Herrschaft über Leben und Tod reflektiert. Diese Reflexion schließt V15 ab. Als Auftakt zur vierten Gegenüberstellung weist V15 gleichzeitig voraus auf den Beweis der Unmöglichkeit, Gottes Hand zu entfliehen. Dieser beginnt in V16. Auch wenn die Gottlosen leugneten, Gott zu kennen, seine strafende Hand erreichte sie doch (V16-19).

Die Reflexion zu Gottes Macht über Leben und Tod trifft Sap in 16,13-15 im Anschluß an die Feststellung, daß Gottes Wort seine Söhne heilte, als sie von den Schlangen gebissen wurden. Nun folgt in V16-19 die negative Entsprechung: Die Gottlosen werden von der Gewalt des Armes Gottes geschlagen. Über das Wortfeld "Arm" sind V15 und 16 verbunden (V15: χείρ; V16: βραχίων). V15 ist eine Symmetrieachse, an der sich Gottes Wohltun in der dritten und seine Strafe in der vierten Gegenüberstellung spiegeln.

4.4.1. *V16-17: Das im Hagel brennende Feuer*

4.4.1.1. *V16a.b: Die Leugnung der Ägypter, Gott zu kennen, als Grund ihrer Bestrafung*

Gegen die Behauptung, es sei unmöglich Gottes Hand zu entfliehen (V15), setzt V16a zunächst einen Kontrastpunkt; V16b bestätigt dann aber V15:

> 16a.b"Denn die Gottlosen, leugnend dich zu kennen
> wurden von der Gewalt deines Armes geschlagen..."

Wer leugnet, Gott zu kennen, leugnet Gottes Einfluß auf sein Leben. Sap stellt dieses Leugnen als willentliche Tat der Gottlosen hin. Nach den bisherigen Plagen, die für Sap alle mit einer Belehrung der Gottlosen über Gott und seine Taten verbunden waren, weigern sie sich noch immer, ihn zu kennen. Der zeitliche Bezugsrahmen ist hier verschwommen. Sap folgt nicht der Reihenfolge und dem Nacheinander der Plagen in Ex. Die Kenntnis der ständigen Weigerung Pharaos und der Ägypter, das Volk Israel ziehen zu lassen, kann nicht bei allen LeserInnen unbedingt vorausgesetzt werden. So bleibt hier unklar, ob Sap die Weigerung, Gott zu kennen aus der Verstocktheit Pharaos herleitet (also aus der Ebene der Bezugstexte) oder aber (aus der Ebene ihrer Interpretation der Bezugstexte) die Weigerung als eine Mißachtung von Gottes erzieherischem Handeln ansieht.[333]

Schriftkundige LeserInnen erinnert die "Weigerung, Gott zu kennen" sicher an das verstockte Herz des Pharao während der ägyptischen Plagen. Nach Ex 7,3 wollte Gott das Herz des Pharao verstocken und daraufhin

---

[333] Vgl. z.B. 11,13 oder 16,8 und auch die Abschnitte innerhalb des ersten großen Exkurses (11,16 - 12,27), die von einer Erziehung der Gottlosen sprechen und von der Möglichkeit zur Umkehr.

sein Volk unter vielen Zeichen und Wundern aus Ägypten führen. Und wenn Gott seine Hand gegen Ägypten ausstreckte, sollten die Ägypter erkennen, daß er der Herr ist (Ex 7,3-5). Im Buch Ex nehmen die Schlußsätze der einzelnen Plageberichte unterschiedlich auf diese Ankündigung Bezug.[334] Keine der Plagen konnte erreichen, daß Ägypten gemäß der Ankündigung Ex 7,5 Gott erkannte und das Volk Israel ziehen ließ. Erst nach der Tötung der Erstgeburt (Ex 12,30-33) darf das Volk ziehen, eine Gotteserkenntnis der Ägypter wird dort aber nicht erwähnt.

Die unklare Aussage über die Verantwortung für Pharaos verstocktes Herz, ob nun er selbst oder Gott es verstockte, löst Sap in 16,16 in eindeutiger Weise: Es war ein vorsätzlicher Entschluß der Gottlosen, Gott nicht kennen zu wollen. Sap umgeht so auch das Problem, letztendlich Gott für die Bestrafung der Ägypter verantwortlich machen zu müssen. Hätte er das Herz Pharaos verstockt, hätten die Ägypter "unschuldig" die Plagen erlitten.
Als Einleitung für den negativen Teil der Gegenüberstellung verweist Sap mit V16a auf eine konkrete Sünde der Ägypter. Die Strafe der ersten Gegenüberstellung wurde durch den "kindsmörderischen Befehl" begründet (11,7), die der zweiten durch die Tierverehrung der Ägypter (11,15 und nach den beiden Exkursen in 16,1). Hier nun ist die vorsätzliche Leugnung Gottes der Grund für die Bestrafung.

Ein inhaltlicher Anhaltspunkt für V16a.b findet sich in der langen und theoretisch-argumentativ die Plage begründenden Einleitung zur Hagelplage Ex 9,13-17. Jahwe kündigt durch Mose dem Pharao an, er wolle ihn und seine Leute alle seine Plagen spüren lassen, damit er erkenne, daß in der Welt nicht seinesgleichen ist ($\mathrm{\~{\iota}\nu\alpha}$ εἰδῆς ὅτι οὐκ ἔστιν ὡς ἐγὼ ἄλλος ἐν πάσῃ τῇ γῇ) (V13-14). Jetzt werde Gott seine Hand ausstrecken und Pharao sowie sein Volk mit dem Tod[335] schlagen (νῦν γὰρ ἀποστείλας τὴν χεῖρά πατάξω σε) und Pharao werde von der Erde vertilgt werden (V15). Pharao hätte nur deswegen Bestand gehabt, damit Gott an ihm seine Macht zeige (ἵνα ἐνδείξομαι ἐν σοὶ τὴν ἰσχύν μου) und Gottes Name auf der ganzen Erde verkündet werde (V16). Pharao weigere sich noch immer, sein Volk ziehen zu lassen (V17), deshalb werde am folgenden Tag ein Hagel niedergehen.
Sap 16,16a versteht Pharao stellvertretend für alle Gottlosen als den, der bewußt nicht wissen will, daß es wie Gott keinen zweiten auf der Erde gibt und kommt so zu der Aussage, daß alle Gottlosen leugneten, Gott zu kennen. Die angekündigte, in Ex 9,15-16 noch unkonkrete Strafe fließt in

---

[334] Ex 8,28; 9,7 erwähnen nur, daß das Herz des Pharao verstockt blieb bzw. er sein Herz verstockte. Ex 7,22; 8,11.15; 9,34f erwähnen die Verstocktheit und verweisen zurück auf die Ankündigung des verstockten Herzens in Ex 7,3. Ex 9,12; 10,20.27 sprechen ausdrücklich davon, daß Gott das Herz Pharaos verhärtete entsprechend seiner Ankündigung Ex 7,3.
[335] θανάτῳ, möglich ist auch die Übersetzung "Pest". Zu fragen wäre nach dem Verhältnis von Ex 9,13-17 zu der unmittelbar vorangehenden Plage durch die Viehpest (θάνατος) in Ex 9,1-7. Soll der "Tod" auf die Menschen ausgedehnt werden?

die Wortwahl von V16b ein: Die Züchtigung durch Gottes Arm bleibt zumindest im Wortfeld der ausgestreckten Hand, mit der Gott Ägypten schlagen will (Ex 9,15).[336] Das Verb πατάσσειν (Ex 9,15) ersetzt Sap durch das eine stärkere Züchtigung ausdrückende μαστιγοῦν. Die in Ex 9,16 angekündigte Macht (ἰσχύς) Gottes wird in V16b verstanden als die Macht (ἰσχύς) von Gottes Arm. Über einzelne Stichwörter wird also der Bezug zur Einleitung der Hagelplage in Ex hergestellt und die Aufnahme der Plage selbst vorbereitet.

In V15-16 ist gut zu erkennen, wie Sap in assoziativer Weise Bezugstexte miteinander in Verbindung bringt. In dem die Reflexion über Gottes Rettermacht abschließenden V15 ist χείρ ein Stichwort, das auch in Ex 9,15 begegnet. Dort steht es, gedacht in dem Schema "Plage <—> Wohltat", im Auftakt zu einer Plage der Gottlosen. V15 entspringt einer Reflexion zur Wohltat an den Gottessöhnen. War es letzteren in der dritten Gegenüberstellung unmöglich, Gottes rettender Hand zu entfliehen, so ist es den Gottlosen in der vierten Gegenüberstellung unmöglich, seiner strafenden Hand zu entkommen. Hier begegnet also ein ähnliches Phänomen wie bei der Überleitung von der zweiten zur dritten Gegenüberstellung in 16,4-5. Dort wurden auch die Israeliten von Tieren bedroht, die Rettung vor ihren Bissen wurde zur Wohltat. In der dritten Gegenüberstellung war Gott der Retter, dessen Hand zu entfliehen unmöglich ist - im negativen Teil der vierten Gegenüberstellung ist es unmöglich seiner strafenden Hand zu entkommen.
Sap stellt mit Hilfe des Schaltverses V15 aus zwei größeren Abschnitten einen fortlaufenden großen Zusammenhang her.

4.4.1.2. V16c-17: Die Plage durch im Hagel brennendes Feuer
In V16c-17 spricht Sap an, woran sie bei der Geißelung durch Gottes Arm denkt: Es war die in Ex 9,13-35 geschilderte Hagelplage an Ägypten. Sap reduziert in dieser Gegenüberstellung die Plage nicht auf ihre bloße Tatsache, wenngleich auch hier Einzelheiten im wesentlichen weggelassen werden. Die Aufnahme des Bezugstextes ist stark zugeschnitten auf den Hagel, das in ihm brennende Feuer und deren zerstörende Wirkung:

> 16c.d"...verfolgt von fremdartigen Regengüssen und Hagelschauern
> und unabwendbaren Platzregen[337]
> und durch Feuer verzehrt.

---

[336] Zu βραχίων "Arm" vgl. mit Bezug auf den Auszug aus Ägypten, den Durchzug durchs Meer bzw. die Plagen an Ägypten Ex 15,16; Dtn 4,34; 5,15; 6,21; 7,8 u.ö.
[337] ὑετός (oben: Regenguß) und ὄμβρος (oben: Platzregen) sind eigentlich Synonyme, ὑετός dabei nach W.GEMOLL, Schul- und Handwörterbuch, S.756, eher im poetischen Gebrauch.

¹⁷Denn das Wunderbarste war: In dem alles auslöschenden
   Wasser³³⁸
war das Feuer verstärkt wirksam,
denn die Welt ist Verteidigerin der Gerechten."

Aus Ex 9,13-35 übernimmt Sap in V16c das Stichwort χάλαζα "Hagel",³³⁹ kennzeichnet ihn als fremdartig und unabwendbar und unterstreicht seine Besonderheit durch die Kombination von χάλαζα mit den Pluralen von ὑετός und ὄμβρος.
Von Regenfällen ist erst am Schluß von Ex 9,13-35 die Rede. Erst nachdem Mose auf Pharaos Veranlassung hin seine Arme zu Gott ausbreitete, "da hörten Donner und Hagel auf und der Regen ergoß sich nicht mehr auf die Erde" (Ex 9,33). Vorher wurde Regen weder in der Ankündigung noch in der Beschreibung der Hagelplage erwähnt. Sap kombiniert diese einzelnen Elemente aus der Perikope der Hagelplage, die dort möglicherweise unterschiedlichen literarischen Schichten angehören.

V16d-17b erklären die Fremdartigkeit des Hagels näher: Es brannte ein Feuer im Hagel und - was für Sap sehr paradox erscheint - obwohl das Wasser das Feuer hätte auslöschen müssen, brannte es mit stärkerer Kraft. Die Verse beziehen sich auf Ex 9,23-24. Dort werden jedoch zwei verschiedene Feuer genannt. Ex 9,23 berichtet von der Ausführung der vorher angekündigten Plage: "Mose streckte seine Hand zum Himmel und der Herr gab Donner und Hagel, und Feuer lief auf die Erde (καὶ διέτρεχεν τὸ πῦρ ἐπὶ τῆς γῆς) und der Herr ließ den Hagel fallen auf das ganze Land Ägypten." Im Zusammenhang dieses Verses meint πῦρ sicherlich Blitze. Mose löst durch seine Geste ein Gewitter aus. Zu diesem Gewitter gehören Blitz und Donner und eben der in Ex 9,18 angekündigte Hagel.³⁴⁰
Ex 9,24 kennzeichnet den Hagel näher: "Es war aber der Hagel und das Feuer brennend in dem Hagel (ἦν δὲ ἡ χάλαζα καὶ τὸ πῦρ φλογίζον ἐν τῇ χαλάζῃ); der Hagel aber war sehr sehr heftig, solcherart keiner in Ägypten war seit dem Zeitpunkt als in ihm ein Volk entstand." Dieser Vers wirkt, als wolle er das ungewöhnliche πῦρ = "Feuer" als Bezeichnung für die Blitze aus V23 im Zusammenhang mit dem Hagel erklären. πῦρ als "Feuer" und nicht als "Blitze" eines Gewitter verstanden bedurfte der Erklärung. Der Hinter-

---

338 So wohl besser für ἐν τῷ σβεννύντι ὕδατι als D.GEORGI, Weisheit Salomos, S.460: "(trotz) des überflutenden Wassers". A.SCHMITT mit der Einheitsübersetzung S.125f: "das Wasser, das sonst alles löscht".
339 16x in Ex 9,18-34, 3x in Ex 10 (die Heuschrecken sollen das fressen, was der Hagel übriggelassen hat).
340 πῦρ (hebr. שא) ist ungewöhnlich als Bezeichnung für Blitze. Eher erwartet man das gängigere ἀστραπή (z.B. 2.Reg 22,15 par Ψ 17,15; Sach 9,14; Jer 10,13 par 28,16; Ez 1,13; Dan 10,6).

grund dieser wechselseitigen Erklärung in Ex 9,23-24 kann nicht aufgehellt werden.[341]
Es ist auffällig, daß im Fortgang des Berichts von der Hagelplage das Feuer nur noch an der Stelle Ex 9,28 erwähnt wird.[342] Der Hagel und nicht das Feuer ist für die Zerstörung in Ägypten verantwortlich (Ex 9,25) und Pharao betrachtete Donner, Hagel und Regen (Ex 9,29. 33.34) als die Bedrohung, nicht das Feuer.

Auf dieses eine Vorkommen des im Hagel brennenden Feuers in Ex 9,24 stützt Sap ihre Interpretation der Plage.[343] Die Gottlosen wurden vom Feuer "verzehrt" - so Saps Deutung der Erwähnung, daß der Hagel in Ägypten auch Menschen erschlug (Ex 9,25). Aus einem vermutlich erklärenden Zusatz in Ex wird so die eigentliche Wirksamkeit der Plage in Sap. Sap nimmt ein einzelnes Element der Hagelplage und stellt es betont in den Vordergrund. Sie steigert das eigentlich unmögliche Brennen des Feuers im Hagel zum Wunder.
Sap selbst nennt dieses im Wasser brennende Feuer "überaus wunderbar": τὸ γὰρ παραδοξότατον... (V17a). Sie schreibt es den Eigenschaften des Feuers zu, daß es im Wasser sogar mit verstärkter Kraft brennen konnte, was ja auch "paradox" ist, da diese beiden Elemente sich gegenseitig auslöschen. Wichtig ist hier, daß Sap von Wasser und nicht von Hagel spricht. Sie denkt dabei entweder an den flüssigen Aggregatszustand des Hagels oder harmonisiert das Hagelfeuer mit den in Ex 9,33 erwähnten Regengüssen. Sap betont das Wunder, das Widersprüchliche der Hagelplage: Das im Wasser brennende Feuer.

Mit Feuer und Wasser finden sich hier zwei Elemente der antiken Elementarlehre (Feuer, Wasser, Erde, Luft). Diese Elemente sah man als Bausteine der Körperwelt[344] und als Bausteine des Kosmos an.
Dadurch, daß diese Elemente gegen die Gottlosen agieren, erweist sich der Kosmos als Verteidiger der Gerechten (V17c). Als Teil dieses Kosmos hat das Feuer die Fähigkeit, verstärkt im Wasser zu brennen. Die Aussage V17c ist im Zusammenhang mit V24 zu sehen, wo Sap die Schöpfung als Gott untertan bezeichnet und diese dann durch unterschiedliche Intensität zum Wohl der Gerechten und zur Bestrafung der Gottlosen wirkt.[345]

---

[341] Möglicherweise war an permanente Blitze gedacht worden oder an die rötlich-schwefelgelbe Farbe von Wolken bei Hagelgewittern.
[342] "Feuer" findet sich in Ex 9,28 nur in LXX, der MT spricht nur von Donner und Hagel.
[343] Soweit ich sehe werden Feuer und Hagel nur noch Ψ 104,32; 148,8 unmittelbar zusammen genannt. Ψ 148,8 läßt keine Exodusthematik erkennen, Ψ 104,32 bezieht sich deutlich auf Ex 9.
[344] S. den Art. Element 4) Naturphilosophie und Naturwissenschaft in BROCKHAUS ENZYKLOPÄDIE Bd.6, S.296.
[345] P.T.van ROODEN, Die antike Elementarlehre, S.89, versteht 16,17.24 als kosmologische Aussagen und sieht S.84 den kämpfenden Kosmos als den Inhalt des vierten "Vergleiches".

In V16-17 ist die Wirkung der Elemente Feuer und Wasser eingespannt zwischen Aussagen über Gottes Einflußbereich (V16b sieht das Ereignis als Werk Gottes) und einer Eigenmächtigkeit des Kosmos (V17c). V24a ist die Synthese der beiden Aussagen: "Die Schöpfung ist dir, dem Schöpfer untertan...". Die Elementarlehre, eine Möglichkeit aus dem griechisch-hellenistischen Kulturbereich den Weltaufbau zu erklären, wird auf diese Weise dem Schöpfungsgedanken untergeordnet.[346] Es bliebe allerdings zu untersuchen, wie "Schöpfung" hier gedacht wird und welche vermittelnde Funktion der biblischen Schöpfungstheologie zukommt.

4.4.2. V18-20: Die eigentliche Gegenüberstellung

V18-20 bilden die eigentliche Gegenüberstellung zum Thema "Plage durch Nahrungszerstörung <—> Wohltat durch Nahrungsgabe". In Anknüpfung an die Aufnahme des Bezugstextes in V16-17 bildet in V18-19 die Nahrungszerstörung den negativen Teil der Gegenüberstellung. Die in V20 unter Anspielung an die Mannagabe beschriebene Nahrungsgabe setzt dazu den Kontrast.

4.4.2.1. V18-19: Die Nahrungszerstörung durch das Hagelfeuer

Die Nahrungszerstörung geschah durch ein mit unterschiedlicher Kraft im Hagel brennendes Feuer:

18"Denn bald wurde die Flamme gezähmt,
   damit sie nicht die gegen die Gottlosen entsandten Lebewesen
       verzehre,
   sie aber schauend wüßten, daß sie durch das Gericht Gottes
       bedrängt wurden.
19Bald aber brannte sie inmitten des Wassers über die Kraft
       eines Feuers,
   damit sie gänzlich zugrunde richte die Früchte des ungerechten
       Landes."

Das Ziel der Plage nennt Sap in V19b: Die Früchte Ägyptens sollten vernichtet werden. Im Buch Ex selbst werden zwei Plagen zur Vernichtung der Feldfrüchte miteinander in Beziehung gesetzt, nämlich die Hagel- und die Heuschreckenplage (Ex 9,13-35 und Ex 10,1-20). Nach Ex 9,25 wurden

---

[346] Eine Verbindung von Plage und Wohltat mit den antiken Elementen betreibt Sap auch in 19,18-21. Die Lebewesen - und damit auch die Lebewesen der Plagen - wurden in der Antike bestimmten Elementen zugeordnet. In einem magnus annus konnten die Elemente Lebewesen hervorbringen. In Sap 19 sind die Lebewesen jedoch Geschöpfe, d.h. sie werden Gottes Schöpfungshandeln zugeordnet. Auch dort wird also die Elementarlehre der Schöpfungstheologie untergeordnet. (Vgl. hierzu P.T.van ROODEN, Die antike Elementarlehre, S.89.).

neben den Menschen und dem Vieh, die sich während der Hagelplage auf dem Feld befanden, alle Feldgewächse und alle Bäume vom Hagel zerstört.[347] In Ex 10,5.12 kündigt Gott eine Heuschreckenplage an, bei der die Heuschrecken all die Gewächse auffressen sollen, die der Hagel übriggelassen hat.

Die Heuschreckenplage selbst hat Sap bereits in der dritten Gegenüberstellung unter dem Thema "Tod durch Tierbisse" verhandelt. Dennoch hält sie an der in Ex vorgegebenen Verknüpfung von Hagel- und Heuschreckenplage fest. In V18a.b geht sie davon aus, daß gleichzeitig eine Tier- und die Hagelplage stattfanden.[348] Die im Hagel brennende Flamme wurde gezähmt, damit nicht die gegen die Gottlosen entsandten Lebewesen vernichtet würden.[349] Hier können nur Tiere der ägyptischen Plagen gemeint sein. Die Verknüpfung von Heuschrecken- und Hagelplage in Ex zur Nahrungszerstörung nimmt Sap in V18b auf. Die Nahrungszerstörung wird so zum übergeordneten Gesichtspunkt für den negativen Teil der Gegenüberstellung.

Letzteres zeigt sich auch an dem Finalsatz V19b: Die wechselnde Wirksamkeit des Hagelfeuers diente ausschließlich der Nahrungsvernichtung. Sowohl die Lebewesen (V18b) als auch das Feuer (V19a) sollten die Früchte des ungerechten Landes zerstören. Daß das durch beide geschehen konnte, ist der wechselnden Intensität des Feuers zuzuschreiben: Gemäßigt brannte es gegen die Heuschrecken, um sie nicht zu töten und ihren Beitrag zur Nahrungsvernichtung nicht auszuschließen; verstärkt brannte es, wenn es selbst Nahrung vernichtete.
Nach Ex 9,25 zerschlug der Hagel Vieh und Feldgewächs, Menschen und Bäume. Eine Zügelung war also notwendig, sollten die zur Plage entsandten Tiere nicht ebenfalls umkommen. Die Heuschrecken sollten die vom Hagel übriggelassenen Feldfrüchte restlos vernichten (Ex 10,5). In Sap 16 übernehmen diese Aufgabe das im Hagel brennende Feuer und die Heuschrecken gemeinsam.

Mit der Hagelplage verbindet Sap eine *pädagogische Aussage*: Nach V18c sollten die Gottlosen "schauend wissen/erkennen" (ἀλλ' αὐτοὶ βλέποντες εἰδῶ-

---

[347] Ex 9,31-32 macht die von Textaufbau und -inhalt her gesehene merkwürdige Einschränkung, daß nur die Leinsaat und die Gerste zerstört wurden, nicht aber der Weizen und der Spelt, da diese spät seien. Die beiden Verse gehen anscheinend davon aus, daß sich im Text Anhaltspunkte finden lassen, in welcher Jahreszeit die Hagelplage stattfand.
[348] Vielleicht entnimmt Sap die Kombination von Plagen der Ankündigung Ex 9,14: "Und dieses Mal schicke ich alle meine Plagen gegen dein Herz..." (Hervorhebung von mir; U.S.-B.).
[349] A.SCHMITT, Das Buch der Weisheit, S.127, meint, der Verfasser Saps gehe davon aus, "...daß - gegen das Buch Exodus - Frosch-, Stechmücken-, Ungeziefer- und Heuschreckenplage gemeinsam mit Hagelschlag auftraten...". M.E. gibt es dafür keinen Hinweis. Im Blick ist die Nahrungszerstörung in Ägypten und im Bezug darauf sind im Buch Exodus nur Heuschrecken- und Hagelplage miteinander verknüpft.

σιν...), daß die Bedrängnis durch die Plage Gottes Gericht sei. Für diese Aussage hat Sap Anhaltspunkte in Ex 9,13-35. Anders als bei den anderen Plagen im Buch Ex ist bei der Hagelplage die Erkenntnis Gottes ein Ziel neben der Absicht, die Erlaubnis für den Auszug des Volkes zu erwirken.
Schon bei der Beauftragung des Mose zu dieser Plage in Ex 9,14 wird dieses Ziel erkennbar: "Denn dieses Mal entsende ich alle meine Plagen gegen dein Herz und das deiner Diener und das deines Volkes, damit du erkennst (ἵν' εἰδῇς), daß auf der ganzen Welt kein anderer wie ich ist." Der Gebrauch von εἰδέναι in V18c ist vielleicht von dieser Stelle beeinflußt.
Um die Vermittlung von Einsicht geht es also beiden Texten. Was die Ägypter während der Plage erkennen sollten, wird den AdressatInnen Saps als eine aus vergangenen Ereignissen erschlossene Absicht vor Augen gestellt.
Die Konzeption aus Ex 9, die Plagen dienten der Erkenntnis Gottes, ist von Sap hier übernommen. Der Erkenntnisinhalt ist allerdings abgeändert: Nach Ex 9,14 soll Gott in seiner Unvergleichlichkeit und Einzigartigkeit erkannt werden. Sap 16,18c will die Plagen als Gottes Gericht erkannt haben. Hier wird ein pädagogisches Anliegen aus dem Bezugstext aufgenommen - schon auf der Ebene des Bezugstextes sollte ja "Erziehung" der Gottlosen betrieben werden. Dieses *pädagogische Anliegen des Bezugstextes* kommt Saps eigener Tendenz entgegen, die Bezugstexte zu "pädagogisieren", d.h. mit den in ihnen beschriebenen Taten Gottes *immer* eine *erzieherische Absicht* zu verbinden.

Die Einschränkung der Erkenntnis auf Ägypten und auf die Erkenntnis der Plagen als Gottes Gericht ist bemerkenswert, da der Bezugstext auch andere Anknüpfungspunkte gegeben hätte. Nach Ex 9,15-16 wurde Pharao nur deshalb so lange bewahrt, damit Gott an ihm seine Macht zeigen könne und sein Name auf der ganzen Erde verkündigt würde. Diesen universalen erzieherischen Aspekt der ägyptischen Plagen hat Sap ebensowenig aufgenommen wie Pharaos Eingeständnis während der Hagelplage, Gott sei im Recht, er und sein Volk aber im Unrecht (Ex 9,27). Eine Ableitung direkter Gotteserkenntnis hätte sich angeboten.
Am Aufhören der Plage nach der Fürbitte Moses sollte Pharao erkennen, daß die Erde des Herrn ist (Ex 9,29). Doch auch daran knüpft Sap nicht an. In ihren Augen bleibt die erzieherische Absicht Gottes mit den ägyptischen Plagen auf Ägypten beschränkt und intendiert auch "nur" deren Erkenntnis als Gericht Gottes.

4.4.2.2. *V20: Die Ernährung des Volkes mit Engelsspeise*
Sap betreibt die vierte Gegenüberstellung unter der Thematik "Nahrungszerstörung - Nahrungsgabe". Auch wenn in der eigentlichen Gegenüberstellung "Plage" und "Wohltat" nicht genannt werden, zeigt sich doch, daß Sap nach diesem Schema verfährt. Der Vernichtung der Feldfrüchte setzt sie entgegen:

20"Dagegen nährtest du mit Engelsspeise dein Volk
und fertiges Brot vom Himmel bereitetest du ihnen ohne Mühe,
das jeden Genuß bestärkte und für jeden Geschmack passte."[350]

Die Gegenüberstellung ist konstruiert durch ἀντί. V20 spielt an auf die Mannagabe während der Wüstenwanderung der Israeliten. Dabei zeigt sich der Einfluß verschiedener Bezugstexte.
Ex 16 ist als Ursprung der Tradition von der Speisung mit Manna anzusehen.[351] Alle anderen alttestamentlichen Vorkommen (Num 11,4-9; Dtn 8,1-3.16; Jos 5,10-12; 2.Esra 19,15.20; Ψ 77,23-25; 104,40) sind von Ex 16 abhängig.
Im Rahmen der eigentlichen Gegenüberstellung geht Sap nicht auf Details der Mannagabe ein, die Umstände der Nahrungsgabe interessieren sie zunächst nicht. Der Name "Manna" wird weder hier noch an einer anderen Stelle genannt. Stattdessen ersetzt Sap den Namen durch Bezeichnungen, die den Einfluß anderer, vom Basistext Ex 16 abhängiger Texte verraten.

Ψ 77,23-25 versteht das Manna als vom Himmel geregnet (V23-24a); V24a nennt das Manna beim Namen: καὶ ἔβρεξεν αὐτοῖς μάννα φαγεῖν. Die drei folgenden Stichen beziehen sich jeweils auf den Mannaregen V24a und bezeichnen das Manna als Brot des Himmels (ἄρτος οὐρανοῦ; V24b), als Brot der Engel (ἄρτος ἀγγέλων), das die Menschen aßen (V25a) und als Verpflegung (ἐπισιτισμός; V25b).
Ψ 104,40 bezieht sich auf die Wachtel- und Mannagabe. Dabei werden die Wachteln beim Namen genannt, das Manna wird als Himmelsbrot (ἄρτος οὐρανοῦ) bezeichnet.
2.Esra 19,15 schließlich bezeichnet das Manna als ἄρτος ἐξ οὐρανοῦ.

Wenn Sap 16,20 von ἀγγελῶν τροφή (V20a) und von ἄρτος ἀπ' οὐρανοῦ (V20b) spricht, liegt mit Sicherheit ein Einfluß aus den angeführten Texten vor. Ausgehend vom Basistext Ex 16 reiht sich Sap in die Interpretationslinien dieser Texte ein.
In Ex 16 ist die Herkunft des Manna nicht geklärt. Es scheint mit dem Morgentau gekommen zu sein, ist weißkörnig, kann aber nicht genau bestimmt werden. Auf die Frage "Was ist das?" erklärt Mose es dem Volk als das Brot, das Gott ihnen zu essen gibt (V13-15). An dieser Stelle hat die Spiritualisierung des Manna ihren Ausgangspunkt, wie sie sich in den o.g. Stellen niederschlägt. "Brot vom Himmel" ist die Bezeichnung, bei der das rein physische Verständnis des Manna zu einem metaphysischen umschlägt: Ähnlich Ex 16,15 kann "Brot vom Himmel" die Herkunft der wunderbaren Mannagabe meinen; es besteht aber auch die Möglichkeit, das

---

[350] V20c formuliert in Partizipien: "...jeden Genuß bestärkend und für jeden Geschmack passend." Da besonders das erste Partizip in der Übersetzung mißverständlich auf Gott bezogen werden kann, habe ich die Partizipien in einem Relativsatz aufgelöst.
[351] Vgl. dazu die Untersuchung von P.MAIBERGER, Das Manna, S.223ff.

Manna als "himmlisches Brot" zu verstehen, als Nahrung, die eigentlich zum Himmel und nicht zur irdischen Sphäre gehört.[352] Von hier aus ist der Schritt zum "Brot der Engel" nicht mehr weit. In ψ 77,24-25 sind diese verschiedenen Interpretationsstufen gut nebeneinander zu erkennen. In V20a.b zeigt Sap eine Kenntnis dieser Interpretationsschritte. Das Manna ist "englische Speise", mit der Gott sein Volk ernährt. Das Verb ψωμίζειν V20a nimmt dabei das Verb der Frage nach Fleisch Τίς ἡμᾶς ψωμιεῖ κρέα; aus Num 11,4 auf. Diese Frage ist dort eng mit der Mannagabe verwoben, denn die Israeliten sind des Manna überdrüssig und wollen Fleisch sehen.[353] Das Manna ist für Sap "fertiges Brot vom Himmel".[354] Sie nennt das Manna allerdings nicht beim Namen, sondern *ersetzt* diesen durch die Bezeichnungen, die sie aufgrund vorangegangener innerbiblischer Abstraktionsvorgänge vorfindet. Auch hier ergibt sich wieder eine Interpretation des Bezugstextes durch die *Kombination* mit Nebenbezugstexten, die selbst die Tradition des ursprünglichen Bezugstextes interpretierend aufnehmen. Sap steht also in einer *Interpretationskette* , die sicher noch in spätere Zeit weiterzuverfolgen wäre. Gerade das "Manna" wurde ja immer wieder zum Interpretationshintergrund auch des christlichen Abendmahles.

Die Aussage "fertiges Brot" widerspricht zum einen der Beschreibung des Aussehens (Ex 16,14: kleine weiße Körner wie Reif; Num 11,7: wie Koriandersamen[355], wie Eis vom Aussehen her), zum anderen der Tatsache, daß die Israeliten das Manna zubereiteten (Ex 16,23; Num 11,8). Der Zubereitung des Manna durch Backen und Kochen (Ex 16,23) bzw. durch Mahlen, Mörsern, Kochen oder zu Fladen Backen (Num 11,8) trägt V20c Rechnung: Die Engelsnahrung/das Himmelsbrot paßt sich jedem Geschmack an. Num 11,8 verwendet die Vokabeln ἡδονή und γεῦμα in Bezug auf den ölkuchenartigen Geschmack des zubereiteten Manna. Auch V20c benutzt ἡδονή und γεῦμα. Ein Bezug zum ölkuchenartigen Geschmack ist jedoch nicht nachzuweisen. Saps Interpretation legt vielmehr Wert darauf, daß die verschiedenen Zubereitungsmöglichkeiten das Manna dem unterschiedlichen Geschmack der Menschen anpassen.[356] Gestützt wird diese

---

352 Zum "Brot vom Himmel" vgl. auch Joh 6,31.
353 Auch Dtn 8,3, zu dem V26 deutliche Bezüge hat, verwendet ψωμίζειν.
354 Zur Mühelosigkeit der Gewährung vgl. PHILO, VitMos II,267: ...ἵν᾽ ἀντὶ γῆς ὁ ἀὴρ τροφὴν ἄπονον φέρῃ καὶ ἀπαλαίπωρον...
355 Liegt hier ein Interpretationsvorgang innerhalb der LXX von Ex 16,4 zu Num 11,7 vor, der die weißen Körner als Koriandersamen erklärt (κόριος —> κορίος)?
356 Vgl. dazu auch V25. U.OFFERHAUS, Komposition, S. 158, Anm.184, sieht für die geschmackliche Wandlungsfähigkeit keinen Anhaltspunkt in Ex 16 oder Num 11 und vermutet, daß Sap diesen Gedanken im Zusammenhang mit der Wandlungsfähigkeit der Natur (V24f) entwickelt hat. OFFERHAUS verweist darauf, daß nach Num 11 die Israeliten Fleisch bekommen, weil sie des Manna überdrüssig sind (V4-6.18.31ff). Wenn aber "Schnee und Eis" das Feuer - und hier kann eigentliche nur das Feuer zur Zubereitung gemeint sein - aushielten, so scheint Sap doch von den Zubereitungsmöglichkeiten her die Wandlungsfähigkeit des

Beobachtung dadurch, daß auch im reflexiven Abschnitt V21-23 das Aussehen und die Zubereitung des Manna wichtig sind und Sap nicht auf den ölkuchenartigen Geschmack eingeht.

Zusammen mit der Anknüpfung an die herausgearbeiteten Interpretationsschritte kann für die eigentliche Gegenüberstellung auch wieder Saps assoziative Vorgehensweise eine Rolle gespielt haben. Wenn das Manna "Brot vom Himmel" ist und in Ex 16,13 aus dem Taunebel zu kommen scheint, so gehört es ebenso zum Oberbegriff "Niederschlag" wie der Hagel. Nach Ex 16,14 hat das Manna ein Aussehen wie weiße Körner, Num 11,7 beschreibt sein Aussehen wie Eis. Mußte sich aus der Kombination der beiden letztgenannten Stellen nicht auch ein identisches Aussehen der Hagelkörner und des Manna nahelegen? In der Gegenüberstellung ist dann der Grundsatz 11,5 durchgeführt: "Wodurch ihre Feinde gezüchtigt wurden, dadurch wurden ihnen unverhofft Wohltaten zuteil" - Plage und Wohltat sind beide geschehen durch weiße Körner.

4.4.3. *V21-23: Reflexion zur wunderbaren Nahrungsgabe*

Konkret auf den positiven Teil der Gegenüberstellung bezogen schließt sich in V21-23 eine Reflexion zu den Bedingungen und Umständen der Mannagabe an. Waren V16-17 die Hinleitung zum negativen Teil der Gegenüberstellung, so sind V21-23 eine nachträgliche Klärung und Erklärung zum positiven Teil.

4.4.3.1. *V21: Das Manna als Zeichen der "Süßigkeit" Gottes; erneute Uminterpretierung einer Murr-Geschichte*

V21 schließt direkt an V20 an. Die Speisung des Volkes Gottes mit Himmelsbrot wird aus der Süßigkeit Gottes gegenüber seinen Kindern erklärt:

> 21"Denn dein Wesen zeigte deine Süßigkeit gegenüber Kindern:
> Dienend der Begierde dessen, der es zu sich nahm,
> verwandelte es sich in das, was immer einer wollte."

Die Aussage aus V20, das Manna sei jedem Geschmack angemessen gewesen, wird in V21 fortgeführt. Freilich übertreibt der Vers sehr stark die geschmackliche Universalität des Manna ohne dafür einen Anhaltspunkt in den Bezugstexten zu haben - außer den schon oben erwähnten Zubereitungsmöglichkeiten. Die Unterordnung unter die Wünsche derjenigen, die es aßen und die Verwandlungsfähigkeit machen das Manna zum Zauberbrot.

Manna entwickelt zu haben. Den Überdruß tilgt Sap ebenso wie anderes, was als Verfehlungen der Israeliten gedeutet werden kann.

Sap präsentiert hier die Verwandlungsfähigkeit als dem Manna eigene Eigenschaften ohne sich auf die Zubereitung durch die Israeliten zurückzubeziehen.

Nach Ex 16,31 hatte das Manna einen Geschmack wie Honigkuchen. V21a nimmt darauf Bezug. Die Süßigkeit ist aber nicht dem Manna zu eigen, sondern Sap *überträgt* sie auf Gott. Dadurch, daß er seinen Kindern das vielfältig verwendbare Manna gewährt, zeigt er seine Süßigkeit ihnen gegenüber. Eine Eigenschaft des Manna wird so zu einer Aussage über das Wesen Gottes.
Bezieht man ὑπόστασις im Sinne von "Grundlage, Substanz, Stoff" auf das Manna, so ist eine direkte Aufnahme des süßen Geschmacks denkbar. Eine Mehrdeutigkeit von V21a würde sich so erschließen: Gottes Wesen oder Gottes Stoff (= das Manna in seiner himmlischen Herkunft) zeigt seine Süßigkeit gegenüber Kindern.

ἐπιθυμία in V21b ist nicht negativ gekennzeichnet.[357] Als positive Eigenschaft des Manna wird seine Anpassungsfähigkeit an die ἐπιθυμίαι derjenigen hervorgehoben, die es aßen. In Num 11,4 wird ἐπιθυμία deutlich negativ verstanden: Die Zusammengelaufenen unter dem Volk der Israeliten befallen Gelüste (ὁ ἐπίμικτος ... ἐπεθύμησαν ἐπιθυμίαν); daraufhin fangen auch die Israeliten wieder zu klagen an "Wer ernährt uns mit Fleisch?" in Erinnerung der Nahrungsmittel, die sie in Ägypten aßen. Dieses Gelüste ist in V21b nicht gemeint. Unter Verwendung desselben Wortes *interpretiert* Sap Num 11,4 *positiv um*.
Num 11,1-9 zeigt das Murren und die Auflehnung des Volkes gegen Mose und Gott, gegen die Befreiung aus Ägypten und die Sehnsucht zurück in das Sklavenhaus, wo in den Augen der Israeliten wenigstens die Ernährung gewährleistet war. Dieses Murren (Num 11,1.4) wird von Sap weggelassen, ebenso die später im Zusammenhang mit der Wachtelgabe geschilderte Bestrafung (Num 11,33f). Sap nimmt allein die Wohltat an den Israeliten auf, die sie in der Befriedigung des Hungers sieht. Hier wird also zum vierten Mal innerhalb der Gegenüberstellungen eine Geschichte der Auflehnung in eine Geschichte der Wohltat *uminterpretiert*.

Die Möglichkeit, das Manna zuzubereiten, übersteigert Sap dabei zum Wunder. Nicht so sehr die wunderbare Gabe, sondern mehr die wunderbare Anpassungsfähigkeit steht im Vordergrund. ἐπιθυμία hat ja in diesem Zusammenhang nicht mehr die negative Bedeutung "Gelüst", sondern steht für den Appetit und Wünsche der einzelnen Israeliten.[358] Es verwandelte

---
[357] Man s. nur die Übersetzungen von z.B. D.GEORGI, Weisheit Salomos, S.460: "Appetit" oder A.SCHMITT, Das Buch der Weisheit, S.126: "Verlangen" (mit der Einheitsübersetzung).
[358] Zur Uminterpretierung von ἐπιθυμία vgl. auch Sap 16,2, wo Sap mit Hilfe dieses Wortes auf Num 11 als Bezugstext anspielt und das Wort eher neutral, jedenfalls nicht im negativen Sinn verwendet. "Lustgräber" als Ort der Bestrafung für Israels Auflehnung ist weder für 16,2 noch für 16,21 der Hintergrund der Textauslegung.

sich in das, was jeweils einer wünschte. An ἐπιθυμία wird die Uminterpretierung besonders deutlich. Es ist bei Sap kein Begehren der Israeliten, das Gottes Taten mißachtet und ihm kein Vertrauen schenkt. Es ist keine Gier, die trotz schlechter Erfahrungen aufgrund der Strafen Gottes für ähnliche Begierden immer wieder aufflackert. ἐπιθυμία ist bei Sap ein Bedürfnis, dem sich das Manna anpaßt und ist nicht als Verfehlung verstanden.

4.4.3.2. V22-23: Die Widerstandsfähigkeit des Manna gegen das Feuer

Die Wandlungsfähigkeit des Manna durch die Möglichkeit der Zubereitung verarbeitet Sap in V22-23. Das Manna hielt das Feuer der Zubereitung aus, wohingegen die Ernte der Ägypter durch das Feuer zerstört wurde:

> 22"Schnee und Eis hielten das Feuer aus und schmolzen nicht,
> damit sie erkennten, daß die Früchte der Feinde
> das Feuer zerstörte, im Hagel brennend
> und in den Regengüssen blitzend.
> 23Dieses wiederum aber, damit die Gerechten ernährt werden könnten,
> vergaß auch des eigenen Vermögens."

4.4.3.3. V22a: Die Steigerung des Wunders, indem eine Vergleichs- zur Substanzaussage gemacht wird

In V22a spielt Sap an auf das Aussehen des Manna. In Ex 16,14 wird sein Aussehen mit dem Reif (πάγος) verglichen, Num 11,7 sagt, es hätte das Aussehen wie Eis (κρύσταλλος).[359] Aus den *Vergleichsaussagen* in den Bezugstexten macht Sap in V22a *Substanzaussagen*. Das Manna *ist* Schnee und Eis. Sap geht so weit, daß sie den Namen "Manna" durch die Substanzen ersetzt, mit denen es ursprünglich verglichen wurde.
In V22a ist es Eigenschaft des Manna, dem Feuer der Zubereitung zu widerstehen. Durch die Veränderung der Vergleichs- in Substanzaussagen gelingt es Sap dabei, diese Widerstandsfähigkeit ins Wunderhafte zu übersteigern.[360] Denn es steht ja nicht "Das Manna hielt das Feuer aus...", sondern "Schnee und Eis...". Beide hätten ja in der Hitze des Feuers zur Zubereitung schmelzen müssen.
In Entsprechung zu dem Paradoxon in V17, daß nämlich das Feuer im Wasser verstärkt tätig war, formuliert Sap einen Widerspruch mit umgekehrten Voraussetzungen: Schnee und Eis hielten die Hitze des Feuers aus und

---

[359] So LXX. Nach Num 11,7 MT sieht das Manna aus wie Bdellionharz (וְעֵינוֹ כְּעֵין הַבְּדֹלַח). Wahrscheinlich harmonisiert LXX die Stelle Num 11,7 in Bezug auf das Aussehen zu "Eis" unter dem Einfluß von Ex 16,14.
[360] Vgl. D.GEORGI, Weisheit Salomos, S.460f, Anm.V22a.

schmolzen nicht. Beidesmal besteht das Wunder darin, daß sich die einander entgegengesetzten Elemente nicht gegenseitig auslöschen oder schmelzen. In V17 dient das Wunder der Nahrungszerstörung, in V22 der Nahrungsgabe.
Nach Ex 16,21 aber schmolz das Manna, sobald die Sonne heiß schien.[361]
Den Widerspruch, daß das Manna einerseits die Hitze der Zubereitung aushält, andererseits aber in der Sonne schmilzt, löst Sap durch die oben beschriebene Übersteigerung. Einmal sind es Eigenschaften des Manna, die das Wunder ermöglichen (V22a); in V23 aber ist es die veränderte Wirksamkeit des Feuers. Dieses zerstörte die Nahrung der Gottlosen (V18-19.22b.c.d) und zeigt damit seine vernichtende Kraft. Um aber die Gerechten ernähren zu können, vergaß es diese Kraft. D.h., hier wird die Beständigkeit des Manna als Zurückhaltung des Feuers gedeutet. Es ermöglicht die Zubereitung des Manna (durch Kochen oder Backen), schmilzt es aber nicht. Das Feuer wirkt zur Wohltat an den Israeliten.

4.4.3.4. V22b-23: Der pädagogische Hintergrund der Gegenüberstellung: Die Erkenntnis von Plage und Wohltat

V22b-d zeigt wieder die *pädagogische Absicht*, die Sap mit der Mannagabe in Verbindung bringt. Aus der Tatsache, daß Schnee und Eis dem *Feuer* standhielten, sollten die Israeliten erkennen (ἵνα γνῶσιν...), daß das im Hagel brennende *Feuer* die Früchte der Feinde zerstörte. Durch die Ineinssetzung von Hagelfeuer und Herdfeuer scheint ein und dasselbe Feuer zum Schaden der Gottlosen und zur Wohltat der an den Gerechten tätig zu sein. Die Gerechten sollen dabei ihre Bevorzugung erkennen, die ihnen die Manna- und damit Nahrungszubereitung ermöglicht, den Feinden aber die Nahrung zerstört.
Die Natur bzw. das Element "Feuer" wirkt also unterschiedlich gegen Gerechte und Gottlose. Anders als in anderen pädagogisierenden Formulierungen soll hier nicht Gottes unterschiedliches Handeln erkannt werden. In einer weiter vom konkreten Geschehen abstrahierenden Reflexion erklärt Sap diesen Gedankengang auf der theoretischen Ebene, indem sie Feuer und Manna als Schöpfung Gottes begreift und deren unterschiedliche Wirksamkeit schildert (s.u. V24-26).

V23 steht in einem Widerspruch zu V22a. Dort ist es die Widerstandsfähigkeit des Manna ("Schnee und Eis hielten das Feuer aus und schmolzen nicht"), die die Zubereitung ermöglicht. V23 geht dagegen davon aus, daß das Feuer seiner zerstörerischen Wirksamkeit vergaß, damit die Gerechten ernährt werden konnten. Ähnlich wie in V18-19 hebt Sap hier eine unterschiedliche Wirksamkeit des Feuers hervor. Während der Hagelplage zerstörte es den Gottlosen die Nahrungsgrundlage, den Gerechten dagegen ermöglichte es die Zubereitung des Manna, indem es gegenüber dem hitze-

---
[361] Zu dieser Aussage s.u. die Analyse von Sap 16,27-29.

empfindlichen Manna (Ex 16,21) seinen verzehrenden Charakter einschränkte.

4.4.4. V24-26: Die Mannagabe als Werk der Schöpfung

V24-26 ist ein Reflexionsteil, der zum einen die unterschiedliche Wirksamkeit des Feuers, zum anderen die Wandlungsfähigkeit des Manna mit Gottes Schöpfung in Beziehung setzt. Der Abschnitt knüpft in V24 an die Beschreibungen des Feuers und in V25 an die beschriebenen Eigenschaften des Manna an. Die Besonderheit liegt darin, daß die Stichworte πῦρ und ἄρτος nicht genannt werden.
ἡ γὰρ κτίσις... leitet den Abschnitt ein und das, was in V15-23 Eigenschaften des Feuers bzw. des Manna waren, wird nun von der Schöpfung ausgesagt. Insofern abstrahiert dieser Abschnitt von Hagelplage bzw. Mannagabe und trifft eine allgemeine Aussage zum Thema Schöpfung.
Die Reflexion schließt in V26 mit einer *pädagogisierenden Ausrichtung*: Gottes Söhne sollen erkennen, daß sie von Gottes Wort ernährt wurden.

4.4.4.1. V24: Das Feuer als Teil der Schöpfung wirkt zu Plage und Wohltat

Auf die unterschiedliche Wirksamkeit des Feuers geht V24 ein:

24"Denn die Schöpfung gehorcht dir, dem Schöpfer
und wird gesteigert zur Züchtigung der Ungerechten
und wird abgeschwächt zur Wohltat gegenüber denen, die dir vertrauen."

Mit diesem Vers bezieht sich Sap auf ihre eigene Interpretation des "Feuers": Nach V19 brannte es während der Hagelplage inmitten des Wassers mit verstärkter Intensität. Wird das Feuer begriffen als Teil der Schöpfung spannte sich diese also zur Bestrafung der Gottlosen an (V24b).

Was in V22a eine Eigenschaft des Manna war, nämlich dem Feuer zu widerstehen, erscheint in V24 ähnlich wie in V23 als Eigenschaft des Feuers, das seine zerstörerische Kraft zurücknimmt. Als Teil der Schöpfung wird das Feuer zur Wohltat an den Gerechten abgeschwächt.

Die passivischen Formulierungen in V24b.c lassen offen, von wem das Feuer zu unterschiedlicher Wirksamkeit gesteigert bzw. abgeschwächt wird. Da aber das Feuer hier ausdrücklich als Schöpfung erscheint, die dem Schöpfer gehorcht[362], ist anzunehmen, daß es von Gott zu wechseln-

---

[362] ὑπηρετεῖν eigentlich "als Ruderer dienen", allgemein "dienen; zu Diensten sein; gehorchen". (Vgl. W.GEMOLL, Schul- und Handwörterbuch, S.765).

der Wirkung veranlaßt wurde. War das Feuer in V22-23 noch eigenmächtig, so ist es als Teil der Schöpfung dem Schöpfer untertan.[363]
In V17 war der Kosmos Vorkämpfer für die Gerechten und das Feuer ist dort als kosmische Größe verstanden. In V24 ist Feuer als Schöpfung verstanden. Im Dienste des Schöpfers wirkt Schöpfung Züchtigung und Wohltat. Gegenüber V17 ist hier deutlich zu beobachten, daß der Kosmos in seiner eigenmächtigen Wirkung der Schöpfung im Dienste des Schöpfers eingliedert wird. Wirkung und Wirksamkeit der Schöpfung wird dabei reflektiert in ihrer Bedeutung in Bezug auf Plage und Wohltat.

4.4.4.2. V25: Das Manna als Teil der Schöpfung
So wie Sap in V24 die Wirksamkeit des "Feuers" als Wirkung der Schöpfung versteht, so sieht sie in V25 Eigenschaften des Manna bzw. des "Brotes" als solche der Schöpfung. κτίσις (V24a) ist auch das Subjekt von V25. Bezogen auf die in V20 beschriebene Wandlungsfähigkeit des Manna, das jedem Geschmack angemessen war, formuliert Sap in V25 diese Wandlungsfähigkeit als Eigenschaft der Schöpfung:

> 25"Deshalb verwandelte sie sich[364] damals auch in alles
> und diente deiner allesernährenden Gabe
> gemäß dem Willen der Bedürftigen,..."

So wie das Feuer ist auch das Manna Schöpfung. Der Gehorsam der Schöpfung (hier wie in V24 ὑπηρετεῖν) bezieht sich auf die Ernährung der Gerechten durch das Manna.
V25c ist doppeldeutig. Der Genitiv τῶν δεομένων kann - wie oben - mit "der Bedürftigen" wiedergegeben werden, aber auch mit "der Bittenden"[365] bzw. "der Betenden"[366]. Sap läßt hinter dem Partizip von δέομαι nicht erkennen, ob sie hier die Geschichte von der Mannagabe als einen abgestellten Mangel oder eine erfüllte Bitte versteht. Auch aus dem Kontext der vierten Gegenüberstellung ist dies nicht mit letzter Sicherheit zu erheben. Die Betonung der allen Geschmäckern angepaßten Eigenschaften (V20c.21b.c.25a) deutet eher auf eine Bedürftigkeit hin. Das paßte auch zu der Grundstruktur dieser Gegenüberstellung "Nahrungszerstörung durch Hagel —> Hunger <—> Hunger —> Nahrungsgabe durch Manna". Andererseits muß man sich vor Augen halten, daß Sap hier mit dem Bezug zur Mannagabe erneut Geschichten der Auflehnung zu einer Geschichte der Wohltat umdeutet. Moses Person und seine Funktion als Fürbittender sind

---
[363] Die Aussage V24 fügt sich ein in eine Reihe von anderen in Sap, die die Schöpfung bzw. den Kosmos ebenfalls als Kämpferln für die Gerechten sehen, so etwa 16,17 oder 19,6. Man kann dabei Aussagen über den Kosmos, dem eine Eigenmächtigkeit zugeschrieben wird unterscheiden von denen über die Schöpfung, die Gott untergeordnet ist.
[364] Sap scheint μεταλλεύειν fälschlich für μεταλλοίειν zu schreiben.
[365] A.SCHMITT, Das Buch der Weisheit, S.126 (mit der Einheitsübersetzung).
[366] D.GEORGI, Weisheit Salomos, S.461.

zwar auch hier in den Anspielungen auf die Bezugstexte nicht aufgenommen. Man kann sich aber durchaus die Mannagabe interpretiert als erfüllte Bitte oder erfülltes Gebet denken, vom Volk direkt an Gott gerichtet (vgl. 11,4: "Sie dürsteten und riefen dich an und es wurde ihnen gegeben aus schroffem Fels Wasser...").

"Schöpfung", die Sap in V24-25 mit den Eigenschaften und Wirksamkeiten des Feuers bzw. des Manna kennzeichnet, unterliegt dem Willen des Schöpfers und sie gehorcht dem Grundsatz 11,5, indem sie den Gerechten zur Wohltat und den Gottlosen zur Züchtigung wird.[367]

4.4.4.3. V26: Die erzieherische Absicht Gottes

In V26 schließt Sap diesen Reflexionsteil mit pädagogischer Ausrichtung. Sie vermutet hinter der in V24-25 beschriebenen Wandlungsfähigkeit der Schöpfung eine erzieherische Absicht Gottes an seinen geliebten Söhnen. Der Versanfang mit finalem ἵνα μάθωσιν... macht die belehrende Absicht deutlich.[368]

> 26"...damit deine Söhne, die du liebtest, Herr, lernten,
> daß nicht das Wachsen der Früchte den Menschen ernährt,
> sondern dein Wort die bewahrt, die an dich glauben."

In V26 finden sich Anklänge an V19b. Dieser Halbvers sieht als Absicht des mit unterschiedlicher Intensität brennenden Hagelfeuers im negativen Teil der eigentlichen Gegenüberstellung die Vernichtung der ägyptischen Feldfrüchte an: ἵνα ἀδίκου γῆς γενήματα διαφθείρῃ. V26 hat deutliche Assonanzen in den Wörtern "Wachsen" und "bewahren": οὐχ αἱ γενέσεις ... διατηρεῖ. Das Hagelfeuer hat die Feldfrüchte der Ägypter vernichtet (V19) - und nun sollen die Israeliten aus der Wohltat der Mannagabe lernen, daß nicht das Wachstum der Früchte den Menschen ernährt, sondern Gottes Wort die bewahrt, die an ihn glauben. Indirekt gibt Sap damit zu verstehen, daß die Vernichtung der Feldfrüchte eigentlich kein Übel gewesen wäre, hätten die Ägypter an Gott geglaubt - denn dann wären sie von seinem Wort (ῥῆμα) ernährt worden.

4.4.4.4. Die Deutung des Manna als Gottes ernährendes Wort

In V26 kombiniert Sap das als Teil der Schöpfung verstandene Manna (V25) mit Dtn 8,3 und gelangt so zu ihrer belehrenden Aussage. Sie kann sich dabei die Aussagerichtung von Dtn 8 zunutze machen: Wenn die Is-

---

[367] Zur unterschiedlichen Wirksamkeit der Schöpfung und ihrer Ordnung in Gegensätzen, die aber einem übergeordneten Ganzen dient vgl. Jes Sir 33,14-15; 42,24. Zu den Stichwortassoziationen an das Buch Gen s.u. in der Zusammenfassung der Beobachtungen.
[368] Ähnlich A.SCHMITT, Das Buch der Weisheit, S.128.

raeliten das Gesetz, das Mose ihnen an diesem Tag geben will, getreulich erfüllen, so werden sie am Leben bleiben. Mose erinnert das Volk an die Zeit der Wüstenwanderung, in der Gott das Volk gedemütigt und erprobt hat. Nach Dtn 8,3a geschah auch die Mannaspeisung in erzieherischer Absicht. Gott plagte Israel, ließ es hungern und nährte es mit Manna, "...damit dir kundgetan würde, daß nicht vom Brot allein der Mensch leben wird, sondern von jedem Wort, das hervorgeht aus dem Mund Gottes, wird der Mensch leben" (ἵνα ἀναγγείλῃ σοι ὅτι οὐκ ἐπ' ἄρτῳ μόνῳ ζήσεται ὁ ἄνθρωπος, ἀλλ' ἐπὶ παντὶ ῥήματι τῷ ἐκπορευομένῳ διὰ στόματος θεοῦ ζήσεται ὁ ἄνθρωπος). Eine Deutung des Manna in Dtn 8,3 als ῥῆμα aus dem Mund Gottes ist nicht zwingend notwendig, aber doch naheliegend.

Wenn V26 ebenso wie Dtn 8,3 das Wort ῥῆμα verwendet, weist dies im Zusammenhang mit dem Kontext von Sap 16,15-29 auf eine weitere Interpretationsstufe zum Begriff Manna hin: Es wird als das göttliche Wort verstanden.

Auch das Verb πιστεύειν im Partizip οἱ σοὶ πιστεύοντοι (V26c) nimmt das Gesamtkonzept von Dtn 8 auf. Immer wieder wird dort Gott als der genannt, der Israel durch die Wüste geführt hat und ihm im verheißenen Land ein glückliches und reich beschertes Leben ermöglichen wird. Mehrfach wird dem Volk die Gesetzeserfüllung ans Herz gelegt (Dtn 8,1.6) und Gott als Geber der guten Gaben vor Augen geführt (Dtn 8,7-17.18). Wie die übrigen Völker, die Gott vor dem Angesicht Israels vernichtet hat, wird Israel zugrunde gehen, wenn es nicht auf die Stimme Gottes hört. Dagegen wird am Leben bleiben, sich vermehren und in Besitz des verheißenen Landes kommen, wer auf Gottes Wort hört (Dtn 8,1). Darauf nimmt Sap Bezug, wenn sie in V26 von der Bewahrung derer spricht, die auf Gott vertrauen.

Das Wort "leben" (ζῆν; 2x in Dtn 8,3) meint im ersten Vorkommen das physische Leben von seiner Ernährung her betrachtet, im zweiten Vorkommen umfassend alle Lebensbereiche. Die zweimalige Verwendung desselben Verbs eröffnet die Möglichkeit, beide auf die Ernährung durch das Manna zu beziehen. Sap macht von dieser Interpretationsmöglichkeit Gebrauch und verbindet die Ernährung bzw. Bewahrung der Israeliten durch das Manna mit dem aus Gottes Mund hervorgehenden Wort.

Aus dem "nicht vom Brot allein wird der Mensch leben" (Dtn 8,3) wird unter Bezug auf den Kontext Sap 16,15-29 und mit Stoßrichtung gegen die Ägypter, deren Feldfrüchte ja vom Hagelfeuer zerstört wurden, die Formulierung "nicht das Wachsen der Früchte ernährt den Menschen" (V26b). Nun sind die Israeliten ja tatsächlich nicht von angebauten, gewachsenen, geernteten und zu Brot verarbeiteten Früchten ernährt worden, sondern vom Manna. In V26c erscheint dieses durch die Aufnahme von Dtn 8,3 als göttliches Wort. Und somit ist das Manna die eigentliche Lebensgrundlage der Menschen, die an Gott glauben.

Anders als A.SCHMITT sehe ich aber das Manna nicht als Symbol und Chiffre für das göttliche Wort.[369] Das Manna ist vielmehr das göttliche Wort, anders wird man Saps *Textkombination* zur Interpretation des Manna nicht verstehen können.[370]

Es ist dies ein weiterer Schritt der Spiritualisierung des Manna.[371] War V20 auf der himmlischen Ebene ("Engelsnahrung"; "Himmelsbrot"), so ist Sap in ihrer Abstraktion nun beim Höchsten, bei Gott angelangt.

4.4.4.5. Zusammenfassung der Beobachtungen zu V24-26; der Bezug zum Buch Gen

In V24-26 verbindet Sap die Vorstellung von der Schöpfung durch das göttliche Wort mit der Vorstellung vom ernährenden bzw. bewahrenden Wort Gottes. κτίσις in V24a weist auf die Schöpfungsthematik hin. Die Analyse hat gezeigt, daß das Manna als Schöpfung verstanden wird (V25). Aus den Eigenschaften des Manna, die damit solche der Schöpfung werden, sollen die Söhne Gottes ihre Bewahrung durch das göttliche Wort erkennen.

Mehrfach verweisen die Thematik und die Wortwahl in den Bereich der Schöpfungstheologie. κτίσις wurde bereits genannt. Weiter anzuführen sind die Bezeichnung Gottes als ὁ ποιήσας, was an "Gott den Schöpfer" in Gen 1 erinnert (Gen 1,27: Gott machte den Menschen; 1,31: Gott sah alles, was er gemacht hatte; Gen 2,2: Gott ruhte von seinen Werken, die er gemacht hatte). ὑπηρετεῖν (2x, V24a und V25b) verweist auf die Schöpfung, die dem göttlichen Wort gehorcht.[372] V26b verwendet das Wort γένεσις für das Wachsen der Früchte, aus dem mit Sicherheit ein Anklang an das "Buch der γένεσις von Himmel und Erde" in Gen 2,4 herausgehört wurde. In Gen 1,29 gibt Gott den Menschen alles samentragende Gras (Getreide) und alle samentragenden Baumfrüchte (πᾶν ξύλον, ὃ ἔχει ἐν ἑαυτῷ καρπὸν σπέρματος σπορίμου) zur Nahrung. V26b verwendet καρπός im Plural, wo es auch "Feldfrüchte, Getreide" bedeuten kann.[373] ῥῆμα (V26c) erinnert an die Schöpfung der Welt durch Gottes Befehl in Gen 1,1 - 2,4. In V26b.c spielt Sap auch mit dem

---

[369] A.SCHMITT, Das Buch der Weisheit, S.128: "Das Manna wird zum Symbol und zur Chiffre für das göttliche Wort, das die eigentliche Existenzgrundlage des Menschen darstellt."
[370] Ob auch die Umkehrung gilt "Das göttliche Wort ist Manna" bliebe zu bedenken.
[371] Auch PHILO deutet Dtn 8,3 LXX auf das Manna (LegAll III,174-176; vgl. Det 118; Her 79). Vielleicht ist diese Vorstellung, Wort Gottes und Manna zu identifizieren auch schon im hebräischen Text selbst enthalten (G.von RAD, Das fünfte Buch Mose, S.51). Vgl. auch K.-G.SANDELIN, Wisdom as Nourisher, S.104.
[372] Daß ὑπηρετεῖν für Sap ein Begriff aus dem Zusammenhang mit Schöpfung ist, zeigt Sap 19,6. Dort verwendet sie ὑπηρετεῖν in der Einleitung zu einem Abschnitt, in dem sie den Durchzug der Israeliten als zweite Schöpfung gestaltet: "Die ganze Schöpfung ... gehorchte deinen Befehlen..." (ὅλη κτίσις ὑπηρετοῦσα ταῖς σαῖς ἐπιταγαῖς).
[373] W.GEMOLL, Schul- und Handwörterbuch, S.408.

Gegensatz γένεσις – ῥῆμα. γένεσις ist dabei verstanden als selbständiges Wachstum der Früchte, ῥῆμα als das Ernährende, das Gott durch seinen Schöpfungsakt hervorbringt.

Mit diesen Bezügen wird das Thema "Schöpfung" auch textlich faßbar. Durch eigene Interpretation und die *Kombination verschiedener Bezugstexte* gelingt es Sap, das Manna als Schöpfung zum Verständnis zu bringen, eine Schöpfung, die durch das göttliche Wort hervorgebracht wird. Gleichzeitig wird diese Schöpfung durch Stichwortassoziationen mit dem Schöpfungsakt Gottes im Buch Gen in Verbindung gebracht. In diese *kombinierende Interpretation* hineinverwoben ist dann die Absicht Saps, letztendlich das göttliche Wort als das erkennbar werden zu lassen, das alles ernährt und bewahrt.

4.4.5. V27-29: Die Folgerung der Notwendigkeit des morgendlichen Dankgebetes aus den Eigenschaften des Manna

Ein weiterer Reflexionsteil mit pädagogischer Ausrichtung schließt sich in V27-29 an. Die Formulierung ὅπως γνωστὸν ᾖ... (V28) zeigt die belehrende Absicht.
V27 nimmt Bezug auf V22-23, wo die Widerstandsfähigkeit des Manna ("Schnee und Eis") gegen das Feuer der Zubereitung beschrieben wird. Ex 16,23 und Num 11,8 berichteten von der verschiedenen Zubereitung des Manna. "Kochen" und "Backen" weisen darauf hin, daß das Manna bei dieser Zubereitung mit Feuer bzw. dessen Hitzestrahlung in Berührung kam.
Nun heißt es aber Ex 16,21, daß das Manna schmolz, sobald die Sonne heiß schien (ἡνίκα δὲ διεθέρμαινεν ὁ ἥλιος, ἐτήκετο). Die Wortwahl in V27b (ἥλιος; θερμαίνειν und τήκειν) zeigt den engen Bezug zu Ex 16,21. Die paradoxe Eigenschaft des Manna verarbeitet Sap in V27-29:

27"Denn das, was unter dem Feuer nicht zugrunde ging,
schmolz einfach von einem kurzen Strahl der Sonne erwärmt,
28damit bekannt würde, daß es notwendig sei, der Sonne zuvorzukommen zur Danksagung für dich
und vor Aufgang des Lichtes dir zu begegnen.
29Denn die Hoffnung des Undankbaren wird schmelzen wie
   winterlicher Reif
und wird wegfließen wie unbrauchbares Wasser."

Zunächst stellt Sap in V27 die unerklärlichen Eigenschaften des Manna einander gegenüber. Sie unternimmt keinen Versuch, diese zu rationalisieren oder ihren wunderbaren Charakter in den Vordergrund zu stellen. Aufgrund ihrer Exegese von Ex 16 in V21-23.24-26 sind diese Phänomene Tatsachen: Das Manna widersteht dem Feuer der Zubereitung; andererseits

- und hier kommt ein einzelner Vers aus dem Bezugstext zum Tragen - schmilzt das Manna, wenn es von der Sonne beschienen wird.

V28 zieht aus V27b den Schluß auf die Notwendigkeit des morgendlichen Dankgebetes. Sap folgert einen Sinn aus den oben dargestellten widersprüchlichen Eigenschaften des Manna, der ursprünglich nicht in den Bezugstexten enthalten ist. Die Gängige Praxis des Morgengebetes[374] wird so mit einer "theoretischen" Begründung untermauert. Indem Sap diese Begründung als belehrende Schlußfolgerung trifft, unterstreicht sie die Notwendigkeit des Dankgebetes. So wie das Manna vor Sonnenaufgang gesammelt werden mußte, damit es nicht zerschmolz, so ist das morgendliche Dankgebet vor Sonnenaufgang zu verrichten.

Die Notwendigkeit des *Dank*gebetes wie überhaupt der *Dank*barkeit unterstreicht Sap durch V29. Er ist mit V28 über ein Wortspiel verbunden, das Saps Exegese zur Notwendigkeit des morgendlichen Dankgebetes bestärkt. Angelehnt an das Wort "Dankgebet" (εὐχαριστία) in V28a spricht Sap in V29a von der vergänglichen Hoffnung der Undankbaren (ἀχάριστοι). Denn ihre Hoffnung wird schmelzen wie Reif und wegfließen wie unbrauchbares (ἄχρηστος) Wasser. Die Denkbewegung geht von der Undankbarkeit zur Unbrauchbarkeit. Mit "winterlicher Reif" (χειμέριος πάχνη) ist Sap wieder in dem Wortfeld, mit dem zum einen das Manna verglichen wird (vgl. V22a: "Schnee und Eis"); zum anderen ist assoziativ auch der ägyptische Hagel berührt. Der winterliche Reif schmilzt ebenso wie das Manna oder die Hagelkörner, wenn ihn die Sonne bescheint; er ist ein Bild für die Vergänglichkeit.

Über das Stichwort τήκειν ist V29 auch mit V27 verbunden. Das Manna schmilzt von der Sonne erwärmt (V27) - die Hoffnung der Undankbaren schmilzt wie winterlicher Reif (V29). Sap läßt offen, wen sie mit den "Undankbaren" in V29 meint. Sind es die Menschen aus Ex 16, die entgegen den Anweisungen Gottes das Manna über Nacht aufheben (Ex 16,20) bzw. die auch am siebten Tag Manna einsammeln wollen (Ex 16,27)? Oder kehrt Sap hier zum Ausgangspunkt der Gegenüberstellung zurück, zu den Gottlosen, deren Nahrung durch den Hagel zerschlagen wurde? Bezogen auf die AdressatInnen Saps stellt sich das Problem so: Sollen sie sich selbst oder die Ägypter als die Undankbaren erkennen?

Der Text läßt keine eindeutige Antwort zu. Zum Hagel, der die Nahrung der Ägypter zerstört hat, zu Schnee und Eis, die dem Feuer standhalten, fügt sie nun die wie Reif zerschmelzende Hoffnung der Undankbaren. Das kann auf die Gottlosen bezogen sein, die dann mit den Undankbaren gemeint sind. Es ist aber auch eine Andeutung auf das in Ex 16 beschriebene Fehlverhalten mancher Israeliten möglich. Entgegen der in Sap üblichen Tendenz, Israels Verfehlung zu eliminieren, fiele dieser Hinweis ziemlich deutlich aus. Da V29 kein Schaltvers ist und eindeutige Bezüge zur fol-

---

[374] Vgl. PsSal 6,4; Mk 1,35.

genden fünften Gegenüberstellung fehlen, scheidet auch diese Klärungshilfe aus.

Gerade die letzte Beobachtung verdient es, besonders notiert zu werden: Die vierte und fünfte Gegenüberstellung sind nicht durch einen Schaltvers verbunden. Weder von dem schon wie ein erster Schluß wirkenden V26 noch von dem Abschnitt V27-29 führt eine direkte Verbindungslinie über die Thematik oder über Stichwortverbindungen zu der Aufnahme der Finsternisplage in der fünften Gegenüberstellung. Somit ist nach 16,29 ein deutlicher Einschnitt festzustellen, da auch 17,1 nicht die Funktion eines Schaltverses hat.[375]

4.4.6. Die Methode der Textauslegung in der vierten Gegenüberstellung

4.4.6.1. πῦρ als tragendes Stichwort der Auslegung Saps in 16,15-29

Am Anfang dieses Kapitels wurde πῦρ als das Stichwort vorgestellt, das außer den Schaltvers V15 und den ersten Reflexionsteil V24-26 den gesamten Abschnitt durchzieht. Diese Beobachtung ist dahingehend zu korrigieren, daß auch V24 die Eigenschaften des Feuers erwähnt, sie aber auf die Schöpfung (κτίσις) überträgt. Hinter der Anspannung der Schöpfung zur Plage und ihrer Entspannung zur Wohltat ist deutlich der Bezug zur wechselnden Wirksamkeit des Feuers in V18-19 zu erkennen.

Das Feuer wirkt in Sap 16,15-29 zur Wohltat an den Gerechten und zur Plage an den Gottlosen. Es verzehrt die Gottlosen (V16c); es brannte mit verstärkter Kraft im Hagel, abgeschwächt gegen die zur Plage entsandten Heuschrecken - beides, um die Feldfrüchte der Ägypter zu zerstören (V17-19). Zur Wohltat an den Gotteskindern vergaß das Feuer seiner verzehrenden Kraft, damit sich die Israeliten das Manna im Herdfeuer zubereiten konnten (V23). Diese unterschiedlich wirkenden Eigenschaften hat das Feuer als Schöpfung bzw. Teil der Schöpfung Gottes ist (V24). In V27a nimmt Sap das Feuer, das das Manna nicht verzehrte zum Ausgangspunkt ihrer Schlußfolgerung in V27-29.

Sap hält sich in ihrer Textaufnahme der Hagelplage an die Vorgaben in Ex 9. Das Motiv dieses Bezugstextes "im Hagel brennendes Feuer" stellt sie stark in den Vordergrund. Sie betont das Wunder, daß das Feuer überhaupt im Wasser brennen konnte, legt ihm eine wechselnde Wirksamkeit bei, durch die es zum einen nicht die Plagentiere vernichtete, zum anderen nicht selbst an der Nahrungszerstörung gehindert würde.

---

[375] Diese Zäsur hat U.OFFERHAUS in seiner Dissertation (Komposition) offenbar übersehen.

πῦρ wird zum zentralen Wort dieser Gegenüberstellung. Sap führt es auch in ihre Interpretation der Bezugstexte zur Mannaspeisung ein, so daß es auch dort zum Aufhänger für Saps Auslegung wird: Die Zubereitung von Nahrung wird durch die abgeschwächte Kraft des Feuers ermöglicht.[376]
Wir haben hier das einzige Beispiel in Kap 11-19 vor uns, wie ein Stichwort aus einem Bezugstext zum tragenden Wort für Saps Interpretation im Rahmen einer Gegenüberstellung wird.

An keiner Stelle wird erwähnt, daß das Feuer gegen die Gerechten gewirkt hat. Wenn das Feuer zur Plage an den Gottlosen wirkt, dann kann das als für die Gerechten positive Wirkung aufgefaßt werden. Sap nimmt es zumindest als Negativfolie, vor der die Israeliten ihr eigenes Wohlergehen sehen konnten (V22-23): Sie sollten erkennen, daß das Feuer die Früchte der Gottlosen verzehre, ihnen aber ihre Ernährung ermögliche.

Wenn das Feuer nur zur Wohltat gegenüber den Gerechten wirkt, dann will Sap damit den Ort verschleiern, an dem nach Num 11,1-3 das Mannawunder stattfand: Ἐμπυρισμός. Num 11,1-3 berichtet, daß die Israeliten in ihrer Not gegen den Herrn murrten. Und als der Herr dies hörte, entbrannte sein Zorn "und es wurde gegen sie ein Feuer vom Herrn her entfacht (καὶ ἐξεκαύθη ἐν αὐτοῖς πῦρ παρὰ κυρίου) und verzehrte einen Teil des Lagers". Daraufhin schrie das Volk zu Mose und Mose betete zu Gott, "und das Feuer verlöschte" (καὶ ἐκόπασεν τὸ πῦρ). Und man nannte den Namen dieses Ortes Ἐμπυρισμός ("Brandstätte"), "weil ein Feuer vom Herrn gegen sie entbrannte" (ὅτι ἐξεκαύθη ἐν αὐτοῖς πῦρ παρὰ κυρίου).
Unmittelbar daran schließt sich der Bericht an, daß das durcheinandergemischte Volk Gelüste nach Fleisch befallen, weil sie des Manna überdrüssig sind (Num 11,4-6). In Num 11,7-9 folgt die Beschreibung des Manna (Koriandersamen; Eis), die möglichen Zubereitungsarten und die Herkunft aus dem Taunebel.
Wenn das Feuer in Sap 16,15-29 nur positiv zugunsten der Gerechten wirkt und Sap in diesem Zusammenhang auf Beschreibung und Zubereitungsarten des Manna in Num 11 zurückgreift, will sie mit Sicherheit Num 11,1-3 verschweigen und verschleiern. Das Volk Israel erscheint idealisiert, ohne Verfehlung. Bestrafung durch das Feuer geschieht nur für die Gottlosen.

Es wird also nicht nur die Auflehnung durch die ἐπιθυμία Num 11,4ff, sondern auch das vorher geschehene Auflodern des göttlichen Zornfeuers gegen das Murren des Volkes getilgt. Der Ort Ἐμπυρισμός wird nicht nur verschwiegen, er wird unter dem Verständnis von ἐπιθυμία als normalem Begehren (V21b) sogar noch zu einer Stätte umgedeutet, an der das Feuer als Teil der Schöpfung (V24) zugunsten der Gerechten wirkte. Letzteres Ver-

---

[376] Zu den wechselnden Wirkungen auch des Feuers als Teil der Schöpfung gegenüber Gerechten und Gottlosen s.a. Sir 39,29-35.

ständnis erreicht Sap dadurch, daß sie "Feuer" im Sinn von Herdfeuer als für die Zubereitung des Manna notwendig ansieht, obwohl πῦρ selbst weder in Ex 16 noch in Num 11 im Zusammenhang mit der Zubereitung erwähnt wird.

An dieser Stelle läßt sich wieder Saps assoziatives Vorgehen bei der Kombination der Bezugstexte für die Gegenüberstellung ablesen. Für den negativen Teil der Gegenüberstellung stellt sie das im Hagel brennende Feuer stark in den Vordergrund; dieses Feuer zerstörte Nahrung. Mit dem Stichwort "Feuer" bringt sie den Ort der Nahrungsgabe durch das Manna Ἐμπυρισμός (= "Brandstätte") in Verbindung. Der Name dieses Ortes weist aufgrund seiner Ätiologie auf eine Verfehlung Israels hin. Im Zuge der Idealisierung des Volkes *verschweigt* Sap diesen Ortsnamen. Ihr gelingt das im wesentlichen dadurch, daß sie in der Darstellung der Mannagabe allen Wert auf das nur indirekt durch die erwähnte Zubereitung des Manna ("kochen", "backen") genante (Herd-)Feuer legt.

4.4.6.2. Zusammenfassung der Einzelergebnisse in Bezug auf die Textauslegung

Mit Hilfe des *Schaltverses* V15 konstruiert Sap einen größeren Textzusammenhang. Wenn Sap dabei in diesem Schaltvers die Unmöglichkeit, Gottes Hand zu entfliehen feststellt, dann wirkt sich das auch auf die Interpretation der Bezugstexte aus. Diese werden dann nämlich zum Beweis für Saps Behauptung herangezogen, gelangen also unter einem bestimmten Aspekt zur Aufnahme.
Vierte und fünfte Gegenüberstellung sind nicht durch einen Schaltvers miteinander verbunden. Das deutet auf eine Zäsur nach 16,29.

Die Bedeutung der Wortes πῦρ für den gesamten Textabschnitt habe ich oben dargestellt. Unter *Betonung eines Motives* aus dem Bezugstext "Hagelplage" gelangt Sap zu ihrer Interpretation: Dieses "Feuer" wird für Sap zum Aufhänger ihrer Exegese. Hier zeigt sich wieder ein *selektives Moment*, das zur Stützung der eigenen Interpretation andere Elemente der Bezugstexte hinter diesem betont im Vordergrund stehenden zurücktreten läßt.

In den *Anspielungen* auf die Bezugstexte nimmt Sap in dieser Gegenüberstellung zwar mehr *Stichworte* aus den Bezugstexten wörtlich auf als in anderen Gegenüberstellungen (z.B. χάλαζα; ἄρτος ἀπ' οὐρανοῦ; τροφὴ ἀγγέλων), nirgends zitiert sie jedoch die Bezugstexte.
Sowohl bei der Aufnahme der Plage als auch bei der Aufnahme der wunderbaren Mannaspeisung läßt sie Details weg. Trotz dieser *Weglassungen* bleiben die Bezugstexte klar erkennbar. Sap erwähnt jeweils das "Daß" der Ereignisse, nichts jedoch von Einzelheiten der Umstände.

Auch in dieser Gegenüberstellung führt die Eliminierung der Auflehnung der Israeliten wieder zu einer *Uminterpretierung* des Bezugstextes. Die Besonderheit ist hier, daß durch die für die Israeliten positive Aufnahme des Stichwortes πῦρ zum einen der Ort der Mannagabe Num 11,1-3 uminterpretiert wird; zum anderen wird damit das Volk Israel auch hier wieder idealisiert, wenn seine Verfehlung verschwiegen wird und erneut eine Murrgeschichte zu einem Beispiel für Gottes Wohltun an seinem Volk uminterpretiert wird. Hier wird zum vierten Mal aus einer Murr- eine Rettungsgeschichte.

Wenn Sap einzelne Elemente des Bezugstextes betont hervorhebt und in den Dienst ihrer Interpretation stellt, kommt es dabei auch zu *Übertreibungen*. Ein wesentlicher Zug des Feuers ist dessen Fähigkeit, unterschiedliche Intensität entfalten zu können, je nachdem ob Gottlose gestraft oder Gerechte belohnt werden sollen. Diese Aussage gewinnt Sap aufgrund ihrer Interpretation der Hagelplage bzw. der Mannagabe und stellt sie übertreibend in den Vordergrund. Anderseits *übertreibt* sie die Fähigkeit des Feuers, im Hagel bzw. Wasser zu brennen. Was im Bezugstext wahrscheinlich ein Bild für die Heftigkeit des Hagels ist, nimmt sie wortwörtlich und unterstreicht in ihrer Auslegung den wunderbaren Charakter dieses Ereignisses.

Innerhalb von Sap 16,15-29 kommt es zu einem *Abstraktionsvorgang* in Bezug auf das Manna. Dabei *kombiniert* Sap unter Aufnahme anderer *Nebenbezugstexte* ihr vorgegebene Interpretationslinien. Sap nennt das Manna nicht beim Namen. Sie bezeichnet es stattdessen als "Engelsspeise" und "Brot vom Himmel". Das sind Bezeichnungen, die sie Nebenbezugstexten entnimmt, die selbst auf die Mannaspeisung Bezug nehmen. Das Manna wird so zu einer zum Himmel gehörigen Speise, die den Israeliten zuteil wurde. Ein sehr hoher Abstraktionsgrad ist dann erreicht, wenn ausgehend vom Manna - wiederum unter Aufnahme eines anderen Bezugstextes, nämlich Dtn 8,3 - Gottes Wort als Ernährungsgrundlage der Gläubigen dargestellt wird (V26). Auch hier stellt Sap über die Wortwahl Beziehungen zur Schöpfung, speziell zu Gen 1 her.

Ein besonderer Fall der Abstraktion liegt in V22a vor, wenn Sap aus den beschreibenden Vergleichsaussagen für das Manna Substanzaussagen macht. Das Manna wurde in den Bezugstexten im Aussehen mit Reif, weißen Körnern und Eis verglichen. Sap läßt den Vergleichscharakter weg, macht sie zum Stoff des Manna und ersetzt dessen Namen durch "Schnee und Eis". Gleichzeitig *steigert* sie damit die *wunderbaren Eigenschaften* des Manna. Denn "Schnee und Eis" hielten das Feuer der Zubereitung aus, obwohl das Manna sonst (Ex 16,21) und ebenso auch Schnee und Eis in der Sonne schmolzen.

Ein ähnliches Phänomen liegt vor, wenn Sap den süßen Geschmack des Manna - nach Ex 16,31 schmeckte es wie Honigkuchen - auf die "Süßigkeit Gottes" gegenüber den Israeliten überträgt. Die Süße ist abstrakt als Sub-

stanz des Manna genommen, der ursprüngliche Vergleich eliminiert und dann auf Gott als dessen Wesen übertragen.
Besonders in V24-26, wo das Manna als Teil von Gottes Schöpfung verstanden wird, sind deutliche Anspielungen an das Schöpfungshandeln Gottes im Buch Gen zu beobachten. Gottes Wohltun an den Gerechten, seine wunderbare Nahrungsgabe wird über diese Anspielungen mit seinem Schöpfungshandeln in Verbindung gebracht, aus seinem Schöpferwort entstanden vorgestellt.

In V26 unterstreicht Sap mit Hilfe von *Assonanzen* den Gegensatz Nahrungszerstörung <—> Nahrungsgewährung durch Anklänge einzelner Worte an die Nahrungszerstörung in V19b. Dort ist das Ziel der unterschiedlichen Wirksamkeit des Hagelfeuers genannt: Damit die Gewächse des ungerechten Landes zerstört würden (ἵνα ἀδίκου γῆς γενήματα διαφθείρῃ). V26 zieht als belehrende Schlußfolgerung aus der Verbindung der unterschiedlichen Eigenschaften und Wirksamkeiten des Feuers bzw. Manna und der Schöpfung, daß nicht das Wachsen (γένεσις) der Früchte den Menschen ernährt, sondern Gottes Wort die bewahrt (διατηρεῖ), die an ihn Glauben. In den Assonanzen wird Zerstörung und Bewahrung (διαφθείρῃ <—> διατηρεῖ) kontrastiert, unterstrichen durch die Aussage, daß nicht das Wachsen der Früchte allein einen Menschen ernährt (γενήματα <—> γένεσις) und dem Kontrast zwischen ungerechter Erde und an Gott glaubenden Menschen.

Mit einem *Wortspiel durch Assonanzen* stützt Sap ihre in V27-29 getroffene Schlußfolgerung der Notwendigkeit des morgendlichen Dankgebetes: εὐχαριστία – ἀχάριστος – ἄχρηστος. Die Denkbewegung in dem Wortspiel geht von der Dankbarkeit über die Undankbarkeit zur Unbrauchbarkeit. Hinter dem Wort"spiel" versteckt sich also ein Urteil über mangelnde Frömmigkeitspraxis.

Ihre *pädagogische Absicht* macht Sap in V18.22b-23.26.28 deutlich. In V18 geht Sap von einer erzieherischen Absicht Gottes gegenüber den Ägyptern aus, als er sie mit der Hagelplage strafte. Sie sollten diese als Gottes Gericht erkennen. Sap kann dabei auf eine angedeutete erzieherische Absicht im Bezugstext zurückgreifen, *formuliert* aber deren Ziel "Erkenntnis Gottes" zur Erkenntnis des göttlichen Gerichts *um* .
Die übrigen Stellen beziehen sich auf eine Erkenntnis der Israeliten, wobei natürlich zu sagen ist, daß in jedem Fall die von Sap formulierte "Erkenntnis" auch den LeserInnen angeboten wird. In V22b-23 sollen die Israeliten erkennen, daß die unterschiedliche Wirksamkeit des Feuers ihrer eigenen Wohltat diente.
In V24-26 hat Sap die unterschiedliche Wirksamkeit des Feuers und die wunderbare Wandlungsfähigkeit des Manna mit der Schöpfung Gottes in Verbindung gebracht. In V26 sollen nun die Gottessöhne erkennen, daß es nicht das Wachstum der Früchte ist, sondern Gottes Wort die Menschen ernährt, die an ihn glauben (vgl. Dtn 8,3).

In V28 ist die Notwendigkeit des Dankgebetes vor Sonnenaufgang der Erkenntnisgegenstand, den Sap aus der Tatsache folgert, daß das Manna von der Sonne erwärmt schmilzt.
Nur in V28 ist also mit der Frömmigkeitspraxis etwas Äußerliches angesprochen. Alle anderen Erkenntnisse zielen auf den persönlichen Glauben, der sich unter Gottes Gericht sieht oder sich von Gott ernährt und bewahrt weiß.

4.4.6.3. Die religionspolemische Absicht der vierten Gegenüberstellung

Eine religionspolemische Absicht ist in dieser Gegenüberstellung allenfalls in dem Punkt zu erkennen, daß durch die Identifikation der Isis mit Demeter in hellenistischer Zeit dieser auch eine Funktion als Ernährerin zufiel, der Gott als der wahre Ernährer aller Menschen gegenübersteht.
Doch ist eine polemische und konkurrierende Konzeption in dieser Gegenüberstellung nicht so offensichtlich wie in anderen Gegenüberstellungen und der eben angesprochene Sachverhalt bedürfte näherer Untersuchung.

4.5. Die Pädagogisierung in der ersten bis vierten Gegenüberstellung

Schon in der Einleitung dieser Arbeit wurde ein Einschnitt zwischen vierter und fünfter Gegenüberstellung festgestellt. Die Einzelanalyse der vierten Gegenüberstellung hat gezeigt, daß sie mit der folgenden nicht durch einen Schaltvers verbunden ist. Gerade aber die ab der fünften Gegenüberstellung fehlende Pädagogisierung erscheint nach der bisherigen Analyse derart auffällig, daß an dieser Stelle der Inhalt der Pädagogisierung der ersten bis vierten Gegenüberstellung zusammengestellt werden soll.

In den pädagogisierenden Abschnitten wird den LeserInnen immer wieder eine bestimmte Erkenntnis "angeboten", die Sap als Erkenntnis der Israeliten bzw. der Ägypter aus den in Saps Interpretation dargestellten Ereignissen formuliert; z.T. gibt Sap aber auch nur allgemeine Schlußfolgerungen, ohne sie direkt auf einen Personenkreis zu beziehen.

4.5.0.1. Das unterschiedliche Handeln Gottes an Gottlosen und Gerechten als Erkenntnisinhalt

Besonders in erster und zweiter Gegenüberstellung begegnen Sätze, die das unterschiedliche Handeln Gottes an Gottlosen und Gerechten thematisieren.

11,9 formuliert aus der Sicht der Israeliten nach dem Wasserquellwunder die Erkenntnis von Gottes unterschiedlichem Handeln: Die Israeliten wurden in Milde zurechtgewiesen, in der Rückschau erkennen sie, wie die Gottlosen gefoltert wurden.

11,10 wiederholt dieses unterschiedliche Handeln auf einer nicht direkt aus der Gegenüberstellung gewonnenen Ebene: Gott hat die einen wie ein warnender Vater geprüft, die anderen aber wie ein strenger Herrscher verurteilend.

Schon diese beiden Verse machen klar, daß die Erkenntnis jeweils dem in 11,5 formulierten Grundsatz "Denn wodurch ihre Feinde gezüchtigt wurden, dadurch wurden ihnen in ausweisloser Lage Wohltaten zuteil" folgen. Das wird auch bei den beiden anderen Sätzen ähnlichen Inhaltes deutlich: Als die Ägypter hören, daß den Israeliten dadurch Wohltaten zuteil wurden, wodurch sie selbst gezüchtigt wurden (gemeint sind wieder Quellwunder bzw. Verwandlung des Wassers in Blut), "da wurden sie des Herrn gewahr". Auch hier wird zunächst also das unterschiedliche Geschick angesprochen; als zusätzlicher und auch wesentlicher Erkenntnisinhalt kommt die Gotteserkenntnis hinzu.

Ebenfalls auf allgemeiner Ebene formuliert 16,4 die Absicht von Gottes unterschiedlichem Handeln an Gottlosen und Gerechten: Über jene tyrannisch Herrschenden mußte unerbittlicher Mangel kommen, diesen aber sollte allein gezeigt werden, wie ihre Gegner gezüchtigt wurden. Die Erkenntnis des eigenen Wohlergehens ist mit diesem Satz nur indirekt ausgesagt.

4.5.0.2. Die Erkenntnis der Züchtigung der Gegner

Eng verwandt mit dem letzten Beispiel 16,4 sind die Formulierungen in 11,8 und 16,22. Dort wird jeweils die Züchtigung der Ägypter als Erkenntnis der Israeliten ausgesagt.

In 11,8 hat Gott den Israeliten gezeigt, wie er die Gegner züchtigte; dies hat er durch den "Durst" getan: Als nämlich die Israeliten dürsteten erhielten sie die Wassergabe aus dem Felsen - die Ägypter dagegen wurden durch das in Blut verwandelte Wasser langanhaltend gezüchtigt.

Die Erkenntnis der Israeliten, daß das im Hagel brennende Feuer die Früchte der Feinde vernichtete, führt 16,22 an. Eine Erkenntnis Gottes oder seines Handelns ist dort nicht ausdrücklich genannt. Beides kann nur daraus zurückgeschlossen werden, daß das Feuer der Schöpfung Gottes untergeordnet ist, die sich zur Strafe bzw. Wohltat an- bzw. entspannt (16,24).

4.5.1. *Die Erkenntnis Gottes bzw. seines Handelns als Inhalt der Pädagogisierung*

Die Mehrzahl der pädagogisierenden Abschnitte hat die Erkenntnis Gottes bzw. seines Handelns zum Inhalt. Mit "Handeln" ist dabei sein vergangenes Handeln gemeint, seine Verheißungen und seine Gebote, die an Israel ergingen. Diese Erkenntnis wird nie "abstrakt" oder unpersönlich ausgedrückt; immer sind es die Gottlosen oder die Gerechten, die sie wahrnehmen.

4.5.1.1. Die Erkenntnis Gottes aus der Sicht der Gottlosen

Die Erkenntnis der Gottlosen gilt einmal direkt der Wahrnehmung Gottes selbst. Der Satz 11,13 wurde schon genannt: Aus der Erfahrung von Gottes unterschiedlichen Handeln an den Gerechten und ihnen erkannten die Gottlosen den Herrn.

Durch die Errettung der Israeliten vor dem Tod durch Schlangenbisse hat Gott den Feinden bewiesen, daß er der Retter aus allem Übel ist (16,8). Nicht das Geschaute, nämlich die eherne Schlange hatte sie gerettet, sondern Gott, der Retter aller Menschen (16,7). Die Gottlosen dagegen kamen durch die Bisse von Mücken und Heuschrecken ums Leben (16,9). Dieser Zusammenhang ist für Sap der Beweis von *Gottes* Retterschaft gegenüber den Ägyptern (16,8).

Als die Früchte der Ägypter durch das im Hagel brennende Feuer vernichtet wurden, andererseits aber das Feuer gegenüber den gleichzeitig zur

Vernichtung der Feldfrüchte entsandten Tieren mit verminderter Kraft brannte, geschah das, "damit sie schauend wüßten, daß sie durch das Gericht Gottes bedrängt wurden" (16,18c).

Gott selbst, seine Retterschaft und sein Gerichtshandeln sind also die Erkenntnis der Gottlosen. Gerade für die Tierplagen gilt als "Voraussetzung" der von Sap selbst formulierte Grundsatz 11,16: "Damit sie wüßten: Wodurch man sündigt, dadurch wird man bestraft." Die Plagen die die Ägypter erleiden sind direkte Folge und Strafe für ihre Vergehen, für Götzenkult und Tierverehrung. Von daher ist es nicht verwunderlich, daß sie gerade durch die Tierplagen zur Erkenntnis von Gottes Retterschaft geführt werden, aber auch zu der Einsicht, daß sie sein Gericht erleiden.

4.5.1.2. Die Erkenntnis aus der Sicht der Gerechten
Auch bei den Israeliten ruft Gottes Handeln ein Erkennen verschiedenen Inhaltes hervor. Nirgends ist Gott aber direkt Gegenstand der Erkenntnis.

Der Zorn der wilden Schlangen kam über die Israeliten zur Warnung und währte nur kurze Zeit. Die eherne Schlange, die sie vor dem Tod durch die Schlangenbisse rettete, war ein Symbol der Rettung "zur Erinnerung an die Gebote deines Gesetzes" (16,6). Auch die Schlangen selbst dienten als "Ansporn", die Israeliten an Gottes Verheißungen zu erinnern (16,11).

Sehr deutlich ist hier die erinnernde Wirkung der Erziehungsmaßnahme zu sehen. Die Israeliten sollen an Gottes Gesetz und seine Verheißungen sind das, woran die Israeliten erinnert werden. Beide, Gesetz und Verheißungen, sind dabei nicht näher definiert; eine Verständigung mit den AdressatInnen darüber, *was* sie sind und was ihr *Inhalt* ist, scheint nicht nötig gewesen zu sein.
Ebenso klar tritt hervor, daß den Israeliten *religiöse Inhalte* vermittelt werden sollen. Bei der Pädagogisierung in Bezug auf die Gottlosen fanden sich diese Inhalte nicht. Mit νόμος ist dabei ein Begriff eingeführt, der auch in 18,4.9 noch erwähnt wird; auch dort wird er inhaltlich nicht gefüllt.

Ähnlich ist der Sachverhalt in 16,26: "Damit deine Söhne, die du liebtest, Herr, lernten, daß nicht das Wachsen der Früchte den Menschen ernährt, sondern dein Wort die bewahrt, die an dich glauben." Vermittelt über Dtn 8,3 wird hier vom Manna als ernährender Gabe abstrahiert auf Gottes ernährendes Wort. Das Manna wird spiritualisiert zu Gottes Wort; mit ῥῆμα und ζῆν gelangt der gesamte Abschnitt Dtn 8 in den Blick, in dem Israel ermahnt wird, Gottes Bund und sein Gesetz zu halten, um am Leben zu bleiben. Wenn Israel aber Götzendienst betreibt, wird es zugrunde gehen.
Gleichzeitig gelingt es Sap, durch die Wortwahl in 16,24-26 das Manna als Schöpfung Gottes zum Verständnis zu bringen. Gottes ernährende ῥῆμα ist sein Schöpfungswort.

Wenn dann aber "die an dich Glaubenden" bewahrt werden (τὸ ῥῆμα σου τοὺς σοὶ πιστεύοντας διατηρεῖ), wird durch diese wechselseitige Kennzeichnung des Manna als Wort Gottes und des Wortes Gottes als sein Schöpferwort der Inhalt des πιστεύειν auf Gottes Schöpferwort und Schöpfung (vermittelt durch Bezüge zum Buch Gen), aber auch auf seinen Bund und sein Gesetz (vermittelt über Dtn 8) gelenkt. Auch hier sind es also für das Judentum spezifische *religiöse Inhalte* , die den Israeliten in der Pädagogisierung nahegebracht werden.

Ebenso ist die Erkenntnis der Notwendigkeit des morgendlichen Dankgebetes ein *religiöser Inhalt* , den Sap aus den Eigenschaften des Manna erschließt (16,28). Dieser Inhalt ist eher der "Praxis" zuzuordnen. "Damit bekannt würde, daß es notwendig sei, der Sonne zuvorzukommen zur Danksagung für dich und vor Aufgang des Lichtes dir zu begegnen" schließt dabei in der Praxis des Morgendankgebetes eine Gottesbegegnung ein; nicht sie ist aber Inhalt der Erkenntnis, sondern die Notwendigkeit des Gebetes.

4.5.1.3. Die unterschiedlichen Erkenntnisinhalte für Gerechte und Gottlose

Sieht man von der Erkenntnis Gottes bzw. seines unterschiedlichen Handelns an Gottlosen und Gerechten als Erkenntnisinhalt ebenso ab wie von der Erkenntnis der Züchtigung der Gegner, so treten die unterschiedlichen Erkenntnisinhalte für Gottlose und Gerechte deutlich hervor: Gott selbst, seine wahre Retterschaft und sein Gerichtshandeln sind den Ägyptern als Erkenntnisinhalte zugänglich. Für die Israeliten sind es Gottes Gesetz, sein Schöpferwort und die Notwendigkeit einer bestimmten religiösen Praxis.

Es hat den Anschein, als ob die Gotteserkenntnis der Ägypter bei den Israeliten als selbstverständlich vorausgesetzt wird. Diese natürliche Gotteserkenntnis - die Pädagogisierung in Bezug auf die Gottlosen scheint mir durch 13,1 beeinflußt zu sein - ist für die Gerechten nicht nötig, ihnen wird aus Strafe und Wohltat eine viel tiefer gehende Erkenntnis vermittelt: Es geht um die Wurzeln und um die Identität der jüdischen Religion, es geht um religiöse Inhalte, die diese Religion kennzeichnen und ausmachen.

5. Gottes Wohltat durch "Gesetz", "Passa" und "Neuschöpfung" in Kap 17-19

5.1. *Die Zäsur zwischen vierter und fünfter Gegenüberstellung*

Schon die Analyse des Gesamtaufbaus von Kap 11-19 hatte zwischen vierter und fünfter Gegenüberstellung eine Zäsur ergeben: Die Kontrastierung wird ab der fünften Gegenüberstellung aus jeweils nur einem Ereignis gewonnen; zudem fehlt deutlich das Vokabular, das auf eine Pädagogisierung schließen läßt.

Die Einzelanalyse der vierten Gegenüberstellung hat gezeigt, daß eine Verbindung zum Folgenden durch einen Schaltvers fehlt. Der Abschnitt schließt mit einem Hinweis auf die vergängliche Hoffnung der Undankbaren.

Ab der fünften Gegenüberstellung wird die Wohltat an den Israeliten nicht mehr ausdrücklich εὐεργεσία genannt. Die obige Überschrift hat dennoch ihre Berechtigung, denn Sap versteht die positiven Passagen der Gegenüberstellungen als Wohltaten, die von Gott kommen.

Die Wohltaten bestehen im Unterschied zur ersten bis vierten Gegenüberstellung nicht mehr darin, daß Gott einem Mangel der Israeliten abhilft oder eine Todesgefahr beseitigt. Letzteres wird im folgenden nur noch einmal zum Thema in der an die sechste Gegenüberstellung angehängten Kontrastierung der unterschiedlichen Todeserfahrung von Gottlosen und Gerechten.

In den folgenden drei Gegenüberstellungen bleibt für die Gottlosen keine Möglichkeit der Erkenntnis mehr, sie enden für sie in Verwirrung und Vernichtung. Eine Pädagogisierung aus dem Blickwinkel der Gottlosen ist nicht zu erkennen.

Die Thematik der Wohltaten hat im Gegensatz zur ersten bis vierten Gegenüberstellung Inhalte, die jüdische Theologie und Identität betreffen: Der νόμος erscheint als höchste Form des Lichtes, die der ägyptischen Finsternis gegenübersteht; das Passa, verstanden als Verherrlichung des Volkes nach vorher ergangener Berufung, wird von den Israeliten einmütig gefeiert und kontrastiert so die "einmütige Todesart" der Erstgeburtstötung; der Meerdurchzug ist eine "wunderbare Reise", auf der die Israeliten Wunder beobachten.

Nachdem sich schon in der Pädagogisierung der ersten bis vierten Gegenüberstellung stärker theologische Erkenntnisinhalte für die Israeliten angedeutet haben, scheint sich diese Tendenz in den letzten drei Gegenüberstellungen fortzusetzen.

5.2. Sap 17,1 - 18,4: Plage durch das Gefangensein in der Finsternis <—> Wohltat durch mehrere Lichtquellen

Die fünfte Gegenüberstellung Sap 17,1 - 18,4 verwendet als erste in der Reihe der sieben Gegenüberstellungen *nur einen Bezugstext zur Entwicklung des Kontrastes* zwischen Gottlosen und Gerechten. Sie verarbeitet für den positiven Teil der eigentlichen Gegenüberstellung erstmals keine andere Geschichte, die von einer konkreten Gabe an die Israeliten berichtet, sondern entwickelt alles aus nur einem Bezugstext. Das ist auch für die beiden folgenden Gegenüberstellungen so. Die Bezugstexte sind jeweils ägyptische Plagen bzw. für die letzte Gegenüberstellung das Meerereignis.

Thematisch geht es in 17,1 - 18,4 um den Kontrast Finsternis <—> Licht, den Sap aus der Finsternisplage Ex 10,21-29 entwickelt. Die eigentliche Gegenüberstellung konstruiert sie dabei aus der unterschiedlichen Bedeutung der Finsternisplage für Gottlose und Gerechte.
War bisher in den Gegenüberstellungen ein erzieherischer Aspekt durch die Vermittlung bestimmter Erkenntnisse ein besonderes Anliegen Saps, so fehlen ab der fünften Gegenüberstellung die sprachlichen Hinweiszeichen, die auf eine Pädagogisierung schließen lassen.
Dieser Beobachtung kann eine von hier aus im Fortlauf des Textes geänderte Aussageabsicht Saps zugrunde liegen. Sie wäre dann auf sprachlicher oder inhaltlicher Ebene zu ermitteln. Es ist jedoch auch damit zu rechnen, daß Sap die Pädagogisierung unvermittelt durch sprachliche Hinweiszeichen betreibt. Hierfür müßten sich inhaltlich oder konzeptionell Hinweise finden lassen.[377]

5.2.0.1. *Der Aufbau der fünften Gegenüberstellung*
16,29 hatte zu den undankbaren Menschen zurückgeleitet, deren Hoffnung wie Reif schmelzen wird. Damit waren wieder die Gottlosen im Blick.[378]
17,1 schließt daran an: Die in V1a erwähnten großen und schwer zu erklärenden Gerichtsentscheidungen Gottes weisen nach vorne und lassen trotz der "Schwierigkeit, sie zu schildern" (V1), eine Schilderung erwarten. Die "ungebildeten Seelen" (V1b) sind mit den Undankbaren bzw. Gottlosen gleichzusetzen.
Weder 16,29 noch 17,1 haben die Funktion eines Schaltverses. Zwar ergibt sich in 17,1 mit den "Ungebildeten" eine Anknüpfung an die "Undankbaren" - beides ist auf die Gottlosen bezogen - doch finden sich keine weiteren thematischen Verbindungen oder Stichwortverknüpfungen zwischen vier-

---

[377] M.PRIOTTO, La prima Pasqua, S.22: "Nel quinto e nel settimo dittico non ci sono motivi didattici diretti; questi riemergono però indirettamente, come si vedrà fra poco, attraverso i simboli."
[378] Vgl. U.OFFERHAUS, S.159; A.SCHMITT, Das Buch der Weisheit, S.131.

ter und fünfter Gegenüberstellung.[379] Zu der oben gemachten Beobachtung, daß ab der fünften Gegenüberstellung die sprachlichen Hinweiszeichen einer Pädagogisierung fehlen, kommt die deutliche Zäsur zwischen vierter und fünfter Gegenüberstellung hinzu. Es ist also mit einem anderen Konzept Saps zu rechnen.

V2 führt die Finsternisplage (Ex 10,21-29) als Bezugstext ein. Schon der Vers selbst enthält einen Kontrast: Die Gesetzlosen ($ἄνομοι$) waren der Meinung, das heilige Volk zu unterdrücken (V2a), waren aber selbst Gefangene der Finsternis (V2b.c).

In V3-19 folgt eine sehr ausführliche Schilderung der Gefangenschaft der Ägypter in der Finsternis. Ursache der Gefangenschaft ist in dieser Beschreibung weniger die Finsternis selber als vielmehr die psychischen Folgen, die sie bei den Ägyptern auslöste. Sie waren Gefangene der Angst, die sie in dieser stockdunklen Nacht beschlich. Durch sie waren sie, so V16ff, eingeschlossen in ein Gefängnis ohne Eisen.

V20 bereitet die eigentliche Gegenüberstellung 17,21 - 18,1a vor. Der Vers bezieht sich auf Ex 10,23: Der ganze Kosmos erstrahlte im hellsten Licht und war ungehindert durch die Finsternis mit seinen Tätigkeiten beschäftigt.

Dies nimmt 17,21, der negative Teil der Gegenüberstellung auf. Nur bei den Ägyptern herrschte dunkelste Nacht. Die Heiligen Gottes aber besaßen das hellste Licht (18,1a). In der eigentlichen Gegenüberstellung geht es Sap also allein um den Gegensatz Finsternis <—> Licht, den sie Ex 10,23 entnimmt und zur Konstruktion der eigentlichen Gegenüberstellung verwendet.

An die eigentliche Gegenüberstellung schließen sich erklärende Zusätze an, die den dargestellten Kontrast reflektieren. Aufgrund inhaltlicher Kriterien lassen sie sich drei Abschnitte einteilen:
- V1b-2 reflektiert die Überlegungen, mit denen die Ägypter, nachdem die Finsternisplage vorüber war, die Ereignisse verarbeiteten. Sie hatten während der Plage die Stimmen der Israeliten hören, deren Gestalten aber nicht sehen können. Im nachhinein sind sie den Israeliten nun dankbar, weil sie die damalige Situation trotz erlittenen Unrechts nicht zur Rache ausnutzten.
- V3 erweitert den Rahmen des Bezugstextes durch die Feststellung, daß die Israeliten anstelle der Finsternis nicht nur hellstes Licht besaßen (18,1a), sondern als weitere Lichtquelle auch die Feuersäule.

---

[379] In 17,5a wird zwar das in 16,15-29 zentrale Wort πῦρ genannt, doch ist es hier in Bezug auf die Leuchtkraft des Feuers in der Finsternis im Blick, nicht aufgrund seiner verzehrenden Kraft.

- Als dritte Lichtquelle, die die Gerechten im Kontrast zur ägyptischen Finsternis besitzen, kommt in V4 das Licht des Gesetzes hinzu. Der positive Teil der Gegenüberstellung 18,1a wird also in den reflexiven Abschnitten erweitert, wodurch sich eine dreifache Abstufung "Licht - Feuersäule - Licht des Gesetzes" ergibt.

5.2.1. Die Finsternisplage an den Ägyptern

5.2.1.1. V1: Die Überleitung zum Geschick der Gottlosen
Nach 16,29 hat auch 17,1 die Funktion der thematischen Überleitung zum Geschick der Gottlosen. V1a schließt an 16,29 an und weist durch seine Formulierung voraus auf ein Ereignis, das Sap als Gericht Gottes verstanden haben will:

> ¹"Groß sind deine Gerichte und schwer zu erklären,
> aus diesem Grund wurden ungebildete Seelen in die Irre geführt."

Die Finsternisplage, auf die sich Sap im folgenden beziehen wird, betrachtet sie als Gericht Gottes. Das "Gericht" muß nicht unbedingt eine erzieherische Maßnahme sein. Ähnlich den anderen Gegenüberstellung *kann* mit der Plage eine pädagogische Absicht verbunden sein. Sprachlich und inhaltlich läßt sie sich für 17,1 - 18,4 nicht erheben.

Mit der Bezeichnung der Ägypter als "ungebildete Seelen" (ἀπαίδευτοι ψυχαί) benutzt Sap einen Terminus der weisheitlichen Literatur des AT. ἀπαίδευτος ist in der LXX-Version von Prv und Jes Sir sehr oft für "der Tor" gebraucht.[380] Der Tor verachtet die Weisheit und besitzt keine Gottesfurcht.[381] Aus diesem Grund kann der Ungebildete leicht in die Irre geführt werden, denn ihm mangelt es an Orientierung. Weisheit und Gottesfurcht sind Maßstäbe für das Zurechtfinden in der Welt, für ein geregeltes, gerechtes und Gott wohlgefälliges Leben.

Wenn "ungebildete Seelen" in die Irre geführt werden konnten, dann versteht Sap die Wirkungen der Finsternisplage als ein in die Irre Führen, das gebildeten Menschen, das dem Weisen erspart geblieben wäre. Daß Sap wirklich von der Bildung in einem orientierenden Sinn denkt, zeigt V12: "Furcht ist nichts anderes als die Preisgabe der von der Überlegungskraft bereitgestellten Mittel".

Möglicherweise betreibt Sap hier indirekt die Pädagogisierung, indem sie für Weisheit und Bildung wirbt. Die Ägypter, V2a bezeichnet sie als die

---

[380] D.GEORGI, Weisheit Salomos, S.462, Anm.17,1b.
[381] Zum Zusammenhang von παιδεία, Gottesfurcht und Weisheit vgl. 6, 17-19; Prv 1,1-7; 15,33; Jes Sir Prol 12; Jes Sir 1,26-27 u.ö.

"Gesetzlosen", führt sie als Beispiel dafür an, wie weit die Verirrung aufgrund der Unbildung und der Ablehnung des Gesetzes gehen kann. ἐπλανή-θησαν "sie wurden in die Irre geführt" bereitet die psychologisierende Auslegung der Finsternisplage in V3-19 vor, mit der Sap den großen Grad der Verwirrung beschreibt. Die Pädagogik ist hier dann aber deutlich eine andere als in der ersten bis vierten Gegenüberstellung, wo immer eine Erkenntnis der Israeliten bzw. Ägypter formuliert wurde.

5.2.1.2. V2: Die Einführung der Finsternisplage

V2 führt Ex 10,21-29 als Bezugstext ein, formuliert aber dabei gleichzeitig einen Gegensatz zwischen der Selbsteinschätzung der Lage durch die Ägypter und den tatsächlichen Gegebenheiten:

> 2"Denn als die Gesetzlosen glaubten, das heilige Volk zu unterdrücken,
> lagen sie als Gebundene der Finsternis und Gefesselte der tiefen Nacht,
> als Eingeschlossene unter den Dächern, Verbannte der ewigen Vorsehung."

Sap führt hier den Grundsatz 11,16 durch "Wodurch man sündigt, dadurch wird man bestraft". Die Sünde der Gesetzlosen bestand darin, daß sie das heilige Volk unterdrückten. Sap führt die Züchtigung also wieder auf ein konkretes Vergehen der Ägypter zurück.[382]
Schon das Konzept von Ex 1-11 legt es nahe, den Aufenthalt der Israeliten in Ägypten als eine Gefangenschaft und Unterdrückung zu verstehen. Ex 1,13 spricht die Unterdrückung der Israeliten durch die Ägypter an, nachdem sich aufgrund von Herrscherwechseln und Angst vor Übervölkerung die Bedingungen ihres Aufenthaltes in Ägypten geändert hatten: καὶ κατεδυνάστευον οἱ Αἰγύπτιοι τοὺς υἱοὺς Ισραηλ βίᾳ... V2a nimmt das Verb κατεδυναστεύειν für die Gefangenschaft der Israeliten durch die Ägypter auf.

Entgegen dieser Meinung, die Israeliten zu unterdrücken, waren die Ägypter selbst Gefangene. Auf vierfache Weise drückt Sap diese Gefangenschaft in V2b.c aus: Die Ägypter sind δέσμιοι σκότους und πεδῆται μακρᾶς νυκτός (V2b); sie sind κατακλεισθέντες ὀρόφοις und φυγάδες τῆς αἰωνίου προνοίας (V2c). Die Gefangenschaft der Ägypter folgert Sap aus Ex 10,23: "Und keiner konnte den anderen sehen drei Tage lang und keiner stand von seinem Lager auf drei Tage lang". Während Sap die Umstände wegläßt, unter denen

---

[382] Nach Ex 10,20 verhärtete Gott das Herz des Pharao nach der Heuschreckenplage, deshalb kommt es zur Finsternisplage. Sap vermeidet es, die Züchtigung auf Pharaos verhärtetes Herz zurückzuführen, da sie sonst indirekt Gott für die Plagen verantwortlich machte. Sie will dagegen zeigen, daß die Verantwortung für die Plagen ganz bei den Ägyptern selber lag. So kann auch jeder gemäß dem Grundsatz 11,16 "Wodurch man sündigt, dadurch wird man bestraft" für sein eigenes Verfehlen verantwortlich gemacht und bestraft werden.

es zur Finsternisplage kam, *stützt* sie ihre *Interpretation* des Geschehens *auf ein einzelnes Motiv* des Berichtes in Ex 10. Ex 10,23 wird zum Beleg für Saps Interpretation der Finsternisplage als Gefangenschaft der Ägypter, die in ihren Augen korrespondiert mit deren unterdrückerischer Absicht.

σκότος V2b nimmt das Stichwort für "Finsternis" aus Ex 10,22 auf.[383] Das Eingesperrtsein unter den Dächern und das Verb κεῖσθαι beziehen sich darauf, daß kein Ägypter drei Tage lang sein Lager verließ (Ex 10,23; s.o.). Für das Verständnis, die Ägypter seien Flüchtlinge der ewigen Vorsehung gewesen, gibt es in Ex 10 oder anderen Texten, die diese Plage aufnehmen, keinen Anhaltspunkt. Der Widerspruch, einerseits Gefangener der Finsternis und andererseits Flüchtling der Vorsehung zu sein bleibt unklar. Deutlich wird in V2b.c jedoch, daß Sap die Finsternisplage als Gefängnis für die Ägypter verstand, was sie durch dreimalige Umschreibung kenntlich macht.

V2 korrespondiert durch seine Wortwahl mit 18,4. Auch dort verwendet Sap κατακλεῖν für das Unterdrücken der Ägypter (18,4b)[384] und erwähnt, daß sie Gefangene der Finsternis waren (18,4a).
17,2 bezeichnet die Ägypter als ἄνομοι, in 18,4c sollte das unvergängliche Licht des Gesetzes (νόμος) durch die Israeliten der Welt vermittelt werden. Die beiden Verse rahmen also die psychologisierende Auslegung V3-19 und die eigentliche Gegenüberstellung durch die gleichartige Situation, in der sich die Ägypter befinden. Sie deuten durch ἄνομοι und νόμος aber auch einen Gegensatz an: Wenn durch die Israeliten das Licht des Gesetzes gebracht wurde und die Ägypter als Gesetzlose bezeichnet werden, ist es kein Zufall, daß sie durch die Finsternis, also Gesetzlosigkeit, geplagt werden.[385] Auch hier wirkt wieder der Grundsatz "Wodurch man sündigt, dadurch wird man bestraft". Dem νόμος wird auf diese Weise ordnende, erleuchtende Funktion für die Welt zugeschrieben.

5.2.1.3. V3-19: Die Finsternis als Gefängnis der Ägypter
Der Abschnitt 17,3-19 ist eine lange Ausführung Saps zu den psychologischen Folgen der Finsternisplage. Ausgehend von Ex 10,22f beschreibt sie nicht die Dunkelheit als das, was die Ägypter gefangenhielt, sondern die psychischen Folgen, die diese Dunkelheit bei ihnen hervorrief: Sie waren in Angst und Schrecken. Die Angst der Ägypter ist selbstverschuldet, nach 17,1.2 liegt sie in der Unbildung und Gesetzlosigkeit begründet. Die Beobachtung, daß nach V3-19 die Ägypter Gefangene ihrer eigenen Angst wa-

---
[383] Ebenso ψ 104,28, wo die Finsternisplage als erste ägyptische Plage angeführt wird.
[384] κατακλεῖν auch in Sap 17,16.
[385] An dieser Stelle wäre der Zusammenhang zwischen Gesetz und Bildung zu erheben, auf den die Verse 17,1 und 2 hinweisen. Auch die Preisgabe der Überlegungskraft (17,12) spielt m.E. hier eine Rolle.

ren, wird gestützt durch den negativen Teil der eigentlichen Gegenüberstellung: Die Ägypter waren sich selbst bedrückender als die Finsternis (V21c).
Die Ägypter meinten, mit ihren Sünden im Verborgenen zu sein, aber "sie wurden herausgerissen, in furchtbaren Schrecken versetzt und durch Trugbilder erschreckt" (V3). Üblicherweise bergende Schlupfwinkel konnten sie nicht furchtlos bewahren, denn es umtönten sie beunruhigende Geräusche und ihnen erschienen finstere Gestalten (V4).
Weder Feuer noch die Strahlen der Sterne konnten die Nacht erhellen (V5).[386] Mit φλόξ, besonders aber mit πῦρ benutzt Sap in V5 Vokabeln, die in der vierten Gegenüberstellung sehr wichtig waren. Daß das Feuer hier unter einem anderen Blickwinkel als in der vierten Gegenüberstellung zur Sprache kommt, habe ich oben bereits erwähnt: Es hatte keinerlei Macht, zu scheinen und diese verhaßte Nacht zu erleuchten.
Dieser Umstand und die Wahrnehmung eines "selbstbrennenden Scheiterhaufens (αὐτομάτη πυρά) voller Furcht" führten dazu, daß sich Schrecken und Erschrockensein gegenseitig steigerten:

6"Es schien für sie aber nur hindurch
ein selbstbrennender Scheiterhaufen voller Furcht,
sehr erschrocken über jenen nie geschauten Anblick
hielten sie für schlimmer das Geschaute [als es eigentlich war]."

Wie für alle optischen oder akustischen Erscheinungen während der Finsternisplage gibt es auch für αὐτομάτη πυρά keinen Anhaltspunkt in Ex 10. Ein Bezug zur Hagelplage ist möglich, dabei wäre dann an die Blitze zu denken und Sap ginge davon aus, daß die Hagelplage während der Finsternisplage andauerte.[387] Möglicherweise bezieht sich αὐτομάτη πυρά auf die (oder eine) Feuersäule, die für Sap während der Finsternis zu den Ägyptern hindurchschien.[388] Das hieße dann, daß die Feuersäule, die für die Israeliten nach dem Durchzug durch das Meer als Führerin diente, in Saps Interpretation schon während der Finsternisplage brannte.

Sap arbeitet in V3-19 mit einer Fülle von Begriffen, die dem Wortfeld "Angst" entnommen sind. Es geht Sap nicht um die Finsternis selbst als Gefängnis; die Trugbilder und Geräusche, mehr aber noch die daraus entstehende Angst der Ägypter hielten sie gefangen:

---

[386] φωτίζειν wird auch in Ψ 104,39 in Bezug auf die Feuersäule verwendet, ebenso wie hier in V5 in Verbindung mit πῦρ (die Feuersäule wird als "Feuer, ihnen die Nacht zu erhellen" bezeichnet). Nachdem auch andere Abschnitte dieser Gegenüberstellung Bezüge zu Ψ 104 aufweisen, ist mit 17,5 möglicherweise eine kontrastierende Absicht zu Ψ 104,39 beabsichtigt.
[387] So A.SCHMITT, Das Buch der Weisheit, S.131.
[388] So D.GEORGI, Weisheit Salomos, S.462. GEORGI übersetzt "eine Feuersäule" und läßt in Übersetzung oder Anmerkungen nicht erkennen, ob er an die Feuersäule des Exodus oder ein anderes Phänomen denkt.

16"Und so war dann jeder, der nun irgendwann einmal da [i.e. die Furcht aus V15] hineingefallen war, bewacht, eingeschlossen in das Gefängnis ohne Eisen."

An diesen Vers schließt sich in V17-19 eine Aufzählung verschiedener Phänomene an, die die Menschen lähmten, da sie sich fürchteten (V19e). V18a ist der einzige Vers in V3-19, der ausdrücklich *die Finsternis* als die Kette bezeichnet, die sie gefangenhielt. Eine Auflistung der die Furcht ausdrückenden Formulierungen zeigt, daß Sap hier wirklich die Finsternis in ihren psychischen Folgen bei den Ägyptern als das Gefängnis ansieht:

V3c: θαμβέομαι δεινῶς = außerordentlich in Schrecken versetzt werden
   d: ἐκταράσσομαι = erschreckt werden
V4a: οὐδὲ αὐτοὺς ἀφόβους διεφύλασσεν = er bewahrte sie keineswegs furchtlos
   b: ἦχοι καταράσσοντες = beunruhigende Geräusche
   c: φάσματα κατηφῆ = düstere Gestalten
V6b: φόβου πλήρης = voller Furcht
  c.d: ἐκδειματούμενοι ἡγοῦντο χείρω = sehr erschrocken hielten sie für schlimmer
V8b: εὐλάβειαν ἐνόσουν = sie litten Furcht
V9a.b: εἰ μηδὲν αὐτοὺς ταραχῶδες ἐφόβει ... ἐκσεσοβημένοι = wenn sie nichts Störendes erschreckte ... wurden sie aufgeschreckt
V10a: διώλλυντο ἔντρομοι = sie gingen zitternd zugrunde
V11a: δειλὸν γὰρ πονηρία μαρτυρεῖ = die Bosheit bezeugt sich als feige
V12: οὐθὲν γάρ ἐστιν φόβος εἰ μὴ προδοσία τῶν ἀπὸ λογισμοῦ βοηθημάτων = denn nichts ist Furcht außer der Preisgabe der durch Überlegung bereitgestellten Hilfsmittel
V15a: τέρασιν[389] ἠλαύνοντο φαντασμάτων = sie wurden durch Schreckbilder der Einbildungskraft vertrieben
   b: τῆς ψυχῆς παρελύοντο προδοσίᾳ[390] = sie wurden gelähmt durch die Preisgabe des Denkvermögens
   c: αὐτοῖς φόβος ἐπεχύτη = es ergoß sich über sie Furcht
V19e: παρέλυεν αὐτοὺς ἐκφοβοῦντα = es lähmte sie, die sie Angst hatten

J.M.REESE hat die Parallelen aufgezeigt zwischen der Beschreibung der seelischen Folgen hier und der in Darstellungen der antiken hellenistischen Psychologie.[391] Er listet 30 Vokabeln auf, die sonst in den kanonischen Büchern des AT nicht vorkommen und die alle mit Psychologie zu

---

[389] τέρας ist in Ex immer für die "Wunder" während des Auszugs verwendet (z.B. Ex 4,21; 7,3.9; 11,9.10; 15,11; ebenso Ψ 77,43; 104,5.27), gemeint sind die Plagen an den Ägyptern. Will Sap hier mit dieser Vokabel auf eine Gleichzeitigkeit aller Plagen anspielen?
[390] προδοσία nur in Sap 17,12.15 in LXX.
[391] J.M.REESE, Hellenistic Influence, S.21-25, ("Psychological Vocabulary").

tun haben. Man kann hier also von einer *Psychologisierung der Finsternisplage* sprechen. Sap führt durch diese Interpretation den Beweis für das Ungebildetsein der Ägypter (s. 17,1b): Die Gottlosen lassen einen Kreislauf zu, in dem sich Schrecken und Erschrockensein gegenseitig potenzieren. In der Situation, über etwas erschrocken zu sein, was man nie vorher gesehen hat, hält man diesen Schrecken für schlimmer, als er eigentlich ist (V6).

Nach Saps Definition in V12 ist die Furcht ($\phi\acute{o}\beta o\varsigma$) nichts anderes als die Preisgabe der durch das Denkvermögen bereitgestellten Hilfsmittel. Das will besagen, daß die Ägypter keine Angst hätten haben müssen, hätten sie ihren Verstand benutzt. So aber haben sie sich in ihrer Panik dem Kreislauf des Schreckens ausgesetzt:

12"Denn nichts ist Furcht außer der Preisgabe der durch das Denkvermögen bereitgestellten Hilfsmittel.
13Ist aber die Hoffnung von innen her geschwächt, hält man die Unkenntnis der die Prüfung hervorrufenden Ursache für schwerwiegender als sie [eigentlich] ist."[392]

Hier manifestiert sich die Unbildung der Gesetzlosen. Die Benutzung der Überlegungskraft ist das Kennzeichen der Gebildeten. Hier zeigt sich aber, daß die Gottlosen ungebildet sind, denn sie geraten in Furcht, weil sie ihren Verstand eben nicht benutzen.
Aus der $\pi\rho o\delta o\sigma\acute{\iota}\alpha$ der Überlegungskraft (vgl. V15b) folgt eine Schwächung der $\pi\rho o\sigma\delta o\kappa\acute{\iota}\alpha$, der Hoffnung (V13a). Sap unterstützt ihre Aussage durch die Assonanz der Wörter $\pi\rho o\delta o\sigma\acute{\iota}\alpha$ und $\pi\rho o\sigma\delta o\kappa\acute{\iota}\alpha$: Die Preisgabe des Denkvermögens bedingt eine aus dem Inneren geschwächte Hoffnung, dies wiederum führt zu einer völligen Fehleinschätzung der eigentlichen Lage.

Voraussetzung für diesen verhängnisvollen Kreislauf ist die Bosheit der Ägypter. Denn die Bosheit erweist sich als feige und nimmt, bedrängt durch das Gewissen Schlimmes auf sich (V11).[393] Zu der oben beschriebenen Assonanz kommt noch die der $\pi o\nu\eta\rho\acute{\iota}\alpha$ aus V11a hinzu. $\pi o\nu\eta\rho\acute{\iota}\alpha$ ist in Sap immer Eigenschaft der gottlosen Menschen und Völker.[394] Die Weisheit

---

[392] Es ist unerheblich, wie man den Genitiv V13b auflöst, ob als genitivus objectivus oder comparationis. Gemeint ist immer eine Fehlbeurteilung der eigenen Lage aus Furcht heraus.
[393] Vgl. PHILO, ConfLing 121; doch dort treibt das Gewissen die Gottlosen nicht in einen Teufelskreis, sondern es züchtigt und quält sie, die ihrem gottlosen Treiben ganz verfallen sind, bis sie zur Anerkennung eines höheren Wesens gelangen. Bei Sap wird die Anerkennung Gottes seitens der Ägypter durch die Plagen erreicht, wie manche pädagogisierenden Formulierungen in Sap zeigen.
[394] 4,6.14; 10,5.7; 17,11; 19,13. In der übrigen LXX kann die Bosheit von allen Menschen und auch von Israel mit $\pi o\nu\eta\rho\acute{\iota}\alpha$ ausgesagt werden (z.B. Dtn 31,21). In Ex 32,12 wird $\pi o\nu\eta\rho\acute{\iota}\alpha$ sogar in Bezug auf Gott verwendet, allerdings in einem eventuellen Ausspruch der Ägypter, den die Israeliten vermeiden wollen: "Warum sollen die Ägypter sagen: ´In böser Absicht ($\mu\epsilon\tau\grave{\alpha}$ $\pi o\nu\eta\rho\acute{\iota}\alpha\varsigma$) hat er sie herausgeführt...´" Die Bosheit hat für Sap an mehreren Stellen Zeugnis-

dagegen errettet die Gerechten aus der sie umgebenden πονηρία (Henoch 4,14; Abraham 10,5; Lot 10,7). Sap spannt also durch Assonanzen einen Bogen von der Bosheit der Gottlosen über deren Preisgabe des Denkvermögens hin zur Schwächung ihrer Hoffnung. Eins erscheint dabei als Folge des anderen und letztendlich ist die Angst der Ägypter Folge ihrer Bosheit.

In der Interpretation Saps ist φόβος das *thematische Zentrum* in V3-19 (V4a: οὐδὲ ἄφοβος; V6b: φόβου πλήρης; V9a: ἐφόβει; V12a.15c: φόβος; V19e: ἐκφοβέω). In Kombination mit dem Stichwort des Bezugstextes "Nacht" bzw. "Finsternis" (V2b.5c.14a: νύξ; V18a: σκότος)[395] ergibt sich als Aussage Saps: Nicht die Finsternis selbst, sondern ihre Angst hielt die Ägypter gefangen.

Wer immer in einen der von Sap beschriebenen Seelenzustände hineinfiel, war gefangen in einem Gefängnis ohne Eisenstäbe (V16). Als gefangene Personengruppen nennt Sap in V17a.b Bauern, Hirten und Feldarbeiter. Sie stehen stellvertretend für alle anderen Menschen in Ägypten während der Finsternisplage. In V18b-19d führt Sap sieben Beispiele an, durch die diese Menschen Furcht litten: Das Pfeifen des Windes, Vogelgezwitscher, das Rauschen eines Baches, die Geräusche von Steinschlag und hüpfenden Tieren, das Brüllen bösartiger Tiere und das Echo der Berge müßte den angeführten Personen aus täglicher Arbeit eigentlich vertraut sein. Dennoch werden sie durch diese Geräusche vor Furcht gelähmt. Auch dies ist ein Beispiel dafür, wie durch Panik Harmloses zu Furcht und Schrecken wird.

In ihrer Interpretation der Finsternisplage V3-19 geht Sap besonders auf Ex 10,22b.23a ein. Andere Einzelheiten bezüglich der Umstände der Plage nimmt Sap in diesem Abschnitt nicht auf. Sie geht *selektiv* vor bei der Auswahl der Bezugspunkte, auf die sie ihre Interpretation stützen kann. Auf die Dichte der Finsternis (Ex 10,21: "eine Finsternis, die man greifen kann") geht sie lediglich indirekt ein, wenn weder Feuer noch die Strahlen der Sterne diese Finsternis erhellen können (17,5).

Ex 10,23a ("keiner konnte den anderen sehen drei Tage lang und keiner stand von seinem Lager auf drei Tage lang") ist die Grundlage dafür Ex 10,23-29 als Gefangenschaft zu interpretieren. Mit 11,16 "Wodurch man sündigt, dadurch wird man bestraft" als Ausgangspunkt wird die Finsternisplage zum Korrelat des ägyptischen Unterdrückungshandelns. Die Sünde der Ägypter bestand darin, daß sie die Gerechten gefangenhielten, deshalb

---

charakter: In 4,6 sind die im gesetzlosen Beischlaf gezeugten Kinder Zeugen für die Bosheit ihrer Eltern; rauchende Wüste und unfruchtbares Land sind Zeugnis für die Bosheit der Bewohner Sodoms (10,7); nach 17,11 bezeugt sich die Bosheit selbst als feige. In allen drei Fällen verwendet Sap ein Wort vom Stamm μαρτυρ...

[395] In V14 wird die Nacht als eigentlich machtlos bezeichnet und das Gewicht der Aussage in die plötzlich über die Gottlosen hereinbrechende Furcht gelegt, die teils aufgrund der Selbstpreisgabe, teils durch die Schreckbilder entsteht.

wurden sie selbst Gefangene der Finsternis (17,2). Die Gefangenschaft besteht für sie nicht in der Unmöglichkeit, drei Tage lang das Bett zu verlassen, sondern in der Furcht und in ihrer panischen Reaktion.
Sap setzt der Gefangenschaft der Israeliten die weitaus schlimmere Gefangenschaft der Ägypter durch die Finsternisplage gegenüber. Im Fortlauf des Textes bildet Sap aber die eigentliche Gegenüberstellung dann nicht zu dieser Gefangenschaft, sondern sie kehrt zurück zu deren Ursache "Finsternis" und kontrastiert diese mit dem Licht, das die Israeliten in dreierlei Art besaßen.

In 17,7 spielt Sap an auf die Versuche der ägyptischen Zauberer, die Plage abzumildern. Vielleicht waren die Zauberer die Personen in Ägypten, die in Saps Augen noch am ehesten mit Weisheit begabt waren. Doch ihre Täuschungen versagten. Sie, die versprochen hatten, Furcht und Verwirrung von den leidenden Seelen zu nehmen, litten selbst Angst (V7-8).
Sap bringt hier die ägyptischen Zauberer mit der Finsternisplage in Verbindung, obwohl sie in Ex 10 in diesem Zusammenhang gar nicht erwähnt werden. In den bisherigen Gegenüberstellungen hatte sie dagegen die Versuche der Zauberer unerwähnt gelassen, mit ihrer Kunst die Plagen nachzuahmen.[396] In Saps Darstellung scheinen sie versucht zu haben, die Finsternisplage abzumildern. Daß sie versagen, ist ein weiteres Indiz für die Unbildung der Ägypter.

Der Satz 17,1b "...deshalb wurden ungebildete Seelen in die Irre geführt" bewahrheitet sich in V3-19 an den psychologischen Folgen der Finsternis, an der Verwirrung und Verirrung. Sehr *indirekt* kommt hier ein *pädagogischer Aspekt* zum Vorschein: Sap ruft auf zur Bildung, zum Gebrauch des Denkvermögens auch in bedrohlichen Situationen, um eine Irreführung zu vermeiden.

5.2.1.4. *V20: Die Rückführung zum Thema Finsternis*
Die Verse 3-19 galten der Interpretation der Finsternisplage durch die Furcht, die sie bei den Ägyptern auslöste. Sap kehrt nun zum Thema "Finsternis" im eigentlichen Sinn zurück; unter Aufnahme von Ex 10,23b formuliert sie in V20:

> 20"Denn der ganze Kosmos wurde beschienen durch glänzendes
>   Licht
> und war in Anspruch genommen durch ungehinderte Werke;..."

Nach Ex 10,23b wurde ganz Ägypten von der Finsternisplage heimgesucht, mit einer Ausnahme: Bei den Israeliten herrschte normales Tageslicht.

---

[396] Sie konnten Wasser in Blut verwandeln (Ex 7,22), Frösche herbeizaubern (Ex 8,3), aber keine Mücken hervorbringen (Ex 8,14).

Für Sap war jedoch der ganze Kosmos von Licht beschienen, Ägypten ist die Ausnahme, nur dort ist Finsternis. Sap dehnt die Angabe aus Ex 10 ins Universelle aus, wenn die ganze Welt im Licht ist und nur bei den Ägyptern Finsternis.

In V20 deutet sich nach den Ausführungen zu den psychischen Folgen der Finsternisplage bereits die Gegenüberstellung an: Im Gegensatz zu Ägypten war die ganze übrige Welt nicht von der Finsternis behindert. Somit soll auch nicht die Gefangenschaft der Ägypter, sondern die Finsternis als Kontrastpunkt verwendet werden.

5.2.2. Sap 17,21 und 18,1a: Die eigentliche Gegenüberstellung Finsternis <—> Licht

5.2.2.1. V21: Der negative Teil der eigentlichen Gegenüberstellung

Nachdem V20 als Überleitung zur eigentlichen Gegenüberstellung festgestellt hatte, daß die ganze übrige Welt hellstes Licht hatte, knüpft V21, der negative Teil der eigentlichen Gegenüberstellung daran an:

17,21 "...allein über jenen breitete sich bedrückende Nacht aus
ein Gleichnis für die Finsternis, die sie aufnehmen will,
sich selber aber waren sie bedrückender als die Finsternis."

In drei Schritten führt Sap aus, daß allein die Ägypter von der Finsternisplage betroffen waren. V21a nimmt die Tatsache auf, daß sich nur über die Ägypter die tiefste Nacht ausbreitete. Hier entspricht Saps Aussage direkt Ex 10,23.
V21b deutet diese Nacht als die Finsternis, die die Ägypter nach deren Tod aufnehmen wird. "Finsternis" ist hier ein Symbol für das Endschicksal, eine Vorstellung, die in der Antike weit verbreitet war.[397] Schon 17,14 hatte die Nacht als "Emporkömmling des Hades" und damit des Todesreiches gesehen. Doch ist die Nacht in V21b nicht die volle Wirklichkeit des Totenreiches, sie ist nur ein εἰκών desselben.
In V21c greift Sap zurück auf ihre eigene Interpretation der Finsternisplage in 17,3-19. Die Nacht während der Plage und die Finsternis als Abbild des Endschicksals mögen bedrückend für die Ägypter gewesen sein - sich selber waren sie bedrückender als die Finsternis. Sap spielt hier an auf die Panik, die nach ihrem Verständnis für das Gefangensein der Ägypter verantwortlich war und ausgelöst wurde durch die Preisgabe ihres Denkvermögens (vgl. V11-13).

---

[397] S. D.GEORGI, Weisheit Salomos, S.464, Anm.21a; A.SCHMITT, Das Buch der Weisheit, S.132.

Die drei Glieder von V21 sind untereinander durch ein Wortspiel verbunden, das die Absicht hat eine Steigerung der Bedrückung auszudrücken: βαρεῖα νύξ - σκότος - ἑαυτοῖς ἦσαν βαρύτεροι σκότους (bedrückende Nacht - Finsternis - sich selbst waren sie bedrückender als die Finsternis). βαρεῖα νύξ und σκότος bezeichnen die Nacht während der Finsternisplage. V21a hat dabei die Nacht der Finsternisplage in Entsprechung zu Ex 10 vor Augen. V21b ersetzt νύξ durch σκότος und betrachtet dieselbe Nacht als ein Sinnbild des Totenreiches. Eine Steigerung geschieht in V21c. Durch den Komparativ zu βαρύς und die Aufnahme von σκότος will Sap ausdrücken, daß die psychischen Folgen der Plage, die sie in 17,3-19 schilderte, schlimmer als die Finsternis selbst waren.

5.2.2.2. V1a: Der positive Teil der eigentlichen Gegenüberstellung

Dem dreigliedrigen Negativteil der Gegenüberstellung V21 entspricht ein dreigliedriger Aufbau von 18,1-4, wobei der Finsternis drei verschiedene Arten von Licht gegenübergestellt werden. An den positiven Teil der Gegenüberstellung V1a schließt sich eine kurze Reflexion an (V1b-2), der in V3 und 4 die beiden nächsten Glieder folgen.

18,1a ist stilistisch in Analogie zu V21a gebildet und ist der positive Teil der eigentlichen Gegenüberstellung. Diese ist gekennzeichnet durch im Kasus kongruente Satzglieder, um das unterschiedliche Ergehen von Gottlosen und Gerechten auszudrücken. V21a begann μόνοις δὲ ἐκείνοις..., in Entsprechung dazu setzt V1a entgegen: τοῖς δὲ ὁσίοις σου... Die einen wurden überschattet von bedrückender Nacht, Gottes Heilige dagegen hatten hellstes Licht:

18,1a "Deine Heiligen aber besaßen das hellste Licht."

Sap bildet die Gegenüberstellung aus der in Ex 10,21-23 berichteten Tatsache, daß die Finsternis nur Ägypten betraf, die Israeliten aber hellen Tag hatten.
Der Gegensatz ist also erstmals im Bezugstext selbst voll angelegt. Sap hat für die eigentliche Gegenüberstellung nur die Bedingungen aus Ex 10 vor Augen. Hier stimmt also die Feststellung, daß Gegenüberstellungen schon in der Exodustradition selbst angelegt sind.[398]
Auch bei einigen anderen Plagen wird berichtetet, daß die Israeliten nicht von ihnen betroffen waren. Für die Finsternisplage nimmt Sap diesen Umstand erstmals explizit auf. Sie verändert ihn in 17,1 - 18,1 allerdings dahingehend, daß nicht mehr Israel die wunderbare Ausnahme darstellt, wie das die Ex-Texte suggerieren. Vielmehr ist Ägypten, das die Plage erleidet, die extreme Ausnahme: Im ganzen Kosmos war es hell - allein

---

[398] D.GEORGI, Weisheit Salomos, S.440.

"jene" aber hatten bedrückende Nacht (V20-21). Die Plage erscheint als Vergeltung für den Versuch, die Gerechten gefangenzuhalten, trifft also entsprechend dem Grundsatz 11,16 die Gottlosen zurecht. V20 dehnt die Straflosigkeit auf den ganzen Kosmos aus und läßt so die ägyptische Plage zur Ausnahme werden.

5.2.3. *V1b-4: Die reflexiven Teile der fünften Gegenüberstellung*

5.2.3.1. *V1b-2: Reflexion über die Bedingungen des Zusammenseins von Israeliten und Ägyptern während der Finsternisplage*

In V1b-2 denkt Sap darüber nach, unter welchen Bedingungen sich das Zusammenleben von Ägyptern und Israeliten gestaltete, während die einen tiefe Nacht, die anderen aber hellstes Licht hatten. Sie hebt damit nicht den Gegensatz Licht <—> Finsternis hervor oder die Besonderheit, daß nur die einen von der Finsternis geplagt wurden. Vielmehr geht sie spekulativ darauf ein, wie Ägypter und Israeliten einander wahrnahmen und welche Erfahrungen sie während der Plage *miteinander* machten:

> 1b"Ihre Stimmen hörten sie [i.e. die Gottlosen] zwar, sahen aber nicht die Gestalt;
> weil diese nicht gelitten hatten, priesen sie [sie] glücklich.
> 2Weil sie ihnen aber nicht schadeten, obwohl sie zuvor Unrecht erlitten hatten, sagten sie Dank
> und baten um Verzeihung für das feindselige Verhalten."

Sap geht hier davon aus, daß Israeliten und Ägypter unmittelbar nebeneinander waren. Die Ägypter hörten zwar die Stimme, sahen aber nicht die Gestalt der Israeliten. Vielleicht geht Sap aber auch von einer psychischen "Umnachtung" aus. Die Angst als Folge der Finsternis und die größere Bedrohung durch sie als durch die Finsternis selbst hat sie vorher ausführlich beschrieben.
Man könnte sich dann eine rein "innerliche" Finsternisplage denken. Dunkelheit und Angst wären beide aus dem Inneren der Ägypter gekommen. Diese Auslegung wäre dann ein Versuch Saps, die Eingrenzung der Finsternis allein auf die Ägypter zu erklären und setzte die psychologisierende Interpretation von 17,3-19 fort.
Möglicherweise betreibt Sap aber auch nur eine streng konsequente Auslegung von Ex 10,23b: "Alle Israeliten aber besaßen Licht, überall, wo sie sich aufhielten (ἐν πᾶσιν, οἷς κατεγίνοντο)." Ein in der ägyptischen Finsternis sich bewegender Israelit hätte danach Licht um sich gehabt und die Ägypter hätten es nicht sehen können.

V1c.2 ist von einem Zeitpunkt nach der Finsternisplage aus gedacht. Die Ägypter erkennen, daß die Israeliten nicht unter einer Finsternis zu lei-

den hatten und preisen sie aus diesem Grund glücklich. Sie dankten ihnen, weil sie ihre Lage während der Finsternis nicht ausnutzten, um sich an ihnen für erlittenes Unrecht zu rächen. Sie baten sogar um Verzeihung für ihr feindseliges Verhalten ihnen gegenüber.
Diese Ausführungen haben keinen Anhaltspunkt im Bezugstext. An keiner Stelle nach der Finsternisplage wird etwas von Dankbarkeit der Ägypter erwähnt.[399] D.GEORGI vermutet für V1b-2 Ex 11,3 und Ex 12,33-36 als Hintergrund.[400] Möglicherweise ist die dort beschriebene "Gunst", die Gott den Israeliten bei den Ägyptern verschaffte, der Aufhänger für Saps Gedanken. Durch das Ausborgen und Mitnehmen von Schmuck der Ägypter beim Auszug schadeten die Israeliten den Ägyptern zumindest materiell.[401] Körperlichen Schaden hatten sie ihnen nicht zugefügt.
Die Verwendung von χάρις in V2b legt Ex 11,3;12,36 als Bezugstext nahe, denn dort wird χάρις als Vokabel für "Gunst" verwendet. Schon Ex 3,21 hatte die Gunstgewährung angekündigt: καὶ δώσω χάριν τῷ λαῷ τούτῳ ἐναντίον τῶν Αἰγυπτίων. Die Auslegung von "Gunst verschaffen" hin zu "um Verzeihung bitten" erklärt sich aus der Polyvalenz von χάρις.

Für die in V2a angeführte Freude bzw. Danksagung der Ägypter wegen des Auszugs der Israeliten scheint Ψ 104,38 der Bezugstext zu sein. Dort heißt es, Ägypten sei fröhlich geworden über den Auszug der Israeliten (εὐφράνθη Αἴγυπτος ἐν τῇ ἐξόδῳ αὐτῶν). Als Grund nennt Ψ 104,38b, daß Furcht vor den Israeliten auf sie gefallen war (ἐπέπεσεν ὁ φόβος αὐτῶν ἐπ' αὐτούς). φόβος ist nun das zentrale Wort für die Interpretation der Finsternisplage in 17,3-19. Die Furcht ist ein Phänomen, das aus dem Innern der Ägypter kam. Nach Ψ 104,38 kam die Furcht vor den Israeliten von außen, gemeint sind die vorher angeführten Plagen. Sap hat diese beiden Stellen mit Hilfe des Wortes φόβος miteinander verknüpft. Die Fröhlichkeit der Ägypter über den Auszug aus Ψ 104 und das nach Saps Sicht Nichtausnutzen der Lage der Ägypter während der Finsternisplage interpretiert Sap als Dankbarkeit und Bitte um Verzeihung. Angeregt durch ihre eigene Interpretation *kombiniert* Sap hier Texte mit Hilfe der Stichwörter χάρις und φόβος.

Im Anschluß an die eigentliche Gegenüberstellung beschreibt V1b-2 das gnädige Verhalten der Israeliten gegenüber den Ägyptern. Sie machten sich die mißliche Situation der Ägypter nicht zunutze. Die Ägypter erkennen und anerkennen dieses Verhalten. Möglicherweise kommt *indirekt* Saps *pädagogische Haltung* zum Vorschein, indem hier dem LeserInnen ein ähnliches Verhalten nahegelegt wird. Es geht dann nicht darum, die Situation der Unwissenheit, die die Gegner in den Bereich des Todes bringt, auszunutzen, sondern einfach im guten Sinne seine eigene Verbundenheit

---

[399] εὐχαριστεῖν nur in den Abschnitten der LXX, die keine Vorlagen im MT haben.
[400] D.GEORGI, Weisheit Salomos, S.464, Anm.1b und 2a.
[401] Zur Beraubung der Ägypter durch die Israeliten vgl. auch 10,20, wo jedoch die Entwaffnung der tot am Meeresufer liegenden Streitmacht gemeint ist.

mit dem Licht zu leben. Die Dankbarkeit und "Gunst" der Gegner stellt sich dann automatisch ein.

5.2.3.2. V3: Die Feuersäule als Gegensatz zur Finsternisplage

Mit V3 verläßt Sap den ausschließlichen Bezug auf Ex 10. Bisher hatte sie im Rahmen dieser Gegenüberstellung alles der Finsternisplage als Bezugstext entwickelt. Im Schema von Plage und Wohltat ist mit dem Geschenk der Feuersäule eher eine Tat angesprochen als in V1, wo lediglich festgestellt wird, daß die Heiligen hellstes Licht hatten.
Der Vers beginnt mit ἀνθ' ὧν... ("stattdessen"), kann sich mit diesem Satzanschluß aber nicht auf V1-2 beziehen. Vom Inhalt her ist ein Gegensatz zu der Nacht bzw. Finsternis beabsichtigt. V3 kann als Ergänzung zu V1 betrachtet werden. Dieser formuliert den Gegensatz durch im Kasus kongruente Satzglieder, V3 tut dies mit ἀντί.[402] Bezugspunkt für V3 ist 17,21, der negative Teil der eigentlichen Gegenüberstellung:

> 4"Stattdessen schenktest du eine feuerbrennende Säule
> als Führerin für die unbekannte Reise,
> eine nichtstechende Sonne für das ehrenwerte Leben in der Fremde."

Die Feuersäule wird im Exodusgeschehen erstmals Ex 13,21 genannt. Dort wird erwähnt, daß Gott vor den Israeliten herzog, tags in einer Wolken-, nachts in einer Feuersäule. Sap zeigt hier stärkeres Interesse an der Feuersäule, die Wolkensäule erwähnt sie gar nicht.[403] Das erklärt sich aus dem beabsichtigten Kontrast: Als Gegensatz zu der ägyptischen Finsternis ist sie besser geeignet als die Wolkensäule.[404]

In ψ 104,39 spricht Versteil a die Schutzfunktion der Wolkensäule an; V39b bezieht sich auf die Feuersäule und nennt sie "Feuer, um ihnen die Nacht zu erhellen" (πῦρ τοῦ φωτίσαι αὐτοῖς τὴν νύκτα). ψ 104,39 verwendet diesen Kontrast des Feuers zur Nacht in dem Sinn, wie er in dem Motiv der Wolken- und Feuersäule im Buch Ex angelegt ist: Eine Wolkensäule ist bei Tag, eine Feuersäule bei Nacht besser sichtbar.
In Sap 18,1-2 hatten sich schon Bezüge zu ψ 104,38 angedeutet, aus dem folgenden Vers dieses Psalms kann Sap den Kontrast Feuersäule <—> Finsternis übernehmen und ihn auf Feuersäule <—> Finsternisplage übertragen.

---

[402] D.GEORGI, Weisheit Salomos, S.464, Anm.1b: "Doch der Text will den Eindruck erwecken, daß dieses Licht und die Wolkensäule nicht völlig voneinander unterschieden sind."
[403] Vgl. dagegen J.FICHTNER, S.63, der von einer "feuerflammenden Wolkensäule" spricht, was dem Text Saps aber nicht zu entnehmen ist.
[404] So auch A.SCHMITT, Das Buch der Weisheit, S.132.

Auch hier ist wieder gut die assoziative Verknüpfung von Texten zu beobachten, die an dieser Stelle über das Stichwort "Nacht" läuft. Die Feuersäule war ein Phänomen, das die Israeliten n a c h t s begleitete. Diese nächtliche Begleitung bringt Sap mit der Nacht der Finsternisplage in Verbindung; sie projiziert das Ereignis "Feuersäule" zurück in die Nacht der Finsternisplage, oder läßt doch zumindest die zeitliche Differenz zwischen beiden Ereignissen nicht deutlich werden.

Die Bezeichnung der Feuersäule als Führerin (ὁδηγός, V3b) deutet sich in Ex 40,38 an. Der Schlußvers des Buches Ex benennt Wolken bzw. Feuersäule als ständige Begleiterinnen während Israels Wanderschaft.[405]
    In anderen Texten ist die Vorstellung der Führung deutlicher ausgebildet. In Ψ 77,14 führt Gott die Israeliten durch eine Wolken- bzw. Feuersäule (καὶ ὡδήγησεν αὐτοὺς ἐν νεφέλῃ ἡμέρας καὶ ὅλην τὴν νύκτα ἐν φωτισμῷ πυρός). Auch in 2.Esra 19,19 spricht Nehemia im großen Bußgebet von der Wolkensäule, um die Israeliten zu führen (ὁδηγῆσαι) und von der Feuersäule, um ihnen bei Nacht den Weg zu erleuchten. Auch wenn hier die Funktionen der beiden Säulen entsprechend der Tageszeit unterschiedlich sind, ist doch von Führung die Rede. Ψ 104,39 spricht eher die bergende und bewahrende Funktion der Feuersäule an (s.o.) und scheint Ex 14,24 aufzunehmen.

Sap nimmt die *Führungsfunktion* aus den Nebenbezugstexten auf. Im Gegensatz zu den Ungebildeten werden die Heiligen auf eine "unbekannte Reise" und nicht in die Irre geführt. Die Feuersäule bildet somit einen Kontrast zu den Verwirrungen, die Sap in V3-19 geschildert hat, angekündigt durch 17,1b. Die Ägypter kannten sich im eigenen Land nicht mehr aus, so sehr flößte ihnen die Finsternisplage Angst ein. Die Israeliten dagegen wurden durch die Führung der Feuersäule auch in der Fremde nicht verwirrt. Die "unbekannte Reise" ist nicht als Bezeichnung für das verheißene Land zu verstehen, die Formulierung will vielmehr die gute Führerschaft durch die Feuersäule unterstreichen.
Die Feuersäule wird von Sap "nichtstechende" bzw. "nichtverletzende Sonne" genannt, da sie im Gegensatz zur Finsternis der Ägypter nicht Angst und Schrecken im eigenen Land hervorrief, sondern durch ihre Führung den Israeliten einen ehrenwerten Aufenthalt in der Fremde ermöglichte. Neben der Gegenüberstellung Licht <—> Finsternis wird durch 18,3 auch ein Gegensatz von Gefangenschaft <—> Reise eingeführt.
Dieser Gegensatz kehrt die von den Ägyptern eingeschätzte Lage (17,2) um: Sie sind die Gefangenen; die sie gefangenzuhalten meinen sind auf einer "unbekannten Reise". Sap geht hier noch einen Schritt weiter als in V1b-2: Dort war das Licht der Gegensatz zur Finsternis; hier wird nun die

---

[405] Der Sache nach ist die Wolkensäule auch Reiseführerin in Num 9,15-23. Die Wolken- bzw. Feuersäule zeigt den Israeliten an, wann sie sich lagern und wann sie aufbrechen sollen. Und wo die Säule sich niederließ, da lagerten sich die Israeliten.

Finsternis in der Interpretation als "Gefangenschaft" wiederaufgenommen und dieser Gefangenschaft die Freiheit der Reise gegenübergestellt. Erinnert man sich, daß die Finsternis auch ein Abbild für die Unterwelt, für das Totenreich ist, wohin die Ägypter aufgenommen werden sollen (V21), wird erklärbar, wie die Feuersäule den Israeliten ein ruhmvolles Leben in der Fremde ermöglichte. Untergang und Vergessenheit stehen gegen neues Leben, gegen den "ruhmvollen Aufenthalt"[406], an den man sich sicher erinnern wird. Die Reise und das ehrenwerte Leben in der Fremde sind der Kontrast zu 17,21b.

Sap geht in V3 über V1a hinaus. Sie hatte die eigentliche Gegenüberstellung aus Ex 10 entwickelt: Im Bezugstext selbst war der Gegensatz angelegt, daß bei den einen Dunkelheit herrschte, während die anderen hellen Tag hatten. Mit V3 verläßt Sap die Ebene des einen Bezugstextes und führt, unter dem Einfluß verschiedener anderer Texte, die Feuersäule als weiteren Kontrastpunkt zur Finsternis ein. Mit der Feuersäule benutzt Sap ein Motiv aus dem Bereich des Exodus und der Wüstenwanderung, sie bleibt mit ihrer Textauslegung also im größeren Kontext des ursprünglichen Bezugstextes.

5.2.3.3. V4: Das unvergängliche Licht des Gesetzes als Gegensatz zur ägyptischen Finsternis

V4 ist das dritte Glied, in dem der Gegensatz von Finsternis und Licht angesprochen wird. V4a.b gehen zunächst zurück auf die in 17,1.2 beschriebene Ausgangssituation der Gegenüberstellung: Die Ägypter hatten es verdient des Lichtes beraubt und in der Finsternis eingeschlossen zu werden, weil sie versuchten, die Gottessöhne gefangenzuhalten. Letztere werden in ihrer Funktion durch V4c näher gekennzeichnet:

4"Jene aber hatten es verdient, des Lichtes beraubt und von der Finsternis bewacht zu werden,
die deine eingesperrten Söhne bewacht hatten,
um derentwillen das unvergängliche Licht des Gesetzes der Welt gegeben werden sollte."

Zusammen mit 17,2 bildet 18,4 eine Klammer um die gesamte Gegenüberstellung. Aufgrund des Inhalts und der Wortwahl ergeben sich mehrere Beziehungen: 17,2 bezeichnet die Ägypter als ἄνομοι, in 18,4 wird der Welt der νόμος durch die Gottessöhne gebracht. In 17,2 sind die Ägypter Gebundene der Finsternis (δέσμιοι σκότους) und Gefangene der Nacht, in 18,4 sind sie zurecht von der Finsternis bewacht (ἄξιοι φυλακισθῆναι σκότει); das Verb κατακλεῖν verwenden beide Verse.

---

[406] So D.GEORGI, Weisheit Salomos, S.464.

Interessant ist die Assonanz zwischen αἰώνιος (17,2) und αἰών (18,4). Man kann αἰών in 18,4 statt mit "der Welt" auch mit "der Ewigkeit" übersetzen. Dann ergibt sich als Gegensatz zwischen 17,2 und 18,4 das auf der Flucht Sein der einen vor der ewigen Vorsehung gegen die Vermittlung des ewigen, unvergänglichen Gesetzes durch die anderen. Eingespannt zwischen diesen beiden Versen zeigt sich das unterschiedliche Schicksal von Gottlosen und Gerechten in der Welt und ihre unterschiedliche Bedeutung für die Welt.

Die Ägypter wurden bewacht, weil sie die Söhne Gottes bewachten. Sie wurden eingesperrt, weil sie die Söhne Gottes eingesperrt hatten - Sap führt auch hier den Grundsatz durch "Wodurch man sündigt, dadurch wird man bestraft".

Innerhalb von V4 selbst ist der Gegensatz, daß die Ägypter des Lichtes beraubt wurden, der Welt bzw. der Ewigkeit aber durch Gottes Söhne das unvergängliche Licht des Gesetzes gegeben wurde. Die Formulierung "des Lichtes beraubt" wählt Sap gezielt im Hinblick auf den Gegensatz innerhalb von V4: Der "Beraubung" steht die Vermittlung des unvergänglichen Gesetzeslichtes gegenüber. ἤμελλεν zeigt an, daß zum Zeitpunkt der Finsternisplage die Gesetzgebung für Israel noch aussteht. Aber das Volk vermittelt der Welt das unvergängliche Licht des Gesetzes. Die verdiente Beraubung des Lichtes steht auf der einen, die Vermittlung des ewigen Gesetzeslichtes auf der anderen Seite des Kontrastes.

Wenn Sap das Gesetz als "unvergängliches Licht" bezeichnet, zeigt sie Hochachtung vor dem Gesetz, ohne dabei jedoch auf dessen Umfang oder religiöse Bedeutung einzugehen.[407] Sap reflektiert an keiner Stelle, *was* das Gesetz für sie ist. Eine Gleichsetzung νόμος = תורה harmonisiert vorschnell.

Hier wird gleichzeitig deutlich, daß Sap sich für die Gesetzesgabe nicht auf einen Bezugstext beruft. Sie bezieht sich vielmehr auf eine feststehende Größe im religiösen Leben des Judentums. Sie hat allenfalls einen Textkomplex (Ex 20 - Num 10?) oder Teile daraus vor Augen, wenn sie von νόμος spricht. Konnte man bisher in der Art der Auslegung Saps in der Regel einen Textbezug festmachen, so ist für V4c diese Möglichkeit nicht gegeben.

---

[407] Ex 10,25 sagt Mose zu Pharao: "Aber sogar du wirst uns Brandopfer und Opfergaben geben, die wir dem Herrn, unseren Gott darbringen." Der Satz gebraucht die Terminologie der Opfergesetzgebung (ὁλοκαυτώματα καὶ θυσίαι). Möglicherweise könnte dieser Satz ein Aufhänger für Sap gewesen sein, die Israeliten als Gesetzesmittler und -bringer anzusehen.

5.2.3.4. Die Bedeutung des Gesetzes als höchste Form des Lichtes

Der Korrespondenz von 18,4 mit 17,2 kann man die Funktion zuschreiben, einen Kontrast zu der Gefangenschaft durch die Finsternis herzustellen. In der Klimax der Lichtgaben für Israel steht das Gesetz an dritter und damit höchster Stelle. Qualitativ gesehen ist es ein besseres Licht als die bloße Abwesenheit von Finsternis V1a oder das Licht der Feuersäule V3. Das Gesetz ist Licht für die Ewigkeit bzw. für die Welt.[408]
Die Ägypter verdienen aufgrund ihres konkreten Vergehens die Beraubung des Lichtes und die daraus resultierende Gefangenschaft, da sie versuchten, die Gerechten gefangenzuhalten. Sie empfangen die Strafe für ihre eigene Sünde.
Dem Volk Israel kommt dagegen Mittlerfunktion zur Gabe des Gesetzes für die Welt zu.[409] Empfängerin des Gesetzes ist die Welt bzw. die Ewigkeit. Hier wird ein missionarischer Aspekt sichtbar, der gekoppelt ist an Volk und Gesetz. Nicht Mose hat das Gesetz für das Volk empfangen - seine Person wird bei Sap im Kontext von νόμος nicht genannt[410] -, sondern das Volk hat es für die Welt empfangen. Ihm obliegt es, dem Äon das Gesetz zur Erleuchtung zu vermitteln.[411]

Unbildung ist nach 17,1 die Bedingung dafür, daß die Ägypter in die Irre geführt wurden. Die Unbildung in Form von Preisgabe des Denkvermögens hat Sap in 17,3-19 sehr deutlich gezeigt. Dem Licht des Gesetzes kommt so auch die "aufklärerische" Funktion zu, die Unbildung und Dunkelheit zu erleuchten und Orientierung zu geben.[412] Das Leiden der Ägypter unter der Finsternis bekommt damit gleichzeitig eine andere Wertigkeit. Als ἄνομοι

---

[408] Zur Wertschätzung des νόμος als Licht für die Menschen s. TestLevi 14,4: ...ὑπὲρ ὧν τὸ φῶς τοῦ νόμου τὸ δοθὲν ἐν ὑμῖν εἰς φωτισμὸν παντὸς ἀνθρώπου... Vgl. auch Jes Sir 24,27 LXX (man beachte dort den pädagogischen Zug des Gesetzes); Prv 6,23; Ψ 118,105. Der Vergleich der σοφία mit dem ewigen Licht und mit der Sonne in Sap 7,26 - 8,1 ist kein Grund, Weisheit und Gesetz für Sap zu identifizieren (D.GEORGI, Weisheit Salomos, S.464, Anm.4c).
Eine Bezeichnung des Gesetzes als Licht findet sich auch 1.Petr 2,9, wenn man die Stelle auf das Sinaiereignis deutet. Aus der Finsternis (= aus der dunklen Wolke, die während der Theophanie zur Gesetzgebung auf dem Sinai lag; Ex 19) berief Gott sie (i.e. die Adressaten des 1. Petr-Briefes) zu seinem wunderbaren Licht (= das Gesetz). In 1.Petr 2,10 ist mit der Gesetzgebung sogar aus dem Nicht-Volk ein Volk geworden.
[409] δι' ὧν... (V4c) kann auch instrumental verstanden werden.
[410] Vgl. H.von LIPS, Weisheitliche Traditionen, S.54: "Mose ist Prophet, nicht Gesetzgeber..."
[411] An dieser Stelle wäre in Verbindung mit 18,9 zu überlegen, ob Sap nicht das Volk als Gesetzgeber sieht. Das ließe sich sowohl von einem jüdischen Verständnis her begründen - etwa wie Sap es in 18,9 tut - als auch von der Gesetzgebung antiker Demokratien her.
[412] Koh 2,12-15 vergleicht Weisheit mit Torheit und stellt fest, daß Weisheit um soviel besser als die Torheit ist, wie das Licht besser als die Finsternis ist. Ist Saps Gedankengang ähnlich diesem "weisheitlichen" Denken mit der Veränderung, daß sie das Gesetz als das Licht sieht? Wenn bei Koh allerdings Weisheit und Torheit durch ein und dasselbe Geschick relativiert sind, das den Weisen und den Toren gleichermaßen trifft, so relativiert Sap nichts. In den Gegenüberstellungen trifft die Gottlosen immer die Plage, die Gerechten erfahren Gottes Wohltat.

leiden sie nicht allein an der Finsternisplage oder ihren psychischen Folgen, sondern vielmehr an ihrem finsteren, gesetzlosen Dasein.
Sap entwickelt hier eine Vorstellung weiter, wie sie sich in Ψ 108,105 und Prv 6,23 angebahnt hat. Diese Stellen sehen das Gesetz als Licht des gläubigen und gottesfürchtigen Menschen an. Sap hebt die Beschränkung auf diese Menschen auf. Das *Gesetz* ist für sie *Licht der Welt* . Die innerjüdische Bedeutung wird zu einem *universalen Anspruch* transformiert.

Wenn das Gesetz als "Licht der Welt" bezeichnet wird, ist damit auch eine dualistische Sichtweise verbunden. Dabei sind die opponierten Begriffe Licht <—> Finsternis in der Gegenüberstellung aber nicht abstrakt verwendet, sondern gefüllt durch die Beschreibung der Folgen der Finsternis und der Bedeutung des dreifachen Lichtes, das die Gerechten besaßen. Das Gesetz erhellt die Dunkelheit der Welt, der νόμος erleuchtet den Äon.

In 17,21b ist die Dunkelheit das Abbild für das Totenreich, das die Ägypter aufnehmen wird. 18,4c bestimmt die Israeliten dazu, das Gesetz der Welt zu bringen. In den beiden folgenden Gegenüberstellungen erfüllen sich diese Vorherbestimmungen: In der Passa*nacht* wird Ägyptens Erstgeburt getötet, während Israel das Passa*gesetz* empfängt (18,6-19);[413] und wenn die Ägypter im Meer ums Leben kommen, kann Israel seinen Auftrag, der Welt das Gesetz zu vermitteln, durch den erfolgreichen Auszug verwirklichen.[414]

Sap war für die fünfte Gegenüberstellung ausgegangen von der Unterdrückung der Gerechten durch die Gottlosen (17,2). In Ex 1-15 ist der Auszug der Israeliten aus Ägypten das Durchbrechen dieser Unterdrückung. Sap verändert dieses Konzept. Zunächst setzt sie der - für sie nur vermeintlichen - Gefangenschaft die viel schwerwiegendere Gefangenschaft durch die psychischen Folgen der Finsternisplage entgegen. Und an keiner Stelle kontrastiert sie die durch den Exodus erlangte Freiheit *direkt* mit der Gefangenschaft der Ägypter während der Finsternis. *Indirekt* deutet sie sich an in der Feuersäule als Führerin des Exodus und der Gesetzesgabe. Mit der "unbekannten Reise" (18,3b) ist die Zeit der Wüstenwanderung gemeint, die den Auszug voraussetzt, der aber von Sap in diesem Zusammenhang nicht konkret angesprochen wird. Die Gesetzesgabe schließlich ist im Konzept des Pentateuch der Höhepunkt der Wüstenwanderungszeit, eingespannt zwischen Exodus und Landnahme.
Der "Auszug aus Ägypten" selbst wird von Sap hier nicht zum Thema gemacht. In den Gegenüberstellungen erscheint die Erlaubnis zum Auszug nicht als positiver Gegensatz zu einem negativen Geschick der Ägypter.

---
[413] In 18,17-19 schildert Sap Phänomene während der Passanacht, die den psychischen Folgen der Finsternisplage auf Seiten der Ägypter sehr ähnlich sind. In der Vorstellung der LeserInnen ergibt sich dadurch eine Vermischung dieser beiden Nächte.
[414] S. dazu U.OFFERHAUS, Komposition, S.161.

Vielmehr teilt Sap das Thema "Auszug" in die Nacht der Erstgeburtstötung/Passanacht einerseits (sechste Gegenüberstellung) und den Untergang im/Durchzug durchs Rote Meer (siebte Gegenüberstellung) andererseits.

5.2.4. Die fünfte Gegenüberstellung als Reaktion auf die Einweihungspraxis in hellenistische Mysterien

Innerhalb der fünften Gegenüberstellung geschieht auf einer anderen Textebene eine Auseinandersetzung mit der Einweihungspraxis einiger Mysterienreligionen vom jüdischen Standpunkt aus: 17,2 nennt die Gesetzlosen "Gebundene und Gefesselte der Nacht". Bei der Einweihung in die Mysterien war es üblich, den Mysten zu fesseln und ihn in einem dunklen Raum durch Licht- und Geräuscheffekte zu erschrecken und zu ängstigen.[415] Zu diesem Zweck waren die Mysterientempel mit technischen Vorrichtungen ausgestattet, die dies erlaubten, aber auch sonst waren sie monströs-spukhaft eingerichtet.[416]

Am Beginn der Weihe steht ein "freiwilliger Tod". Bei Apuleius ist die Einweihung des Lucius in das Isis-Mysterium als Höllenfahrt und Auferstehung beschrieben, Lucius nennt den Tag seiner Weihe "natalem sacrum", heiligen Geburtstag.[417]

Mit der Auferstehung bzw. Wiedergeburt hat der Myste Anteil am Sterben und Auferstehen der Gottheiten, d.h. der Initiand mußte während der Einweihung "sterben". Plutarch leitet in diesem Zusammenhang das Wort τελεῖσθαι (eingeweiht werden) von τελευτᾶν (sterben) ab. Dieser Tod war gewaltsam und verbunden mit allerlei Peinigungen (κολάσεις) für den Mysten.[418]

Sap 17,3-19 ist eine Beschreibung dieser Ängste und Peinigungen, denen Initianden der Mysterien ausgesetzt waren. Die Situation der Initianden ist durchaus vergleichbar mit derjenigen der Ägypter während der Fin-

---

[415] Vgl. die Nacht als Abkömmling des Hades in 17,14! U.BIANCHI, Greek Mysteries, S.3f, beschreibt die Einweihung in ein Mysterium als Passage-Ritus, dessen zweite Phase als anonyme, angstvolle Ausnahmesituation erscheint, die durch viele Tests und Prüfungen gekennzeichnet ist. Die Passagen repräsentieren oftmals eine Neugeburt bis hin zur Simulation der Neugeburt. Es wird ein symbolisches Begräbnis vollzogen, dem eine "Rückkehr zum Leben", eben die Neugeburt, folgt. Man vgl. auch APULEIUS, Metamorphosen XI,23,8, wo APULEIUS verschlüsselt den Sinn der (Isis-)Mysterien enthüllt: Der Initiand kommt an die Grenze des Todes, betritt die Schwelle der Proserpina, fährt durch alle Elemente und kehrt zurück, sieht um Mitternacht [man beachte die Bedeutung der Nacht!] die Sonne blendend weiß leuchten, naht sich den Göttern drunten und droben bis vors Angesicht und betet aus nächster Nähe an. Der Initiand geht also symbolisch bis an die Grenze des Todes, er erhält Einblick in die Geheimnisse des Weltalls, erblickt die regierenden Gottheiten und kehrt gereinigt, gerettet, gleichsam neu geboren aus den dunklen unterirdischen Gemächern zurück; vgl. a. L.VIDMAN, Isis und Sarapis, S.130f.
[416] T.HOPFNER, Art. Mysterien, Sp.1317.
[417] APULEIUS, Metamorphosen XI, 24.
[418] T.HOPFNER, Art. Mysterien, Sp.1331.

sternisplage: Überall in der Welt herrscht Licht, nur in dem einen Raum die Finsternis. Und wie die Ägypter zwar die Stimme der Israeliten hören, ihre Gestalt aber nicht sehen konnten (17,20a), so können die Mysten keine Gestalt sehen zu den Geräuschen, die sie ängstigen. Sap bringt die Dunkelheit der Einweihung in Verbindung mit der Dunkelheit der Finsternisplage indem sie beide gleichsetzt. Die psychologischen Wirkungen traten in Saps Interpretation auch während der Finsternisplage ein.

Nun war für die Ägypter aber am Ende der Finsternisplage nicht die "Auferstehung" oder die "Neugeburt", sondern der *Untergang* , 17,21b deutet das an. Der Untergang wird in den nächsten beiden Gegenüberstellungen beschrieben. Die psychischen Folgen der Finsternis sind somit von Sap negativ gekennzeichnet. Sie sind kein Durchgangsstadium zu einem neuen Leben, sondern Vorzeichen des Untergangs.

In werbender und auch religionspolemischer Absicht setzt Sap dieser Mysterien-Dunkelheit samt ihren Folgen das *Licht der Gerechten* entgegen: In der dreigliedrigen Abstufung ist es zunächst das "normale" Licht, das die Israeliten besitzen. In der Feuersäule haben sie eine Führerin für ihre unbekannte Reise - und sie führt nicht in die Irre. Anders als die Mysten, die nicht wissen, was sie auf ihrer Reise zwischen freiwilligem Tod und Neugeburt erwartet, haben die Israeliten auf ihrer Reise ins Unbekannte eine Orientierung. Und schließlich besitzen die Gerechten noch mehr als das: Sie vermitteln der Welt *das Gesetz* , das *unvergängliche Licht* . Im Dualismus Finsternis <—> Licht gehören sie auf die Seite des Lichtes. Und anders als die Dunkelheit der Initiation bedeutet das Gesetz nicht Gefangensein, sondern Freiheit (18,4). Im Auszug aus Ägypten hat sie sich realisiert.[419]

5.2.5. Die Methode der Textauslegung in der fünften Gegenüberstellung

Mit 16,29 und 17,1 setzt Sap eine deutliche Zäsur zwischen vierter und fünfter Gegenüberstellung. 17,1 weist nach vorne auf die Darstellung der Verwirrung, die Sap aus Ex 10,22-23 folgert und als psychische Gefangenschaft während der Finsternisplage sieht.

Erstmals wird in der Reihe der Gegenüberstellungen für den positiven Teil der Gegenüberstellung keine Geschichte der Auflehnung Israels zu einer Geschichte der Rettung umgedeutet. Sap entwickelt vielmehr die Gegen-

---

[419] Inwieweit in diesem Zusammenhang παιδεία im Kontext von νόμος zu interpretieren ist und welches Bildungsideal sich daraus ergäbe wäre näherer Untersuchung wert.

überstellung aus einem *einzigen Bezugstext*, dem jedoch zur Erweiterung des positiven Teils weitere Nebenbezugstexte zur Seite gestellt werden. Der von Sap selbst eingeführte *hermeneutische Grundsatz 11,16* "Wodurch man sündigt, dadurch wird man bestraft" wird von Sap in dieser Gegenüberstellung durchgeführt. Sap sieht die Gefangenschaft der Ägypter als Strafe für ihren Versuch, die Israeliten gefangenzuhalten (17,2; 18,4). Der Grundsatz 11,5 ("Wodurch ihre Feinde gezüchtigt wurden, dadurch wurden ihnen unverhofft Wohltaten zuteil") kommt dagegen nicht zur Anwendung. Weder durch die Finsternis selbst noch durch ihre psychischen Folgen bei den Ägyptern erfahren die Israeliten Vorteile, ja sie nutzen deren Situation nicht einmal aus (18,2).

Sap greift in dieser Gegenüberstellung *selektiv* ein Element aus dem Bezugstext Finsternisplage heraus und stützt darauf ihre Interpretation: Aus der Bemerkung Ex 10,23 ("Keiner konnte den anderen sehen und keiner stand von seinem Lager auf drei Tage lang; alle Israeliten aber hatten Licht, überall, wohin sie gingen") gewinnt Sap sowohl den Kontrast zur Gefangenschaft der Israeliten in Ägypten als auch die eigentliche Gegenüberstellung zum Thema Finsternis <—> Licht.
Die Gefangenschaft der Ägypter sieht Sap entgegen Ex 10,23 nicht durch die Finsternis selbst, sondern durch die psychischen Folgen gegeben, die sie bei den Ägyptern auslöste. In 17,3-19 schildert sie sehr ausführlich diese Folgen und nimmt auch im Negativteil der eigentlichen Gegenüberstellung (V21c) nochmals darauf Bezug.
In Form einer *psychologisierenden Exegese* interpretiert Sap nicht die Plage selbst als Züchtigung und Strafe, sondern ihre Folgen: Angst und Schrecken hielten die Ägypter gefangen.
Sap reagiert mit dieser psychischen Gefangenschaft auf die Unterdrückung der Israeliten durch die Ägypter, die Ex 1,6-14; 3,7 angesprochen wird. Als Fazit zeigt Saps psychologisierende Interpretation, daß die Gefangenschaft durch die Angst wesentlich schlimmer war, als diejenige, die Israel durch die Ägypter erfuhr. Gleichzeitig ironisiert Sap die Überheblichkeit der Ägypter: Sie, die meinten das heilige Volk gefangenzuhalten, waren selbst Gefangene viel üblerer Art.[420]
Für die <u>eigentliche</u> Gegenüberstellung rekurriert Sap dann allerdings nicht auf diese breite Darstellung der Gefangenschaft der Ägypter. Sie kehrt vielmehr zur Thematik "Finsternis <—> Licht" zurück. Sie stellt nicht eine von Gott gewährte oder von den Israeliten selbsterlangte Freiheit der Israeliten Ägyptens Gefangenschaft gegenüber, sondern beschränkt sich auf den in Ex 10,23 im Bezugstext selbst angelegten Kontrast: Nur die Ägypter hatten finstere Nacht - die heiligen Gottes hatten hellstes Licht (17,21 <—> 18,1a).

---

[420] S. 17,2; der Vers weist voraus auf die Darstellung der Gefangenschaft.

Der ägyptischen Finsternis werden in 18,1-4 drei verschiedene Arten von Licht gegenübergestellt: In der eigentlichen Gegenüberstellung die Tatsache, daß die Israeliten Licht hatten, da die Plage auf Ägypten beschränkt war; in 18,3 die Feuersäule, die als Reiseführerin eine nichtstechende Sonne für die Israeliten war; in 18,4 das unvergängliche Licht des Gesetzes.
Mit diesen drei Lichtarten ist eine *Steigerung* in ihrer Qualität verbunden. Das Licht des Gesetzes ist der stärkste Gegensatz zur Finsternis in Ägypten. Gleichzeitig wird mit der Feuersäule und dem Gesetz ein *Nebenzug der Gegenüberstellung* eingeführt, nämlich der von Gefangenschaft <—> Freiheit. Die Feuersäule als Führerin auf einer Reise in einem fremden Land ist der starke Gegensatz zu der Gefangenschaft im eigenen Land, gefangen in der eigenen Panik und beunruhigt durch harmlose Geräusche. Hier bietet Sap den Gegensatz zu ihrer Interpretation der Finsternisplage als Gefangenschaft.
Ob mit dem Licht des Gesetzes auch an eine Freiheit im Gesetz gedacht ist, die der ägyptischen Gefangenschaft gegenübersteht, läßt sich nicht entscheiden. Man kann jedoch eine werbende Absicht nicht verkennen.
18,4 umklammert mit 17,2 die Gegenüberstellung. 17,2 nennt die Ägypter "Gesetzlose", 18,4 zeigt einen "missionarischen" Auftrag der Israeliten: Sie sollen der Welt das Licht des Gesetzes bringen. Somit steht die Vermittlung des Gesetzeslichtes gegen die Dunkelheit und das Gefängnis der Gesetzlosigkeit.

Sap erweitert also den in Ex 10 selbst angelegten Gegensatz. Dies tut sie einmal durch den *Rückgriff auf weitere Bezugstexte*, nämlich solche, die die Führung durch die Feuersäule thematisieren. Zum anderen tut sie das durch den *Rückgriff auf einen zentralen religiösen Begriff*, nämlich das "Gesetz". Dieser Begriff wird nicht erklärt oder erläutert. Sap scheint sich mit ihren LeserInnen nicht darüber verständigen zu müssen oder wollen, was sie unter "Gesetz" versteht oder welchen Textkomplex sie diesem Begriff zugrunde legt.[421] Sap kann bei den AdressatInnen νόμος als bekannte Größe voraussetzen.

Indirekt, d.h. ohne daß Sap mit dem aus den vorangehenden Gegenüberstellungen bekannten Vokabular arbeitet, kommt auch in dieser Gegenüberstellung eine *pädagogisierende Absicht* zum Vorschein. Sie zeigt sich nicht nur in der oben angesprochenen Vermittlung des Gesetzes für die Welt. Wenn ungebildete Seelen in die Irre geführt werden (17,1) und Sap diese Irreführung als Preisgabe des Denkvermögens brandmarkt (17,12), dann wirbt sie für eine παιδεία, wenn auch deren Inhalte aus 17,1 - 18,4

---

[421] In 18,9 ist noch einmal von νόμος die Rede, und dort ist damit das Passagesetz gemeint. Über das Stichwort νόμος ergibt sich eine Verknüpfung dieser beiden Gegenüberstellungen. Nichts gibt jedoch Anhalt dafür, νόμος allein mit dem Passagesetz zu füllen oder mit seinen Inhalten, wie Sap sie ihrer ihrer Interpretation in 18,9 präsentiert.

nicht exakt zu ermitteln sind. Mit Sicherheit ist ihr *Bildungsideal* an das *"Gesetz"* gebunden. Die Gefangenschaft, die Irreführung der Ägypter hängt mit ihrer Gesetzlosigkeit zusammen. Im Verhalten konkretisiert sich Bildung auch in einem Nichtausnutzen einer mißlichen Situation des Gegners (18,1b-2).
Sap wirbt für das unvergängliche Licht des Gesetzes, das im Zusammenhang mit ihrer Vorstellung von Bildung steht. Und sie wirbt für den Gebrauch des Verstandes in scheinbar ausweglosen Situationen. Andernfalls gerät man in die hoffnungslose Lage der Ägypter während der Finsternisplage; diese Werbung ist in 17,12f unterstrichen durch ein *Wortspiel*:

Eine *religionspolemische Absicht* mit Stoßrichtung gegen die Einweihungspraxis in hellenistische Mysterien ist der Hintergrund der breiten psychologisierenden Exegese. Wenn die Finsternis Gefangenschaft bedeutet und Abbild des Totenreiches ist und die Angst während der Dunkelheit Irreführung aufgrund von Unbildung ist, richtet sich das gegen Initiationen, bei denen Mysten in dunklen Räumen verschiedensten Schrecken und Prüfungen ausgesetzt wurden. In dualistischer Denkweise setzt Sap dann der Gefangenschaft und Irreführung in der Dunkelheit dieser Religionspraxis die Freiheit, Führung und das Licht des Gesetzes gegenüber.

5.3. Sap 18,5-25: Die Bedeutung der "einen Nacht": Verabschiedung des Passagesetzes <—> Tötung der Erstgeburt

Wie schon in der vorangehenden Gegenüberstellung entwickelt Sap hier den Gegensatz aus einem Ereignis: Was für die Israeliten die Passanacht war, bedeutete für die Ägypter die Nacht der Erstgeburtstötung. Der Bezugstext ist Ex 11 - 13,16.

Gegen D.GEORGI[422] sehe ich in 18,5-13 nicht nur den negativen Teil der Gegenüberstellung gegeben. V6-9 behandeln ja sehr deutlich die positive Bedeutung der Passanacht für die Israeliten. In V10-13 ist dann durch ein mit ἀντί zusammengesetztes Verb die Strafe der Ägypter in Form der Erstgeburtstötung abgehoben.
Zwei Probleme stellen sich dabei: Nirgends ist ausdrücklich von einer Wohltat Gottes an seinem Volk die Rede.[423] Die Erstgeburtstötung ist dagegen als Strafe bzw. Züchtigung verstanden (V5c.11a). Ein Schema Wohltat <—> Plage läßt sich somit nicht erkennen. Die Passanacht (oder ein damit verbundenes Ereignis) wird aber als Verherrlichung interpretiert (V8), so daß diese als die εὐεργεσία verstanden werden kann und der κόλασις Erstgeburtstötung gegenübersteht.
In diesem Zusammenhang ergibt sich ein zweites, formales Problem dieser Gegenüberstellung: Es gibt keine "eigentliche Gegenüberstellung", d.h. keinen Abschnitt, der den Gegensatz zwischen dem Geschick der Gerechten und dem der Gottlosen auf einen kurzen Abschnitt reduziert gegenüberstellt. In den anderen Gegenüberstellungen geschah das durch im Kasus kongruente Satzglieder bzw. durch ἀντί. ἀντηχεῖν markiert einen Gegensatz, zielt aber allein auf den Gegensatz zwischen den Lobgesängen Israels und dem Trauergeschrei Ägyptens (V9.10), womit allenfalls ein Teilaspekt der unterschiedlichen Bedeutung dieser einen Nacht für beide Parteien angesprochen ist. Eine "eigentliche Gegenüberstellung" wird dadurch nicht konstruiert. Unvollständig ist die Gegenüberstellung aber deswegen nicht, da der positive und negative Teil gut zu erkennen sind und Sap sie in kontrastierender Absicht formuliert hat, wie sich unten in der Einzelanalyse zeigen wird.
Ein formal analoger Aufbau zu den anderen Gegenüberstellung ist nicht gegeben, da außer der eigentlichen Gegenüberstellung auch die sonst üblichen Reflexionsteile fehlen. Die Gegenüberstellung wird in zwei breiter ausgeführten Passagen formuliert.[424]

---

[422] D.GEORGI, Weisheit Salomos, S.465, Anm.5a.
[423] Von hierher rührt wohl GEORGIs o.g. Urteil.
[424] D.WINSTON, The Wisdom of Solomon, S.312, überschreibt diesen Abschnitt "Egyptian Firstborn Destroyed, but Israel Protected and Glorified". Die Verherrlichung Israels entnimmt er V8, seine Bewahrung V20-25. Es sind aber wohl doch zwei Abschnitte, die jeweils in sich einen Kontrast enthalten. Zunächst wird die unterschiedliche Bedeutung der einen Nacht verhandelt (V5-13), dann die unterschiedliche Todeserfahrung (V14-25).

5.3.0.1. Der Aufbau der sechsten Gegenüberstellung

Aufgrund der oben dargestellten Gründe verstehe ich V6-9 als positiven, V10-13 als negativen Teil der Gegenüberstellung.

V5 ist die Einleitung zu dieser Gegenüberstellung. Der Vers setzt eine deutliche Zäsur zum Vorangehenden. In 18,4 war noch vom Gesetz die Rede, V5 führt mit dem vorangestellten Verb eine Absicht der Ägypter ein, wobei sich V5a inhaltlich auf den Kindertötungsbeschluß Pharaos in Ex 1,15-22 bezieht. Auf V5a zurückweisend nennt Sap zwei Strafen zur Vergeltung dieses Beschlusses: Die Tötung der ägyptischen Erstgeburt (V5c) und der Untergang der Ägypter im Meer (V5d). Die Nacht der Erstgeburtstötung gehört thematisch zur sechsten Gegenüberstellung; Untergang im bzw. Durchzug durchs Schilfmeer behandelt Sap in der siebten, der letzten Gegenüberstellung. V5 hat somit vorausweisende Funktion auf die beiden folgenden Gegenüberstellungen,[425] ein Rückbezug zu Vorangegangenem ist nicht feststellbar. V5 hat nicht die Funktion eines Schaltverses.

V6-9 behandeln den positiven Teil, nämlich die Bedeutung "jener Nacht" für die Israeliten. Mit $νύξ$ (V6a) begegnet ein für die vorherige Gegenüberstellung zentrales Stichwort.[426] Angesprochen werden im Zusammenhang mit der Passanacht auf den ersten Blick die Verheißungen an die Väter (V6b); V7f scheint zunächst nicht auf biblische Thematik zurückzugreifen; V9 behandelt Opferthematik (...$ἐθυσίαζον$...; V9a), spricht von der Verfassung eines Gesetzes ($νόμος$) durch die Gerechten (V9b) und erwähnt Lobgesänge Israels (V9e). $νόμος$ ist wie $νύξ$ ein verbindendes Stichwort zu 17,1 - 18,4. Der Schlußvers der vorangehenden Gegenüberstellung setzte das Licht des $νόμος$ als deutlichsten Kontrast zur Finsternisplage.

Eine Verklammerung mit dem vorangehenden Textabschnitt durch einen Schaltvers ist für diese Gegenüberstellung nicht gegeben. Mit Hilfe von Stichwörtern gelingt es Sap aber doch, diesen Textabschnitt mit dem vorherigen zu verbinden. Daraus ergibt sich für LeserInnen der Eindruck der Homogenität und Zusammengehörigkeit.

V10-13 sind der negative Teil der Gegenüberstellung. Sap geht ein auf die Nacht der Erstgeburtstötung, die "Kehrseite" der Passanacht für die Ägypter. Anstelle der Lobgesänge, die Israel in der Passanacht anstimmte, ertönte bei den Ägyptern Trauergeschrei um die getöteten Kinder (V10). Alle Menschen, gleich welchen Standes, waren gleichermaßen betroffen; wegen der großen Zahl der Toten gab es nicht genug Menschen, sie zu bestatten (V11f). Ägyptens Bekenntnis, daß das Volk Gottes Sohn sei (V13), beschließt den Negativteil.

---

[425] So auch M.PRIOTTO, La prima Pasqua, S.31.
[426] Zur damit verbundenen Aussageabsicht vgl. im Text unten.

An diese Gegenüberstellung der unterschiedlichen Bedeutung der einen Nacht in V6-9.10-13 sind zwei Textabschnitte angehängt, die einander kontrastierend gegenüberstehen. Eine Funktion als Reflexionsteile, wie sie in anderen Gegenüberstellungen der eigentlichen Gegenüberstellung beigeordnet sind kann ihnen nicht zugeschrieben werden, da sie Plage und Wohltat nicht abstrahierend von der konkreten auf eine allgemeine Ebene heben.
In dieser "angehängten" Gegenüberstellung (V14-19 <—> V20-25) beschreibt Sap die unterschiedliche Todeserfahrung von Ägyptern und Israeliten. Der Abschnitt zur Todeserfahrung der Ägypter ist zweigeteilt. V14-19 schließen sich an V10-13 an. Im Vergleich zu anderen Gegenüberstellungen detailliert schildert Sap die Nacht der Erstgeburtstötung. Sie setzt dabei aber deutlich andere Akzente als in V10-13. Sie zeigt ein Interesse an den Umständen der Erstgeburtstötung und der Todeserfahrung der Ägypter: Personifiziert als Würgeengel sprang der Logos vom Himmel und erfüllte alles mit Tod.
In V17-19 verbindet Sap die Nacht der Erstgeburtstötung phänomenologisch mit der Dunkelheit der Finsternisplage: Auch in dieser Nacht werden die Ägypter durch Träume und Schreckensbilder geängstigt. Die Träume offenbarten ihnen den Grund ihres Todes.

Auch die Israeliten wurden in der Wüste nicht vom Tod verschont, deren Todeserfahrung schildert Sap in V20-25. Im Unterschied zu den Ägyptern kann aber ein untadeliger Mann dem Unglück ein Ende setzen und den Würger besiegen. Mit diesem Mann ist Aaron gemeint, der Bezugstext ist Num 17,6-15 LXX: Nach dem Untergang der Rotte Korach empört sich das Volk gegen Mose und Aaron mit dem Vorwurf, sie hätten das ganze Volk getötet. Gott will daraufhin das ganze Volk vernichten, was Aaron durch Räuchern zum Erwirken von Sühne für das Volk verhindern kann.
Sap stellt hier also zwei unterschiedliche Todeserfahrungen gegenüber: Die der Ägypter bei der Erstgeburtstötung, die als verdiente Strafe über sie kommt und die der Israeliten in der Wüste, die eine Probe des Zornes Gottes war (V25).

Die Unterteilung von 18,5-25 in vier Textblöcke hat inhaltliche und literarkritische Gründe. ἀντί ist in V10a, verbunden mit dem Verb, an hervorgehobener Stelle verwendet. Zudem stehen sich die πατέρες und die ἐχθροί (V9e/10a) im selben Kasus (Gen. Pl.) gegenüber.
Die Zäsur zwischen V14-19 und V10-13 hat inhaltliche Gründe.[427] V10-13 legen den Schwerpunkt auf die Einmütigkeit der Todesart (V11a.12a.d), V14-19 stellen die Umstände der Tötung dar.[428]

---

[427] A.SCHMITT, Das Buch der Weisheit, S.134, sieht in V10-19 einen zusammenhängenden Textabschnitt.
[428] Vgl. U.OFFERHAUS, S.162f.

V20 markiert mit dem Versbeginn ἤρξατο δὲ καὶ δικαίων... einen Neueinsatz und führt die Todeserfahrung der Gerechten als Gegensatz zu der der Ägypter thematisch ein.[429]

Den ganzen Abschnitt V5-25 durchzieht das Thema Tod/töten/Tote.[430] V5 führt diese Thematik ein, V10-13.14-19.20-25 behandeln sie unter einem jeweils anderem Gesichtspunkt.

5.3.1. V5: Die Einleitung zur Gegenüberstellung

V5a spielt an auf den Beschluß Pharaos, die männlichen Nachkommen der Israeliten umzubringen, damit die Israeliten nicht zu zahlreich würden (Ex 1,16.22). Die Strafe Gottes für diese Absicht ist die Tötung der ägyptischen Erstgeburt und der Untergang der Ägypter im Meer:

> 5"Weil sie beschlossen hatten, die Kinder der Heiligen zu töten,
> - und ein Kind wurde ausgesetzt und gerettet -
> nahmst du zur Strafe eine Menge ihrer Kinder weg
> und einmütig richtetest du [sie] zugrunde im reißenden Wasser."

Sap bezieht in V5a den Tötungsbeschluß nicht allein auf die männliche Nachkommenschaft der Israeliten, sondern auf alle Kinder (τὰ νήπια). Zum anderen läßt sie die Tötungsabsicht von allen Ägyptern ausgehen. Der Regent wird von Sap als pars pro toto aller Ägypter aufgefaßt. Einzelheiten aus Ex 1 nennt Sap nicht. Die Anspielung auf den Tötungsbeschluß ist deutlich genug, um Ex 1 in Erinnerung zu rufen.

Die Israeliten werden wie in 18,1 als ὅσιοι bezeichnet. Beidesmal wird im Zuge der Antonomasie der Name durch die Bezeichnung "Heilige" bzw. "Fromme" ersetzt. Durch die zweimalige Verwendung von ὅσιος entsteht eine Verklammerung der beiden Textabschnitte. Die Heiligen, die in 18,1 hellen Tag im Gegensatz zur ägyptischen Finsternis hatten, sind diejenigen, deren Kinder die Ägypter töten wollten.

---

[429] Ich lasse hier Fragen nach dem literarischen und redaktionellen Wachstum unberücksichtigt. D.GEORGI, Weisheit Salomos, S.440f, vermutet für 18,5-25 einen mehrstufigen Entstehungsprozeß: Das Fragment des negativen Teils der Gegenüberstellung (V5-13) liegt in einer Überarbeitung vor; V14-19 sind an Stelle des positiven Teils später zugewachsen; V20-25 sind im Zuge der letzten Redaktion hinzugekommen. Meine Betrachtung fragt nach der Funktion der einzelnen Textabschnitte im jetzigen Zusammenhang. Eine Frage nach der Funktion in der jeweiligen literarischen Schicht wäre lohnenswert, auch im Hinblick auf die Methode der Textauslegung.
[430] V5a.d.12a.b.16b.18a.20a.23a.

5.3.1.1. *V5b: Moses Aussetzung und Rettung*
In V5b spielt Sap an auf das Geschick des Knaben Mose, wie es Ex 2,1-10 berichtet.[431] Moses Aussetzung und Rettung ist vom Befehl Pharaos abhängig, in Parenthese faßt Sap sein Geschick zusammen: ἐκτεθέντος καὶ σωθέντος. Diese zwei Partizipien genügen, um Moses Rettung vor dem Beschluß des Pharao in Erinnerung zu rufen. Nach Ex 2,3 setzte (ἔθηκεν) seine Mutter das Körbchen mit dem Knaben darin ins Schilf am Nil. Sap macht das durch den Vorsatz von ἐκ einer richtigen Kindsaussetzung. Von einer *Rettung* des Mose ist in Ex 2,1-10 nicht die Rede. In σωθέντος ist Moses Auffindung durch die Tochter des Pharao, die Rückgabe an seine Mutter bis in sein Knabenalter und seine Annahme als Sohn durch Pharaos Tochter zusammengefasst.

In dem Partizip σωθέντος spiegelt sich möglicherweise eine Traditionslinie, die anders als Ex 2,10 MT den Namen "Mose" nicht von משה sondern von ישע herleitet.[432] Josephus erklärt den Namen Μωυσῆς als "aus dem Wasser gerettet" indem er ihn in zwei Bestandteile zerlegt, die ägyptische Bezeichnungen für "Wasser" und "gerettet" sind: τὸ γὰρ ὕδωρ μῶυ οἱ Αἰγύπτιοι καλοῦσιν, ἐσῆς δὲ τοὺς [ἐξ ὕδατος] σωθέντας.[433] Dabei ist zu beachten, daß der LXX-Text von Ex 2,10 selbst schon eine Rettung Moses aus dem Wasser nahelegt: ἐπωνόμασεν δὲ τὸ ὄνομα αὐτοῦ Μωυσῆν λέγουσα Ἐκ τοῦ ὕδατος αὐτὸ ἀνειλόμην. Die mediale Verwendung von ἀναιρεῖν beinhaltet auch einen Aspekt der Rettung.[434] Von daher legt es sich nahe, Ex 2,1-10 als Aussetzung und Rettung des Mose zu verstehen.

V5a.b setzt zwei Kontraste: Zum einen sollen die Kinder der Heiligen getötet werden - ein Kind dagegen wird ausgesetzt und gerettet;[435] zum anderen wird der beabsichtigten Tötung die Rettung gegenübergesetzt.[436]

Exkurs III: *Die Erwähnung Moses in Sap 10 - 19*
Nach 10,16; 11,1.14 ist 18,5 die letzte Stelle in Sap, an der Mose erwähnt wird. Von seiner Biographie bleibt in 18,5 die Anspielung auf die Geburtsgeschichte mit der Erwähnung seiner Aussetzung und Rettung; auf seine Bedeutung für das Geschick des Volkes Israel geht Sap an keiner Stelle ausführlicher ein. Neben dem anderen Rückgriff auf Moses Geburtsgeschichte in 11,14 werden in 10,16 und 11,1 Ämter

---

[431] Zur Aussetzung des Mose und der damit verbundenen Verachtung durch die Ägypter in 11,14 s. die Analyse zur Stelle (4.1.5.) und auch den nächsten Exkurs.
[432] S. W.GESENIUS, Handwörterbuch, S.466.
[433] JOSEPHUS, Ant II,228; c.Ap. 1,286.
[434] W.GEMOLL, Schul- und Handwörterbuch, S.53.
[435] Vgl. D.GEORGI, Weisheit Salomos, S.465, Anm. V5d.
[436] So auch M.PRIOTTO, La prima Pasqua, S.32.

bzw. Funktionen Moses angeführt: Er ist "Knecht Gottes" und "Profet".[437]

18,5b ist nicht mehr als der Hinweis darauf, daß ein *bestimmtes* Kind den Tötungsbeschluß Pharaos überlebte. Sap verständigt sich mit ihren LeserInnen kurz über die Figur des Mose, ohne selbst Aussagen zu seiner Qualität und Bedeutung zu machen. Das Motiv "Aussetzung und Rettung" aus der Biographie des Mose verwendet Sap dazu, um unmißverständlich auf Mose anzuspielen.
Auch 11,14 greift auf dieses Motiv zurück, erwähnt aber nicht Moses Rettung. Dort sieht Sap mit der Aussetzung eine Geringschätzung Moses seitens der Ägypter verbunden ("...den in einer Kindsaussetzung einst Verstoßenen und Verworfenen verlachten sie..."); aufgrund der Erfahrungen der Ägypter schlägt diese Geringschätzung aber letzten Endes in Bewunderung um. Für Geringschätzung und Bewunderung gibt es in den Pentateuch-Texten keine "biographischen" Hinweise.

Geburt und Tod des Mose werden im Pentateuch ausführlich erzählt. Sap nimmt nur Bezug auf seine Geburtsgeschichte und auf sie auch nur so, daß sie Stichworte nennt: "Aussetzung" und "Aussetzung und Rettung". Die vielen anderen biographischen Elemente der Pentateuch-Texte und Moses wichtige Rolle in der Exodustradition nimmt Sap nicht auf. Sap "entkleidet" in ihren Textaufnahmen die Bezugstexte der Person des Mose.
So wird Mose von Sap nicht mit der Gesetzgebung in Verbindung gebracht, obwohl sich das im unmittelbaren Kontext seiner Erwähnung (18,4.9) angeboten hätte. Vielmehr erscheint das Volk als Gesetzesmittler für die Welt (18,4), und das Passagesetz wird vom Volk selbst verabschiedet (18,9).

Sap nimmt auch Bezug auf Moses Ämter bzw. Funktionen - sie sind ja wichtige Elemente der Gattung "Biographie". Mose ist "Knecht" bzw. "Profet". Doch füllt Sap selbst diese Ämter nicht mit Inhalt; sie beschränkt sich auf ihre Erwähnung. Sie geht nicht darauf ein, auf welche Weise Mose sich als Profet oder Knecht Gottes erwiesen hat. Der Kontext von 10,16 und 11,1 legt den Zusammenhang dieser Ämter mit dem Auszugsgeschehen und der Wüstenwanderung nahe,[438] die Ämter aber auch *tatsächlich* damit in Verbindung zu bringen bleibt den Assoziationen der mit den Traditionen der Bezugstexte vertrauten LeserInnen vorbehalten.

---

[437] Zur Biographie des Mose, zu seinen Ämtern und Funktionen im Verhältnis zu Gott, zum Volk und zu Aaron bzw. Miriam s. K.BALTZER, Die Biographie der Propheten, S.38-53. Auf diesen Abschnitt beziehe ich mich in einigen meiner Beobachtungen dieses Exkurses.
[438] S. dazu die Analyse zu den jeweiligen Stellen.

In den Pentateuchtexten sind die zu Moses Biographie gehörenden Elemente der Überlieferung ganz eng mit der Heilsgeschichte verbunden.[439] Sap trennt diese beiden Elemente. Die Bezugstexte werden so aufgenommen, daß Biographisches zu Mose - fast - nicht mehr vorkommt. Es geht Sap um das Volk Israel bzw. die Gottlosen und Gottes Handeln an ihnen.
Damit ist aber nicht entschieden, daß die Bezugstexte in Sap - wenn Sap schon nicht auf biographisches Material zu Mose in ihnen zurückgreift - als "Heilsgeschichte" zur Sprache kommen bzw. zur Sprache kommen sollen.[440] Die pädagogisierenden Passagen, die ja doch angeben, was Saps LeserInnen "erkennen", was sie lernen sollen, zeigen kein Interesse an der "Heilsgeschichte" wie sie uns im Pentateuch entgegentritt. Sowohl "Heil" als auch "Geschichte" versteht Sap anders als es für die Bezugstexte in ihrem Pentateuch-Kontext vorausgesetzt werden kann. "Heil" ist Gottes Handeln zur Wohltat, wie es sich an einzelnen "Geschichten" zeigen läßt. Heilsgeschichte wird so vom kontinuierlichen Handeln Gottes über einen bestimmten Zeitraum zu einzelnen Episoden seines Wohltuns, die Sap als Beispiele gegen sein strafendes Handeln an den Gottlosen anführen kann.

Moses Figur wird von Sap nicht getilgt oder geleugnet. Sie erscheint aber sehr an den Rand gedrängt, wenn man bedenkt, daß zeitgenössische Schriftsteller gerade in Alexandria Moses Bedeutung sehr ausführlich bedacht haben.[441] Gerade in Ägypten selbst hätte Sap die Figur des Mose ja sehr gut für ihre werbende oder religionspolemische Absicht einsetzen können. Er hätte gut als der erscheinen können, der in Gottes Auftrag Ägypten die Strafen gebracht hat. Aber Sap schreibt in Kap 10 diese Wirksamkeit der Weisheit und in Kap 11-19 Gott zu. In 11,14 und 18,5 ist Mose das Kind, das wunderbarerweise Pharaos Tötungsbefehl überlebt. Seine Person fungiert als Kontrast zu Pharao und seinen Befehlen bzw. zu der ihm entgegengebrachten Geringschätzung. Seine Ämter "Profet" und "Knecht" werden genannt, inhaltlich aber nicht gefüllt bzw. der Inhalt wird bei den LeserInnen als bekannt vorausgesetzt.

---

[439] K.BALTZER, Die Biographie der Propheten, S.39: "Die Entscheidung, welche Elemente zu den heilsgeschichtlichen Überlieferungen, welche zu den biographischen gehören, ist nicht immer mit Sicherheit zu treffen, wenn sie nicht gar gegenseitig benutzt worden sind."
[440] Ähnlich vorsichtig im Vorwort seiner Monographie auch M.PRIOTTO, La prima Pasqua, S.7, wenn er davon spricht der Verfasser Saps lese die Heilsgeschichte neu, wobei M.P. aber nicht angibt *worin* das Neue besteht.
[441] Z.B. PHILO in seiner Vita Mosis oder auch JOSEPHUS.

5.3.1.2. V5c.d: Erstgeburtstötung und Untergang im Meer als Strafe für den Tötungsbeschluß

In V5c.d bezieht Sap zwei Ereignisse als Strafen auf den ägyptischen Tötungsbeschluß: Die Tötung der ägyptischen Erstgeburt und den Untergang der Ägypter im Meer. Im Buch Ex sind diese Ereignisse nicht als Straffolge miteinander verknüpft. Die Tötung der ägyptischen Erstgeburt erscheint dort als letzte der Plagen, sie ist die Folge von Pharaos immer wieder verhärtetem Herz. So wie die Strafe dort nicht nur den Pharao, sondern alle Ägypter und auch das Vieh trifft, so sind auch bei Sap alle Ägypter betroffen. Das korrespondiert mit V5a, wo Sap den Tötungsbeschluß von allen Ägyptern ausgehen ließ.
Die Ankündigung der Erstgeburtstötung - sie wird durch den Verlauf der Plagen in Ex 7-10 zur Begründung und Rechtfertigung der Erstgeburtstötung - findet sich in Ex 4,22-23: "Du [= Mose] wirst zum Pharao sagen: So spricht der Herr: Mein erstgeborener Sohn ist Israel; ich sage dir aber: Laß meinen Sohn ziehen, damit er mir diene; wenn du sie aber nicht ziehen lassen willst, dann werde ich deinen erstgeborenen Sohn töten." Die Tötung der Erstgeburt erscheint so als Folge von Pharaos Weigerung, das Volk ziehen zu lassen.

Sap *ändert* nun aber in V5c *die Begründung* der Erstgeburtstötung: Sie ist für sie Strafe für den Beschluß, Israels Kinder zu töten. Sap denkt von ihrem Grundsatz 11,16 her: "Wodurch man sündigt, dadurch wird man bestraft"; Tötung wird mit Tötung bestraft.
Gegenüber der Konzeption von Ex 1-15 ist diese Begründung der Erstgeburtstötung aus Ex 1 neu. Sie resultiert aus der assoziativen Verknüpfung der Bezugstexte, die Sap hier betreibt: Kindertötung wird mit Kindertötung bestraft; Kindertötung im Wasser wird mit Vernichtung im Wasser bestraft.
Auch in V5d denkt Sap vom o.g. Grundsatz her: Weil Pharao angeordnet hatte, die Kinder der Israeliten in den Nil zu werfen (Ex 1,22), deswegen gingen die Ägypter im Wasser unter. Auch auf der Strafseite korrespondiert also die Verbindung von Erstgeburt und Wasser, wie sie im Tötungsbeschluß angelegt war.[442]

Die Formulierung "im reißenden Wasser" (ἐν ὕδατι σφοδρῷ) als Bezug auf das Meerereignis findet sich auch in dem Lied, das die Israeliten nach dem Meerdurchzug singen (Ex 15,10) und in 2.Esra 19,11. Sap greift somit auf eine bekannte Formulierung zurück, um auf den Untergang der Ägypter im Meer anzuspielen.

---

[442] D.GEORGI, Weisheit Salomos, S.465, Anm.5e. Zum Begründungszusammenhang "Tötung der Kinder im Nil - Untergang im Meer" s. Seder Elijahu Rabba, Kap 8 (Stellenangabe aus J.J.PETUCHOWSKI, Judaism as "Mystery", S.143; PETUCHOWSKI bezieht sich auf die Ausgabe v. M. FRIEDMANN (Hg.), Seder Elijahu Rabba, Wien, 1902, Neudr. Jerusalem, 1960, S.43). Die Ägypter wurden im Meer ertränkt, weil sie die Kinder der Israeliten im Nil ertränkt hatten.

Die "Einmütigkeit" (ὁμοθυμαδόν), mit der Gott die Ägypter "im reißenden Wasser", also im Meer zugrunde richtet, geht davon aus, daß alle zusammen auf eine Art und Weise umkamen. In der Gegenüberstellung der unterschiedlichen Bedeutung der Passanacht für Israeliten und Ägypter V6-9 <—> V10-13 fallen auf den ersten Blick die vielen Komposita mit dem Adjektiv ὁμός auf (V9b.c.11a. 12a.d). So wie V5d von *einer* Todesart in Bezug auf den Untergang im Meer spricht, betont V12a die *eine* Todesart bei der Erstgeburtstötung. Aus dem Tötungsbeschluß abgeleitet erscheinen somit zwei Todesarten als Strafen, die mit der gleichen Härte jeweils das ganze ägyptische Volk treffen.

V5c.d weisen voraus auf die Konzeption der beiden folgenden Gegenüberstellungen und damit des Schlußteils des gesamten Buches Sap. In 18,5-25 behandelt Sap zunächst die Erstgeburtstötung. In 19,1-17 stellt sie dann den Untergang der Ägypter im Meer der Neuschöpfung gegenüber, die die Israeliten bei ihrem Durchzug durchs Meer erleben.
Der Bogen der Bezugstexte geht in V5 von Ex 1 bis hin zu Ex 15. Im Blick ist also der Abschnitt des Pentateuch, der beschreibt, wie Israel zu Gottes Volk, Gott zu Israels Gott wurde und wie das Volk unter seiner Führung - so wird man die Tilgung Moses aus diesem Geschehen deuten müssen - zur Freiheit gelangte. In Alexandria und in der protreptischen Absicht mußte Sap vielleicht betonen, daß Israel zur Freiheit *von den Ägyptern* gelangte. Neben religionspolemischen Abschnitten werden also auch Aspekte jüdischen Selbstbewußtseins und Selbstverständnisses angesprochen.

Beginn und Ende dieses Prozesses, Tötungsbeschluß und Untergang im Meer, benutzt Sap zur kompositorischen Gestaltung ihres Schlußteils 18,5 - 19,22.[443]

5.3.2. *V6-9: Die Bedeutung der Passanacht für die Israeliten*

In V5c hatte Sap auf die Tötung der ägyptischen Erstgeburt hingewiesen. Entsprechend der Ankündigung Gottes sollte sie "um Mitternacht" (Ex 11,4-5) bzw. "in der Nacht stattfinden" (Ex 12,12). Die Ankündigung trifft Gott durch Mose gegenüber den Israeliten. Es soll die letzte Plage sein (Ex 11,1: Ἔτι μίαν πληγὴν ἐπάξω...) und Israel empfängt zum ersten Mal in der

---

[443] A.G.WRIGHT, Structure, S.32, sieht 18,5-19 und 19,1-5 als eine Einheit an, die von der Digression 18,20-25 unterbrochen ist. Verbunden mit seinem Urteil ist eine Aufgabe der Einteilung in 7 Gegenüberstellungen. 18,5 umgreift für ihn durch seine vorausweisende Funktion das als Einheit, was von vielen Forschern als sechste und siebte Gegenüberstellung angesehen wird. Die übliche Siebenteilung von Sap 11-19 ist für ihn hineingelesen, was er an der Umstrittenheit der Einteilung von 18,5ff bestätigt sieht (S.30).

Reihe der Exodusplage Anweisungen, Vorbereitungen für den Auszug und Vorkehrungen im Zusammenhang mit der Plage zu treffen.

5.3.2.1. *V6: Die Ankündigung der Passanacht*

Sap wendet sich in V6-9 zunächst der Bedeutung dieser besonderen Nacht für die Israeliten zu, bevor sie in V10-13 auf die Nacht der Erstgeburtstötung zu sprechen kommt. Die Ankündigung und die Anweisungen faßt Sap in V6 zusammen:

> 6"Diese Nacht wurde unseren Vätern vorher bekannt gemacht, damit sie auf sichere Art und Weise wissend um die Eide, denen sie vertrauten, voll guten Mutes seien."

Mit νύξ begegnet in V6a ein Stichwort, das in Saps Verarbeitung der Finsternisplage (17,1 - 18,4) den gesamten Abschnitt durchzieht. Dort hatten die Israeliten im Gegensatz zur Finsternis der Ägypter hellen Tag - hier wird ihnen eine besondere Nacht angekündigt. Die Nacht, die in der vorhergehenden Gegenüberstellung Plage und Strafe für die Gottlosen bedeutete, erscheint nun im Zusammenhang einer Wohltat für die Gerechten.

Sap macht nicht durch Erklärungen oder Hinweise deutlich, daß mit νύξ in 17,1 - 18,4 und in 18,6 eigentlich zwei verschiedene Nächte gemeint sind. Sie provoziert damit, daß sich diese *verschiedenen* Nächte in der Vorstellung der LeserInnen zu *einer* Nacht vermischen. Die "Nacht" der Finsternisplage und die "Nacht" des Passa bzw. der Erstgeburtstötung verschmelzen zu einer Nacht.[444] Die Bedeutung der Nacht als Strafe für die einen und die Bedeutung als Wohltat für die anderen bleiben aber erkennbar.

ἐκείνη ἡ νύξ spielt an auf die Passanacht; die Formulierung steht betont voran und bestimmt den ganzen Abschnitt.[445] Ex 12,12 formuliert ...ἐν τῇ νυκτὶ ταύτῃ... und Ex 12,42b beginnt: "Diese Nacht (ἐκείνη ἡ νύξ), sie ist eine Nachtwache für den Herrn, wie sie es allen Israeliten von Geschlecht zu Geschlecht sein soll."[446] ἐκείνη ἡ νύξ wirkt wie eine stehende Wendung, um auf die Passanacht anzuspielen und streicht die Besonderheit dieser Nacht hervor.[447]

---

[444] Besonders 18,17-19 macht das deutlich: Die Träume und Schreckgesichte der Nacht der Erstgeburtstötung sind dieselben wie die der Finsternisplage. Nur bleibt die Plage nicht allein auf psychische Folgen der Finsternis beschränkt.
[445] So auch M.PRIOTTO, La prima Pasqua, S.47.
[446] Bereits der LXX-Text offenbart die Übersetzungsschwierigkeiten, die der MT von Ex 12,42 bereitet.
[447] Vgl. M.PRIOTTO, La prima Pasqua, S.49: ἐκείνη ἡ νύξ begegnet nur Ex 12,42, sonst nirgends im AT. ἐκείνη unterstreicht die Einmaligkeit dieser Nacht.

Die Ankündigung der Passanacht ist im Buch Ex in verschiedene Abschnitte untergliedert:
- Ex 11 kündigt die letzte Plage an; Israel wird die Ägypter ihrer Schmuckstücke berauben; die Plage wird die Tötung der Erstgeburt sein, Israel wird davon verschont bleiben und das Volk wird aus dem Land ziehen dürfen.
- Ex 12,1-14 gibt Anweisungen für die Auswahl, das Schlachten und das Essen des Passalammes; sein Blut soll als apotropäisches Zeichen an die Türpfosten der israelitischen Häuser gestrichen werden; Gott wird das als Schutzzeichen erkennen und bei der Tötung der Erstgeburt an diesen Häusern vorübergehen; der Tag soll ein Gedenktag für die Israeliten sein, den sie als Fest Gottes als ewige Ordnung feiern sollen.
- In Ex 12,15-20 finden sich die Anweisungen für die Woche der ungesäuerten Brote.
- In Ex 12,21-28 weist Mose das Volk an, das Passa zu schlachten, das Blut an die Türpfosten zu streichen und das Haus in dieser Nacht nicht zu verlassen; Gott wird in der Nacht die Ägypter schlagen, aber an den Häusern mit bestrichenen Türpfosten vorübergehen; dieses Gebot sollen die Israeliten und ihre Kinder als ewige Ordnung halten, auch im verheißenen Land; auf die Frage nach der Bedeutung dieses Brauchs sollen ihn die Eltern ihren Kindern als Passaopfer für Gott erklären, weil er an den Häusern der Israeliten vorüberging, als er die Ägypter schlug; das Volk anerkennt diese Anweisung und handelt danach.

V6a bezeichnet die Exodusgemeinde, der "diese Nacht" bekanntgemacht wird, als "unsere Väter". Damit ist zunächst einmal eine geschichtliche Ahnenschaft gemeint. Die Menschen der Exodusgeneration sind die Vorfahren der Menschen, für die und aus deren Umfeld heraus Sap schreibt. Wenn Sap zu Juden/Jüdinnen in Alexandria von "unseren Vätern" spricht, kann damit auch ein bestimmtes Selbstverständnis verbunden sein: Wir hier in Ägypten sind die Nachkommen *dieser* Menschen.[448]
So verstanden meint V6b mit den Eiden (ὅρκοι) die oben beschriebenen Ankündigungen und Anweisungen für das Passa. Nach der Konzeption in Ex 11,1 - 13,16 bestand ja für die Israeliten in dieser Nacht Lebensgefahr, wenn sie die Türpfosten nicht mit dem Blut des Passalammes bestrichen oder das Haus verlassen hätten. Im Vertrauen darauf, daß ihnen nichts geschehen würde, sollten die Israeliten voller Mut ihrem Auszug entgegensehen, so V6b. ὅρκοι zielt auf Zukünftiges, z.B. darauf, diese Nacht und diesen Tag in Zukunft wirklich als Gedenktag des Herrn zu feiern.
Die ὅρκοι können auch die Verheißungen an die Väter im Blick haben. ὅρκος meint im AT den Eid, den Menschen anderen Menschen oder Gott gegenüber in einem rechtlichen oder religiösen Sinn leisten. Das Wort kann aber auch den Eid meinen, den Gott Menschen gegenüber gibt (Dtn 7,8; 1.Chr 16,16; ψ

---

[448] Zu den Identifikationsmöglichkeiten, die sich für die AdressatInnen in V6-9 ergeben s. M.PRIOTTO, La prima Pasqua, S.48.

104,9) und bezieht sich dann auf die Verheißungen, die Gott den Erzvätern gegeben hat (Landbesitz; große Nachkommenschaft).
Es bleibt in V6 unklar, welche Eide oder Verheißungen Sap anspricht, die an die Exodusgemeinde oder die an die Erzväter.[449] Aber so oder so verstanden wird klar, daß es Sap durch die Ankündigung "dieser Nacht" um die Verwirklichung einer göttlichen Zusage in der Zukunft geht. Für die Exodusgemeinde beginnt sowohl die Einlösung der Verheißungen Gottes an die Erzväter als auch die speziell an sie ergangenen Eide.[450]

Die Wortwahl in V6 macht den Eindruck, als verstünde Sap die Ankündigung der Passanacht als Einweihung in ein Geheimnis: Eine besondere Nacht wird den Vätern bekanntgemacht ($\pi\rho\text{ο}\gamma\iota\gamma\nu\acute{\omega}\sigma\kappa\epsilon\iota\nu$) in der Absicht, daß diese zu einem sicheren Wissen gelangen ($\emph{ἴνα ἀσφαλῶς εἰδότες}$...); dieses Wissen bezieht sich auf Eide, denen sie vertrauen, an die sie glauben (...οἷς ἐπίστευσαν ὅρκοις). ὅρκος kann auch "das Gelübde" bedeuten, das jemand ablegt. Das Passa ist auf dieser Verstehensebene ein Mysterium, in das die "Väter" eingeweiht wurden. Der Kontext von V6-9 gibt durch die Wortwahl noch weitere Hinweise, die diese Beobachtung stützen: προσκαλεῖν in V8 und die Erwähnung von "verborgener Opferung" (V9a) legen nahe, daß Sap das Passa wirklich als religiöses Geheimnis verstand.[451]

5.3.2.2. V7: Die Aufgabe des Gottesvolkes in der Passanacht

V7 gibt Hinweis dafür, daß Sap in V6 - bei aller, m.E. bewußt eingesetzten Mehrdeutigkeit - mit den "Eiden" die Anweisungen für die allererste Passafeier meint. Diese können dann als religiöse Gelübde verstanden werden, durch die Gerechte und Gottlose voneinander geschieden werden, denn:

7"Es wurde erwartet von deinem Volk
Rettung der Gerechten, Verderben der Feinde."

Sap bezieht sich in V7 auf das Bestreichen der Türpfosten und der Oberschwelle mit dem Blut des Passalammes. Durch diese Handlung wurden

---

[449] So auch A.SCHMITT, Das Buch der Weisheit, S.134. Vgl. auch M.PRIOTTO, La prima Pasqua, S.55: Sap behandelt das Passa wie die Erfüllung einer an die Väter ergangenen Verheißung. Zur Erklärung von "Verheißung" zieht PRIOTTO auch Gen-Texte (15; 17; 22) heran. Er stützt sich dabei auf Targ Ex 14,42, der die Stelle Ex 14,42 mit den genannten Gen-Stellen in Verbindung bringt. M.E. deutet in unserem Text aber nichts darauf hin, daß auch Sap an diese Gen-Stellen erinnern wollte.

[450] Zum Passafest, das dem Auszug und dem Durchzug durchs Meer vorangeht und dessen Bedeutung von Generation zu Generation überliefert werden soll vgl. auch Ψ 77,1-12. Mit 18,6 vergleichbar ist Ψ 77,7: "...damit sie auf Gott ihre Hoffnung setzten und nicht der Werke Gottes vergäßen und seine Gebote erforschten...".

[451] In Ex Rab 19,6 ist die Beachtung des Passa an das "Mysterium" Beschneidung gebunden, so J.J.PETUCHOWSKI, Judaism as "Mystery", S.149; das Passa selbst ist dort nicht als Mysterium verstanden.

die Gerechten gerettet, den Feinden wurde der Tod gebracht. Die Scheidung zwischen Gerechten und Gottlosen ist nichts Zukünftiges, sie vollzog sich schon in der Passanacht.452

Die unpersönliche Formulierung προσεδέχθη läßt offen, wer Rettung und Untergang erwartete. Da Gott die Anweisungen gab, kann man folgern, daß er durch diese Anweisungen die Scheidung zwischen Gottlosen und Gerechten herbeiführen wollte - vermittelt durch sein Volk. Der Passaritus wird zum Signal für die Trennung von Gerechten und Feinden.
Die σωτηρία δικαίων erinnert an die Rettung der gerechten Einzelpersonen aus dem jeweils gottlosen Umfeld in Kap 10. Dort war immer die Weisheit die Retterin, ab Kap 11 wird Gott das rettende Handeln zugeschrieben. Das Volk und die Feier des Passa ermöglichen und vermitteln Untergang und Rettung.
Das ist ein weiterer Hinweis dafür, daß Sap die Passafeier als Mysterium verstanden hat, entscheidet sich doch an ihr die Trennung zwischen Rettung und Untergang. Im Sprachgebrauch der Mysterienkulte ausgedrückt: die Scheidung zwischen Eingeweihten und Uneingeweihten.

5.3.2.3. V8: Gott straft die Ägypter und verherrlicht die Israeliten

V8 relativiert die entscheidende Aufgabe des *Volkes* allerdings sofort wieder. Es ist *Gottes* Handeln, das Züchtigung und Rettung bewirkt:

8"Denn wodurch du die Gegner straftest[453],
dadurch verherrlichtest du uns, [uns] zu dir gerufen habend."

Der Vers formuliert den Grundsatz 11,5 ("Denn wodurch ihre Feinde gezüchtigt wurden, dadurch wurden ihnen in auswegloser Lage Wohltaten zuteil") mit anderen Worten, allerdings mit einer gravierenden Änderung. Denn der Gegensatz ist nicht Züchtigung <—> Wohltat, sondern Züchtigung <—> Verherrlichung.[454]
Die Entsprechung zu 11,5 ist damit nicht vollständig. Als Gegensatz zur Erstgeburtstötung wird den Israeliten keine Wohltat zuteil. Die "Verherrlichung" meint eine Gleichzeitigkeit von Ereignissen: In dem Moment, als Ägyptens Erstgeburt getötet wurde, erfuhr Israel Verherrlichung, es wur-

---

[452] MELITON von Sardes, ΠΕΡΙ ΠΑΣΧΑ, 35, sieht die Zerstörung der Ägypter und die Bewahrung Israels zur Rettung (σωτηρία) als Ziel der Passanacht und nennt es μυστήριον; auch bei ihm deutet sich eine Gegenüberstellung an, die jedoch nicht wie in Sap ausgeführt wird.
[453] τιμωρεῖν statt üblicherweise κολάζειν. τιμωρεῖν + Akk. ist auch mit "sich rächen an" übersetzbar, die Erstgeburtstötung wäre dann als Racheakt für den Tötungsbeschluß aufgefaßt. τιμωρεῖν enthält auch einen Aspekt der "Züchtigung".
[454] δοξάζειν wird in Ex 15,1.2.6.11.21 als (Selbst-)Verherrlichung Gottes gebraucht; Ex 34, 29.30.35 steht es für das "verherrlichte" strahlende Antlitz Moses nach seiner Gottesbegegnung auf dem Sinai.

de durch das Passa und später durch den Auszug zu Gottes (erstgeborenem) Sohn. In V13 läßt Sap die Ägypter dann ja auch bekennen, daß das Volk Gottes Sohn sei.

Das mehrfache Vorkommen von δοξάζειν in Ex 15 zeigt, daß der Durchzug durchs Schilfmeer als Verherrlichung verstanden wurde. Ob Sap das Verb δοξάζειν beeinflußt durch Ex 15 in V8 verwendet hat, kann nicht mit Sicherheit behauptet werden. Bezogen auf die Passanacht wird man die mit ihr beginnende Geschichte Gottes mit seinem Volk als die Verherrlichung verstehen müssen. Die Israeliten bleiben am Leben, während ihre Feinde untergehen.
Die Berufung des Volkes geht dieser Verherrlichung voraus (Pt. Aor. προσκαλεσάμενος).[455] Sap bezieht sich hier auf Ex 3,18; 5,3. Mose soll mit Ältesten aus dem Volk zu Pharao gehen und zu ihm sagen: "Der Gott der Hebräer hat uns herausgerufen (προσκέκληται ἡμᾶς)[456];..." (Ex 3,18). Ex 5,3 berichtet von der Ausführung dieses Auftrags. Moses ist mit Aaron vor dem Pharao und verwendet dieselben Worte, wie sie ihm Ex 3,18 aufgetragen wurden.

Mit dem Bezug auf Ex 3,18; 5,3 schließt Sap innerhalb von V8 den Spannungsbogen zwischen der Herausrufung des Volkes und der letzten Plage an den Ägyptern. Die Herausrufung wurde ja nach der Erstgeburtstötung Wirklichkeit. Mit der Züchtigung der Gegner (V8a) beginnt die Verherrlichung des Gottesvolkes, der Gottes Herausrufung vorangegangen war (V8b). Bereits V5 hatte mit seinen Bezügen zu Ex 1 und Ex 13;14-15 den Teil des Buches Ex im Blick, der von der ersten Unterdrückung des Volkes Israel bis hin zu dessen Auszug aus Ägypten reicht. Auch V8 spricht den Anfang und das Ende dieses Prozesses an: Israels Herausrufung geht dem Ereignis voraus, das Bestrafung für die einen und Verherrlichung für die anderen bedeutet.

5.3.2.4. *Der Umgang Saps mit dem Konzept von Ex 1-15*
Sap bezieht sich sind in diesem Abschnitt außer auf einzelne Texte bzw. Verse, auch auf das *Konzept*, das Ex 1-15 zugrunde liegt: Die späteren Ereignisse wie Tötung der Erstgeburt, Verherrlichung, Untergang im Meer sind alle direkt oder indirekt begründet und angekündigt in den ersten Kapiteln des Buches Ex. Der Beschluß Pharaos, die hebräischen Säuglinge im Nil zu ertränken korrespondiert mit der Erstgeburtstötung (Tötung von

---

[455] D.GEORGI, Weisheit Salomos, S.465, Anm.8b.

[456] LXX scheint die Verbform נקרא (vgl. Ex 5,3) statt der im MT gebotenen Form נקרה zu übersetzen. Hier ist allerdings zu beachten, daß es für קרא ni. zwei Bedeutungsmöglichkeiten gibt: I gerufen, angerufen werden; II sich treffen lassen. Die Stelle V8 kann u.U. als ein Indiz dafür gewertet werden, daß Sap auf einen schriftlich vorliegenden griechischen Text des Buches Ex Bezug nimmt.

Säuglingen) und dem Untergang der Ägypter im Meer (Tötung im Wasser). Die Passanacht, Strafe für die einen, Beginn der Verherrlichung für die anderen, ist vorherbestimmt durch Gottes Ankündigung (V6), dem allen aber geht Gottes vorher ergangene Berufung des Volkes voraus (V8).

In Saps Anspielung auf die Passanacht in 18,5-9 spielt sie auch auf die geschichtlichen Zusammenhänge an. Der Kindertötungsbeschluß und Moses Rettung, aber auch die Tötung der Erstgeburt stehen miteinander in Beziehung: Strafe und Wohltat werden aus dem Konzept von Ex 1-15 aufeinander bezogen. Die *Berufung* des Volkes steht am Anfang, am Ende seine *Verherrlichung* .

Die Besonderheit in Sap ist, daß das Passa als der Wendepunkt von Unterdrückung zur Freiheit, als das Ereignis, in dem sich die Verheißungen Gottes zu verwirklichen beginnen dargestellt wird als *Mysterium* , in das die Israeliten eingeweiht werden.

5.3.2.5. V9: Das Passa als "Opfer im Verborgenen"

In V6-8 hat Sap den Rahmen der Gegebenheiten für die Passanacht abgesteckt: Sie erklärt, unter welchen Voraussetzungen sie sich ereignete und was mit ihr in dem Gegeneinander von Gerechten und Gottlosen verbunden war. In V9 wendet sie sich speziell der Passanacht zu, der Bedeutung "jener Nacht" speziell für die Israeliten. Dabei ist der Vorbildcharakter der allerersten Passanacht vermengt mit Elementen der späteren kultisch-rituellen Begehung des Festes.

Nach Ex 11-12 feierten die Israeliten das Passa in ihren Häusern, weil sie in dieser ersten Passanacht das Haus nicht verlassen sollten (vgl. Ex 12,22). Darauf spielt Sap an, wenn sie davon spricht, daß die frommen Kinder der Guten im Verborgenen opferten (κρυφῇ ἐθυσίαζον):

9"Im Verborgenen nämlich opferten die frommen Kinder der
   Guten
und verabschiedeten das Gesetz der Gottheit in Einmütigkeit,
[nämlich] daß in gleicher Weise sowohl an ihren Gütern
als auch an den Gefahren teilhätten die Heiligen,
und stimmten schon im voraus die Lobgesänge der Väter an."

Sap bezeichnet das Passa als "Opfer" und kann sich dabei auf Ex 12,27 berufen, wo es "Opfer für den Herrn" (θυσία τὸ πασχα τοῦτο κυρίῳ) genannt wird.[457] Obwohl Sap in V7-8 auch die Scheidung zwischen Gerechten und Gottlosen erwähnt, die durch das Passa bewirkt wird, bezieht sich Sap in V9 weniger auf den apotropäischen Ritus, sondern vielmehr auf das Passa als kultischen Ritus, wie er alljährlich in der vorgeschriebenen Weise begangen wurde.

---

[457] Zum Passa als "Opfer" s.a. Dtn 16,5.

Das Passa ist ein "verborgenes Opfer". Das Bestreichen der Türpfosten mit dem Blut des Opfertieres erwähnt Sap nicht.
V9e hebt im Vergleich zu V9a eher den prototypischen Charakter des ersten Passa hervor.[458] Die Israeliten stimmen "schon im voraus" die Lobgesänge der Väter an. Die Wendung "im voraus"[459] deutet darauf hin, daß Sap bewußt die in ihrer Zeit mit der Feier des Passa verbundenen Gesänge (zu denken ist an das Hallel Ps 113-118[460]) auf das erste Passa zurückprojiziert. In Ex 12 wird jedenfalls nichts davon erwähnt, daß die Israeliten bei der Passafeier Loblieder gesungen hätten. Sap suggeriert aber, daß der ihr bekannte Brauch damals zuerst geübt worden ist.

Das Passa erscheint so in der Interpretation Saps in einer Mischung aus Elementen des ersten und des in der Folgezeit immer wieder gefeierten Passa. Der Bezugstext ist deutlich in Ex 11-12 zu sehen. Andere alttestamentliche Passaberichte gehen eher in die Richtung einer kultischen Feier des Passa im Tempel durch die Leviten (bes. 2.Chr 30 und 35).
Das "Opfern im Verborgenen" ist ein weiterer Hinweis, daß Sap das Passa als Mysterienfeier verstanden hat. Sie interpretiert die Anweisung, in der Passanacht die Häuser nicht zu verlassen als Verborgenheit (κρυφῇ). Die allererste "Feier" *in den Häusern* war notwendig, damit die Israeliten vor dem tötenden Gott sicher waren. Sie wird so zu einer Mysterienfeier *im Verborgenen* uminterpretiert. Das Passa erscheint in Konkurrenz zu den im Geheimen abgehaltenen Mysterienfeiern, zu denen nur die Eingeweihten Zugang hatten. Die Israeliten wurden eingeweiht durch die vorherige Bekanntmachung dieser Nacht (V6).[461]
Wer dabei das Volk einweiht, verbirgt Sap hinter der passivischen Formulierung προεγνώσθη (V6a). Weder Gott noch Mose - diese beiden Möglichkeiten ergeben sich durch Ex 11-13 - erscheinen als Mystagogen. Gott wird in V7-8 in der zweiten Person angeredet. Der Rückschluß, daß Gott derjenige war, der Israel einweihte, liegt nahe. Dennoch hat Sap keine eindeutige Aussage getroffen.
Wesentlicher scheint die Aussage zu sein, daß "diese Nacht" *unseren Vätern* bekanntgemacht wurde, womit die Generation der Exodusgemeinde gemeint ist. Versteht man die Beschreibung des Passa als Mysterium, das in Konkurrenz zu den Mysterienreligionen der Umwelt treten soll, so wird

---

[458] D.GEORGI, Weisheit Salomos, S.465, Anm.9d.
[459] Sie ist enthalten in den zusammengesetzten Verb προαναμέλπειν.
[460] A.SCHMITT, Das Buch der Weisheit, S.134; U.OFFERHAUS, Komposition, S.162, Anm.203.
[461] Auch A.SCHMITT, Das Buch der Weisheit, S.134, vermutet, daß Sap das Passa als Mysterienfeier deklarieren will. Zur Bezeichnung des Passas als μυστήριον s.MELITON von Sardes, ΠΕΡΙ ΠΑΣΧΑ, 3.11.31.33, wo er das Passa τὸ τοῦ πάσχα μυστήριον nennt. MELITON dient das Passa und dabei besonders das Schlachten des Passalammes in seiner Osterpredigt als τύπος (ΠΕΡΙ ΠΑΣΧΑ, 3.4), mit dessen Hilfe er das Sterben und Auferstehen Jesu Christi erklärt. Sein Verständnis von μυστήριον ist damit "christlich überformt" und darf somit nicht unkritisch als Parallelbeleg für unsere Stelle herangezogen werden; man wird aber überlegen können, ob nicht Stellen wie Sap 18,6-9 die Rede vom Passa als Mysterium initiiert oder zumindest erleichtert haben.

der Anspruch Saps auf ein sehr altes Mysterium deutlich: Bereits die Väter des Exodus wurden eingeweiht. In der protreptischen Konzeption des Buches betreibt Sap Abwerbung: Menschen, die der Attraktivität der Mysterienreligionen erliegen und sich vom Judentum abwenden sollen durch die Interpretation des Passa als sehr altes Mysterium zurückgewonnen oder zurückgehalten werden. Das Alter des Passa wird als Autorität gegen die "modernen" Religionen eingesetzt.

5.3.2.6. Die "Verabschiedung" des Passagesetzes durch das Volk

Interessant ist die Interpretation der Passagesetzgebung in V9b-d: Die Anordnungen für das Passa sind nicht göttliche Anordnung, die das Volk einfach befolgt. Das Volk selbst verabschiedet in Einmütigkeit göttliches Gesetz (τὸν τῆς θειότητος νόμον ἐν ὁμονοίᾳ διέθεντο).[462]
In Ex 12,43 spricht Gott gegenüber Mose und Aaron ausdrücklich vom Passagesetz: Οὗτος ὁ νόμος τοῦ πασχα. Ein und dasselbe Gesetz (νόμος) soll gelten für Einheimische und Fremdlinge (Ex 12,49). Aus dieser Anordnung gegenüber Mose und Aaron wird verständlich, warum Sap vom "Gesetz der Gottheit" spricht. Nach Ex 12,1-11.43-51 ist das Passa von Gott verordnet. Er erscheint als der Geber bzw. Stifter des Passagesetzes.
Ungewöhnlich ist nur, daß Sap dieses Gesetz vom Volk verabschiedet sein läßt.[463] Das erweckt den Eindruck, als habe das Volk sich selbst dieses Gesetz gegeben.
Auch hierfür läßt sich der Hintergrund in Ex 12 finden: Ex 12,28.50 berichten davon, daß die Israeliten so handelten, wie Gott ihnen durch Mose und Aaron befohlen hatte. Diese *Einwilligung* des Volkes interpretiert Sap als *Gesetzesverabschiedung*. Die Satzung, die sich das Volk selbst gegeben hat, ist das Gesetz der Gottheit. Und, Sap betont es ausdrücklich, die Verabschiedung geschah in Einmütigkeit, also ohne "Gegenanträge" oder Menschen, die nicht einwilligten.[464] Der Hinweis in Ex 12, daß die Israeliten die Anweisungen befolgten, wird nicht als Selbstverständlichkeit gewertet, sondern als Akt der Einwilligung interpretiert.

Sap macht aber auch eine Einschränkung in Bezug auf die Gültigkeit des Gesetzes. Ex 12,49 stellte fest, daß ein und dasselbe Gesetz für Einheimische und fremde gleichermaßen gelten solle: νόμος εἷς ἔσται ... ὑμῖν. Sap erwähnt nichts von dieser umfassenden Gültigkeit des Gesetzes.

---

[462] διατιθέναι hat in medialer Verwendung auch die Bedeutung "sich etwas oder das Seinige in Ordnung bringen; verfügen über, disponieren, bes. testamentarisch" (s. W.GEMOLL, Schul- und Handwörterbuch, S.208).
[463] D.GEORGI, Weisheit Salomos, S.465, übersetzt das διατίθημι mit "verfassen"; A.SCHMITT, Das Buch der Weisheit, S.133, mit der Einheitsübersetzung "sich verpflichten auf".
[464] LXX übersetzt das ויעשו כל־בני ישראל (Ex 12,50 MT) unter Auslassung des כל mit καὶ ἐποίησαν οἱ υἱοὶ Ισραηλ. כל fehlt auch im Targum.

Außerhalb des verheißenen Landes ist das verständlich; das Gesetz sollte ja nur für die Fremdlinge gelten, die zu den Israeliten kamen. In der ägyptischen Diaspora sind die AdressatInnen die "Fremden", das Passagesetz ist ein Identifikationsmerkmal, das sie von ihrer Umgebung unterscheidet. So kann Sap nicht gut die Gültigkeit dieses Gesetzes auch für die Ägypter fordern.

Mit διατιθέναι verwendet Sap eine Vokabel, die als Terminologie für den Bundesschluß verwendet wird. LXX übersetzt כרת im Sinne von "einen Bund schließen" oft mit διατιθέναι. Meist ist dabei Gott das Subjekt, der mit Menschen einen Bund schließt.
In V9b wird man διατιθέναι wie oben wohl am besten mit "verabschieden" wiedergeben. Eine ähnliche Vorstellung von einer Einwilligung des Volkes in das Gesetz mit dem Charakter einer Verabschiedung begegnet in 2.Esra 20,1. Nach der Gesetzesverlesung und dem großen Bußgebet des Volkes leitet LXX die Gesetzesverpflichtung mit folgenden Worten ein: καὶ ἐν πᾶσι τούτοις ἡμεῖς διατιθέμετα πίστιν...[465] Die Menschen willigen in das göttliche Gesetz ein und verabschieden es, d.h. sie anerkennen es als gültig für sich und ihren Lebensbereich.[466] Eine Einwilligung in Analogie zu diesem in 2.Esra geschilderten Vorgang konnte Sap gut aus Ex 12,28.50 herausgelesen haben.[467] Das Gesetz erscheint so nicht als von einem despotischen Gott verordnet, sondern gelangt zur Geltung nur durch die Einwilligung des Volkes. Und da Sap mit διατιθέναι Bundesterminologie verwendet, deutet sich hier ein Verständnis von Gesetz als wechselseitiger Verpflichtung an: Erst die Einwilligung in den Gesetzes"vorschlag" legt die Gültigkeit des Gesetzes fest.[468]

Sap verstand speziell die Passagesetzgebung als gemeinschaftlichen, einwilligenden Akt der Israeliten. V9c.d erläutert nun den Inhalt dessen, worin sie einwilligten: Die Heiligen wollten in gleicher Weise teilhaben an ihren gemeinsamen Gütern und Gefahren. Das Gesetz wird verstanden als Grundlage eines gemeinschaftlichen Lebens.
Die genauen Textbezüge für V9c.d sind in Ex 11-12 nur schwer zu bestimmen. Das Teilen der Güter kann vielleicht die Beraubung der Ägypter im Blick haben (Ex 11,2-3; 12,35-36), die "Güter" sind dann die geraubten Schmuckgegenstände. Wahrscheinlicher scheint ein Bezug zum Passamahl selbst. Ex 12,47 betont ausdrücklich, daß es die ganze Gemeinde feiern soll - alle Menschen in ihr "teilen" dann also das gleiche Mahl, das gleiche Essen.

---

[465] MT: כרתים אֲמָנָה.
[466] S. dazu J.BEHM, Art. διατίθημι, S.105, 38-40.
[467] Zur einmütigen (φωνῇ μιᾷ) Verabschiedung einer göttlichen Verordnung durch das Volk s.a. Ex 24,3.
[468] Möglicherweise liegt in der Formulierung Saps auch ein Zugeständnis an eine griechisch-hellenistisch gedachte Form der Gesetzesverabschiedung.

Das "Teilen der Gefahren" kann sich darauf beziehen, daß sich alle Israeliten den Eiden Gottes auslieferten (V6b) und damit seiner Zusage, ihnen werde bei Befolgung seiner Anweisungen nichts geschehen. Möglicherweise erkennt Sap auch im Passagesetz die Grundlage des gemeinsamen jüdischen Lebens.[469] In ihrer Interpretation besteht seine Substanz in der Güter- und Gefahrteilung. Sie erkennt dem ersten Passa in V9e prototypischen Charakter zu, in ihm ist vorgebildet, was für immer und für alle wichtig und verbindlich ist. Dazu gehört auch, Güter und Gefahren in gleicher Weise (ὁμοίως) zu teilen.[470] Die *einmütige Verabschiedung* und die *gleichmäßige Verteilung* sind Kennzeichen des Passa.

Der Gedanke an eine durch das Passa verschworene Gemeinschaft legt sich nahe. Die Passafeier vereint Menschen zu einem gemeinschaftlichen Leben, in dem Güter und Bedrohungen geteilt, gemeinsam bewältigt werden. Dieser Einigkeit und Gleichheit setzt Sap in V10-13 die eine Todesart entgegen, durch die alle Ägypter gleichermaßen betroffen waren.

5.3.3. *V10-13: Die Bedeutung der Nacht der Erstgeburtstötung für die Ägypter*

5.3.3.1. *V10: Das Jammergeschrei der Ägypter über die getöteten Kinder*

Der negative Teil der Gegenüberstellung schließt zunächst direkt an V9e an. Den Lobgesängen der Väter bei der Passafeier stellt Sap das unharmonische Geschrei der Ägypter gegenüber. Es rührte von den Klage- und Trauergesängen, die sie wegen der Tötung ihrer Erstgeborenen anstimm-

---

[469] Auch M.PRIOTTO sieht in V6-9 die Feier des ersten Passa charakterisiert wie eine Bundesfeier, bei der das Volk seine Identität in der Zustimmung zur göttlichen Berit und Verpflichtung zum brüderlichen Teilen findet (La prima Pasqua, S.92). Doch übersieht PRIOTTO im Zusammenhang mit κρυφῇ die Charakterisierung des Passa als Mysterium. Von daher bringt auch seine Diskussion der Bezugsmöglichkeiten von κρυφῇ (S.74) nicht recht weiter.

[470] Für das Teilen von Gefahren ist ein religionspolemischer Hintergrund anzunehmen. Gott hat das Volk Israel berufen und verherrlicht und dieses hat sich auf sein Gesetz eingeschworen. Dem Volk widerfährt dadurch Rettung. Das steht im Gegensatz zu folgender Beobachtung: Im sepulchralen Kontext finden sich im griechischen Sprachraum Sarkophagaufschriften, die von der Rettung des/der Beerdigten aus Gefahren durch eine oder mehrere Gottheiten sprechen. So auf dem Sarkophag der Cornelia Urbanilla aus dem afrikanischen Lambiridi: σωθεῖσ[α] ἐκ μεγάλου κινδύνου. Diese Inschrift taucht auch öfters im Sarapiskult der hellenistischen Zeit auf (L.VIDMAN, Isis und Sarapis, S.130). Die Wendung hat nach L.VIDMAN da noch keinen mystischen Sinn, sondern bedeutet das Überstehen einer wirklichen Gefahr mit Gotteshilfe. In der von ihm zusammengestellten und herausgegebenen Inschriftensammlung (ders., Sylloge inscriptionum) führt L.VIDMAN zwei weitere Beispiele an. Aus Delos, vor 140 v.u.Z.: Πρῶτος Πυθίονος Κῶιος, σωθεὶς ἐκ πολλῶν καὶ μεγάλων κινδύνων, Σεράπει,͑Ἴσει,͑Ἀνούβει,͑Ἀπόλλωνι, θεοῖς συννάοις κτλ. (S.68).Und aus Rhodos, ca. 1.Jh. v.u.Z.: ῾Ερμίας ῾Αθαναγόρα Σολεὺς ῾Εκάται, Σαρ[ά]πιδι χαριστήριον σωθεὶς ἐκ μεγάλων κινδύνων. (S.112f). Hier sind die Götter also σωτῆρες, sie retten aus Gefahren. Für Israel ist in Sap Gott bzw. die Weisheit die/der RetterIn. Und die Israeliten *teilen* sich *die Gefahren nach der Verabschiedung des Passagesetzes*.

ten. Sap betreibt den Gegensatz zwischen harmonischen Lobgesängen und unharmonischem Geschrei, das diesem entgegenschallt (ἀντήχει):

10"Dagegen erscholl das unharmonische Geschrei der Feinde und die jammernde Stimme über die beklagten Kinder drang hindurch."

Sap entwickelt die Gegenüberstellung aus ein und demselben Ereignis: "Diese eine Nacht" bedeutete Lobgesänge für die einen, die anderen hatten Anlaß zur Trauer. Sie bezieht sich in V10 auf Ex 12,30: "Pharao, alle seine Diener und alle Ägypter standen in dieser Nacht auf und es erhob sich ein großes Geschrei in ganz Ägypten; denn es gab kein Haus, in dem nicht einer gestorben war." Was in Ex 11,5 angekündigt wurde, war Wirklichkeit geworden; und nun vermischen sich die Lob- und Trauergesänge.

5.3.3.2. V11-12: Die Erstgeburtstötung als "einmütige Todesart"

In V10-13 beschreibt Sap die Geschehnisse der Passanacht aus der Sicht der Ägypter. Für sie ist es die Nacht der Erstgeburtstötung. Die Nacht, die für die Israeliten Rettung, Verherrlichung und Anlaß zur Gesetzesverabschiedung war, ist für sie eine Nacht der Todeserfahrung:

11"Durch die gleiche Strafe wurden bestraft der Knecht zusammen mit dem Herren
und Bürger und König erlitten dasselbe,
12alle aber, einmütig in einer Todesart,
hatten unzählige Tote.
Denn nicht einmal zum Bestatten waren die am Leben Gebliebenen ausreichend,
da mit einem Schlag ihre kostbarere Nachkommenschaft vernichtet wurde."

Im positiven Teil der Gegenüberstellung hatte Sap die Einmütigkeit der Gesetzesverabschiedung (ἐν ὁμονοίᾳ) und die Güter- und Gefahrteilung in gleicher Art und Weise (ὁμοίως) betont. Dieser Einmütigkeit im Positiven steht eine ebensolche im Negativen entgegen. Es ist ein und dasselbe Schicksal, das alle Ägypter gleichermaßen trifft. Alle Ägypter werden durch die gleiche Strafe (ὁμοίᾳ δίκῃ, V11a) bestraft;[471] alle Menschen erleiden dasselbe (τὰ αὐτά, V11b). Einmütig in einer Todesart (ὁμοθυμαδόν ἐν ἑνὶ ὀνόματι θανάτου, V12a) hatten sie unzählige Tote, denn auf einen Schlag

---

[471] Bei den Griechen ist δίκη als Tochter von Zeus und Themis die Göttin der Strafgerechtigkeit; so A.SCHMITT, Weisheit, S.9f.

(πρὸς μίαν ῥοπήν, V12d) wurde der bessere Teil ihrer Nachkommenschaft vernichtet.[472]
Die "Einmütigkeit" in der positiven und negativen Bedeutung der Passanacht hebt den *Kontrast* stark hervor. Einmütigkeit in der Gesetzesverabschiedung steht gegen Einmütigkeit in der Todesart. Wie das Gesetz gleichermaßen für alle gelten sollte, so traf auch alle derselbe Tod. Die unterschiedliche Bedeutung dieser Nacht für Gottlose und Gerechte zeigt Sap daran, daß für jede Seite etwas anderes gleichermaßen verbindlich war: Für die einen das Gesetz - für die anderen der Tod.[473]

In Ex 12,29 berichtet das Buch Ex von der Ausführung der Erstgeburtstötung: Gott schlug alle Erstgeburt vom Erstgeborenen des Pharao, der auf seinem Thron saß, bis hin zum Erstgeborenen des Gefangenen im Kerker, sowie alle Erstgeburt des Viehs. Aus diesem Vers folgert Sap, daß *alle Menschen* in Ägypten *dasselbe Schicksal* traf. Sklave und Herr, Bürger und König sind gleichermaßen geschlagen (V11). Die Tötung des erstgeborenen Viehs läßt Sap unerwähnt.
V12 *übertreibt* die Schilderung des Bezugstextes, um zu betonen, daß die Ägypter unzählig viele Tote hatten.[474] Die Behauptung, daß nicht genug Menschen am Leben blieben, um die Toten zu bestatten (V12c) widerspricht auch Num 33,4. Dort wird berichtet, daß die Ägypter ihre Toten begruben.[475]

Die Formulierung in V12d zeigt Nähe zu Ψ 77,51: "Und er schlug die Erstgeburt in Ägypten, das Auserlesenste (ἀπαρχή) ihrer Anstrengung in den Zelten Hams." Ähnlich formuliert Ψ 104,36.[476] Unter Verwendung von ἀπαρχη hätte Sap zweideutig formulieren können, seiner lexikalischen Bedeutung nach steht das Wort für das Erstlingsopfer, die Ehrengabe, das Auserlesenste einer Sache.[477] Passaopfer wäre dann gegen das Erstlingsopfer der ägyptischen Erstgeburt gestanden. Sap ist hier eindeutiger als Ψ 77, wenn sie von der "kostbaren Nachkommenschaft" spricht. Sie hebt damit unzweideutig den herben Verlust der Nachkommenschaft hervor.

---

[472] Zu V12d vgl. auch MELITON von Sardes, ΠΕΡΙ ΠΑΣΧΑ, 21.26, wo auch er die Vernichtung der ägyptischen Erstgeburt μιᾷ ῥοπῇ geschehen sein läßt.
[473] Gesetz und Tod stehen sich nicht als Oppositionspaar im Sinn von "Leben - Tod" gegenüber. Sap geht es vielmehr um die Einmütigkeit. Zur Vernichtung der Gottlosen auf einen Schlag vgl. Sap 11,20; 12,9. Zur Einmütigkeit s.a. M.PRIOTTO, La prima Pasqua, S.98, wo er auf die gehäuften Wortverbindungen mit ὁμο... hinweist.
[474] D.GEORGI, Weisheit Salomos, S.466, Anm. 12b.
[475] Zu den unbegrabenen Toten s.a. PHILO, VitMos I,100.
[476] Ψ 134,8 nimmt die Tötung der Erstgeburt an Menschen und Vieh auf, Ψ 135,10 nur die der menschlichen Erstgeburt.
[477] W.GEMOLL, Schul- und Handwörterbuch, S.91.

5.3.3.3. V13: Das Bekenntnis der Ägypter: Israel ist Gottes Sohn

Die Tötung der Erstgeburt löste als letzte der ägyptischen Plagen den Sinneswandel beim Pharao aus, so daß er das Volk ziehen ließ (Ex 12,31ff). Von der Gewährung des Auszugs ist bei Sap jedoch nicht die Rede; die Tötung der Erstgeburt ruft bei den Ägyptern vielmehr ein Bekenntnis hervor:

> 13"Denn obwohl sie allem gegenüber ungläubig geblieben waren aufgrund der Zaubereien,
> auf das Verderben der Erstgeburt hin bekannten sie, daß das Volk Gottes Sohn sei."

In V13a geht Sap davon aus, daß die Ägypter bis dahin aufgrund der Zaubertechniken ihrer Magier den Plagen gegenüber ungläubig gewesen sind. Die Zaubereien hatten den Ägyptern den Blick verstellt: Sie erkannten Israel nicht als Gottes Sohn und ließen sie deshalb nicht ziehen.
Sap bringt die Zaubereien in unmittelbaren Zusammenhang mit dem verstockten Herzen des Pharao. Nur Ex 7,22 berichtet allerdings von Zauberei und Verstockung in einem annähernd kausalen Verhältnis: Auch die ägyptischen Zauberer konnten Wasser in Blut verwandeln - und das Herz des Pharao blieb verstockt. Auch an anderen Stellen wird vom Erfolg (Ex 8,3) bzw. Mißerfolg (Ex 8,14) der Zauberer berichtet, die Plagen nachzuahmen. Nur in Ex 7,22 aber ist im unmittelbaren Anschluß daran von der Verstockung des Herzens Pharaos die Rede. Als es den Zauberern aber mißlingt, Mücken hervorzubringen, anerkennen sie die Mückenplage als einen "Finger Gottes" (Ex 8,15).[478]
Sap scheint dieses Prinzip der Ungläubigkeit der Ägypter aufgrund der Fähigkeiten eigener Zauberer auf alle Plagen zu übertragen. Sie erblickt darin den Grund der Verstockung. Das verstockte Herz Pharaos erwähnt Sap an keiner Stelle, auch hier betrifft die Ungläubigkeit alle Ägypter. Sap kann so vermeiden, daß über Ex 7,3 ("Ich [i.e. Gott] will das Herz des Pharao verhärten...") Gott für die Verstockung verantwortlich gemacht wird. In den Künsten der ägyptischen Zauberer findet sie einen "vernünftigeren" Grund. Gleichzeitig erscheinen die Plagen dadurch als Vergeltung für *konkrete Vergehen*.

5.3.3.4. Der religionspolemische Hintergrund von V13a

Diese konkreten Vergehen sind mit aller Wahrscheinlichkeit auch hier wieder in den ägyptischen Mysterienreligionen zu suchen. Das Wort φαρμακεία verweist auf dieses Umfeld. Schon in 12,4 hatte Sap die φαρμακεία im Zusammenhang mit den τελεταί = Mysterien genannt; 17,7 erwähnte die Zauberer und ihre "magischen Techniken" im Rahmen der Finsternis(plage), also der Dunkelheit, der sie sich bei der Einweihung neuer Mysten bedie-

---

[478] Vgl. U.OFFERHAUS, S.162, Anm.205.

nen. Auch hier ist eine Aussage im Hinblick auf die Mysterien zu vermuten. Sap projiziert dann die vorfindliche Mysterienpraxis zurück auf die Nacht der Erstgeburtstötung.[479]
Auch im Rahmen der Gegenüberstellung macht dieses Verständnis Sinn: Dem Passa - als schon den Vätern eigenes Mysterium beschrieben - stehen die Mysterien der Ägypter gegenüber. Das Verharren in ihnen, die "Ungläubigkeit" (V13a) bringt den Ägyptern das Verderben in Form der Erstgeburtstötung. Sie ist der Grund, der die Ägypter zum Bekenntnis Israels als Gottes Sohn bringt.

5.3.3.5. Das Bekenntnis der Ägypter als Zielpunkt der Erstgeburtstötung

Das Bekenntnis der Ägypter, Israel sei Gottes Sohn findet sich in Ex 12, 29ff nicht. Dort wird nur berichtet, daß der Pharao und das Volk die Israeliten drängten, schnell aus dem Land zu ziehen, da sie fürchteten, sonst alle sterben zu müssen.
Sap sieht nach der Tötung der Erstgeburt das erfüllt, was Ex 4,22-23 angekündigt hatte. Gott befahl dem Mose: "Du aber wirst zum Pharao sagen: So spricht der Herr: Mein erstgeborener Sohn ist Israel! Ich aber sage dir: Schicke mein Volk heraus, damit es mir dient. Wenn du es aber nicht herausschicken willst, siehe, dann werde ich deinen erstgeborenen Sohn töten."
Dadurch, daß es wirklich bis zur Tötung der Erstgeburt kam, ist manifestiert, daß Israel Gottes (erstgeborener) Sohn ist. Für Sap besteht nun der Sinneswandel der Ägypter nicht darin, daß sie die Israeliten ziehen lassen. Der Auszug oder seine Gewährung wird weder im positiven noch im negativen Teil der Gegenüberstellung erwähnt! Folge der Erstgeburtstötung ist vielmehr das Bekenntnis der Ägypter, daß Israel Gottes Sohn ist. Sap *interpretiert* hier die Zielrichtung der Erstgeburtstötung in Ex 12 um. Sie ist nicht mehr das Ereignis, das den Auszug erzwingt, sondern das, das die Ägypter zum Bekenntnis der Gottessohnschaft Israels nötigt.

Im Duktus von Ex 1-15 folgt der Auszug von "Gottes Sohn" auf die Tötung der ägyptischen Erstgeburt; Ex 4,22-23 hatte den Zusammenhang zwischen Israels Gottessohnschaft und der Erstgeburtstötung hergestellt.
Für Sap scheint der Auszug bzw. die Gewährung des Auszugs an dieser Stelle nicht wichtig zu sein (vgl. aber 17,2). Der Bezugstext wird nicht im Hinblick auf vorherige Unterdrückung und anschließende Freiheit hin ausgelegt. Vielmehr steht die *Einmütigkeit* der *Passagesetzgebung* im Kontrast zur *Einmütigkeit* in der *Todesart*.
Die Tötung der Erstgeburt ist in Sap kein Strafmittel, um den Auszug zu bewirken, sie zielt nicht auf eine Verhaltensänderung, sondern vielmehr

---

[479] M.PRIOTTO, La prima Pasqua, S.107.

auf eine *Bewußtseinsänderung:* Die Ägypter bekennen, daß Israel Gottes Sohn ist.

Sap konfrontiert die LeserInnen hier mit einer Interpretation im Hinblick auf die Zeitumstände. Verfaßt in Ägypten und adressiert an eine jüdische LeserInnenschaft in Ägypten hätte die Hervorhebung des Auszugs dahingehend mißverstanden werden können, als ob Sap ihren LeserInnen ebenfalls einen Auszug nahelegen wollte. Stattdessen stärkt sie das Selbstbewußtsein des Volkes als "Gottes Sohn" - gerade in Ägypten. Sie stellt die statische Gottesbeziehung Israels in den Vordergrund gegenüber einer geschichtlich- dynamischen: Mit dem Auszug hatte die Geschichte Gottes mit seinem Volk ihren Anfang genommen. Auf ihn folgten Gesetzgebung und der Bundesschluß mit dem Volk. Diese geschichtlichen Entwicklungen des Verhältnisses "Gott - Gottesvolk" zeichnet Sap nicht nach. Sie nimmt ein Verhältnis des Volkes zu Gott, eben die Gottessohnschaft, nicht als Ausgangspunkt sondern als Endpunkt einer Entwicklung: Israel *ist* Gottes Sohn, bekannt von dem Volk, in dessen Umgebung die AdressatInnen leben. Es geht Sap an dieser Stelle nicht um die Rettung *aus* dem Volk der Unterdrücker, sondern um das Selbstverständnis Israel *gegenüber* diesem Volk.

Wenn Sap an die Stelle des Auszugs aus Ägypten das Bekenntnis der Ägypter setzt, Israel sei Gottes Sohn, dann ersetzt sie ein heilsgeschichtliches Ereignis durch eine theologische Aussage. Die Heilsgeschichte Gottes mit seinem Volk wird dabei als bekannt vorausgesetzt: Im Exodus hat es sich bestätigt, daß Israel Gottes Sohn ist.
Es zeigt sich einmal mehr, daß nicht die Heilsgeschichte als "Gegenstand" den AdressatInnen nahegebracht werden soll. Die *Heilsgeschichte* - vom Gottesvolk immer wieder durch Auflehnung durchbrochen - steht immer vorausgesetzt im Hintergrund, sonst würden die Anspielungen nicht verstanden. Israels Verfehlung wird dabei von Sap konsequent verschwiegen, man kann sagen: aus den Bezugstexten herausinterpretiert. Die Texte kommen nicht als Abschnitte aus der *Geschichte* in den Blick, sondern als Beispiele der Rettung: in Sap 10 als rettendes Handeln der σοφία, in 11-19 als Rettungstaten Gottes.
Zielpunkt der Plagen, der Züchtigungen an Ägypten ist das Bekenntnis der Ägypter - das "erzieherische Programm" Saps ist damit deutlich anders als im Buch Ex. Die Ägypter werden nicht dazu bewegt, den Auszug zuzulassen, sondern dazu, das Volk als Gottes Sohn zu bekennen. Die Plagenreihe ist der Anlaß, nach anhaltender Ungläubigkeit (πάντα ἀπιστοῦντες, V13a) Israel als Sohn Gottes zu *bekennen* . Plage und Wohltat werden zum Beweis für Gottes Größe, Sap präsentiert sie nicht als vergangene geschichtliche Tatsachen, sondern mit dem Ziel, Einsicht zu vermitteln und Gott in seiner Größe anzuerkennen. Auch wenn hier die aus der ersten bis vierten Gegenüberstellung bekannten Vokabeln fehlen, die pädagogische Absicht Saps ist deutlich erkennbar: Erziehung zum *Bekenntnis.*

5.3.3.6. Kurze Zusammenfassung der Beobachtungen zu V6-13

Sap betreibt in 18,6-13 die Gegenüberstellung von Wohltat und Plage nicht mit Hilfe der auf die bloßen Fakten reduzierten Ereignisse. Passanacht und die Bedeutung der Passagesetzgebung einerseits und die Umstände der Erstgeburtstötung andererseits treten deutlich hervor. Der Gegensatz von heiliger, gerechter und gottloser, ungerechter Welt wird deutlich an der *Einmütigkeit* auf beiden Seiten. Für die Gerechten bringt sie Einigkeit und gemeinschaftlich geteiltes Leben, die Gottlosen werden von ein und demselben Schicksal bestraft.

Saps Betrachtungsweise der unterschiedlichen Bedeutung "dieser Nacht" gerät dabei in die Gefahr Passanacht und Erstgeburtstötung nicht mehr als notwendigerweise zusammengehöriges Geschehen zu betrachten. Tendenziell ist diese Sicht in Ex selbst angelegt: Israel ist von der Erstgeburtstötung nicht betroffen, weil es das Passa feiert. Der Ritus schützt seine Kinder vor dem Tod.

Das Passa erscheint bei Sap allerdings nicht auf die Erinnerung an Gottes Tat angelegt, das "Wenn dich dein Sohn fragt: Was hat das zu bedeuten..." wird von Sap nicht aufgenommen. Der geschichtlich-erinnernde Aspekt des Passa tritt zurück hinter den der Scheidung zwischen Gerechten und Gottlosen (vgl. V7). Bisher waren diese beiden Sphären, Gerechte und Gottlose in Wohltat und Plage bei den Gegenüberstellungen lediglich kontrastiert, für die Passanacht ist von ihrer Scheidung die Rede.[480]

5.3.4. V14-25: Die unterschiedliche Todeserfahrung bei Ägyptern und Israeliten

In V5-13 hatte Sap die unterschiedliche Bedeutung der einen Nacht für Israeliten und Ägypter einander gegenübergestellt. In der Abfolge der sieben Gegenüberstellungen greift Sap auf die Nacht der Erstgeburtstötung - für Israel die Passanacht - zurück, um Wohltat und Plage zu kontrastieren. Zentral ist dabei das Stichwort Einmütigkeit: Für Israel Einmütigkeit in der Gesetzesverabschiedung, für Ägypten Einmütigkeit in der Todesart.

Ausgehend von der Einmütigkeit in der Todesart schließt sich in V14-25 eine weitere Kontrastierung an. Zunächst geht Sap in V14-19 näher auf die Umstände ein, unter denen es zur Erstgeburtstötung kam. In einem zweiten Block V20-25 beschreibt Sap, wie auch die Gerechten vom Tod

---

[480] An dieser Stelle ist man leicht versucht, die Begriffe "eschatologisch" bzw. "apokalyptisch" einzuführen. Sie setzen allerdings eine genaue Kenntnis des Geschichtsdenkens Saps voraus, und gerade an diesem Punkt verschleiert Sap immer wieder, welche zeitliche Ebene sie gerade berührt. Hier bleibt zunächst also festzuhalten: Sap legt die Passanacht und ihre wechselseitige Bedeutung für LeserInnen ihrer Gegenwart aus; durch das Passa geschah Scheidung von Gottlosen und Gerechten; durch das Passa als vor langer Zeit ererbtes Mysterium, das immer wiederkehrend gefeiert wird, geschieht diese Scheidung immer noch.

berührt wurden und ihre Rettung vor dem völligen Verderben gelang. Eine "eigentliche Gegenüberstellung" in Form eines thematisch zusammenfassenden, kontrastierenden Verses findet sich auch hier nicht. In zwei Textblöcken kontrastiert Sap die unterschiedliche Todeserfahrung.

In beiden Abschnitten ist der Tod personifiziert. Schon auf den ersten Blick ist in V15 der Logos als "furchtloser Krieger" zu erkennen, der den Ägyptern den Tod bringt. Subtiler ist die personifizierende Kennzeichnung des Todes, der die Israeliten trifft. Erst in V25 wird er "der Verderber" genannt, vorher wird er als "Zorn" (θυμός in V21d; χόλος in V22a; ὀργή in V20c.23b. 25b) bezeichnet, der besiegt und zurückgeschlagen wird bzw. als unterworfener "Züchtiger" (ὁ κολάζων, V22c).[481]

Die gehäuft vorkommenden Wörter aus dem Wortfeld "Tod" kennzeichnen für beide Textblöcke die Thematik.[482] Auffällig ist das mehrfache Vorkommen von "Zorn" im Zusammenhang der Beschreibung von Israels Todeserfahrung. Bisher hatte Sap von Zorn nur gegenüber den Ägyptern gesprochen. Nur einmal zu Beginn der dritten Gegenüberstellung war vom Zorn der Tiere gegenüber den Israeliten die Rede.

5.3.5. V14-19: Die Todeserfahrung der Ägypter bei der Tötung der Erstgeburt

5.3.5.1. V14-16: Die Tötung der Erstgeburt durch den personifizierten Logos

In V14-19 verweist Sap auf den Zeitpunkt, zu der die Erstgeburtstötung stattfand. Ex 11,4; 12,29 geben dafür die Mitte der Nacht an:

14"Als aber geräuschlose Stille das Weltall umfing
und die Nacht in der in ihr eigenen Geschwindigkeit die Mitte erreicht hatte..."

Mit νύξ in V14b nimmt Sap das Stichwort für die besondere "Nacht" (V6a) auf, die den Vätern vorher bekannt gemacht wurde. Es ist dieselbe Nacht, in der die Israeliten Lobgesänge anstimmen und in der Ägyptens Erstgeburt getötet wird.
Für die "geräuschlose Stille" gibt es in Ex 11f keinen Anhaltspunkt. Möglicherweise bringt Sap hier die Nacht der Erstgeburtstötung mit der Nacht

---

[481] Hier wird κολάζειν einmal gegen die Israeliten ausgesagt. Sonst sind κολάζειν und κόλασις Termini, die die Züchtigung der Ägypter bezeichnen.
[482] θάνατος (z.B. V12a.16b.20a) durchzieht als Stichwort den gesamten Abschnitt V5-25. In LXX bezeichnet θάνατος auch die Pest (1.Chr 21,12; 2.Reg 24,13.15). Auch die Pestplage am Vieh der Ägypter Ex 9,1-7 heißt θάνατος.

der Finsternisplage in Verbindung (s. dazu V17-19); anders als in Kap 17, wo die Ägypter während der Finsternis von erschreckenden Geräuschen geängstigt werden, würde hier der Gedanke einer "geräuschlos stillen Nacht" im Hintergrund stehen.[483]

Während sich Sap in Bezug auf den Zeitpunkt der Erstgeburtstötung an die Exodusvorlage hält, vermischen sich bei der Schilderung der Todesumstände verschiedene Vorstellungen:

15"...sprang dein allmächtiges Wort vom Himmel aus dem königlichen Thron,
ein grimmiger Krieger, in die Mitte der dem Verderben geweihten Erde,
16als scharfes Schwert deinen ungeheuchelten Befehl tragend, und sich hinstellend erfüllte es das Weltall mit Tod,
und obwohl es den Himmel berührte, schritt es doch auf der Erde."

In Ex 12 selbst bleibt es unklar, ob Gott selbst oder der Verderber die ägyptische Erstgeburt tötete. Nach Ex 12,12 will Gott selbst in jener Nacht durch das Land Ägypten schreiten und die Erstgeburt schlagen. Ebenso Ex 12,23a, in einem Abschnitt in dem Mose den Israeliten Anweisungen für das Passa gibt. Der Fortgang dieses Verses ist dann aber uneindeutig: Wenn der Herr das Blut an den Türpfosten sieht, "...dann wird der Herr an der Tür vorübergehen und den Verderber (ὀλεθρεύων) nicht in eure Häuser kommen lassen, um zu schlagen."
Sap löst diese Uneindeutigkeiten auf. Für sie war es Gottes allmächtiges Wort (λόγος), das vom Himmel sprang.[484] Sie *personifiziert* den λόγος als grimmigen Krieger.[485] D.GEORGI hat auf die Bedeutung dieser Stelle zum metaphorischen Verständnis des Redens Gottes hingewiesen.[486] Sie stellt eine Station dar auf dem Weg hin zur Logosspekulation PHILOs.

Bei diesem bildlichen Verständnis des Wortes Gottes handelt es sich um eine Interpretation, die Sap in den Text Ex 12 einträgt. Dort besteht lediglich die Unklarheit, ob Gott oder der Verderber die Ägypter tötet. Daß Sap dies durch den Logos geschehen sein läßt, hat keine Anhaltspunkte im Bezugstext selbst, es sei denn Sap hätte die Anordnungen und Anweisungen zusammengefaßt als λόγος verstanden. In einem weiteren Schritt per-

---

[483] Vgl. dazu MELITON von Sardes, ΠΕΡΙ ΠΑΣΧΑ, 25.26, wo auch er von einem "Schweigen" bzw. vom "Schweigen des Todes" spricht; in 26 sterben die ägyptischen Erstgeborenen σιγων = schweigend.
[484] Vgl. Jes 11,4: "...er wird die Erde mit dem Wort seines Mundes schlagen...".
[485] In Sap 16,12 ist der λόγος das heilende Wort Gottes.
[486] D.GEORGI, Weisheit Salomos, S.466, Anm. V14a; ebenso A.SCHMITT, Das Buch der Weisheit, S.135. Man beachte auch die Parallelität des Logos in 18,15 mit der σοφία in Kap 6-9: Beide sind allmächtig und beide sind ThronbeisassInnen Gottes.

sonifiziert Sap den λόγος und kennzeichnet ihn gleichzeitig mit den Eigenschaften des Würgeengels wie sie sich in 1. Chr 21,15-16 finden.[487]

Die inneralttestamentliche Tradition redet fast einlinig davon, daß Gott selbst die Erstgeburt der Ägypter schlug (Ex 11,4; 12,12.23.27.29; Num 33,4; ψ 104,36; 135,10). Nur in Ex 12,23 tritt der Würgeengel in Konkurrenz zu Gott und die Darstellung ist uneinheitlich. Für Sap dient dieser Vers mit seiner Uneinheitlichkeit als Aufhänger dafür, dem personifizierten λόγος die Tötung der Erstgeburt zuzuschreiben.

Der Verderber wird in Ex 12,23 ὀλεθρεύων genannt. Der Stamm ὀλεθρ... findet sich auch in V15b: Der Logos sprang εἰς μέσον τῆς ὀλεθρίας γῆς, in die Mitte der dem Verderben geweihten Erde.[488]
Der Pestengel aus 1. Chr 21,15-16 dient in V15-16 als Identifikationsfigur des personifizierten Logos. Nach Davids Volkszählung schickt Gott einen Pestengel aus, um in Jerusalem zu würgen. 1. Chr 21,16 nennt ihn ἄγγελος τοῦ ἐξολεθρεῦσαι Ιερουσαλημ, auch hier begegnet also der Stamm ὀλεθρ... Über diesen Wortstamm verbindet Sap Ex 12 und 1. Chr 21.
David sah nach 1. Chr 21,16 den Engel zwischen Erde und Himmel stehen, das gezückte Schwert gegen Jerusalem gerichtet. V15b.16 nehmen dieses Bild auf und übertragen es auf den personifizierten Logos-Verderber. So wird er zum unerbittlichen Krieger, der den Himmel berührt, obwohl er auf der Erde geht. Er trägt als Schwert "Gottes ungeheuchelten Befehl", mit dem er den Tod bringt.[489]

5.3.5.2. V17-19: Die Schrecken der Nacht als Vorzeichen für die jeweilige Todesart

In V17-19 erwähnt Sap, daß der Tod die Ägypter nicht unvorbereitet traf. In Träumen wurde ihnen vorab gezeigt, warum sie auf solch schlimme Weise zu leiden hätten. Der Inhalt und Stil von V17-19 erinnern stark an die psychologisierende Interpretation der Finsternisplage in 17,1 - 18,4. Dies ist ein weiteres Zeichen dafür, daß Sap an einer strengen Trennung der beiden verschiedenen Nächte - Nacht der Finsternisplage auf der einen und Passanacht bzw. Nacht der Erstgeburtstötung auf der anderen Seite - nicht interessiert ist:

---

[487] Von Sap 18,16 kann m.E. eine Linie zu Hebr 4,12 führen, wo das Wort Gottes als "schärfer als ein zweischneidiges Schwert" bezeichnet wird.

[488] In Anlehnung an 3. Reg 21,42, das das אִישׁ־חֶרְמִי aus 1. Kön 20,42 mit ἀνὴρ ὀλέθριος übersetzt, scheint mir die Wiedergabe von ὀλέθριος (im eigentlichen Sinn "verderblich; unglücklich") mit "dem Verderben geweiht" an erträglichsten.

[489] Die Parallelität zu 1. Chr 21 betrifft nur die Figur des Kriegers; für die exegetischen Schlußfolgerungen ist das nicht sehr wichtig - so M.PRIOTTO, La prima Pasqua; S.139. PRIOTTOs Urteil trifft insofern zu, daß 1. Chr 21 ja keine Exodusthematik verhandelt, die Verknüpfung mit der Nacht der Erstgeburtstötung über die Wurzel ὀλεθρ... assoziativ geschieht; die Übernahme eines theologischen Konzeptes ist damit nicht verbunden.

¹⁷"Dann erschreckten sie plötzlich die Bilder furchtbarer Träume,
unerwartete Schrecken stellten sich ein,
¹⁸und der eine wurde da, der andere dort halbtot hingeworfen,
durch das, wodurch er starb, legte er die Ursache an den Tag.
¹⁹Denn die Träume, die sie beunruhigt hatten, teilten es im
voraus mit,
damit sie nicht unwissend darüber umkämen, warum sie so übel
zu leiden hätten."

Die hier beschriebenen psychischen Gegebenheiten waren dieselben wie die während der Finsternisplage. ἐκταράσσειν (V17) begegnet auch in 17,3.4, die Thematik Schrecken/Erschrecken durchzieht den gesamten Abschnitt 17,2-19. Sap geht davon aus, daß die Träume, die die Ägypter während der Finsternisplage erschreckten, ihnen ihre Todeserfahrung der Erstgeburtstötung vorausdeuteten. Die beiden Nächte werden inhaltlich eng zueinander gerückt, für die LeserInnen werden sie fast identisch. Die Zeitfolge wird verwischt. Es geht Sap auch nicht so sehr um die Abfolge als um das *Beispielhafte*. Furcht, Schrecken und Angstträume waren typische Reaktionen der Gottlosen in der Nacht. Die Erstgeburtstötung wird ein Beispiel für die Todeserfahrung der Ägypter, die ihnen vorher durch Träume bekanntgemacht wurde.

Die Nacht - hier ist es nun egal ob die der Finsternisplage oder die Passanacht - hatte eine Vorbedeutung für die Gottlosen. Nach V18 zeigte jeder durch die Umstände seines Todes, weshalb er starb. Sap wendet den Grundsatz "Wodurch man sündigt, dadurch wird man bestraft" an: Die Todesart war bezeichnend für die begangenen Sünden. Die schrecklichen Träume kündigten den Ägyptern ihre Todesart vorher an, damit sie wenigstens wußten, warum sie den jeweiligen Tod starben.[490]

Sap rechnet hier mit unterschiedlichen Todesarten der Individuen. Die Plage ist nicht in dem Sinn kollektiv zu verstehen, daß alle denselben Tod starben. Hier zeigt sich ein Widerspruch zu V11-12, es sei denn, man geht davon aus, daß alle todgeweihten Ägypter denselben Traum hatten.
   Unterschiedliche Todesarten anzunehmen, ist die Konsequenz aus der Vorbedeutung der Träume. Möglicherweise ist die Offenbarung der Todesart durch Träume (V19b) und die Offenbarung der begangenen Sünde durch die Todesart (V18b) auf den Tötungsbeschluß Pharaos zu beziehen.

---

[490] Die Vorausbedeutung von Träumen ist aus der weisheitlichen und besonders profetischen Literatur bekannt. Sicher war das auch ein Thema antiker Philosophie und Psychologie (vgl. auch 5.2.1.3.).

5.3.6. V20-25: Die Todeserfahrung der Israeliten in der Wüste

Auch die Israeliten berührte eine Erfahrung des Todes - so der Anfang von V20a. Doch auch bei dieser Todeserfahrung währt Gottes Zorn, ganz wie bei der Bestrafung durch Schlangen (16,5), nicht bis zum Ende (V20c). Schon der Anfang dieses Textblocks läßt also eine ähnliche Thematik wie bei der Errettung vor dem Tod durch Schlangenbisse erwarten: Die Errettung vor dem Tod.
Wenn <u>auch</u> die Gerechten eine Todeserfahrung (πεῖρα θανάτου) berührte, dann liegt die grundsätzlich ähnliche Situation zu der der Ägypter in V14-19 für Sap darin, daß auch Israeliten starben.[491] θάνατος ist auch in diesem Abschnitt das Stichwort, unter dem das Geschick der Israeliten betrachtet wird. Die Textauslegung wird einem thematischen Stichwort untergeordnet. Todesart und die Errettung vom Tod sind der Blickwinkel, unter dem Sap den Bezugstext aufnimmt.

5.3.6.1. V20-22: Die Tötung der Israeliten durch den personifizierten Zorn

Todbringend für die Gerechten ist nicht der personifizierte Logos wie in V14-19, sondern der *personifizierte Zorn*. Er ist es, der von Aaron besiegt wurde; er wird mit dem Tod gleichgesetzt. In V20 war es die πεῖρα θανάτου, mit der es die Gerechten zu tun bekamen, in V25 ist die von Sap bearbeitete Wüstenepisode eine πεῖρα τῆς ὀγῆς, d.h. Probe und Erfahrung des Zorns. Tod und Zorn sind aufeinander bezogen, schon V20c leitet diese Beziehung ein, denn bei der Todeserfahrung "währte der Zorn nicht für lange". Was für V14-19 der todbringende λόγος war ist in diesem Abschnitt der Zorn (ὀργή in V20c.23b.25b; θυμός in V21d; χόλος in V22a).

20"Es berührte aber auch die Gerechten eine Erfahrung des Todes
und es geschah eine Vernichtung für eine Menge in der Wüste.
Aber der Zorn währte nicht für lange,
21denn es eilte ein untadeliger Mann herbei und kämpfte allen voran,
die Waffe seines ihm eigenen Dienstes,
Gebet und Sühne durch Räuchern, brachte er.
Er stellte sich dem Zorn entgegen und bereitete dem Unglück ein Ende,
zeigend, daß er dein Diener sei.
22Er besiegte den Zorn nicht mit der Kraft des Körpers,
noch mit Waffengewalt,

---

[491] Sap wählt Num 17,6-15 als Bezugstext, weil dort eine πεῖρα θανάτου beschrieben wird, die die Israeliten trifft, was sich gut mit der Tötung der Erstgeburt verbinden läßt (M.PRIOTTO, La prima Pasqua, S.179).

sondern durch das Wort unterwarf er den Züchtiger,
erinnernd an die Eide und Bündnisse der Väter."

In V20-25 bezieht sich Sap auf Num 17,6-15 LXX. V20b spricht von einer Vernichtung in der Wüste (θραῦσις ἐν ἐρήμῳ). θραῦσις begegnet 4x in Num 17, Sap nimmt dieses charakteristische Wort aus dem Bezugstext auf. Sie schickt voraus, daß der Zorn der Vernichtung nicht lange währte und nimmt damit den Ausgang der Geschichte vorweg: Die Israeliten wurden nicht vom Tod vernichtet. War es in Kap 16 ein "Symbol der Rettung", das die Israeliten vor dem Tod rettete, so ist es hier ein unbescholtener Mann, der als Vorkämpfer auftritt und den Zorn besiegt.

Sap spielt damit auf Aaron an. Sein Name wird nicht erwähnt. Nach Num 17,11 LXX wurde Aaron von Mose beauftragt, durch Räuchern Sühne für das Volk zu erwirken. Es hatte sich nach der Vernichtung der Rotte Korach gegen Mose und Aaron empört mit dem Vorwurf, sie hätten das Volk Gottes getötet (Num 17,6). Gott hatte darauf Mose und Aaron geboten, sich aus der Gemeinde zu entfernen, weil er sie vernichten wolle (Num 17,10). Mose verleiht seinem Auftrag an Aaron Nachdruck, indem er darauf hinweist, der Zorn (ὀργή) sei schon von Gottes Angesicht ausgegangen und er habe begonnen, das Volk zu vernichten (θραύειν) (Num 17,11). Aaron tut, wie Mose ihm geheißen hat, die Vernichtung (θραῦσις) unter den Israeliten hat schon begonnen. Er legt das Räucherwerk auf und erwirkt Sühne für das Volk (Num 17,12). Er stellte sich zwischen die Toten (τεθνηκότες) und die Lebenden und hält so die Vernichtung auf (Num 17,13). Num 17 nennt noch die Anzahl der Toten, Aaron kehrt dann an die Tür des heiligen Zeltes zurück (V14-15).

Man kann gut erkennen, wie Sap Stichworte (θραῦσις; ὀργή) und das Thema "Tod" aus Num 17 aufnimmt. Mit ihrer Hilfe faßt Sap in V20-22 den Abschnitt Num 17,6-15 zusammen. Die Beauftragung Aarons durch Mose läßt Sap weg. Ebenso die Umstände *wie* es zur Rettungsaktion Aarons kam. D.h. die Auflehnung des Volkes wird von Sap ein weiteres Mal verschwiegen.

Sap legt ihren Blick ganz auf das Wirken Aarons. Sie bezeichnet ihn als "untadeligen Mann", der herbeieilte und als "Vorkämpfer" auftrat. In Num 17 ist Aarons Handeln ganz unkriegerisch beschrieben: Er handelt nach Moses Anweisung, läuft mitten unter die Gemeinde, in der die Vernichtung schon begonnen hat, räuchert und erwirkt Sühne für das Volk; indem er zwischen Tote und Lebende trat, wurde der Vernichtung Einhalt geboten. V21f sind sehr viel ausführlicher, Aarons Handeln wird "dramatisiert": Er kämpft gegen einen personifizierten Zorn und besiegt ihn.

Aaron tritt als Krieger auf, er ist Vorkämpfer[492] - und er steht damit im Kontrast zu dem personifizierten Logos in V15-16, der als riesengroßer Krieger zwischen Erde und Himmel steht und Gottes Befehl als Schwert trägt. Aaron dagegen kämpft nicht mit Waffen- oder Körpergewalt. Seine Waffen sind die des ihm eigenen Dienstes (V21b.c); der Logos trägt Gottes Befehl als scharfes Schwert.
Fast ist man versucht im angesprochenen Zusammenhang an die Räucherpfanne als Waffe Aarons zu denken. Doch Sap selbst nennt das Gebet und die Sühne durch Räuchern als seine Waffen. In der Formulierung "Sühne durch Räuchern" (θυμιάματος ἐξιλασμόν) zeigt Sap wieder eine sprachliche Abhängigkeit von Num 17, dort steht in V11.12 das Verb ἐξιλάσκομαι.

Bis hinein in die Wortwahl zeigt sich die Abhängigkeit von Num 17,6-15. Die Vorbedingungen von Num 17 führt Sap nicht an. Damit tilgt sie ein weiteres Mal das Murren und das Vergehen des Volkes und *interpretiert* eine Geschichte, die ursprünglich Auflehnung und Bestrafung beschreibt, *um* zu einer *Rettungsgeschichte*.
Mit der oben dargestellten sprachlichen und thematischen Abhängigkeit ist also nicht eine Behandlung der Geschichte in ihrem ganzen Konzept verbunden. Die *Aufnahme von Stichwörtern* dient vielmehr der Absicht Saps, der Todeserfahrung der Ägypter die Errettung vor dem Tod auf Seiten der Israeliten gegenüberzustellen. Sap verwendet aus Num 17 nur die Themen und Stichwörter, die ihr zum Thema "Tod - Errettung vor dem Tod" passen und stellt diesen Antagonismus mit Hilfe der Person Aarons breit dar.[493] Die Textaufnahme ist einer von außen an den Text herangetragenen Sichtweise untergeordnet.

5.3.6.2. Aaron als "priesterlicher Kämpfer" und "Knecht"
Sap sieht den vorkämpfenden Aaron in seiner priesterlichen Funktion: Er erwirkt Sühne für das Volk und kann so den Tod abwenden. Möglicherweise stellt Sap in Bezug auf das Erwirken von Sühne (Num 17,11) eine Verbindung mit Lev 16 her. Dort wird das Versöhnungs- und Entsühnungshandeln Aarons durch verschiedene Opfer für die Gemeinde am Versöhnungstag beschrieben. In der Einleitung dazu wird ausdrücklich auf das heilige Gewand verwiesen, das Aaron für diese Handlungen anlegen soll.
Auch in V23-24 geht Sap davon aus, daß Aaron auch beim Erwirken der Sühne in Num 17 dieses Gewand trug (zu Aarons Gewand s. V22-25). Die Waffen, die Aaron für seinen Dienst gebraucht, sind Gebet und Sühne durch Räuchern (V21c). Das Gebet geht über Aarons priesterliche Aufgabe hin-

---
[492] προμαχεῖν ist im militärischen Gebrauch der Ausdruck für das Kämpfen in vorderster Reihe.
[493] A.SCHMITT, Das Buch der Weisheit, S.135:"Dafür nimmt der Blick auf die entfesselte Todesmacht und ihren Gegenspieler Aaron breiten Raum ein."

aus. Es ist eigentlich eine profetische Aufgabe, im Pentateuch gehört sie zu Mose: Er leistet immer wieder Fürbitte für das Volk.
Das Neue an Saps Interpretation besteht in Aarons *Gebet* während seines Einschreitens. Und wenn Sap Aarons Handeln als "Einschreiten" bezeichnet, behandelt sie damit Sühne und Gebet als einen Akt. Diese Interpretation zeigt, daß Sap stark in der jüdischen Tradition verwurzelt ist, denn im nachexilischen Judentum wird die Sühne als Einschreiten gewertet (Ψ 140,2; Tob 6,17-18; 8,2-5; Jud 9,1).[494]

Indem Aaron sich dem Zorn entgegenstellte, zeigte er sich als Diener (θεράπων) Gottes (V21d.e). Aaron wird wie Mose in 10,16 θεράπων genannt, eine Bezeichnung - neben παῖς - mit der LXX עבד wiedergibt. θεράπων ist Mose in Ex 1-15 in der Regel im Gegensatz zu den Dienern Pharaos. Im AT wird θεράπων aber nirgends für Aaron verwendet. Ob Sap durch diese Bezeichnung Aaron mit Mose gleichstellen will, sie also theologisch motiviert ist, kann aufgrund dieses Verses allein nicht entschieden werden. An anderer Stelle außerhalb dieses Textabschnittes ist Aaron in Sap nicht erwähnt.
θεράπων, in 10,16 als Titel für Mose verwendet, hat Moses Funktion als "Knecht Gottes" im Blick. θεράπων faßt alle Funktionen und Eigenschaften Moses während des Auszugs zusammen. θεράπων in 18,21 dagegen meint eher das Diener-Sein Aarons aus dem Blickwinkel seines priesterlichen Dienstes.
V21e widerspricht bei diesem Verständnis von θεράπων Num 17,6-15 und nimmt eine Korrektur vor: Aaron handelte beauftragt durch Mose, ohne göttlichen Befehl oder Auftrag und ohne vorheriges Gespräch Moses mit Gott. Das könnte man mißverstehen, als sei Aaron "Diener" Moses. Sap betont demgegenüber, daß sich Aaron bei seiner Handlung wirklich als Diener Gottes erwies und beugt so dem Mißverständnis vor.
Sap überträgt somit auf Aaron eine wichtige alttestamentliche Tradition.[495] Von Mose nimmt Sap hier keine Notiz. Aarons Funktion als θεράπων sieht Sap in seinem priesterlichen Dienst.

5.3.6.3. *Aarons Gegner: der personifizierte Zorn*
In V20-25 erscheint der Tod personifiziert als Zorn. In der einleitenden Dreierreihe V20a-c erreicht Sap eine Synonymisierung: θάνατος - θραῦσις - ὀργή. Der Tod kommt durch den Zorn und der Zorn *ist* der Tod. Er ist Aarons Gegner als Person: Er widersteht ihm (V21); er besiegt ihn (V22.23). Der Zorn ist nicht ein Affekt Gottes, sondern Person. Ebenso wie der Logos ein

---
[494] Zu diesem Abschnitt s. M.PRIOTTO, La prima Pasqua, S.195-202. Für PRIOTTO verweist das Gebet auf einen mehr spirituell verstandenen Kult, wie er in Alexandria erforderlich war (S.198).
[495] S. M.PRIOTTO, La prima Pasqua, S.187.

personhaftes Gegenüber der Ägypter bei der Tötung der Erstgeburt war, so ist der Zorn Gegner Aarons.
In dieser "angehängten" Gegenüberstellung zur unterschiedlichen Todeserfahrung begegnet also sowohl im positiven wie im negativen Teil eine "Person", die den Tod bringt: Für die Ägypter war das personifizierte göttliche Wort der Todesbringer (V14-19); für die Israeliten erscheint der Tod selbst als Person, er ist - durch die Synonymisierung - identisch mit dem "Zorn" (bzw. dem "Verderber" in V25a). An keiner Stelle in V20-25 wird allerdings gesagt, daß es der *göttliche* Zorn war, der die Israeliten traf. Der Zorn kommt nicht wie der λόγος in V14-19 von Gott, er erscheint vielmehr als eigenmächtige Person im Gegenüber zu Aaron.

Aaron kann diesen Tod/Zorn besiegen, wodurch die Geschichte zur Rettungsgeschichte wird. Er besiegte ihn mit dem λόγος (V22c). Sap stellt damit den λόγος, der den Gottlosen das Verderben bringt, gegen den λόγος, der die Gerechten aus dem Verderben rettet. Die Besiegung des Verderbers durch den λόγος muß dabei nicht im Widerspruch mit V21 stehen, wo Aaron den Zorn durch Räuchern überwindet. Beides ist jedoch auch nicht harmonisierend aufeinander zu beziehen. Es sind zwei verschiedene Aspekte desselben Vorgangs, die sich im von Sap selbst vorgegebenen Rahmen bewegen: Der Sieg geschieht ohne Waffen- und Körpergewalt.

In V15.16 ist dem verderbenden λόγος "Gottes Befehl" zugeordnet. In V22d wird der λόγος mit den "Eiden und Bündnissen der Väter" begrifflich gefüllt: Aaron besiegt den Verderber durch den λόγος, "indem er an die Eide und Bündnisse der Väter erinnerte." λόγος meint hier das Wort Gottes, wie es in den Verheißungen an die Väter erging. Aaron erinnert an die Eide und Bündnisse der Väter und besiegt dadurch den Verderber. In Saps Augen hat Aaron Gott an seine eigenen Zusagen erinnert und dadurch den Zorn abgewendet. Gottes Zusagen stehen hinter der Rettung vor dem Tod. Schon in V6 waren die Eide Gottes das, was den Israeliten Zukunft ermöglichte.

5.3.6.4. *V23-25: Aaron besiegt den Zorn durch sein priesterliches Gewand*

Neben Räuchern und dem Erinnern an die Eide und Bündnisse der Väter beschreibt V23-25 eine dritte Art, wie Aaron den Zorn besiegte:

> 23"Er stellte sich in die Mitte der schon haufenweise übereinandergefallenen Toten
> und schlug den Zorn zurück
> und durchschnitt den Weg zu den Lebenden
> 24Denn auf seinem bis zu den Füßen reichenden Gewand war der ganze Kosmos [oder: der ganze Schmuck]
> und der Ruhm der Väter auf der vierreihigen Gravur der Steine
> und deine Majestät auf dem Diadem seines Hauptes.

²⁵Vor diesen wich der Verderber zurück, diese fürchtete er,
denn es war allein die Probe des Zorns ausreichend."

Zunächst nimmt V23 Num 17,13 auf: Es waren schon Menschen gestorben, als Aaron mit dem Räuchern begann. Für Sap steht er inmitten eines Haufens von Leichen. Die israelfreundliche Tendenz Saps ist hier für einen Moment aufgegeben in dem Zugeständnis, daß sehr viele Menschen ums Leben kamen.
Aaron trat zwischen die Lebenden und die Toten, und so wurde der Plage Einhalt geboten (Num 17,13). Ganz im Bild von dem gegen eine Person kämpfenden Aaron interpretiert Sap dies so, daß er den Zorn zurückschlägt und den Zugang zu den Lebenden abschneidet. Aarons Person und sein Handeln erwirken die Errettung der Gerechten vor dem Tod.

Wenn Aaron durch Räuchern Sühne für das Volk erwirkt, dann ist seine priesterliche Funktion im Blick. Für Sap versieht er diese in seinem priesterlichen Gewand. In V24-25 ist dieses Gewand für das Zurückweichen des Verderbers verantwortlich: Er fürchtet sich vor Aarons Ornat.

In den Anspielungen auf Aarons Priestergewand bezieht sich Sap auf die Anweisungen zu dessen Herstellung in Ex 28. Es ist zunächst einmal ein bis zu den Füßen reichendes Gewand (V24a; in Ex 28 ist die Länge nicht ausdrücklich erwähnt).
V24b hat Ex 28,17-21 als Hintergrund. 12 verschiedene Edelsteine in vier (τετράστιχος aus Ex 28,17) Dreierreihen zieren die Brusttasche für den Rechtsspruch. In jeden Stein sollte jeweils ein Name der Stämme Israels eingraviert werden (Ex 28,21). Die πατέρες in V24b meinen die 12 Patriarchen. Deren δόξαι meint die rühmende Erwähnung ihrer in die Edelsteine eingravierten Namen. Aaron trägt sie auf der Brusttasche, damit Gott ihrer gedenke, wenn Aaron in das Heiligtum geht.[496]
Von hier aus fällt auch ein Aspekt zurück auf V22d, wo Sap von den "Eiden und Bündnissen der Väter" spricht, an die Aaron bei seinem Dienst erinnert. Bringt man diese "Eide und Bündnisse" mit dem "Ruhm der Väter" in Verbindung, so ist es gut möglich, daß Sap auch sie sich auf Aarons Gewand befindend vorgestellt hat. Bedenkt man, daß LXX mit ὑπομιμνῄσκειν (V22d) häufig das hebräische זכר wiedergibt und daß Aaron hier in seiner *priesterlichen* Funktion dargestellt ist, so wird man hier an die kultische Vergegenwärtigung der Heilsgeschichte erinnert.[497] Denn was ist es anderes als Erinnerung an die Heilsgeschichte, an Gottes Zusagen an die Väter, wenn Aaron und seine Söhne bei der Verrichtung des kultischen Dienstes das Gewand mit den Patriarchennamen und das Diadem tragen? Doch auch hier ist die "Heilsgeschichte" im Hintergrund vorausgesetzt. Im Text selbst wird sie nicht thematisiert.

---

[496] D.GEORGI, Weisheit Salomos, S.467, Anm.24b, denkt bei δόξαι an die Ruhmestaten der Väter.
[497] S.a. M.PRIOTTO, La prima Pasqua, S.203f.

Nach Ex 28,36 soll Aaron ein goldenes Stirnblatt tragen mit der Gravur
'Αγίασμα κυρίου (hebräisch: יהוה קדש). Sap interpretiert das in V24c als das
Ruhen der Majestät Gottes auf dem Diadem. Aaron ist als Priester in seinem Dienst nicht Gott geheiligt, sondern Gottes Herrlichkeit liegt auf
ihm. Die Denkrichtung ist dabei, daß nicht Aaron als Priester eine für
Gott bestimmte Funktion einnimmt und ihm geweihte Handlungen vollzieht. Vielmehr ist für Sap Gott in seiner Majestät in der Aufschrift des
Diadems gegenwärtig.

V24a ist doppeldeutig. κόσμος kann sowohl "Schmuck" als auch "Welt(all)"
im Sinne eines geordneten Ganzen bedeuten.[498] Bezogen auf Aarons Gewand eröffnet sich damit zum einen der Bezug auf den Schmuck seines
Gewandes, d.h. die kunstvolle und reiche Ausstattung, wie sie Ex 28 beschrieben wird. Versteht man κόσμος dagegen als Welt oder Weltall, dann
hätte Sap die Ausstattung des Gewandes als Abbildung der Welt verstanden. κόσμος hat dann eine symbolische Bedeutung: Im Gewand Aarons tritt
dem Zorn die geordnete Welt gegenüber.
Sieht man die 12 Edelsteine als den Schmuck, den κόσμος bezeichnet, so
verbirgt sich dahinter eine Sicht Israels als "Schmuck" auf Aarons Gewand. Israel als priesterlicher Schmuck ist dem Zorn gegenübergetreten
und hat den Tod verjagt.
Die "Welt" oder "Israel" hat den Tod zum Zurückweichen gezwungen. In
dieser beabsichtigt eingesetzten Doppeldeutigkeit ist auch ein Anspruch
Saps enthalten: Israel repräsentiert die gesamte Welt.

Exkurs IV: *Die Deutung des priesterlichen Gewandes bei Jes Sir und PHILO*

An dieser Stelle lohnt ein Blick auf die Art, wie Jes Sir und PHILO
Aarons Gewand beschreiben bzw. interpretieren.
Jes Sir 45,11-12 LXX beschränkt sich im wesentlichen auf eine Beschreibung von Aarons Gewand. V11c.d betont, daß die Namen zur Erinnerung (εἰς μνημόσυνον) eingraviert sind entsprechend der Zahl der
Stämme Israels. Die Gravur auf dem Diadem versteht Jes Sir anders
als Sap als Ausdruck dafür, daß Aaron dem Herrn geheiligt ist (ἁγιάσματος; V12b).

---

[498] U.OFFERHAUS, Komposition, diskutiert auf S.166-168 diese beiden Deutungsmöglichkeiten. Er schließt auf S.168: "So ist auch hier bei ὅλος ὁ κόσμος eher an den Schmuck des
Ornats als an seine Deutung auf das Weltall zu denken und eine Verwandtschaft mit der Tradition der Gewandsymbolik auszuschließen, ja vielleicht im Gegenteil sogar zu vermuten, daß
erst diese Stelle durch die doppelte Bedeutung von κόσμος PHILO angeregt hat, aus der Beschreibung des hohenpriesterlichen Schmuckes die allegorische Deutung des Ornats auf das
Weltall zu entwickeln." M.PRIOTTO, La prima Pasqua, S.216 deutet κόσμος als "Weltall" trotz
OFFERHAUS' Diskussion. M.E. spielt Sap bewußt mit beiden Lesarten.

PHILO[499] erklärt in 66ff und besonders in 88, daß die Stoffe zur Ausstattung der Stiftshütte in Analogie zu den Elementen der Welt (κόσμος) ausgewählt wurden. Hier deutet sich also ein Verständnis des Heiligtums als Symbol für "Welt" an.
In 112 geht PHILO näher auf die 12 mit Namen gravierten Steine ein. Er deutet sie im Zusammenhang mit den Stimmsteinen des Ephods. In 114 bezieht er sich auf die vier Buchstaben der Stirnblatt-Gravur. In 117 faßt er im Hinblick auf das priesterliche Gewand Aarons zusammen: Das Ganze ist ein Abbild und eine Nachahmung des Weltalls (τοῦ κόσμου), die Teile des Gewandes aber sind jeweils ein Abbild der Teile. Hier zeigt sich ähnlich wie in Sap ein symbolisches Verständnis des Priestergewandes. Das gesamte Gewand und auch einzelne Teile werden auf "Welt" hin gedeutet.
In 124 deutet PHILO die 12 Steine auf die 12 Tierkreiszeichen, er verbindet über die Zwölfzahl die Stämme Israels mit dem Jahreszyklus.[500] Die vier Reihen zu drei Steinen weisen auf die vier Jahreszeiten hin, wobei jede Jahreszeit drei Tierkreiszeichen umfaßt.

Interessant ist die Ableitung des Namens λογεῖον von λόγος in 125:

"Deshalb werden sie [die 12 Steine] in das zurecht so genannte Logeion eingearbeitet. Denn durch ein bestimmtes und festes Gesetz [λόγος] stellen sich die Wandlungen und Jahreszeiten ein..."

Hinter dem festen Gesetz steht das Wort Gottes, das alles angeordnet und geordnet hat. PHILOs Deutung des Logeions ist angeregt durch den ähnlichen Klang zu Logos. Und in Bezug auf λόγος macht er sich die Mehrdeutigkeit dieses Wortes zunutze: Es ist zum einen das Gesetz, die Gesetzmäßigkeit, zum anderen Gottes Wort.
Auch in 127 leitet PHILO Logeion von λόγος ab. In diesem Fall steht hinter λόγος aber die Bedeutung "Gedanke". In 133 faßt er zusammen:

"Auf diese Weise geschmückt begibt sich der Hohepriester zu den heiligen Handlungen, damit, wenn er hineingehe und die ererbten Gebete und Opfer verrichte, mit ihm die ganze Welt [τὰ σύμπαντα] einziehe aufgrund der Abbilder, die er an sich trägt..."[501]

Das Priestergewand steht also stellvertretend für die Welt, in der oder für die Aaron seinen Dienst verrichtet.

---

[499] Alle Stellenangaben im folgenden beziehen sich auf PHILO, VitMos II.
[500] Auch Josephus, Ant III,186 ordnet die Steine dem Jahreszyklus zu.
[501] Ähnliche Gedanken zur Kleidung hat PHILO auch in SpecLeg I,84.88.95-97 und QuestEx 109-114; s.a. Josephus, Ant III,180b.183.184.

5.3.6.5. λόγος als Hinweis auf das priesterliche Logeion

PHILO deutet die einzelnen Teile des priesterlichen Gewandes als Symbol für Teile des Weltganzen und somit das gesamte Gewand auf das Weltganze selbst. Auch Sap 18,24a deutet Aarons Gewand auf das Weltganze, Sap führt jedoch die Deutung einzelner Teile nicht durch. Aus den Ähnlichkeiten zu PHILO läßt sich sagen, daß die Deutung des hohenpriesterlichen Gewandes auf den Kosmos nichts Ungewöhnliches war.

Aus der Interpretation des Logeions durch das Wort λόγος ergibt sich ein interessanter Aspekt für Sap 18,22. Dort heißt es, daß Aaron den Zorn durch das Wort (λόγῳ) besiegte. Wenn Sap nun mit oben genannter Deutung vertraut war, könnte man diese Stelle ebenfalls als Anspielung auf Aarons Gewand verstehen: λόγος stünde dann zur Erklärung des Logeions als Synonym für dieses, eine Parallelität zur Deutung wie sie sich bei PHILO niedergeschlagen hat vorausgesetzt. Dann wäre schon ab V22 eine Deutung von Aarons Gewand im Blick. Die "Eide und Bündnisse" ständen damit auch in Beziehung zu den 12 Steinen. Sie wären Zeichen für die an die Väter ergangenen Verheißungen.

Ex 28,29 gibt einen Anhaltspunkt für diese Deutung: "Also soll Aaron die Namen der Söhne Israels auf dem Logeion des Rechtsspruchs auf der Brust tragen, wenn er in das Heiligtum hineingeht, als Erinnerung (μνημόσυνον) vor Gott.[502] Für Sap ist mit Aarons Handeln ebenfalls eine Erinnerungstat verbunden: Er erinnert an die Eide und Bündnisse der Väter und unterwirft so den Züchtiger (V22c.d). Ein Bezug zum Logeion erscheint mir hier wahrscheinlich, wenn auch letzte Sicherheit nicht zu gewinnen ist. Mit seinem Gewand erinnert Aaron an Gottes Versprechen, woraufhin der personifizierte Zorn zurückweicht.

λόγος müßte an dieser Stelle als das ordnende Prinzip hinter dem Logeion verstanden werden in Übereinstimmung mit PHILOs Ableitung des Namens von λόγος.

Die Besiegung des Zorns in V21-25 würde dann auf zwei Arten geschehen: Einmal durch Aarons Räuchern und die Verrichtung seines priesterlichen Dienstes, wozu Sap auch die Fürbitte zählt (V21). Zum anderen durch sein priesterliches Gewand, das er bei dieser priesterlichen Verrichtung trug (V22-25). Sein Schmuck und seine Symbolik für die ganze Welt wirken apotropäisch in Bezug auf den Verderber. Mit der Voraussetzung, daß Aaron beim Räuchern für das Volk sein priesterliches Gewand trug, ergibt sich eine geschlossene Interpretation von Num 17,6-15. Priesterlichen Dienst und priesterliches Gewand sieht Sap in diesem Abschnitt in Wirkung.

V25a ist die Zusammenfassung dieser Wirkungen: "Vor diesen (= priesterlicher Dienst und priesterliches Gewand) wich der Verderber zurück, die-

---

[502] Zur Betonung des Erinnerns vgl. die o.g. Stelle Jes Sir 45, 11f.

se fürchtete er..." Aus der Bestrafung der Auflehnung durch den Tod ist wieder Rettung vor dem Tod geworden. Israels Verfehlung bleibt unerwähnt, das Ereignis wird zur "typischen" Rettungsgeschichte für die Gerechten.
V25b untertreibt aber, wenn sie das Geschehen eine Probe des Zorns nennt. Nach Num 17 starben 14 700 Menschen an den Folgen des entbrannten Zornes Gottes.
Die Art der Textauslegung dient Saps Darstellungsabsicht: Israels Ergehen und Geschick wird zugunsten der werbenden Absicht idealisiert. Aus seiner Bestrafung wird *Rettung*.

5.3.7. Die Methode der Textauslegung in der sechsten Gegenüberstellung

Vorab ist zu bemerken, daß in der sechsten Gegenüberstellung die "reine" Form entsprechend den bisher behandelten Gegenüberstellungen nicht durchgeführt ist: Es gibt keine "eigentliche Gegenüberstellung", die knapp den Kontrast zwischen Gottlosen und Gerechten thematisch darstellt. Stattdessen finden sich zwei Abschnitte, in denen jeweils die unterschiedlichen Geschicke der Gerechten und der Gottlosen einander gegenübergestellt werden. Die *Textaufnahme dient dem Kontrast*: Die unterschiedliche Bedeutung der einen Nacht und die unterschiedliche Todeserfahrung sollen den LeserInnen deutlich werden.
Dieser Kontrast enthält mehrere Elemente:
 - Verderben der Feinde <—> Rettung der Gerechten
 - Todbringender Logos <—> Rettung durch den Logos
 - der Logos als Krieger <—> Aaron als Priester
 - Waffengewalt <—> Macht des Wortes und priesterlichen Gewandes.
Trotz Aufnahme von Details aus den Bezugstexten - dies geschieht in V14-25 in stärkerem Maß als in anderen Gegenüberstellungen - bleibt allein der Eindruck vom Gegensatz Verderben <—> Rettung zurück.
Rettung tritt als Thema stark in den Vordergrund. Sie geschieht für die Israeliten bei der Feier des Passa und durch Aarons Einschreiten gegen den personifizierten Tod in der Wüste. Rettung hat dabei in der Art wie Sap sie darstellt nicht die rein physische Rettung im Blick, die das Weiterleben sichert - im Passa wird ja wirklich "Rettung" gefeiert -, sondern Sap hebt sie auf eine theologische Ebene.[503]
Insbesondere wenn dem Passa Rettungsfunktion zugeschrieben wird, ist darin auch eine *Aktualisierung* des Passa enthalten: Über das Passa wer-

---

[503] S. dazu M.PRIOTTO, La prima Pasqua, S.228 und die dort gebotene Analyse des Vokabulars. Die "eschatologische, endgültige Rettung" und den "eschatologischen, endgültigen Untergang", die PRIOTTO hier erkennt, vermag ich den Texten nicht mit letzter Klarheit zu entnehmen. In der religionspolemischen Ausrichtung sind beide aber mit Sicherheit in Saps Aussagen mit enthalten.

den die AdressatInnen an ihre Identität zurückgebunden.[504] Diese Identitätslinie wird aber nicht über die geschichtliche Bedeutung des Passa hergestellt, auch hier ist die "Heilsgeschichte" kein vordergründiges Thema. Sie, und damit auch das Passa, werden als bekannt vorausgesetzt und allein unter dem Aspekt zur Sprache gebracht, wie sich in ihnen Rettung manifestierte.

Mit Hilfe der Stichworte λόγος, ὅσιοι und νύξ verknüpft Sap diese Gegenüberstellung mit der vorangehenden. Sie erweckt somit den Eindruck der Zusammengehörigkeit aller einzelnen Abschnitte zu einem *größeren Textzusammenhang*. In ihren Phänomenen werden die Nacht der Finsternisplage und die Nacht der Erstgeburtstötung nicht unterschieden. Im Eindruck der LeserInnen verschmelzen sie zu einer Nacht.

Durch die Art ihrer Textvergegenwärtigung in Anspielungen gibt Sap sowohl der Erstgeburtstötung als auch dem Untergang der Ägypter im Meer im Vergleich zu Ex 1-15 einen *neuen Begründungszusammenhang*. Beide Ereignisse werden als Strafe für den Tötungsbeschluß Pharaos betrachtet. Im Buch Ex selbst findet sich dieser Begründungszusammenhang in nur indirekter Weise für die Erstgeburtstötung. Indem beide Ereignisse auf den Tötungsbeschluß bezogen werden, ergibt sich auch ein verknüpfendes Moment nach vorne zur letzten Gegenüberstellung, in der Sap Untergang im und Durchzug durchs Rote Meer kontrastiert.
Im Zusammenhang mit dem Tötungsbeschluß spielt Sap auf Moses Aussetzung und Rettung an. Hier wird die Methode der *Anspielung durch Reduktion* auf zwei zusammenfassende Begriffe besonders deutlich. Der Satz "Ein Kind wurde a u s g e s e t z t und g e r e t t e t ..." vergegenwärtigt die Kindheitsgeschichte Moses.
Moses Bedeutung für das Passa, die Passagesetzgebung und auch später für den Durchzug durchs Meer ist von Sap getilgt. Stattdessen erhält das Volk eine zentrale Rolle, wenn es als Vermittler des νόμος für die Welt eingeführt wird (vgl. 18,4) und das Passagesetz verabschiedet (18,9).

Bei der Darstellung des Passa (V6-14) verwendet Sap verschiedene Methoden, um das Passa zu einem Mysterium umzudeuten. Diese *Umdeutung* gelingt ihr dadurch, daß sie einzelne Elemente aus dem Bezugstext herausgreift und betont in den Vordergrund stellt. Die Einführung durch ἐκείνη ἡ νύξ dient der Verständigung mit den LeserInnen auf die eine, besondere Nacht. Die *Umdeutung* des Passa von einem Opfer in den Häusern zu einem Opfer im Verborgenen, die Vorankündigung und die besondere Betonung des Gemeinschaftlichen ist immer durch den Bezugstext gedeckt. Auch das bewußte Einsetzen von *Mehrdeutigkeiten* geschieht mit Textbezug. Die *Verbindung* all dieser Nuancen in den Anspielungen auf den Bezugstext ergibt insgesamt die Darstellung des Passa als einer Mysterienfeier, die

---
504 M.PRIOTTO, La prima Pasqua, S.233.

schon die Vorväter der AdressatInnen feierten. Indem das Passa als das ältere Mysterium eingeführt wird, erhält die Darstellung auch eine *religionspolemische Komponente* die sich gegen zeitgenössische Mysterienreligionen richtet.
Das Passa stellt Sap dar in einer *Kombination* aus allererster Passafeier und gängiger Praxis wie sie ihr bekannt war. In der Verabschiedung des Passagesetzes durch das Volk betont Sap die Einmütigkeit und die Einwilligung in ein gemeinschaftliches Leben.
Das Passa kommt nicht als Wohltat Gottes an seinem Volk zur Sprache. Eher ist es eine Verherrlichung, der Gottes Berufung vorausging. Das Schema *Plage <—> Wohltat* ist in dieser Gegenüberstellung *nicht explizit durchgeführt*.

Die Kontrastierung erfolgt unter dem Thema "Einmütigkeit": Die einmütige Verabschiedung des Passagesetzes dient Sap als Hintergrund für die einmütige Todesart, durch die die Ägypter umkamen.
Diese Einmütigkeit in der Todesart ist in V10-13 besonders hervorgehoben.[505] Ein einzelnes Element erfährt so eine *Betonung* in der Darstellung. Anders als in den bisher behandelten Gegenüberstellungen ist mit dieser Betonung aber nicht eine Selektion einzelner Motive und Elemente aus den Bezugstexten verbunden. Sowohl das Passa als auch die Erstgeburtstötung werden unter Aufnahme von den Details aus den Bezugstexten geschildert. Dennoch findet auch einen *Uminterpretierung* in Bezug auf die Absicht des Ereignisses "Erstgeburtstötung" statt: Sie erzwingt für Sap nicht den Auszug der Israeliten aus Ägypten. An keiner Stelle erwähnt sie diesen Zusammenhang, wie er sich im Buch Ex findet. Die Erstgeburtstötung mündet für sie vielmehr in ein *Bekenntnis* der Ägypter, daß Israel Gottes Sohn sei.

Es wird also in dieser Gegenüberstellung auch eine *pädagogische Absicht* erkennbar, die Sap mit der Erstgeburtstötung in Verbindung bringt. Durch sie wird der fortgesetzte Unglaube der Ägypter überwunden und sie bekennen Israel als Gottes Sohn. Gottes Züchtigung an Ägypten diente für Sap der Vermittlung von Einsicht, nicht wie in Ex einer Verhaltensänderung. Das Bekenntnis Ägyptens "Das Volk ist Gottes Sohn" als Ziel von Gottes Handeln appelliert an das Selbstbewußtsein und -verständnis der AdressatInnen. Es wird nicht ein neuer Auszug aus Ägypten zu Bewußtsein gebracht, sondern dem Bezugstext wird ein Bekenntnis der Ägypter zu Israel unterlegt. Für die AdressatInnen in Alexandria bedeutet dies ein Selbstverständnis als das Volk, das die Ägypter als Sohn Gottes bekannt haben.

In der Darstellung von Passa und Erstgeburtstötung wendet Sap keine *Kombination von Bezugstexten* an. Dies ändert sich im Anhang zur Gegen-

---

[505] S. dazu oben die Analyse dieser Verse im Abschnitt 5.3.3.

überstellung, in dem Sap die unterschiedliche Todeserfahrung von Gottlosen und Gerechten kontrastiert.
Wenn Sap in V14-19 den λόγος als unerbittlichen Krieger beschreibt, der zwischen Himmel und Erde stehen den Tod bringt, dann ist Ex 12 der Ausgangspunkt der Darstellung. Die Gestalt des Logos-Verderbers entspricht in ihrer Erscheinung der des Würgeengels aus 1.Chr 21. Sap hat über den Wortstamm ὀλεθρ... den Verderber aus Ex 12 mit dem Würgeengel aus 1.Chr 21 in Verbindung gebracht.
Gleichzeitig leistet Sap damit eine *Aufhebung der Uneindeutigkeit des Bezugstextes*. In Ex 12 ist es unklar, ob Gott selbst oder der Verderber die ägyptische Erstgeburt tötete (V12 <—> V23b). Für Sap brachte der göttliche Logos in Gestalt des Würgeengels das Verderben.

In Bezug auf die Nacht der Finsternisplage und die Nacht der Erstgeburtstötung arbeitet Sap mit einer *bewußten Verschleierung* der historischen Besonderheiten. Die psychischen Folgen beider Nächte werden in identischer Weise geschildert, was bei den LeserInnen den Eindruck erweckt, es handle sich um ein und dieselbe Nacht. Die historische bzw. literarische Zeitfolge wird bewußt verwischt. Als Hintergrund für diese Interpretationsweise ist die Polemik gegen die Einweihungspraxis in Mysterienreligionen zu vermuten. Beide Nächte, in ihren Eigentümlichkeiten beide im Anklang an die "Nächte" einer Initiation beschrieben, führen ins Verderben und damit nicht wie eine Mysterieneinweihung suggeriert in ein neues Leben.

Mit Num 17,6-15 LXX interpretiert Sap zum vierten Mal eine Geschichte der Auflehnung und Bestrafung des Volkes zu einer Rettungsgeschichte um. Sie erreicht diese *Uminterpretierung* dadurch, daß sie allein den Ausgang der Geschichte betont: Der Zorn Gottes konnte abgewendet werden. Sap zeigt dabei sprachliche Abhängigkeit von einzelnen Stichworten aus Num 17. Sie *selektiert* jedoch im Hinblick auf ihre Aussageabsicht: Sie nennt den "Zorn" und die "Sühne", um sich thematisch dann ganz der Rettung zuzuwenden.
Inhaltlich ist hier anzumerken, daß Israel nicht von vornherein untadelig und frei von Strafe erscheint; es sterben sogar haufenweise Menschen. Der "Zorn" währt allerdings nur kurze Zeit. So wie den Ägyptern der strafende, als Person beschriebene Logos gegenübertritt, so den Israeliten der personifizierte Zorn. Ihn besiegt Aaron durch das Wort (λόγῳ); Sap kontrastiert strafenden und rettenden Logos.

Aarons Kampf sieht Sap in dessen priesterlichem Dienst, der um die Aufgabe der Fürbitte erweitert ist. In seiner priesterlichen Funktion trägt er auch das hohepriesterliche Gewand. Unter Rückgriff auf Ex 28, die Anweisung zur Herstellung dieses Gewandes, beschreibt Sap dieses Gewand als Symbol für die Welt bzw. für die 12 Stämme Israels. Da dieses Gewand auf ein dahinterliegendes Größeres verweist, kann man von *symbolisie-*

render Auslegung sprechen. Diese Vorgehensweise verbindet Sap mit PHILO, für den Priestergewand und Heiligtum Symbole für das Weltganze und den Zeitkreislauf sind.

5.4. Sap 19,1-17: Untergang im Meer als letzte Plage <—> Durchzug durchs Meer als Neuschöpfung

In 18,5 sind auf den Tötungsbeschluß des Pharao zwei Plagen bezogen: Die in der sechsten Gegenüberstellung behandelte Tötung der Erstgeburt und der Untergang der Ägypter im Meer. In 19,1-17, der siebten und letzten Gegenüberstellung behandelt Sap als Plage die Vernichtung der Ägypter im Meer. Mit Rückbezug zu 18,5 ("...und einmütig richtetest du [sie] zugrunde im reißenden Wasser.") ist in 19,1-17 die *Tötung im Wasser* der Hintergrund der Aussage.[506]
Auch diese Gegenüberstellung entwickelt Sap aus den zwei Seiten ein und desselben Ereignisses: Die *Wohltat* für die Israeliten besteht im Durchzug durch das Rote Meer, bei dem sie einer Neuschöpfung ansichtig werden. Die *letzte Plage* erfüllt sich im Untergang der Ägypter im Meer. Über 18,5 wird auch diese Plage auf ein konkretes Vergehen der Ägypter zurückgeführt, nämlich den Tötungsbeschluß Pharaos; auch hier gilt: "Wodurch man sündigt, dadurch wird man bestraft (11,16)."

Schon in 11,7 war vom Tötungsbeschluß die Rede gewesen. Dort diente er als Rechtfertigung für die Verwandlung des Nilwassers in Blut. Dort wie hier wird Saps assoziative Vorgehensweise deutlich. Der Tötungsbefehl lautete, alle neugeborenen Knaben der Israeliten in den Nil zu werfen (Ex 1,22). Über das Stichwort "Nilwasser" verbindet Sap die erste im Buch Ex geschilderte Plage - die Verwandlung des Nilwassers in Blut - mit dem Tötungsbefehl. Über die Assoziation "Kindertötung" stellt sie den Zusammenhang zur Erstgeburtstötung her, die sie als vorletzte Plage betrachtet. Die in ihren Augen letzte Plage an den Ägyptern, der Untergang im Roten Meer, ist wieder über das Stichwort "Wasser" assoziativ mit dem Tötungsbeschluß verbunden: Der Tötung der Kinder im Wasser entspricht die Tötung der Ägypter im Wasser als Züchtigung.

An dieser Stelle ist nochmals darauf hinzuweisen, daß die Reihe der sechs vorangehenden Gegenüberstellungen durch die beiden Aufnahmen des Meerdurchzugs in 10,15 - 11,1 (speziell 10,18-19) und in der siebten Gegenüberstellung gerahmt wird. Wie in der Beispielreihe in Kap 10 kommt auch hier dem Meerereignis die Funktion des Höhepunktes zu.[507] Schon in der Beispielreihe von Kap 10 waren Durchzug durchs und Untergang im Meer ebenso ein Schlußpunkt wie hier. Dort lag die Aussageabsicht auf

---

[506] Beim Tötungsbeschluß betont Sap zwei Elemente: Zum einen die Tötung von <u>Kindern</u> (die Strafe dafür ist die Erstgeburtstötung), zum anderen den Befehl, diese Kinder ins <u>Wasser</u> zu werfen, um sie umzubringen (die Strafe hierfür ist der Untergang im Wasser des Roten Meeres).
[507] So auch U.OFFERHAUS, Komposition, S.172.

dem rettenden Handeln der σοφία, hier liegt sie in der Kontrastierung des unterschiedlichen Ergehens von Gottlosen und Gerechten.[508]

Wie schon in den beiden vorangehenden Gegenüberstellungen fehlen auch hier die für die erste bis vierte Gegenüberstellung typischen Vokabeln, die auf eine Pädagogisierung der Bezugstexte schließen lassen. Lediglich in V10-12 ist durch das ἐμέμνητο und die Beurteilung von Plagen und Wohltaten aus der Sicht der Israeliten auf den ersten Blick ein pädagogisierender Zug zu erkennen. Das von Sap formulierte Urteil Israels soll den LeserInnen als eigenes Urteil angeboten werden.

5.4.0.1. Der Aufbau der siebten Gegenüberstellung

V1 verknüpft als Schaltvers die siebte mit der vorangehenden Gegenüberstellung. Gleichzeitig führt dieser Vers inhaltlich auf das negative Geschick der Gottlosen hin.

V2-4 beschreiben diese negative Geschick. Die Verse nehmen die Entscheidung der Ägypter auf, die Israeliten aus dem Land zu weisen. Ihr Entschluß, den "Flüchtlingen" dann doch nachzujagen endet fatal: Es ereilt sie das "verdiente Verhängnis", die letzte "noch fehlende Züchtigung". V2-4 sind auf den negativen Teil der eigentlichen Gegenüberstellung bezogen.

In V5 findet sich die eigentliche Gegenüberstellung. Das Volk Israel und die Gottlosen stehen einander als im Kasus kongruente Satzglieder gegenüber: Das Volk unternimmt eine wunderbare Reise, "jene" dagegen finden einen fremdartigen Tod.
Zum ersten und einzigen Mal begegnet das Phänomen, daß die eigentliche Gegenüberstellung die reflexiven Teile der Gegenüberstellung chiastisch miteinander verknüpft.[509] D.h. V5a weist voraus auf V6-9, wo Sap die "wunderbare Reise" der Gerechten erläutert, V5b bezieht sich zurück auf V1-4.

In V6-9 geht Sap auf den Durchzug der Israeliten durchs Rote Meer ein. Im Gegensatz zu den Ägyptern bleiben die Israeliten unversehrt. Der Durchzug stellt die Rettung dar, die ihnen von Gott zuteil wird.
Diesen Durchzug schildert Sap als eine Neuschöpfung. Schon auf den ersten Blick fallen Analogien zu Gen 1 ins Auge. Die Analyse wird zeigen müssen, auf welche Weise Sap Ex 14 mit Gen 1 verbunden hat. V9 schließt den Abschnitt mit einer Anspielung auf das Lied Ex 15.

---

[508] Vgl. U.OFFERHAUS, Komposition, S.173f.
[509] Vgl. U.OFFERHAUS, Komposition, S.171.

5.4.0.2. V10-17 als reflexive Teile der siebten Gegenüberstellung

U.OFFERHAUS hat darauf hingewiesen, daß der Schlußteil des Buches 19,10-22 erhebliche Schwierigkeiten in der Kompositionsanalyse mit sich bringt.[510] Er rechnet V10-17 ganz der Schlußbetrachtung des gesamten Buches Sap in 19,10-22 zu.
Es ist unumgänglich V18-22 die Funktion der Schlußbetrachtung zuzuschreiben. Die Abstraktionsebene in diesen Versen ist deutlich eine höhere als in den vorangehenden Versen: Rückblickend auf mehrere ägyptische Plagen und die Ernährung der Israeliten durch Wachteln und Manna stuft Sap diese wunderbaren Phänomene als eine Vertauschung der Elemente und dennoch gleichbleibende Harmonie ein.[511] V22 setzt dazu den Schlußpunkt: In direkter Anrede wird Gott als der bezeichnet, der sein Volk verherrlicht und ihm jederzeit beigestanden hat.

Die Vertauschung der Elemente als Grund der wunderbaren Erscheinungen erinnert an die Schöpfungsthematik, die Sap im Zusammenhang mit dem Durchzug der Israeliten durchs Rote Meer anspricht. Das Denken von den στοιχεῖα her trägt aber auch deutlich Züge hellenistischen Denkens. Zudem zeigt der Abschnitt keine inhaltlichen und thematischen Verbindungen zur letzten Gegenüberstellung.

Das ist anders in V10-12 und V13-17. Es handelt sich dabei um zwei Reflexionsteile, die aus Israels (V10-12) und Ägyptens Sicht (V13-17) Rückschau auf Plagen und Wohltaten halten. V10-12 sind durch die Schöpfungsthematik mit V6-9 verbunden. Sowohl ägyptische Plagen (Stechmücken- und Fröscheplage) als auch die Speisung durch Wachteln bringt Sap, formuliert als erinnernde Rückschau der Israeliten, mit der beim Meerdurchzug beobachteten Neuschöpfung in Verbindung. Auch die Plagen und die Speisung waren Schöpfungstaten Gottes.

Bei aller schwierigen kompositorischen Einordnung von V13-17 kann doch eine kontrastierende Absicht dieses Abschnitts zu V10-12 festgestellt werden.[512] Der wunderbaren Entstehung von Wachteln zur Befriedigung der Begierde der Israeliten stehen als Kontrast die ägyptischen Plagen gegenüber. V13-17 dient dabei nicht zur Rechtfertigung der letzten Plage, sie

---

[510] U.OFFERHAUS, Komposition, S.175ff.
[511] In V18 spricht Sap von einer Vertauschung der Elemente, wobei es dennoch bei einer Harmonie bleibt, die vergleichbar den auf einem Saiteninstrument angeschlagenen Tönen ist. In V18-19a bleiben die passivischen Formulierungen unpersönlich, das Agens wird nicht erkennbar. V22 schließt mit einer vokativischen Anrede ...κύριε..., dadurch macht Sap deutlich, daß sie Gott in der Vertauschung der Elemente als Handelnden sieht. Zum Zusammenhang dieser Stelle mit der antiken Lehre von den Elementen vgl. P.T.van ROODEN, Die antike Elementarlehre, bes. S.92-96. Von dieser Stelle aus schließt van ROODEN zurück auf andere Stellen in Sap 11-19, an denen er die Lehre von den Elementen für die beabsichtigte Aussage benutzt sieht.
[512] U.OFFERHAUS, Komposition, S.177 und 182.

wird in 18,5 durch den Tötungsbeschluß begründet. Vielmehr wird in diesem Abschnitt eine Begründung *aller* Strafen gegeben. Im Vergleich der Ägypter mit den Sodomitern ist aber die Finsternisplage besonders hervorgehoben.

Somit sind V10-12 und 13-17 als Reflexionsteile zur letzten Gegenüberstellung zu betrachten, es ist aber auch ihre Lesbarkeit als Schlußteil des Buches Sap anzuerkennen. Die Verse haben doppelte Bezugsmöglichkeit: In ihrer Verknüpfung mit der letzten Gegenüberstellung sind sie auf diese selbst, in ihrer begründenden und alle Plagen und Wohltaten auf einer abstrakten Ebene reflektierenden Funktion auf den gesamten dritten Hauptteil des Buches Sap zu beziehen.

Für die Frage nach der Textauslegung in Sap wird in V10-12 besonders auf die erneuten Anspielungen auf Plagen und Rettung zu achten sein. Möglicherweise begegnet hier eine Interpretation der eigenen Interpretation Saps. In V13-17 verdient der Vergleich der Ägypter mit den Sodomitern Beachtung. Welche Funktion kommt diesem Vergleich zu, in welcher Funktion werden die Sodomiter als Vergleichspunkt herangezogen?

5.4.1. *V1: Schaltvers zwischen sechster und siebter Gegenüberstellung*

Mit dem vorangehenden Abschnitt 18,20-25 ist 19,1-17 durch den *Schaltvers* V1 verbunden. 18,25 hatte festgestellt, daß allein eine "Probe des Zorns" für die Israeliten ausreichend war. V1 setzt hierzu einen inhaltlichen Kontrast, wenn auf die Gottlosen "der unbarmherzige Zorn (θυμός) bis zum Schluß" kam. Sap knüpft hier an das Stichwort "Zorn" aus 18,20-25 an. Für die Israeliten hatte der Zorn eben nicht lange gewährt (18,20), war eine Probe des Zorns genug (18,25). Aaron konnte den Zorn abwenden - für die Ägypter mußte er das Verderben bringen.
V1 schließt an die *Thematik* von 18,20-25 an, markiert aber gleichzeitig einen Neuanfang und *Kontrast* : Die Einführung der Gottlosen und die Feststellung, daß ihnen gegenüber der Zorn μέχρι τέλους währte, weist nach vorne auf das Geschick der Gottlosen:

> 1"Auf die Gottlosen aber stieß bis zum Ende unbarmherziger Zorn;
> denn er wußte auch die [ihre?] Zukunft voraus:..."

Das Subjekt zu προῄδει in V1b ist der unbarmherzige Zorn.[513] Die unpersönliche Formulierung in V1b verleitet leicht dazu, Gott oder eventuell

---

[513] So richtig A.SCHMITT, Das Buch der Weisheit, S.138; s. aber die Einschränkung in der folgenden Anm.

auch die Weisheit als Subjekt des Satzes einzusetzen.[514] Dazu besteht aber keine Veranlassung, wenn man bedenkt, daß Sap im vorangehenden Abschnitt von einem personifizierten Zorn ausgegangen war. Diesen sieht sie ihrer Formulierung zufolge auch hier am Werk. Er begegnet den Ägyptern bis zu ihrem Ende, bei dem sie einen fremdartigen Tod finden (V5b). Und er weiß ihre Zukunft, ihr Ende im voraus.

5.4.2. *V2-4: Reflexionsteil zu V5b, die Einführung des Untergangs im Meer als letzter unabänderlicher Plage*

In V2-4 geht Sap auf die vom unerbittlichen Zorn vorhergewußte Zukunft ein. Der Abschnitt läuft zu auf V4, wo in V4c die "letzte noch zu den Prüfungen fehlende Züchtigung" eingeführt wird. Gemeint ist damit der Untergang im Meer, oder wie V5b es nennt, der "fremdartige Tod". Die Umstände und der Begriff "Untergang im Meer", auch das Wort "Meer" selbst werden nicht genannt. Sap *chiffriert* das Ereignis mit den obigen Formulierungen. Dennoch wird durch den Gesamtzusammenhang der letzten Gegenüberstellung deutlich, was mit "diesem Ende" gemeint ist, zu dem "das verdiente Verhängnis" die Ägypter zog:

> [2]"...daß sie [ihnen] gestatten, wegzugehen
> und sie [sie] mit Eifer wegschicken,
> Reue empfindend die Verfolgung aufnehmen.
> [3]Denn als sie noch die Trauer in Händen hielten
> und klagten an den Gräbern der Toten,
> faßten sie einen weiteren Beschluß der Unvernunft
> und verfolgten diejenigen wie Flüchtlinge, die sie flehend
>   vertrieben hatten.
> [4]Denn es zog sie das verdiente Verhängnis zu diesem Ende
> und warf Vergessen über die vergangenen Dinge hinein [in sie],
> damit sie die fehlende Züchtigung zu den Prüfungen vervollständigten."

Sap präsentiert hier ihre Sicht der Umstände, unter denen es zum Untergang der Ägypter im Meer kam. Dabei greift sie zurück auf Ex 12 und 14. Es finden sich jedoch auch Elemente, zu denen kein alttestamentlicher Bezugstext auszumachen ist.

---

[514] Das wird deutlich z.B. an der Übersetzung bei D.GEORGI, Weisheit Salomos, S.468: "...denn er (sie?) wußte schon ihre Zukunft im voraus,..." A.SCHMITT, Das Buch der Weisheit, S.136, mit der Einheitsübersetzung: "...denn Gott wußte im voraus,..." versieht diese Übersetzung auf S.137f mit der Bemerkung: "EÜ ergänzt sachlich richtig: »(Gott) wußte im voraus«."

5.4.2.1. V2: Die Gewährung des Auszugs und die Aufnahme der Verfolgung

Zunächst nimmt Sap in V2a.b Ex 12,31.33 auf: Die Ägypter gestatten den Israeliten, wegzugehen, ja sie schickten sie sogar mit Eifer weg. Nach Ex 12,31 erlaubt es Pharao den Israeliten endlich - nach all den Plagen, aber erst auf die Tötung der Erstgeburt hin - das Land zu verlassen. In 18,5 waren Erstgeburtstötung und Meeruntergang der Ägypter beide aus dem Tötungsbeschluß Pharaos begründet und schon auf diese Weise miteinander verknüpft. Hier wird der Auszug der Israeliten die Vorbedingung für den endgültigen Untergang der Ägypter.[515] Doch Sap erwähnt nirgends, daß dieser Auszug durch die Erstgeburtstötung erwirkt wurde. Die LeserInnen sind darauf angewiesen, die geschichtlichen Zusammenhänge zu kennen, wollen sie der Argumentation Saps folgen.

Ex 12,33 spricht sogar davon, daß die Ägypter das Volk bedrängten, um es eilig (σπουδῇ) aus dem Land zu werfen. Sie fürchteten, daß sonst alle Einwohner sterben müßten. Diese Eile nimmt Sap auf in V2b: Mit Eifer (μετὰ σπουδῆς) schicken die Ägypter die Israeliten weg. Sap zeigt sprachliche Abhängigkeit vom Bezugstext.
Dann ändern die Ägypter aber ihren Sinn und nehmen die Verfolgung auf (V2c). Hier spielt Sap an auf Ex 14,5, tut dies aber in einer Art, daß sie dabei gleichzeitig Korrekturen an dem Abschnitt Ex 14,4-8 anbringt. Sie hebt in V2c allein den Sinneswandel und die daraus entstehende Verfolgung hervor. Sie wählt aus Ex 14,4-8 bewußt die Teile aus, die die Verfolgung als einen Entschluß der Ägypter erscheinen lassen. Was in Ex 14,5 als Sinneswandel von Pharao und seinen Dienern erscheint, macht Sap zu einem Sinneswandel aller Ägypter.
Es ist Reue, was die Ägypter empfinden (μεταμεληθέντες; V2c); in Ex 14,5 ist es eine Umwendung des Herzens Pharaos (μετεστράφη ἡ καρδία Φαραω). Damit macht Sap den Sinneswandel zu einem Vorgang, der allein von den Ägyptern kommt und allein von ihnen zu verantworten ist. Dies ist die bedeutendere *Korrektur* an Ex 14. Nach Ex 14,4.8 entsprang der Sinneswandel daraus, daß *Gott* das Herz Pharaos *verstockte*. Hier in V2c und dem gesamten Abschnitt ist alles ein Entschluß der Ägypter selbst.[516] Sap kann es so vermeiden, Gott indirekt für den Untergang der Ägypter verantwortlich zu machen. Hier wie auch sonst in Sap 11-19 entspringt die Bestrafung der Gottlosen deren konkreten Vergehen. Der Weg zum Unter-

---

[515] In den sonstigen inneralttestamentlichen Bezügen zur Exodustradition ist der Auszug immer mit dem Passa verbunden. In der Passafeier wird ja auch der Auszug erinnert. Darauf geht Sap nur sehr am Rande ein; auch die Verbindung von dieser Gegenüberstellung zur vorherigen, in der das Passa aufgenommen wurde, ist nicht so eng, daß Passa und Auszug aneinander gekoppelt sind.
[516] So auch U.OFFERHAUS, Komposition, S.171: "Die größte Differenz zum Exodus-Bericht ist in der Begründung der Sinnesänderung zu sehen: Während nach diesem Gott das Herz des Pharao verstockt hat (14,4.8), haben nach v.3cd die Gottlosen selbst, von einer ἀνάγκη getrieben (v.4ab), den Entschluß zur Verfolgung der Gerechten gefaßt,..."

gang erscheint als völlig selbstverschuldet. V3c nennt den Entschluß der Ägypter einen "Beschluß der Unvernunft" (λογισμός ἀνοίας), was an die "Preisgabe des Denkvermögens" während der Finsternisplage denken läßt (17,12).

5.4.2.2. V3: Die Verfolgung trotz der erlittenen Trauer

V3a-c sind ohne Bezugstext im Alten Testament. Nirgends wird erwähnt, daß die Ägypter den Entschluß faßten, die Verfolgung aufzunehmen, als sie noch trauernd an den Gräbern standen.[517] Num 33,3-4 scheidet als Bezugstext aus. Er spricht lediglich vom Auszug der Israeliten unter einer hoch erhabenen Hand während die Ägypter ihre Toten begruben. Es wird in ihm aber das Begraben der Toten erwähnt, was in Ex fehlt. Sap kombiniert nun in V3a-c die beiden Texte Ex 14 und Num 33 miteinander. In den aus Ex 14 gewonnenen Bezugsrahmen trägt sie die Erwähnung der Gräber aus Num 33 ein und schließt von den Gräbern gleichzeitig auf die Trauer der Ägypter zurück.

Indem Sap durch diese Textkombination den Verfolgungsbeschluß in die Trauerfeierlichkeiten der Ägypter verlegt, gelingt es ihr das Geschehen zu dramatisieren.[518] Nicht einmal aus ihrem Geschick, das ihnen Tod und Trauer beschert hat, sind die Ägypter fähig zu lernen - so der Hintergrund von Saps Sichtweise.

Der Entschluß zur Verfolgung ist für Sap ein λογισμός ἀνοίας, ein Entschluß der Unvernunft.[519] Zudem kann sie die Ägypter der Inkonsequenz bezichtigen: Erst bitten sie die Israeliten inständig, das Land zu verlassen - dann plötzlich verfolgen sie sie wie Flüchtlinge (V3d).
Auf der Formulierung ...ὡς φυγάδας ἐδίωκον liegt dabei besonderes Gewicht. Im Buch Ex ist es schwierig zu bestimmen, ob Israels Verlassen des Landes ein Auszug oder eine Flucht war. Wenn die Ägypter die Israeliten inständig baten, das Land zu verlassen, sie sie unter Flehen hinausgeworfen hatten (V3d), dann denkt Sap an einen Auszug, nicht an eine Flucht. Erst die Inkonsequenz der Ägypter macht aus den Israeliten Flüchtlinge: Die Ägypter verfolgen die Israeliten *wie* Flüchtlinge, *obwohl* sie ihnen den Auszug gestattet hatten. Damit löst Sap nicht das Problem, ob das geschichtliche Ereignis nun eine Flucht oder ein erlaubter Auszug war. Sie

---

[517] Die Form τὰ πένθη als Akk. Pl. Objekt zu ἔχοντες ist nicht möglich. Evtl. liegt hier ein Schreibfehler zu τὸ πένθος vor. Der textkritische Apparat bei Ziegler gibt keine wahrscheinlichen Änderungen. Im Zusammenhang mit V3b ist die Form am besten im Wortfeld von πένθος = Trauer zu deuten. Möglicherweise ist auch ein Gegenstand der Trauer gemeint, den in Händen haltend die Ägypter an den Gräbern standen.

[518] U.OFFERHAUS, Komposition, S.171, und A.SCHMITT, Das Buch der Weisheit, S.138.

[519] λογισμός ist in Sap bis auf die neutrale Formulierung in 17,12 immer negativ verstanden. Die Gottlosen fassen λογισμοί, die λογισμοί der Menschen sind armselig (1,3.5; 9,14; 11,15; 12,10; 17,12; 19,3; s.a. 3,10!). Besonders in 12,9-10 scheint Sap einen Gegensatz zwischen menschlichem λογισμός und göttlichem λόγος aufbauen zu wollen; in Kap 9 werden λόγος (V1) und σοφία (V9) dem λογισμός sterblicher Menschen gegenübergestellt (V14).

hebt vielmehr allein auf die Inkonsequenz der Ägypter ab, die als letzter Markstein auf dem Weg zu deren völligen Verderben erscheint.

5.4.2.3. V4: Der Tod im Meer als letzte Züchtigung der Ägypter

V4 versteht den Untergang der Ägypter im Meer als die letzte noch fehlende Züchtigung (κόλασις) zu den Prüfungen. Sap denkt also die beiden Seiten des Meerereignisses wieder vom Schema Züchtigung <—> Wohltat her, auch wenn die Rettung der Israeliten nicht ausdrücklich als εὐεργεσία bezeichnet wird.

Es ist eine ἀξία ἀνάγκη, ein verdientes Schicksal, ein verdientes Verhängnis, das die Ägypter zu diesem Ende führt.[520] Diese Aussage steht in einer Linie mit denen, die die Ägypter immer wieder für der Strafe würdig halten (16,1; 16,9; 18,4). ἀνάγκη verrät griechisch-hellenistische Denkweise.[521] Es ist aber nicht zu entscheiden, ob es sich bei dieser ἀνάγκη lediglich um ein Vorauswissen Gottes[522] oder aber um eine Prädestination der Feinde zur Züchtigung handelt, die damit eine Erziehung zum Guten aufgibt.[523]

Anders als 18,5, der den Untergang im Meer als Vergeltung des Todesbeschlusses sieht, ist hier der Untergang verdientes Verhängnis. Und doch liegt die Verantwortung für dieses *verdiente* Schicksal immer bei den Gottlosen selbst, wie die Analyse von V3 gezeigt hat. Es ist kein Willkürakt, der über sie hereinbricht, sondern Folge ihres gottlosen Verhaltens.

In V2-4 wird der Untergang der Ägypter im Meer nirgends wörtlich angesprochen. Sap verschleiert ihn hinter Formulierungen wie "verdientes Schicksal" und "zu den Prüfungen fehlende Züchtigung". Lediglich die Auf-

---

[520] Auch U.OFFERHAUS, Komposition, S.172, faßt ἀνάγκη als Schicksalsmacht auf, die die Schuldhaftigkeit der Ägypter nicht aufhebt. Das drückt die Zufügung ἀξία aus.
[521] Vgl. A.SCHMITT, Das Buch der Weisheit, S.138.
[522] So A.SCHMITT, Das Buch der Weisheit, S.138, angelehnt an 19,1, wo aber der Zorn und nicht Gott das Subjekt des Vorauswissens ist.
[523] So B.L.MACK, Logos und Sophia, S.76. Stellen wie Sap 5,6ff; 12,10.20.27; 18,19 und auch 19,1-4 zeigen aber deutlich, daß Sap eigentlich die Erkenntnis des Guten oder zumindest Besseren auch von den Gottlosen erwartet hätte. Eine Erziehung scheint sie nicht aufgegeben zu haben. ἀνάγκη in V4 scheint verstanden als eine negative Schicksalsmacht, bei der die Verantwortlichkeit für ihr Wirken in Saps Augen eher im konkreten Fehlverhalten der Gottlosen als bei Gott liegt. Aristoteles sah in der ἀνάγκη das, was der Bewegung der freien Wahl entgegengesetzt ist, also das, was das Leben un- bzw. nichtberechenbar macht (Metaphysics V. 5 [= 1015a 20ff]). Im Hellenismus wird ἀνάγκη zur Macht, die das menschliche Leben wie ein Rechenexempel vorherbestimmt. Der Begriff wandelt sich also von dem *unberechenbaren* Moment im menschlichen Leben zum *berechnenden*. LXX verwendet ἀνάγκη überwiegend zur Übersetzung von Formen von מָצוֹק bzw. מְצוּקָה und von צַר bzw. צָרָה. Der Umstand, daß die meisten Vorkommen dieser Übersetzung in den Büchern Hiob und Psalmen begegnen, legt den Schluß nahe, daß V4a ἀνάγκη nicht allein in dem Sinn der Übersetzung der eben genannten hebräischen Termini verwendet. Es mag die Bedeutung der Bedrängnis mitschwingen - gerade im Hinblick auf das Ende der Ägypter - im Vordergrund steht die Bedeutung als Schicksal(skraft).

nahme von Elementen aus Ex 14 (die Erlaubnis wegzugehen; die Sinnesänderung und Aufnahme der Verfolgung) macht deutlich, daß Sap auf den Untergang der Ägypter im Meer anspielt. Der Gesamtzusammenhang des Bezugstextes wird durch *Anspielung* an einzelne Elemente daraus in Erinnerung gerufen. Die in dieser Art von Anspielung transportierte Interpretation des Bezugstextes kann nur verstanden werden, wenn der Bezugstext den LeserInnen bekannt ist. Nur dann beziehen sie "verdientes Verhängnis" auf den Untergang im Meer. LeserInnen, die keine Kenntnis des Bezugstextes haben werden von Sap in Bezug auf das "verdiente Verhängnis" auf den fremdartigen Tod in V5b verwiesen.[524]

5.4.3. V5: Die eigentliche Gegenüberstellung: Durchzug durchs Meer und Untergang im Meer

In V5 wird die eigentliche Gegenüberstellung formuliert. Im Kasus kongruente Satzglieder (ὁ λαός <—> ἐκεῖνοι) weisen auf die unterschiedliche Erfahrung von Israeliten und Ägyptern während der Ereignisse am Meer. Die einen erleben eine wunderbare Reise, während die anderen einen fremdartigen Tod finden. In einem antithetischen Parallelismus stehen sich die unterschiedlichen Geschicke gegenüber, wobei die beiden Verszeilen chiastisch verschränkt zu den reflexiven Abschnitten sind: V5a weist voraus auf V6-9, V5b ist der Schlußpunkt von V2-4. V5 als eigentliche Gegenüberstellung verbindet diese beiden Abschnitte.

V5 faßt in zwei Zeilen Ex 14 zusammen:

> 5"Dein Volk zwar unternahm eine wunderbare Reise,
> jene aber fanden einen fremdartigen Tod."

Das Wort ὁδοιπορία begegnete schon in 18,3b: Israel sollte eine feuerbrennende Säule als Reiseführerin auf der Reise ins Unbekannte erhalten. Mit ὁδοιπορία ist dort der gesamte Weg der Israeliten gemeint, auf dem sie von der Wolken- bzw. Feuersäule geleitet wurden, der Durchzug durchs Meer ist eingeschlossen.
ὁδοιπορία in V5 meint allein den Durchzug durchs Meer, der als "wunderbare Reise" verstanden wird. Isoliert für V5a betrachtet ist zwar auch ein Verständnis des gesamten zukünftigen Weges während der Wüstenwanderungszeit möglich, der Reflexionsteil V6-9 macht jedoch den Bezug allein auf den Meerdurchzug deutlich.

---

[524] Vgl. dazu U.OFFERHAUS, Komposition, S.173: "Sie [gemeint ist wohl die ἀνάγκη, die als letzte Strafe über die Gottlosen kommt; U.S.-B.] setzt beim Leser das Wissen voraus, daß in der biblischen Geschichte der Untergang der Gottlosen im Meer der letzte Schlag in einer Reihe von Schicksalsschlägen war, die die Ägypter getroffen haben, und interpretiert ihn als endgültige Strafe (vgl. 12,27d)."

Sap nennt diesen Durchzug durchs Meer "wunderbare Reise", geht aber nicht auf die wunderbaren Einzelheiten des Durchzugs ein. Sie erwähnt nicht die ausweglose Situation, in der ein starker Wind bzw. das geteilte Wasser eine Durchquerung des Meeres zur Flucht vor dem heranstürmenden ägyptischen Heer ermöglichten.

Mit Rückbezug auf V2-4 bezeichnet V5b den Untergang der Ägypter im Roten Meer als "fremdartigen Tod". Die "wunderbare Reise" ist diesem "fremdartigen Tod" gegenübergestellt. Ähnlich wie in V5a die "wunderbare Reise" auf die Umstände des Durchzugs abzielt, verbergen sich hinter ξένος θάνατος die Umstände, unter denen die Ägypter im Meer den Tod fanden. Sap geht auf diese weder hier noch in V2-4 näher ein. Sie versteht sie als ungewöhnliche Todesumstände, faßt sie in dem Ausdruck ξένος θάνατος zusammen und kann so bei mit dem Text vertrauten LeserInnen die Assoziationen an den Untergang der Ägypter im Meer in Erinnerung rufen.[525]

5.4.4. V6-9: Der Meerdurchzug der Israeliten als Neuschöpfung

In V6-9 behandelt Sap den Durchzug der Israeliten durch das Rote Meer. Sie betont dabei nicht den wunderbaren Charakter des Geschehens, vielmehr geschieht diese Wohltat an den Israeliten durch eine Neugestaltung der Schöpfung "von oben" bzw. "von neuem" (ἄνωθεν).[526] Schon auf den ersten Blick fällt eine Parallelisierung des Meerdurchzugs mit dem Schöpfungsbericht Gen 1 ins Auge:

6"Denn die ganze Schöpfung wurde in der ihr eigenen Weise
   wiederum von neuem [oder: von oben] gestaltet
und gehorchte deinen Befehlen,
damit deine Kinder unversehrt bewahrt würden.
7Die das Heer[-lager] verdunkelnde Wolke,
aus dem vorher bestehendem Wasser das Auftauchen trockenen
   Landes wurde beobachtet,
aus dem Roten Meer ein ungehinderter Weg
und ein grünendes Feld aus der heftigen Woge.
8Durch das mit dem ganzen Volk die von deiner Hand Beschützten hindurchzogen
und wunderbare Zeichen sahen.
9Wie Pferde wurden sie auf die Weide geführt

---

[525] Zum Rückbezug von V5, aber auch des gesamten Abschnittes V1-17, auf das letzte Beispiel der Beispielreihe in Kap 10 und den damit verbundenen kompositorischen Absichten Saps vgl. U.OFFERHAUS, Komposition, S.173f.
[526] Wie bei der Konstruktion des johanneischen Mißverständnisses in Joh 3,3 kann ἄνωθεν als "von neuem" oder "von oben" verstanden werden.

und wie Schafe sprangen sie umher,
dich rühmend, Herr, ihren Retter."

5.4.4.1. V6: Die neugestaltete Schöpfung bewahrt die Gotteskinder

Durch V6 wird deutlich, daß Sap den Durchzug durchs Meer von der Schöpfung her denkt. Sap führt nicht zuerst das Thema "Durchzug" ein, sondern die Schöpfung (κτίσις). Bedenkt man, daß der gesamte Meerdurchzug durch V5a unter dem Aspekt "wunderbare Reise" betrachtet wird, so ist es verwunderlich, daß Sap das Zurückweichen des Meeres nicht explizit erwähnt.

Die Schöpfung hat hier anders als in 16,24 keine Eigenmächtigkeit. Sie gehorcht Gottes Befehlen (V6b), um Gottes Kinder (οἱ σοὶ παῖδες) unversehrt zu bewahren.[527]

Mit der "Unterordnung unter Gottes Befehle" spielt Sap an auf die Schöpfung durch das Wort in Gen 1. Das καὶ εἶπεν ὁ θεός... (Gen 1,3.6.9.11.14.20.24.26) versteht Sap als Schöpfung durch den göttlichen Befehl (ἐπιταγή).[528] Beim Durchzug durchs Meer gehorcht die Schöpfung Gottes Befehlen wiederum wie bei der Ur-Schöpfung und wird von neuem bzw. von oben gestaltet.

Auch die Formulierung ἐν ἰδίῳ γένει ist eine Anspielung an Gen 1. Die Schöpfung der Pflanzen am dritten, der Wassertiere und Vögel am fünften und der Landtiere am sechsten Schöpfungstag wird von Gott angeordnet und geschieht in der jeweils "ihnen eigenen Art" (κατὰ γένος bzw. κατὰ γένη: Gen 1,11[2x].12[2x].21[2x].24.25[3x]). Wenn für Sap die Schöpfung beim Meerdurchzug von neuem gestaltet wird, dann geschieht es entsprechend Gen 1 in der Art, daß die einzelnen Geschöpfe jeweils "in der ihnen eigenen Weise" erneut Gottes Befehlen gehorchen.

Schon durch V6 gibt Sap also zu verstehen, daß sie den *Durchzug* der Israeliten durch das Rote Meer als einen Vorgang *in Analogie zur Schöpfung* der Welt versteht, wie sie Gen 1 dargestellt ist.[529]

---

[527] Möglicherweise schwingt in παῖδες auch der Aspekt "Knechte" mit. Damit kann auch eine Anspielung auf Jes 53 verbunden sein, wo der Gottesknecht eben nicht unversehrt bleibt. Er ist das Schaf (ἀμνός), das vor seinem Scherer verstummt - die Israeliten springen umher wie die Schafe (ὡς ἀμνοί) (V9), denn sie bleiben unversehrt.

[528] ἐπιταγή war in den Mysterienkulten der Begriff für den Befehl, den die verehrte Gottheit dem Mysten meist im Traum zukommen ließ. (Für Sabazios s. hierzu T.HOPFNER, Art. Mysterien, VII, Sp.1334).

[529] Möglicherweise kombiniert Sap Gen 1 und Ex 14f bewußt oder aus dem Gespür heraus, daß es bei beiden Stellen um die Besiegung der Chaosmacht "Urflut" geht.

5.4.4.2. V7: Der Durchzug als Neuschöpfung

In V7 wendet sich Sap den Geschehnissen zu, wie sie in Ex 14 beschrieben werden. Die Art, *wie* sie das tut, ermöglicht es, die einzelnen Zeilen von V7 sowohl aus Ex 14 als auch aus Gen 1 zu verstehen.

In V7a erwähnt Sap zunächst die Wolkensäule, Sap nennt sie nur νεφέλη, die nach Ex 14,19 zwischen den Zug der Israeliten und den der Ägypter tritt. Das Wort παρεμβολή "Heer(-lager)" entnimmt Sap Ex 14,19.20[2x].

Ob bei der "überschattenden Wolke" ein Bezug zu Gen 1 beabsichtigt ist, ist schwer zu bestimmen. Von der Wortwahl her ergeben sich keine Anknüpfungspunkte. In der Thematik "Wolke" und "überschatten" ließe sich eine Assoziation zur Finsternis über der Urflut bzw. zum über dem Wasser schwebenden Geist Gottes (Gen 1,2) herstellen. Die "Wolke" aus Ex 14 wäre dann parallelisiert mit der Finsternis bzw. mit Gottes πνεῦμα. Im Duktus von V6-9 ist diese Parallelisierung möglich, sie läßt sich jedoch nicht mit Sicherheit behaupten. Bedenkt man, daß die Israeliten nach Ex 14,2 am *Meer* lagern und die Finsternis in Gen 1,2 über dem *Wasser* schwebt, dann ist die Gleichsetzung der Wolke mit der Finsternis am wahrscheinlichsten, zumal sie auch das Heerlager "überschattet".[530]

Die Art, wie Sap in V7b-d das Auftauchen eines Weges für die Israeliten durch das Meer schildert, ist doppelwertig aufgrund der *Kombination* von Textbezügen. Von Ex 14 her verstanden konstatiert Sap lediglich durch verschiedene Wendungen den einen Sachverhalt, daß es für die Israeliten einen Weg durchs Meer gab. Aus <u>diesem</u> Blickwinkel ist der plötzlich auftauchende Weg übertreibend ausgemalt, wenn er nacheinander als "trockenes Land", "ungehinderter Weg" und "grünendes Feld" bezeichnet wird.[531]

ἀνεμπόδιστος in V7c ist dann vielleicht eine Anspielung auf Ex 14,25. Den Israeliten war ein ungehinderter Durchzug durch das Meer möglich, während Gott die Achsen der ägyptischen Streitwagen zusammenband und sie beschwerte, so daß sie nur mühsam vorankamen. Demgegenüber nahmen die Israeliten einen ungehinderten Weg.

---

[530] Hier kann aber auch Einfluß aus Num 10,36 LXX vorliegen: "Und die Wolke überschattete (σκιάζουσα) sie bei Tage, wenn sie aus dem Lager (ἐκ τῆς παρεμβολῆς) aufbrachen." V7a hat dieselbe Wortwahl wie Num 10,36 LXX, von einem Überschatten des Heerlagers wird dort jedoch nicht direkt gesprochen; das Überschatten meint wohl eher die Anwesenheit bei Tage.

[531] Vgl. U.OFFERHAUS, Komposition, S.172. OFFERHAUS weist darauf hin, daß in Ψ 65,6; 105,9 von Trockenheit beim Durchzug durch das Meer die Rede ist. Den Hinweis auf das "grünende Feld" hält er für unvereinbar mit der Führung der Israeliten "in den Untiefen wie in der Wüste" (Ψ 105,9), da es dem Vergleich mit der Wüste widerspricht. Er versucht das "grünende Feld" aus Sap 19,8 zu erklären, wo die Israeliten mit Weidetieren verglichen werden. Er verkennt dabei, daß eine Erklärung dieser Bezeichnung für den Weg der Israeliten durch das Meer aus dem Schöpfungsbericht passender ist.

V7b-d kann man aber auch von Gen 1 her lesen. Das Auftauchen "trockenen Landes" und eines "grünenden Feldes" sind Anspielungen an den Schöpfungsbericht. Nach Gen 1,9 sollte das Trockene (ἡ ξηρά) dadurch sichtbar werden (ὀφθήτο), daß sich das Wasser an einem Ort sammelte. Der wunderbare Vorgang beim Durchzug durch das Rote Meer, daß sich das Wasser als Mauern zur Linken und Rechten der Israeliten "sammelt" und sie auf dem Trockenen (κατὰ τὸ ξηρόν; Ex 14,22) durch das Meer gehen, wurde von Sap mit den Taten Gottes am dritten Schöpfungstages in *Analogie* gesetzt: Dort wie am Roten Meer tauchte "trockenes Land" aus dem "vorher bestehenden Wasser" auf. Das Wortoppositionspaar "Wasser - Meer/Trockenes" ist kennzeichnend für *beide* Vorgänge Ex 14 wie Gen 1 und hat diese assoziative Verknüpfung begünstigt.

V7 gibt zwei weitere Hinweise, daß Sap den Meerdurchzug wirklich vom dritten Schöpfungstag her liest: Das "Beobachten" (ἐθεωρήθη; V7b) des trockenen Landes korrespondiert mit dem Befehl Gottes Gen 1,9, das Trockene solle "sichtbar werden" bzw. "sich zeigen" (ὀφθήτο); Gen 1,9 LXX berichtet, daß das Trockene wirklich gesehen wurde (ὤφθη ἡ ξηρά).

In V7d bezeichnet Sap das Trockene als "grünendes Feld". Nachdem sich Gen 1,9 Wasser und Trockenes geschieden haben, Gott das Trockene "Land/ Erde" und das Wasser "Meer" nennt (Gen 1,10), soll das Land auf sein Wort hin samentragende Feldkräuter und früchtetragende Bäume hervorbringen (Gen 1,11). Was als Trockenes vom Wasser geschieden ist, soll also "grünen", die Vorstellung eines grünenden Feldes (χλοηφόρον πεδίον, V7d) liegt nicht weit davon entfernt. Dieses taucht ebenso aus der "heftigen Woge" auf, wie nach Gen 1 das trockene Land aus dem Wasser auftauchte. Sap gelingt es auf diese Weise, zu zeigen, daß beim Meerdurchzug tatsächlich alles wie am dritten Schöpfungstag zuging, denn trockenes Land wurde wirklich "gesehen". Saps Interpretation mit Hilfe der *Textkombination* Gen 1 und Ex 14 ist offensichtlich.

V7 setzt die in V6 angebahnte *Verknüpfung von Meerdurchzug und Schöpfungsbericht Gen 1* fort. Besonders der dritte Schöpfungstag ist für V7 von Bedeutung: Der für die Israeliten aus dem Meer auftauchende Weg wird parallelisiert mit dem Land, das am dritten Schöpfungstag geschaffen wurde, indem Gott die Sammlung des Wassers an einem Ort anordnete. Aus der *Kombination* von Texten gewinnt Sap ein neues Verständnis des Meerdurchzugs: Er ist erneutes Schöpfungshandeln Gottes.[532]

---

[532] Ein Vergleich mit Sir 24,3 lohnt sich für V7. Dort ist die σοφία mit der Schöpfung Gen 1 verbunden: Sie geht aus dem Munde Gottes hervor, ist also entstanden aus dem "Und Gott sprach...". Sie ist die Wolke, die die Erde bedeckt (V3b) was als Angleichung an den Geist Gottes verstanden werden kann, der nach Gen 1 über der Urflut schwebt. Die Aussage Sir 24,3 impliziert eine Gleichsetzung σοφία = πνεῦμα θεοῦ. Bei der in Sap 19,7 "beobachteten Wolke" könnte vielleicht auch bei den damaligen LeserInnen die Assoziation Wolke = σοφία geweckt worden sein.

5.4.4.3. V8: Der von Gottes Hand geschützte Durchzug als das Beobachten von Wundern

In V8 ist die direkte Parallelisierung von Ereignisse aus Ex 14 und Gen 1 einen Vers lang unterbrochen, wenn auch nicht ganz aufgegeben. Die "beobachteten Wunder" (V8b) können sich sowohl auf die wunderbaren Ereignisse während des Durchzugs beziehen als auch auf die Wunder der (Neu-)Schöpfung, als die sie ja verstanden werden:"Über das mit dem ganzen Volk die von deiner Hand Beschützten hindurchzogen und wunderbare Zeichen sahen."

Innerhalb von Ex 14,1-31 wird eine Diskussion darum geführt, welche Hand am Werk war, um die Israeliten aus der Hand der Ägypter zu retten. War es die Hand Moses oder die Hand Gottes - oder ist Mose als Hand Gottes gesehen. χείρ ist ein Schlüsselwort in Ex 14.[533] Ex 14,31 bekennt abschließend, daß Israel die mächtige Hand sah, mit der *der Herr* an den Ägyptern handelte, er hatte an diesem Tag Israel aus der Hand der Ägypter errettet (Ex 14,30). In Ex 14,31 kann "Hand" sogar als Synonym für Mose gelesen werden.

Auch bei Sap besteht in V8 noch immer diese Möglichkeit. Da jedoch im unmittelbaren Kontext Mose nicht erwähnt wird, erscheint es mir wahrscheinlicher, daß Sap hier wirklich Gottes eigene Hand am Werke sieht. Die Wirksamkeit wird Gott zugeschrieben. Ex 14,22 wird als von Gottes Hand beschützter Durchzug durch das Meer gesehen.

Die Formulierung in V8b "...die erstaunliche Wunder sahen" (θεωρήσαντες θαυμαστὰ τέρατα) kann wieder mit doppelter Bezugsmöglichkeit gelesen werden. Mit Ex 14 als Bezugstext sind die Ereignisse die beobachteten Wunder, die den Durchzug der Israeliten durchs Meer ermöglichten.[534] Durch die vorangehende Kombination der Meerereignisse mit Gen 1 aber ist auch eine Anspielung auf die Schöpfungswunder gegeben.

Die Wunder, die den Meerdurchzug ermöglichen, werden von Sap also nicht in ihrer Einzigartigkeit herausgestrichen und als Aufhebung gängiger Erfahrungen ("Naturgesetze") in den Vordergrund gestellt, sondern als Teil von Gottes Schöpfungshandeln begriffen. Sap denkt hier von der *Analogie* her: So wie Gott bei der ersten Schöpfung gehandelt hat so handelte er auch beim Meerdurchzug. Ermöglicht wurde dieses analoge Denken durch das Vorhandensein von gleichartigen "Elementen" in beiden Bezugstexten: die verdunkelnde bzw. schwebende Wolke; das Wasser, aus dem Trockenes auftaucht; das Handeln bzw. Sprechen Gottes, das alles bewirkt.

---

[533] Es begegnet V8.16.21.26.27.30.31.

[534] Zu beachten ist in diesem Zusammenhang auch Ex 15,11, der von Gottes Unvergleichlichkeit in der Götterwelt spricht, und dessen Ruhmestaten und Wunder die Vernichtung der Ägypter im Meer sind: ...θαυμαστὸς ἐν δόξιας, ποιῶν τέρατα (V11c). Die Wortwahl ist ganz ähnlich der von V8b!

5.4.4.4. V9: Die Israeliten, die Tiere auf dem "grünenden Acker", rühmen Gott, ihren Retter

V9 setzt die Analogisierung von Meerdurchzug und Neuschöpfung fort. Wenn die Israeliten "wie Pferde auf die Weide geführt" werden und sie "wie Schafe umhersprangen", dann komplettiert Sap gewissermaßen die Schöpfung: Die Israeliten entsprechen den Tieren, die am sechsten Schöpfungstag geschaffen wurden: "Wie Pferde wurden sie auf die Weide geführt und wie Schafe sprangen sie umher, dich rühmend, Herr, ihren Retter."

In den herumspringenden Lämmern wird der Kontrast zum Untergang der Ägypter (V2-4) besonders deutlich.

Dabei ist aber noch ein anderer Gegensatz beabsichtigt: ἵπποι bezeichnet in Ex 14 immer die Reiterei Pharaos, die zur Verfolgung der "flüchtenden" Israeliten eingesetzt wird.[535] In Ex 15 wird besungen, daß Gott ebendiese Reiterei vernichtet hat (V1.21; vgl. auch V19).

Wenn nun Sap die durchs Meer ziehenden Israeliten ἵπποι nennt, liegt die Spannung zu Ex 14f darin, daß sie als Bewohner der neuerschaffenen Weide ein genau entgegengesetztes Geschick erfahren: Sie werden der Wunder der Neuschöpfung ansichtig und leben weiter als die von Gott Geretteten - die Gottlosen aber gehen unter.

Gott erscheint dadurch implizit als Hirte, der Israel weidet. In dem Bild der geweideten Pferde und der hüpfenden Lämmer ist das Motiv des sicheren Geleits (Ψ 76,21; 77,52) mit dem der Ausgelassenheit (Mal 3,19-20; Ψ 113,4.6; dort auch jeweils das Verb σκιρτᾶν, vgl. V9b) verbunden.[536]

Auch Jes 63,13-14 vergleicht das Volk, das durchs Rote Meer geführt wird, mit einem Pferd in der Steppe und mit Rindern, die durch das Tal (sind hier die Wasserwände des Meerdurchzuges assoziiert?) ziehen. Das Bild soll die Großartigkeit Gottes zeigen, der sich durch diese Tat einen Namen gemacht hat.

Mal 3,20 redet von den zukünftig befreiten Israeliten: "...und ihr werdet herausgehen und springen wie aus dem Stall freigelassene Kälber." und drückt damit die buchstäbliche Ausgelassenheit des befreiten Gottesvolkes aus. In Ψ 76,21 und 77,52 ist Israel die von Gott geführte Herde, die aus Ägypten auszog.

Diese Stellen treffen alle den Vergleichsaspekt in V9a.b, wenn Israel mit den Pferden bzw. Lämmern verglichen wird.[537] In keinem Fall findet sich jedoch die Gleichsetzung des Meerdurchzuges mit einer Neuschöpfung.

---

[535] Ex 14,7.9.17.18.23.
[536] A.SCHMITT, Das Buch der Weisheit, S.138.
[537] Möglicherweise beinhaltet der Vergleich mit Pferden und Lämmern auf der Weide auch eine Anspielung auf die Landnahme. Die "Weide" ist das bessere Land, das für die Israeliten beim und nach dem Durchzug durch das Meer auftaucht.

Die Gleichsetzung des Meerdurchzuges mit einer Neuschöpfung ist innerhalb des AT nirgends derart explizit durchgeführt wie bei Sap. Die "Schöpfung" trockenen Landes ist sowohl für Gen 1 als auch für Ex 14 ein literarischer Niederschlag für die Vorstellung der Besiegung des Chaosungeheuers durch Gott.[538]
Angedeutet findet sich die Gleichsetzung von Neuschöpfung und Meerdurchzug in Jes 43,15f MT. In V15 spricht dort Jahwe von sich als dem Heiligen, dem Schöpfer Israels (בּוֹרֵא יִשְׂרָאֵל) und König. In V16, eingeleitet durch die Botenformel, redet er von sich als demjenigen, "der im Meer einen Weg gab und in den mächtigen Wassern einen Pfad". Schöpfungsterminologie, wenn auch Schöpfung Israels sicher einen besonderen Fall darstellt, und Meerereignis stehen zumindest in unmittelbarer Nachbarschaft. Auffällig ist hier allerdings die ganz andere Übersetzung der LXX: "Ich bin der Herr, euer heiliger Gott, der Israel gezeigt hat eure Königin.[539] So spricht der Herr, der einen Weg gab im Meer...". Der Schöpfungsgedanke ist an dieser Stelle getilgt, Jes 43,15f LXX scheidet somit als Quelle für die Verbindung von Meerdurchzug und Neuschöpfung in der Überlieferung aus. Diese Verbindung ist eine *theologische Neuschöpfung* Saps.

V9c ist eine Anspielung auf das Lied Ex 15, mit dem die Israeliten Gott nach dem Durchzug preisen.[540] Der Duktus von V6-9 läßt nicht eindeutig die zeitliche Nachordnung von V9(a.b)c nach Durchzug bzw. Neuschöpfung erkennen. Es ist auch das Verständnis möglich, die Israeliten hätten während des Durchzuges Gott als ihren Retter gepriesen.
V9c macht deutlich, daß Sap hier weniger von der Gegenüberstellung Plage <—> Wohltat her denkt als von Untergang <—> Rettung, auch wenn V4c den Untergang der Ägypter als letzte noch fehlende Züchtigung versteht. Die Israeliten besingen Gott als ihren Retter.
In Sap 10 war bei der Aufnahme des Meerereignisses die σοφία die Retterin aus der Hand der Ägypter. Hier ist das Handeln Gottes nicht durch das der σοφία ersetzt.[541]

Der Untergang der Ägypter ist in Ex 14f die Voraussetzung für die endgültige Rettung der Israeliten. Schon im Buch Ex selbst ist ein Kontrast von Untergang und Rettung angelegt. Sap verstärkt diesen Kontrast noch durch die Betonung des Untergangs als letzter Plage, die bis zum Ende Gottes

---

[538] Vgl. hierzu etwa auch Jos 3,15-17, den Durchzug des Volkes durch den Jordan, der aber wohl von Ex 14 abhängig ist.
[539] Las hier LXX eine Form von מֹלֶכֶת oder מַלְכָּה und eine Hi.-Form von רָאָה?
[540] Vgl. auch Sap 10,20! U.OFFERHAUS, Komposition, S. 190, weist darauf hin, daß der Lobpreis Gottes im Rahmen der Geschichtsbetrachtung die Reihe der Gegenüberstellungen eröffnet und beschließt (10,20 u. 19,9).
[541] Auch PHILO verwendet das Verb ῥύεσθαι um Gottes Taten, besonders aber die Rettung am Meer, an seinem Volk auszudrücken (VitMos I,47.173.216; SpecLeg II,218), s. K.-G.SANDELIN, Wisdom as Nourisher, S.216.

Zorn über die Ägypter bringt (V1) und der Rettung durch Gottes Hand für die Israeliten.

5.4.5. *V10-12: Rückblick auf zwei ägyptische Plagen und die Speisung durch Wachteln unter dem Aspekt der Neuschöpfung*

Unter dem Aspekt der Neuschöpfung blickt Sap in V10-12 zurück auf zwei Tierplagen (Mücken- und Froschplage), die sie bereits innerhalb der dritten bzw. zweiten Gegenüberstellung aufgenommen hatte.[542] Mücken und Frösche sind für Sap eigentümliche "Schöpfungen", die der "Regel" der Schöpfung widersprechen.

In der Ernährung durch Wachteln sieht Sap an dieser Stelle die Besonderheit, daß die Israeliten eine neue Entstehung ($\gamma\acute{\epsilon}\nu\epsilon\sigma\iota\varsigma$) von Vögeln zu Gesicht bekommen. Nach V6-9 werden nun rückblickend Plagen und Wohltat unter den Aspekt "Neuschöpfung" betrachtet.

V10-12 sind aus der Sicht Israels formuliert; die Verse reflektieren die Erfahrung des Gottesvolkes. Der zweite sich anschließende Rückblick (V13-17) bezieht sich auf die Ägypter. In diesen Reflexionsteilen kehrt etwas von dem Bauprinzip besonders der ersten bis vierten Gegenüberstellung wieder, wo den Gegenüberstellungen jeweils Reflexionsteile zugeordnet waren, die entweder vom Volk oder den Feinden her formuliert waren.

5.4.5.1. *V10: Rückblick auf Stechmücken- und Froschplage*

V10 erhebt die Fiktion, die Israeliten hätten im Anschluß an den Meerdurchzug ihrer Erlebnisse in Ägypten, gedacht. Im Rückblick erscheinen ihnen diese ebenso wie eine Aufhebung der gültigen Schöpfungs"ordnung" wie der soeben erlebte Durchzug:

> 10"Denn sie gedachten auch ihrer Erlebnisse in der Fremde,
> wie zum einen anstelle der Entstehung von Tieren die Erde
>   Stechmücken hervorbrachte,
> zum anderen anstelle der Wassertiere der Fluß [der Nil] eine
>   Fülle von Fröschen ausspie."

---

[542] Hier muß auf die literarkritischen und kompositionskritischen Probleme verwiesen werden, die die Zuordnung von V10-12 zu V1-9 aufwirft (s. dazu die Darstellung bei U.OFFERHAUS, Komposition, S.175f und dort auch Anm. 261). Ich begründe meine Zurechnung von V10-12 zu V1-9 mit der auch von OFFERHAUS S.176 festgestellten *sachlichen* Verbindung zu V1-9. OFFERHAUS vermißt die erkennbare Absicht der Zusammengehörigkeit, die m.E. in der Betrachtung der beiden Plagen und des zukünftigen Wunders unter dem Aspekt "Neuschöpfung" liegt; unter Einschluß dieser Beobachtung müßten die Kriterien für eine Abgrenzung neu diskutiert werden.

Hinter V10b.c steht die Vorstellung, die Erde und das Wasser brächten jeweils ihnen eigentümliche Tiere hervor.[543] Die Besonderheit liegt nun darin, daß Stechmücken nach der Sap vertrauten Einordnung *keine* Landtiere und Frösche *keine* Wassertiere waren. Anders ist das zweimalige ἀντί in V10b.c nicht zu erklären.[544]

V10b nennt die Entstehung der Landtiere γένεσις, was Assoziationen an das Buch Gen bei den LeserInnen hervorruft. Nach V6-9 liegt diese Assoziation nahe. Von der dort im Meerdurchzug gesehenen *Neuschöpfung* aus sind auch die Mücken- und Froschplage zu betrachten. Sowohl die Entstehung der Mücken aus dem Staub der Erde (vgl. Ex 8,13)[545] als auch die Entstehung der Frösche aus dem Nil[546] findet anstelle (ἀντί) der erwarteten Entstehung von Tieren statt.
Für Sap ist also schon bei den Plagen eine Neugestaltung der Schöpfung im Gange gewesen. Dessen wird sich Israel durch die Erfahrung des Meerdurchzuges im Rückblick bewußt. Dieses Bewußtsein wird den LeserInnen durch V10 als neue Interpretationsmöglichkeit für die beiden Plagen angeboten. Sie können nicht nur unter dem Aspekt der Züchtigung für die Ägypter gelesen werden, sondern auch unter dem der Neuschöpfung. Als "Erinnerung" der Israeliten nach dem Durchzug durchs Meer (V10a: ἐμέμνηντο) trägt Sap diese Interpretation an die Exodustexte heran.

Diese Neuinterpretation erscheint vor dem Hintergrund einer neuen Erfahrung. Die neue Erfahrung ermöglicht es Sap, ein und denselben Text, in diesem Fall die ägyptischen Plagen, zweimal zu interpretieren, ohne daß beide Interpretationen zueinander in Widerspruch stehen müssen.
In der zweiten und dritten Gegenüberstellung erscheinen Frösche- und Stechmückenplage aufgenommen unter dem Prinzip "Züchtigung". Durch Hervorhebung einzelner Motive aus den Bezugstexten bzw. durch übertreibende Interpretation wurde die Froschplage zum Beispiel dafür, wie die Ägypter Hunger leiden mußten aufgrund des häßlichen Anblicks der Tiere (Sap 16,3). Die Stechmückenplage wird zum Beispiel dafür, daß Ägypter

---

[543] Nach P.T. van ROODEN, Die antike Elementarlehre, S.89, konnten die Elemente nur in einem magnus annus Tiere hervorbringen. Hier läge dann eine weitere Spannung: Das Schöpfungshandeln Gottes während des Auszuges durchbricht die Reihe der Großen Jahre bzw. Gott selbst ist fähig, durch seine Schöpfung ein Großes Jahr zu bewirken. Zur Darstellung der Frosch- und Mückenplage vgl. PHILO, VitMos I, 103.107. Auch PHILO rekurriert auf die Ungewöhnlichkeit, daß eine Gattung von Wassertieren auf das Land, das entgegengesetzte Element übersiedelt: "...καθάπερ εἰς ἀποικίαν ἐν γένος τῶν ἐνύδρων τῆς φύσεως ἐκπέμψαι διανοηθείσης πρὸς τὴν ἐναντίαν χώραν· ἐναντία γὰρ χέρσος ὕδατι." (VitMos I,103). In der Entstehung der Mücken (VitMos I,107-112 sieht er nichts Ungewöhnliches.
[544] A.SCHMITTs Erklärung (Das Buch der Weisheit, S.138): "Man war überzeugt, daß im Staub kleine Lebewesen sich von selbst entstehen können." paßt eben nicht zu der Stelle, weil sie das ἀντί übersieht. Es drückt ja die Besonderheit aus, es geschah etwas anderes, was nicht der gängigen Überzeugung entsprach.
[545] Hier wie Ex 8,12-15 σκνίψ für die Stechmücken.
[546] ποταμός kann mit "Fluß" wiedergegeben werden; mit Sicherheit ist damit der Nil gemeint.

an den Bissen an sich harmloser Tiere starben (Sap 16,9); beidesmal wird eine Wohltat gegenübergestellt, die Gott den Israeliten tat.
Für V10b greift Sap auf Ex 8,12-13 zurück: Aaron soll auf den Befehl Gottes hin seine Hand ausstrecken und mit seinem Stab den Staub der Erde (τὸ χῶμα τῆς γῆς) schlagen; daraufhin sollen Mücken (σκνῖφες) entstehen. Aaron tut wie ihm geheißen, die Mücken entstehen; Ex 8,13 bemerkt abschließend: καὶ ἐν παντὶ χώματι τῆς γῆς ἐγένοντο οἱ σκνῖφες ἐν πάσῃ γῇ Αἰγύπτου.[547] Das Verständnis, ob die Mücken *in* dem Staub der Erde entstanden sind oder der Staub *zu* Mücken wurde ist für V10b ohne Bedeutung. Die Entstehung von Mücken wird unter dem Aspekt "Neuschöpfung" gesehen. Daß, wie bei der Plage geschehen, Mücken in irgendeinem Zusammenhang dem Staub der Erde entstanden, ist für Sap eine "Genesis", die anstelle der üblichen eintrat.
Ähnlich ist der Gedankengang in V10c. Bis hinein in die Wortwahl wird Ex 7,28 (καὶ ἐξερεύξεται ὁ ποταμὸς βατράχους,...) aufgenommen. Die Frösche kamen aus dem Wasser heraus bis hinein in die Häuser und Backtröge der Ägypter. Sie benahmen sich also wie Landtiere. In ihnen sieht Sap eine Gattung, die anstelle der sonst üblichen Wassertiere (ἔνυδροι; V10c) vom Nil hervorgebracht wird. Auch dies ist eine unübliche Neuschöpfung.[548]

Die eingangs geäußerte Erwartung, es könnte bei der erneuten Aufnahme der beiden Plagen und des Wachtelwunders zu einer Interpretation der eigenen Interpretation kommen, hat sich nicht bestätigt. Vielmehr gelingt es Sap durch eine Auswahl bestimmter Elemente aus den Bezugstexten, also durch *Selektion*, jeweils den Aspekt der Bezugstexte in ihrer Interpretation in den Vordergrund zu stellen, der ihr im jeweiligen Kontext am wichtigsten und nützlichsten ist.
Im Prinzip zeigt sich hier das Phänomen der mehrfachen Lesbarkeit eines Textes. Das soll heißen, daß ein Text in einer geänderten Situation unter anderen Herausforderungen anders gelesen werden kann und auch wird; die Situation, mit der er in Verbindung gebracht wird, bestimmt, was im Bezugstext "wichtig" wird.

---

[547] Die LXX übersetzt den MT כָּל־עֲפַר הָאָרֶץ הָיָה כִנִּים wie oben ersichtlich mit dem Verständnis, die Mücken seien *im* Staub entstanden. Für Sap ist nur die "falsche" Hervorbringung relevant, ungeachtet ob Staub zu Mücken wurde oder die Mücken aus dem Staub entstanden sind.
[548] Eine Besonderheit besteht m.E. darin, daß sowohl beim Meerdurchzug als auch bei den beiden Tierplagen der Stab Moses (bei der Mückenplage der Stab Aarons) eine Rolle spielt. Sieht man das im Zusammenhang mit dem Thema Neuschöpfung, kann vielleicht die Vorstellung im Hintergrund sein, bei dem beteiligten Stab habe es sich jeweils um einen Zauberstab gehandelt. Dieser Problematik müßte durch den Vergleich mit anderen Texten nachgegangen werden. Zu beachten ist aber im Fortgang von Sap 10, daß auch das Auftauchen der Wachteln als "neue Schöpfung" gesehen wird (V11-12) und bei den Wachtelwundern in Ex 16 und Num 11 der Stab keine Rolle spielt. Als mögliche Assoziationskette ergibt sich für Sap die Verbindung vom Meerdurchzug zu den beiden Tierplagen über das Stichwort ῥάβδος und von den beiden Plagen zum Wachtelwunder über die Thematik "Entstehung von Tieren".

5.4.5.2. V11-12: Das Wachtelwunder als "neue γένεσις von Vögeln"

Die erneute Aufnahme der Speisung der Israeliten durch Wachteln kann man nur insofern als Rückblick bezeichnen, als Sap dieses Wunder bereits in der zweiten Gegenüberstellung (11,15-16 u. 16,1-4) aufgenommen hat. In V11-12 ist jedoch deutlich die zeitliche Nachordnung nach dem Meerdurchzug durch die Wendung ἐφ' ὑστέρῳ angezeigt:

> 11"Später aber sahen sie auch noch eine neue Entstehung von Vögeln,
> denn durch die Begierde angetrieben begehrten sie Speisen der Schwelgerei;
> 12zur Befriedigung[549] stiegen für sie Wachteln vom Meer her auf."

Das Zeitverständnis der LeserInnen wird verwirrt durch den Sprung vom Meerdurchzug zurück zu den ägyptischen Plagen und wieder hin zum Wachtelwunder. In V11-12 hält sich Sap an die zeitliche Reihenfolge in den biblischen Bezugstexten; in den Gegenüberstellungen hatte sie sie verlassen, um Plagen und Wohltaten einander gegenüberzustellen.[550]

In der Wortwahl zeigen V11-12 eine größere Nähe zu Num 11 als zu Ex 16. V11b nennt die "Begierde", mit der die Israeliten Fleisch begehren (hier und Num 11,4: ἐπιθυμία). Daß in dieser Begierde jedoch eine Auflehnung gegen Gott enthalten war, läßt Sap hier wie auch schon in der zweiten Gegenüberstellung unerwähnt. Israels Verfehlung wird getilgt. Zwar erinnert das Wort ἐπιθυμία noch an die "Lustgräber" (μνήματα ἐπιθυμίας; Num 11,34), wenn jedoch sofort auf die ἐπιθυμία die Befriedigung derselben erfolgt (V12: παραμυθία), wird diese Erinnerung deutlich zum Positiven abgeschwächt.

Das Wortspiel in V11b.12, das mit der Assonanz von ἐπιθυμία und παραμυθία arbeitet, unterstützt diese Abschwächung noch. ἐπιθυμία erinnert an die Formulierung εἰς ἐπιθυμίαν ὀρέξεως ("zur Stillung des großen Hungers") in 16,2, wo aus der Gier der Israeliten ein bloßer Hunger gemacht und alle Auflehnung des Volkes getilgt wurde. Und auch hier wird durch die "Speisen der Schwelgerei" auf die Luxusspeise Wachteln verwiesen und nicht auf die Auflehnung der Israeliten an den Lustgräbern erinnert.

---

[549] παραμυθία ist auch mit "Trost" übersetzbar, so z.B. in der Einheitsübersetzung bei A.SCHMITT, Das Buch der Weisheit, S.136; auch U.OFFERHAUS, Komposition, S.182 hat darauf hingewiesen. Für ihn ermöglicht παραμυθία die Kontrastierung von V10-12 durch V13-17, wobei dann V13-17 implizit als Warnung der Gottlosen verstanden wird; s. dazu den nächsten Abschnitt 5.4.6.
[550] U.OFFERHAUS, Komposition, S.175f.

Die Wachteln kommen für Sap vom Meer her (V12: ἀπὸ θαλάσσης), ein Umstand, den nur Num 11,31 im Pentateuch erwähnt.[551]
In V12 (...ἀνέβη... ἀπὸ θαλάσσης ὀρτυγομήτρα) liegt eine Kombination von Ex 16,13 (...καὶ ἀνέβη ὀρτυγομήτρα...) und Num 11,31 (...καὶ ἐξεπέρασεν ὀρτυγομήτραν ἀπὸ τῆς θαλάσσης...) vor. ἀπό θαλάσσης kann man auch als "aus dem Meer" verstehen; das Neue an dem Schöpfungsgeschehen ist hier, daß *Vögel* aus dem Wasser hervorgebracht werden.[552]
Im Duktus der Schöpfungsgeschichte Gen 1 gehört die Schöpfung von Vögeln zum fünften Schöpfungstag (Gen 1,20); auch von dorther kann sich das Verständnis nahelegen, die Vögel seien aus dem Wasser entstanden. Gottes Befehl, das Wasser solle lebendige Lebewesen hervorbringen und die Vögel sollen über der Erde unter der Feste des Himmels fliegen ist durch καί verbunden und kann also so verstanden werden, als seien auch die Vögel aus dem Wasser entstanden: Καὶ εἶπεν ὁ θεός· Ἐξαγαγέτω τὰ ὕδατα ἑρπετὰ ψυχῶν ζωσῶν καὶ πετεινὰ πετόμενα ἐπὶ τῆς γῆς κατὰ τὸ στερέωμα τοῦ οὐρανοῦ...
Es ist wahrscheinlich, daß Sap unter dem Aspekt der "Neuschöpfung" das Auftauchen der Wachteln aus dem Meer in Num 11 mit Gen 1,20 *kombiniert* hat. Dabei haben die Elemente "Meer/Wasser" und "Vögel/Wachteln" die Kombination der Texte erleichtert. Das Wachtelwunder wird in V11a ausdrücklich als νέη γένεσις ὀρνέων bezeichnet. Sap stellt es in eine Linie mit der Schöpfung der Vögel, die Gott am fünften Schöpfungstag geschaffen hat.

In V10-12 werden Frosch- und Mückenplage sowie das Wachtelwunder unter das Thema Neuschöpfung gestellt. Daraus ergibt sich eine bisher noch nicht dargestellte Interpretation dieser Plagen und dieser Wohltat. Es bliebe zu fragen, ob in den Assoziationen der LeserInnen dieser Aspekt "Neuschöpfung" auf alle anderen Plagen und Wohltaten (z.B. das Mannawunder) ausgedehnt werden soll. In 19,6-12 selbst deutet nichts darauf hin. Die Entstehung von Tieren als Neuschöpfung scheint bei Saps Betrachtung im Vordergrund gestanden zu haben, die anderen Plagen und Wohltaten konnten schlecht dem Thema Neuschöpfung untergeordnet werden.

5.4.6. *V13-17: Vergleichender Rückblick in Bezug auf das Verhalten von Ägyptern und Sodomitern*

Die kompositorische Einbettung von V13-17 in den Kontext ist nicht recht einsichtig.[553] Die Betrachtung von Geschehnissen unter dem Aspekt "Neu-

---

[551] Zum Wachtelwunder s.a. Ψ 77,17-29 (dort ist in V29 und auch V30 von der ἐπιθυμία der Israeliten die Rede); Ψ 104,40 und besonders Sap 16,2-4.
[552] A.SCHMITT, Das Buch der Weisheit, S.139.
[553] Zur Gesamtproblematik vgl. U.OFFERHAUS, Komposition, S.177ff. Die kompositorische Erklärung für die Einfügung an dieser Stelle sieht OFFERHAUS in einer kontrastierenden Ge-

schöpfung" setzt sich in V13-17 nicht fort. Der Plural αἱ τιμωρίαι V13a setzt auch nicht allein den Untergang im Meer als Bezugspunkt voraus, sondern hat *alle* Plagen an den Ägyptern im Blick.
Der Rückblick in V13-17 gilt den Ägyptern und ihrem Verhalten. Hier kommt es nun zu einem wirklichen *Vergleich* - das Verhalten der Ägypter wird mit dem der Sodomiter unter dem Stichwort "Fremdenhaß" verglichen. Hier begegnet ein Komparativ (χαλεπώτερος = "schlimmer"), dessen Richtigkeit argumentativ erwiesen wird. Es geht nicht wie in den immer wieder "Vergleiche" genannten Gegenüberstellungen um Gegensätzliches, sondern um vergleichbares Verhalten und vergleichbare Erfahrungen, wobei sich eben beides, Verhalten und Erfahrung, für eine Partei als "schlimmer" herausstellt.

Wenn ich V13-17 trotz der inhaltlichen Differenzen zu V1-12 im Zusammenhang mit der letzten Gegenüberstellung behandle, so hat das im wesentlichen sachliche Gründe: Wie oben gezeigt setzt sich die Thematik "Neuschöpfung" aus V6-9 in V10-12 fort. Ägyptische Tierplagen und das Wachtelwunder werden unter diesem Thema als "absonderliche Entstehung der Tiere" angesehen.[554] Das Wachtelwunder als außerordentliche Tierentstehung geschieht zum "Trost" - folgt man der ambivalenten Übersetzungsmöglichkeit von παραμυθία - der Gerechten.
Diesem paränetisch-tröstenden Abschnitt ist dann V13-17 als Kontrast gegenübergesetzt. Das Wunder der Neuschöpfung wird den Gerechten aus freien Stücken zuteil - die Strafen kommen über die Gottlosen aufgrund ihrer Verstrickung in Sünde. Gottlosen, die sich nicht bekehren wollen, kann dies zur Warnung geschrieben sein.[555] V13-17 dient der nachträglichen Rechtfertigung aller Plagen an den Ägyptern.

Auch in 19,1-17 zeigt sich, daß Sap bemüht ist, ein inhaltlich aufeinander bezogenes Ganzes zu präsentieren, indem sie die einzelnen Abschnitte miteinander verknüpft.

5.4.6.1. V13: Die Bestrafungen der Ägypter geschahen aufgrund ihres Fremdenhasses

Die Strafen - und hier sind alle ägyptischen Plagen einschließlich des Unterganges im Meer gemeint - kamen nicht ohne Vorzeichen über die Ägypter (V13b). Sap ist auch hier bemüht, eine konkrete Sünde als Begründung für die Strafe anzuführen. Sie tut dies, indem sie einen Vergleich zwischen dem Verhalten der Ägypter und dem der Sodomiter anstellt. Dabei kommt sie zu dem Ergebnis, daß die Ägypter einen schlim-

---

genüberstellung zu V10-12 unter dem Aspekt von "Trost/Zuspruch <—> Warnung der Gottlosen" (S.182).
[554] J.FICHTNER, Weisheit Salomos, S.69; U.OFFERHAUS, Komposition, S.176.
[555] Ich folge hier U.OFFERHAUS´ Argumentation (Komposition, S.182).

meren Fremdenhaß ($\mu\iota\sigma\omicron\xi\epsilon\nu\acute{\iota}\alpha$[556]) praktizierten als jene. $\mu\iota\sigma\omicron\xi\epsilon\nu\acute{\iota}\alpha$ ist die Thematik, unter der Sap diesen Vergleich anstellt. Die Darstellung des Verhaltens der Ägypter und der Sodomiter ist in V14-17 ineinander verwoben.[557]

Als Bezugstexte dienen Sap zum einen Gen 47 und Ex 1, wo dargestellt wird, wie die Israeliten nach Ägypten kamen und wie sie aufgenommen wurden, zum anderen Gen 19, wo beschrieben wird, wie die Sodomiter die beiden "Engel" behandeln, die bei Lot zu Besuch sind.

13"Und die Strafen kamen auf die Sünder,
nicht ohne daß Zeichen durch die Gewalt von Donnerschlägen
vorher geschehen wären.
Denn gerechterweise litten sie unter ihrer eigenen Bosheit,
denn sie betrieben einen schlimmeren Fremdenhaß mit Fleiß."

V13 ist die Hinführung zum Vergleich zwischen Ägyptern und Sodomitern in V14-17. Es ist allerdings schwer, anzugeben, was mit den "Donnerschlägen" gemeint ist. D.GEORGI sieht hier eine Anspielung auf das Ereignis am Roten Meer, also den Untergang der Ägypter und verweist dabei auf Ψ 76,18, wo Blitze und Donner dem Weg durchs Meer vorangehen.[558] Ein direkter Bezugspunkt zum Untergang der Ägypter im Meer findet sich in V13-17 freilich nicht, es geht Sap auch nicht allein um die "letzte Strafe", sondern um alle Strafen, die die Ägypter zu erleiden hatten.

Wie in V10-12 aus der Sicht der Israeliten unter dem Eindruck des Meerereignisses über vergangene Erlebnisse reflektiert wird, so tun dies die Verse 13-17 aus der Sicht der Ägypter. Auch wenn Sap in der Regel jede Züchtigung als Folge einer konkreten Sünde der Gottlosen erscheinen läßt, so liefert sie hier doch eine diesen einzelnen Vergehen noch übergeordnete Begründung: Die Ägypter hatten einen schlimmeren Fremdenhaß praktiziert.
Der im Text fehlende Vergleichspunkt zum Komparativ (V13d) ergibt sich aus den folgenden Versen: Die Ägypter hatten einen schlimmeren Fremdenhaß als die Sodomiter praktiziert. Die Sodomiter gelten als Beispiel für harte Bestrafung; nirgends ist als Grund ihrer Bestrafung jedoch "Fremdenhaß" genannt.[559] Sap kommt zu ihrem Urteil durch den Vergleich im Verhalten, wie V14-17 deutlich zeigen werden.

---

[556] Hapaxlegomenon in LXX.
[557] D.GEORGI, Weisheit Salomos, S.469, Anm.13a.
[558] D.GEORGI, Weisheit Salomos, S.469, Anm.13b.
[559] A.SCHMITT, Das Buch der Weisheit, S.139, mit Verweis auf Dtn 29,22; Jes 1,9; 13,19; Mt 10,15; 2.Petr 2,6; Jud 7; Apk 11,8. Dtn 29,22-27 nennt als Grund der Bestrafung, daß die Sodomiter den Bund der Väter verlassen haben und sich fremden Göttern zugewendet haben. In Mt 10,14-15 ist so etwas wie Fremdenhaß der Sodomiter angesprochen, wenn es dem Haus oder der Stadt im Endgericht schlechter als Sodom und Gomorra ergehen soll, wenn es oder sie

5.4.6.2. V14-17: Der Vergleich zwischen Ägyptern und Sodomitern unter dem Thema "Fremdenhaß"

Sieht man V13 als Einleitung der Schlußzusammenfassung, die auf alle Plagen der Ägypter zurückblickt, dann kann kein Bezugstext für die in V13b genannten Donnerschläge angegeben werden. Ein Bezug allein auf den Untergang der Ägypter im Meer ist nicht möglich. Eine Klärung ermöglicht vielleicht V17, der als Vergleichspunkt zwischen Sodomitern und Ägyptern anführt, daß beide mit Blindheit geschlagen waren. Für die Ägypter spielt Sap dabei an auf die Finsternisplage. Als im Duktus des Buches Ex letzter Plage vor der Erstgeburtstötung und dem Untergang im Meer gingen ihr alle anderen Plagen und somit auch die mit Gewittererscheinungen verbundene Hagelplage voraus. Möglicherweise ist mit der Finsternisplage der Bezugstext zu V13 gefunden. Exakte Anhaltspunkte dafür gibt es jedoch nicht.

Die Wendung δικαίως ἔπασχον ("sie litten gerechterweise") in V13 steht in einer Linie mit den wiederholten Feststellungen, daß die Ägypter verdientermaßen Strafen zu erleiden hatten (ἄξιοι ἦσαν). Auch hier folgt der Grund für die gerechte Strafe: Die Ägypter hatten mit Fleiß, also vorsätzlich einen schlimmeren Fremdenhaß an den Tag gelegt als die Sodomiter. Den Beweis für den Vorsatz und die schlimmere Ausprägung führt Sap in V 14-17:

14"Während diese zwar die Unbekannten nicht aufnahmen als sie
   ankamen,
versklavten jene die fremden Wohltäter.
15Und nicht nur das, doch es wird eine Heimsuchung für sie
   geben,
weil sie feindselig aufnahmen die Fremden.
16Die aber hatten unter Festlichkeiten
aufgenommenen diejenigen, die schon an ihren [oder: den
   gleichen] Rechten teilgenommen hatten,
fügten [ihnen] Übles zu durch schreckliche Arbeiten.
17Sie wurden aber auch mit Blindheit geschlagen
wie jene vor den Türen des Gerechten
als sie von tiefer Finsternis umgeben waren
und jeder den Weg zu seiner eigenen Tür suchte."

V14a.15b.17a.b beziehen sich auf die Sodomiter; V14b.16.17c.d auf die Ägypter. V15a ist eine Parenthese.

Das üble Verhalten der Ägypter besteht darin, daß sie "die fremden Wohltäter versklavten" (V14b) und denen, die sie unter Festlichkeiten aufge-

---

oder der Stadt im Endgericht schlechter als Sodom und Gomorra ergehen soll, wenn es oder sie die Jünger nicht aufnehmen. Bis auf den heutigen Tag sind "Sodom und Gomorra" eigentlich immer wieder Sinnbilder für zuchtlosen Lebenswandel oder für Zerstörung geblieben, außer m.W. in Sap aber aber nie als Beispiel für Fremdenhaß herangezogen worden.

nommen hatten und die ihnen gleichberechtigt waren "Übles zufügten durch schreckliche Arbeiten" (V16). V17, der die jeweiligen Folgen für Ägypter und Sodomiter schildert, soll zunächst außer Betracht bleiben.
In V14b.16 spielt Sap an auf die Ereignisse, wie sie in Gen 41 bis Ex 1 berichtet werden. Nach Gen 41,37-46 wurde Josef unter Festlichkeiten in das Amt des obersten Beamten Pharaos eingesetzt. Nur um den Thron will Pharao höher sein als Josef und er verleiht ihm Siegelring, Gewänder und Kette als Insignien der Macht. Pharao bleibt der oberste Befehlshaber, aber ohne Josefs Befehl soll niemand auch nur seine Hand gegen Ägypten regen können:'Ἐγὼ Φαραω · ἄνευ σοῦ οὐκ ἐξαρεῖ οὐθεὶς τὴν χεῖρα αὐτοῦ ἐπὶ πάσῃ γῇ Αἰγύπτου (Gen 41,44).[560]
Auf diesen Sachverhalt geht V16a ein. In Josef sieht Sap ganz Israel unter Feierlichkeiten aufgenommen. Ob sich die "Teilnahme an den gleichen Rechten" in V16b auf die Einsetzung Josefs in die Würde des obersten Beamten bezieht, oder auf die Möglichkeit der Israeliten, in Ägypten zu leben, nach dem Wunsch Pharaos sogar im besten Teil (Gen 47,6), ist dem Zusammenhang nicht zu entnehmen. Jedenfalls geht Sap aber davon aus, daß in der Rechtsstellung kein Unterschied zwischen Ägyptern und Israeliten bestand, als Jakob nach Ägypten gezogen war.[561]
Im unmittelbaren Anschluß an die Erzählung von Josefs Erhöhung vor dem Pharao wird die Art beschrieben, wie er die sieben Jahre der Fülle und die sieben Hungerjahre verwaltet (Gen 41,53-57). Josef ist der Wohltäter Ägyptens, denn er öffnet den Ägyptern die Kornkammern in den sieben Hungerjahren, so daß es in Ägypten Brot gibt (Gen 41,54.56). Auch Gen 47,13-26 könnte in der Anspielung auf das "Wohltun" gemeint sein: Josef nahm das Vieh und Ackerland zum Erwerb von Getreide in Zahlung, als der ägyptischen Bevölkerung das Geld ausgegangen war. Letztendlich versklavt er damit zwar die Bevölkerung Ägyptens (καὶ τὸν λαὸν κατεδουλώσατο αὐτῷ εἰς παῖδας ἀπ' ἄκρων ὁρίων Αἰγύπτου ἕως τῶν ἄκρων,..., Gen 47,21) und macht sie gegenüber Pharao tributpflichtig. Aber die Reaktion der Bevölkerung darauf ist verblüffend: Sie sprechen zu Josef, er habe sie gerettet und wenn sie Gnade vor seinen Augen fänden, wollten sie gerne Knechte Pharaos sein (καὶ εἶπαν Σέσωκας ἡμᾶς, εὕρομεν χάριν ἐναντίον τοῦ κυρίου ἡμῶν καὶ ἐσόμεθα παῖδες Φαραω, Gen 47,25).[562]

---

[560] In der LXX ist deutlicher als im MT zu sehen, daß Josef herrschaftliche bzw. militärische Ansprüche auf Ägypten abwehren soll. Möglicherweise hat Pharao ihn für die Übersetzer der LXX zum obersten Militärbefehlshaber eingesetzt.
[561] A.SCHMITT, Das Buch der Weisheit, S.139, sieht in den "gleichen Bürgerrechten" und dem "Fremdenhaß" eine Anspielung auf die schwierige Lage der Juden speziell im ptolemäischen Alexandria.
[562] In diesen Stellen sehe ich das Wohltun der Israeliten für die Ägypter angesprochen. A. SCHMITT, Weisheit, S.81, vermutet das Wohltun auch in Israels Arbeit für das Gastland; damit ist wohl der "Frondienst" gemeint.

Wenn Sap im Plural von "Wohltätern" spricht (V14b), dann ist darin wohl Rechnung getragen, daß nach Josef und durch ihn veranlaßt zusammen mit Jakob alle Stämme Israels nach Ägypten gekommen waren: In Saps Augen wurden alle Israeliten zu Wohltätern der Ägypter. Josef steht für Sap als pars pro toto ganz Israels.

In der Bezeichnung εὐεργέτης liegt aber auch ein ironischer Unterton, wenn man bedenkt, daß durch Josef die ägyptische Bevölkerung versklavt und tributpflichtig wurde.[563] Und ein ebenso ironischer Ton richtet sich hier sicher auch gegen ptolemäische Herrscher, die den Beinamen Εὐεργέτης trugen.

Dennoch wurde von Sap die Josefsgeschichte als das gelesen, was sie im Buch Gen *auch* ist: als Verbindungsglied zwischen Vätergeschichte und Exodus, als Teil der Jakobs(Israels)-Geschichte und als Begründung dafür, warum Israel sich in Ägypten aufhält. V14b.16a.b zeigen deutlich, daß Sap diese *Funktionen* der Josefsgeschichte "verstanden" hat und in ihre Interpretation aufnimmt.

Aus Saps Blickwinkel wirkt es dann nur wie das Umdrehen des Spießes, wenn vom "Versklaven der Wohltäter" die Rede ist. Hier ist Ex 1,1-14 der Bezugstext: Nachdem Josef und seine Brüder gestorben waren, stand ein neuer König in Ägypten auf, der nichts von Josef wußte.[564] Dieser fürchtete nun, die Israeliten könnten ihm im eigenen Land zu mächtig werden und er unterdrückte sie: καὶ κατεδυνάστευον οἱ Αἰγύπτιοι τοὺς υἱοὺς Ισραηλ βίᾳ (Ex 1,13). Die Ägypter versklaven (καταδουλοῦν) die Israeliten und erlegen ihnen harte Arbeit auf (Ex 1,14).

Die μισοξενία der Ägypter besteht darin, daß sie ihre *Wohltäter*, unter Feierlichkeiten aufgenommen und rechtlich ihnen gleichgestellt, *versklaven* und ihnen durch schreckliche Arbeiten Böses zufügen (δεινοῖς ἐκάκωσαν πόνοις; V16c).

Sap betrachtet die Josefsgeschichte und das unmittelbar daran anschließende Kapitel Ex 1 unter dem Aspekt, was darin über das *Verhalten* der Ägypter *gegenüber Fremden*, speziell gegenüber den Israeliten ausgesagt ist. Sie spielt dazu auf einzelne Episoden an, nicht auf den gesamten Textkomplex. In den Assoziationen der LeserInnen ergibt sich daraus die Geschichte von der Aufnahme zuerst Josefs dann ganz Israels bis hin zu der Knechtschaft in Ägypten. Ex 1 wird dabei zum Kontrast zu der in Gen eigentlich als überaus freundlich geschilderten Aufnahme der Israeliten.

Diese Art von Fremdenhaß, Wohltäter zuerst feierlich und rechtlich gleichgestellt aufzunehmen, dann aber zu versklaven, ist täuschend und

---

[563] A.SCHMITT, Das Buch der Weisheit, S.139, interpretiert die Arbeit der Israeliten für die Ägypter als deren Wohltun.
[564] Hier ist bei der Formulierung "von Josef wissen" mit Sicherheit Josefs herausragende Stellung und sein Wohltun gemeint.

hinterhältig. Dieses Urteil nötigt sich den LeserInnen auf, wenn Sap das Verhalten der Ägypter mit dem der Sodomiter vergleicht. Auch dieses wird unter dem Aspekt betrachtet, wie sie sich Fremden gegenüber benahmen: Die Sodomiter hatten die Fremden von Anfang an unfreundlich aufgenommen, hatten nicht zuerst freundlich getan und dann ihren Sinn geändert.

In V14a.15b bezieht sich Sap auf Gen 19. Das Nichtaufnehmen der unbekannten Menschen und die feindliche Aufnahme dieser Fremden entnimmt Sap dem dort geschilderten Verhalten der Sodomiter: Die Männer von Sodom fordern Lot auf, die beiden Männer herauszugeben, die ihn gerade besuchen, damit sie sexuell mit ihnen verkehren könnten (Gen 19,5). Dieses Ansinnen liest Sap als feindseliges Verhalten, als μισοξενία.

Für Sap ist das Anstößige am Verhalten der Sodomiter nicht deren abnormes sexuelles Begehren und auch nicht deren Abgötterei, wie es andere Texte außer Gen 19 als Begründung für die Verwüstung der Landschaft um Sodom (und Gomorra) vorgeben. Der *Fremdenhaß* ist in Saps Augen das Vergehen der Sodomiter.[565]

Bedenkt man, daß es in V13-17 um die Rechtfertigung der Plagen an Ägypten geht, so wird das Vergeltungsdenken deutlich, das Sap hier subtil einflicht. Der Fremdenhaß der Ägypter traf ja die Israeliten - jetzt sind die Ägypter Betroffene ihrer eigenen Bosheit (13a). Die über sie gekommenen Strafen sind die Rache für ihr feindseliges Verhalten gegenüber den Israeliten.

5.4.6.3. *V17: Schlimmere Strafe für die Ägypter aufgrund schlimmeren Verhaltens*

Nachdem sich die Ägypter schlimmer verhalten haben als die Sodomiter, da ihr Verhalten hinterhältig und vorsätzlich war, müssen sie auch Schlimmeres leiden. V17 macht das deutlich und greift dazu ein Element der Strafe an den Sodomitern heraus, das sich auch auf die Ägypter übertragen läßt: Die Sodomiter wurden von den beiden Engeln mit Blindheit geschlagen, so daß sie die Tür zu Lots Haus nicht fanden, als sie mit Gewalt eindringen wollen (Gen 19,11; dort auch wie V17a ἀορασία für Blindheit). V17a.b nimmt dieses Motiv auf: "Sie wurden aber auch mit Blindheit geschlagen wie jene vor den Türen des Gerechten..."[566] Für Sap wurden Sodomiter und Ägypter mit demselben Geschick geschlagen; die Blindheit der Ägypter folgert Sap aus der Finsternisplage. Die Strafe für die Ägypter ist schlimmer, da sie den Weg zur eigenen Tür suchen mußten (V17c. d), jedenfalls folgert Sap das aus Ex 10,21-29: Die Sodomiter konnten die

---

[565] Hinter der μισοξενία der Sodomiter ist für damaliges Verständnis vielleicht deren abnormes Verhalten versteckt.

[566] Auch hier ist Lots Name wie in 10,6 durch das substantivierte Adjektiv δίκαιος ersetzt. Daß letztendlich beide, die Sodomiter wie die Ägypter völlig vernichtet wurden, muß Sap im Zusammenhang mit diesem Vergleich natürlich verschweigen, da das Schicksal der Ägypter dann nicht als das schlimmere erschiene.

Tür zu einem fremden Haus nicht finden, die Ägypter konnten die eigene Haustür nicht finden.
Die schon zu Saps Zeiten beispielhafte Sündhaftigkeit der Sodomiter wurde von der der Ägypter noch übertroffen. Deshalb hatten diese noch schlimmeren Strafen als die Sodomiter bis zu ihrem Untergang zu leiden. Gilt sonst Sodom schon als Beispiel für harte Bestrafung - durch die Ägypter wurde die Bestrafung noch übertroffen.[567]

5.4.7. Die Methode der Textauslegung in der siebten Gegenüberstellung

Auch die letzte Gegenüberstellung ist durch den Schaltvers 19,1 und sachlich-inhaltliche Verknüpfungen so in den Fortlauf des Buches Sap eingebettet, daß sich ein *größerer Textzusammenhang* ergibt. Schon 18,5 hatte auf den Untergang im Meer verwiesen, der Untergang im Wasser ist auch nur dort wortwörtlich genannt. In 19,1-17 steht er bei mehreren Formulierungen als Tatsache im Hintergrund, er wird aber nirgends thematisiert.[568]
Außer durch den Vers 18,5, in dem sowohl Erstgeburtstötung als auch der Untergang im Meer aus dem Tötungsbefehl Pharaos in Ex 1 begründet werden, ist die siebte mit der sechsten Gegenüberstellung thematisch durch das Stichwort "Zorn" verbunden. Der Zorn erscheint wie in 18,5-25 personifiziert. 19,1 setzt aber einen Kontrast zum Vorangehenden: In 18,20-25 konnte der Zorn von den Gerechten abgewendet werden; die Gottlosen bedrängt er bis zum Ende.

Wie schon in den beiden vorangehenden Gegenüberstellungen beleuchtet Sap hier ein Ereignis von den beiden Seiten seiner Bedeutung für Gottlose und Gerechte. Das Meerereignis - als Bezugstext wird Ex 14 aufgenommen - wird in 19,5 als "wunderbare Reise" für die Gerechten und "fremdartiger Tod" für die Gottlosen bezeichnet. Der fremdartige Tod ist ein verdientes Schicksal, das die Ägypter selbst verschuldet haben, Sap sieht ihn als letzte noch fehlende Züchtigung für die Gottlosen. Der *Meerdurchzug* der Israeliten dagegen, die wunderbare Reise der Gerechten, ist von Sap *als* die Beobachtung einer *Neuschöpfung* verstanden.

In V2-4 ist der Bezugstext der Untergang der Ägypter im Meer wie er in Ex 14 geschildert wird. Der Untergang im Meer wird nicht wörtlich erwähnt. Sap nennt ihn in *Anspielung* "verdientes Verhängnis", "die fehlende

---

[567] So A.SCHMITT, Weisheit, S.81; SCHMITT führt auch Stellen aus AT und NT an, die Sodom als Beispiel für harte Bestrafung sehen.
[568] S. dazu die Textanalyse besonders von V2-4 und vgl. dazu diese Zusammenfassung weiter unten.

Züchtigung zu den Prüfungen" (V4) und "fremdartigen Tod" (V5). Für die LeserInnen wird aber durch den vorausweisenden Vers 18,5 und durch die in V2-4 geschilderten Umstände deutlich, daß mit diesen Formulierungen das Schicksal der Ägypter im Meer gemeint ist.
Die Anspielungen genügen Sap, um sich mit den AdressatInnen über den Bezugstext zu verständigen und ihn in ihrem Verständnis zu vergegenwärtigen. Wenn sie den Untergang im Meer "Verhängnis", "Züchtigung" und "fremdartigen Tod" nennt, ist in den Anspielungen ja schon ihre Interpretation des Ereignisses enthalten.
Der Auszug der Israeliten wird zur Vorbedingung des Untergangs der Ägypter. Bei der Aufnahme der Erstgeburtstötung hat Sap nicht erwähnt, daß er durch diese erzwungen war. In *sprachlicher Abhängigkeit* von Ex 14 führt Sap in V2 an, daß die Ägypter die Gerechten sogar mit Eifer wegschickten.
Mit dieser Erwähnung gelingt es Sap gleichzeitig, eine *Korrektur* an Ex 14 anzubringen. Der Entschluß, den Israeliten nachzujagen entspringt für Sap nicht dem Umstand, daß Gott das Herz des Pharaos erneut verstockte, sondern der eigenen Inkonsequenz der Ägypter: Sie trauern noch um die getöteten Kinder, als sie den Beschluß fassen, denen nachzujagen, die sie unter Flehen aus dem Land gewiesen hatten. Sap macht so wieder ein *konkretes Vergehen* verantwortlich für das verhängnisvolle Schicksal der Ägypter.
Die konkrete Sünde macht den Untergang zu einem verdienten Verhängnis.[569] Durch die *Kombination von Texten* (hier Ex 14 und Num 33,3-4) gelingt es Sap, das Geschehen zu dramatisieren. Noch trauernd an den Gräbern fassen die Ägypter den Entschluß, der zu ihrem völligen Untergang führt.

In V6-9 erscheint eine Interpretation des Durchzuges durchs Rote Meer, die meines Wissens in der inneralttestamentlichen und auch zeitgenössischen frühjüdischen Literatur ohne Parallele ist. Durch die *Kombination* des Bezugstextes Ex 14 mit Elementen aus dem ersten Schöpfungsbericht Gen 1 gelingt es Sap, den Meerdurchzug als ein erneutes Schöpfungshandeln Gottes erscheinen zu lassen. Die beiden Texte Ex 14 und Gen 1 ermöglichten dabei die Kombination sowohl durch *assoziative Verknüpfung einzelner Stichwörter* (Meer - Wasser, Land/Trockenes - Weg) als auch durch die *Analogie der Ereignisse*: Aus dem Meer taucht trockenes Land bzw. ein Weg auf; der Weg/das Trockene ist ein grünendes Feld, was an die Erschaffung der Pflanzen erinnert[570]; schließlich erscheinen die Is-

---

[569] In V13 erscheint als Begründung für alle erlittenen Plagen der schlimme Fremdenhaß, den die Ägypter praktiziert hatten.
[570] Für die Deutung des "Weges durch das Meer" ist das sicher eine Überinterpretation, die durch die Analogie mit Gen 1 zustande kommt.

raeliten als die Tiere, die dieses grünende Feld beschreiten.[571] Durch diese Textkombination ergibt sich für V6-9 eine Lesbarkeit sowohl von Ex 14f aber auch von Gen 1 her.

Sap stellt eine *Analogie* her zwischen Ex 14 und Gen 1. Der Durchzug durchs Meer wird als erneutes Schöpfungshandeln Gottes verstanden. In Gen 1 und Ex 14 ist als Hintergrund für die Schöpfung der Welt bzw. die Entstehung eines Weges durch das Meer der Mythos von der Besiegung des Chaosungeheuers anzunehmen. Gott hat die Welt ebenso aus dem Chaos ausgegrenzt wie er später seinem Volk einen Weg durch das das Chaos symbolisierende Meer ermöglicht hat. Man könnte sich eine Vermittlung der beiden Texte über diesen Mythos vorstellen. Doch finden sich in Sap keine Anzeichen dafür, daß auf den Mythos selbst in irgendeiner Art zurückgegriffen wird. Sap hat Stichwörter und annähernd analoge Ereignisse assoziativ miteinander verknüpft. Eine Verbindung mit Hilfe einer dritten (literarischen oder auch mündlich überlieferten) Ebene ist nicht auszumachen. Doch kann allein die Tatsache, *daß* Sap diese beiden Texte miteinander verknüpft hat als Indiz dafür dienen, daß beiden Texten eine ähnliche Aussage zugrunde liegt.

Das Thema "Schöpfung" bzw. "Neuschöpfung" wird von Sap weiter benutzt im an die Gegenüberstellung angehängten Reflexionsteil. In V10-12 nimmt Sap Bezug auf zwei Tierplagen und das Wachtelwunder. Diese Ereignisse hatte sie bereits in vorangegangenen Gegenüberstellungen aufgenommen. Gestaltet als Rückblick der soeben durchs Meer gezogenen Israeliten werden Frosch- und Mückenplage nun mit dem Schöpfungshandeln Gottes in Verbindung gebracht.
Wie schon in den Gegenüberstellungen geht Sap dabei *selektiv* bei der Auswahl einzelner Elemente aus den Bezugstexten vor. In der zweiten Gegenüberstellung war es der Umstand, daß die Frösche bis hinein in die Backtröge der Ägypter drangen, den Sap für die Kontrastierung aufnahm. In der dritten Gegenüberstellung ging es Sap allein um die Tatsache der Mückenplage, aus der sie übertreibend folgerte, daß die Ägypter an den Bissen dieser an sich harmlosen Tiere starben. Auch das Wachtelwunder wurde in der zweiten Gegenüberstellung unter dem Aspekt des bloßen "Daß" der Nahrungsgabe aufgenommen. Wesentliche Elemente wie das Murren des Volkes und die Bestrafung dafür wurden weggelassen. An der Nahrungsgabe betonte Sap das Exotische, den Delikatessencharakter der Wachteln.
Unter der aus V6-9 fortgesetzten Thematik "Neuschöpfung" werden für Sap nun andere Elemente aus den Bezugstexten wichtig. Die Frösche kamen aus dem Nil, die Mücken entstanden aus dem Staub der Erde, die

---

[571] An dieser Stelle ist durch eine weitere *Textkombination* eine Anspielung an das befreite Gottesvolk eingearbeitet, wie es sich in Texten wie z.B. Mal 3, Jes 63 und in Psalmen findet, in denen Israel auch mit Pferden, Lämmern oder Rindern verglichen wird.

Wachteln zogen vom Meer herauf. Unter dem Thema "Neuschöpfung" nimmt Sap diese Herkunftsbezeichnungen aus den Bezugstexten auf und gestaltet sie zur *ungewöhnlichen Entstehung von Tieren*, die als *Schöpfungstat Gottes* verstanden wird.
Die *Selektion* der Elemente aus den Bezugstexten ist Sap durch die Thematik der Betrachtungsweise vorgegeben. Zur ungewöhnlichen Herkunft der Wachteln aus dem Meer kommt Sap dadurch, daß sie die beiden Wachtelwunder Ex 16 und Num 11 miteinander kombiniert.
Num 11,31 erwähnt das Aufsteigen der Wachteln aus dem Meer. Das konnte nun wiederum als Analogie zum Schöpfungsbericht Gen 1 verstanden werden: Gen 1,20 LXX kann man auch so lesen, als seien auch die Vögel aus dem Wasser geschaffen.

In V13-17 kommt es zu einem wirklichen *Vergleich* zwischen dem Verhalten der Sodomiter und dem der Ägypter unter dem *Stichwort Fremdenhaß*. Saps Bewertung der Sodomstradition ist aber deutlich anders als die anderer alttestamentlicher Aufnahmen. Nicht deren verwerfliches sexuelles Ansinnen stellt Sap in den Vordergrund, sondern ihr feindseliges Verhalten gegenüber den Fremden. Dies ist eine Uminterpretierung der Sodomstradition unter dem Stichwort $\mu\iota\sigma o\xi\epsilon\nu\iota\alpha$.
Die Ägypter praktizierten demgegenüber einen noch schlimmeren Fremdenhaß, weshalb auch ihre Bestrafung schlimmer ausfiel. Sie hatten nämlich fremde Wohltäter zunächst freundlich aufgenommen, ihnen sogar Rechtsgleichheit gewährt, sie aber dann versklavt. Hier bezieht sich Sap auf die Josefsgeschichte, die in ihrer F u n k t i o n als Teil der Jakobsgeschichte aufgenommen wird; sie erklärt, wie ganz Israel nach Ägypten kam; Ex 1 zeigt die Unterdrückung der Israeliten durch die Ägypter.

Implizit begegnet in V10-12 und V13-17 eine *Pädagogisierung* der Bezugstexte. Das auf die Pädagogisierung hinweisende Vokabular wie es besonders in der ersten bis vierten Gegenüberstellung zu finden war wird hier jedoch nicht verwendet. Auch ist der "Lerninhalt" der Pädagogik deutlich ein anderer:
In der ersten bis vierten Gegenüberstellung war es immer die Erkenntnis Gottes, seines rettenden Handelns, des eigenen im Vergleich zu dem der anderen geringeren Leides. Der Inhalt des zu Erkennenden war immer deutlich ausgedrückt.
Die Pädagogik im V10-12 und V13-17 ist an den paränetischen Charakter dieses Abschnittes gebunden. Wesentlich dafür ist ein Verständnis von $\pi\alpha\rho\alpha\mu\upsilon\theta\iota\alpha$ in V12 als "Trost". Die Neuschöpfung in Form der ungewöhnlichen Entstehung von Tieren, die die Israeliten beobachteten und besonders das Wachtelwunder geschahen nicht allein zu ihrer Befriedigung - was $\pi\alpha\rho\alpha\mu\upsilon\theta\iota\alpha$ auch heißen kann - sondern zu ihrem Trost.
Aus diesem Blickwinkel ergibt sich dann für V13-17 ein gegenüber den Gottlosen warnender Charakter: Wer schlimmen Fremdenhaß praktiziert,

hat auch schlimme Plagen zu gewärtigen. Das paßt zu der Gesamtabsicht von Sap, die auf Erkenntnis abzielt, nicht auf Wissen.

5.5. Sap 19,18-22: Abschluß des gesamten Buches unter dem Rückblick auf zwei Gegenüberstellungen

5.5.0.1. Der Aufbau von V18-22

In V18 führt mit dem Stichwort στοιχεῖα ("Elemente") einen neuen Gedankengang ein. V18d zeigt, daß der folgende Abschnitt ein Rückblick auf den gesamten Komplex der Gegenüberstellungen sein will.

Die thematische Einführung der "Vertauschung der Elemente" in V18 setzt die Aussagen über das ungewöhnliche Verhalten der Natur (V10-12) fort. Auf Gott als Schöpfer bzw. auf die Neuschöpfung wird an keiner Stelle verwiesen, dennoch sollen die Plagen und Wohltaten hier eine Ergänzung zu den o.g. Aussagen sein "und zwar im Bewußtsein, daß die jüdische Rede von dem in der Natur handelnden Schöpfergott und die griechisch-hellenistische Anschauung von der Vermischung der Urstoffe sich nicht ausschließen, sondern ergänzen".[572] Das Schöpfungshandeln Gottes umgreift in Saps Vorstellung auch den Versuch, Welt, ihre Entstehung und die Wunder in ihr in einem eher "naturwissenschaftlichen" Modell zu erklären. Schöpfung und Elementenlehre werden miteinander über Gott als Schöpfer in Beziehung gebracht.

V19 und V20-21 blicken auf die zweite bzw. vierte Gegenüberstellung zurück unter dem Aspekt des ungewöhnlichen Verhaltens der Elemente. Durch V18 wird aber klargestellt, daß diese ungewöhnliche Verhalten keineswegs die Harmonie der Elemente störte.

Mit einer Schlußdoxologie in direkter Anrede Gottes beschließt V22 das gesamte Buch Sap.

5.5.0.2. V18: Die Veränderung der Elemente störte nicht deren Harmonie

In einem Vergleich der Elemente mit der Musik versucht Sap auszudrücken, daß das ungewöhnliche Verhalten der Natur auch als Vertauschung der Elemente - zu denken ist an die vier Grundelemente griechischer Vorstellung Feuer, Erde, Wasser, Luft[573] - verstanden werden kann. Dabei wird jedoch keineswegs die Harmonie der Elemente gestört:

---

[572] U.OFFERHAUS, Komposition, S.184.
[573] S. A.SCHMITT, Das Buch der Weisheit, S.140; U.OFFERHAUS, Komposition, S.189. Drei der vier Elemente sind in den beiden Gegensatzpaaren in V 19-20 enthalten: χερσαῖα <—> ἔνυδρα/ νηκτά und πῦρ/φλόγες <—> ὕδωρ; das Element Luft fehlt.

18"Die Elemente verändern sich untereinander[574]
wie auf einem Saiteninstrument die Töne die Art des Rhythmus´
    ändern,
jederzeit im Klang verharrend,
was aus der Betrachtung der Geschehnisse deutlich zu schließen
    ist."

V18b.c will ausdrücken, daß die unterschiedliche Dauer der Töne den Rhythmus der Musik verändert, der Klang oder die Tonhöhe der Töne aber dabei dieselbe bleibt. Was der Vergleich der στοιχεῖα mit der Musik für die στοιχεῖα selbst bedeutet, hat Sap nicht ausgeführt. Angedeutet findet sich ihre Aussageabsicht in dem Partizip μεθαρμοζόμενα in V18a: Das Substantiv ἁρμονία schwingt mit, das "Zusammenpassende", das "Zusammengefügte". Somit wird durch den Vergleich nahegelegt, daß Gottes Eingreifen, seine Neuschöpfung, die sich in dem ungewöhnlichen Verhalten der Natur zeigte, nur ein "Rhythmuswechsel", nicht aber eine Veränderung des harmonischen Klanges war.[575]
V18d weist voraus auf V19-21. ἐκ τῆς τῶν γεγονότων ὄψεως zeigt dabei an, daß auf bereits Geschehenes zurückgeblickt werden soll, anhand dessen die bleibende Harmonie der verwandelten Elemente verdeutlicht werden kann.

5.5.0.3. V19-21: Die Vertauschung der Elemente während Plage und Wohltat

Die in V18 angedeutete Vertauschung der Elemente verdeutlicht Sap in V19-21 an Ereignissen, die sie bereits in Gegenüberstellungen zur Beschreibung von Plagen bzw. Wohltaten verwendet hatte. Das Element Luft scheint auf den ersten Blick zu fehlen:

19"Landtiere wurden in Wassertiere verwandelt
und schwimmende Tiere stiegen an Land.
20Das Feuer behielt im Wasser seine Kraft
und das Wasser vergaß seiner löschenden Natur.
21Flammen wiederum tockneten das Fleisch leicht zerstörbarer
    Tiere
nicht aus, als sie hindurchgingen,

---

[574] U.OFFERHAUS, Komposition, S.185-186, hat auf die Schwierigkeit hingewiesen, die beiden Partizipien μεθαρμοζόμενα und μένοντα und den Versanfang δι᾽ ἑαυτῶν sachgemäß zu übersetzen. Wie die Übersetzung auch ausfallen mag, der Kern der Aussage ist, daß die Harmonie der Elemente durch deren Wandlung nicht gestört wurde. Gegen OFFERHAUS´ Meinung ist m.E. die Beziehung zum Thema "Neuschöpfung" aus V10-12 stark genug, daß eben Schöpfung und Elementenlehre miteinander vermittelt werden sollen. Gott setzt die Natur und auch die Elemente zu seinen Zwecken und in der Regel zur Wohltat an den Gerechten ein.
[575] Zu dieser Deutung vgl. D.GEORGI, Weisheit Salomos, S.470, Anm.18a; U.OFFERHAUS, Komposition, S.187f.

noch schmolzen sie die eisartige ambrosische Nahrung von leichtschmelzbarer Art."

V20-21 erinnern bis hinein in die Formulierungen an die vierte Gegenüberstellung 16,15-23: Der Plage durch im Hagel ("Wasser") brennendes Feuer hat Sap die Wohltat durch die Mannagabe gegenübergestellt. Besonderes Gewicht lag in Saps dortiger Interpretation der Bezugstexte auf der Wirksamkeit des Feuers, πῦρ konnte in der Analyse der vierten Gegenüberstellung als das die Auslegung Saps tragende Stichwort herausgearbeitet werden.

Nach 16,17 brannte das Feuer im Wasser mit verstärkter Kraft, was Sap als τὸ παραδοξότατον bezeichnet, da doch das Wasser sonst alles auslöscht.

Sap war in Kap 16 auch davon ausgegangen, daß Heuschreckenplage und Hagelplage gleichzeitig stattfanden. Beide, das Hagelfeuer und die Heuschrecken, sollten die Feldfrüchte der Ägypter zerstören. Zu diesem Zweck mußte das Feuer gegenüber den Heuschrecken gezähmt werden, um sie nicht zu vernichten (16,18).

Auch in Bezug auf die Gerechten war das Feuer von besonderer Wirkung, um sie ernähren zu können (16,23). Das Manna - Sap bezeichnet es in 16,22 als "Schnee und Eis", indem sie Vergleichs- zu Substanzaussagen macht - hielt die Zubereitung durch Kochen oder Backen aus, wird also vom Feuer nicht zerstört, obwohl es nach Ex 16,21 sonst schon von Sonnenstrahlen geschmolzen wurde (16,22.27).

In V20-21 werden deutlich Elemente aus Saps eigener Interpretation der Hagelplage und des Mannawunders in Kap 16 aufgenommen. V20 bezieht sich auf das Im Hagel brennende Feuer, es behält seine Kraft und das Wasser löscht es nicht aus.
V21a.b gehen wie 16,18 davon aus, daß Heuschrecken- und Hagelplage gleichzeitig stattfinden. Wenn in Kap 16 davon die Rede ist, daß das Feuer gezähmt wurde, um die gegen die Gottlosen entsandten Tiere nicht zu zerstören, heißt es hier, daß die Flammen die Tiere nicht austrockneten.
In V21c nimmt Sap Bezug auf das Manna, hier als "eisartige ambrosische Nahrung" (κρυσταλλοειδὴς ἀμβροσία τροφή) bezeichnet. Die Vergleichsaussage aus Num 11,7, das Manna habe ein Aussehen wie Eis gehabt (καὶ τὸ εἶδος αὐτοῦ εἶδος κρυστάλλου), liegt der Formulierung in V21c deutlich zugrunde. Anders als in Kap 16 ist sie hier als Vergleichsaussage beibehalten und nicht zur Substanzaussage gemacht. War in Kap 16 das Manna noch Engelsnahrung (V20: ἀγγέλων τροφή), so ist es hier zur Götternahrung geworden: Ambrosia ist die Götternahrung, derer die Menschen nur durch besondere göttliche Gunst teilhaftig wurden.[576]
Für die Darstellung der "Vertauschung", also der Wandelbarkeit des Elementes "Feuer" bezieht sich Sap in V210-21 im wesentlichen auf ihre eigene innerhalb *einer* Gegenüberstellung getroffene Interpretation.

---

[576] S. dazu A.SCHMITT, Das Buch der Weisheit, S.140

Der Bezugspunkt für V19a dagegen ist schwer anzugeben. V19b bezieht sich auf die Froschplage Ex 7,26 - 8,11.[577] Sie hatte Sap bereits im Rahmen der zweiten Gegenüberstellung als Vergeltung für Ägyptens Tierverehrung als Beispiel für die Bestrafung durch Tiere gewählt (11,15 - 16,4). Auch in 19,10 ist auf die Froschplage angespielt, dort unter dem Aspekt der Neuschöpfung bzw. des eigenwilligen Verhaltens der Natur. Demgegenüber ist V19a schwer zu deuten. "Nur v.19a entzieht sich einer zwanglosen Deutung; es ist umstritten, ob der Verfasser in dem Parallelstichos an die Pferde der Ägypter denkt, die im Schilfmeer versanken, oder an das Vieh der Israeliten bzw. - was wahrscheinlicher ist - an diese selbst, die durch das Meer gezogen sind."[578] Ein Verständnis der in Wassertiere verwandelten Landtiere hat möglicherweise 19,9 als Bezugspunkt: Die Israeliten des Meerdurchzuges werden mit Pferden und Lämmern verglichen.

Es ist aber auffällig, daß Sap für die Wandelbarkeit des Elementes "Feuer" im Rahmen einer einzigen, nämlich der vierten Gegenüberstellung bleibt. Nun ist zu fragen, ob dies nicht auch in V19 der Fall sein könnte. Der Froschplage wurde in der zweiten Gegenüberstellung das Wachtelwunder gegenübergestellt, und auch in 19,10c.11 stehen Froschplage und Wachtelwunder als Bezugspunkte unmittelbar nebeneinander. Dort sind die Wachteln durch Kombination von Gen 1 und Num 11,31 als *Meerestiere* verstanden. Problematisch ist in V19a allerdings die Bezeichnung der Wachteln als χερσαῖα. Als Feldhühner halten sich Wachteln zwar überwiegend auf dem Boden auf, aber eigentliche Landtiere sind sie nach unserem Verständnis nicht, sie sind Vögel. Sollte hier χερσαῖα aber ausnahmsweise einmal sich überwiegend auf der Erde aufhaltende Vögel bezeichnen, wäre damit die Verwandlung von Landtieren in Wassertiere zu erklären: Nach Num 11,31 kamen die Wachteln vom Meer her bzw. aus dem Meer, was Sap 19,11 nahegelegt hatte. Ein Verständnis der Wachteln als "Landtiere" hat sich vielleicht für Sap auch aufgrund der Tatsache nahegelegt, daß nach Ex 16 und Num 11 die Wachteln den Boden des Lagers der Israeliten bedeckten.[579]

Auch in V19a soll das eigenwillige Verhalten der Natur anhand der Vertauschung der Elemente gezeigt werden und auch hier erscheint mir der

---

[577] Vgl. hier noch einmal die schon zu 19,10 angeführte Stelle aus PHILO, VitMos I,103 ("...καθάπερ εἰς ἀποικίαν ἐν γένος τῶν ἐνύδρων τῆς φύσεως ἐκπέμψαι διανοηθείσης πρὸς τὴν ἐναντίαν χώραν· ἐναντία γὰρ χέρσος ὕδατι."), wo auch PHILO die Besonderheit betont, daß Wassertiere das entgegengesetzte Element "besetzten".
[578] U.OFFERHAUS, Komposition, S.183; ähnlich A.SCHMITT, Das Buch der Weisheit, S.140.
[579] Die Bedeutungsmöglichkeiten, die LIDDELL-SCOTT, Greek-English Lexicon, S.1988, für χερσαῖος angibt, stützen meine Vermutung, daß χερσαῖα auf die Wachteln zu beziehen ist: "...*from* or *of dry land, living* or *found there* ". Bei HERODOT werden in´ΙΣΤΟΡΙΑΙ VII Land- und Wasser- bzw. Sumpfvögel unterschieden, die zur Belustigung des Heeres des Xerxes in Käfigen und Gruben gehalten werden: "...ἔτρεφόν τε ὄρνιθας χερσαίους καὶ λιμναίους ἔν τε οἰκήμασι καὶ λάκκοισι, ἐς ὑποδοχὰς τοῦ στρατοῦ". Es werden also Vögel als χερσαῖα verstanden.

Bezug zu nur *einer* Gegenüberstellung wahrscheinlich. Die Deutung auf die Wachteln hätte auch die Vervollständigung der vier Elemente für sich.[580] Vielleicht schwingt in der Bezeichnung der Wachteln als Landtiere indirekt das Element "Luft" mit, denn es werden ja *Vögel* als Landtiere bezeichnet und die Wachteln werden vom *Wind* vom Meer zum Lager der Israeliten gebracht (Num 11,31).

V19a würde sich auf das Wachtelwunder beziehen, V19b auf die Froschplage: Die vom Meer her kommenden Wachteln sind die in Wassertiere verwandelten Landtiere; die an Land steigenden schwimmenden Tiere sind die Frösche der Froschplage an den Ägyptern.[581]

Die in V18 eingeführte "Vertauschung" oder "Verwandlung" der Elemente bestand für Sap in den durch Gottes Handeln bewirkten Ereignissen während Plagen und Wohltaten. Die Harmonie der Elemente wird dabei beibehalten, lediglich der Rhythmus gerät "aus dem Takt". Die Vertauschung geschieht an den den Elementen zugeordneten Tieren bzw. Substanzen:

V19a: Erde verwandelt sich in Wasser (Wachteln —> Wassertiere);
V19b: Wasser verwandelt sich in Erde (Frösche —> Landtiere);
V20a.b: Feuer und Wasser, an sich gegensätzliche Elemente, beeinträchtigen sich nicht gegenseitig (das Feuer brennt im Wasser, das Wasser löscht das Feuer nicht aus;
V21a.b: das Feuer beeinträchtigt die Erde nicht (die Heuschrecken während der Heuschreckenplage werden nicht vom Hagelfeuer verzehrt);
V21c: das Feuer beeinträchtigt das Wasser nicht (das eisartige Manna hält der Zubereitung auf oder im Ofen stand).

---

[580] P.T. van ROODEN, Die antike Elementarlehre, sieht in 19,6.18 Verweise auf das Elementenschema der sieben Gegenüberstellungen (S.88f). Er sieht das vierte Element "Luft" durch die in V13-17 thematisierte Finsternis eingeführt: Die Finsternis wurde mit der Unterwelt in Verbindung gebracht; in der allegorische Homerexegese wurde der Ort des Hades neu interpretiert, Hades erhält die Luft zugeteilt, von daher sei mit WINSTON ἀήρ in 17,10 mit "dark gaze" zu übersetzen, da die Verbindung "Finsternis - Luft" bzw. "Finsternis - Hades - Luft" allgemein üblich war (S.90f). Das Auslegen von Wundern mit Hilfe sich verändernder Elemente war nach van ROODEN im griechischsprechenden Judentum gebräuchlich, es ist nur die Frage, ob Sap die Verbindung des Plagen mit den vier Elementen selbst geprägt oder ob sie sie übernommen hat (S.92). Zweite bis vierte Gegenüberstellung bilden für van ROODEN einen Block, in dem die Plagen mit den vier Elementen gekoppelt sind. Erste sowie sechste und siebte Gegenüberstellung haben die Verbindung mit dem Mosemotiv gemeinsam (S.95f). Die Verbindung der Finsternis mit dem Element Luft erscheint mir möglich, doch sehe ich bei Sap selbst keine Anzeichen dafür, daß sie wirklich die Finsternisplage mit diesem Element in Verbindung gebracht hat. Das Element Wasser findet sich auch in der ersten Gegenüberstellung.
[581] Hier scheint sich auf den ersten Blick ein Widerspruch zu 19,10 zu ergeben, wo durch das ἀντί angedeutet wurde, daß Sap die Frösche nicht als Wassertiere verstand: Der Nil brachte *anstelle* von Wassertieren Frösche hervor. Doch differenziert Sap hier deutlich durch die verwendeten Wörter: An Land steigen νηκτά, also schwimmende Tiere, die Sap von den ἔνυδρα - damit sind wohl speziell die Fische gemeint - unterscheidet.

Die Thematik in V18-21 ist deutlich beeinflußt von der Schöpfungsthematik in 19,6-12. Schon dort hatte Sap auf die zweite Gegenüberstellung zurückgegriffen und sie unter den Aspekt von Gottes schöpfendem Handeln gestellt. Daß das Feuer die Heuschrecken nicht versengte, andererseits aber auch "Schnee und Eis" nicht schmolz, hatte Sap schon in der vierten Gegenüberstellung angesprochen.
Mit dem *Rückgriff auf eigene Interpretationen* und der *Verbindung mit der griechischen* στοιχεῖα-*Lehre* gelingt es Sap, die jüdische Vorstellung von Schöpfung durch Gottes Handeln zu verbinden mit dem hellenistischen Versuch, außergewöhnliches Verhalten der Natur, insbesondere die "Wunder" als Vertauschung der Elemente zu erklären. Dabei stellen V18-21 die Aspekte der Gegenüberstellungen nicht in den Vordergrund, es soll nur geklärt werden, unter welchen Bedingungen es zu dem erstaunlichen Wirken der Natur zu Plage oder Wohltat kam.

5.5.0.4. V22: Der Lobpreis Gottes als Schluß des dritten Hauptteils und des gesamten Buches Sap

V22 ist der zusammenfassende Schluß des Buches Sap. Schon auf den ersten Blick fallen die verallgemeinernden Formulierungen auf, die den Vers als Schlußbetrachtung ausweisen:

22 "Denn in allem, Herr, hast du dein Volk groß gemacht und verherrlicht
und hast [es] nicht übersehen, [ihm] immer und überall beistehend."

Im Rückblick werden alle Wohltaten als Verherrlichung und Beistand Gottes gewertet. Was Sap anhand des Durchgangs durch die Exodus- und Wüstenwanderungsgeschichten jeweils als Wohltat an Gottes Volk aufgezeigt hat, hat allgemeinen Charakter und bleibende Bedeutung für Israel.

Dabei bleibt Sap freilich ihrer eigenen Interpretation der Beispiele für Gottes Wohltat treu: Auch hier in der Schlußdoxologie erwähnt sie Gottes strafendes Handeln für die Auflehnung seines Volkes während der Wüstenwanderung nicht. Die Israeliten erscheinen auch hier als das gerechte Volk, ihr glückliches Ergehen weist sie als Gerechte und nach 9,18 als im Besitz der Weisheit befindliche Menschen aus.[582]
Damit ist dann indirekt auch wieder eine *pädagogische Absicht* Saps verbunden: Sie wirbt darum, sich um den Besitz der Weisheit zu bemühen. Die Ägypter, Verehrer von Tieren, hatten Plagen zu erdulden und gingen letztendlich unter. Seinem Volk aber hat Gott immer und überall beigestanden.

---

[582] Vgl. dazu U.OFFERHAUS, Komposition, S.190f.

6. Die Textauslegung in Sap 10; 11-19

Lorenz DÜRR stellt in Sap 10-19 in der Darstellung des Auszuges aus Ägypten erhebliche Abweichungen gegenüber den sonstigen Überlieferungen fest.[583] Diese "Abweichungen" können nach dem analytischen Durchgang durch besagte 10 Kapitel der "Interpretation" Saps zugeschrieben werden. Sap 10-19 - soviel kann der Schlußzusammenfassung nach all dem bisher Gesagten schon vorausgeschickt werden - ist eben anders als die von DÜRR zum Vergleich herangezogenen Texte keine Perikope "historischen Inhaltes zu lehrhaften Zwecken"[584], da nicht die Historie gelehrt werden soll.

Die Voraussetzungen der Analyse von Sap 10; 11-19 zum Problembereich frühjüdische Textauslegung habe ich im Einleitungsteil, Probleme, die speziell Kap 11-19 betreffen, in dem Abschnitt "Sap 11-19: Die sieben Gegenüberstellungen" dargestellt. Ausgehend von diesen Voraussetzungen soll nach der Einzelanalyse der Ertrag dieser Arbeit festgehalten werden.

6.1. Die äußeren Herausforderungen der Textauslegung in Sap 10-19

6.1.1. Die heidnische Religionspraxis im Umfeld Saps

An wesentlichen Punkten in Sap 10-19 konnte eine religionspolemische Ausrichtung Saps festgestellt werden. So ist Kap 10 zum einen der Beweis dafür, daß die Weisheit wirklich rettet, zum anderen weist es aber auch Ansprüche anderer Gottheiten oder weltlicher Herrscher zurück, σωτῆρες zu sein.

Ähnliches gilt für die Aufnahme der Perikope von der ehernen Schlange in 16,5-15. Nur ist dort nicht die Weisheit die Retterin, sondern Gott ist derjenige, der durch sein Wort rettet und heilt.

Die dritte Gegenüberstellung 16,5-15 steht unter dem thematischen Einfluß der zweiten, was durch den Anschluß von 16,5 an 16,1-4 deutlich zum Ausdruck kommt. Diese zweite Gegenüberstellung hat ihren Aufhänger in der Tierverehrung, wie sie im Umfeld Saps praktiziert wurde. Ob dabei die Verehrung der Tiere selbst der Konfliktpunkt war oder aber sie als Repräsentanten bestimmter Gottheiten gesehen wurden ist unerheblich; die Übergänge waren fließend. Schon die Einleitung der zweiten Gegenüberstellung macht deutlich, daß es Sap in ihr um die Bestrafung der "Feinde" durch Tiere aufgrund ihrer Tierverehrung geht. In diese zweite

---

[583] L.DÜRR, Das Erziehungswesen, S.102; DÜRR zieht zunächst Jos 24; Dtn 29; Ps 78,1-8 als Beispiele heran.
[584] Wichtig ist hier die Kombination von historischem Inhalt und lehrhaftem Zweck; daß Sap auch lehren und belehren will, haben die pädagogisierenden Abschnitte gezeigt.

Gegenüberstellung ist zusätzlich ein zweiteiliger Exkurs eingearbeitet, dessen zweiter Teil die Torheit des Tier- und Götzendienstes herausstellt.
Neben der Thematik "Rettung" spielt also auch noch die der Tierverehrung in der dritten Gegenüberstellung eine Rolle.
Die fünfte Gegenüberstellung 17,1 - 18,4 setzt sich in ihrem langen Abschnitt über die psychologischen Folgen der Finsternisplage mit der Einweihungspraxis hellenistischer Mysterienreligionen auseinander.
Die sechste Gegenüberstellung 18,5-25 präsentiert das Passa als Mysterium, als Geheimnis, in das die Exodusgemeinde eingeweiht wurde. Über das Passa tritt die jüdische Religion in Konkurrenz zu den Mysterienreligionen.

Daß die hellenistischen Mysterienreligionen und vor allem die Isis-Mysterien eine Herausforderung Saps waren, zeigt sich in der Beschreibung der σοφία in Analogie zu Isis.[585] Tritt in dieser analogen Beschreibung die σοφία ihrem *Wesen* nach in Konkurrenz zu Isis, so tut sie dies in Kap 10 besonders im Hinblick auf den *Anspruch* Isis´, *Retterin* zu sein.

6.1.2. *Saps protreptische Absicht*
Diesen Herausforderungen stellt Sap in werbender Absicht die Retterin "Weisheit" (Kap 10) und den rettenden Gott (Kap 11-19) entgegen. Die σοφία errettet diejenigen aus Mühsalen, die ihr dienen (10,9); Gottes Handeln zu Plage und Wohltat ist immer wieder Gegenstand der pädagogisierenden Formulierungen in den Gegenüberstellungen.
Wenn Sap zur Darstellung dieses rettenden Handelns auf Gen 1 - Ex 15 zurückgreift, appelliert sie damit an Identität der AdressatInnen: Jüdischen VolksgenossInnen, die sich vielleicht den "attraktiveren" Religionspraktiken ihrer Umgebung zuwenden wollen oder schon zugewendet haben, wird eine Identifizierung mit den "Gerechten" angeboten, hinter denen sie unschwer Personen aus dem Buch Gen (10,1-14) bzw. das Volk Israel (10,15 - 19,22) erkennen. Indem diese Personen als von der Weisheit gerettete Gerechte und die eigene, althergebrachte Religion als das ältere Mysterium dargestellt werden, umwirbt Sap die AdressatInnen und versucht sie in dieser alten Identität zu bestärken.

6.1.3. *Die Reaktion Saps auf diese äußeren Herausforderungen: die σοφία bzw. Gott als RetterIn*
Saps Reaktion auf die Herausforderungen durch die Mysterienreligionen, durch Tierverehrung und den Rettungsanspruch weltlicher Herrscher be-

---
[585] S. dazu D.GEORGI, Weisheit Salomos, passim; B.L.MACK, Logos und Sophia, bes. die Schlußzusammenfassung S.184-194.

steht darin, daß sie die *Thematik* Rettung aufgreift. Ein übergeordneter Gesichtspunkt der Textauslegung ist ihr also *von außen vorgegeben*.

Das Thema "Rettung" greift Sap dadurch auf, daß sie mit 9,18 die σοφία als die Retterin behauptet. In Kap 10 rettet die Weisheit immer wieder Gerechte aus einem feindlichen Umfeld. Die Analyse von Kap 10 hat gezeigt, daß Sap die Darstellung dieser Rettung dadurch erreicht, daß sie die in Gen 1 - Ex 15 gebotene Heilsgeschichte "verweisheitlicht", d.h. das Handeln Gottes an den Personen aus dem Buch Gen und am Volk Israel durch das der Weisheit ersetzt. 9,18 hat die Funktion einer Überschrift für das ganze Kap 10, die darin aufgestellte Behauptung kann Sap in diesem Kapitel beweisen.

Die Thematik "Rettung" setzt sich aber auch in Kap 11-19 fort. Dort ist es nicht mehr die Weisheit, die rettet, sondern Gott. Und die Rettung steht stärker als in Kap 10 im Dienste des Kontrastes: Der Rettung der Gerechten wird in sieben *Gegenüberstellungen* jeweils die Bestrafung der Gottlosen gegenübergestellt.
Auch für diesen Abschnitt der Gegenüberstellungen in Kap 11-19 hat Sap selbst programmatische Sätze formuliert, vergleichbar etwa mit 9,18. In 11,5 weist sie darauf hin, daß Plage und Wohltat jeweils durch dasselbe "Medium" geschehen (in der Durchführung sind die "Medien" Wasser, Tiere, Feuer, die jeweils unterschiedliche Bedeutung der Finsternisplagenacht und der Passanacht, das Wasser beim Meerdurchzug) und sie stellt den Kontrast in den Vordergrund.
In Entsprechung zu 11,16 "Wodurch man sündigt, dadurch wird man bestraft" läßt Sap jede Plage an den Ägyptern als Strafe für bestimmte Sünden erscheinen. Mit diesem Vers gelingt Sap auch die Rückbindung der Strafen an das, was oben als "äußere Herausforderungen" beschrieben wurde: Die Bestrafung durch Tiere rührt aus der Tierverehrung; die Gefangennahme und Unterdrückung der Israeliten hatte die Gefangenschaft in der Nacht der Finsternisplage zur Folge, die in Anlehnung an die "Nacht" einer Mysteninitiation beschrieben wird usw.

6.1.4. Die Darstellung der Rettung mit Hilfe von Beispielen aus der Geschichte Israels

Die Rettung einzelner "Gerechter" durch die σοφία, aber auch jeweils die "Wohltat", die Rettung der Gerechten in den Gegenüberstellungen stellt Sap anhand von Beispielen aus der Geschichte Israels dar. Schon das Wort "Beispiele" weist dabei auf einen bestimmten Sachverhalt hin: Die Geschichte Gottes mit den Menschen von Adam bis hin zum Volk Israel der Auszugsgeneration kommt nicht als Heilsgeschichte zur Darstellung.
Nicht die Führung der Menschen und des Volkes durch Gott und ihre wechselvolle Beziehung zu Gott soll den AdressatInnen nahegebracht werden.

Die Heilsgeschichte wird vielmehr bei den AdressatInnen immer als bekannt vorausgesetzt. Nur wenn sie die Bezugstexte kennen und auch in

den Anspielungen wiedererkennen, wird ihnen deutlich *welche* Beispiele Sap gewählt hat, um jeweils Rettung zu beschreiben.[586]
Die Heilsgeschichte wird auf diese Weise zerlegt in eine Reihe von Beispielen, anhand derer das rettende Handeln Gottes bzw. der Weisheit beschrieben werden kann. Nicht das Kontinuum der Geschichte ist im Blick, sondern einzelne Texte werden danach befragt, was sie zu dem durch die äußeren Herausforderungen gestellten Problem "Rettung" beitragen können.

6.2. Die Aufnahme der Bezugstexte in Sap

6.2.1. Die Verknüpfung der Bezugstexte mit Saps Gegenwartsproblematik

Aus dem oben gesagten wird ersichtlich, daß Sap die Bezugstexte mit der Thematik Rettung in Verbindung bringt. Die ursprüngliche Konzeption und Aussageabsicht der Bezugstexte tritt in den Hintergrund. Sap sucht in den Texten Anknüpfungspunkte zur Auseinandersetzung mit den äußeren Herausforderungen. Die "Rettung der Gerechten" ist der übergeordnete Gesichtspunkt, unter dem die Bezugstexte aufgenommen werden.

Im einzelnen kommt es dabei zu assoziativen Verknüpfungen. Ausgehend vom Tierkult der Ägypter und unter dem programmatischen Satz "Wodurch man sündigt, dadurch wird man bestraft" betrachtet Sap die Tierplagen an Ägypten als Strafe für den Götzendienst. Für die Gegenüberstellungen muß sie dann Beispiele für eine Wohltat durch Tiere an den Israeliten in den Bezugstexten suchen. So sind "Wasser", "Feuer", "Tiere" Stichwörter, ist die "unterschiedliche Todeserfahrung" (18,14-25) eine Thematik, über die Sap Bezugstexte assoziativ miteinander verknüpft.
Die Exodus-Plagen und die Episoden aus der Zeit der Wüstenwanderung Israels werden so zu assoziativen Anknüpfungspunkten, mit Hilfe derer sich Sap mit der Gegenwartsproblematik auseinandersetzt.

6.2.2. Das Phänomen der "Anspielungen"

Die Einzelanalyse hat gezeigt, daß sich durch die Bezeichnung "Anspielungen" die Methode Saps beschreiben ließ, den Bezugstext *aufzunehmen* und gleichzeitig die *Interpretation* dieses Bezugstextes zu vermitteln.

---

[586] Man vgl. hierzu A.SCHMITT, Weisheit, S14: "Man weiß also sehr wohl um die Bedeutsamkeit der Vergangenheit für Gegenwart und Zukunft. Die Tatsache, daß gerade der Exoduskomplex ausgewählt wurde, überrascht nicht, da hier die zentrale Bekenntnis- und Hoffnungsaussage Israels vorliegt,... Nicht die Historizität dieser Plagen ist jedoch entscheidend, sondern das Zeugnis von Gott, der seine Macht demonstriert hat."

Die Anspielungen in Sap 10-19 sind keine Zitate; auch dann, wenn Stichwörter aus dem Bezugstext aufgenommen werden, entsteht nirgends eine Textstruktur, die man als Zitat bezeichnen könnte.[587] Die Aufnahmen aus Bezugstexten sind nicht durch sprachliche Hinweiszeichen gekennzeichnet.

Diese Beobachtungen lassen den Schluß zu, daß Sap sich nicht mit den AdressatInnen darüber verständigen muß, wann und wo sie sich auf einen anderen Text bezieht. Sie will und kann die Bezugstexte vielmehr als bekannt voraussetzen.
Sap kann davon ausgehen, daß durch die Anspielungen bei den LeserInnen sowohl der Bezugstext assoziativ vergegenwärtigt wird - denn die Anspielungen sind "genau" in dem Sinn, daß die Bezugstexte eindeutig erkennbar werden - als auch die Interpretation, die Sap in die Anspielungen einfließen läßt. Sie sind "genau" auch in dem Sinn, daß an vielen Stellen auch Einflüsse aus Nebenbezugstexten zu erheben sind.[588]
Die Anspielungen sind demnach "ungenau", wenn nach der Wiedergabe des genauen Wortlautes des Bezugstextes gefragt wird. Hier ist zu vermuten, daß Sap diesbezüglich gar nicht genau sein will.
Zum einen scheint die Verständigung mit den AdressatInnen über diese Art von Anspielungen genügt zu haben. Zum anderen kann Sap durch diese "Ungenauigkeit" gleichzeitig mit der Aufnahme des Bezugstextes in den Anspielungen immer wieder *ihre Interpretation* des Bezugstextes mittransportieren.
Die Interpretation gelingt ihr auf vielfältige Weise. Z.B. durch die schon genannte Kombination von Bezugs- und Nebenbezugstexten, durch die bestimmte Aspekte und Elemente hervorgehoben werden können. Dann auch durch die selektive Aufnahme der Bezugstexte: Sap bringt nur das zur Sprache, was für ihre Darstellung und Aussageabsicht geeignet ist; diese Elemente werden dann z.T. übertreibend interpretiert. Damit verbunden ist dann natürlich das Unterdrücken und Verschweigen anderer Elemente.
Letzteres Phänomen wurde am deutlichsten im konsequenten Verschweigen der Auflehnung Israels in den Murrgeschichten, von denen Sap fünf zu Rettungsgeschichten uminterpretiert hat. Das geht in einem Fall so weit, daß sie durch die Aufnahme eines Stichwortes und dessen Verwendung in einem anderen Sinn sogar die Ätiologie des Ortes "ändert", an dem der Bezugstext spielt.[589]

Aus den Bezugstexten aufgenommene Stichwörter werden in Sap nie zu Leitwörtern, die die Interpretation und Darstellung Saps tragen. Immer

---

[587] Auf die Ausnahme Sap 16,13-15, wo vielleicht ein literarischer Bezug zu Tob 13,2c.d vorliegt, habe ich hingewiesen.
[588] Nebenbezugstexte sind für Sap in der Regel die Texte, die selbst die im eigentlichen Bezugstext verschriftete Tradition - interpretierend - aufnehmen.
[589] S. dazu die Aufnahme des Stichwortes ἐπιθυμία in Sap 16,1!

steht der Kontrast "Plage - Wohltat" im Vordergrund. Als einzige Ausnahme hiervon ist das Stichwort πῦρ zu nennen, das zum Leitwort für Saps Darstellung von Plage und Wohltat in der vierten Gegenüberstellung wurde. Die unterschiedliche Wirksamkeit des Feuers stellte Sap bei ihrer Interpretation der Bezugstexte stark in den Vordergrund. Doch dient die unterschiedliche Wirksamkeit des Feuers ausschließlich dem Kontrast "Plage - Wohltat", sie soll nicht als Eigenwertigkeit dargestellt werden.

6.2.3. *Die Herstellung eines zusammenhängenden Textes durch Schaltverse*
Es hat sich gezeigt, daß die Thematik Rettung Kap 10-19 durchzieht. Zu dieser Beobachtung reiht sich hinzu, daß Sap mit Hilfe von Schaltversen versucht, Kap 10-19 als einen großen zusammenhängenden Text erscheinen zu lassen.

Die Schaltverse haben deutlich *nicht ausschließlich literarische Funktion*. Sie schließen zwar immer einen Abschnitt ab und bereiten den nächsten vor, sie zeigen aber immer wieder daß Sap mit ihnen auch in ihren Augen *inhaltlich Zusammenhängendes* verbinden will.

Nie will Sap die Geschichte Israels darstellen. Die Schaltverse bewirken jedoch, daß man in Kap 10-19 doch einen Durchgang von Gen 1 - Ex 15 erkennen kann, der zur Darstellung der Wohltaten noch mit Bezügen aus den Büchern Ex und Num angereichert ist.
Doch ist es Sap wichtig, daß bei diesem Durchgang durch die Geschichte Israels die Rettung im Vordergrund steht, die sich *immer wieder* ereignet hat. Es geht ihr nicht um das Kontinuum von Geschichte oder um Heilsgeschichte, sondern um die Rettung, die sich immer wieder ereignet hat.
Dieses *immer wieder* hat paränetische und religionspolemische Ausrichtung: Die Rettung zu geben beanspruchenden Mysterienreligionen werden relativiert; die eigene Religion wird als die beschrieben, die schon immer Rettung brachte.

Trotz dieses Versuches Saps, mit Hilfe von Schaltversen den ganzen dritten Hauptteil als homogene Einheit erscheinen zu lassen, sind dennoch Zäsuren auszumachen.
Den Bruch zwischen Kap 10 und 11, wo Sap von der Darstellung der rettenden σοφία zu der des rettenden und bestrafenden Gottes übergeht, versucht Sap durch 11,1-4 zu verschleiern. Besonders der Schaltvers 11,1 hat doppelte Funktion: Er schließt das Kap 10 ab und er ist Auftakt zu Kap 11ff. In dieser Doppelfunktion kann 11,1 mit jeweils anderem Subjekt gelesen werden. Als Abschluß von Kap 10 ist die σοφία, als Auftakt zu Kap 11ff ist Gott das Subjekt.
Beide Varianten ergeben Sinn. "Die Weisheit führte deren Werke zu einem guten Ende durch die Hand eines heiligen Profeten" schließt den Durchgang

durch Ex 1-15 summarisch ab. Möglicherweise will Sap in diesem Summar auch die gesamte mit Mose verbundene Geschichte Israels als von der Weisheit glücklich zu Ende gebracht verstehen.
"Gott führte deren Werke zu einem guten Ende durch die Hand eines heiligen Profeten" weist nach vorne, auf die immer wieder geschehene Rettung der Israeliten, die Sap in Kap 11-19 darstellt.
Diesen Subjektwechsel kaschiert Sap durch 11,1(-4).

Auffällig ist das Fehlen von Schaltversen zwischen vierter und fünfter Gegenüberstellung. Hier wird wirklich eine deutliche Zäsur angezeigt. Und das um so mehr, als diese Beobachtung mit drei weiteren Beobachtungen zusammenfällt: Ab der fünften Gegenüberstellung wird der Kontrast aus jeweils nur einem Bezugstext entwickelt; es fehlt ab der fünften Gegenüberstellung das Vokabular, das auf eine Pädagogisierung schließen läßt; ab der fünften Gegenüberstellung kommen mit "Gesetz", "Passa" und "Neuschöpfung" Themen in den Vordergrund, die spezifisch für die jüdische Religion sind.

6.2.4. Die "doppelte Lesbarkeit" des Textes Sap 10-19
In diesem Zusammenhang ist noch einmal auf die "doppelte Lesbarkeit" von Sap 10; 11-19 einzugehen. Damit war eingangs dieser Arbeit erwogen worden, ob auch nichtjüdische LeserInnen, denen das Wiedererkennen der Bezugstexte nicht möglich ist, die Kap 10-19 verstehen können.

Sap 10 werden auch Menschen verstehen können, die nicht hinter den einzelnen Gerechten die Personen aus dem Buch Gen wiedererkennen. Für sie ist dieses Kapitel ein Beispiel dafür, wie ein und derselbe Gerechte immer wieder oder mehrere Gerechte nacheinander von der Weisheit gerettet wurden.

Dagegen erscheint es mir nach der Durchführung der Einzelanalyse schwer, ein Verständnis der Gegenüberstellungen zu gewinnen, ohne mit den aufgenommenen Bezugstexten vertraut zu sein. Sap arbeitet in diesen Kapiteln *gezielt* mit der Aufnahme von Bezugstexten: Sap will, daß die Texte wiedererkannt werden. Sie lenkt die Assoziationen der LeserInnen immer auf eindeutig identifizierbare Texte, zwingt sie aber dazu, die von ihr in der Anspielung auf die Bezugstexte hineinverwobene Interpretation gleichzeitig mit zu rezipieren. In der Art ihrer Textaufnahme vermittelt Sap ein neues Verständnis der Bezugstexte, das eben auf die Rettung bzw. den Kontrast "Plage - Wohltat" abzielt.
Natürlich halte ich ein Verstehen in der Richtung "Plage - Wohltat" für möglich, für die ersten vier dabei eher als für die letzten drei Gegenüberstellungen. Ein tieferer Sinn dürfte sich aber wohl nur den LeserInnen erschließen, die die Bezugstexte wiedererkennen. Dies gilt insbesondere für die fünfte bis siebte Gegenüberstellung, wo die Begriffe Gesetz, Passa

und Schöpfung eine wichtige Funktion bei der Darstellung der Wohltat haben, diese aber inhaltlich wenig gefüllt werden. Sap scheint mit den AdressatInnen keine nähere Klärung dieser Begriffe nötig gehabt zu haben. Aufgrund der werbenden Absicht Saps läßt sich vermuten, daß bei nichtjüdischen Menschen mit Hilfe dieser Begriffe Interesse für die jüdischen Religion geweckt wurde, das ein Nachfragen bezüglich dieser Begriffe ausgelöst haben kann.

Für das Passa, beschrieben als Einweihung in ein Geheimnis, deutet sich in der sechsten Gegenüberstellung die "Gemeinschaftlichkeit" als ein Wesensmerkmal an; die Neuschöpfung des Meerdurchzuges kontrastiert den Untergang. Für das Gesetz ergeben sich keine inhaltlichen Merkmals aus Sap. Eine Analogie zu Mysterienpraxis wurde von nichtjüdischen LeserInnen sicher festgestellt, was sie vielleicht veranlaßt haben kann, sich dieser Religion, und wenn es zunächst nur nach Information fragend war, zuzuwenden. Doch das bleibt Spekulation; wir erfahren nichts über die Wirkungsgeschichte Saps bei nichtjüdischen Menschen.

6.3. *Der dreigliedrige Aufbau von Sap 10-19*

Aufgrund der Einzelanalyse und den oben genannten Beobachtungen tritt die Dreiteilung von Kap 10-19 deutlich hervor. Dieser Aufbau hat nicht nur literarische oder kompositorische Funktion, sondern entspricht der Absicht, die jüdische Religion als die im Vergleich zu den ägyptischen Religionen ältere und überlegene erscheinen zu lassen, in die die LeserInnen entsprechend den drei Abschnitten eingeweiht werden:
- Kap 10 thematisiert die rettende Weisheit.
- Kap 11-16 zeigt Gott als den Retter der Gerechten; in den pädagogisierenden Abschnitten zeigt Sap die erzieherische Absicht seines Handelns zu Plage und Wohltat: Gottlose und Gerechte sollten Gott und die Absicht seines Handelns erkennen.
- Auch Kap 17-19 haben Gottes Handeln zu Plage an den Gottlosen und Wohltat an den Gerechten zum Inhalt. Deutlich tritt aber die andere Thematik gegenüber der ersten bis vierten Gegenüberstellung hervor. Dienten dort Plage und Wohltat der Erziehung, so führt hier die Plage immer zum Untergang; die Wohltat hat weniger die Rettung zum Inhalt als vielmehr spezifisch mit der jüdischen Religion verbundene Gaben: Gesetz, Passa und Neuschöpfung.

Sap will immer wieder die jüdische Religion als die ältere und überlegene gegenüber den Religionen ihrer Umwelt darstellen. Im Zusammenhang mit der "doppelten Lesbarkeit" ergibt sich aufgrund der oben dargestellten Dreiteilung eine Art dreistufige Einweihung in die jüdische Religion:
- Kap 10 zeigt sie, vermittelt über die rettende σοφία, als die Religion, die schon seit der Erschaffung des ersten Menschen immer wieder Ge-

rechte rettete. Diese allgemeine Thematik "Rettung" ist aufgrund der doppelten Lesbarkeit auch Menschen verständlich, die nicht mit den Bezugstexten vertraut sind und hinter den Anspielungen nicht die Personen aus der Geschichte Israels erkennen können.
Rettung ist nicht an die konkreten Einzelpersonen gebunden, die die mit den Bezugstexten vertrauten Menschen hinter den Gerechten erkennen werden. Rettung ereignet sich für Gerechte, für Menschen, die nicht an der Weisheit vorübergehen.
Was die Weisheit ist, haben Kap 6-9 beschrieben. Über den Begriff und die Person σοφία wird auch nichtjüdischen Menschen ein Zugang zu ihrer rettenden Kraft ermöglicht. Sap 10 erscheint ihnen als eine Reihe von Beispielen dafür, wie die Weisheit immer wieder einen oder mehrere Gerechte aus feindlichem Umfeld rettete.

- Die zweite Einweihungsstufe stellt Sap in Kap 11-16 dar; den Übergang von der rettenden σοφία zum durch Plage und Wohltat erziehenden Gott verschleiert sie durch 11,1. Das Ziel der von Sap präsentierten Erziehung ist die Erkenntnis Gottes und seiner unterschiedlichen Handelns gegenüber Gerechten und Gottlosen. Man kann fast von einer natürlichen Gotteserkenntnis sprechen, zu der die Menschen durch Gottes Handeln "erzogen" werden sollen.
Das Reden von <u>Gott</u> und die auf das Wiedererkennen der Bezugstexte ausgerichteten Anspielungen machen für uninformierte LeserInnen ein Verständnis mit Sicherheit schwerer als in Kap 10. Sap engt den AdressatInnenkreis dadurch ein. In Kap 10 war das Retten der σοφία deutlich losgelöst vom historischen Bezugsrahmen. Gottes Retten wird anhand von Beispielen in der Geschichte Israels dargestellt. Sein Handeln dient der Erziehung der Menschen: Gottlose und Gerechte sollen ihn als Retter erkennen (bes. Kap 16). Gerade die Gottlosen sind es immer wieder, die sein erzieherisches Handeln erkennen.[590]

- Wenn Sap ab Kap 17 die Größen "Gesetz", "Passa" und "Neuschöpfung" auf der Wohltat-Seite einführt und gleichzeitig das Fehlen der Pädagogisierung zu beobachten ist, geht er ihr mit Sicherheit nicht mehr um natürliche Gotteserkenntnis. Das Gesetz erscheint in der fünften Gegenüberstellung als Orientierung gegenüber der Angst und Verwirrung von Einweihungspraktiken in Mysterienreligionen. Das Passa ist in der sechsten Gegenüberstellung als ein Mysterium dargestellt, in das schon die Exodusgeneration eingeweiht wurde. Und wenn das heilige Volk beim Meerdurchzug, also in einer "Durchgangssituation" eine Neuschöpfung sieht und an sich selbst erfährt, so ist das mehr als nur eine Neugeburt, die auch Mysterienreligionen versprechen.
Ab Kap 17 ist es deutlich die jüdische Religion, repräsentiert durch Gesetz, Passa und Schöpfung, in die Saps AdressatInnen eingeführt werden sollen. Die Religion der Gottlosen dagegen führt in Verwirrung (Kap 17) und Untergang (Kap 18 und 19).

---

[590] S. den Abschnitt 4.5. *Die Pädagogisierung der ersten bis vierten Gegenüberstellung.*

Es hat also den Anschein, als führe Sap die Menschen ausgehend von der σοφία immer tiefer in die jüdische Religion ein.

6.3.1. Das Verhältnis von σοφία und θεός in Kap 10; 11-19

Der dreigliedrige Aufbau von Kap 10-19 ermöglicht zusammen mit den Inhalten der Pädagogisierung (dazu s.u.) und dem rettenden Handeln der Weisheit in Kap 10 auch Aspekte für das Verhältnis von Gott und Weisheit. Schon Kap 6-9 hatte Sap ja die Grundlagen dafür gelegt, die verschiedenen Arten der σοφία in ihrem Verhältnis zu Gott zu sehen.
In Kap 10 hat Sap die Rettungsmacht der Weisheit bewiesen. Sie ist sogar so weit gegangen, das Urbekenntnis Israels zu verweisheitlichen und Exodus und Meerereignis als Werk der Weisheit erscheinen zu lassen.

Aber Sap ist dabei nicht stehengeblieben. Ab Kap 11 erweist sie Gott als denjenigen, der den Exodus erwirkte und der Gottlosen wie Gerechten durch sein Handeln bestimmte Erkenntnisse vermittelte. Sap macht so deutlich, daß *Gott* hinter bzw. über der Weisheit steht. Die Schaltverse 11,1-4 stellen dafür den Zusammenhang aber auch die Unterscheidbarkeit her: Es war die σοφία, die die in Kap 10 beschriebenen Werke zu einem guten Ende brachte; und es war Gott, der es für die ab Kap 11 beschriebenen Werke tat.

Erst das Handeln Gottes selbst brachte die Gottlosen zur Gotteserkenntnis und die Gerechten zur Erinnerung an seine Gebote, Verheißungen und seine Rettermacht. Gott ist also nur aus seinem Handeln, nicht aus dem der σοφία erkennbar. Während Gottesfurcht in anderen weisheitlichen Schriften des Alten Testamentes sehr wohl durch die Weisheit bewirkt oder vermittelt wird, ist es hier Gott selbst, der zur Gottesfurcht führt.

Er tut dies allerdings nur bei den Gottlosen; die Gerechten erinnert er an seine Gebote und Verheißungen, bei ihnen scheint die Gottesfurcht vorausgesetzt zu sein.

6.4. Die Pädagogisierung der Bezugstexte

Ein in Kap 10 und in der ersten bis vierten Gegenüberstellung ständig wiederkehrendes Phänomen ist die Pädagogisierung der Bezugstexte. Aus ihnen soll etwas "gelernt", soll etwas erkannt werden. Abzulesen ist das immer wieder an Formulierungen, die auf diese Pädagogisierung hinweisen.

In Kap 10 hat V9 eindeutig diese Einsicht vermittelnde Funktion. In einem Kontext, der wiederholt beschreibt, wie die σοφία Gerechte aus einem feindlichen Umfeld rettet, kann der Satz "Die Weisheit aber errettet diejenigen aus Mühsalen, die ihr dienen" nur als Aufforderung an die AdressatInnen verstanden werden, doch selbst der Weisheit zu dienen, um Rettung zu erfahren. Und das zumal, als unmittelbar vorher in V8 die Bewohner Sodoms als Negativbeispiel angeführt werden, die ein Mahnmal der Torheit hinterließen, weil sie an der Weisheit vorübergingen, sie mißachteten. Die Einsicht in den Vorteil des "Weisheitsdienstes" ist hier der Lerninhalt.

Noch eindeutiger als in Kap 10 ist die Pädagogisierung in der ersten bis vierten Gegenüberstellung durchgeführt. Sap benutzt immer wieder ein Vokabular, das dem Bereich der Erziehung entnommen ist. Und wiederholt formuliert sie Einsichten der Gottlosen und der Gerechten, deren Inhalt Gott bzw. sein Handeln ist.

Gott als παιδαγωγός straft die Gottlosen und tut dies, damit sie durch die Strafe das Gute oder zumindest das Bessere erkennen und sie sich bessern. Sie sollen auch den Grund ihrer Strafen erkennen: "Damit sie erkennten: Wodurch man sündigt, dadurch wird man bestraft!" (11,16). Den Gerechten dagegen läßt er Wohltaten zukommen - für die Gottlosen natürlich ein Anreiz, gerecht zu werden. Auch und gerade hier zeigt sich die werbende Absicht in Sap 10-19.

Die Gottlosen hätten die Möglichkeit gehabt, allein schon aus dem Seienden Gott zu erkennen (13,1-9). Da sie das nicht vermochten und stattdessen Götzendienst betrieben, züchtigt sie Gott durch die Tiere, die sie verehren - "weil sie es verdienten, von solcherlei [Tieren] gezüchtigt zu werden" (16,9) -, um sie davon zu überzeugen, daß er der Retter aus allem Übel ist.

Diese Beobachtung erweckt den Eindruck, als hätte Gott durch seine Erziehungsmaßnahmen die "natürliche Gotteserkenntnis" der Feinde erzwingen wollen. Dieser Eindruck erhält um so mehr Gewicht, als in der fünften bis siebten Gegenüberstellung einerseits plötzlich die Vokabeln der Pädagogisierung fehlen, andererseits Plage und Wohltat aber aus einem Bezugstext entwickelt werden.

In diesen Gegenüberstellungen hat die Wohltatenseite eine andere Wertigkeit als in der ersten bis vierten, besonders wenn man sie von einem jüdischen Hintergrund her betrachtet. Das *Gesetz* erscheint als die dritte Stufe des Lichtes, das bei den Israeliten im Gegensatz zur Nacht der Finsternisplage herrscht. Das *Passa* ist das Mysterium, in das die Israeliten in "jener (besonderen) Nacht" (18,6) eingeweiht wurden und dessen Gesetz sie einmütig verabschiedeten während die Feinde einmütig in einer Todesart zugrunde gingen. Die *Neuschöpfung* ist das Geschehen, das die Israeliten im Gegensatz zum Untergang der Ägypter im Meer erleben.

Gesetz, Passa und auch (Neu-)Schöpfung sind Themen, die in viel stärkerem Maß mit jüdischer Identität, mit jüdischer Religionspraxis zu tun haben als Wasserquellwunder, Speisung durch Wachteln und Manna und die

Errettung vor dem Tod durch Schlangenbisse, die Wohltaten der ersten bis vierten Gegenüberstellung.
Auch diese drei Begriffe, Gesetz, Passa und Schöpfung werden als bekannt vorausgesetzt; auch über sie scheint Sap sich mit den AdressatInnen nicht verständigen zu müssen.
"Gesetz" ist in 18,4 und auch sonst in Sap nicht mit Inhalt gefüllt oder in seinem Umfang beschrieben. Eine Diskussion um seinen Inhalt, seine Gültigkeit, seine Praxis außerhalb des verheißenen Landes wird in Sap nicht geführt. Allein die Nennung des Begriffes hat wohl genügt, bei den AdressatInnen die von Sap gewünschten Assoziationen hervorzurufen.
In Bezug auf das Passa stellt Sap die Einmütigkeit stark in den Vordergrund. Der Name "Passa" wird im Text nicht genannt; durch Anspielungen auf die Elemente der Passafeier läßt Sap aber eindeutig erkennen, daß das Passa gemeint ist.
Der Meerdurchzug der Israeliten, also das Ereignis, mit dem Israel zu Gottes Volk und Gott zu Israels Gott wurde, ist in Anlehnung an Gen 1 so beschrieben, daß er als Neuschöpfung erscheint, die die Israeliten erlebten.

6.4.1. Die jüdische Religion als Konkurrenz zu den Herausforderungen durch hellenistische Religionspraktiken

Von hier aus wird deutlich erkennbar, wie stark Sap 10-19 darauf abzielt, die jüdische Religion in der Konkurrenz zu den hellenistisch-ägyptischen Religionspraktiken als überlegen erscheinen zu lassen. Mit den selbstformulierten Grundsätzen für die Aufnahme und Interpretation der Bezugstexte (9,18; 11,5.16) und deren Durchführung in den Gegenüberstellungen gelingt dies.

Kap 10 setzt die σοφία als σωτήρ all den Mächten gegenüber, die beanspruchen Retter zu sein. Die Weisheit, die sich vom Beginn der Schöpfung her aufspüren läßt (6,22) und durch die Gott den Menschen geschaffen hat (9,2), gibt es vom Anbeginn der Welt an. Sie ist die wesentlich ältere rettende Macht gegenüber den Mächten, die auch beanspruchen, Retter zu sein.

Mit den Plagen durch Tiere hat Gott das lächerlich gemacht, was die Menschen in der Umgebung Saps als göttlich verehrten (11,15 - 16,4; 16,5-15). Gott hat sich damit als mächtiger als die Götzen erwiesen. Auch und gerade er hat sich als Retter erwiesen: Nicht die eherne (Äskulap-) Schlange rettete die Israeliten vor dem Tod durch Schlangenbisse. Sie war nur ein Symbol der Rettung. Der wahre Retter war vielmehr Gott, die wahre Rettung kam durch sein göttliches Wort (16,5-15).

Durch die Kinder Gottes wurde der Welt das Gesetz, die höchste und unvergängliche Form des Lichtes vermittelt. Es ermöglicht Orientierung und steht im Kontrast zur Einweihungspraxis in die Mysterien, die nur Furcht und Verwirrung bringen (17,1 - 18,4).

Und während die Gottlosen in ihrer Halsstarrigkeit im Meer den Untergang fanden, erlebten die Gerechten nicht nur eine Neugeburt, wie sie die Mysterienweihen versprachen, sondern sie sahen eine *Neuschöpfung*, die in Entsprechung zu Gottes erster Schöpfung geschah (19,1-17).

Auf eine durchgehende Aussage gebracht kann man sagen: Das Festhalten an der Götzenverehrung führt ins Verderben - die alte Religion dagegen bringt das neue Leben. Wesentlich ist hier die Formulierung "alte Religion", denn Sap bricht nicht mit der Tradition. In der Konkurrenz zu den Mysterienkulten hält sie an der Tradition fest und stellt sie als diesen überlegen dar.

6.4.2. *Die Uminterpretierung der Murr- in Rettungsgeschichten*
Von diesen selbstformulierten Grundsätzen und ihrer Durchführung her wird es verständlich, daß Sap das Volk Israel immer untadelig, ohne Sünde darstellt. Denn hätte Israel gesündigt, hätte es auch Strafe verdient gehabt.
Auch die Umgestaltung der Murr- in Rettungsgeschichten leuchtet ein, denn hier gilt der Umkehrschluß: Hätte Sap die Strafen erwähnt, die Israel für seine Auflehnung gegen Gott in der Wüste erleiden mußte, hätten diese ja das Resultat von Sünde sein müssen. Aus diesem Grund verschweigt Sap konsequent sowohl Auflehnung als auch Bestrafung.

Doch allein mit diesen Beobachtungen ist die Umgestaltung nicht erschöpfend zu beschreiben. Zweimal klingt in den Aufnahmen einer Murrgeschichte ja an, daß Israel bestraft wurde. Diese Strafe deutet Sap dann als Versuchung des Volkes durch Gott und notiert sofort, daß diese Versuchung anders als die Strafen an den Gottlosen "nicht bis zum Ende" dauerte, d.h. nicht bis zur völligen Vernichtung ging.
Damit wird auch der Kontrast zum negativen Geschick der Gottlosen verstärkt. Denn auch wenn eine Strafe bzw. Versuchung durch Gott "zugegeben" wurde, so hebt Sap doch immer im Verlauf der Gegenüberstellung die Rettung hervor. Diese steht in stärkerem Kontrast als es eine "Strafe, die abgewendet werden konnte" (so das Konzept der Murrgeschichten in Ex und Num) vermag.

Somit wird durch dieses Konzept der Uminterpretierung auch die pädagogische Programmatik unterstrichen. Die Gerechten erscheinen als gerecht, weil sie keine Tierverehrung betreiben, weil sie sich nicht Mysterienreligionen zuwenden, weil sie Rettung nirgends anders als bei Gott suchen bzw. finden.

Sap appelliert an die Identität, die ihre AdressatInnen in der althergebrachten Religion fanden, für die Gesetz, Passa und Schöpfung als wichtigste inhaltliche Begriffe stehen. Gott bleibt der Erzieher der Gottlosen, der sie durch Strafen und Züchtigung zum Guten bringen will; die Gerechten erhält er beim Guten durch seine Wohltaten. Sap wirbt für die "Sache" der Gerechten, wirbt darum, daß die Gottlosen so werden wie sie und daß die Gerechten Gerechte bleiben.

6.4.3. Sap 10-19 als existenzielle Interpretation der Bezugstexte

Nach dem bisher Gesagten kann Sap 10-19 als existenzielle Interpretation der Bezugstexte begriffen werden. Mit dieser Bezeichnung soll keine Tautologie eingeführt werden. Sap leistet bei der von ihr gebotenen Interpretation eben keine philologische Arbeit, sondern sie stellt den Gegenwartsbezug der Texte in den Vordergrund.[591] Sie nimmt die Herausforderung der konkurrierenden Religionen unter dem Thema "Rettung" auf und vermag darzustellen, was in den Bezugstexten von Rettung ausgesagt ist. *Diese* Rettung erscheint dann als die überlegene und ältere gegenüber der, die Religionspraktiken im Umfeld versprechen.

Das "Existenzielle" der Interpretation besteht darin, daß die Herausforderung aufgenommen wird. Der Exodus wird in seiner Bedeutung als Rettung vergegenwärtigt, die Plagen werden als Strafe für Tierverehrung, Götzenkult, Tötungsbeschluß und Unterdrückung gesehen. Sap spricht nicht einen neuen Exodus an. Die Situation der Religionspolemik bestimmt vielmehr die Interpretation. Was kann ausgehend von den Bezugstexten gegenüber den Herausforderungen ihrer Zeit zum Thema Rettung gesagt werden?

6.5. Ein Ausblick in Bezug auf die Einordnung Saps in zeitgenössische Linien der Textinterpretation

Absicht dieser Arbeit war es, Sap 10-19 als ein Beispiel frühjüdischer Textauslegung darzustellen. Die Beobachtungen, die sich ergaben, waren vielfältiger als ich ursprünglich erwartet hatte. Viele Phänomene sind spezifisch für das Buch Sap und doch haben sich auch immer wieder Verbindungslinien zu anderem Schrifttum dieser Zeit ergeben.
Philos "allegorische" Schriftauslegung erwies sich an einigen Stellen nicht weit von dem entfernt, wie Sap Schrift auslegte. Für Philo wäre eine genaue Beschreibung der Auslegungsvorgänge nötig, um die "Schub-

---

[591] S. dazu auch A.SCHMITT, Weisheit, S.53, der in Saps Ausrichtung auf den Gegenwartsbezug der Bezugstexte den Grund dafür sieht, daß sie nicht entsprechend dem genauen Ablauf aufgenommen werden.

lade" "allegorische Schriftauslegung" aufzulösen, und seine Art der Textauslegung vergleichbar zu machen in den Strömungen zeitgenössischer Schriftauslegung.

Für das Qumran-Schrifttum und das Neue Testament sind wir diesbezüglich in einer erfreulicheren Situation. Die Schriftzitate im Neuen Testament sind gut erforscht; auch in Bezug auf die Anspielungen, die z.B. Paulus immer wieder an die "Schrift", d.h. an die LXX macht, sind wohl gerade in der Gegenwart neue Erkenntnisse zu erwarten. Im paulinischen Schrifttum - und nicht nur dort - kann man ja deutlich zwischen "Anspielungen" und "Zitaten" unterscheiden und auch jeweils deren unterschiedliche Funktion nachweisen.[592]
Karl ELLIGER hat 1953 nach den einschlägigen Vorarbeiten von W.H. BROWNLEE u.a. seine Studien zu 1 QpHab vorgelegt und versucht, die Auslegungsvorgänge in diesem Pescher zu beschreiben. J.G.BROOKE hat dieselbe Arbeit für 4 QFlor geleistet (1985). Wünschenswert wäre hier aber trotz allem eine eingehendere Beschreibung der Auslegungsvorgänge ausgehend von der im Hintergrund stehenden Problematik.
Auch ein Vergleich mit der ägyptischen Weisheitsliteratur könnte lohnend sein. Mit Papyrus Insinger (PapIns) begegnet uns eine ägyptische Weisheitsschrift aus dem 1. Jahrhundert n.u.Z., dessen zentrales Thema der Kontrast zwischen dem "weisen Menschen" und dem "Toren" bzw. "Gottlosen" ist.[593] Die Kontrastierung "Weiser - Tor" ist ein Charakteristikum der Weisheitsliteratur - das Neue an PapIns ist, daß er sich mit Konzepten der Weisheitsliteratur aus der Geschichte auseinandersetzt, indem er sie aufnimmt und auch neu interpretiert,[594] und sie mit Hilfe von Themen in Plutarchs Traktat "Über die Erziehung der Kinder" mit den Denkströmungen seiner Zeit vermitteln wollte.[595] Auch für PapIns war also der Hellenismus eine Herausforderung, die er an- und aufgenommen hat.

Zuletzt sei hier auf die fehlende *eingehende* Diskussion und Untersuchung des Verhältnisses von Sap 10-19 zu den Midraschim hingewiesen.[596] Eine Untersuchung Saps in dieser Richtung, befragt nach der Anwendung der Auslegungsregeln rabbinischer Literatur kann lohnenswert sein. Mit Sicherheit aber würde sie Klarheit und nähere Spezifizierung bringen bezüglich der vorschnellen Einordnung Saps als Midrasch.

---

[592] Die personifizierte σοφία und ihre Wesensbeschreibung in Sap hat auch nachweislich die neutestamentliche Christologie beeinflußt (s. dazu A.SCHMITT, Weisheit, S.15). Inwieweit sie das auch durch ihre Wirksamkeit als σωτήρ tat, bedürfte m.E. noch eingehenderer Untersuchung.
[593] M.LICHTHEIM, Ancient Egyptian Literature, S.184f; K.-T.ZAUZICH, Art. Pap. Dem. Insinger, Sp.898f.
[594] M.LICHTHEIM, Late Egyptian Wisdom Literature, S.140: PapIns setzte sich mit der Lehre des Ani und der des Amenemope auseinander.
[595] M.LICHTHEIM, Late Egyptian Wisdom Literature, S.114f.
[596] Auch B.L.MACK und R.E.MURPHY, Wisdom Literature, S.386, beklagen diesen Mangel.

Abkürzugsverzeichnis

LXX	Septuaginta
par	parallel
Sap	(Sapientia) Sapientia Salomonis; Weisheit Salomos
ψ	dieses Zeichen meint die <u>Psalmen</u> entsprechend der <u>LXX-Zählung</u>

In den Fußnoten werden die Titel der Aufsätze, Artikel oder Monographien nach dem Verfassernamen so verkürzt aufgenommen, wie es zum Verständnis und eindeutigen Auffinden im Literaturverzeichnis notwendig ist.

Stellenangaben biblischer Bücher beziehen sich - soweit nicht anders vermerkt - auf die LXX.

LITERATURVERZEICHNIS

ALT, Albrecht, Die Weisheit Salomos, in: ThLZ 76, 1951, Sp.139-144.

Die APOKRYPHEN nach der deutschen Übersetzung Martin Luthers, Stuttgart, 1981.

APULEIUS, Metamorphosen oder Der goldene Esel, lateinisch und deutsch von Rudolf HELM, 6. Aufl. besorgt v. Werner KRENKEL, Darmstadt 1970.

ARISTOTLE in Twenty-Three Volumes, Bd. XVII: The Metaphysics. Book I-IX, hg. und mit einer englischen Übersetzung versehen von Hugh TREDENNICK, London/Cambridge (Mass.), 1975 (= The Loeb Classical Library, hg.v. G.P.GOULD, Aristotle XVII, The Metaphysics I).

BALTZER, Klaus, Die Biographie der Propheten, Neukirchen-Vluyn, 1975.

BEAUCHAMP, Paul, Le salut corporel des justes et la conclusion du livre de la Sagesse, in: Bibl 45, 1964, S.491-526.

BEHM, Johannes, Art. διατίθημι, in: ThWNT, Bd. II: Δ - H, 1935, S.105f.

BIANCHI, Ugo, The Greek Mysteries, Leiden, 1976 (= Iconography of Religions XVII,3).

BIZETTI, Paolo, Il libro della Sapienza: Struttura e genere literario, Brescia, 1984 (= Suppl RivBib 11).

BLENKINSOPP, Joseph, Wisdom and Law in the OT: the ordering of life in Israel and early Judaism, Oxford, 1983.

BORNEMANN, Eduard u. RISCH, Ernst, Griechische Grammatik, Frankfurt(Main)/Berlin/München, [2]1978.

BROCKHAUS ENZYKLOPÄDIE in vierundzwanzig Bänden, Mannheim, [19]1986ff.

BROOKE, George J., Exegesis at Qumran. 4QFlorilegium in its Jewish Context, Sheffield, 1985.

BRUNNER, Hellmut, Altägyptische Erziehung, Wiesbaden, 1957.

DORNSEIFF, Franz, Art.: Σωτήρ 1), in: Paulys Realencyclopädie der classischen Altertumswissenschaft, II. Reihe, 5. Halbband, hg.v. W.KROLL u. K.MITTELHAUS, Stuttgart, 1927, Sp. 1211-1221.

DÜRR, Lorenz, Das Erziehungswesen im Alten Testament und im antiken Orient, Leipzig, 1932, (= MVÄG 36, 2. Heft).

ELLIGER, Karl, Studien zum Habakuk-Kommentar vom Toten Meer, Tübingen, 1953, (= BHTh 15).

EUSEBIUS Werke, Bd. I: Über das Leben Constantins. Constantins Rede an die heilige Versammlung. Tricennatsrede an Constantin, hg.v. Ivar A. HEIKEL, Die griechischen Schriftsteller der ersten drei Jahrhunderte, Leipzig, 1902.

FELTES, Heinz, Die Gattung des Habakukkommentars von Qumran (1QpHab). Eine Studie zum frühen jüdischen Midrasch, Würzburg, 1986.

FICHTNER, Johannes, Weisheit Salomos, Tübingen, 1938, (= HAT 2/6).

FINKELPEARL, Ellen Dalbey, Metamorphosis of Language in Apuleius' "Metamorphoses", Cambridge (Mass.), 1986.

FISHBANE, Michael, Biblical Interpretation in Ancient Israel, Oxford, 1985.

FOCKE, Friedrich, Die Entstehung der Weisheit Salomos. Ein Beitrag zur Geschichte des jüdischen Hellenismus, Göttingen, 1913, (=FRLANT 22 [= Neue Folge 5]).

FOCKE, Friedrich, Synkrisis, in: Hermes 58, 1923, S.327-368.

FOHRER, Georg, Art. σοφία κτλ: B. Altes Testament, in: ThWNT Bd. 7, 1964, S.476-496.

GEMOLL, Wilhelm, Griechisch-deutsches Schul- und Handwörterbuch, München/Wien, [9]1965.

GEORGI, Dieter, Frau Weisheit oder das Recht auf Freiheit als schöpferische Kraft, in: Leonore SIEGELE-WENSCHKEWITZ (Hg.), Verdrängte Vergangenheit, die uns bedrängt. Feministische Theologie in der Verantwortung für die Geschichte, München, 1988, S.243-276.

GEORGI, Dieter, Weisheit Salomos, Gütersloh, 1980, (= JSHRZ Bd.III, Lieferung 4).

GESENIUS, Wilhelm, Hebräisches und aramäisches Wörterbuch über das Alte Testament, Berlin/Göttingen/Heidelberg, 1962 (= [17]1915).

GORDIS, Robert, Quotations as a Literary Usage in Biblical, Oriental and Rabbinic Literature, in: HUCA 22, 1949, S.157-219.

GORDIS, Robert, Quotations in Wisdom Literature, in: JQR 30, 1939/40, S.123-147 (= S.220-244 in: Studies in Ancient Israelite Wisdom, hg. v. James L. CRENSHAW, New York, 1976).

GRIMM, Carl L. Willibald, Das Buch der Weisheit, Leipzig, 1860, (= Kurzgefaßtes exegetisches Handbuch zu den Apokryphen des Alten Testaments 6).

HARTMANN, Richard, Art. Schlange I.a-i, in: Paulys Realencyclopädie der classischen Altertumswissenschaft, 2. Reihe, 3. Halbband, Stuttgart 1921, Sp. 494-520.

HEINISCH, Paul, Das Buch der Weisheit, Münster, 1912 (= EHAT 24).

HENGEL, Martin, Judentum und Hellenismus. Studien zu ihrer Begegnung unter besonderer Berücksichtigung Palästinas bis zur Mitte des 2. Jh. v. Chr., Tübingen, 1969.

HERODOTUS, ἹΣΤΟΡΙΑΙ, Buch VII, hg. und mit einer englischen Übersetzung versehen von A.D.GODLEY, London/Cambridge (Mass.) 1963, (= The Loeb Classical Library, Herodotus III).

HOPFNER, Theodor, Art. Mysterien, VII. Die orientalisch-hellenistischen Mysterien, in: Paulys Realencyclopädie der classischen Altertumswissenschaft, 32. Halbband, Stuttgart, 1935, Sp.1315-1350.

HÜBNER, Hans, Wörterbuch zur Sapientia Salomonis mit dem Text der Göttinger Septuaginta, Göttingen, 1985.

HÜBNER, Hans, Zur Ethik der Sapientia Salomonis, in: Studien zum Text und zur Ethik des Neuen Testaments. Festschrift zum 80. Geburtstag von Heinrich GREEVEN, hg. v. Wolfgang SCHRAGE, Berlin/New York, 1986 (= BZNW 47), S.166-187.

JACOBS, Louis, Art.: Hermeneutics, in: Encyclopaedia Judaica Vol. 8, Jerusalem, 1971, Sp.366-372.

JOSEPHUS, Jewish Antiquities, Book I - IV, hg. und mit einer englischen Übersetzung versehen von H. St. J. THACKERAY, London/Cambridge (Mass.), 1967, (= The Loeb Classical Library, hg.v. E. H. WARMINGTON, Josephus IV).

JOSEPHUS, The Life und Against Apion, hg. und mit einer englischen Übersetzung versehen von H. St. J. THACKERAY, London/Cambridge (Mass.), 1961, (= The Loeb Classical Library, hg.v. E. H. WARMINGTON, Josephus I).

KAISER, Otto, Der Mensch unter dem Schicksal: Studien zur Geschichte, Theologie und Gegenwartsbedeutung der Weisheit, Berlin/ New York, 1985, (= BZAW 161).

KEYSER, Paul-Gerhard, (Referat über seine theologische Dissertation in Maschinenschrift:) Sapientia Salomonis und Paulus. Eine Analyse der Sapientia Salomonis und ein Vergleich ihrer theologischen und anthropologischen Probleme mit denen des Paulus im Römerbrief, Theol. Diss. Halle, 1971, in: ThLZ 98, 1973, Sp.951-952.

KLEOPATRA. Ägypten um die Zeitenwende. Katalog zur gleichnamigen Ausstellung in der Kunsthalle der Hypo-Kulturstiftung in München vom 16. 6. - 10. 9. 1989, Mainz, 1989.

KÖSTER, Helmut, Einführung in das Neue Testament im Rahmen der Religionsgeschichte und Kuturgeschichte der hellenistischen und römischen Zeit, Berlin/New York, 1980.

KÜCHLER, Max, Frühjüdische Weisheitstraditionen. Zum Fortgang weisheitlichen Denkens im Bereich des frühjüdischen Jahweglaubens, Freiburg (Ch.)/Göttingen, 1979 (= OBO 26).

KUHN, Gottfried, Beiträge zur Erklärung des Buches der Weisheit, in: ZNW 28, 1929, S.334-341.

LAPORTE, Jean, Philo in the Tradition of Biblical Wisdom Literature, in: Aspects of Wisdom in Judaism and Early Christianity, hg. v. Robert L. WILKEN, Notre Dame/London, 1975, S.103-142.

LEBRAM, Jürgen Christian, Die Theologie der späten Chokma und häretisches Judentum, in: ZAW 77, 1965, S.202-211.

LELLA, Alexander A. di, Conservative and Progressive Theology: Sirach and Wisdom, in: CBQ 38, 1966, S.139-154 (= S.401-416 in: Studies in Ancient Israelite Wisdom, hg. v. James L. CRENSHAW, New York, 1976).

LICHTHEIM, Miriam, Ancient Egyptian Literature, Vol. III: The Late Period, Berkeley/Los Angeles/London, 1980.

LICHTHEIM, Miriam, Late Egyptian Wisdom Literature in the International Context. A Study of Demotic Instructions, Freiburg(Ch.)/ Göttingen, 1983 (= OBO 52).

LIDDELL, Henry George u. SCOTT, Robert, A Greek-English Lexikon, Oxford, (6. Nachdruck der Neuausgabe ^{9}1940) 1966.

LIPS, Hermann von, Weisheitliche Traditionen im Neuen Testament, München (Maschinenschr. Habil.-Schrift), 1989.

MACK, Burton L. u. MURPHY, Roland E., Wisdom Literature, in: Early Judaism and its Modern Interpreters, hg. v. Robert A. KRAFT u. George W.E. NICKELSBURG, Philadelphia (Pa.)/Atlanta (Ga.), 1986, S.371-410.

MACK, Burton Lee, Logos und Sophia. Untersuchungen zur Weisheitstheologie im hellenistischen Judentum, Göttingen,1967 (= StUNT 10).

MACK, Burton Lee, Wisdom and the Hebrew Epic. Ben Sira´s Hymn in Praise of the Fathers, Chicago/London, 1985.

MAIBERGER, Paul, Das Manna. Eine literarische, etymologische und naturkundliche Untersuchung, (2 Bände [Teil 1: Text; Teil 2: Anmerkungen]), Wiesbaden, 1983.

MAIBERGER, Paul, Zur "Dulcedo Dei" im Alten Testament, in: TrThZ 94, 1985, S.143-157.

MANESCHG, Hans, Die Erzählung von der ehernen Schlange (Num 21,4-9) in der Auslegung der frühen jüdischen Literatur. Eine traditionsgeschichtliche Studie, Frankfurt/M./Bern, 1981.

MANESCHG, Hans, Gott, Erzieher, Retter und Heiland seines Volkes. Zur Reinterpretation von Num 21,4-9 in Weish 16,5-14, in: BZ 28, 1984, S.214-229.

MÉLITON de Sardes, Sur la Pâque et Fragments, hg.v. Othmar PERLER, Paris, 1966, (= SC 123).

MELITON von Sardes, Vom Passa. Die älteste christliche Osterpredigt, hg. v. J. BLANK, Freiburg, 1963.

MERKELBACH, Reinhold, Roman und Mysterium in der Antike, München/ Berlin, 1962.

MÜLLER, Dieter, Ägypten und die griechischen Isis-Aretalogien, Berlin (DDR), 1961, (= Abhandlungen der Sächsischen Akademie der Wissenschaften zu Leipzig, Philosophisch-historische Klasse, Bd. 53, Heft 1).

NIEBUHR, Karl-Wilhelm, Gesetz und Paränese. Katechismusartige Weisungsreihen in der frühjüdischen Literatur, Tübingen, 1987, (= WUNT, 2. Reihe, 28).

OFFERHAUS, Ulrich, Komposition und Intention der Sapientia Salomonis, Bonn, 1981.

PERDUE, Leo G., Wisdom and Cult. A Critical Analysis of the Views of Cult in the Wisdom Literatures of Israel and the Ancient Near East, Missoula, 1977.

PETUCHOWSKI, Jakob J., Judaism as "Mystery" - The Hidden Agenda?, in: HUCA 52, 1981, S.141-152.

PHILONIS ALEXANDRINI Opera quae supersunt, Vol. I-VII (Vol. VII in 2 Bänden mit Indices), hg.v. Leopold COHN (Vol. I; IV; V), Paul WENDLAND (Vol. II; III), Leopold COHN und Sigfried REITER (Vol. VI), Indices in Vol. VII,1.2 zusammengestellt v. Johannes LEISEGANG, Berlin 1896 (Vol. I) - 1930 (Vol. VII,2), Nachdruck: Berlin, 1962 - 1963.

PHILO von ALEXANDRIEN, Die Werke in deutscher Übersetzung, hg. v. Leopold COHN, Isaak HEINEMANN, Maximilian ADLER u. Willy THEILER, Bd. I-VII, Berlin, 1962 (Bd. I) - 1964 (Bd. VII), (Bd. I-VI = Nachdrucke der von L.COHN, I.HEINEMANN u. M.ADLER, Breslau 1909 - 1938 besorgten Ausgabe "Werke Philos" Bd. I-VI).

PORTON, Gary G., Defining Midrash, in: The Study of Ancient Judaism I: Mishnah, Midrash, Siddur, hg. v. Jacob NEUSNER, o. O., 1981, S.55-92.

PRIOTTO, Michelangelo, La prima Pasqua in Sap 18,5-25. Rilettura e attualizzazione, Bologna, 1987 (= Suppl RivBib 15).

RAD, Gerhard von, Das fünfte Buch Mose. Deuteronomium, Göttingen, ^{4}1983 (= ATD 8).

REESE, James M., Hellenistic Influence on the Book of Wisdom and its Consequences, Rom, 1970, (= AnBib 41).

REESE, James M., Plan and Structure in the Book of Wisdom, in: CBQ 27, 1965, S.391-399.

REPO, Eero, Der Begriff "RHEMA" im Biblisch-Griechischen. Eine traditionsgeschichtliche und semologische Untersuchung. I: "RHEMA" in der Septuaginta, Helsinki, 1951.

ROEDER, Günther, Art.: Isis, in: Paulys Realencyclopädie der classischen Altertumswissenschaft, 18. Halbband, hg.v. W.KROLL, Stuttgart, 1916, Sp.2084-2132.

ROEDER, Günther, Art.: Sarapis, in: Paulys Realencyclopädie der classischen Altertumswissenschaft, 2. Reihe, 2. Halbband, hg.v. W.KROLL und K.WITTE, Stuttgart, 1920, Sp.2394-2426.

ROODEN, Peter T. van, Die antike Elementarlehre und der Aufbau von Sapientia Salomonis 11 - 19, in: Tradition and Re-Interpretation in Jewish and Early Christian Literature. Essays in Honour of Jürgen C.H. LEBRAM, hg. v. J.W. van HENTEN u.a., Leiden, 1986, S.81-96.

SALDARINI, Anthony J. Reconstructions of Rabbinic Judaism, in: Early Judaism and its Modern Interpreters, hg. v. Robert A.KRAFT und George W.E.NICKELSBURG, Philadelphia (Pa.)/Atlanta (Ga.), 1986, S.437- 477.

SANDELIN, Karl-Gustav, Wisdom as Nourisher. A Study of an Old Testament Theme, its Development within Early Judaism and its Impact on Early Christianity, Åbo, 1986 (= AAAbo Ser.A , Vol. 64, Nr. 3).

SANDERS, Jack T., Ben Sira and Demotic Wisdom, Chico (Calif.), 1983.

SANDERS, Jack T., On Ben Sira 24 and Wisdom's Mother Isis, in: Proceedings of the Eighth World Congress of Jewish Studies, Jerusalem, 1982, S.73-78.

SAUER, Georg, Jesus Sirach, Gütersloh 1981 (= JSHRZ III, Lieferung 5).

SCHARBERT, Josef, Das "Schilfmeerwunder" in den Texten des Alten Testaments, in: Mélanges bibliques et orientaux en l'honneur de Henri CAZELLES, hg. v. A. CAQUOT u. M. DELCOR, Kevelaer/Neukirchen-Vluyn, 1981 (= AOAT 212), S.395-417.

SCHART, Aaron, Mose und Israel im Konflikt. Eine redaktionsgeschichtliche Studie zu den Wüstenerzählungen, München (Masch. Diss.), 1986.

SCHMID, Hans Heinrich, Wesen und Geschichte der Weisheit. Eine Untersuchung zur altorientalischen und israelitischen Weisheitsliteratur, Berlin,1966 (= BZAW 101).

SCHMITT, Armin, Das Buch der Weisheit. Ein Kommentar, Würzburg, 1986.

SCHMITT, Armin, Struktur, Herkunft und Bedeutung der Beispielreihe in Weish 10, in: BZ 21, 1977, S.1-22.

SCHMITT, Armin, Weisheit, Würzburg, 1989 (= Neue Echter Bibel. Kommentar zum Alten Testament mit der Einheitsübersetzung, Lfg.23).

SEPTUAGINTA, Id est Vetus Testamentum graece iuxta LXX interpretes, hg. v. Alfred RAHLFS, Stuttgart, 1979.

SHEPPARD, Gerald T., Wisdom as a Hermeneutical Construct. A Study in the Sapientializing of the Old Testament, Berlin/New York, 1980 (= BZAW 151).

SHINAN, Avigdor u. ZAKOVITCH, Yair, Midrash on Scripture and Midrash within Scripture, in: ScrHie Vol. XXXI, 1986, S.257-277.

THIEL, Winfried, Die deuteronomistische Redaktion des Buches Jeremia, 2. Band der maschinenschriftlichen Dissertation (Jer 26-45), Berlin, 1970.

THRAEMER, Eduard, Art.: Asklepios 2) Der Heilgott, in: Paulys Realencyclopädie der classischen Altertumswissenschaft, 4. Halbband, hg.v. G.WISSOWA, Stuttgart, 1896, Sp.1642-1697.

VIDMANN, Ladislaus, Sylloge inscriptionum religionis Isiacae et Sarapiacae, Berlin, 1969 (= RVV Bd. 28).

VIDMANN, Ladislav, Isis und Sarapis bei den Griechen und Römern. Epigraphische Studien zur Verbreitung und zu den Trägern des ägyptischen Kultes, Berlin, 1970 (= RVV Bd. 29).

WEIMAR, Peter u. ZENGER, Erich, Exodus. Geschichten und Geschichte der Befreiung Israels, Stuttgart, 1975 (= SBS 75).

WESTERMANN, Claus, Genesis 1 - 11, Neukirchen-Vluyn, 1974, (= BKAT I/1).

WILCKENS, Ulrich, Art. σοφία κτλ: A. Von der griechischen Frühzeit bis zum philosophischen Gebrauch in der Spätantike, in: ThWNT Bd.7, 1964, S.467-475.

WILCKENS, Ulrich, Art. σοφία κτλ: C. Judentum, in: ThWNT Bd. 7, S.497-510.

WINSTON, David, The Wisdom of Solomon, Garden City, New York, 1979, (= The Anchor Bible 43).

WRIGHT, Addison G., The Structure of Wisdom 11 - 19, in: CBQ 27, 1965, S.28-34.

ZAUZICH, Karl-Theodor, Art.: Pap. Dem. Insinger, in: Lexikon der Ägyptologie, Bd. IV, Wiesbaden, 1982, Sp.898-899.

ZENGER, Erich, Die späte Weisheit und das Gesetz, in: J.MAIER u. J.SCHREINER (Hg.), Literatur und Religion des Frühjudentums. Eine Einführung, Würzburg, 1973, S.43-56.

ZIEGLER, Joseph, (Hg.) Sapientia Salomonis. Septuaginta. Vetus Testamentum Graecum Auctoritate Societatis Litterarum Gottingensis editum vol. XII,1, Göttingen, 1962.

ZIENER, Georg, Die Verwendung der Schrift im Buche der Weisheit, in: TrThZ 1957, S.138-151.

ZIMMERLI, Walther, Das Bilderverbot in der Geschichte des alten Israel. Goldenes Kalb, eherne Schlange, Mazzeben und Lade, in: ders., Studien zur alttestamentlichen Theologie und Prophetie. Gesammelte Aufsätze II, München, 1974, S.247-260.

ZIMMERLI, Walther, Grundriß der alttestamentlichen Theologie, Stuttgart/Berlin/Köln/Mainz, ^{4}1982 (= ThW 3).

BEITRÄGE ZUR ERFORSCHUNG DES ALTEN TESTAMENTS UND DES ANTIKEN JUDENTUMS

Herausgegeben von Matthias Augustin und Michael Mach

Band 1 Jürgen Kegler/Matthias Augustin: Synopse zum Chronistischen Geschichtswerk. 2., erweiterte Auflage. 1991.

Band 2 Yehoshua Amir: Studien zum Antiken Judentum. Mit einem Geleitwort von Michael Mach.1985.

Band 3 Matthias Augustin: Der schöne Mensch im Alten Testament und im hellenistischen Judentum. 1983.

Band 4 Wolfram Herrmann: Ester im Streit der Meinungen. 1986.

Band 5 Karl Eberlein: Gott der Schöpfer - Israels Gott. Eine exegetisch-hermeneutische Studie zur theologischen Funktion alttestamentlicher Schöpfungsaussagen. 2. erweiterte Auflage. 1989.

Band 6 Dieter Vieweger: Die Spezifik der Berufungsberichte Jeremias und Ezechiels im Umfeld ähnlicher Einheiten des Alten Testaments. 1986.

Band 7 Siegfried Wagner/Herbert Breit: Die Menschenfreundlichkeit Gottes. Alttestamentliche Predigten mit hermeneutischen Überlegungen. 1986.

Band 8 Christian Streibert: Schöpfung bei Deuterojesaja und in der Priesterschrift. Eine vergleichende Untersuchung zu Inhalt und Funktion schöpfungstheologischer Aussagen in exilisch-nachexilischer Zeit. In Vorbereitung.

Band 9 Sara Japhet: The Ideology of the Book of Chronicles and Its Place in Biblical Thought. 1989.

Band 10 Jan Heller: An der Quelle des Lebens. Aufsätze zum Alten Testament. Mit einem Geleitwort von Werner H. Schmidt. 1988.

Band 11 Hartmut N. Rösel: Israel in Kanaan. Zum Problem der Entstehung Israels. 1991.

Band 12 Hans Seidel: Musik in Altisrael. Untersuchungen zur Musikgeschichte und Musikpraxis Altisraels anhand biblischer und außerbiblischer Texte. 1989.

Band 13 Matthias Augustin/Klaus-Dietrich Schunck (Hrsg.):»Wünschet Jerusalem Frieden«. Collected Communications to the XIIth Congress of the International Organization for the Study of the Old Testament, Jerusalem 1986. 1988.

Band 14 Ithamar Gruenwald: From Apocalypticism to Gnosticism. Studies in Apocalypticism, Merkavah Mysticism and Gnosticism. 1988.

Band 15 Mathias Schubert: Schöpfungstheologie bei Kohelet. 1989.

Band 16 Siegfried Bergler: Joel als Schriftinterpret. 1988.

Band 17 Klaus-Dietrich Schunck: Altes Testament und Heiliges Land. Gesammelte Studien zum Alten Testament und zur biblischen Landeskunde. Band I. 1989.

Band 18 Nathan Schur: History of the Samaritans. 1989. 2. überarb. Aufl. 1992.

Band 19 Helmut Utzschneider: Künder oder Schreiber? Eine These zum Problem der "Schriftprophetie" auf Grund von Maleachi 1,6 - 2,9. 1989.

Band 20 Klaus-Dietrich Schunck/Matthias Augustin (Hrsg.):»Goldene Äpfel in silbernen Schalen«. Collected Communications to the XIIIth Congress of the International Organization for the Study of the Old Testament, Leuven 1989. 1992.

Band 21 Martin Remus: Menschenbildvorstellungen im Ijob-Buch. Ein Beitrag zur alttestamentlichen Anthropologie. 1993.

Band 22 Reinhold Then: "Gibt es denn keinen mehr unter den Propheten?" Zum Fortgang der alttestamentlichen Prophetie in frühjüdischer Zeit. 1990.

Band 23 Gerhard Wallis: Mein Freund hatte einen Weinberg. Aufsätze und Vorträge zum Alten Testament. 1993.

Band 26 Dieter Vieweger: Die literarischen Beziehungen zwischen den Büchern Jeremia und Ezechiel. 1993.

Band 29 Nathan Schur: History of the Karaites. 1992.

Band 30 Hans Volker Kieweler: Ben Sira zwischen Judentum und Hellenismus. Eine Auseinandersetzung mit Th. Middendorp. 1992.

Band 31 Lutz Bauer: Zeit des Zweiten Tempels – Zeit der Gerechtigkeit. Zur sozio-ökonomischen Konzeption im Haggai-Sacharja-Maleachi-Korpus. 1992.

Band 32 Udo Schwenk-Bressler: Sapientia Salomonis als ein Beispiel frühjüdischer Textauslegung. Die Auslegung des Buches Genesis, Exodus 1-15 und Teilen der Wüstentradition in Sap 10-19. 1993.

Siegfried Kreuzer/Kurt Lüthi (Hrsg.)

Zur Aktualität des Alten Testaments
Festschrift für Georg Sauer zum 65. Geburtstag

Frankfurt/M., Berlin, Bern, New York, Paris, Wien, 1992. 373 S.
ISBN 3-631-44045-6 geb. DM 93.--

Die Festschrift vereinigt 27 Beiträge von Autoren aus Österreich, Deutschland und der Schweiz. Die Beiträge befassen sich einerseits mit bedeutsamen Themen und Texten des Alten Testaments, z. B. Alt und Jung, Opfer, Religion, Gottesherrschaft, Israel in Ägypten. Andererseits wird die Rezeptions- und Wirkungsgeschichte des Alten Testaments dargestellt, und zwar vom Judentum, vom Neuen Testament und Augustinus über dogmatische und philosophische Reflexionen bis hin zur Bedeutung des Alten Testament für die Kirche, z. B. in Predigt, Unterricht, Liturgik und kirchlicher Verwaltung und bis zur Aufnahme des Alten Testaments in Ostafrika und im heute oft spürbaren apokalyptischen Lebensgefühl.

Aus dem Inhalt: Alttestamentliche Exegese und Theologie – Neutestamentliche Exegese und Theologie – Rezeption durch Juden und Christen – Das Alte Testament in kulturellen und gesellschaftlichen Kontexten – Systematisch-theologische und philosophische Reflexionen – Das Alte Testament und die Gestalt und die Gestaltung der Kirche – Bibliographie Georg Sauer

Verlag Peter Lang Frankfurt a.M. · Berlin · Bern · New York · Paris · Wien
Auslieferung: Verlag Peter Lang AG, Jupiterstr. 15, CH-3000 Bern 15
Telefon (004131) 9411122, Telefax (004131) 9411131

- Preisänderungen vorbehalten -